【传世经典 文白对照】

资治通鉴

十六

唐纪

〔宋〕司马光　　编撰

沈志华　张宏儒　主编

中华书局

目录

卷第二百五十　唐纪六十六

起庚辰(860)尽丁亥(867)凡八年

懿宗昭圣恭惠孝皇帝上
咸通元年(庚辰，860)

1　春，正月乙卯，浙东军与裘甫战于桐柏观前，范居植死，刘勍仅以身免。乙丑，甫帅其徒千馀人陷剡县，开府库，募壮士，众至数千人。越州大恐。

时二浙久安，人不习战，甲兵朽钝，见卒不满三百；郑祇德更募新卒以益之，军吏受赂，率皆得孱弱者。祇德遣子将沈君纵、副将张公署、望海镇将李珪将新卒五百击裘甫。二月辛卯，与甫战于剡西，贼设伏于三溪之南，而陈于三溪之北，壅溪上流，使可涉。既战，阳败走，官军追之，半涉，决壅，水大至，官军大败，三将皆死，官军几尽。

于是山海诸盗及他道无赖亡命之徒，四面云集，众至三万，分为三十二队。其小帅有谋略者推刘睅，勇力推刘庆、刘从简。群盗皆遥通书币，求属麾下。甫自称天下都知兵马使，改元曰罗平，铸印曰天平。大聚资粮，购良工，治器械，声震中原。

懿宗昭圣恭惠孝皇帝上

唐懿宗咸通元年(庚辰,公元860年)

1　春季,正月乙卯(初四),唐浙东官军与裘甫叛军在桐柏观前交战,唐讨击副将范居植战死,讨击副使刘勍只身逃出战场,仅得免死。乙丑(十四日),裘甫率领部下徒众一千多人攻陷剡县,打开县府仓库,招募壮丁,部众发展到好几千人。越州上下一片恐慌。

当时两浙地区由于长期平安无事,百姓不习战阵,武器甲杖也都腐朽锈钝,现役士卒不满三百人;浙东观察使郑祗德增募新兵来补充军队,但军吏接受贿赂,所招新兵几乎全是软弱无能的人。郑祗德派遣部将沈君纵、副将张公署、望海镇将李珪率领新兵五百人去袭击裘甫。二月辛卯(初十),官军与裘甫军在剡县以西交战,裘甫军在三溪之南设下埋伏,在三溪之北虚摆阵势,堵溪水上流,使人可在溪水下游涉渡。刚开始交战,裘甫军假装败走,官军随后追击,至溪水下游,当官军一半人涉过溪水时,贼军即将上流堵水闸决开,大水袭来,官军大败,三位领兵将领都战死,其部下官军几乎全部丧命。

由于裘甫打败浙东官军,山林海岛中的盗贼以及其他地方的无赖亡命之徒,四面云集于裘甫的旗帜之下,部众发展到三万多人,分为三十二个队。各队小帅中较有谋略者首推刘暀,有武勇力气者首推刘庆、刘从简。盗贼都由远外地方向裘甫通信送款,要求归属于裘甫麾下。裘甫自称天下都知兵马使,改元称罗平,铸造的大印上刻着天平。于是大量聚积资财粮草,雇请优良的工匠,冶炼军用器械,其浩大的声势震动了中原。

2　丙申，葬圣武献文孝皇帝于贞陵，庙号宣宗。

3　丙午，白敏中入朝，坠陛，伤腰，肩舆以归。

4　郑祗德累表告急，且求救于邻道；浙西遣牙将凌茂贞将四百人、宣歙遣牙将白琮将三百人赴之。祗德始令屯郭门及东小江，寻复召还府中以自卫。祗德馈之，比度支常馈多十三倍，而宣、润将士犹以为不足。宣、润将士请土军为导，以与贼战；诸将或称病，或阳坠马，其肯行者必先邀职级，竟不果遣。贼游骑至平水东小江，城中士民储舟裹粮，夜坐待旦，各谋逃溃。

朝廷知祗德懦怯，议选武将代之。夏侯孜曰："浙东山海幽阻，可以计取，难以力攻。西班中无可语者。前安南都护王式，虽儒家子，在安南威服华夷，名闻远近，可任也。"诸相皆以为然。遂以式为观察使，征祗德为宾客。

三月辛亥朔，式入对，上问以讨贼方略。对曰："但得兵，贼必可破。"有宦官侍侧，曰："发兵，所费甚大。"式曰："臣为国家惜费则不然。兵多贼速破，其费省矣。若兵少不能胜贼，延引岁月，贼势益张，则江、淮群盗将蜂起应之。国家用度尽仰江、淮，若阻绝不通，则上自九庙，下及十军，皆无以供给，

2 丙申(十五日),唐懿宗率群臣将圣武献文孝皇帝李忱安葬于贞陵,并给他定庙号称宣宗。

3 丙午(二十五日),白敏中来到朝廷朝见唐懿宗,从马上不慎坠落于地,将腰摔伤,唐懿宗让他坐上轿子回去。

4 浙东观察使郑祗德一再向朝廷上表告急,并且向附近相邻的道求救;浙西道派遣牙将凌茂贞率领四百人、宣歙镇派遣牙将白琮率领三百人赶往援救。郑祗德开始命令援军屯驻在城郭大门外及东小江边,不久又将他们召还帅府,用以守卫。郑祗德大肆犒赏援军,所赏钱物比朝廷度支一般发给的要多十三倍,而宣州、润州的将士仍然不满足。宣州、润州将士要求当地土军为先导,以便与裘甫贼军交战;浙东军诸将领有的假称患病,有的假装从马上跌到地上,而肯出征的人又必定先要求提升官职级别,最后军队竟派不出去。裘甫贼军的游骑来到平水以东的小江,浙东城中士民准备好船只并带上粮食,从夜晚一直坐到天亮,各自谋求逃散。

朝廷知道郑祗德懦弱胆怯,议论要选择武将去替代他。夏侯孜说:"浙东地方有山有海,阻拦通路,只可以用计谋攻取,难以用强力夺得。朝中武将没有谁可以说是有智谋。前安南都护王式,虽然是儒家文士的儿子,却在安南使当地华人夷人都归服于他,他的威武之名远近都知道,可以任用他往浙东征讨裘甫贼。"诸位宰相都认为夏侯孜说得有理。于是唐懿宗任命王式为浙东观察使,将郑祗德征回朝廷,担任太子宾客。

三月辛亥朔(初一),王式入朝问对,唐懿宗问王式有关讨伐裘甫贼军的方略。王式回答说:"只要给我军队,贼军必然可以攻破。"有宦官侍立在唐懿宗近侧,说:"调发军队,所花费的军费太大。"王式说:"我若为国家珍惜费用就不是这样说了。实际上调发的军队多,将贼军迅速消灭,所用的军费反而可以节省。若调发的军队少,不能战胜贼军,或者是将战事拖延几年几月,贼军的势力日益壮大,江、淮之间的群盗就将蜂起响应。现在国家的财政用度几乎全部仰仗于江、淮地区,如果这一地区被叛乱的贼众阻绝,使时赋输送之路不通,就会使上自九庙,下到北门十军,都没有办法保证供给,

其费岂可胜计哉！”上顾宦官曰：“当与之兵。”乃诏发忠武、义成、淮南等诸道兵授之。

裘甫分兵掠衢、婺州。婺州押牙房郅、散将楼曾、衢州十将方景深将兵拒险，贼不得入。又分兵掠明州，明州之民相与谋曰：“贼若入城，妻子皆为菹醢，况货财，能保之乎！”乃自相帅出财募勇士，治器械，树栅，浚沟，断桥，为固守之备。贼又遣兵掠台州，破唐兴。己巳，甫自将万馀人掠上虞，焚之。癸酉，入馀姚，杀丞、尉；东破慈溪，入奉化，抵宁海，杀其令而据之；分兵围象山。所过俘其少壮，馀老弱者蹂践杀之。

及王式除书下，浙东人心稍安。裘甫方与其徒饮酒，闻之不乐。刘暀叹曰：“有如此之众而策画未定，良可惜也！今朝廷遣王中丞将兵来，闻其人智勇无敌，不四十日必至。兵马使宜急引兵取越州，凭城郭，据府库，遣兵五千守西陵，循浙江筑垒以拒之，大集舟舰。得间，则长驱进取浙西，过大江，掠扬州货财以自实，还，修石头城而守之，宣歙、江西必有响应者。遣刘从简以万人循海而南，袭取福建。如此，则国家贡赋之地尽入于我矣；但恐子孙不能守耳，终吾身保无忧也。”甫曰：“醉矣，明日议之！”暀以甫不用其言，怒，阳醉而出。有进士王辂在贼中，贼客之。辂说甫曰：“如刘副使之谋，

那样耗费的费用岂可胜计!"唐懿宗望着宦官说:"应当给王式调兵。"于是颁下诏书,调发忠武、义成、淮南等诸道军队交给王式指挥。

裘甫派兵分别攻掠衢州、婺州。婺州军府押牙房郅、散将楼曾、衢州十节之一的方景深等人率领军队拒守险要,贼军无法进入。裘甫又分兵攻掠明州,明州的民众相聚在一起谋划说:"贼军如果进入城中,我们的妻子儿女都要被剁成肉酱,何况家中的财产货物,就更加难以保存了!"于是相继捐出自己的财产来招募勇士,冶炼兵器枪械,树立栅栏,疏浚壕沟,截断桥梁,为固守城池作好准备。己巳(十九日),裘甫亲自率领军队一万多人攻掠上虞县,并焚烧县城。癸酉(二十三日),裘甫率军攻入馀姚县,杀县丞、县尉;又向东攻破慈溪县,进入奉化县,又抵达宁海县,杀宁海县令,并将宁海县城占据;分一部分军队进围象山县。裘甫军在所过地方俘虏少壮居民,所馀老弱居民在遭受蹂躏摧残后,全部被杀死。

当王式任浙东观察使的委任状颁发下来,浙东地区的人心才稍微安定。裘甫正与部下徒众饮酒,得知王式将到来,很不高兴。刘暀叹息说:"我们有如此众多的军队,而战略计划还没有制定,实在是可惜! 今天朝廷派遣王中丞率军队来镇压,听说这个人智勇双全,所向无敌,不过四十天时间必然会赶到。裘将军您应该赶快率领军队攻取越州,凭借越州高大的城郭,占据官府的仓库,再派遣五千军队驻守西陵,沿浙江修筑堡垒,以抗拒王式所率官军,同时要大量地收集各种船舰。如果获得机会,就率大军长驱进取浙西,渡过长江,掠取扬州的货物财宝来丰富自己的军资费用,回军后,修缮旧都石头城而坚守,这时宣歙、江西地区必定会有人起而响应。您再派遣刘从简率领军队一万人沿海南征,袭取福建。这样,就使唐朝的东南贡赋之地全部归于我们手中;虽然说我们的子孙恐怕不能守住东南半壁山河,但我们的身家性命可以保证无忧了。"裘甫说:"你喝醉了,明天再商议吧!"刘暀因为裘甫不用他的战略谋划,十分愤怒,假装喝醉走出。有一位名叫王辂的唐朝进士在裘甫军中,被当作宾客受到礼遇。王辂对裘甫说:"如果按兵马副使刘暀的谋划行事,

乃孙权所为也。彼乘天下大乱,故能据有江东;今中国无事,此功未易成也。不如拥众据险自守,陆耕海渔,急则逃入海岛,此万全策也。"甫畏式,犹豫未决。

夏,四月,式行至柿口,义成军不整,式欲斩其将,久乃释之,自是军所过若无人。至西陵,裴甫遣使请降,式曰:"是必无降心,直欲窥吾所为,且欲使吾骄怠耳。"乃谓使者曰:"甫面缚以来,当免而死。"

乙未,式入越州,既交政,为郑祇德置酒,曰:"式主军政,不可以饮,监军但与众宾尽醉。"迨夜,继以烛,曰:"式在此,贼安能妨人乐饮!"丙申,饯祇德于远郊,复乐饮而归。于是始修军令,告馈饷不足者息矣,称疾卧家者起矣,先求迁职者默矣。

贼别帅洪师简、许会能帅所部降,式曰:"汝降是也,当立效以自异。"使帅其徒为前锋,与贼战有功,乃奏以官。

先是,贼谍入越州,军吏匿而饮食之。文武将吏往往潜与贼通,求城破之日免死及全妻子;或诈引贼将来降,实窥虚实;城中密谋屏语,贼皆知之。式阴察知,悉捕索,斩之,刑将吏尤横猾者,严门禁,无验者不得出入,警夜周密,贼始不知我所为矣。

正是当年孙权所做的割据江东的事业。但孙权是乘天下大乱的机会，因而能保据江东；如今中原无事，划江称帝的功业不容易办成。不如率领部众去占据险要地方，自守天涯一角，在陆地上耕种，在大海中捕鱼，事危急时就逃入海岛，这才是万全的计策。"裘甫畏惧王式，犹豫而不能决。

夏季，四月，王式率大军行至柿口，义成军的军容不整齐，王式想把领兵将领斩首，过了一段又把他释放，于是军队号令齐一，队形整齐，所过之处如入无人之境。行至西陵，裘甫派遣使者来请求投降，王式说："裘甫必定没有投降之心，实际上是想来刺探我的动静，并想用投诚的姿态使我军骄傲，放松警惕。"于是对使者说："如果裘甫把自己捆绑起来，亲自来投降，当免他一死。"

乙未（十五日），王式进入越州，与郑祗德交接政务后，即为郑祗德设置酒宴，王式说："我因为要主管军政大事，不能饮酒，监军以下的将校可以与众宾客痛饮尽醉。"至夜晚，点上蜡烛继续宴饮，王式说："有我在这里，叛贼怎么能妨碍我们饮酒作乐。"丙申（十六日），王式到远郊为郑祗德饯行，再次欢快痛饮而归。于是开始重新修订军令，先前宣告军饷用度不足的人不再吭声了，声称患病卧床的人也起来干事了，要求先升官再出战的人也不再说话了。

裘甫手下的小头目洪师简、许会能率所部投降官军，王式说："你们归降是好事，应当立功自效，以区别于贼寇。"于是让他们率领原先的部众充当先锋，与裘甫军作战，作战有功的，就上奏朝廷授以官爵。

先前，裘甫派间谍潜入越州，越州军府官吏竟收藏他们，给他们供应饮食。州府文武将吏也往往暗中与裘甫军联络，以求城被贼军攻破的日子，能免死并保全妻子儿女；有的人假装引裘甫手下将领来投降，实际上是来窥探军情虚实；城中官府的密谋和暗语，裘甫军全都知道。王式暗中将这一切查明，把通敌将吏全部逮捕并处斩，又对州府中特别专横狡猾的将吏用刑，严格门禁法规，没有经过检查的人不得出入，夜里安排周密的警戒，裘甫贼军于是不再能探知官军的虚实了。

式命诸县开仓廪以赈贫乏，或曰："贼未灭，军食方急，不可散也。"式曰："非汝所知。"

官军少骑卒，式曰："吐蕃、回鹘比配江、淮者，其人习险阻，便鞍马，可用也。"举籍府中，得骁健者百馀人。虏久羁旅，所部遇之无状，困馁甚，式既犒饮，又赒其父母妻子，皆泣拜欢呼，愿效死，悉以为骑卒，使骑将石宗本将之。凡在管内者，皆视此籍之，又奏得龙陂监马二百匹，于是骑兵足矣。

或请为烽燧以诇贼远近众寡，式笑而不应；选懦卒，使乘健马，少与之兵，以为候骑，众怪之，不敢问。

于是阅诸营见卒，及土团子弟，得四千人，使导军分路讨贼；府下无守兵，更籍土团千人以补之。乃命宣歙将白琼、浙西将凌茂贞帅本军，北来将韩宗政等帅土团，合千人，石宗本帅骑兵为前锋，自上虞趋奉化，解象山之围，号东路军。又以义成将白宗建、忠武将游君楚、淮南将万璘帅本军与台州唐兴军合，号南路军。令之曰："毋争险易，毋焚庐舍，毋杀平民以增首级！平民胁从者，募降之。得贼金帛，官无所问。俘获者，皆越人也，释之。"

癸卯，南路军拔贼沃州寨，甲辰，拔新昌寨，破贼将毛应天，进拔唐兴。

王式命令越州所属诸县打开仓库的储粮，用以赈救贫苦乏食的百姓，有人说："裘甫贼寇还未消灭，军粮正急于要用，不可散发。"王式说："这就不是你所能知道的了。"

唐官军缺少骑兵，王式说："吐蕃国、回鹘国的降俘发配到江、淮的人有好几批，这些人在艰难险阻的环境中生活惯了，熟悉鞍马骑射，可以起用他们。"于是到官府查他们的名籍，得到骁勇强健的吐蕃族、回鹘族人一百多人。这些胡虏远离家乡，被流放看管的年月已久，看管的军吏对他们凶恶狠毒，使他们极度贫困饥饿，王式将他们召来后既供给酒食，又接济他们的父母妻儿，于是都感恩欢呼哭拜，愿为王式效劳出死力，王式将他们都配为骑兵，让骑兵将领石宗本统率他们。凡是流放在越州管辖境内的吐蕃、回鹘族人，均按照这种办法征集来，又上奏得到汝州龙陂监好马两百匹，于是骑兵足够了。

有人请求建设烽火台，用来警报贼寇的来犯，以及报告来犯贼寇的远近、众寡，王式只是笑一笑，而不予答应；王式又选懦弱的士兵，让他们骑强健的战马，配以很少的武器，作为侦察骑兵，部下众人感到奇怪，但也不敢多问。

王式察看越州城内诸军营，当时有州府士兵以及土团私家子弟四千人，王式让他们引导入援官军分路讨伐贼寇；越州府下没有守兵，王式又再征土团民兵一千人来补充。然后王式命令宣歙将领白琮、浙西将领凌茂贞率领本部军队，北来将领韩宗政等人率领土团，合起来有一千人，由石宗本率领骑兵为前锋，从上虞县开往奉化县，去解象山之围，这支军队号称东路军。王式又命令义成镇将领白宗建、忠武镇将领游君楚、淮南将领万璘率领本部军队，与台州军会合，号称南路军。王式下命令说："不管是艰险还是容易，各军不要对所布置的任务进行争夺，不准焚烧老百姓的房屋茅舍，不准杀平民来增加首级冒功！平民被迫参加贼寇的，应招募他们来归降。缴获贼寇的金帛财产，官府不加过问。但擒获的俘虏，都是越州本地人，应放他们回家。"

癸卯（二十三日），南路军攻下裘甫贼军的沃州寨，甲辰（二十四日），又攻下新昌寨，击破贼将毛应天，进而又攻打唐兴县。

5　白敏中三表辞位，上不许。右补阙王谱上疏，以为：“陛下致理之初，乃宰相尽心之日，不可暂阙。敏中自正月卧疾，今四月矣，陛下虽与他相坐语，未尝三刻，天下之事，陛下尝暇与之讲论乎！愿听敏中罢去，延访硕德，以资聪明。”己酉，贬谱为阳翟令。谱，珪之六世孙也。五月庚戌朔，给事中郑公舆封还贬谱敕书。上令宰相议之，宰相以为谱侵敏中，竟贬之。

6　辛亥，浙东东路军破贼将孙马骑于宁海。戊午，南路军大破贼将刘暀、毛应天于唐兴南谷，斩应天。

先是，王式以兵少，奏更发忠武、义成军及请昭义军，诏从之。三道兵至越州，式命忠武将张茵将三百人屯唐兴，断贼南出之道；义成将高罗锐将三百人，益以台州土军，径趋宁海，攻贼巢穴；昭义将跌跌戣将四百人，益东路军，断贼入明州之道。庚申，南路军大破贼于海游镇，贼入甬溪洞。戊辰，官军屯于洞口，贼出洞战，又破之。己巳，高罗锐袭贼别帅刘平天寨，破之。自是诸军与贼十九战，贼连败。刘暀谓裴甫曰：“向从吾谋入越州，宁有此困邪！”王辂等进士数人在贼中，皆衣绿，暀悉斩之，曰：“乱我谋者，此青虫也！”

高罗锐克宁海，收其逃散之民，得七千馀人。王式曰：“贼窘且饥，必逃入海，入海则岁月间未可擒也。”命罗锐军海口以拒之。

5　白敏中三次向唐懿宗上表辞宰相位,唐懿宗不批准。右补阙王谱上疏给唐懿宗,认为:"陛下即皇帝位不久,初次治理天下大事,尚缺乏经验,这正是宰相辅臣尽心出力的时刻,因此,宰相一刻也不可暂缺。白敏中自从今年正月以来就患病卧床,至今已经四个月了,陛下虽然与他坐着谈论政事,也从不超过三刻钟,天下大事多如乱麻,您哪有时间与他讨论呢!希望批准白敏中辞职的请求,另外寻访有才能德望的人,来帮助您出主意,使您的政策更加圣明。"己酉(二十九日),唐懿宗将王谱贬官为阳翟县令。王谱是王珪的六世孙。五月庚戌朔(初一),给事中郑公舆将贬王谱官的诏书封还。唐懿宗命令宰相议论这件事,宰相们认为王谱侵犯了白敏中,最后还是将王谱贬了官。

6　辛亥(初二),浙东东路军在宁海击败裘甫部将孙马骑率领的军队。戊午(初九),南路军在唐兴县南谷大破裘甫部将刘暀、毛应天率领的军队,并在战阵上斩毛应天。

起先,王式因为军队少,向唐懿宗奏请再调发忠武军、义成军,并要求调昭义军,唐懿宗下诏表示同意。忠武、义成、昭义三道兵来到越州,王式命令忠武军将领张茵率领三百人屯驻在唐兴县,切断裘甫军逃往南方的道路;命令义成军将高罗锐率领三百人,加上台州地方军队,径直奔赴宁海县,进攻裘甫贼军的巢穴;命令昭义军将领跌跌戣率领四百人,去加强东路军,切断裘甫军进入明州的道路。庚申(十一日),南路军在海游镇大破裘甫贼军,裘甫军队逃入甬溪洞。戊辰(十九日),唐官军在洞口屯驻,裘甫军出洞交战,又被打败。己巳(二十日),高罗锐袭击裘甫部将刘平天的营寨,将营寨攻破。至此,唐诸路军队与裘甫贼军作战十九次,裘甫军连续失败。刘暀对裘甫说:"如果您能听从我的谋划,进入越州,哪会有今天这样的困境呢!"王辂等几个唐朝科举入第的进士在裘甫军中,都穿绿衣做小官,刘暀将他们全部斩首,说:"破坏我的计谋的,正是你们这些青虫!"

高罗锐攻克宁海县,收集逃散在外的平民百姓,得七千多人。王式说:"贼军窘迫,加上饥饿,必然要逃入大海,如果贼寇逃入海岛,那么今年几个月间是不能擒获他们的。"于是命令高罗锐驻军海口拒守。

又命望海镇将云思益、浙西将王克容将水军巡海澨。思益等遇贼将刘简于宁海东，贼不虞水军遽至，皆弃船走山谷，得其船十七，尽焚之。式曰："贼无所逃矣，惟黄罕岭可入剡，恨无兵以守之。虽然，亦成擒矣！"裘甫既失宁海，乃帅其徒屯南陈馆下，众尚万馀人。辛未，东路军破贼将孙马骑于上嶚村，贼将王皋惧，请降。

7　壬申，右拾遗内供奉薛调上言，以为："兵兴以来，赋敛无度，所在群盗，半是逃户，固须翦灭，亦可闵伤。望敕州县税外毋得科率，仍敕长吏严加纠察。"从之。

8　袁王绅薨。

9　戊寅，浙东东路军大破裘甫于南陈馆，斩首数千级，贼委弃缯帛盈路，以缓追者。跌跌戣令士卒："敢顾者斩！"毋敢犯者。贼果自黄罕岭遁去，六月甲申，复入剡。诸军失甫，不知所在，义成将张茵在唐兴获俘，将苦之，俘曰："贼入剡矣。苟舍我，我请为军导。"从之。茵后甫一日至剡，壁其东南。府中闻甫入剡，复大恐，王式曰："贼来就擒耳！"命趋东、南两路军会于剡，辛卯，围之。贼城守甚坚，攻之，不能拔；诸将议绝溪水以渴之，贼知之，乃出战。三日，

又命令望海镇将领云思益、浙西将领王克容率领水军在海岸水际巡逻。云思益等率水军在宁海以东海面与裘甫军将领刘简所率船队遭遇,裘甫军船队没有料到官军水师这么快就赶到,都将船抛弃,上岸窜入山谷,云思益的水军缴获裘甫军十七条船,全部烧毁。王式说:"贼军已没有什么地方可逃了,只有黄罕岭可以进入剡县,可恨没有兵守黄罕岭。虽然这样,裘甫贼也可擒获!"裘甫既失去宁海,于是率领部下徒众屯驻宁海县西南六十多里处的南陈馆下,部众仍然有一万多人。辛未(二十二日),东路军在宁海西北四十里的上嶂村击败裘甫贼军将领孙马骑的部队,贼军将领王皋畏惧官军,请求投降。

7 壬申(二十三日),右拾遗内供奉薛调向唐懿宗上言,认为:"自从兴兵征讨以来,赋敛税科无度,地方上的群盗,多半都是逃亡的农户,固然应该消灭他们,但他们处境也很可怜,令人伤心。希望陛下向州县颁布诏敕,凡朝廷所定的正税以外,不得再有课税门目,并且颁下敕令给有关官吏,对税目加以严格的纠察监督。"唐懿宗表示同意。

8 袁王李绅去世。

9 戊寅(二十九日),唐浙东东路军在南陈馆大破裘甫贼军,斩头颅数千颗,贼军抛弃大量丝绸缯帛,布满道路,企图延缓官军的追击。跌跌戣对士兵下命令:"谁敢顾盼不前,留恋财物,立即斩首!"于是官军士兵没有人敢违犯。贼军果然从黄罕岭逃去,六月甲申(初五),再入剡县。贼军诸将不见裘甫,不知道他在何处,唐义成镇将张茵在唐兴县曾将裘甫俘获,将要对他用刑,裘甫说:"贼军已进入剡县。你如果释放我,我愿意作军队的向导。"张茵信以为真,听从了裘甫的建议。张茵跟在裘甫后面,比裘甫晚一天到达剡县,于是义成军在剡县城东南筑垒驻扎。裘甫进入剡县城,官军府探知情报,感到恐慌,王式说:"裘甫贼不过是来束手就擒而已!"于是命令东、南两路军到剡县来会合,辛卯(十二日),将剡县城团团围住。裘甫军的城防守卫十分坚固,官军攻城,无法攻下;王式部下诸将议论断绝溪水,渴死城内人,裘甫贼军知道官军要断绝其水源,于是出城交战。三天内

凡八十三战，贼虽败，官军亦疲。贼请降，诸将出白式，式曰："贼欲少休耳，益谨备之，功垂成矣。"贼果复出，又三战。庚子夜，裴甫、刘晤、刘庆从百馀人出降，遥与诸将语，离城数十步，官军疾趋，断其后，遂擒之。壬寅，甫等至越州，式腰斩晤、庆等二十馀人，械甫送京师。

剡城犹未下，诸将已擒甫，不复设备。刘从简帅壮士五百突围走，诸将追至大兰山，从简据险自守。秋，七月丁巳，诸将共攻克之。台州刺史李师望募贼相捕斩之以自赎，所降数百人，得从简首，献之。

诸将还越，式大置酒。诸将乃请曰："某等生长军中，久更行陈，今年得从公破贼，然私有所不谕者，敢问：公之始至，军食方急，而遽散以赈贫乏，何也？"式曰："此易知耳。贼聚谷以诱饥人，吾给之食，则彼不为盗矣。且诸县无守兵，贼至，则仓谷适足资之耳。"又问："不置烽燧，何也？"式曰："烽燧所以趣救兵也，兵尽行，城中无兵以继之，徒惊士民，使自溃乱耳。"又问："使懦卒为候骑而少给兵，何也？"式曰："彼勇卒操利兵，

共交战八十三次，贼军虽被战败，官军也很疲倦。裘甫贼军请求投降，王式部下诸将请王式批准，王式说："裘甫贼企图获得稍许时间休整，我们应更加谨慎守备，大功就要告成了。"裘甫贼军果然再出城，又与官军交战了三次。庚子（二十一日）夜，裘甫、刘暀、刘庆率一百多人出城投降，并远远地对官军诸将喊话，请求收纳，官军迅速赶往城下，切断裘甫等人的后路，于是将裘甫等一百多人擒获。壬寅（二十三日），裘甫等人被押送到越州，王式下令将刘暀、刘庆等二十多人腰斩，将裘甫锁于监车上，押送到京师长安去报功。

剡城仍未攻下，唐官军诸将因为已把裘甫擒获，不再布置防备。刘从简率领壮士五百人突围逃走，官军诸将追到奉化县西北的大兰山，刘从简在山上据险自守。秋季，七月丁巳（初九），唐官军诸军将领率领所部士兵一同攻山，将大兰山攻克。台州刺史李师望招募贼军士兵，让他们去捕杀还没有投降的同伙，以赎免自己的罪，又迫使贼军数百人投降，并获得刘从简的首级，献给上司。

官军诸将回到越州，王式大摆酒宴庆功。他们向王式请教说："我们这些人生长在行伍之中，久经战阵，今年能够随从您攻破裘甫贼党，实在是荣幸，但我们有些事仍不明白，敢问明公：您刚到越州赴任时，军粮正极紧张，而您立即将官府仓库的屯粮散给老百姓，赈救贫困乏粮者，其中的用意是什么？"王式回答说："这个道理容易理解。裘甫贼众屯聚谷米来引诱饥饿的百姓，我分发粮食，饥民就不会被裘甫引诱入伙为盗贼。况且诸县没有守兵，裘甫贼军赶到，官府仓库的谷米正好成为贼寇的资粮，为资贼所用。"诸将又问道："您不设置烽火台，这又是为什么？"王式说："设烽火台是为了求取救兵，我手下的军队都已安排了任务，全都开拔，越州城中没有军队可用作援兵，设烽火台不过是徒费功夫，惊扰士民，使我军自乱溃散而已。"诸部将领又问："您派懦弱的士兵充当侦察骑兵，而且给他们配以很少的武器，这是什么道理呢？"王式回答说："如果侦察骑兵选派勇武敢斗的士兵，并配给锋利的兵器，

遇敌且不量力而斗；斗死，则贼至不知矣。"皆曰："非所及也！"

10　封宪宗子㤠为信王。

11　八月，裴甫至京师，斩于东市。加王式检校右散骑常侍，诸将官赏各有差。先是，上每以越盗为忧，夏侯孜曰："王式才有馀，不日告捷矣。"孜与式书曰："公专以执裴甫为事，军须细大，此期悉力。"故式所奏求无不从，由是能成其功。

12　卫王灌薨。

13　九月，白敏中五上表辞位。辛亥，以敏中为司徒、中书令。

14　右拾遗句容刘邺上言："李德裕父子为相，有声迹功效，窜逐以来，血属将尽，生涯已空，宜赐哀闵，赠以一官。"冬，十月丁亥，敕复李德裕太子少保、卫国公，赠左仆射。

15　己亥，以门下侍郎、同平章事夏侯孜同平章事，充西川节度使。以户部尚书、判度支毕诚为礼部尚书、同平章事。

16　安南都护李鄠复取播州。

17　十一月丁丑，上祀圜丘，赦，改元。

18　十二月戊申，安南土蛮引南诏兵合三万馀人乘虚攻交趾，陷之。都护李鄠与监军奔武州。

遇到敌军就可能会不自量力上前搏斗;搏斗战死,就没有人回来报告,我们就不知道贼军来了,这样的侦察兵有什么用呢。"众部将听完后,都十分佩服,说:"这都不是我们的智力所能达到的!"

10　唐懿宗封唐宪宗的儿子李恰为信王。

11　八月,裘甫被监车押送至京师,在长安东市处斩。唐懿宗给王式加检校右散骑常侍的衔名,王式部下诸官也分别给予赏赐。起先,唐懿宗经常为越州的贼乱忧虑,夏侯孜说:"王式很有才干,过不了几天就会告捷的。"夏侯孜给王式写信说:"您专心以擒获裘甫为事,行军所需的粮草衣物,不管大小,我们一定按期尽力协办。"因此王式上奏向朝廷有所要求,朝廷无不应从,所以能够大功告成。

12　卫王李灌去世。

13　九月,白敏中第五次向唐懿宗上表,请求恩准辞职。辛亥(初四),唐懿宗任白敏中为司徒、中书令。

14　右拾遗句容人刘邺向唐懿宗上言:"李吉甫、李德裕父子为宰相时,有政绩功劳,但自从李德裕被流放以来,他的亲属几乎全部流放远外,李德裕已死,陛下应该对他发慈悲,赠给一个官爵。"冬季,十月丁亥(十一日),唐懿宗颁布敕令,恢复李德裕太子少保、卫国公的官爵,赠左仆射衔。

15　己亥(二十三日),唐懿宗任命门下侍郎、同平章事夏侯孜挂同平章事衔,出朝充当西川节度使。又任命户部尚书、判度支毕诚为礼部尚书、同平章事。

16　安南都护李鄠收复播州。

17　十一月丁丑(初二),唐懿宗举行祀圜丘大典,宣告大赦,改年号为咸通。

18　十二月戊申(初三),安南本地蛮人勾结南诏王国军队共合三万多人乘虚进攻交趾,将交趾城攻陷。安南都护李鄠与监军逃奔到武州。

二年(辛巳,861)

1　春,正月,诏发邕管及邻道兵救安南,击南蛮。

2　二月,以中书令白敏中兼中书令、充凤翔节度使;以左仆射、判度支杜悰兼门下侍郎同平章事。

一日,两枢密使诣中书,宣徽使杨公庆继至,独揖悰受宣,三相起,避之西轩。公庆出斜封文书以授悰,发之,乃宣宗大渐时请郓王监国奏也。且曰:"当时宰相无名者,当以反法处之。"悰反复读良久,曰:"圣主登极,万方欣戴。今日此文书,非臣下所宜窥。"复封以授公庆,曰:"主上欲罪宰相,当于延英面示圣旨,明行诛谴。"公庆去,悰复与两枢密坐,谓曰:"内外之臣,事犹一体,宰相、枢密共参国政。今主上新践阼,未熟万机,资内外裨补,固当以仁爱为先,刑杀为后,岂得遽赞成杀宰相事! 若主上习以性成,则中尉、枢密权重禁闱,岂得不自忧乎! 悰受恩六朝,所望致君尧、舜,不欲朝廷以爱憎行法。"两枢密相顾默然,徐曰:"当具以公言白至尊,非公重德,无人及此。"惭悚而退。三相复来见悰,微请宣意,悰无言。三相惶怖,乞存家族,悰曰:"勿为他虑。"既而寂然,无复宣命。

唐懿宗咸通二年(辛巳,公元861年)

1 春季,正月,唐懿宗颁下诏书,调发邕管以及相邻诸道的军队援救安南,讨击南蛮。

2 二月,唐懿宗任命中书令白敏中仍兼中书令,充当凤翔节度使;又任命左仆射、判度支杜悰兼任门下侍郎、同平章事。

有一天,两位宦官枢密使来到中书门下政事堂,宣徽使杨公庆接着也来了,只向杜悰作揖,让杜悰接受宣命,另外毕诚、杜审权、蒋仲三位宰相当即起身出门,于西面各厅暂避。杨公庆拿出一札斜封的文书交给杜悰,启封一看,原来是唐宣宗病重时,请求郓王李温监国的奏折。杨公庆并说:"请查看这些奏折,凡当时在位的宰相没有题名的,应当以谋反罪处分。"杜悰反复阅读这些奏折,读了很久,说:"圣明的皇上登极以来,天下万方欢欣鼓舞,衷心拥戴。今天这些文书,并不是我所应该窥视的。"于是将奏折再封好,还给宣徽使杨公庆,说:"皇上如果想给宰相加罪,应当在延英殿当面向宰相出示圣旨,公开地进行诛讨谴责。"杨公庆走后,杜悰与两位枢密使坐下交谈,杜悰说:"禁宫内外的臣子,同样是服侍辅佐皇上,宰相和枢密使是共同参议国家大政。今天皇上登基不久,对万般机务还不熟悉,需要宫内宫外的大臣同心协力,给予辅助,我们处理政事当然应该以仁爱为先,以刑杀为后,岂能在刚登基不久就赞成皇上干诛杀宰相的事!如果皇上滥杀重臣习以成性,那么宦官两军中尉、枢密使在宫廷禁闱中权柄更重,岂不是更加要忧虑自己的身家性命吗!杜悰我自宪宗以来受恩于六朝皇帝,我所希望的是让皇上都成为尧、舜那样的圣主,不希望朝廷以个人的爱憎来执行法律。"两位枢密使听后互相观望,默然无言,过了一会儿,才慢慢地说:"我们会把您所说的话全部面告皇上,如果不是您德高望重,哪有人能够想得这么深远。"说完后惭愧地退了出去。另外三位宰相再进屋来见杜悰,询问宦官所宣告的旨意,杜悰默然无言。三位宰相于是惶恐不安,向杜悰请求保存他们的家族,杜悰说:"不要有什么忧虑。"然后是一片寂静,再也不见宦官来政事堂宣命。

及延英开,上色甚悦。

是时士大夫深疾宦官,事有小相涉,则众共弃之。建州进士叶京尝预宣武军宴,识监军之面。既而及第,在长安与同年出游,遇之于涂,马上相揖。因之谤议喧然,遂沈废终身。其不相悦如此。

3　福王绾薨。

4　夏,六月癸丑,以盐州防御使王宽为安南经略使。时李鄠自武州收集土军,攻群蛮,复取安南;朝廷责其失守,贬儋州司户。鄠初至安南,杀蛮酋杜守澄,其宗党遂诱道群蛮陷交趾。朝廷以杜氏强盛,务在姑息,冀收其力用,乃赠守澄父存诚金吾将军,再举鄠杀守澄之罪,长流崖州。

5　秋,七月,南诏攻邕州,陷之。先是,广、桂、容三道共发兵三千人戍邕州,三年一代。经略使段文楚请以三道衣粮自募土军以代之,朝廷许之,所募才得五百许人。文楚入为金吾将军,经略使李蒙利其阙额衣粮以自入,悉罢遣三道戍卒,止以所募兵守左、右江,比旧什减七八,故蛮人乘虚入寇。时蒙已卒,经略使李弘源至镇才十日,无兵以御之,城陷,弘源与监军脱身奔峦州,二十馀日,蛮去,乃还。弘源坐贬建州司户。

等到延英殿大门打开,宰相上朝奏对,唐懿宗和颜悦色地与宰相们商讨政事。

当时士大夫们对宦官深为疾恶,谁如果与宦官稍有接触,就会遭到士人的唾弃。建州的进士叶京过去曾参加宣武军的宴会,在宴席上认识一个宦官监军。后来进士及第,在长安与同年登第的进士出游,路上遇到那位宦官监军,于是在马上互相作揖行礼。为此,对叶京进行毁谤的各种议论纷至沓来,一片喧嚣,以致叶京终身抬不起头,沉默在家,未再出来做官。士大夫讨厌宦官竟达到了这种程度。

3　福王李绾去世。

4　夏季,六月癸丑(十日),唐懿宗任命盐州防御史王宽为安南经略使。当时李鄠自武州收集当地土军,攻讨群蛮,收复安南;朝廷责备李鄠将安南失守,将李鄠贬官为儋州司户。李鄠初到安南时,杀蛮族酋长杜守澄,杜守澄的宗党于是诱导群蛮攻陷交趾。朝廷因为杜氏宗族强盛,对他们采取尽量姑息的政策,希望使杜氏的巨大影响力能为朝廷所用,于是赠给杜守澄的父亲杜存诚金吾将军的名号,再次举发李鄠杀杜守澄的罪过,将李鄠长年流放于崖州。

5　秋季,七月,南诏王国出兵进攻唐朝的邕州,将邕州攻陷。先前,广州、桂州、容州三道总共调发了军队三千人,去戍守邕州,三年一轮换。邕管经略使段文楚向朝廷请求用三道的衣粮,自己招募当地土军来替代三州戍卒,朝廷批准了段文楚的请求,但段文楚在邕州才招募了五百多本地人当兵。段文楚调回朝廷任金吾将军,新任经略使李蒙贪图兵员缺额所馀的衣粮,将衣粮归入自己的腰包,于是将三道戍卒全部罢除遣还,只以他自己所招募的土军戍守左江、右江地区,这比原有军队减少了十分之七八,所以南诏蛮人乘虚入寇进犯。这时李蒙已去世,经略使李弘源到镇上任才十天,手上没有军队能抵御南诏蛮人的进犯,于是城被攻陷,李弘源与监军从邕州城脱身投奔到峦州,二十多天后,南诏蛮军退走,李弘源等人才回到邕州。为此李弘源被贬官任建州司户。

文楚时为殿中监,复以为邕管经略使,至镇,城邑居人什不存一。文楚,秀实之孙也。

6　杜悰上言:"南诏向化七十年,蜀中寝兵无事,群蛮率服。今西川兵食单寡,未可轻与之绝,且应遣使吊祭,晓谕清平官等以新王名犯庙讳,故未行册命,待其更名谢恩,然后遣使册命,庶全大体。"上从之。命左司郎中孟穆为吊祭使,未发,会南诏寇嶲州,攻邛崃关,穆遂不行。

7　冬,十月,以御史大夫郑涯为山南东道节度使;十一月,加同平章事。

三年(壬午,862)

1　春,正月庚寅朔,群臣上尊号曰睿文明圣孝德皇帝,赦天下。

2　以中书侍郎、同平章事蒋伸同平章事,充河中节度使。

3　二月,棣王惴薨。

4　南诏复寇安南,经略使王宽数来告急,朝廷以前湖南观察使蔡袭代之,仍发许、滑、徐、汴、荆、襄、潭、鄂等道兵各三万人授袭以御之。兵势既盛,蛮遂引去。邕管经略使段文楚坐变更旧制,左迁威卫将军、分司。

5　左庶子蔡京,性贪虐多诈,时相以为有吏才,奏遣制置岭南事。三月,京还,奏事称旨,复以京权知太仆卿,充荆襄以南宣慰安抚使。

段文楚当时在朝廷任殿中监,唐懿宗再任他为邕管经略使,段文楚来到邕州镇治,城邑内的居民已十不存一。段文楚是段秀实的孙子。

6 杜悰向唐懿宗上言:"南诏王国臣服归化于唐朝已七十年,蜀中地区因此罢兵无战事,群蛮大都服从州郡官府的法规。今天西川的军队和粮草都很单薄,不可轻易与南诏王国断绝关系,而且我们应该派遣使者去吊祭,向南诏清平官等晓谕大义,告知南诏新国王的名字触犯了我玄宗皇帝的庙讳,因此才没有给他颁行册命,等到新国王改名并向大唐皇帝谢恩后,我们会派遣使者去行册命大礼,似乎这样更能顾全大体。"唐懿宗表示同意。于是任命左司郎中孟穆为吊祭使,还没有出发,恰值南诏军队侵寇嶲州,攻邛崃关,孟穆于是不再成行。

7 冬季,十月,唐懿宗任命御史大夫郑涯为山南东道节度使;十一月,又加郑涯同平章事衔。

唐懿宗咸通三年(壬午,公元862年)

1 春季,正月庚寅朔(初一),群臣给唐懿宗上尊号,称睿文明圣孝德皇帝,唐懿宗为此宣告大赦天下。

2 唐懿宗任命中书侍郎、同平章事蒋伸仍保留同平章事衔,出朝充任河中节度使。

3 二月,棣王李惴去世。

4 南诏王国再派遣军队侵寇安南,唐安南经略使王宽几次上表向朝廷告急,朝廷派前湖南观察使蔡袭取代王宽任安南经略使,并且调发许州、滑州、徐州、汴州、荆州、襄州、潭州、鄂州等诸道军队共三万人,交蔡袭指挥,以抵御南诏蛮军。唐军兵势既很强盛,南诏蛮军也就引兵退还。邕管经略使段文楚由于改换旧制度,招募土军代戍卒,降职迁任威卫将军、分司。

5 左庶子蔡京,性情贪鄙暴虐,善于欺诈,当时宰相认为他有做官的才能,奏请唐懿宗,派遣他去处置岭南军政事务。三月,蔡京回到长安,向唐懿宗奏事时迎合懿宗的旨意,唐懿宗再提拔蔡京为权知太仆卿,充任荆襄以南宣慰安抚使。

6　夏，四月己亥朔，敕于两街四寺各置戒坛，度人三七日。上奉佛太过，怠于政事，尝于咸泰殿筑坛为内寺尼受戒，两街僧、尼皆入预；又于禁中设讲席，自唱经，手录梵夹；又数幸诸寺，施与无度。吏部侍郎萧倣上疏，以为："玄祖之道，慈俭为先，素王之风，仁义为首，垂范百代，必不可加。佛者，弃位出家，割爱中之至难，取灭后之殊胜，非帝王所宜慕也。愿陛下时开延英，接对四辅，力求人瘼，虔奉宗祧；思缪赏与滥刑，其殃必至，知胜残而去杀，得福甚多。罢去讲筵，躬勤政事。"上虽嘉奖，竟不能从。

7　岭南旧分五管，广、桂、邕、容、安南，皆隶岭南节度使，蔡京奏请分岭南为两道节度，从之。五月，敕以广州为东道，邕州为西道，又割桂管龚、象二州，容管藤、岩二州隶邕管。寻以岭南节度使韦宙为东道节度使，以蔡京为西道节度使。

蔡袭将诸道兵在安南，蔡京忌之，恐其立功，奏称："南蛮远遁，边徼无虞，武夫邀功，妄占戍兵，虚费馈运。盖以荒陬路远，难于覆验，故得肆其奸诈。请罢戍兵，各还本道。"

6　夏季,四月己亥朔(初一),唐懿宗颁下诏敕,命令在长安左、右两街的四座佛寺,各设置一座戒坛,在二十一天时间里可剃度和尚、尼姑。唐懿宗信奉佛教太过分,处理朝政事务却懒惰怠慢,曾在禁宫内咸泰殿建筑戒坛,为弃俗出家当尼姑的宫女受戒,长安两街的僧侣、尼姑都参预了此事;唐懿宗又在禁中设置佛经讲席,自己唱佛经文,并手抄梵文贝叶经;唐懿宗还多次来到各大寺庙,施舍财物没有限制。吏部侍郎萧倣为此向唐懿宗上疏,认为:"玄祖老子的大道,以慈爱节俭为先事,素王孔子的作风,以仁义道德为首要,他们已经成为百代的楷模,没有人能超越他们。佛陀舍弃王位和父母出家,割舍了人情至爱中最难割舍的东西,同时,佛徒出家后不婚嫁,断子绝孙没有后代,这也是人情最难以接受的,这些都不是帝王所应该羡慕的事。希望陛下能经常开延英殿召对宰相,与四辅官商讨大政,力求除去百姓的疾苦,虔诚地侍奉宗庙;如果老是想着给寺庙不该给的赏赐,而又对民众滥施刑狱,必然会降来灾祸,如果知道施仁政减少刑杀的道理,比崇信佛教有用得多,必能得到更多的幸福。请求陛下罢去与僧、尼讲经用的宫廷讲席,多费些精力过问军国政事。"唐懿宗虽然对萧倣的上言给予嘉奖,但却不能按萧倣所说的去做。

7　岭南地区过去分为五管,即广、桂、邕、容、安南,全部隶属于岭南节度使,蔡京奏请唐懿宗,请将岭南分成两道来节度管理,唐懿宗批准了这一请求。五月,唐懿宗下敕以广州为岭南东道,邕州为岭南西道,又割桂管所辖的龚州、象州二州,及容管所辖的藤州、岩州二州隶属于邕管。不久唐懿宗又任命岭南节度使韦宙为岭南东道节度使,任命蔡京为岭南西道节度使。

蔡袭率领诸道兵在安南,蔡京对他极为猜忌,恐怕他立功,于是向唐懿宗奏称:"南诏蛮军已经遁逃远去,边境地区已没有危险,一些武夫悍将为了邀取战功,硬是虚报敌情以扩充自己部下的戍兵,使朝廷耗费大量军需补给品,也虚耗了大量运费。大概由于地处荒山,路途遥远,朝廷对武将虚报的情况难以查对,所以这些武夫的奸诈能得逞。请求陛下罢去安南的戍兵,让各镇军队归还本道。"

朝廷从之。袭累奏群蛮伺隙日久,不可无备,乞留戍兵五千人,不听。袭以蛮寇必至,交趾兵食皆阙,谋力两穷,作十必死状申中书。时相信京之言,终不之省。

8　秋,七月,徐州军乱,逐节度使温璋。

初,王智兴既得徐州,募勇悍之士二千人,号银刀、雕旗、门枪、挟马等七军,常以三百馀人自卫,露刃坐于两庑夹幕之下,每月一更。其后节度使多儒臣,其兵浸骄,小不如意,一夫大呼,其众皆和之,节度使辄自后门逃去。前节度使田牟至与之杂坐饮酒,把臂拊背,或为之执板唱歌;犒赐之费,日以万计,风雨寒暑,复加劳来,犹时喧哗,邀求不已。牟薨,璋代之,骄兵素闻璋性严,惮之。璋开怀慰抚,而骄兵终怀猜忌,赐酒食皆不历口,一旦,竟聚噪而逐之。朝廷知璋无辜,乙亥,以璋为邠宁节度使,以浙东观察使王式为武宁节度使。

9　以前西川节度使、同平章事夏侯孜为左仆射、同平章事。

10　忠武、义成两军从王式讨裘甫者犹在浙东,诏式帅以赴徐州,骄兵闻之,甚惧。八月,式至大彭馆,始出迎谒。

朝廷对蔡京的建议予以批准。蔡袭连续向朝廷上奏，称群蛮对安南窥伺已久，企图乘隙侵犯，不可没有防备，乞求留下戍兵五千人，朝廷不听蔡袭的奏请。蔡袭认为南诏蛮军必定要入侵，交趾的军队和粮食都缺乏，既无计谋又无军力，于是写了十道必死的状子向朝廷中书门下政事堂申诉。当时宰相苟求节省输送军需的费用，只相信蔡京的话，听不进蔡袭的话，对蔡袭所阐述的安南险情始终没有省悟。

8 秋季，七月，徐州发生军乱，乱军将徐州节度使温璋驱逐出境。

起初，王智兴既取得徐州，招募勇敢强悍之士两千人，号称银刀、雕旗、门枪、挟马等七军，经常带着三百多人自卫，他们全副武装地坐在州府使院两侧小屋子的夹幕之下，每月轮换一批。此后的节度使大多是儒臣文士，银刀等七军士兵逐渐骄横，稍有不如意处，只要一人振臂一呼，其他士兵就一齐响应，节度使只得从后门逃走躲避。前徐州节度使田牟为了安抚这些骄兵悍将，甚至与他们不分上下地杂坐，在一起饮酒，士兵与节度使手把手，背靠背，有时田牟还为士兵们边敲竹板边唱歌；节度使府用于犒赏士兵的费用，每天都以一万计，遇到风雨或寒暑之日，还要加倍慰劳，即使是这样，银刀等七军士兵仍然时常喧哗闹事，要求赏赐，贪图不已。田牟去世后，温璋代任徐州节度使，骄兵早就听说温璋性情严肃，心怀畏惧。温璋虽然敞开心扉慰问七军士兵，但骄兵们始终对温璋心怀猜忌，凡温璋赐予的酒食，没有人敢喝一口，一天早上，骄兵们竟聚集在一起，大喊大叫将温璋驱逐。朝廷知道温璋被逐事出无辜，乙亥（初八），任命温璋为邠宁节度使，改任浙东观察使王式为武宁节度使。

9 唐懿宗任命前西川节度使、同平章事夏侯孜为左仆射、同平章事。

10 忠武、义成两藩镇随王式征讨裘甫的军队仍然留在浙东，唐懿宗颁下诏书令王式率领两镇军队赶赴徐州，徐州骄兵得知消息，极为恐惧。八月，王式来到徐州城外的大彭馆，银刀等七军兵将出来迎接拜见。

式视事三日,飨两镇将士,遣还镇,擐甲执兵,命围骄兵,尽杀之,银刀都将邵泽等数千人皆死。甲子,敕以徐州先隶淄青道,李洧自归,始置徐海使额。及张建封以威名宠任,特帖濠、泗二州。当时本以控扼淄青、光蔡。自寇孽消弭,而武宁一道职为乱阶。今改为徐州团练使,隶兖海节度;复以濠州归淮南道,更于宿州置宿泗都团练观察使;留将士三千人守徐州,馀皆分隶兖、宿。且以王式为武宁节度使,兼徐、泗、濠、宿制置使。委式与监军杨玄质分配将士赴诸道讫,然后将忠武、义成两道兵至汴滑,各遣归本道,身诣京师。其银刀等军逃匿将士,听一月内自首,一切勿问。

11　岭南西道节度使蔡京为政苛惨,设炮烙之刑,阖境怨之,遂为邕州军士所逐,奔藤州,诈为敕书及攻讨使印,募乡丁及旁侧土军以攻邕州。众既乌合,动辄溃败,往依桂州,桂州人怨其分裂,不纳。京无所自容,敕贬崖州司户,不肯之官,还,至零陵,敕赐自尽。以桂管观察使郑愚为岭南西道节度使。

12　冬,十月丙申朔,立皇子佾为魏王,侹为凉王,佶为蜀王。

13　十一月,立顺宗子缉为蕲王,宪宗子愤为荣王。

王式在徐州使府处理了三天军务，然后为忠武、义成两镇军队设宴，声称将遣送他们回本镇，两镇士兵披甲执锐，全副武装，式突然令他们将徐州银刀等七军骄兵团团围住，全部诛斩，一时银刀都将邵泽等数千人全被杀死。甲子（二十八日），唐懿宗颁下敕令，声言徐州原先隶属于淄青道，自李洧归附朝廷以来，开始设置徐海节度使。到张建封镇徐州时，因他有威名，并受到皇上宠信重用，特将濠州、泗州两州拨归徐州领辖。当时的用意本来是以徐州来控扼淄青、光蔡两大藩镇，以保护江淮漕运。自后贼寇馀孽全被消灭，而设在徐州的武宁使职衔名已相当混乱。现将贞元四年唐德宗设置的徐、泗、濠节度使改为徐州团练使，隶属兖海节度使管辖；将濠州归还淮南道，再于宿州设置宿泗都团练观察使；留下将士三千人驻守徐州，其馀军队都分别隶属于兖海和宿泗两镇。另外仍以王式为武宁节度使，兼任徐州、泗州、濠州、宿州制置使。并委王式与宦官监军杨玄质来分配徐州将士奔赴诸道，分派完毕后，再将忠武、义成两藩镇军队调至汴州、滑州，然后分别回本镇，王式完成这些任务后，再到京师汇报。徐州银刀等七军士兵逃亡躲藏在外者，可以在一个月之内自首，过去的一切不再追究。

11　岭南西道节度使蔡京在镇为政苛刻残暴，使用烧红的铁烙犯人肉身的惨烈刑法，辖境内百姓对酷政怨恨万分，于是邕州军士将蔡京驱逐出境，蔡京投奔藤州，假造皇帝的敕书以及攻讨使的印信，招募乡村壮丁及附近州县土军，以进攻邕州。蔡京召来的军队是一群乌合之众，一接触敌军就溃散败退，根本不能打仗，蔡京只好投奔桂州，桂州人对他割桂管巡属归岭南西道领辖的举动怨恨极深，不肯接纳他。蔡京无地容身，唐懿宗颁下诏敕，将蔡京贬为崖州司户，蔡京不肯往崖州任官，于是擅自回朝，来到零陵，唐懿宗赐他自杀。唐懿宗改以桂管观察使郑愚任岭南西道节度使。

12　冬季，十月丙申朔（初一），唐懿宗立皇子李佾为魏王，李侹为凉王，李佶为蜀王。

13　十一月，唐懿宗立唐顺宗的儿子李缉为蕲王，立唐宪宗的儿子李愤为荣王。

14 南诏帅群蛮五万寇安南，都护蔡袭告急，敕发荆南、湖南两道兵二千，桂管义征子弟三千，诣邕州受郑愚节度。

15 岭南东道节度使韦宙奏："蛮寇必向邕州，若不先保护，遽欲远征，恐蛮于后乘虚扼绝饷道。"乃敕蔡袭屯海门，郑愚分兵备御。十二月，袭又求益兵，敕山南东道发弩手千人赴之。时南诏已围交趾，袭婴城固守，救兵不得至。

16 翼王绹薨。

17 是岁，嗢末始入贡。嗢末者，吐蕃之奴号也。吐蕃每发兵，其富室多以奴从，往往一家至十数人，由是吐蕃之众多。及论恐热作乱，奴多无主，遂相纠合为部落，散在甘、肃、瓜、沙、河、渭、岷、廓、叠、宕之间，吐蕃微弱者反依附之。

四年(癸未，863)

1 春，正月庚午，上祀圜丘，赦天下。

2 是日，南诏陷交趾，蔡袭左右皆尽，徒步力战，身集十矢，欲趣监军船，船已离岸，遂溺海死，幕僚樊绰携其印浮渡江。荆南、江西、鄂岳、襄州将士四百馀人，走至城东水际，荆南虞候元惟德等谓众曰："吾辈无船，入水则死，不若还向城与蛮斗，人以一身易二蛮，亦为有利。"遂还向城，入东罗门，蛮不为备，惟德等纵兵杀蛮二千馀人，逮夜，蛮将杨思缙始自子城出救之，惟德等皆死。南诏两陷交趾，所杀虏且十五万人。

14 南诏王国派遣将领率领群蛮军队五万人入寇安南,唐安南都护蔡袭向朝廷告急,唐懿宗下诏敕调发荆南、湖南两道军队两千人,又调发桂管应募从军的子弟三千人,到邕州接受郑愚的指挥。

15 岭南东道节度使韦宙上奏朝廷:"南诏蛮寇必定要入侵邕州,如果急于派军队远征,而不事先派军保护入邕州的通道,恐怕蛮军乘虚在后面断绝我军输饷的道路。"于是唐懿宗颁下诏敕,让蔡袭率军屯驻于海门,放弃交趾,命令郑愚分别调派军队作防御准备。十二月,蔡袭又向朝廷请求增调军队,唐懿宗下敕令山南东道调弓弩手一千人前往救援。这时南诏军队已围住交趾城,蔡袭关闭城门,凭借城墙进行固守,唐朝救兵不能立即赶到。

16 翼王李绰去世。

17 这一年,喔末开始向唐朝进贡。喔末是吐蕃奴隶的称号。吐蕃王国每次调发军队,富室人家多有奴隶随从,往往一家有奴隶十几人,所以吐蕃军队人数众多。到论恐热作乱时,奴隶大多无主人,于是自相纠集在一起,合成部落,散布在甘州、肃州、瓜州、沙州、河州、渭州、岷州、廓州、叠州、宕州之间,一些微弱的吐蕃奴隶主反而依附于他们。

唐懿宗咸通四年(癸未,公元863年)

1 春季,正月庚午(初十),懿宗举行祀圜丘大典,大赦天下。

2 这一天,南诏军队攻陷了交趾,唐安南都护蔡袭的左右侍卫全部被杀死,他仍然徒步力战,身中十箭,蔡袭想爬上监军的船,但船已离岸,于是蔡袭赴海而死,蔡袭的幕僚樊绰携带都护大印游过马门江。荆南、江西、鄂岳、襄州将士四百多人,走到交趾城东边临海的地方,荆南虞候元惟德等对大家说:"我们现在没有船,入海只有死路一条,不如回到城里去与南诏蛮人搏斗,如果我们每人能以一条命换蛮人两条命,也死得合算。"于是返回交趾城,从东罗门进入,蛮军没作防备,元惟德等人纵兵厮杀,杀死南诏军两千人,到了夜晚,南诏蛮将杨思缙才从城内的小城出来救援,元惟德等四百多将士全部战死。南诏蛮军两次攻陷了交趾,被杀和被俘的唐朝人达十五万。

留兵二万,使思缙据交趾城,溪洞夷獠无远近皆降之。诏诸道兵赴安南者悉召还,分保岭南西道。

3　上游宴无节,左拾遗刘蜕上疏曰:"今西凉筑城,应接未决于与夺;南蛮侵轶,干戈悉在于道涂。旬月以来,不为无事。陛下不形忧闵以示远近,则何以责其死力!望节娱游,以待远人乂安,未晚。"弗听。

4　二月甲午朔,上历拜十六陵。

5　置天雄军于秦州,以成、河、渭三州隶焉;以前左金吾将军王晏实为天雄观察使。

6　三月,归义节度使张义潮奏自将蕃、汉兵七千克复凉州。

7　南蛮寇左、右江,浸逼邕州。郑愚惧,自言儒臣无将略,请任武臣。朝廷召义武节度使康承训诣阙,欲使之代愚,仍诏选军校数人、士卒数百人自随。

8　中书侍郎、同平章事毕诚以同列多徇私不法,称疾辞位。夏,四月,罢为兵部尚书。

9　庚戌,群盗入徐州,杀官吏,刺史曹庆讨平之。

10　康承训至京师,以为岭南西道节度使,发荆、襄、洪、鄂四道兵万人与之俱。

南诏留下了两万人的军队,让杨思缙据守交趾城,周围山谷溶洞里的夷人獠人不管是远的是近的都归降于杨思缙。唐懿宗于是颁下诏书,召调赴安南的诸道军队全部归还,并分别派驻到岭南西道进行守卫。

3 唐懿宗的游玩宴饮毫无节制,左拾遗刘蜕上疏劝谏唐懿宗说:"目前西面有凉州请求建筑城堡,您因游宴应接不暇,对筑城的奏议未予裁决;南面有蛮人的侵寇,大批军队在道路上奔走调动。半个月以来,不是没有事情。陛下不在表面上做出忧虑哀悯的样子,给远近臣民看,又怎能让将士们去疆场拼死出力!希望陛下能节制娱乐游戏,等到边远地区太平无事之后,再行游乐,尚不为晚。"唐懿宗听不进去。

4 二月甲午朔(初一),唐懿宗一个接一个地拜谒十六座先帝陵墓。

5 唐朝廷在秦州设置天雄军,以成州、河州、渭州三州之地隶属于它;任命前左金吾将军王晏实为天雄观察使。

6 三月,归义军节度使张义潮奏告朝廷,称他自己率领由蕃族、汉族七千人组成的军队,收复了凉州。

7 南诏蛮军侵寇左江、右江地区,逐渐进逼邕州。唐岭南西道节度使郑愚心怀恐惧,自称儒臣没有将才战略,请求朝廷任命武臣充任节度使。朝廷将义武军节度使康承训召到长安,想让他往邕州替代郑愚,唐懿宗还颁下诏书,让康承训在义武军中选将领数人、士兵几百人,随同前往赴任。

8 中书侍郎、同平章事毕诚因为同列宰相中多徇私舞弊,目无法纪,声称患有疾病,辞去宰相职位。夏季,四月,唐懿宗罢去毕诚的相位,任为兵部尚书。

9 庚戌(十七日),一群盗贼攻入徐州,杀死官府官吏,徐州刺史曹庆将盗贼镇压平定。

10 康承训来到京师长安,唐懿宗任命他为岭南西道节度使,调发荆州、襄州、洪州、鄂州等四道军队一万人,由康承训率领赴邕州。

11　五月戊辰，以翰林学士承旨、兵部侍郎杨收同平章事。收，发之弟也。与左军中尉杨玄价叙同宗相结，故得为相。

12　乙亥，废容管，隶岭南西道，复以龚、象二州隶桂管。

13　戊子，以门下侍郎、同平章事杜审权同平章事，充镇海节度使。

14　六月，废安南都护府，置行交州于海门镇；以右监门将军宋戎为行交州刺史，以康承训兼领安南及诸军行营。

15　闰月，以门下侍郎同平章事杜悰同平章事，充凤翔节度使；以兵部侍郎、判度支河南曹确同平章事。

16　秋，七月辛卯朔，日有食之。

17　复置安南都护府于行交州，以宋戎为经略使，发山东兵万人镇之。时诸道兵援安南者屯聚岭南，江西、湖南馈运者皆溯湘江入澪渠、漓水，劳费艰涩，诸军乏食。润州人陈磻石上言，请造千斛大舟，自福建运米泛海，不一月至广州，从之，军食以足。然有司以和雇为名，夺商人舟，委其货于岸侧，舟入海或遇风涛没溺，有司因系纲吏、舟人，使偿其米，人颇苦之。

18　八月，岭南东道节度使韦宙奏，蛮必向邕州，请分兵屯容、藤州。

19　夔王滋薨。

20　敕以阁门使吴德应等为馆驿使。台谏上言：故事，御史巡驿，不应忽以内人代之。上谕以敕命已行，不可复改。左拾遗刘蜕

11 五月戊辰(初六),唐懿宗任命翰林学士承旨、兵部侍郎杨收为同平章事。杨收是杨发的弟弟。杨收与宦官首领左神策军护军中尉杨玄价攀结同祖宗亲,得杨玄价的内助,所以升迁为宰相。

12 乙亥(十三日),唐朝廷废除容管,将其隶属于岭南西道,再将龚州、象州二州隶属于桂管。

13 戊子(二十六日),唐懿宗任命门下侍郎、同平章事杜审权仍领同平章事衔,出朝充任镇海节度使。

14 六月,朝廷下令废除安南都护府,设置交州于海门镇;任命右监门将军宋戎为行交州刺史,又以康承训兼领安南以及诸军行营总节度。

15 闰六月,唐懿宗任命门下侍郎同平章事杜悰仍领同平章事衔,出朝充任凤翔节度使;又任命兵部侍郎、判度支河南人曹确为同平章事。

16 秋季,七月辛卯朔(初一),出现日食。

17 朝廷于行交州重新设置安南都护府,任命宋戎为安南经略使,调发靖山以东诸道军队一万人镇戍安南。当时诸道救援安南的军队都屯集在岭南,江西、湖南为大军运输军需粮饷的人都溯湘江而上,经灵渠进入漓江,役夫劳累艰苦,运费极高,在岭南的诸道军因而缺乏粮食。润州人陈磻石上言朝廷,请求建造能载千斛粮食的大船,从福建运米渡海,不要一个月就能到达广州,得到朝廷的批准,于是岭南的军粮很充足。但有关机构以和雇的名义,抢夺商人的海船,将商人的商品货物堆积在海岸边,商船运米入海若遇上风暴海涛沉没,有关机构就逮捕押船运粮的官吏和船夫,逼他们偿还米价,使沿海一带船主船夫怨声载道。

18 八月,岭南东道节度使韦宙奏告朝廷,声称南诏蛮军必定要向邕州入寇,请求分兵屯驻于容州、藤州。

19 夔王李滋去世。

20 唐懿宗颁下诏敕,任命阁门使宦官吴德应等人为馆驿使。御史台和谏官向唐懿宗上言劝谏:按照惯例,两京以御史一人掌管馆驿事务,号馆驿使,不应突然以内廷宦官来取代御史台朝臣。唐懿宗声言敕令已经颁布执行,不可更改。左拾遗刘蜕向唐懿宗

上言:"昔楚子县陈,得申叔一言而复封之;太宗发卒修乾元殿,闻张玄素谏,即日罢之。自古明君所尚者,从谏如流,岂有已行而不改!且敕自陛下出之,自陛下改之,何为不可!"弗听。

21 黠戛斯遣其臣合伊难支表求经籍及每年遣使走马请历,又欲讨回鹘,使安西以来悉归唐,不许。

22 冬,十月甲戌,以长安尉、集贤校理令狐滈为左拾遗。乙亥,左拾遗刘蜕上言:"滈专家无子弟之法,布衣行公相之权。"起居郎张云言:"滈父绹用李涿为安南,致南蛮至今为梗,由滈纳贿,陷父于恶。"十一月丁酉,云复上言:"滈,父绹执政之时,人号'白衣宰相'。"滈亦上表引避,乃改詹事府司直。

23 辛巳,废宿泗观察使,复以徐州为观察府,以濠、泗隶焉。

24 十二月,南诏寇西川。

25 昭义节度使沈询奴归秦,与询侍婢通,询欲杀之,未果,乙酉,归秦结牙将作乱,攻府第,杀询。

五年(甲申,864)

1 春,正月,以京兆尹李蟾为昭义节度使,取归秦肝以祭沈询。

2 淮南节度使令狐绹为其子滈讼冤。贬张云兴元少尹,刘蜕华阴令,敕曰:"虽嘉蹇谔之忠,难逃疏易之责。"

上言:"春秋时期楚国灭亡陈国,将陈国置为楚国的一个县,由于申叔的一言劝谏,楚王就恢复了陈国;当年唐太宗征发役卒修筑乾元殿,听到张玄素的劝谏,当天就罢废了这项工程。自古以来圣明的君主所崇尚的,是善于纳谏,从谏如流,哪有借口已经执行就不改正的!而且诏敕是由陛下颁布发出,再由陛下改正,有什么不可以的呢!"唐懿宗还是不听。

21　黠戛斯派遣使臣合伊难支向唐懿宗上表,请求唐朝的经籍文书,并要求每年派遣使者往来朝廷核定历法,又希望征讨回鹘王国,使安西广大地区全部归附朝朝,唐懿宗不予批准。

22　冬季,十月甲戌(十五日),唐懿宗任命长安县尉、集贤书院校理令狐滈为左拾遗。乙亥(十六日),左拾遗刘蜕向唐懿宗上言:"令狐滈治家没有官家子弟的家法,任命他犹如让平民百姓行使公卿宰相的权力。"起居郎张云说:"令狐滈的父亲令狐绹用李涿为安南都护,致使南诏蛮军至今仍狂妄侵寇,当时正因为令狐滈收取李涿的贿赂,使他父亲违纪作恶,造成严重后果。"十一月丁酉(初八),张云再次向唐懿宗上言:"令狐滈的父亲令狐绹当宰相执掌朝政时,人们称他为'白衣宰相'。"令狐滈由于舆论的攻击,也向唐懿宗上表要求引退躲避,于是唐懿宗将令狐滈改任为太子詹事府司直。

23　辛巳,朝廷废除宿泗观察使,再将徐州升格为观察使府,将濠州、泗州隶属于徐州观察使府管辖。

24　十二月,南诏王国军队入寇唐朝西川地区。

25　昭义节度使沈询的奴隶名叫归秦,与沈询的女婢通奸,沈询想杀死归秦,还没有动手,乙酉(二十七日),归秦勾结昭义牙将作乱,进攻节度使府内沈询的住宅,将沈询杀死。

唐懿宗咸通五年(甲申,公元864年)

1　春季,正月,唐懿宗任命京兆尹李蟾为昭义节度使,李蟾到任后将归秦的心肝挖出来,用以祭奠沈询的亡灵。

2　淮南节度使令狐绹为他的儿子令狐滈申冤。唐懿宗将张云贬为兴元府少尹,将刘蜕贬为华阴县令,并颁布诏敕说:"虽然嘉奖直言之士的忠诚,也不能不追究出言草率的责任。"

3 丙午,西川奏,南诏寇巂州,刺史喻士珍破之,获千馀人。诏发右神策兵五千及诸道兵戍之。忠武大将颜庆复请筑新安、遏戎二城,从之。

4 以容管经略使张茵兼句当交州事,益海门镇兵满二万五千人,令茵进取安南。

5 二月己巳,以刑部尚书、盐铁转运使李福同平章事、充西川节度使。

6 甲申,前西川节度使萧邺左迁山南西道观察使。

7 三月丁酉,彗星出于娄,长三尺。己亥,司天监奏:"按《星经》,是名含誉,瑞星也。"上大喜。"请宣示中外,编诸史策。"从之。

8 康承训至邕州,蛮寇益炽,诏发许、滑、青、汴、兖、郓、宣、润八道兵以授之。承训不设斥候,南诏帅群蛮近六万寇邕州将入境,承训乃遣六道兵凡万人拒之,以獠为导,绐之。敌至,不设备,五道兵八千人皆没,惟天平军后一日至,得免。承训闻之,惶怖不知所为。节度副使李行素帅众治壕栅,甫毕,蛮军已使围。留四日,治攻具,将就,诸将请夜分道斫蛮营,承训不许。有天平小校再三力争,乃许之。小校将勇士三百,夜,缒而出,散烧蛮营,斩首五百馀级。蛮大惊,间一日,解围去。承训乃遣诸军数千追之,所杀虏不满三百级,皆溪獠协从者。

3 丙午(十九日),西川节度使奏告朝廷,南诏蛮军侵寇嶲州,嶲州刺史喻士珍将蛮军击败,俘获一千多人。唐懿宗颁布诏令,调发右神策军五千人以及诸道军队往西川戍守。忠武镇大将颜庆复请求修筑新安、逼戎两座城堡,唐懿宗予以批准。

4 唐懿宗任命容管经略使张茵兼领交州事,又向海门镇增补军队,使驻军达两万五千人,于是命令张茵进兵收复安南。

5 二月己巳(十二日),唐懿宗任命刑部尚书、盐铁转运使李福挂同平章事衔,出朝充任西川节度使。

6 甲申(二十七日),前西川节度使萧邺被降职调任山南西道观察使。

7 三月丁酉(十一日),有彗星出自娄宿,长三尺。己亥(十三日),司天监奏告唐懿宗,"按照《星经》的记载,这颗彗星的名字含有荣誉,是一颗象征祥瑞的彗星。"唐懿宗听后极为欢喜。司天监又奏:"请皇上将彗星告吉祥之事宣告中外,并在史策上作记载。"唐懿宗表示同意。

8 唐岭南西道节度使康承训来到邕州,南诏蛮军的侵寇更加凶猛,唐懿宗于是颁发诏书调集许州、滑州、青州、汴州、兖州、郓州、宣州、润州八道军队交他指挥。康承训不设哨兵,南诏军率领群蛮近六万人侵寇邕州,即将入边境,康承训才派六道兵总计一万人去抵抗,以獠人为向导,被獠人哄骗。蛮军开到,唐军不设戒备,五道军队八千人全被消灭,只有天平军晚一天赶到,得以幸免。康承训得知消息,惶恐不安,不知道怎么办才好。岭南西道节度副使李行素率领部众开挖壕沟,修筑栅栏,正好修治完毕,南诏蛮军已将邕州城团团围住。蛮军留在城下四天,制造攻城器械,行将完工,城内唐军诸将请求康承训乘夜分几路袭击蛮军营帐,康承训不予批准。有一位天平军小校再三力争,康承训才同意。天平小校率领勇士三百人,乘夜用绳索由城上吊下,到处放火烧南诏蛮军的营帐,斩蛮军首级五百馀级。南诏蛮军大为惊恐,只停留了一天,即解围而去。康承训又派遣诸道军队数千人追击,所杀和俘获蛮军不过三百人,且都是被南诏胁从入伍的诸溪獠人。

承训腾奏告捷,云大破蛮贼,中外皆贺。

9　夏,四月,以兵部侍郎、判户部萧寘同平章事。寘,复之孙也。

10　加康承训检校右仆射,赏破蛮之功也。自馀奏功受赏者,皆承训子弟亲昵;烧营将校不迁一级,由是军中怨怒,声流道路。

11　五月,敕:"徐州土风雄劲,甲士精强,比因罢节,颇多逃匿,宜令徐泗团练使选募军士三千人赴邕州防戍,待岭外事宁,即与代归。"

12　秋,七月,西川奏两林鬼主邀南诏蛮,败之,杀获甚众;保塞城使杜守连不从南诏,帅众诣黎州降。

13　岭南东道节度使韦宙具知康承训所为,以书白宰相。承训亦自疑惧,累表辞疾,乃以承训为右武卫大将军、分司,以容管经略使张茵为岭南西道节度使,复以容管四州别为经略使。

时南诏知邕州空竭,不复入寇,茵久之不敢进军取安南。夏侯孜荐骁卫将军高骈代之,乃以骈为安南都护、本管经略招讨使,茵所将兵悉以授之。骈,崇文之孙也,世在禁军。骈颇读书,好谈今古,两军宦官多誉之,累迁右神策都虞候。党项叛,将禁兵万人戍长武,屡有功,迁秦州防御使,复有功,故委以安南。

14　冬,十一月,以门下侍郎、同平章事夏侯孜同平章事,充河东节度使。

康承训立即向朝廷上表奏告胜利,声称大破南诏蛮寇,朝廷内外都表示祝贺。

9 夏季,四月,唐懿宗任命兵部侍郎、判户部萧寘为同平章事。萧寘是萧复的孙子。

10 唐懿宗加给康承训检校右仆射的官衔,奖赏他大破南诏蛮军的功劳。其馀上报给朝廷而受到奖赏的人,都是康承训的子弟或亲信左右;而烧南诏蛮军营帐的天平军小校却没升迁一级,于是军中怨恨愤怒,流言蜚语传布于道路。

11 五月,唐懿宗颁布诏敕:"徐州地方风俗雄健刚劲,军队精锐强悍,近来因为罢废节度使府,不少人逃亡藏匿于山林草泽,所以命令徐泗团练使选拔招募军士三千人赶赴邕州戍守边境,等到岭外战事平息下来,即与轮换下来的士兵一同归还。"

12 秋季,七月,西川节度使奏告朝廷,称两林部落酋长邀击南诏蛮军,将蛮军击败,杀死和俘获很多南诏军;南诏所署的保塞城使杜守连不服从南诏蛮军的命令,率领部众到黎州归降唐朝。

13 岭南东道节度使韦宙对康承训的所作所为一清二楚,写信告诉当朝宰相。康承训也疑虑恐惧,多次向朝廷上表请求辞官养病,于是唐懿宗调康承训为右武卫大将军、分司东都,任命容管经略使张茵为岭南西道节度使,又将容管所辖四州另外设置经略使。

这时南诏王国知道邕州经过几次侵寇,财物已经空竭,于是不再入寇,张茵坐镇邕州很久,不敢进军收复安南。夏侯孜于是推荐骁卫将军高骈代张茵为岭南西道节度使,唐懿宗也就任命高骈为安南都护、本管内经略招讨使,将张茵统领的军队全部交给高骈指挥。高骈是高崇文的孙子,世代在禁军中服役任将。高骈读了不少书,喜欢谈论今古时事,左右两神策军的宦官统帅对他多有称誉,经过多次升迁任右神策军都虞候。党项族叛乱,高骈率领禁军一万人戍守长武,屡有战功,因此升官任秦州防御使,又有战功,所以委以经略安南的重任。

14 冬季,十一月,唐懿宗命门下侍郎、同平章事夏侯孜仍领同平章事衔,出朝充任河东节度使。

15 壬寅,以翰林学士承旨、兵部侍郎路岩同平章事,时年三十六。

六年(乙酉,865)

1 春,正月丁巳,始以懿安皇后配飨宪宗室。时王皞复为礼院检讨官,更申前议,朝廷竟从之。

2 诸道进私白者,闽中为多,故宦官多闽人。福建观察使杜宣猷每寒食遣吏分祭其先垅,宦官德之,庚申,以宣猷为宣歙观察使,时人谓之"敕使墓户"。

3 三月,中书侍郎、同平章事萧寘薨。

4 夏,四月,以前东川节度使高璩为兵部侍郎、同平章事。璩,元裕之子也。

5 杨收建议,以"蛮寇积年未平,两河兵戍岭南冒瘴雾物故者什六七,请于江西积粟,募强弩三万人,以应接岭南,道近便,仍建节以重其权"。从之。五月辛丑,置镇南军于洪州。

6 巂州刺史喻士珍贪狡,掠两林蛮以易金。南诏复寇巂州,两林蛮开门纳之,南诏尽杀戍卒,士珍降之。

7 壬寅,以桂管观察使严譔为镇南节度使。譔,震之从孙也。

8 六月,高璩薨。

9 以御史大夫徐商为兵部侍郎、同平章事。

10 秋,七月,立皇子侃为郢王,俨为普王。

15 壬寅(十九日)，唐懿宗任命翰林学士承旨、兵部侍郎路岩为同平章事,当时路岩才三十六岁。

唐懿宗咸通六年(乙酉,公元865年)

1 春季,正月丁巳,唐懿宗同意将懿安皇后的神位配置于存放唐宪宗神主像的庙室。当时王皞再任礼院检讨官,重申先前的议论,朝廷最后批准了他的奏议。

2 地方诸道向朝廷进献阉割小儿,以闽中为最多,所以宦官大多是闽人。福建观察使杜宣猷每当寒食之时,都要派遣官员分别去祭祀宦官祖先的坟墓,宦官们感恩戴德,在唐懿宗面前为杜宣猷说好话,三月庚申(九日),唐懿宗任命杜宣猷为宣歙观察使,当时人戏称杜宣猷为"敕使墓户"。

3 三月,中书侍郎、同平章事萧寘去世。

4 夏季,四月,唐懿宗任命前东川节度使高璩为兵部侍郎、同平章事。高璩是高元裕的儿子。

5 杨收向唐懿宗建议,以"南诏蛮寇的侵扰多年不能平定,两河军队远戍岭南由于瘴气和水土不服而死掉的人有十分之六七,请求在江西囤积军粮,招募强健的弓弩手三万人,用以应接岭南的军事需要,距离岭南也较近,军队调动也更方便,并且在江西建节设军镇,以加重江西镇帅的权力"。唐懿宗表示同意。五月辛丑(二十一日),唐懿宗下令在洪州设置镇南军。

6 巂州刺史喻士珍贪鄙狡猾,掠夺两林蛮人部落,强迫两林蛮人用黄金赎身。南诏蛮军再次侵寇巂州,两林蛮族人于是开城门接纳南诏军,南诏蛮军入巂州城杀尽唐军戍卒,喻士珍向南诏蛮军投降。

7 壬寅(二十二日),唐懿宗任命桂管观察使严谟为镇南军节度使。严谟是严震的族孙。

8 六月,高璩去世。

9 唐懿宗任命御史大夫徐商为兵部侍郎、同平章事。

10 秋季,七月,唐懿宗立皇子李侃为郢王,立李俨为普王。

11　高骈治兵于海门，未进，监军李维周恶骈，欲去之，屡趣骈使进军。骈以五千人先济，约维周发兵应援；骈既行，维周拥馀众，不发一卒以继之。九月，骈至南定，峰州蛮众近五万，方获田，骈掩击，大破之，收其所获以食军。

12　冬，十二月壬子，太皇太后郑氏崩。

七年(丙戌, 866)

1　春，二月，归义节度使张义潮奏北庭回鹘固俊克西州、北庭、轮台、清镇等城。

论恐热寓居廓州，纠合旁侧诸部，欲为边患，皆不从；所向尽为仇敌，无所容。仇人以告拓跋怀光于鄯州，怀光引兵击破之。

2　三月戊寅，以河东节度使刘潼为西川节度使。初，南诏围嶲州，东蛮浪稽部竭力助之，遂屠其城，卑笼部怨南诏杀其父兄，导忠武戍兵袭浪稽，灭之。南诏由是怨唐。

南诏遣清平官董成等诣成都，节度使李福盛仪卫以见之。故事，南诏使见节度使，拜伏于庭，成等曰："骠信已应天顺人，我见节度使当抗礼。"传言往返，自旦至日中不决。将士皆愤怒，福乃命捽而殴之，因械系于狱。刘潼至镇，释之，奏遣还国。诏召成等至京师，见于别殿，厚赐，劳而遣之。

11 高骈在海门整治军队,尚未进兵,宦官监军李维周讨厌高骈,想将高骈挤走,多次催促高骈,要他赶快向安南进军。高骈派五千人先渡海进发,与李维周约好,让他发兵前去支援;高骈既已出发,李维周接管其馀留在海门的军队,却不调一兵一卒继后跟进。九月,高骈率军来到南定县,峰州的蛮军五万人正在田里收割水稻,高骈突然袭击,大破蛮军,得蛮人所收获的稻米,用来供应军粮。

12 冬季,十二月壬子(初五),太皇太后郑氏驾崩。

唐懿宗咸通七年(丙戌,公元866年)

1 春季,二月,归义军节度使张义潮奏告朝廷,称北庭回鹘首领仆固俊从吐蕃手中攻克西州、北庭、轮台、清镇等城。

论恐热居留在廓州,纠集附近诸吐蕃部落,企图侵犯唐边境,诸部落都不听从;四周部落都是论恐热的仇敌,论恐热无处容身。仇人将论恐热的处境报告鄯州的拓跋怀光,拓跋怀光率领军队将论恐热部击败。

2 三月戊寅(初二),唐懿宗任命河东节度使刘潼为西川节度使。起初,南诏蛮军围困巂州,东蛮浪稽部竭力协助南诏军,于是攻陷并屠杀巂州城,卑笼部族对南诏蛮军杀害他们的父兄怨恨无比,因此引导唐忠武镇戍军袭击浪稽部落,将浪稽部消灭。南诏王国为此怨恨唐朝。

南诏王国派遣清平官董成等人到成都,唐西川节度使李福排列盛大的仪仗队来迎接董成。按以前的惯例,南诏王国的使者见唐朝的节度使,要在院庭伏拜行礼,董成等人声称:"南诏王国骠信已应天顺人,自为君主,我见贵国节度使应当分庭抗礼。"传话的人往返多次,从早晨直到中午无法决定。西川将士对南诏使者的傲慢都极为愤怒,李福于是命令将士揪住董成等人殴打,将他们用链子锁进监狱。刘潼来到西川镇治成都,将董成等人释放,并奏请唐懿宗遣董成等人回南诏国。唐懿宗颁下诏书令召董成等人至京师长安,接见于别殿,厚给赏赐,慰劳备至,并送他们回南诏王国。

3　成德节度使王绍懿,在镇十年,为政宽简,军民便之。疾病,召兄绍鼎之子都知兵马使景崇而告之曰:"吾兄以汝之幼,以军政授我。汝今长矣,我复以军政归汝。努力为之,上忠朝廷,下和邻藩,勿坠吾兄之业,汝之功也。"言竟而薨。

4　闰月,吐蕃寇邠宁,节度使薛弘宗拒却之。

5　夏,四月,贬前西川节度使李福为蕲王傅。

6　五月,葬孝明皇后于景陵之侧,主祔别庙。

7　六月,魏博节度使何弘敬薨,军中立其子左司马全皞为留后。

8　以王景崇为成德留后。

9　南诏酋龙遣善阐节度使杨缉助安南节度使段酋迁守交趾,以范昵些为安南都统,赵诺眉为扶邪都统。监陈敕使韦仲宰将七千人至峰州,高骈得以益其军,进击南诏,屡破之。捷奏至海门,李维周皆匿之,数月无声问。上怪之,以问维周,维周奏骈驻军峰州,玩寇不进。上怒,以右武卫将军王晏权代骈镇安南,召骈诣阙,欲重贬之。晏权,智兴之从子也。是月,骈大破南诏蛮于交趾,杀获甚众,遂围交趾城。

10　秋,七月,以何全皞为魏博留后。

11　冬,十月甲申,以门下侍郎、同平章事杨收为宣歙观察使。收性侈靡,门吏僮奴多倚为奸利。杨玄价兄弟受方镇之赂,

3 成德节度使王绍懿,在镇主掌军政十年,为政宽厚简便,受到部下军民的称赞。王绍懿患有疾病,将兄长王绍鼎的儿子成德都知兵马使王景崇召来,告谕他说:"我兄王绍鼎因为当时你还年幼,将成德的军政大权授予我掌握。你今天已长成人,我再将军政大权转归于你。希望你努力效劳,上要忠诚于朝廷,下要结好于相邻的藩镇,不要败坏了我兄王绍鼎开创的基业,这就是你的功业啊。"说完就去世了。

4 闰三月,吐蕃王国的军队侵寇唐邠宁镇,邠宁节度使薛弘宗率军拒战,将吐蕃军赶走。

5 夏季,四月,唐懿宗将前西川节度使李福贬官,任他为蕲王李缉的师傅。

6 五月,将孝明皇后安葬在唐宪宗的景陵旁侧,将她的神主像配于另外一个庙室。

7 六月,魏博节度使何弘敬去世,魏博军中立何弘敬的儿子左司马何全皞为留后。

8 朝廷任命王景崇为成德留后。

9 南诏王国国王酋龙派遣善阐节度使杨缉、安南节度使段酋迁驻守交趾,任命范昵些为安南都统,赵诺眉为扶邪都统。唐朝的宦官监阵敕使韦仲宰率领七千人赶到峰州,高骈的军队得到补充,于是进攻南诏蛮军,屡次击败南诏军队。高骈告捷的奏表送至海门,李维周全部收藏起来,使朝廷好几个月得不到高骈的音信。唐懿宗感到奇怪,遣使问李维周,李维周上奏唐懿宗称高骈驻军于峰州,与南诏蛮军周旋,不敢进兵。唐懿宗勃然大怒,任命右武卫将军王晏权替代高骈镇安南,并召高骈还朝,企图对高骈重贬降官。王晏权是王智兴的侄子。这个月,高骈在交趾大破南诏蛮军,杀死和俘获大量蛮军士兵,于是进围交趾城。

10 秋季,七月,朝廷任命何全皞为魏博留后。

11 冬季,十月甲申(十三日),唐懿宗命门下侍郎、同平章事杨收出朝任宣歙观察使。杨收性好奢侈,其门下小吏奴仆也都依恃杨收的权势作奸求利。杨玄价的兄弟接受藩镇的贿赂,

屡有请托，收不能尽从；玄价怒，以为叛己，故出之。

12　拓跋怀光以五百骑入廓州，生擒论恐热，先刖其足，数而斩之，传首京师。其部众东奔秦州，尚延心邀击，破之，悉奏迁于岭南。吐蕃自是衰绝，乞离胡君臣不知所终。

13　高骈围交趾十馀日，蛮困蹙甚，城且下，会得王晏权牒，已与李维周将大军发海门，骈即以军事授韦仲宰，与麾下百馀人北归。先是，仲宰遣小使王惠赞，骈遣小校曾衮入告交趾之捷，至海中，望见旌旗东来，问游船，云新经略使与监军也。二人谋曰："维周必夺表留我。"乃匿于岛间，维周过，即驰诣京师。上得奏，大喜，即加骈检校工部尚书，复镇安南。骈至海门而还。

王晏权暗懦，动禀李维周之命，维周凶贪，诸将不为之用，遂解重围，蛮遁去者太半。骈至，复督励将士攻城，遂克之，杀段酋迁及土蛮为南诏乡导者朱道古，斩首三万馀级，南诏遁去。骈又破土蛮附南诏者二洞，诛其酋长，土蛮帅众归附者万七千人。

14　十一月壬子，赦天下。诏安南、邕州、西川诸军各保疆域，勿复进攻南诏。委刘潼晓谕，如能更修旧好，一切不问。

对杨收屡有请托,杨收不能全部听从;杨玄价感到愤怒,认为杨收是背叛自己,所以在唐懿宗面前说杨收的坏话,将杨收赶出朝廷。

12 吐蕃将领拓跋怀光率领五百骑进入廓州,活捉吐蕃酋长论恐热,先砍断他的脚,然后历数他的罪恶,将他处死,并将论恐热的头送交唐朝长安。论恐热的部众向东投奔秦州,遭到吐蕃部族酋长尚延心的邀击,被击败,尚延心奏告唐朝廷,请将论恐热馀众全部迁于岭南地区。吐蕃王国从此以后衰亡灭绝,吐蕃的乞离胡君王和臣子也都不知下落,更不知他们的结局。

13 高骈围困交趾城十多天,南诏蛮军困乏至极,城差不多要被攻克,恰好得到新任安南主帅王晏权的牒文,宣称已经与李维周率领大军从海门出发,高骈得到牒文后立即将军事大权交给监军韦仲宰,与麾下士兵一百多人北归。在此之前,韦仲宰派遣小使王惠赞,高骈派遣小校官曾衮入朝廷报告交趾大捷,行至海中,望见有挂着大旗的船队东来,于是问在海上游弋的船夫,船夫说是新任经略使与监军的船队。王惠赞与曾衮互相思量,说:"李维周必定要收夺我们告捷的表文,并扣留我们。"于是在海岛间躲藏,待李维周的船队过去,即赶往京师长安。唐懿宗得到高骈和韦仲宰的告捷奏表,大喜过望,立即加给高骈检校工部尚书的衔名,恢复高骈镇讨安南的军职。高骈行至海门,收到唐懿宗的新任命,又归还交趾。

王晏权昏庸胆小,一切军务都听命于监军李维周,李维周凶狠贪鄙,诸道将领不听他的调遣,于是交趾城的重围得以解开,南诏蛮军得以逃出一大半。高骈赶到交趾城下,重新部署并督促唐军将士攻城,最后将交趾城攻克,杀南诏所署安南节度使段酋迁以及为南诏军队作向导的当地蛮人朱道古,斩蛮军三万多人,残馀的南诏蛮军逃走。高骈又击败依附于南诏聚居于两个洞中的当地蛮族人,处死这两个蛮族的酋长,当地土蛮率部众归附唐朝的有一万七千人。

14 十一月壬子(十一日),唐懿宗宣告大赦天下。又向安南、邕州、西川诸军颁发诏书,要求他们各保自己的疆域,不要再进攻南诏蛮军。唐懿宗还委任西川节度使刘潼告谕南诏王国,如果南诏王国能再与大唐修复旧好,唐朝廷对南诏以往的罪行一概不加追究。

15　置静海军于安南,以高骈为节度使。自李涿侵扰安南,为安南患殆将十年,至是始平。骈筑安南城,周三千步,造屋四十馀万间。

16　十二月,黠戛斯遣将军乙支连几入贡,奏遣鞍马迎册立使及请亥年历日。

17　以成德留后王景崇为节度使。

18　上好音乐宴游,殿前供奉乐工常近五百人,每月宴设不灭十馀,水陆皆备,听乐观优,不知厌倦,赐与动及千缗。曲江、昆明、灞浐、南宫、北苑、昭应、咸阳,所欲游幸即行,不待供置,有司常具音乐、饮食、幄帟,诸王立马以备陪从。每行幸,内外诸司扈从者十馀万人,所费不可胜纪。

八年(丁亥,867)

1　春,正月,以魏博留后何全皞为节度使。

2　二月,归义节度使张义潮入朝,以为右神武统军,命其族子淮深守归义。

3　自安南至邕、广,海路多潜石覆舟,静海节度使高骈募工凿之,漕运无滞。

4　西川近边六姓蛮,常持两端,无寇则称效顺,有寇必为前锋;卑笼部独尽心于唐,与群蛮为雠,朝廷赐姓李,除为刺史。节度使刘潼遣将将兵助之,讨六姓蛮,焚其部落,斩首五千馀级。

15　唐朝廷在安南设置静海军,任命高骈为节度使。自从李涿为安南都护,误杀蛮酋杜存诚而激起变乱以来,南诏蛮军乘机侵扰,成为安南边患差不多有十年,至这时才得以平定。高骈建筑安南城,城周长三千步,又建造房屋四十多万间。

16　十二月,黠戛斯派遣将军乙支连几入朝进贡,向唐懿宗奏称已派遣马车迎接唐朝的册立使,并请求核定第二年的年历。

17　唐懿宗任命成德留后王景崇为成德节度使。

18　唐懿宗喜好音乐,经常设宴游玩,在内廷殿前为他演奏的乐工经常有五百人,每个月设宴不下十次,山珍海味一概具备,听音乐看优戏,不知疲倦,赏赐给乐工伎优的钱动不动就上千缗。曲江、昆明、灞浐、南宫、北苑、昭应、咸阳等处禁苑离宫,唐懿宗想要去游玩即马上成行,等不得派人先行布置,有关部门经常准备着乐器、饮食用具和小帐篷,以备随时调用,诸亲王也都备好马随时准备着陪同皇帝去游玩。每次出宫游玩,宦官内诸使司和朝官各部门随从人员达十多万人,花费的费用不可胜计。

唐懿宗咸通八年(丁亥,公元867年)

1　春季,正月,唐懿宗任命魏博留后何全皞为魏博节度使。

2　二月,归义军节度使张义潮入长安朝见唐懿宗,唐懿宗任命张义潮为右神武统军,又命令张义潮的侄子张淮深留守归义军使府。

3　由安南到邕州、广州,海路有很多暗礁,使船触礁沉没,静海节度使高骈招募工匠凿开暗礁,使海上漕运不受阻挡。

4　西川近边有蒙蛮、夷蛮、讹蛮、狼蛮、勿邓蛮、白蛮等六姓蛮,常在大唐王朝与南诏王国之间左右摇摆,首鼠两端,南诏蛮军不来侵寇时则对唐朝宣称效忠恭顺,南诏蛮军来侵寇时则常充当南诏的前锋;只有蛮族卑笼部尽心效忠于唐朝,与群蛮各族姓世代为仇,朝廷赐卑笼部姓李,任命为刺史。西川节度使刘潼派遣将领率军帮助卑笼部,讨伐六姓蛮,焚烧六姓蛮族的部落帐篷,斩蛮人首级五千多。

5 乐工李可及善为新声,三月,上以可及为左威卫将军,曹确谏曰:"太宗定文武官六百餘员,谓房玄龄曰:'朕以待天下贤士,工商杂流,不可处也。'大和中,文宗欲以乐工尉迟璋为王府率,拾遗窦洵直谏,即改光州长史。乞以两朝故事,别除可及官。"不从。

6 夏,四月,上不豫,群臣希进见。

7 五月丙辰,疏理天下系囚,非巨蠹不可赦者,皆递降一等。

8 秋,七月壬寅,蕲王缉薨。

9 怀州民诉旱,刺史刘仁规揭榜禁之,民怒,相与作乱,逐仁规,仁规逃匿村舍。民入州宅,掠其家赀,登楼击鼓,久之乃定。

10 甲子,以兵部侍郎、充诸道盐铁转运等使、驸马都尉于琮同平章事。

11 宣歙观察使杨收过华岳庙,施衣物,使巫祈祷,县令诬以为收罪。右拾遗韦保卫复言,收前为相,除严譔江西节度使,受钱百万,又置造船务,人讼其侵隐。八月庚寅,贬收端州司马。

12 九月,上疾瘳。

13 冬,十二月,信王㤉薨。

14 加岭南东道节度使韦宙同平章事。

5　乐工李可及善于谱新曲，三月，唐懿宗任命李可及为左威卫将军。曹确劝谏唐懿宗说：“唐太宗当年定朝廷文武官六百多员名额，对房玄龄说：‘朕以官爵委任给天下贤能之士，工匠商人伎巧等杂流人物不可委以官爵。’大和年间，唐文宗想任命伎乐尉迟璋为王府率，拾遗窦洵当面直谏，唐文宗当场就将尉迟璋改派到地方上去，任光州长史。希望陛下依照太宗、文宗两朝的旧例，不要委任伎优为中央朝官，可以另外任李可及为地方官。”唐懿宗不加理会。

6　夏季，四月，唐懿宗身体不舒服，朝廷群臣很少进宫觐见皇上。

7　五月丙辰（十八日），朝廷对天下在押的囚徒普遍进行审理，如果不是十恶不赦的重大案犯，都依次减免一等刑期。

8　秋季，七月壬寅（初五），蕲王李缉去世。

9　怀州百姓向官府申诉旱灾情形，刺史刘仁规四处张榜禁止百姓诉灾，激起民愤，民众相互串联，发动暴动，驱逐刘仁规，刘仁规逃到乡村房舍中躲避。民众攻入州府宅院，抢劫刘仁规的家财私产，登上城楼击鼓，很久才安定下来。

10　甲子（二十七日），唐懿宗任命兵部侍郎、充诸道盐铁转运等使、驸马都尉于琮为同平章事。

11　宣歙观察使杨收路过华岳庙，施舍衣物，让巫士为自己祈祷，华阴县令将杨收的行为认作犯罪，上告朝廷。右拾遗韦保卫又在朝堂声言，说杨收先前为宰相时，利用职权任严谍为江西节度使，受贿纳钱一百万，在置办造船事务时，有人告他侵吞隐瞒公费。八月庚寅（二十四日），杨收被贬为端州司马。

12　九月，唐懿宗的疾病痊愈。

13　冬季，十二月，信王李愃去世。

14　唐懿宗加给岭南东道节度使韦宙同平章事的名衔。

卷第二百五十一　唐纪六十七

起戊子(868)尽己丑(869)凡二年

懿宗昭圣恭惠孝皇帝中
咸通九年(戊子,868)

1　夏,六月,凤翔少尹李师望上言:"嶲州控扼南诏,为其要冲,成都道远,难以节制,请建定边军,屯重兵于嶲州,以邛州为理所。"朝廷以为信然,以师望为嶲州刺史,充定边军节度,眉、蜀、邛、雅、嘉、黎等州观察,统押诸蛮并统领诸道行营、制置等使。师望利于专制方面,故建此策,其实邛距成都才百六十里,嶲距邛千里,其欺罔如此。

2　初,南诏陷安南,敕徐泗募兵二千赴援,分八百人别戍桂州,初约三年一代。徐泗观察使崔彦曾,慎由之从子也,性严刻,朝廷以徐兵骄,命镇之。都押牙尹戡、教练使杜璋、兵马使徐行俭用事,军中怨之。戍桂州者已六年,屡求代还,戡言于彦曾,以军帑空虚,发兵所费颇多,请更留戍卒一年,彦曾从之。戍卒闻之,怒。

都虞候许佶、军校赵可立、姚周、张行实皆故徐州群盗,州县不能讨,招出之,补牙职。会桂管观察使李丛移湖南,新使未至,秋,七月,佶等作乱,杀都将王仲甫,推粮料判官庞勋为主,

懿宗昭圣恭惠孝皇帝中
唐懿宗咸通九年(戊子,公元 868 年)

1 夏季,六月,凤翔镇少尹李师望向朝廷上言:"巂州可控扼南诏,是西川地区抗击南诏蛮军的要冲,成都道路遥远,难以对巂州进行有效的节制,请求建置定边军,在巂州屯驻重兵,以邛州为定边军的治所。"朝廷对李师望的建议信以为真,即任命李师望为巂州刺史,充当定边军节度使,眉州、蜀州、邛州、雅州、嘉州、黎州等州观察使,统领诸蛮并诸道行营制置使等。李师望企图获得专制某一方面的权力,于是建策置定边军,其实邛州距离成都才一百六十里,巂州距离邛州达千里之遥,李师望胆大包天,欺骗朝廷竟到了如此地步。

2 起初,南诏蛮军攻陷安南,唐懿宗下敕令徐泗镇招募士兵两千人往安南赴援,并分其中八百人另往桂州屯戍,最初约定三年轮换一批。徐泗观察使崔彦曾是崔慎由的侄子,性情严酷刻薄,朝廷因为徐州士兵骄横,所以任命崔彦曾镇抚徐泗。都押牙尹戡、教练使杜璋、兵马使徐行俭在使府用事掌权,遭到军中将士的怨愤。当时戍守桂州的徐泗士兵已戍边六年,屡次请求轮换回乡,尹戡向崔彦曾上言,军府帑藏空虚,再调军队往桂州轮换替代,费用太多,请让桂林戍卒再留一年,崔彦曾听从了尹戡的建议。戍卒们得知消息,怒气冲天。

戍军都虞候许佶、军校赵可立、姚周、张行实都是以前的徐州盗贼,州县不能征讨,于是招安出山,用以补充军队,出任牙职。恰值桂管观察使李丛调往湖南镇守,新任观察使尚未到任,秋季,七月,许佶等人发动叛乱,杀死都将王仲甫,推选粮料判官庞勋为主帅,

劫库兵北还，所过剽掠，州县莫能御。朝廷闻之，八月，遣高品张敬思赦其罪，部送归徐州，戍卒乃止剽掠。

3　以前静海节度使高骈为右金吾大将军。骈请以从孙浔代镇交趾，从之。

4　九月戊戌，以山南东道节度使卢耽为西川节度使，以有定边军之故，不领统押诸蛮安抚等使。

5　庞勋等至湖南，监军以计诱之，使悉输其甲兵。山南东道节度使崔铉严兵守要害，徐卒不敢入境，泛舟沿江东下。许佶等相与谋曰：“吾辈罪大于银刀，朝廷所以赦之者，虑缘道攻劫，或溃散为患耳，若至徐州，必菹醢矣！”乃各以私财造甲兵旗帜。过浙西，入淮南，淮南节度使令狐绹遣使慰劳，给刍米。

都押牙李湘言于绹曰：“徐卒擅归，势必为乱，虽无敕令诛讨，藩镇大臣当临事制宜。高邮岸峡而水深狭，请将奇兵伏于其侧，焚荻舟以塞其前，以劲兵蹙其后，可尽擒也。不然，纵之使得渡淮，至徐州，与怨愤之众合，为患必大。”绹素懦怯，且以无敕书，乃曰：“彼在淮南不为暴，听其自过，馀非吾事也。”

勋招集银刀等都虞候及诸亡命匿于舟中，众至千人。丁巳，至泗州。刺史杜慆飨之于毬场，优人致辞，徐卒以为玩己，擒优人，欲斩之，坐者惊散。慆素为之备，徐卒不敢为乱而止。慆，悰之弟也。

抢劫军用仓库的兵器,武装起来结队北还,他们在所过之地四处劫掠,地方州县不能抵御。朝廷得知消息,八月,派遣高品秩的宦官张敬思来赦免北上戍卒,由官府资送他们返回徐州,于是戍卒们才停止沿途抢劫。

3 唐懿宗任命前静海节度使高骈为右金吾大将军。高骈请求任命他的侄孙高浔替代自己镇守交趾,唐懿宗表示同意。

4 九月戊戌(八日),唐懿宗任命山南东道节度使卢耽为西川节度使,由于设置了定边军的缘故,西川节度使不再兼领统押诸蛮安抚等使。

5 庞勋等徐泗戍卒行至湖南,宦官监军用计诱骗他们,让他们将武器全部交出。山南东道节度使崔铉派兵严守要害之地,徐泗戍卒不敢入湖北境,于是乘船沿长江东下。许佶等人互相谋划说:"我们犯的罪比当年银刀等七军要大得多,朝廷现在所以要赦免我们,是因为怕我们沿途攻击抢掠,又怕我们溃散到山野为患,如果我们到达徐州,必定要被剁成肉酱!"于是每人都用自己的私财打造兵器,织制军旗。戍卒经过浙西,进入淮南,淮南节度使令狐绹派遣使者赶来慰劳,给予喂马的饲料和大米。

淮南镇都押牙李湘对令狐绹说:"徐泗戍卒擅自回归,势必造反叛乱,虽然没有皇上的敕令对他们进行诛讨,藩镇大臣应当因事制宜。高邮的江岸高峻,水深港狭,请让我率一支奇兵埋伏于江岸旁边,烧着装满柴草的船,以堵塞徐泗戍卒前行的水路,派劲兵在他们后面追赶,可以将他们全部擒获。要不然,放纵他们,让他们渡过淮河,回到徐州,与心怀怨愤的民众会合,为患国家就更大了。"令狐绹平素一贯懦弱胆小,加上没有皇帝颁下的敕书,于是对李湘说:"他们只要在淮南不行凶逞暴,就听任他们过淮河,其馀就不关我的事了。"

庞勋召集徐州银刀等七军逃亡山泽者以及亡命之徒,将他们收藏于船中,使部众发展到一千人。丁巳(二十七日),来到泗州。泗州刺史杜慆在毬场为戍卒们设宴,有唱戏的优人致辞,徐泗戍卒以为是取笑自己,抓住优人就要问斩,在座的宾客吓得四散而逃。但杜慆早已作好戒备,徐泗戍卒也不敢过分作乱,就此算了。杜慆是杜悰的弟弟。

先是，朝廷屢敕崔彦曾慰抚戍卒擅归者，勿使忧疑。彦曾遣使以敕意谕之，道路相望。勋亦申状相继，辞礼甚恭。戊午，行及徐城，勋与许佶等乃言于众曰："吾辈擅归，思见妻子耳。今闻已有密敕下本军，至则支分灭族矣！丈夫与其自投网罗，为天下笑，曷若相与戮力同心，赴蹈汤火，岂徒脱祸，兼富贵可求！况城中将士皆吾辈父兄子弟，吾辈一唱于外，彼必响应于内矣。然后遵王侍中故事，五十万赏钱，可翘足待也！"众皆呼跃称善。将士赵武等十二人独忧惧，欲逃去，悉斩之，遣使致其首于彦曾，且为申状，称："勋等远戍六年，实怀乡里；而武等因众心不安，辄萌奸计。将士诚知诖误，敢避诛夷！今既蒙恩全宥，辄共诛首恶以补愆尤。"冬，十月甲子，使者至彭城，彦曾执而讯之，具得其情，乃囚之。丁卯，勋复于递中申状，称："将士自负罪戾，各怀忧疑，今已及符离，尚未释甲。盖以军将尹戡、杜璋、徐行俭等狡诈多疑，必生衅隙，乞且停此三人职任，以安众心，仍乞戍还将士别置二营，共为一将。"

时戍卒拒彭城止四驿，阖城恌惧。彦曾召诸将谋之，皆泣曰："比以银刀凶悍，使一军皆蒙恶名，歼夷流窜，不无枉滥。

先前，朝廷屡次命令崔彦曾去抚慰自桂林擅自归来的戍卒，以使他们不对官府产生忧虑和猜疑。崔彦曾派遣使者告谕皇帝的旨意，使者一个接着一个，在道路上前后相望。庞勋也派人向崔彦曾送申诉状，信使也一个接着一个，申诉状的言辞相当恭敬。戊午（二十八日），庞勋等行至徐城县，庞勋与许佶等人对部众宣称："我辈擅自归来，是因为思念妻儿，日夜想和他们相见啊。今天听说，已有皇帝的密敕下到了徐州军府，到徐州我们将被肢解灭族！大丈夫与其自投罗网，为天下人所笑，还不如大家同心协力，赴汤蹈火干一番大事业，这样不仅摆脱祸殃，而且可以求得富贵！更何况徐州城内的将士都是我们的父兄子弟，我们在外一声高喊，他们在城内必然响应。然后遵照王智兴侍中过去所做的事去办，五十万给赏钱，可以翘足以待！"众戍卒听后都欢呼雀跃，拍手称好。只有将士赵武等十二人感到忧虑和恐惧，企图逃之夭夭，庞勋将他们全部处斩，派遣使者将赵武等十二人的首级送交崔彦曾，并且再递上申诉状，宣称："庞勋等远戍桂州六年，实在是怀念故乡故里；而赵武等人因为众心不安，竟萌生奸计。将士们当然知道被赵武等迷误将受到处罚，怎敢冒着诛灭全家的危险不听府使的命令！今天既承蒙观察使的大恩，得以免罪保全性命，大家也就立即将首恶分子赵武等十二人诛死，以弥补我们所犯下的罪过。"冬季，十月甲子（初四），庞勋的使者来到彭城，崔彦曾将他逮捕并严加审问，将庞勋的反状全部搞清，于是囚禁使者。丁卯（初七），庞勋再次向使府递送申诉状，宣称："将士们身负重罪，每人都心怀疑虑，今天已到达符离，还没有解下身穿的重甲。这是因为徐州军府将领尹戡、杜璋、徐行俭等人狡诈多疑，必定对我辈怀有间隙隔阂，乞求观察使暂停尹戡等三人的职任，以便能安定众心，同时，乞求从桂州回还的戍军将士能专门编成两个营，由一个将领管辖。"

当时自桂州归还的戍卒距彭城只有四个驿程，共一百二十里路程，这使徐州城内惶惶然，一片恐惧。崔彦曾召部下诸将谋划对策，诸将都哭着说："以前因为银刀等军凶悍不羁，使徐州镇一军都蒙受恶名，遭到夷灭，有的流窜山谷，这不能说没有冤枉、诛除太滥。

今冤痛之声未已，而桂州戍卒复尔猖狂，若纵使入城，必为逆乱，如此，则阖境涂地矣！不若乘其远来疲弊，发兵击之，我逸彼劳，往无不捷。"彦曾犹豫未决。团练判官温廷皓复言于彦曾曰："安危之兆，已在目前，得失之机，决于今日。今击之有三难，而舍之有五害：诏释其罪而擅诛之，一难也。帅其父兄，讨其子弟，二难也。枝党钩连，刑戮必多，三难也。然当道戍卒擅归，不诛则诸道戍边者皆效之，无以制御，一害也。将者一军之首，而辄敢害之，则凡为将者何以号令士卒！二害也。所过剽掠，自为甲兵，招纳亡命，此而不讨，何以惩恶！三害也。军中将士，皆其亲属，银刀馀党，潜匿山泽，一旦内外俱发，何以支梧！四害也。逼胁军府，诛所忌三将，又欲自为一营，从之则银刀之患复起，违之则托此为作乱之端，五害也。惟明公去其三难，绝其五害，早定大计，以副众望。"

时城中有兵四千三百，彦曾乃命都虞候元密等将兵三千人讨勋，数勋之罪以令士众，且曰："非惟涂炭平人，实亦污染将士。傥国家发兵诛讨，则玉石俱焚矣！"又曰："凡彼亲属，

至今冤痛之声仍不绝于耳，而桂州戍卒又恢复了往昔的猖狂，如果放纵他们，让他们入城，必然会造反作乱，这样，徐州全境就要肝脑涂地了！不如乘他们自远道而来，精力疲惫，调集军队前往讨击，以逸待劳，往无不捷。"崔彦曾犹豫不决。徐泗团练判官温廷皓再向崔彦曾上言说："全城的安危情状，已呈现在眼前，是得还是失，全在于今天的决策。目前讨击桂州戍卒有三大难处，而舍弃他们不加讨伐又有五大害处：皇帝既已颁下诏书释免戍卒的罪，我们擅自讨击，这是第一大难处。我们率领戍卒的父兄，去讨击他们的子弟，人情难违，这是第二大难处。戍卒犯罪，牵连的枝党多而复杂，追究起来判刑和处死的人必然很多，这是第三大难处。但是，本道戍边的士卒擅自归还，不诛讨就会使其他道戍边的士卒群起仿效，使朝廷的法制失去作用，不能制服叛乱，这是第一大害处。将领是一军的首长，而桂林戍卒竟敢杀害都将王仲甫，不对这些犯上作乱的士卒进行诛讨，担任将帅的人怎么能够去号令士兵！这是第二大害处。擅自归还的戍卒一路上剽掠抢劫，自己制造兵器，招纳亡命之徒，对这样的叛贼不加征讨，又怎么去惩除恶徒！这是第三大害处。徐州军中的将士，都是擅归戍卒的亲属，而银刀等七军的馀党，潜伏在山谷草泽间，一旦内外勾结一同叛乱，又如何来支撑徐州的局面！这是第四大害处。桂州戍卒竟敢胁迫徐泗军府，要按他们的意愿诛除他们所忌恨的三名将领，又要求同伙编在一起，自己成立营队，如果答应他们的要求，那么当年银刀等七军叛乱的祸患又将重起，如果不答应他们，戍卒就会以此为借口，发动叛乱，这是第五大害处。只有明公您能除去三大难处，根绝这五大害，希望您早定大计，不辜负我们大家的希望。"

当时徐州城中有军队四千三百人，崔彦曾于是命令都虞候元密等率领军队三千人去讨伐庞勋，又历数庞勋的罪恶，以鼓动士气，并且说："庞勋等叛卒不但使平民百姓生灵涂炭，实际上也是玷污了广大将士的名声。如果让朝廷调集军队来诛讨，恐怕就要玉石俱焚，叛贼连带我们都要受罪！"又说："凡是叛乱戍卒中有你们的亲属，

无用忧疑,罪止一身,必无连坐。"仍命宿州出兵符离,泗州出兵于虹以邀之,且奏其状。彦曾戒元密无伤敕使。

戊辰,元密发彭城,军容甚盛。诸将至任山北数里,顿兵不进,共思所以夺敕使之计。欲俟贼入馆,乃纵兵击之,遣人变服负薪以伺贼。日暮,贼至任山,馆中空无人,又无供给,疑之,见负薪者,执而榜之,果得其情。乃为偶人列于山下而潜遁。比夜,官军始觉之,恐贼潜伏山谷及间道来袭,复引兵退宿于城南,明旦,乃进追之。

时贼已至符离,宿州戍卒五百人出战于濉水上,望风奔溃,贼遂抵宿州。时宿州阙刺史,观察副使焦璐摄州事,城中无复馀兵,庚午,贼攻陷之,璐走免。贼悉聚城中货财,令百姓来取之,一日之中,四远云集,然后选募为兵,有不愿者立斩之,自旦至暮,得数千人。于是勒兵乘城,庞勋自称兵马留后。

再宿,官军始至,贼守备已严,不可复攻。先是,焦璐闻符离败,决汴水以断北路,贼至,水尚浅可涉,比官军至,已深矣。壬申,元密引兵渡水,将围城,会大风,贼以火箭射城外茅屋,延及官军营,士卒进则冒矢石,退则限水火,贼急击之,死者近三百人。元密等以为贼必固守,但为攻取之计。

你们也用不着忧虑，罪只在一人身上，必定不会有任何株连。"于是命令宿州派军队至符离，泗州派军队到虹县，以邀击桂州归来的戍卒，向朝廷奏告使府布置。崔彦曾还特别告诫元密说，不要伤害还在庞勋军中的宦官敕使张敬思。

戊辰（初八），元密从彭城出发，军容相当盛大。诸将领率军来到任山以北数里地外，停止进兵，共同商量救出宦官敕使的计划。元密企图等待叛归的戍卒进入旅馆时，再纵兵攻击，于是派遣一些士兵化装成挑柴卖薪的人，在周围侦察敌情。大阳下山之时，戍卒来到任山，旅馆中空无一人，又没有米饭茶水供给，于是众士卒产生了怀疑，看见挑柴的人，抓来捆绑起来，经追问，果然获得了官军设伏的情况。于是戍卒们制作木偶人，排列在山下，自己全潜逃而去。至夜深时，官军才察觉，恐怕叛乱的戍卒潜伏在山谷或小路边，对他们发动袭击，于是仓皇引兵退走，在任山城南宿营，第二天早晨，才进兵追击戍卒们。

这时叛乱的戍卒已来到符离，宿州派出戍卒五百人在濉水上抵抗，官军望风而逃，叛贼于是进抵宿州。当时宿州缺刺史，观察副使焦璐掌摄州政事务，城内不再有军队，庚午（初十），叛贼攻陷宿州，焦璐逃出城，得免一死。叛乱的戍卒将城中的财货全部聚集在一起，让老百姓随意来取，一天之内，四面八方的人不怕路远都赶来了，贼军先分财，然后选募丁壮参军，有不愿入伙的人立即被斩首，自清晨到日暮，选得丁壮数千人。于是分派士兵登上城楼，分关把守，庞勋自称兵马留后。

第二天晚上，官军才赶到宿州城下，叛贼的守备已很严密，一时无法攻取。起先，焦璐听说符离官军战败，决汴水堤企图淹断北面的道路，叛乱的戍卒赶到时，水尚浅，可以涉过，到官军赶来时，水已很深，无法行走了。壬申（十二日），元密率领军队渡过水面，行将把宿州城团团困住，恰值一阵大风，叛贼趁势用火箭射城外的茅屋，大火延绵烧到官军的营帐，官军士卒前进要冒山上投下的矢石，后退又受到水和火的限制，叛贼于是趁机急攻，杀死官军近三百人。元密等人认为叛贼必定要固守宿州城，只为攻城考虑计策。

　　贼夜使妇人持更,掠城中大船三百艘,备载资粮,顺流而下,欲入江湖为盗;以千缣赠张敬思,遣骑送至汴之东境,纵使西归。

　　明旦,官军知贼已去,狼狈追之,士卒皆未食,比追及,已饥乏。贼舣舟堤下而陈于堤外,伏千人于舟中,官军将至,陈者皆走入陂中。密以为畏己,纵兵追之,贼自舟中出,夹攻之,自午及申,官军大败。密引兵走,陷于荷涫,贼追及之,密等诸将及监陈敕使皆死,士卒死者殆千人,其馀皆降于贼,无一人还徐者。贼问降卒以彭城人情计谋,知其无备,始有攻彭城之志。

　　乙亥,庞勋引兵北渡濉水,逾山趣彭城。其夕,崔彦曾始知元密败,移牒邻道求救。明日,塞门,选城中丁壮为守备,内外震恐,无复固志。或劝彦曾奔兖州,彦曾怒曰:"吾为元帅,城陷而死,职也!"立斩言者。

　　丁丑,贼至城下,众六七千人,鼓噪动地,民居在城外者,贼皆慰抚,无所侵扰,由是人争归之,不移时,克罗城。彦曾退保子城,民助贼攻之,推草车塞门而焚之,城陷。贼囚彦曾于大彭馆,执尹戣、杜璋、徐行俭,剚而锉之,尽灭其族。勋坐听事,盛陈兵卫,文武将吏伏谒,莫敢仰视。即日,城中愿附从者万馀人。

叛贼夜晚让妇女击鼓打更,掠夺城中的大船三百艘,装满军资粮食,顺汴水而下,企图流入江湖为盗贼;又赠给宦官中使张敬思丝绢千匹,派遣骑兵护送至汴州境东面,放他西归长安。

第二天一早,官军才知道叛贼已出城远去,狼狈追赶,士卒们都没吃饭,到追上叛贼时,官军已是饥饿疲乏到了极点。叛贼把船停靠在堤边,而在堤外列阵,在船中埋伏了一千多人,官军将杀过来时,列于阵前的叛贼全逃跑到山坡中。元密以为叛贼畏惧自己,命部下官兵全线追击,埋伏在船中的叛贼从船中出来,与山坡中的叛贼一同夹击官军,从中午一直战到下午,官军大败。元密带着残兵退走,陷于荷花泥泽中,叛贼追上来,元密等徐泗诸将及监阵的宦官中使全被杀死,士卒也被杀死了上千人,其馀人全都投降叛贼,没有一个回到徐州城。叛贼问投降的士卒关于彭城内的人情和官府的部署,知道城中没有戒备,于是有了攻占彭城的企图。

乙亥(十五日),庞勋率领军队北渡濉水,越过山往彭城进发。这天傍晚,崔彦曾才得知元密战败的情况,于是写信请求相邻的道发兵救援。第二天,崔彦曾紧闭城门,选城中的丁壮入伍守备城防,城内外一片震惊恐慌,没有人愿在城中坚守,都想逃走。有人劝崔彦曾投奔兖州,崔彦曾愤怒地说:"我身为元帅,城若被攻陷只有死而已,守城是我的职责。"并立即将劝他逃走的人斩首。

丁丑(十七日),叛贼来到徐州城下,部众有六七千人,击鼓喧噪,声音震天动地,百姓居住在城外的,叛贼均对他们慰问保护,一点也不侵扰,于是人们争相归附,不多时,就攻克了外围大城。崔彦曾退到内小城进行抗拒,百姓协助叛贼攻城,推来装满草的车堵塞城门,放火焚烧,使内小城很快陷落。叛贼将崔彦曾抓获,囚禁于大彭馆,又逮捕尹戡、杜璋、徐行俭,剖开他们的肚皮,将他们剁成碎片,并将他们的家属全部杀死。庞勋坐在徐州观察使府处置军政大事,卫兵整整齐齐地排列,文武将吏行跪拜礼,没有人敢抬头正视厅堂上的主帅庞勋。当天,城中愿意归附庞勋的人就达一万多人。

　　戊寅,勋召温庭皓,使草表求节钺,庭皓曰:"此事甚大,非顷刻可成,请还家徐草之。"勋许之。明旦,勋使趣之,庭皓来见勋曰:"昨日所以不即拒者,欲一见妻子耳。今已与妻子别,谨来就死。"勋熟视,笑曰:"书生敢尔,不畏死邪! 庞勋能取徐州,何患无人草表!"遂释之。

　　有周重者,每以才略自负,勋迎为上客,重为勋草表,称:"臣之一军,乃汉室兴王之地。顷因节度使刻削军府,刑赏失中,遂致迫逐。陛下夺其节制,翦灭一军,或死或流,冤横无数。今闻本道复欲诛夷,将士不胜痛愤,推臣权兵马留后,弹压十万之师,抚有四州之地。臣闻见利乘时,帝王之资也。臣见利不失,遇时不疑。伏乞圣慈,复赐旌节。不然,挥戈曳戟,诣阙非迟!"庚辰,遣押牙张瑄奉表诣京师。

　　勋以许佶为都虞候,赵可立为都游弈使,党与各补牙职,分将诸军。又遣旧将刘行及将千五百人屯濠州,李圆将二千人屯泗州,梁丕将千人屯宿州,自馀要害县镇,悉缮完成守。徐人谓旌节之至不过旬月,愿效力献策者远近辐凑,乃至光、蔡、淮、浙、兖、郓、沂、密群盗,皆倍道归之,阗溢郛郭,旬日间,米斗直钱二百。勋诈为崔彦曾请翦灭徐州表,其略曰:"一军暴卒,尽可翦除;五县愚民,各宜配隶。"又作诏书,

戊寅（十八日），庞勋将温庭皓召至使府，要他起草给朝廷的表，请求徐州节度使的符节斧杖，温庭皓说："这件事关系重大，不是顷刻间可以完成的，请让我回家慢慢地起草。"庞勋准许他回家去写。第二天早上，庞勋派人去温庭皓家取表文，温庭皓来到使府见庞勋说："昨天所以不立即拒绝起草表文，是想回家看一下妻子儿女。今天已经与妻儿诀别，现在就是来送死的了。"庞勋看了温庭皓几眼，笑着说："书生敢顶撞我，不怕死吗！我庞勋能攻取徐州，怎么怕找不到人为我起草表文！"说完将温庭皓释放。

有一个名叫周重的人，常常以有文思才略自负，庞勋将他迎为上宾，于是周重为庞勋起草上给朝廷的表文，声称："我所统领的一支军队，驻在汉王朝的龙兴之地。不久前因为节度使对将士太苛刻，滥施刑赏，于是将士们被迫将他驱逐。六年前皇上削夺徐州军号，消灭一镇军队，我银刀等军壮士有的被处死，有的被流放，含冤而死的无可胜计。今天听说本道又企图诛杀将士，我们更是愤慨万分，众人推我暂时权任兵马留后，以弹压十万雄师，抚慰徐、宿、濠、泗等四州之地。我听说因势利导，不失时机，是成帝王的资本。我见到利就不失去机会，遇到好时运就不迟疑。恳切地希望皇帝陛下大发慈悲，赐给我节度使的符节和旗帜。要不然，我就统率数万大军，进攻长安，这并不是难事！"庚辰（二十日），庞勋派遣押牙张琯带上表文往长安交唐懿宗。

庞勋委任许佶为都虞候，赵可立任都游弈使，所信用的党羽都各自补以牙职，分别率领诸部军队。又派遣徐州旧将刘行及率领一千五百人屯驻于濠州，派李圆率两千人屯驻于泗州，派梁丕率一千人屯驻于宿州，其馀要害县镇，都修缮守备。徐州人传说朝廷赐给庞勋的节度使符节旌旗不过半个月就会到，所以愿献策效力的人不问远近齐集而来，以致光州、蔡州、淮州、浙州、兖州、郓州、沂州、密州等地的群盗，也都不畏路远赶来归附，使徐州城里城外充满了人，十天多时间，一斗米的价钱就涨到二百缗。庞勋假造崔彦曾向朝廷请求歼灭徐州一镇将士的表文，表文的大概内容是："徐州一军士卒狂暴，可以全部翦除；附近彭城、萧县、丰县、沛县、滕县等五县愚昧的民众，都应该配做奴隶。"又伪造皇帝的诏书，

依其所请,传布境内。徐人信之,皆归怨朝廷,曰:"微桂州将士回戈,吾徒悉为鱼肉矣!"

刘行及引兵至涡口,道路附从者增倍,濠州兵才数百,刺史卢望回素不设备,不知所为,乃开门具牛酒迎之。行及入城,囚望回,自行刺史事。泗州刺史杜慆闻勋作乱,完守备以待之,且求救于江、淮。李圆遣精卒百人先入泗州,封府库,慆遣人迎劳,诱之入城,悉诛之。明日,圆至,即引兵围城,城上矢石雨下,贼死者数百,乃敛兵屯城西。勋以泗州当江、淮之冲,益发兵助圆攻之,众至万馀,终不能克。

初,朝廷闻庞勋自任山还趣宿州,遣高品康道伟赍敕书抚慰之。十一月,道伟至彭城。勋出郊迎,自任山至子城三十里,大陈甲兵,号令金鼓响震山谷,城中丁壮,悉驱使乘城。宴道伟于毬场,使人诈为群盗降者数千人,诸寨告捷者数十辈。复作求节钺表,附道伟以闻。

初,辛云京之孙谠,寓居广陵,喜任侠,年五十不仕。与杜慆有旧,闻庞勋作乱,诣泗州,劝慆挈家避之,慆曰:"安平享其禄位,危难弃其城池,吾不为也!且人各有家,谁不爱之?我独求生,何以安众!誓与将士共死此城耳!"谠曰:"公能如是,仆与公同死!"

宣言皇帝已批准了崔彦曾的请求，在境内广为传布。徐州人相信了谣言，都把怨恨转向朝廷，说："如果不是桂州将士挥戈回来，我们就要全部成为油锅里的鱼肉了！"

刘行及率领叛军来到涡口，一路上归附从军的人使军队增加了几倍，濠州的官军才数百人，刺史卢望回平时从不设戒备，不知怎么办才好，于是开城门并带着牛肉美酒出城迎接。刘行及进入濠州城，将卢望回囚禁，自己操办刺史事务。泗州刺史杜慆听说庞勋作乱，完缮城内的守备，等待叛军来进攻，并向江、淮地区的官军求救。李圆派遣精锐士卒一百人先进入泗州，查封州府的仓库，杜慆派人来迎接慰劳，将这一百叛兵诱骗入泗州城，然后将他们全部杀死。次日，李圆赶到，立即派军队围攻泗州城，城上官军顽强抵抗，箭头和石块如雨点般落下来，叛贼被打死的有数百人，李圆于是收兵屯驻于城西。庞勋因为泗州地处江、淮的冲要，增调军队来援助李圆攻城，军队达到一万多人，但始终不能攻克泗州城。

起初，朝廷听说庞勋从任山回到宿州，派遣高品宦官康道伟带着皇帝诏敕来抚慰庞勋等桂州戍卒。十一月，康道伟来到彭城。庞勋来到徐州城郊迎接，自任山到徐州内小城的三十里路上，排列大批武装士兵，号令之声和锣鼓声掺杂，声震山谷，徐州城的丁壮居民，全被驱赶到城墙上。庞勋在毬场上设宴招待康道伟，又派人假装成投降的群盗，有数千人，诸营寨赶来告捷的有几十批。庞勋再次让人草写了请求充任徐州节度使的表文，让康道伟带回朝廷，转达给唐懿宗。

起初，辛云京的孙子辛谠，在广陵闲居，行侠仗义，已五十岁了却不愿入朝做官。辛谠与杜慆早年友好，听说庞勋在徐泗叛乱，来到泗州，劝杜慆携带家属弃城逃走，杜慆说："平安时期享有朝廷的俸禄官位，危难时期抛弃朝廷委交给我管理的城池，这是我所不能干的！况且人各有自己的家，谁不爱自己的家呢？我独自逃走求生，如何来安定部众的心！我誓与将士同生死，要死也一起死在泗州城！"辛谠说："您能这样做，我也与您一同死在城里！"

乃还广陵，与其家诀，壬辰，复如泗州。时民避乱，扶老携幼，塞途而来，见谠，皆止之曰："人皆南走，子独北行，取死何为！"谠不应。至泗州，贼已至城下，谠急棹小舟得入，慆即署团练判官。城中危惧，都押牙李雅有勇略，为慆设守备，帅众鼓噪，四出击贼，贼退屯徐城，众心稍安。

庞勋募人为兵，人利于剽掠，争赴之，至父遣其子，妻勉其夫，皆断锄首而锐之，执以应募。

邻道闻勋据徐州，各遣兵据要害，而官军尚少，贼众日滋，官军数不利。贼遂破鱼台近十县。宋州东有磨山，民逃匿其上，勋遣其将张玄稔围之。会旱，山泉竭，数万口皆渴死。

或说勋曰："留后止欲求节钺，当恭顺尽礼以事天子，外戢士卒，内抚百姓，庶几可得。"勋虽不能用，然国忌犹行香，饷士卒必先西向拜谢。癸卯，勋闻敕使入境，以为必赐旌节，众皆贺。明日，敕使至，但责崔彦曾及监军张道谨，贬其官。勋大失望，遂囚敕使，不听归。

诏以右金吾大将军康承训为义成节度使、徐州行营都招讨使，神武大将军王晏权为徐州北面行营招讨使，羽林将军戴可师为徐州南面行营招讨使，大发诸道兵以隶三帅。承训奏乞沙陀三部落使朱邪赤心及吐谷浑、达靼、契苾酋长各帅其众以自随，诏许之。

于是回到广陵，与自己的家属诀别，壬辰（初三），再回到泗州城。当时民众为避战乱，扶老携幼，向南逃亡，道路也被人流所堵塞，逃亡的百姓见到辛谠，都劝阻他说："人们都往南走，您独自北行，不是去找死吗！"辛谠不答理。来到泗州，叛军已开到城下，辛谠拼命地划小船，得入城内，杜慆当即任命辛谠为团练判官。城中由于危急，人人感到恐惧，都押牙李雅有勇有谋，为杜慆布置守备，率领部众击鼓喧噪，出城四处袭击叛贼，贼军被迫退却，屯驻于徐城，泗州城内人心才稍微安定下来。

庞勋招募百姓当兵，人们贪图剽掠所得的财利，争先恐后地赶来参军，甚至父亲送儿子，妻子勉励丈夫，农民们都把锄头磨得更锐利，扛着它作为武器来应募。

与徐州相邻的几个道得知庞勋占据了徐州，各自派军队占据要塞据点，但官军人少，叛贼的军队越来越多，官军抗拒叛贼，多次交战都不利。叛贼于是攻破鱼台等近十个县。宋州东面有一座磨山，民众逃到山上躲藏，庞勋派遣部将张玄稔率兵围困。正值天旱，山上的泉水枯竭，数万口人全部渴死。

有人劝说庞勋说："留后您如果只是想求得节度使的符节斧钺，就应当对当朝天子恭顺尽礼，对外安抚士卒，对内安抚百姓，或许可以得到节度使的官位。"庞勋虽然不能用，但在国家的忌日仍然设斋行香，为将士摆设宴席时必先向西望阙拜谢，表示向唐懿宗谢恩。癸卯（十四日），庞勋听说朝廷派来的宦官敕使已到徐州境内，以为必定是唐懿宗赐予节度使的符节旌旗，部众都表示祝贺。第二天，宦官使者来到使府，只是谴责崔彦曾以及宦官监军张道谨，贬他们的官。庞勋大为失望，于是将朝廷派来的宦官敕使囚禁起来，不让他归还朝廷。

唐懿宗颁下诏书任命右金吾大将军康承训为义成节度使、徐州行营都招讨使，任命神武大将军王晏权为徐州北面行营招讨使，任命羽林将军戴可师为徐州南面行营招讨使，征发诸藩镇大批军队交给三位统帅指挥。康承训上奏唐懿宗，请求派沙陀族三部落使朱邪赤心以及吐谷浑、达靼、契苾等部族酋长各自率领其部众，跟随他一同征讨徐泗，唐懿宗下诏批准。

庞勋以李圆攻泗州久不克，遣其将吴迥代之。丙午，复进攻泗州，昼夜不息。时敕使郭厚本将淮南兵千五百人救泗州，至洪泽，畏贼强，不敢进。辛说请往求救，杜慆许之。丁未夜，乘小舟潜渡淮，至洪泽，说厚本，厚本不听，比明，复还。己酉，贼攻城益急，欲焚水门，城中几不能御，说请复往求救。慆曰："前往徒还，今往何益？"说曰："此行得兵则生返，不得则死之。"慆与之泣别。说复乘小舟负户突围出，见厚本，为陈利害。厚本将从之，淮南都将袁公弁曰："贼势如此，自保恐不足，何暇救人！"说拔剑瞋目谓公弁曰："贼百道攻城，陷在朝夕。公受诏救援而逗留不进，岂惟上负国恩！若泗州不守，则淮南遂为寇场，公讵能独存邪！我当杀公而后止耳！"起，欲击之，厚本起，抱止之，公弁仅免。说乃回望泗州，恸哭终日，士卒皆为之流涕。厚本乃许分五百人与之，仍问将士，将士皆愿行。说举身叩头以谢将士，遂帅之抵淮南岸，望贼方攻城，有军吏言曰："贼势已似入城，还去则便。"说逐之，揽得其髻，举剑击之，士卒共救之，曰："千五百人判官，不可杀也。"说曰："临陈妄言惑众，必不可舍！"众请不能得，乃共夺之。说素多力，众不能夺。说曰："将士但登舟，我则舍此人。"众竞登舟，乃舍之。士卒有回顾者，则斫之。驱至淮北，勒兵击贼。慆于城上布兵与之相应，

庞勋因为李圆攻泗州城久不能攻克，派遣部将吴迥替代李圆指挥。丙午(十七日)，贼军再攻泗州，日夜不停。当时宦官敕使郭厚本率领淮南军队一千五百人来救援泗州，来到洪泽镇，畏惧贼军强盛，不敢前进。辛谠在泗州城内请求往洪泽求救，杜慆同意。丁未(十八日)夜晚，辛谠乘小船偷渡淮河，来到洪泽，游说郭厚本，郭厚本不听，到天亮，辛谠回到泗州城。己酉(二十日)，贼军攻城更加急迫，企图焚烧泗州城的水门，城中将士几乎不能抵御，辛谠请求再往洪泽求救。杜慆说："您前次去没有搬来救兵，独自回来，今天再去又有何用？"辛谠说："这次去能搬来救兵就活着回来，搬不到救兵就死在那里。"杜慆于是与辛谠流着眼泪告别。辛谠再乘小船背着门板突围而出，见到郭厚本，陈说利害。郭厚本正要听从辛谠的劝说，淮南镇都将袁公弁说："叛贼势力这样强大，我们自保恐怕还不足够，还有什么馀力去援救别人！"辛谠拔出剑瞪着眼对袁公弁说："叛贼从四面八方进攻泗州城，泗州城沦陷就在朝夕之间。您受皇上的诏敕率军前来援救，却逗留不进，岂只是上负国家的恩情！如果泗州城守不住，淮南就要成为贼寇逐鹿的战场，您怎么能够独自生存呢！我应当先杀死您，然后自杀！"于是愤然起身，举剑要杀袁公弁，郭厚本忙起来抱住辛谠，按住辛谠的手，袁公弁得免遭一剑。辛谠于是回头望着泗州，痛哭终日，士卒们都被感动得流泪。郭厚本于是准许分五百人给辛谠，并问将士谁愿随辛谠去，将士们都表示愿意前往。辛谠转身向将士们叩头，表示感谢，于是率领士兵进抵淮河南岸，看见贼军正在围攻泗州城，有一个军吏叫喊："贼军势强，似乎已攻入了城，还是回去为好。"辛谠追上前去，抓住军吏的头发，举起剑将杀他，士兵们都来求情赦免，说："他是一千五百人的判官，不可杀死。"辛谠说："临阵信口胡说，妖言惑众，绝对不能免他的死！"大家见求情无效，于是一齐来夺辛谠手中的剑。辛谠很有力气，众人夺不下他的剑。于是辛谠说："大家只要登上船，我就放下这个人。"众人竞相登船，辛谠这才放手舍下那位军吏。船上士卒有谁回头看，辛谠即用剑砍谁。船行至淮河北岸，辛谠即率领士卒向贼军发动袭击。杜慆在泗州城上布置军队与辛谠相接应，

贼遂败走,鼓噪逐之,至晡而还。

庞勋遣其将刘佶将精兵数千助吴迴攻泗州,刘行及自濠州遣其将王弘立引兵会之。戊午,镇海节度使杜审权遣都头翟行约将四千人救泗州,己未,行约引兵至泗州,贼逆击于淮南,围之,城中兵少,不能救,行约及士卒尽死。先是,令狐绹遣李湘将兵数千救泗州,与郭厚本、袁公弁合兵屯都梁城,与泗州隔淮相望。贼既破翟行约,乘胜围之。十二月甲子,李湘等引兵出战,大败,贼遂陷都梁城,执湘及郭厚本送徐州。据淮口,漕驿路绝。

康承训军于新兴,贼将姚周屯柳子,出兵拒之。时诸道兵集者才万人,承训以众寡不敌,退屯宋州。庞勋以为官军不足畏,乃分遣其将丁从实等各将数千人南寇舒、庐,北侵沂、海,破沭阳、下蔡、乌江、巢县,攻陷滁州,杀刺史高锡望。又寇和州,刺史崔雍遣人以牛酒犒之,引贼登楼共饮,命军士皆释甲,指所爱二人为子弟,乞全之,其馀惟贼所处。贼遂大掠城中,杀士卒八百馀人。

泗州援兵既绝,粮且尽,人食薄粥。闰月己亥,辛谠言于杜慆,请出求救于淮、浙,夜,帅敢死士十人,执长柯斧,乘小舟,潜往斫贼水寨而出。明旦,贼乃觉之,以五舟遮其前,以五千人夹岸追之。贼舟重行迟,谠舟轻行疾,力斗三十馀里,乃得免。癸卯,至扬州,见令狐绹;甲辰,至润州,见

贼军于是被打败退走,官军敲鼓呼喊着追逐,直到午后五时才回城。

庞勋派遣部将刘佶率领精锐军队数千人来帮助吴迥围攻泗州,刘行及自濠州也派遣部将王弘立率领军队来会合。戊午(二十九日),唐镇海节度使杜审权派遣所部都头翟行约率领四千人来救泗州,己未(三十日),翟行约率兵赶到泗州,贼军在淮河南岸阻击镇海军,将翟行约等团团围住,泗州城内兵太少,不能出城救援,翟行约及部下士兵全部战死。起先,淮南节度使令狐绹派遣李湘率领军队数千人来救援泗州,与宦官敕使郭厚本、都将袁公弁合兵屯驻于都梁城,与泗州隔着淮河相望。贼军既已攻破翟行约率领的镇海军,乘胜进围淮南军。十二月甲子(初五),李湘等人率领淮南军出战,被打得大败,贼军于是攻陷都梁城,活捉李湘及郭厚本,押送至徐州。贼军占据淮口,使东南漕运、驿传入长安的水陆道路完全断绝。

康承训率军于新兴布阵驻扎,贼将姚周屯驻于柳子,出兵阻击官军。当时诸道兵集合在新兴的才一万多人,康承训因为寡不敌众,退兵在宋州屯驻。庞勋认为官军已没有什么可怕的,于是分别派遣部下将领丁从实等人各率数千人向南侵犯舒州、庐州,向北侵犯沂州、海州,攻破沭阳县、下蔡县、乌江县、巢县,并攻陷滁州,杀唐滁州刺史高锡望。又侵犯和州,唐和州刺史崔雍派遣人送牛羊酒菜犒军,引贼军登上和州城楼共同饮酒,命令和州官军解去兵甲,指着所喜爱的二人说是自己的子弟,乞求保全生命,其馀人随贼军处分。贼军于是在城中大肆劫掠,杀官军士卒八百多人。

泗州的援兵既已断绝,粮食也将吃尽,人们只能喝稀粥。闰十二月己亥(初十),辛谠对杜慆说,请出城向淮、浙地区请求救兵,夜晚,辛谠率领敢死战士十人,手持长柄斧,乘小船,偷偷地砍断贼军水寨栅围逃出。次日早晨,贼军才发现,于是派五艘船阻击辛谠的小船,又派五千军队夹着河岸追击。贼军船大体重,行动迟缓,辛谠船小轻便,划得较快,辛谠与贼军奋力拼斗了三十多里,终于突出重围。癸卯(十四日),来到了扬州,见到唐淮南节度使令狐绹;甲辰(十五日),又来到了润州,见到

杜审权。时泗州久无声问，或传已陷，说既至，审权乃遣押牙赵翼将甲士二千人，与淮南共输米五千斛、盐五百斛以救泗州。

戴可师将兵三万渡淮，转战而前，贼尽弃淮南之守。可师欲先夺淮口，后救泗州，壬申，围都梁城，城中贼少，拜于城上曰："方与都头议出降。"可师为之退五里。贼夜遁，明旦，惟空城。可师恃胜不设备，是日大雾，贼将王弘立引兵数万疾径奄至，纵击官军，官军不及成列，遂大败，将士触兵及溺淮死，得免者才数百人，亡器械、资粮、车马以万计，贼传可师及监军、将校首于彭城。

庞勋自谓无敌于天下，作露布，散示诸寨及乡村，于是淮南士民震恐，往往避地江左。令狐绹畏其侵轶，遣使诣勋说谕，许为奏请节钺，勋乃息兵俟命。由是淮南稍得收散卒，修守备。

时汴路既绝，江、淮往来皆出寿州，贼既破戴可师，乘胜围寿州，掠诸道贡献及商人货，其路复绝。勋益自骄，日事游宴，周重谏曰："自古骄满奢逸，得而复失，成而复败，多矣，况未得未成而为之者乎！"

诸道兵大集于宋州，徐州始惧，应募者益少，而诸寨求益兵者相继。勋乃使其党散入乡村，驱人为兵。又见兵已及数万人，

唐镇海节度使杜审权。当时已很久没有得到泗州的消息,有传言说泗州已沦陷,辛说赶到后,杜审权于是派遣押牙赵翼率领武装得很好的士兵两千人,与淮南镇共输送大米五千斛、盐五百斛,前往援救泗州。

戴可师率领三万官军渡过淮河,转战前进,贼军将淮河以南的守备全部放弃。戴可师企图先夺取淮口,然后援救泗州,十二月壬申(十三日),进军围困都梁城,城中贼军很少,在城上向戴可师拜谢说:"我们正在与都头商议开城出降。"戴可师为此退兵五里,以接受投降。都梁城贼军乘夜逃走,次日早晨,只留下一座空城。戴可师自恃打了胜仗不设防备,这天有大雾,贼将王弘立率领数万军队走捷径突然赶到,纵兵袭击官军,官军还没有来得及摆好阵势,于是大败,官军将士有的被贼军杀死,有的跳入淮河被水淹死,得免死的才几百人,丢弃军械武器、资财军粮、车马数以万计,贼军将戴可师及宦官监军、将校的首级割下,送到彭城。

庞勋自以为无敌于天下,编写捷报,向诸营寨及乡村散布,于是淮南地区的士民震恐惊慌,纷纷渡过长江向南方避难。唐淮南节度使令狐绹畏惧贼军的侵寇,派遣使者到庞勋那里游说劝谕,同意为庞勋向朝廷奏请节度使的符节斧杖,庞勋于是息兵等待诏命。为此淮南镇稍微获得了一些时间,得以收集溃败的士卒,修缮守备。

当时由汴水输运东南财赋的水路已断绝,江、淮地区与朝廷的往来都由寿州入淮河上游,再转入颍水,庞勋贼军已攻破戴可师所率官军,于是乘胜进围寿州,掠夺东南诸道贡献给朝廷的财货,以及商人的货物,使这条新路也被截断。庞勋更加自负骄傲,每天摆设酒宴游乐,周重劝谏说:"自古以来,由于骄傲自满,奢侈淫逸,使得到手的江山又失去,成功的事业再归失败,事例太多,应引以为戒,况且您尚未得到江山,更没成就大业,有什么值得骄傲自满的呢!"

唐诸道军队大批地云集于宋州,徐州贼党才开始感到惧怕,应募参加贼军的人日益减少,而部下诸营寨相继要求增兵。庞勋于是派遣部下党徒分散进入乡村,驱赶乡民当兵。又因为军队已达数万人,

资粮匮竭，乃敛富室及商旅财，什取其七八，坐匿财夷宗者数百家。又与勋同举兵于桂州者尤骄暴，夺人资财，掠人妇女，勋不能制，由是境内之民皆厌苦之，不聊生矣！

王晏权兵数退衄，朝廷命泰宁节度使曹翔代晏权为徐州北面招讨使。前天雄节度使何全皞遣其将薛尤将兵万三千人讨庞勋，翔军于滕、沛，尤军于丰、萧。

6　是岁，江、淮旱，蝗。

十年（己丑，869）

1　春，正月，康承训将诸道军七万馀人屯柳子之西，自新兴至鹿塘三十里，壁垒相属。徐兵分戍四境，城中不及数千人，庞勋始惧。民多穴地匿其中，勋遣人搜掘为兵，日不过得三二十人。

勋将孟敬文守丰县，狡悍而兵多，谋贰于勋，自为符谶。勋闻之，会魏博攻丰，勋遣腹心将将三千助敬文守丰。敬文与之约共击魏博军，且誉其勇，使为前锋。新军既与魏博战，敬文引兵退走，新军尽没。勋乃遣使绐之曰："王弘立已克淮南，留后欲自往镇之，悉召诸将，欲选一人可守徐州者。"敬文喜，即驰诣彭城。未至城数里，勋伏兵擒之，辛酉，杀之。

2　丁卯，同昌公主适右拾遗韦保衡，以保衡为起居郎、驸马都尉。公主，郭淑妃之女，上特爱之，倾宫中珍玩以为资送，赐第于广化里，窗户皆饰以杂宝，井栏、药臼、槽匮亦以金银为之，

所贮军用物资和粮草枯竭,于是收敛富室人家及商人旅客的财产,凡十取其七八,因为藏匿私财而诛灭宗族的有数百家。另外,与庞勋同在桂州举兵反叛的人尤其骄横贪暴,随意抢夺别人的资财,掠取民间妇女,庞勋也无法制止,于是徐泗境内的百姓都厌恶贼军,处境悲惨至极,无法生活下去。

王晏权率领的官军数次败退,朝廷任命泰宁节度使曹翔代替王晏权为徐州北面招讨使。前天雄节度使何全皞派遣部下将领薛尤率领军队一万三千人讨伐庞勋,曹翔驻军于滕县、沛县,薛尤驻军于丰县、萧县。

6　这一年,江、淮地区发生旱灾、蝗灾。

唐懿宗咸通十年(己丑,公元869年)

1　春季,正月,康承训率领诸道军队七万多人屯驻于柳子之西,从新兴到鹿塘三十里,唐官军筑造的堡垒前后相望。徐州贼军分别戍守四境,徐州城的守军不超过几千人,庞勋这才感到恐惧。城中居民多挖地洞躲藏,庞勋派人去挖掘搜查,抓人当兵,每天不过抓得三十人或二十人。

庞勋的部将孟敬文戍守丰县,为人狡猾而强悍,手下军队较多,于是孟敬文企图另起炉灶,自己谋取节度使的符节图谶。庞勋得知情况时,正值魏博藩镇的军队进攻丰县,庞勋于是派遣心腹将领率三千人援助孟敬文守丰县。孟敬文与援军将领相约共同袭击魏博军队,并且称赞援军将领勇猛,让他当先锋打头阵。新到的援军既与魏博军交战,孟敬文却率领军队退走,使新到援军尽遭歼灭。庞勋为此派使者哄骗孟敬文说:"王弘立已攻克淮南,留后我想亲自去淮南镇抚,请诸位将领都来徐州商讨大计,希望能选一个可以镇守徐州的人。"孟敬文十分高兴,立即骑马赶往徐州。离徐州还有几里路,庞勋预先埋伏好的士兵一跃而起,将孟敬文擒获,辛酉(初三),庞勋将孟敬文处死。

2　丁卯(九日),唐同昌公主嫁右拾遗韦保衡,唐懿宗任命韦保衡为起居郎、驸马都尉。同昌公主是郭淑妃生的女儿,唐懿宗特别喜爱,宫廷中的珍宝古玩几乎全部作为嫁妆,于长安广化里赐予宅第,连窗户都用珠宝修饰,院内的井栏、平时用的药臼、马槽柜子也用金银制造,

编金缕以为箕筐,赐钱五百万缗,他物称是。

3 徐贼寇海州。时诸道兵戍海州者已数千人,断贼所过桥柱而弗殊,仍伏兵要害以待之。贼过,桥崩,苍黄散乱,伏兵发,尽殪之。其攻寿州者复为南道军所破,斩获数千人。

辛,谠以浙西之军至楚州,敕使张存诚以舟助之。徐贼水陆布兵,锁断淮流,浙西军惮其强,不敢进,谠曰:"我请为前锋,胜则继之,败则汝走。"犹不可。谠乃募选军中敢死士数十人,牒补职名,先以米舟三艘、盐舟一艘乘风逆流直进,贼夹攻之,矢著舟板如急雨,及锁,谠帅众死战,斧断其锁,乃得过。城上人喧呼动地,杜慆及将佐皆泣迎之。乙酉,城上望见舟师张帆自东来,识其旗浙西军也。去城十馀里,贼列火船拒之,帆止不进。慆令谠帅死士出迎之,乘战舰冲贼陈而过,见张存诚帅米舟九艘,曰:"将士在道前却,存诚屡欲自杀,仅得至此,今又不进。"谠扬言:"贼不多,甚易与耳。"帅众扬旗鼓噪而前,贼见其势猛锐,避之,遂得入城。

4 二月,端州司马杨收长流驩州,寻赐死,其僚属党友坐长流岭表者十馀人。

初,尚书右丞裴坦子娶收女,资送甚盛,器用饰以犀玉。坦见之,怒曰:"破我家矣!"立命坏之。已而收竟以贿败。

用金丝编成筐箕,赐给钱五百万缗,其他财物不可胜数。

3　徐州叛贼侵寇海州。当时唐诸道军队在海州戍守的已有几千人,官军折断贼军必经桥梁的桥墩,而不使桥断绝,以等待贼军过桥时自陷,又在要害处埋下伏兵。贼军到来,桥崩塌下陷,士兵们仓皇溃散,官军伏兵齐发,将贼军全部歼灭。庞勋派往进攻寿州的贼军也被南方淮、浙诸道兵击败,被斩和被俘的有好几千人。

辛谠率领浙西军队赶到楚州,宦官敕使张存诚率领船队来协助。徐州叛贼在水上和陆上布置了军队,封锁截断了淮河水流,浙西军队畏惧贼军的强大,不敢前进,辛谠对张存诚及诸将领们说:"我请求当前锋,得胜你们就跟着我前进,失败你们就赶快撤退。"仍然得不到同意。辛谠于是招募军中的敢死士兵数十人,用牒写下每个人的职位姓名,先驾驶装米的船三艘,装盐的船一艘,乘风逆流而进,直冲泗州城,贼军在两岸夹击,箭头射在船板上,犹如急雨,船行至贼军封锁河道的铁锁前,辛谠率领部众奋力死战,用斧头砍断铁锁,船得以通过。泗州城上欢呼之声震天动地,杜慆及部下将佐都哭着赶来迎接。乙酉(二十七日),泗州城上官军望见有战船张帆自东方而来,认出船上的旗帜是浙西军。离泗州城有十多里,徐州贼军排列火船进行阻挡,使浙西船队拉下船帆无法前进。杜慆命令辛谠率领敢死士兵出城迎接,辛谠乘战船冲向贼军阵地,冲过敌船后,看见张存诚率领装米的船九艘停在河中,张存诚喊:"将士们惧怕贼军不敢前进,在河道中停留,我几次要自杀,才将船开到这里,现在船又不敢前进。"辛谠扬言说:"贼军不多,前进并不太难。"于是率领众军扬起军旗,打鼓喧噪,奋力前行,贼军见浙西船队来势相当凶猛,避而不敢迎战,于是船队得入泗州城。

4　二月,唐懿宗将端州司马杨收长年流放到边远的驩州,不久又赐他自杀,杨收的僚属党羽受牵连长流南岭外的有十多人。

起初,尚书右丞裴坦的儿子娶杨收的女儿,嫁妆极为丰盛,日常用具都用犀牛角和玉石来装饰。裴坦看见这些器物,愤怒地说:"这要使我家破人亡的呀!"立即命儿子毁掉这些奢侈品。后来杨收终于因为受贿而破落。

5 康承训使朱邪赤心将沙陀三千骑为前锋,陷陈却敌,十镇之兵伏其骁勇。承训尝引麾下千人渡涣水,贼伏兵围之,赤心帅五百骑奋挝冲围,拔出承训,贼势披靡,因合击,败之。承训数与贼战,贼军屡败。

王弘立自矜淮口之捷,请独将所部三万人破承训,庞勋许之。己亥,弘立引兵渡濉水,夜,袭鹿塘寨,黎明,围之。弘立与诸将临望,自谓功在漏刻。沙陀左右突围,出入如飞,贼纷扰移避,沙陀纵骑蹂之,寨中诸军争出奋击,贼大败。官军蹙之于濉水,溺死者不可胜纪,自鹿塘至襄城,伏尸五十里,斩首二万馀级。弘立单骑走免,所驱掠平民皆散走山谷,不复还营,委弃资粮、器械山积。时有敕,诸军破贼,得农民,皆释之,自是贼每与官军遇,其驱掠之民先自溃。庞勋、许佶以弘立骄惰致败,欲斩之,周重为之说勋曰:“弘立再胜未赏,一败而诛之,弃功录过,为敌报仇,诸将咸惧矣;不若赦之,责其后效。”勋乃释之。弘立收散卒才数百人,请取泗州以补过,勋益其兵而遣之。

6 三月辛未,以起居郎韦保衡为左谏议大夫,充翰林学士。

7 徙郢王侃为威王。

8 康承训既破王弘立,进逼柳子,与姚周一月之间数十战。丁亥,周引兵渡水,官军急击之,周退走,官军逐之,遂围柳子。

5　康承训派遣朱邪赤心率领沙陀族骑兵三千人为前锋,冲锋陷阵击退徐州贼军,十藩镇的军队都佩服沙陀骑兵骁勇善战。康承训曾经率领麾下一千人渡涣水,遭贼军埋伏,被围困,朱邪赤心率领五百骑兵奋勇拼杀冲入重围,将康承训救出,贼军丧胆,官军乘机夹击,将贼军击败。康承训多次与贼军交战,贼军屡遭失败。

庞勋部将王弘立因淮口大捷破戴可师军,骄傲自负,请求独自率领部下三万人去进攻康承训率领的官军,得到庞勋的批准。己亥(十一日),王弘立率领军队渡过濉水,夜晚,袭击鹿塘寨的官军,到第二天黎明,将官军团团围住。王弘立与部下诸将登高远望,自以为能迅速歼灭官军。沙陀骑兵左右突围,在贼军中出入如飞,士兵纷纷躲避沙陀铁骑,沙陀骑兵纵马践踏贼军,鹿塘寨的诸道官军争相出营奋击,贼军大败。官军将王弘立贼军逼到濉水,淹死的人不可胜数,从鹿塘到襄城,倒伏的尸体长达五十里,斩贼军首级两万多颗。王弘立骑着马只身逃出阵来,被他驱使的平民都逃散到山谷中,不再回营,抛弃的物资粮草、军用器械堆积如山。当时唐懿宗颁有诏敕,诸道官军与贼军交战,凡俘获农民,全部释放免死,于是后来贼军每次与官军遭遇,贼军中被抓来驱使的农民就自动溃散。庞勋、许佶因为王弘立骄傲自大,麻痹大意而遭致惨败,想处以斩刑,周重为此向庞勋说情:“王弘立多次打胜仗,没有给予奖赏,遭到一次失败,就要诛死,不记他的功而专录他的过,这等于为敌人报仇,使我部诸将都感到恐惧;不如赦免王弘立,让他戴罪立功,将功补过,以观后效。”庞勋于是释放王弘立。王弘立收集散卒,才得数百人,请求攻取泗州以补罪过,庞勋给他补充军队后派他往泗州督战。

6　三月辛未(十三日),唐懿宗任命起居郎韦保衡为左谏议大夫,充当翰林学士。

7　唐懿宗将郢王李侃改封为威王。

8　康承训既已攻破王弘立,率军进逼柳子,与庞勋部将姚周在一个月之间交战数十次。丁亥(二十九日),姚周率领贼军渡过涣水,官军乘机急攻贼军,姚周率军退走,官军追逐,于是进围柳子。

会大风，四面纵火，贼弃寨走，沙陀以精骑邀之，屠杀殆尽，自柳子至芳城，死者相枕，斩其将刘丰。周将麾下数十人奔宿州，宿州守将梁丕素与之有隙，开城听入，执而斩之。

庞勋闻之大惧，与许佶议自将出战。周重泣言于勋曰："柳子地要兵精，姚周勇敢有谋，今一旦覆没，危如累卵，不若遂建大号，悉兵四出，决力死战。"又劝杀崔彦曾以绝人望。术士曹君长亦言："徐州山川不容两帅，今观察使尚在，故留后未兴。"贼党皆以为然。夏，四月壬辰，勋杀彦曾及监军张道谨、宣慰使仇大夫、僚佐焦璐、温庭皓，并其亲属、宾客、仆妾皆死；断淮南监军郭厚本、都押衙李湘手足，以示康承训军。勋乃集众扬言曰："勋始望国恩，庶全臣节；今日之事，前志已乖。自此，勋与诸君真反者也，当扫境内之兵，戮力同心，转败为功耳。"众皆称善。于是命城中男子悉集毬场，仍分遣诸将比屋大索，敢匿一男子者族其家。选丁壮，得三万人，更造旗帜，给以精兵。许佶等共推勋为天册将军、大会明王。勋辞王爵。

先是，辛谠复自泗州引骁勇四百人迎粮于扬、润，贼夹岸攻之，转战百里，乃得出。至广陵，止于公馆，不敢归家，舟载盐米二万石，钱万三千缗，乙未，还至斗山。贼将王弘芝帅众万馀，拒之于盱眙，密布战舰百五十艘以塞淮流，又纵火

恰值大风刮起，官军趁势四面纵火，贼军抛弃营寨逃走，沙陀族以精锐骑兵在半路邀击，将贼军几乎屠杀干净，自柳子直到芳城，死尸一个接一个躺倒在地，姚周部将刘丰也被斩首。姚周率领麾下数十人投奔宿州，宿州的贼军守将梁丕平素与姚周有私仇，开城门让姚周进入，然后抓起来斩首。

庞勋得知姚周军覆没，大为惊恐，与许佶商议亲自率领军队出战。周重哭着对庞勋说："柳子地势险要，军队精良，姚周有勇有谋，今天一旦全军覆没，可知我们已到了极危险的境地，犹如蛋壳一碰就破，不如马上就建立国号，自立为王，率领全部军队四出攻击，与官军拼死决战。"周重又劝庞勋杀死崔彦曾，以断绝城里人对崔彦曾所抱有的一线希望。术士曹君长也说："徐州的山川容不得两位统帅，今天观察使崔彦曾仍然在城中，所以留后您不得兴旺。"叛贼党羽都信以为真，表示同意。夏季，四月壬辰（初五），庞勋将崔彦曾及宦官监军张道谨、宣慰使仇大夫、崔彦曾的僚佐焦璐、温庭皓，以及他们的亲属、宾客、奴婢等全部处死；又将淮南宦官监军郭厚本、都押衙李湘的手足砍断，并出示给康承训率领的官军看。庞勋于是集合部众大声扬言说："庞勋起初希望得到国家的恩典，获得节度使的符节旌旗，或许可以为唐朝保持臣节；今天的事已很清楚，我原先的希望已全部落空。从此以后，我与诸位是真造反了，这就应当收集徐州全境的军队，戮力同心去与官军拼斗，转败为胜，才是我们的活路。"众人都拍手称好。于是命令徐州城中的男子都集中于毬场，又分别派遣诸将挨家挨户地大肆搜索，敢藏匿一个男子的就灭其全家。于是选得丁壮三万人，重新制造旗帜，发给精锐的武器。许佶等人共同推戴庞勋为天册将军、大会明王。庞勋辞去王爵不肯接受。

此前，辛谠再次从泗州率领骁勇士兵四百人到扬州、润州迎粮，贼军在河岸夹击，辛谠转战一百里，才突围而出。来到广陵，住宿于官府旅馆，不敢回家，用船运载盐米两万石、钱一万三千缗回泗州，乙未（初八），来到斗山。贼军将领王弘芝率领一万多人，将辛谠阻挡在盱眙县，贼军在淮河密布战船一百五十艘，用以堵塞淮河水道，又放火

船逆之。说命以长叉托过，自卯战及未，众寡不敌，官军不利。贼缚木于战舰，旁出四五尺为战棚，说命勇士乘小舟入其下，矢刃所不能及，以枪揭火牛焚之，战舰既然，贼皆溃走，官军乃得过入城。

庞勋以父举直为大司马，与许佶等留守徐州。或曰："将军方耀兵威，不可以父子之亲，失上下之节。"乃令举直趋拜于庭，勋据桉而受之。时魏博屡围丰县，庞勋欲先击之，丙申，引兵发徐州。

9　戊戌，以前淮南节度使、同平章事令狐绹为太保、分司。

10　庞勋夜至丰县，潜入城，魏博军皆不之知。魏博分为五寨，其近城者屯数千人，勋纵兵围之，诸寨救之，勋伏兵要路，杀官军二千人，馀皆返走。贼攻寨不克，至夜，解围去。官军畏其众，且闻勋自来，诸寨皆宵溃。曹翔方围滕县，闻魏博败，引兵退保兖州。贼悉毁其城栅，运其资粮，传檄徐州，盛自夸大，谓官军为国贼云。

马举将精兵三万救泗州，乙巳，分军三道渡淮，至中流，大噪，声闻数里。贼大惊，不测众寡，敛兵屯城西寨。举就围之，纵火焚栅，贼众大败，斩首数千级。王弘立死，吴迥退保徐城，泗州之围始解。泗州被围凡七月，守城者不得寐，面目皆生疮。

船冲撞辛谠的船队。辛谠命令将士用长权将火船拖走，自卯时一直战到未时，由于寡不敌众，官军处境极为不利。贼军在战船上绑上木头，出船侧四五尺制成战棚，辛谠派勇士划小船钻入贼船战棚之下，船上的刀箭均打不到，于是用长茅绑上草，放火烧贼船。贼船燃烧了，贼军都跳船逃走，辛谠于是得以率船队进入泗州城。

庞勋委任父亲庞举直为大司马，与许佶等人留下来守徐州。有人对庞勋说："将军您正向四方炫耀兵威，不可以因为父子之亲，而丧失上下臣节。"于是让庞举直在庭堂向庞勋跪拜谢恩，庞勋坐在椅子上接受父亲的跪拜礼。当时魏博藩镇军队屡次围攻丰县，庞勋企图先调集军队打击魏博军，丙申（初九），庞勋率领军队从徐州出发。

9　戊戌（十一日），唐懿宗任命前淮南节度使、同平章事令狐绹为太保、分司东都，此为闲职。

10　庞勋夜晚来到丰县，偷偷地进入城中，魏博藩镇军队都不知道。魏博军分为五个营寨，其中靠近丰城的一个营寨屯驻有数千人，庞勋纵兵将这个营寨团团围住，其他四个营寨赶来救援，庞勋在要道上埋下伏兵，杀死官军两千人，其余的官军都返回本寨。贼军攻魏博军营寨不能克，到夜晚，解围离去。魏博军因贼军人多而畏惧惊恐，又听说庞勋亲自到来，五个营寨都乘夜溃逃。曹翔正在围攻滕县，听说魏博军队败退，率军退到兖州来据守。贼军将官军的栅墙全部拆毁，将官军丢弃的物资粮草运走，并传檄于徐州，夸大战果，称官军为国贼。

马举率领精锐官军三万人救援泗州，乙巳（十八日），将军队分成三路渡淮河，船至河中流，大声喊叫，声音传布数里。贼军极为震惊，不知官军数量是多是少，于是收兵屯驻在泗州城西寨。马举率军进围贼军，放火焚烧贼军营寨的栅栏，贼军大败，被斩首的达数千人。王弘立战死，吴迥退兵保据徐城，泗州的围困始得解开。泗州城被围总共有七个月，守城的官军无法睡觉，脸上和眼睛上都生了疮。

庞勋留丰县数日,欲引兵西击康承训,或曰:"天时向暑,蚕麦方急,不若且休兵聚食,然后图之。"或曰:"将军出师数日,摧七万之众,西军震恐,乘此声势,彼破走必矣,时不可失。"庞举直以书劝勋乘胜进军,勋意遂决。丁未,发丰县,庚戌,至萧,约襄城、留武、小睢诸寨兵合五六万人,以二十九日迟明攻柳子。淮南败卒在贼中者,逃诣康承训,告以其期,承训得先为之备,秣马整众,设伏以待之。丙辰,襄城等兵先至柳子,遇伏,败走。庞勋既自失期,遽引兵自三十里外赴之,比至,诸寨已败,勋所将皆市井白徒,睹官军势盛,皆不战而溃。承训命诸将急追之,以骑兵邀其前,步卒蹙其后,贼狼狈不知所之,自相蹂藉,僵尸数十里,死者数万人。勋解甲服布襦而遁,收散卒,才及三千人,归彭城,使其将张实分诸寨兵屯第城驿。

勋初起,下邳土豪郑镒聚众三千,自备资粮器械以应之,勋以为将,谓之义军。五月,沂州遣军围下邳,勋命镒救之,镒帅所部来降。

11 六月,陕民作乱,逐观察使崔荛。荛以器韵自矜,不亲政事,民诉旱,荛指庭树曰:"此尚有叶,何旱之有!"杖之。民怒,故逐之。荛逃于民舍,渴求饮,民以溺饮之。坐贬昭州司马。

12 以中书侍郎、同平章事徐商同平章事,充荆南节度使。癸卯,以翰林学士承旨、户部侍郎刘瞻同平章事。瞻,桂州人也。

庞勋在丰县留居了几天,企图率领军队向西进攻康承训率领的官军,有人说:"天气已接近夏季,养蚕种麦等农事正急需人手,不如暂且休兵,聚集粮食,然后再图进取。"有人说:"将军亲自出师才几天,就摧毁魏博军七万多人,西面康承训率领的官军极为恐慌,我军乘战胜的声势,击破并赶走康承训军是必然的,时机不可失。"庞举直也写信劝庞勋乘胜进军,庞勋于是决定西进。丁未(二十日),庞勋从丰县出发,庚戌(二十三日),贼军到达萧县,约请襄城、留武、小睢诸营寨的贼军来会合,共有五六万人,定于二十九日天刚亮时进攻柳子。庞勋军中的淮南俘虏兵逃到康承训营帐,告诉庞勋来进攻的日期,康承训于是得以事先作好准备,将战马喂饱,军队排列得整整齐齐,埋设伏兵,等待贼军来进攻。丙辰(二十九日),襄城等营寨的贼兵先赶到柳子,遭到官军埋伏,战败逃走。庞勋既然自己迟到战场,立即率领军队从三十里外赶来,来到柳子,诸寨贼军已经败下阵来,庞勋所率领的将领都是市井无赖,见官军势力雄厚,都不战自行溃散。康承训命令部下诸将领率兵急追贼军,派骑兵在前面阻挡,派步兵在后面逼迫,贼军狼狈不知往何处逃,自相践踏,尸体布满数十里,死亡达数万人。庞勋解除衣甲穿短衣逃走,收集溃散的士卒,才有三千人,回归彭城,派部将张实分诸营寨的军队屯驻第城驿。

庞勋初起时,下邳县土豪郑镒聚集民众三千人,自备钱粮兵器军械响应庞勋,庞勋用郑镒为将领,称所部民兵为义军。五月,沂州官府派遣军队围攻下邳县,庞勋命令郑镒前去救援,郑镒率领所部义军归降官军。

11 六月,陕州民众发动叛乱,驱逐观察使崔荛。崔荛以气韵风度自负,不躬亲政务,百姓申诉旱灾,崔荛指着庭院中的树说:"这棵树上还长有树叶,哪来的旱灾!"就用棍杖打诉旱的农民。民众被激怒,于是驱逐崔荛。崔荛逃到民宅,口渴求水喝,居民给尿让他饮用。为此崔荛被贬官,降为昭州司马。

12 唐懿宗命中书侍郎、同平章事徐商仍挂同平章事衔,出朝充任荆南节度使。癸卯(十七日),唐懿宗任命翰林学士承旨、户部侍郎刘瞻为同平章事。刘瞻是桂州人。

13 马举自泗州引兵攻濠州，拔招义、钟离、定远。刘行及设寨于城外以拒守，举先遣轻骑挑战，贼见其众少，争出寨西击之，举引大军数万自他道击其东南，遂焚其寨。贼入固守，举堙其三面而围之，北面临淮，贼犹得与徐州通。庞勋遣吴迥助行及守濠州，屯兵北津以相应，举遣别将渡淮击之，斩获数千，平其寨。

14 曹翔之退屯兖州也，留沧州卒四千人戍鲁桥，卒擅还，翔曰："以庞勋作乱，故讨之。今沧卒不从约束，是自乱也！"勒兵迎之，围于兖州城外，择违命者二千人，悉诛之。朝廷闻魏博军败，以将军宋威为徐州西北面招讨使，将兵三万屯于丰、萧之间，翔复引兵会之。

秋，七月，康承训克临涣，杀获万人，遂拔襄城、留武、小睢等寨。曹翔拔滕县，进击丰、沛。贼诸寨戍兵多相帅逃匿，保据山林，贼抄掠者过之，辄为所杀，而五八村尤甚。有陈全裕者为之帅，凡叛勋者皆归之，众至数千人，战守之具皆备，环地数十里，贼莫敢近。康承训遣人招之，遂举众来降，贼党益离。蕲县土豪李衮杀贼守将，举城降于承训。沛县守将李直诣彭城计事，裨将朱玫举城降于曹翔。直自彭城还，玫逆击，走之，翔发兵戍沛。玫，邠州人也。勋遣其将孙章、许佶各将数千人攻陈全裕、朱玫，皆不克而还。康承训乘胜长驱，拔第城，进抵宿州之西，筑城而守之。庞勋忧愦不知所为，但祷神饭僧而已。

13　马举从泗州率领官军进攻濠州，攻拔招义县、钟离县、定远县。贼将刘行及在濠州城外设营寨据守，马举先派遣轻骑兵来挑战，贼军见官军人少，争相出寨向西攻击官军，马举率领大军数万人从另外一条道路攻击贼营寨的东南，然后焚烧贼军营寨。贼军进入濠州城固守，马举在濠州城三面挖壕沟进行围困，北面就是淮河，贼军仍然可通过淮河与徐州联络。庞勋派遣吴迥率军协助刘行及守濠州，屯兵在淮河北岸与濠州相应，马举派遣部将渡过淮河攻击吴迥，杀死和俘虏贼军好几千，将吴迥的营寨夷为平地。

14　曹翔退到兖州屯驻，留下沧州士兵四千人戍守鲁桥镇，沧州士兵擅自归还，曹翔说："因为庞勋作乱，所以出兵征讨。今天沧州士卒不服从约束，是自谋叛乱！"于是派军队迎击逃卒，将沧州士卒围困在兖州城外，抓出违抗命令的士兵两千人，全部处死。朝廷听说魏博藩镇军战败，派将军宋威任徐州西北面诏讨使，率领军队三万人屯驻在丰县与萧县之间，曹翔又率领所部军队赶来会合。

秋季，七月，康承训攻克临涣，杀死和俘获贼军一万人，进而攻拔襄城、留武、小睢等贼军营寨。曹翔率军进拔滕县，进击丰县、沛县。贼军诸营寨的戍兵都相率逃跑藏匿，脱离庞勋，保据山林，凡有贼军抢劫到山林之下，立即被他们所杀，尤其是五八村最为厉害。有一个名叫陈全裕的人，充当五八村逃兵的首领，凡是从庞勋贼军处叛逃的人都归到他的旗帜下，有众达数千人，作战和防守的武器都具备，周围数十里，贼军不敢靠近他们。康承训派人招降陈全裕，陈全裕于是率领部众来归降，贼军党羽更加离散。蕲县土豪李衮杀死贼军守将，献蕲县城归降于康承训。贼沛县守将李直前往彭城与庞勋计谋攻守事宜，所部裨将朱玫献沛县城降于曹翔。李直从彭城返回，朱玫率军阻击李直，将李直赶走，于是曹翔调派官军戍守沛县。朱玫是邠人。庞勋派遣部将孙章、许佶各率领数千人进攻陈全裕、朱玫，都不能攻克而退还。康承训于是乘胜率官军长驱直入，攻拔第城驿，抵达宿州西部，筑城据守。庞勋因连续失败忧虑万分，不知怎么何办才好，只是祈祷神仙保护，供和尚吃饭而已。

15 初,庞勋怒梁丕专杀姚周,黜之,使徐州旧将张玄稔代之治州事,以其党张儒、张实等将城中兵数万拒官军。儒等列寨数重于城外,环水自固,康承训围之。张实夜遣人潜出,以书白勋曰:"今国兵尽在城下,西方必虚,将军宜引兵出其不意,掠宋、亳之郊,彼必解围而西,将军设伏要害,迎击其前,实等出城中兵蹙其后,破之必矣!"时曹翔使朱玫击丰,破之,乘胜攻徐城、下邳,皆拔之,斩获万计。勋方忧惧欲走,得实书,即从其策,使庞举直、许佶守徐州,引兵而西。

八月壬子,康承训焚外寨,张儒等入保罗城,军官攻之,死者数千人,不能克,承训患之,遣辩士于城下招谕之。张玄稔尝戍边有功,虽胁从于贼,心尝忧愤,时将所部兵守子城,夜,召所亲数十人谋归国,因稍令布谕,协同者众,乃遣腹心张皋夜出,以状白承训,约期杀贼将,举城降,至日,请立青旌为应,使众心无疑。承训大喜,从之。九月丁巳,张儒等饮酒于柳溪亭,玄稔使部将董厚等勒兵于亭西,玄稔先跃马而前,大呼曰:"庞勋已枭首于仆射寨中,此辈何得尚存!"士卒竞进,遂斩张儒等数十人。城中大扰,玄稔谕以归国之计,及暮而定。戊午,开门出降。玄稔见承训,肉袒膝行,涕泣谢罪。承训慰劳,即宣敕,拜御史中丞,赐遗甚厚。

15 起初,庞勋对梁丕不经请示就杀死姚周极为愤怒,罢黜梁丕的官位,派原徐州镇将张玄稔代梁丕领掌宿州的政事,派党羽张儒、张实等率领宿州城中的军队数万人抗拒官军。张儒等人在宿州城外列营寨好几重,环靠水边,借以自固,康承训率官军围困张儒军。张实乘夜派人偷出重围,给庞勋送上一封密信,说:"今天官军尽在宿州城下,西部地方必然空虚,将军您应该率领军队出敌不意,攻掠宋州、亳州郊外,敌军必然解宿州之围西去,将军您在要害处设伏,在前面迎击敌军,我等宿州城中的军队在敌军后追逼,必定能击破敌军!"当时曹翔派朱玫进攻丰县,将丰县攻破,乘胜进攻徐城、下邳,全都攻下,斩杀和俘获贼军上万。庞勋正因为忧虑恐惧要逃走,得到张实的书信,立即听从了他的计策,让庞举直、许佶据守徐州,自己率领军队向西进发。

八月壬子(二十七日),康承训焚毁宿州城外贼军的营寨,张儒等人入宿州城据守外城,官军攻城,战死数千人,不能破城,康承训深感攻城艰难,于是派遣有口才的人于宿州城下大声招谕,要城中贼军投降。张玄稔曾经戍边立过功,虽然被胁迫从贼反叛,内心却很忧愤,当时他率领所部军队驻守内小城,夜晚,召自己平时亲信几十人密谋归降朝廷,张玄稔让亲信向部下稍作劝谕,表示赞同的人即有很多,于是张玄稔派遣心腹张皋乘夜出城,将情况通告康承训,约定时间在城内杀贼军主将,献宿州城投降,到时请官军树立青色旗帜为信号,表示不杀城内胁从士兵,使众人解除疑虑,放心归朝。康承训得报喜出望外,马上表示同意。九月丁巳(初三),贼将张儒等人在柳溪亭饮酒,张玄稔派部将董厚等人在亭西面部署军队,自己先骑着马快步向前,大声叫喊:"庞勋已在康承训的营寨中被砍头示众,张儒这些鼠辈怎么得在这里偷生!"士卒们争先恐后,蜂拥而前,于是斩张儒等数十人。宿州城内一时秩序大乱,人们惊慌失措,张玄稔于是向众人宣谕归降朝廷的计划,到傍晚才安定下来。戊午(初四),张玄稔打开宿州城门率众出城投降。张玄稔见康承训时,袒胸露臂,跪地爬行,嚎哭流泪,口称请罪。康承训慰劳张玄稔等人,当即宣布唐懿宗的敕令,拜张玄稔为御史中丞,赐给他的金钱玉帛也相当丰厚。

玄稔复进言:"今举城归国,四远未知,请诈为城陷,引众趋苻离及徐州,贼党不疑,可尽擒也!"承训许之。宿州旧兵三万,承训益以数百骑,皆赏劳而遣之。玄稔复入城,暮发平安火如常日。己未向晨,玄稔积薪数千束,纵火焚之,如城陷军溃之状,直趋苻离,苻离纳之,既入,斩其守将,号令城中,皆听命,收其兵,复得万人,北趋徐州。庞举直、许佶闻之,婴城拒守。

辛酉,玄稔至彭城,引兵围之,按兵未攻,先谕城上人曰:"朝廷唯诛逆党,不伤良人,汝曹奈何为贼城守?若尚狐疑,须臾之间,同为鱼肉矣!"于是守城者稍稍弃甲投兵而下。崔彦曾故吏路审中开门纳官军,庞举直、许佶帅其党保子城,日昃,贼党自北门出,玄稔遣兵追之,斩举直、佶首,馀党多赴水死,悉捕戍桂州者亲族,斩之,死者数千人,徐州遂平。

庞勋将兵二万自石山西出,所过焚掠无遗。庚申,承训始知,引步骑八万西击之,使朱邪赤心将数千骑为前锋。勋袭宋州,陷其南城,刺史郑处冲守其北城,贼知有备,舍去,渡汴,南掠亳州,沙陀追及之。勋引兵循涣水而东,将归彭城,为沙陀所逼,不暇饮食,至蕲,将济水,李衮发桥,勒兵拒之。贼惶惑不知所之,至县西,官军大集,纵击,杀贼近万人,馀皆溺死,

张玄稔又向康承训进言献策:"我今天献宿州城归降朝廷,远方四邻尚不知道,请让我假装为城被攻陷,率部众前往符离及徐州,贼将党羽不会猜疑我,可将他们全部擒获!"康承训表示同意。宿州原有军队三万人,康承训再增补数百骑兵,均给予赏钱,厚加慰劳,派遣他们出征。张玄稔再入宿州城,到傍晚时像平常一样点燃平安火。己未(初五)凌晨,张玄稔堆积干柴千捆,纵火焚烧,做出城被攻陷军队溃散的模样,率领军队直奔符离城,符离贼军收纳张玄稔,刚一入城,张玄稔率军斩符离贼军守将,向城中军民发号施令,众人都听从命令,于是纠集符离城中军队,再收得一万人,向北进攻徐州。庞举直、许佶得知张玄稔叛变的情况,紧闭徐州城门拒守。

辛酉(初七),张玄稔赶到彭城,指挥军队将城团团围住,停兵未作进攻,先告谕城上的人说:"朝廷只诛杀叛贼逆党,不会伤害好人,你们为什么要为叛贼守城呢? 如果还迟疑不降,要不了多少时间,你们就要同叛贼逆党一同去见阎王,成为俎上的鱼肉!"于是城上渐渐有人脱去甲衣,抛下武器跳下城来。原先在崔彦曾手下办过事的官吏路审中打开徐州城门接纳官军,庞举直、许佶率领部下党羽退到内小城拒守,大阳偏西时,庞举直等贼党从北门逃出,张玄稔派遣军队追击,砍下庞举直、刘佶的头,其馀党羽大都跳到水里淹死,张玄稔将桂州叛乱戍卒的亲属家族全部逮捕,处以斩刑,被杀死的人有好几千,徐州于是被讨平。

庞勋率领军队两万人从石山向西进发,所过之处烧杀抢掠,一无所存。庚申(初六),康承训才知道庞勋的动向,于是率领步兵和骑兵八万人向西讨击庞勋,派遣朱邪赤心率领数千骑兵为前锋。庞勋袭击宋州,攻破宋州南城,宋州刺史郑处冲据守宋州北城,庞勋等知道城里官军有准备,马上放弃宋州,渡过汴水,向南攻掠亳州,结果被沙陀骑兵追上。庞勋率领军队沿涣水向东走,企图回彭城,由于沙陀骑兵的追逼,连吃饭的功夫都没有,赶到蕲县,准备渡河,李衮阻断桥梁,令官军摆好阵势准备抵抗。庞勋及其部众无法渡河,惶恐疑惑不知往哪里去为好,转到蕲县西面,大批官军赶到,纵兵进击,杀死贼军近一万人,其馀的人都跳到河中淹死,

降者才及千人，勋亦死而人莫之识，数日，乃获其尸。贼宿迁等诸寨皆杀其守将而降。宋威亦取萧县，吴迥独守濠州不下。

冬，十月，以张玄稔为右骁卫大将军、御史大夫。

马举攻濠州，自夏及冬不克，城中粮尽，杀人而食之，官军深堑重围以守之。辛丑夜，吴迥突围走，举勒兵追之，杀获殆尽，迥死于招义。

以康承训为河东节度使、同平章事，以杜慆为义成节度使。上嘉朱邪赤心之功，置大同军于云州，以赤心为节度使，召见，留为左金吾上将军，赐姓名李国昌，赏赉甚厚。以辛谠为亳州刺史。谠在泗州，犯围出迎兵粮，往返凡十二，及除亳州，上表言："臣之功，非杜慆不能成也！"赐和州刺史崔雍自尽，家属流康州，兄弟五人皆远贬。

16　上荒宴，不亲庶政，委任路岩。岩奢靡，颇通赂遗，左右用事。至德令陈蟠叟因上书召对，言："请破边咸一家，可赡军二年。"上问："咸为谁？"对曰："路岩亲吏。"上怒，流蟠叟于爱州，自是无敢言者。

17　初，南诏遣使者杨酉庆来谢释董成之囚，定边节度使李师望欲激怒南诏以求功，遂杀酉庆。西川大将恨师望分裂巡属，阴遣人致意南诏，使入寇。师望贪残，聚私货以百万计，戍卒怨怒，欲生食之，师望以计免。朝廷征还，以太府少卿窦滂代之。滂贪残又甚于师望，故蛮寇未至，而定边固已困矣。

投降的才刚到一千人，庞勋也战死，但没有人认识他，数天后，才找到他的尸体。贼军设在宿迁县等地的几个营寨的士兵都杀死守将投降。宋威也攻取萧县，只有贼将吴迥据守的濠州城未能攻下。

冬季，十月，朝廷任命张玄稔为右骁卫大将军、御史大夫。

马举率领官军进攻濠州，从夏季直到冬季都不能攻克，城中的粮食吃尽，于是杀人充饥，官军深挖壕沟，重重围困，严加防守。辛丑（十七日）夜，吴迥率军突围逃走，马举派军队追击，几乎将吴迥部贼军斩杀擒获干净，吴迥也死在招义县。

唐懿宗任命康承训为河东节度使、同平章事，任命杜慆为义成节度使。唐懿宗为嘉奖朱邪赤心的战功，在云州设置大同军，任命朱邪赤心为大同军节度使，受到唐懿宗召见，留在京城任金吾上将军，赐给他姓名叫李国昌，赏赐钱物十分丰厚。任命辛谠为亳州刺史。辛谠在泗州城，突围出城迎接军粮，往返总共十二次，当任命他当亳州刺史时，辛谠向唐懿宗上表说："我的功劳，没有杜慆是不能成功的！"唐懿宗又赐和州刺史崔雍自尽，把他的家属流放到康州，兄弟五人都贬官流放到很远的地方。

16　唐懿宗游宴无度，不亲自处理一般政务，大事都委任给宰相路岩去办。路岩生活奢侈豪华，经常收取贿赂，左右小人也参与政事。至德县令陈蟠叟为此上书给唐懿宗要求召对，说："请皇上抄边咸一家，抄得的财物可用以赡养国家军队两年。"唐懿宗问："边咸是谁？"陈蟠叟说："是路岩亲任的小吏。"唐懿宗听后极为愤怒，将陈蟠叟流放于爱州，自后没有人再敢说话。

17　起初，南诏国王派遣使者杨酋庆来唐朝，拜谢唐懿宗从监狱里释放董成，定边节度使李师望想激怒南诏国王以邀取功名，竟将杨酋庆杀死。西川大将痛恨李师望分裂西川使府巡属，因此暗中派遣人向南诏蛮军通牒致意，招引南诏蛮军来入侵。李师望贪鄙残暴，聚敛的私财宝货数以百万计，戍卒们也都怨恨愤怒，希望活活把李师望吃了，李师望用计辞去定边军节度使的官位。朝廷把他征还，任命太府少卿窦滂代为定边军节度使。窦滂贪鄙残酷比李师望有过之而无不及，所以南诏蛮寇还没到来，定边军就已经混乱窘困了。

是月，南诏骠信酋龙倾国入寇，引数万众击董春乌部，破之。十一月，蛮进寇嶲州，定边都头安再荣守清溪关，蛮攻之，再荣退屯大渡河北，与之隔水相射九日八夜。蛮密分军开道，逾雪坡，奄至沐源川，潨遣兖海将黄卓帅五百人拒之，举军覆没。十二月丁酉，蛮衣兖海之衣，诈为败卒，至江岸呼船，已济，众乃觉之，遂陷犍为，纵兵焚掠陵、荣二州之境。后数日，蛮军大集于陵云寺，与嘉州对岸，刺史杨忞与定边监军张允琼勒兵拒之。蛮潜遣奇兵自东津济，夹击官军，杀忠武都将颜庆师，馀众皆溃，忞、允琼脱身走。壬子，陷嘉州。庆师，庆复之弟也。

窦潨自将兵拒蛮于大渡河，骠信诈遣清平官数人诣潨结和，潨与语未毕，蛮乘船筏争渡，忠武、徐宿两军结陈抗之。潨惧，自经于帐中。徐州将苗全绪解之，曰："都统何至于是！"全绪与安再荣及忠武将勒兵出战，潨遂单骑宵遁。三将谋曰："今众寡不敌，明旦复战，吾属尽矣；不若乘夜攻之，使之惊乱，然后解去。"于是夜入蛮军，弓弩乱发，蛮大惊，三将乃全军引去。蛮进陷黎、雅，民窜匿山谷，败军所在焚掠。潨奔导江。邛州军资储偫皆散于乱兵之手，蛮至，城已空，通行无碍矣。

诏左神武将军颜庆复将兵赴援。

这月，南诏骠信酋龙率全国军队侵寇唐西川边境，派数万军进击归附于唐朝的董春乌部蛮，将该部蛮攻破。十一月，南诏蛮军进一步侵入嶲州，唐定边军都头安再荣据守清溪关，蛮军攻关，安再荣退军屯驻在大渡河以北，与南诏蛮军隔水相互射箭有九天八夜。南诏蛮军秘密地分派军队开辟道路，越过雪坡，突然来到沐源川，窦滂派遣兖海镇将黄卓率领五百人去拒战，全军覆没。十二月丁酉（十四日），南诏蛮军穿上唐兖海镇军人的衣服，假装成逃归的败兵，到江岸呼叫渡船，已经渡过河，唐军士众才发觉，于是南诏蛮军乘机攻陷犍为，纵兵焚烧抢劫陵州、荣州地境。几天以后，南诏蛮军大批集结在陵云寺，与嘉州对岸相望，唐嘉州刺史杨忞与定边军监军张允琼摆开阵势抗拒蛮军。南诏蛮军暗中派遣一支奇兵从江东面渡过，夹击唐朝官军，杀死唐忠武都将颜庆师，残馀的官军全部溃逃，杨忞和张允琼也从战场上脱身逃走。壬子（二十九日），南诏蛮军攻陷嘉州。颜庆师是颜庆复的弟弟。

窦滂亲自率领军队在大渡河抗拒南诏蛮军，南诏骠信假装派遣几名清平官到窦滂处请求缔结和约，窦滂与南诏清平官话还没有说完，南诏蛮军就乘坐木筏争相渡河，唐忠武军、徐宿军结好阵势进行抵抗。窦滂惊恐万状，在帐篷里上吊自杀。徐州将领苗全绪解开绳子，说："都统何至于怕到这个模样！"于是苗全绪与安再荣以及忠武军整顿好军队出战，窦滂趁机一个人骑着马乘夜逃走了。三位将领谋划说："今天我军寡不敌众，明天天亮后再战，我军将全部覆没，不如乘夜进攻，使蛮军惊慌混乱，然后离去。"于是率领军队乘夜攻入南诏蛮军中，用弓箭乱射，蛮军惊慌失措，三将然后率领全部唐军离去。南诏蛮军进军攻陷黎州、雅州，当地百姓逃窜到山谷中躲藏，战败的唐军却在所过之处烧杀抢劫。窦滂逃奔到导江县。邛州的军用物资全部散到乱兵手中，南诏蛮军赶到，邛州城已空，蛮军于是得以通行无阻地前进。

唐懿宗颁下诏书派左神武将军颜庆复率领军队赴援西川。

卷第二百五十二　唐纪六十八

起庚寅(870)尽丙申(876)凡七年

懿宗昭圣恭惠孝皇帝下
咸通十一年(庚寅,870)

1　春,正月甲寅朔,群臣上尊号曰睿文英武明德至仁大圣广孝皇帝。赦天下。

2　西川之民闻蛮寇将至,争走入成都。时成都但有子城,亦无壕,人所占地各不过一席许,雨则戴箕盎以自庇。又乏水,取摩诃池泥汁,澄而饮之。

将士不习武备,节度使卢耽召彭州刺史吴行鲁使摄参谋,与前泸州刺史杨庆复共修守备,选将校,分职事,立战棚,具炮礌,造器备,严警逻。先是,西川将士多虚职名,亦无禀给。至是,揭榜募骁勇之士,补以实职,厚给粮赐,应募者云集。庆复乃谕之曰:"汝曹皆军中子弟,年少材勇,平居无由自进,今蛮寇凭陵,乃汝曹取富贵之秋也,可不勉乎!"皆欢呼踊跃。于是列兵械于庭,使之各试所能,两两角胜,察其勇怯而进退之,得选兵三千人,号曰"突将"。行鲁,彭州人也。

戊午,蛮至眉州,耽遣同节度副使王偲等赍书见其用事之臣杜元忠,与之约和。蛮报曰:"我辈行止,只系雅怀。"

懿宗昭圣恭惠孝皇帝下

唐懿宗咸通十一年(庚寅,公元 870 年)

1　春季,正月甲寅朔(初一),群臣都给皇帝李漼上尊号为睿文英武明德至仁大圣广孝皇帝。大赦天下。

2　西川百姓听说南诏蛮军将要入侵,争相避难逃入成都。当时成都只有外城,连护城壕也没有,每人平均所占不过一席之地,下雨天只好戴斗笠和木盆以避雨淋。又缺乏饮水,只好取摩诃池泥汁,待沉淀见清后饮用。

西川军队缺少训练,将士不习武备,节度使卢耽为此召彭州刺史吴行鲁充当参谋,与前泸州刺史杨庆复共同修复守备,选拔将校,分配守城职事,又搭起临时战棚,储存大量石炮和檑木,修造各种军用器械,并在城内设警备巡逻。先前,西川将士中很多是虚额职名,也没有固定的粮饷给养。至此开始揭榜公开招募,招徕骁勇之士以补充军队缺额,充实军官队伍,并厚给粮饷,因而应募的人很多。杨庆复教谕应募者说:“你们都是军人子弟,年轻有为,有智有勇,平时太平无事,没有施展才能的机会,而今南蛮入侵,欺凌百姓,这正是你们报效国家、获取功名富贵的时刻,与诸位共勉,切莫错失良机啊!”应募者听后都情绪高涨,欢呼雀跃。于是在大庭排列各式兵器,让应募者大显身手,各试所能,并让他们两人一组进行角力,在观察中选用勇者,辞退怯者,于是选得精壮三千人,号称“突将”。吴行鲁是彭州本地人。

戊午(初五),南诏军队行进到眉州,卢耽派遣同节度副使王偃等人带着书信去见蛮军掌握权柄的官员杜元忠,与其约和。杜元忠称:“我军的行止,一定尊重贵方。”

3　路岩、韦保衡上言："康承训讨庞勋时，逗桡不进，又不能尽其馀党，又贪虏获，不时上功。"辛酉，贬蜀王傅、分司。寻再贬恩州司马。

4　南诏进军新津，定边之北境也。卢耽遣同节度副使谭奉祀致信杜元忠，问其所以来之意，蛮留之不还。耽遣使告急于朝，且请遣使与和，以纾一时之患。朝廷命知四方馆事、太仆卿支详为宣谕通和使。蛮以耽待之恭，亦为之盘桓，而成都守备由是粗完。

甲子，蛮长驱而北，陷双流。庚午，耽遣节度副使柳槃往见之，杜元忠授槃书一通，曰："此通和之后，骠信与军府相见之仪也。"其仪以王者自处，语极骄慢。又遣人负彩幕至城南，云欲张陈蜀王厅以居骠信。

癸酉，废定边军，复以七州归西川。

是日，蛮军抵成都城下。前一日，卢耽遣先锋游弈使王昼至汉州诇援军，且趣之。时兴元六千人、凤翔四千人已至汉州，会窦滂以忠武、义成、徐宿四千人自导江奔汉州，就援军以自存。丁丑，王昼以兴元、资、简兵三千馀人军于毗桥，遇蛮前锋，与战不利，退保汉州。时成都日望援军之至，而窦滂自以失地，欲西川相继陷没以分其责，每援军自北至，辄说之曰："蛮众多于官军数十倍，官军远来疲弊，未易遽前。"诸将信之，皆狐疑不进。成都十将李自孝阴与蛮通，欲焚城东仓为内应，城中执而杀之。后数日，蛮果攻城，久之，城中无应而止。

3　路岩、韦保衡向唐懿宗上言弹劾康承训说："康承训征讨庞勋时，逗留不进，既不能剿尽庞勋馀党，反而贪图房获，动不动就上表请功。"辛酉（初八），朝廷贬康承训为蜀王傅，分司东都。不久，再贬为恩州司马。

4　南诏进军新津，进入定边北境。唐西川节度使卢耽又遣同节度副使谭奉祀致信杜元忠，质问南诏军来犯意图，杜元忠将谭奉祀扣留。卢耽于是遣使向朝廷告急，希望朝廷出面遣使与南诏王国请和，以缓解当前的边患。朝廷任命知四方馆事、太仆卿支详为宣谕通和使，赶赴成都。南诏军见卢耽待他们相当恭顺，也就稍事盘桓，进军速度放慢，而成都城内的防守军事由此得以大致完工。

甲子（十一日），南诏军队长驱北进，攻陷双流。庚午（十七日），卢耽再遣节度副使柳檠入南诏军见其统帅，杜元忠授予柳檠一封书信，说："信中写有关于此次通和之后，我南诏骠信与贵节度使府相见的礼仪。"其言语极端骄横傲慢，而其信中所规定的礼仪，处处以王者自居。杜元忠甚至派人将彩色帷幕搬到成都城南，声称要在城内蜀王厅布置，以便南诏骠信居处。

癸酉（二十日），唐废定边军，将其所领七州复归西川节度使管辖。

这一天，南诏军队进抵成都城下。而前一天，卢耽已派遣先锋游弈使王昼往汉州探听并催促援军。当时有兴元兵六千人、凤翔兵四千人已到达汉州，恰在此时窦滂也率忠武、义成、徐宿之兵四千人从导江来到汉州，与援军会合以自保。丁丑（二十四日），王昼率兴元、资州、简州之兵三千多人进军毗桥，与南诏军前锋遭遇，王昼出战失利，退保汉州。当时成都军民日夜盼望援军的到来，而窦滂自以为所领定边军辖地尽失，希望西川也相继失陷，以便分担和减轻自己的罪责，因而每有援军从北方到来，就去游说："南蛮兵众多于官军数十倍，官军远道而来，疲惫不堪，最好不要贸然前进。"唐援军将领听后都狐疑不敢进。成都十将李自孝暗中与南诏军通款，企图焚城东仓为蛮军做内应，被城中军民察觉后被逮捕处死。几天后，蛮军果然来攻城，等待许久，得不到城中李自孝的接应而退兵。

二月癸未朔，蛮合梯冲四面攻成都，城上以钩缳挽之使近，投火沃油焚之，攻者皆死。卢耽以杨庆复、摄左都押牙李骧各帅突将出战，杀伤蛮二千馀人，会暮，焚其攻具三千馀物而还。蜀人素怯，其突将新为庆复所奖拔，且利于厚赏，勇气自倍，其不得出者，皆愤郁求奋。后数日，贼取民篱，重沓湿而屈之，以为蓬，置人其下，举以抵城而劚之，矢石不能入，火不能然，庆复熔铁汁以灌之，攻者又死。

乙酉，支详遣使与蛮约和。丁亥，蛮敛兵请和。戊子，遣使迎支详。时颜庆复以援军将至，详谓蛮使曰："受诏诣定边约和，今云南乃围成都，则与向日诏旨异矣。且朝廷所以和者，冀其不犯成都也。今矢石昼夜相交，何谓和乎！"蛮见和使不至，庚寅，复进攻城。辛卯，城中出兵击之，乃退。

初，韦皋招南诏以破吐蕃，既而蛮诉以无甲弩，皋使匠教之，数岁，蛮中甲弩皆精利。又，东蛮苴那时、勿邓、梦冲三部助皋破吐蕃有功，其后边吏遇之无状，东蛮怨唐深，自附于南诏，每从南诏入寇，为之尽力，得唐人，皆虐杀之。

朝廷贬窦滂为康州司户，以颜庆复为东川节度使，凡援蜀诸军，皆受庆复节制。癸巳，庆复至新都，蛮分兵往拒之。甲午，与庆复遇，庆复大破蛮军，杀二千馀人，蜀民数千人争操芟刀、白梃以助官军，呼声震野。乙未，蛮步骑数万复至，

二月癸未朔（初一），南诏蛮军架云梯和冲车向成都城四面围攻，城上唐军用环钩套住云梯，向下浇滚烫的沸油，并投火焚烧，城下攻城的蛮军大都被烧死。卢耽命杨庆复和摄左都押牙李骧各率突将出城袭击，杀伤南诏蛮军两千多人，到日暮时，焚南诏攻城器械三千多具，回到城中。蜀中人一向怯懦，而"突将"却是最近选拔出来的勇士，加上给赏优厚，所以勇气百倍，未能出城作战的人，也个个求战请缨，深为自己未能出战而惋惜。几天之后，南诏军又取民间的篱笆，聚集起来用水浇湿编成竹篷，兵将在下面举着进抵城下，一时城上矢石不能入，火也不能燃烧，南诏军在竹篷掩护下挖掘城墙，杨庆复命唐军熔铁汁往下倾倒，城下进攻的蛮军又全被烧死。

　　乙酉（初三），唐朝廷宣谕通和使支详遣使与南诏王国通和。丁亥（初五），南诏始收兵请和。戊子（初六），又派遣使者来迎接支详。当时颜庆复以为唐援军将赶到，支详因而未赴南诏军中，并对南诏王国的使者说："我受诏到定边城约和，而你们却在围攻成都，这与我前不久所受诏旨迥异。况且我朝廷所以约和，正是希望你们不要侵犯成都。而今昼夜矢石相交，怎么谈得上是请和呢！"南诏军见和使不到，庚寅（初八），复又攻城。辛卯（初九），城中出兵迎击，南诏军才退。

　　先前，韦皋招致南诏王国军队以进攻吐蕃王国，南诏军声称没有兵甲弓弩，韦皋于是派工匠往南诏王国教其制造，几年后，南诏所造兵甲弓弩都很精致锋利。另外，东蛮苴那时、勿邓、梦冲三部曾协助韦皋击破吐蕃军队，有功于唐朝，而后来唐朝的边境官吏却对他们敲诈勒索，于是东蛮怨恨唐朝，依附于南诏，经常随南诏军入侵唐朝边境，为南诏王国尽力，凡捕获唐朝人，都横加虐待并杀死。

　　朝廷将窦滂贬为康州司户，任颜庆复为东川节度使，凡援蜀的诸路军队，全都受颜庆复节制。癸巳（十一日），颜庆复到达新都，南诏分兵往新都抗拒颜庆复。甲午（十二日），南诏军与颜庆复所统率的唐军相遇，颜庆复指挥唐军大破南诏蛮军，杀死两千多人，蜀中几千名老百姓也拿着割草刀和木棒争先恐后地赶来助战，呼喊声震动山野。乙未（十三日），南诏蛮军步、骑数万人又来挑战，

会右武卫上将军宋威以忠武二千人至，即与诸军会战，蛮军大败，死者五千馀人，退保星宿山。威进军沱江驿，距成都三十里。蛮遣其臣杨定保诣支详请和，详曰："宜先解围退军。"定保还，蛮围城如故。城中不知援军之至，但见其数来请和，知援军必胜矣。戊戌，蛮复请和，使者十返，城中亦依违答之。蛮以援军在近，攻城尤急，骠信以下亲立矢石之间。庚子，官军至城下与蛮战，夺其升迁桥，是夕，蛮自烧攻具遁去，比明，官军乃觉之。

初，朝廷使颜庆复救成都，命宋威屯绵、汉为后继。威乘胜先至城下，破蛮军功居多，庆复疾之。威饭士欲追蛮军，城中战士亦欲与北军合势俱进，庆复牒威，夺其军，勒归汉州。蛮至双流，阻新穿水，造桥未成，狼狈失势。三日，桥成，乃得过，断桥而去，甲兵服物遗弃于路，蜀人甚恨之。黎州刺史严师本收散卒数千保邛州，蛮围之，二日，不克，亦舍去。

颜庆复始教蜀人筑瓮门城，穿堑引水满之，植鹿角，分营铺，蛮知有备，自是不复犯成都矣。

先是，西川牙将有职无官，及拒却南诏，四人以功授监察御史，堂帖，人输堂例钱三百缗，贫者苦之。

5 三月，左仆射、同平章事曹确同平章事，充镇海节度使。

恰好唐右武卫上将军宋威率忠武军两千人赶到，与颜庆复指挥的诸路唐军会合，南诏蛮军被杀得大败，死者五千多人，蛮军退守星宿山。宋威率军进至沱江驿，距成都仅三十里。这时，南诏再遣使臣杨定保往支详处请和，支详声言："应先解成都围退军。"杨定保回到军中，南诏军仍然围城如故。成都城内并不知道唐援军已至，但见到南诏屡派使者来请和，推测援军必定胜利。戊戌（十六日），南诏王国又派使者来成都请和，使者往返十来次，城中也不给予明确答复。南诏军见唐援军就在成都近边，攻城更加急迫，骠信以下军官都亲自立于矢石之间。庚子（十八日），唐官军赶到城下与蛮军接战，夺得南诏的升迁桥，至夜晚，南诏军烧毁其攻城器具逃走，到第二天清晨，唐军才察觉南诏蛮军已离去。

起初，朝廷本来派颜庆复去救成都，而命宋威率军屯驻绵州、汉州作后继。但宋威乘胜先到成都城下，破南诏蛮军所立战功最多，遭到颜庆复的妒嫉。南诏蛮军乘夜逃走后，宋威令士兵赶紧吃饭，企图追击蛮军，成都城中的战士也想与自北而来的唐军合势共同追击，颜庆复下牒于宋威，收夺其兵权，令宋威回汉州据守。南诏蛮军退到双流，被新穿水阻挡，一时造桥不成，军队狼狈拥挤失去控制。三天后才造好桥，得以通过新穿水，兵甲器物衣服很多都遗弃于路上，蜀中人士对颜庆复不准宋威追击蛮军的举动极为痛恨。黎州刺史严师本收集散卒几千人保据邛州，被南诏军围困，围攻两天不能克，南诏军也只得舍城而去。

颜庆复开始教蜀中士民筑瓮门城，在城门外再筑垣墙以遮住城门，又挖壕堑并灌满水，在城外空旷的地方插木枚为鹿角，在城上分立营寨，驻守士卒，南诏知道唐人已严加守备，从此以后不再进犯成都了。

先前，西川牙将虽有其职而无其官，等到击退南诏蛮军后，有四人以功授官为监察御史，中书省下文书，每人要交堂例钱三百缗，家境贫苦的人深感忧虑。

5 三月，左仆射同平章事曹确被唐懿宗任命为同平章事，充任镇海节度使。

6　夏,四月丙午,以翰林学士承旨、兵部侍郎韦保衡同平章事。

7　徐贼馀党犹相聚闾里为群盗,散居兖、郓、青、齐之间,诏徐州观察使夏侯瞳招谕之。

8　五月丁丑,以邛州刺史吴行鲁为西川留后。

9　光州民逐刺史李弱翁,弱翁奔新息。左补阙杨堪等上言:"刺史不道,百姓负冤,当诉于朝廷,置诸典刑,岂得群党相聚,擅自斥逐,乱上下之分! 此风殆不可长,宜加严诛以惩来者。"

10　上令百官议处置徐州之宜。六月丙午,太子少傅李胶等状,以为:"徐州虽屡构祸乱,未必比屋顽凶,盖由统御失人,是致奸回乘衅。今使名虽降,兵额尚存,以为支郡则粮饷不给,分隶别藩则人心未服,或旧恶相济,更成披猖。惟泗州向因攻守,结衅已深,宜有更张,庶为两便。"诏从之,徐州依旧为观察使,统徐、濠、宿三州,泗州为团练使,割隶淮南。

11　加幽州节度使张允伸兼侍中。

12　秋,八月乙未,同昌公主薨。上痛悼不已,杀翰林医官韩宗劭等二十馀人,悉收捕其亲族三百馀人系京兆狱。中书侍郎、同平章事刘瞻召谏官使言之,谏官莫敢言者,乃自上言,以为:"修短之期,人之定分。昨公主有疾,深轸圣慈。宗劭等诊疗之时,惟求疾愈,备施方术,非不尽心,而祸福难移,竟成差跌,原其情状,亦可哀矜。而械系老幼三百馀人,

6　夏季,四月丙午(二十四日),任命翰林学士承旨、兵部侍郎韦保衡为同平章事。

7　徐州庞勋馀党仍然相聚在乡间为盗贼,散居在兖州、郓州、青州、齐州之间,诏命徐州观察使夏侯瞳对这些人进行招谕。

8　五月丁丑(二十六日),任命邠州刺史吴行鲁为西川留后。

9　光州士民驱逐刺史李弱翁,李弱翁逃往新息。左补阙杨堪等向朝廷进言称:"刺史贪暴无道,使百姓冤狱遍地,应当及时上诉于朝廷,按朝廷刑典来进行处置,怎么可以士民群党相聚,擅自驱逐刺史,扰乱上下名分!决不能助长这种风气,应该严刑诛杀这些人,以使今后不再发生这类事情。"

10　唐懿宗令朝廷百官议论如何处置徐州镇的贼党。六月丙午(二十五),太子少傅李胶等给懿宗进状,认为:"徐州镇虽然屡次构起祸乱,不见得所有的人都是凶顽,大概由于治民官不得其人,致使奸诈的人乘隙起事。今天虽然将节度使降为观察使,但兵额却仍然很多,将这些军队交由郡来管辖,郡又无法提供足够的粮饷,将其交由别的藩镇来管辖,军士们必定不服,或许和旧的怨恨搅在一起,造成更大的祸乱。徐州镇所领四州,只有泗州向来因为攻守,与其他州结怨已深,应该有所更改,使两者都能相安无事。"懿宗听从李胶的建议,诏命徐州镇依旧置观察使,统辖徐州、濠州、宿州三州,泗州置团练使,从徐州镇分割出来改隶于淮南镇。

11　朝廷加幽州节度使张允伸官,命他兼任侍中。

12　秋季,八月乙未(十五日),同昌公主病死。唐懿宗极为痛苦,悲伤不已,竟下令杀翰林院医官韩宗劭等二十多人,并将他们的亲族三百多人全部逮捕,关押在京兆监狱。中书侍郎同平章事刘瞻召请诸谏官,请他们上言劝谏,但众多谏官竟没有一人敢进谏,刘瞻于是自己上言,认为:"生命的长短,每个人都有定分。昨天公主患有疾病,受到陛下深深的慈爱。医官韩宗劭等为公主诊断治疗时,只是希望能将病治好,施展了多种医术和药方,不能说是不尽心,但人的祸福难移,竟然不能妙手回春,各种医术未能奏效,当时医官们的情状,也是值得哀怜。但因此怪罪医官,甚至用刑具收捕医官们的家属老幼三百多人,

物议沸腾,道路嗟叹。奈何以达理知命之君,涉肆暴不明之谤！盖由安不虑危,忿不思难之故也。伏愿少回圣虑,宽释系者。"上览疏,不悦。瞻又与京兆尹温璋力谏于上前,上大怒,叱出之。

13 魏博节度使何全皞年少,骄暴好杀,又减将士衣粮。将士作乱,全皞单骑走,追杀之,推大将韩君雄为留后。成德节度使王景崇为之请旌节,九月庚戌,以君雄为魏博留后。

14 丙辰,以刘瞻同平章事,充荆南节度使,贬温璋振州司马。璋叹曰:"生不逢时,死何足惜！"是夕,仰药卒。敕曰:"苟无蠹害,何至于斯！恶实贯盈,死有馀责。宜令三日内且于城外权瘗,俟经恩宥,方许归葬,使中外快心,奸邪知惧。"己巳,贬右谏议大夫高湘、比部郎中知制诰杨知至、礼部郎中魏笂等于岭南,皆坐与刘瞻亲善,为韦保衡所逐也。知至,汝士之子;笂,扶之子也。保衡又与路岩共奏刘瞻,云与医官通谋,误投毒药。丙子,贬瞻康州刺史。翰林学士承旨郑畋草瞻罢相制辞曰:"安数亩之居,仍非己有;却四方之赂,惟畏人知。"岩谓畋曰:"侍郎乃表荐刘相也！"坐贬梧州刺史。御史中丞孙瑝坐为瞻所引用,亦贬汀州刺史。路岩素与刘瞻论议多不叶,瞻既贬康州,岩犹不快,阅《十道图》,以骧州去长安万里,再贬骧州司户。

15 冬,十月癸卯,以西川留后吴行鲁为节度使。

致使朝野议论纷纷,群情沸腾,道路上也常听到人的叹息声。知天命达人理的君主,何至于要遭到肆行暴虐不明事理的诽谤呢!大概是由于居安不忧虑危难,愤怒时不思常理的缘故吧。希望陛下能回心转意,宽大并释放这些无辜被捕的人吧。"懿宗看到刘瞻的疏文,很不高兴。刘瞻又与京兆尹温璋在朝堂当面力谏,唐懿宗勃然大怒,喝令刘瞻、温璋退出朝堂。

13 魏博节度使何全皞年纪较轻,骄横残暴,动不动就杀人,又减扣将士的衣粮。其部下将士作乱,何全皞单骑逃走,被乱军追杀而死,魏博将士推大将韩君雄为留后。成德节度使王景崇向朝廷为韩君雄请求留后的旌节,九月庚戌(初一),朝廷命韩君雄为魏博留后。

14 丙辰(初七),唐懿宗命刘瞻仍为同平章事,出朝充当荆南节度使,贬温璋为振州司马。温璋叹息说:"生不逢时,死又何足惜!"这天晚上,饮药自杀而亡。唐懿宗又为此下敕:"如果不是蛊害,又何至于此!温璋实在是恶贯满盈,死有馀辜。令三天之内暂且埋尸于城外,待有恩宥之时,方许归葬,使中外人心大快,奸邪之人知道畏惧。"己巳(二十日),贬右谏议大夫高湘、比部郎中知制诰杨知至、礼部郎中魏筜等人,都流放到岭南,这些人都是由于平时与刘瞻相亲善,因而遭到韦保衡的贬逐。杨知至是杨汝士的儿子,魏筜是魏扶的儿子。韦保衡又与路岩共同奏劾刘瞻,称刘瞻与翰林医官通谋,误投毒药,导致同昌公主死亡。丙子(二十七日),再贬刘瞻为康州刺史。翰林学士承旨郑畋起草罢免刘瞻宰相的制文,其中说:"安居于数亩之地,却非自己所有;拒绝四方贿赂,也生怕有人知道。"路岩为此指责郑畋说:"这明明是表荐刘瞻宰相嘛!"郑畋竟因此被贬为梧州刺史。御史中丞孙瑝因为是刘瞻所引荐重用,也被贬为汀州刺史。路岩平素与刘瞻论议政事多不合,刘瞻被贬至康州,路岩仍觉得贬得不够远,而犹感不快,遍查《十道图》,找到骧州距长安有万里,于是再贬刘瞻为骧州司户。

15 冬季,十月癸卯(二十五日),唐廷任命西川留后吴行鲁为西川节度使。

16　十一月辛亥,以兵部尚书、盐铁转运使王铎为礼部尚书、同平章事。铎,起之兄子也。

17　丁卯,复以徐州为感化军节度。

18　十二月,加成德节度使王景崇同平章事。以左金吾上将军李国昌为振武节度使。

十二年(辛卯,871)

1　春,正月辛酉,葬文懿公主。韦氏之人争取庭祭之灰,汰其金银。凡服玩,每物皆百二十舆,以锦绣、珠玉为仪卫、明器,辉焕三十馀里。赐酒百斛,饼馂四十橐驼,以饲体夫。上与郭淑妃思公主不已,乐工李可及作《叹百年曲》,其声凄惋,舞者数百人,发内库杂宝为其首饰,以缯八百匹为地衣,舞罢,珠玑覆地。

2　以魏博留后韩君雄为节度使。

3　门下侍郎、同平章事路岩与韦保衡素相表里,势倾天下。既而争权,浸有隙,保衡遂短岩于上。夏,四月癸卯,以岩同平章事,充西川节度使。岩出城,路人以瓦砾掷之。权京兆尹薛能,岩所擢也,岩谓能曰:“临行,烦以瓦砾相钱!”能徐举笏对曰:“向来宰相出,府司无例发人防卫。”岩甚惭。能,汾州人也。

4　五月,上幸安国寺,赐僧重谦、僧澈沈檀讲座二,各高二丈。设万人斋。

5　秋,七月,以兵部尚书卢耽同平章事,充山南东道节度使。

6　冬,十月,以兵部侍郎、盐铁转运使刘邺为礼部尚书、同平章事。

16　十一月辛亥(初三),唐懿宗任命兵部尚书、盐铁转运使王铎为礼部尚书、同平章事。王铎是王起之兄王炎的儿子。

17　丁卯(十九日),朝廷复以徐州为感化军,置节度使。

18　十二月,唐懿宗下令加成德节度使王景崇为同平章事。任命左金吾上将军李国昌为振武节度使。

唐懿宗咸通十二年(辛卯,公元871年)

1　春季,正月辛酉(十四日),为文懿公主下葬。韦氏家人争相拾取庭祭后的灰,淘出其中的金银。公主的服装玩具,每种都有一百二十车,送葬时用锦绣、珠玉为仪卫、明器,五彩缤纷的送葬队伍绵延三十多里。又赐酒一百多斛,装了四十骆驼的饼,给抬柩的役夫食用。唐懿宗与郭淑妃追思公主不已,乐工李可及为此创作了《叹百年曲》,曲声凄切婉转,感动人心,舞女数百人配以舞蹈,懿宗又调发内库杂宝为舞女做首饰,用绐八百匹做地毯,一曲歌舞过后,地毯上尽是珠宝玑玉。

2　朝廷正式任命魏博留后韩君雄为节度使。

3　门下侍郎、同平章事路岩与韦保衡相互勾结,互为表里,权势倾于天下。但不久两人互相争权,渐渐有了隔阂,韦保衡于是在唐懿宗面前揭路岩的短,并进行诋毁。夏季,四月癸卯(初七),唐懿宗命路岩挂同平章事衔,充任西川节度使。路岩出长安城时,街道上的百姓用瓦砾向他掷去。当时权任京兆尹的薛能是路岩所提拔的,路岩于是向薛能打招呼,说:"我临行时,恐怕要受到瓦砾的饯行!"薛能慢吞吞地举起笏回答说:"向来宰相出城,京兆府司没有派兵防卫的惯例。"路岩听后惭愧极了。薛能是汾州人。

4　五月,唐懿宗来到安国寺,赐予佛僧重谦、僧澈两个用沉香、檀香木制作的讲座椅子,每个都有二丈高。又设万人斋戒。

5　秋季,七月,唐懿宗任命兵部尚书卢耽挂同平章事衔,出朝充任山南东道节度使。

6　冬季,十月,唐懿宗任命兵部侍郎、盐铁转运使刘邺为礼部尚书、同平章事。

十三年(壬辰,872)

1　春,正月,幽州节度使张允伸得风疾,请委军政就医,许之,以其子简会知留后。疾甚,遣使上表纳旌节,丙申,薨。允伸镇幽州二十三年,勤俭恭谨,边鄙无警,上下安之。

2　二月丁巳,以兵部侍郎、同平章事于琮为山南东道节度使,以刑部侍郎、判户部奉天赵隐为户部侍郎、同平章事。

3　平州刺史张公素,素有威望,为幽人所服。张允伸薨,公素帅州兵来奔丧。张简会惧,三月,奔京师,以为诸卫将军。

4　夏,四月,立皇子保为吉王,杰为寿王,倚为睦王。

5　以张公素为卢龙留后。

6　五月,国子司业韦殷裕诣阁门告郭淑妃弟内作坊使敬述阴事。上大怒,杖杀殷裕,籍没其家。乙亥,阁门使田献铦夺紫,改桥陵使,以其受殷裕状故也。殷裕妻父太府少卿崔元应、妻从兄中书舍人崔沆、季父君卿皆贬岭南官。给事中杜裔休坐与殷裕善,亦贬端州司户。沆,铉之子也。裔休,悰之子也。

7　丙子,贬山南东道节度使于琮为普王傅、分司,韦保衡谮之也。辛巳,贬尚书左丞李当、吏部侍郎王沨、左散骑常侍李都、翰林学士承旨兵部侍郎张裼、前中书舍人封彦卿、左谏议大夫杨塾,癸未,贬工部尚书严祁、给事中李贶、给事中张铎、左金吾大将军李敬仲、起居舍人萧遘、李渎、郑彦特、李藻,

唐懿宗咸通十三年(壬辰,公元 872 年)

1　春季,正月,唐幽州节度使张允伸患中风病,向朝廷请求将幽州镇军政事务委交他人,自己就医治疗,得到朝廷的准许,于是以张允伸之子张简会为幽州留后。不久疾病转重,张允伸又派遣使者上表朝廷请交还节度使旌旗,丙申(二十五日),因病不治而死。张允伸坐镇幽州二十三年,勤于军政事务,处事恭谨小心,使边境没有出现过危机,军民上下和睦相处,安居乐业。

2　二月丁巳(初五),唐懿宗任命兵部侍郎、同平章事于琮出朝为山南东道节度使,任命刑部侍郎、判户部奉天人赵隐为户部侍郎、同平章事。

3　唐平州刺史张公素,平时很有威望,为幽州人所信服。张允伸死后,张公素率领平州兵来幽州奔丧。张简会害怕张公素将不利于己,三月,投奔京城,被朝廷任命为诸卫将军之一。

4　夏季,四月,唐懿宗立皇子李保为吉王,李杰为寿王,李倚为睦王。

5　朝廷任命张公素为卢龙留后。

6　五月,国子司业韦殷裕来到禁内阁门,告发郭淑妃的弟弟内作坊使郭敬述所作许多见不得人的事。唐懿宗勃然大怒,将韦殷裕杖杀,并籍没其家产。乙亥(初六),阁门使田献铦被剥夺穿紫衣的权利,改任桥陵使,他所以降职是因为接受韦殷裕所上的诉状。韦殷裕的岳父太府少卿崔元应、韦殷裕妻子的堂兄中书舍人崔沆、叔父韦君卿也都受到牵连,贬往岭南。给事中杜裔休因为与韦殷裕友善,也被贬为端州司户。崔沆是崔铉的儿子。杜裔休是杜悰的儿子。

7　丙子(初七),唐懿宗下令贬山南东道节度使于琮为普王李俨的师傅、分司东都,这也是由于韦保衡的诋毁。辛巳(十二日),朝廷又贬尚书左丞李当、吏部侍郎王沨、左散骑常侍李都、翰林学士承旨兵部侍郎张裼、前中书舍人封彦卿、左谏议大夫杨塾等人的官,癸未(十四日),再贬工部尚书严祁、给事中李贶、给事中张铎、左金吾大将军李敬仲、起居舍人萧遘、李渎、郑彦特、李藻等人的官,

皆处之湖、岭之南,坐与琮厚善故也。觊,汉之子;遴,寔之子
也。甲申,贬前平卢节度使于珪为凉王府长史、分司,前湖南
观察使于瓖为袁州刺史。瓖、珪,皆琮之兄也。寻再贬琮韶
州刺史。

琮妻广德公主,上之妹也,与琮偕之韶州,行则肩舆门相
对,坐则执琮之带,琮由是获全。时诸公主多骄纵,惟广德动
遵法度,事于氏宗亲尊卑无不如礼,内外称之。

8 六月,以卢龙留后张公素为节度使。

9 韦保衡欲以其党裴条为郎官,惮左丞李璋方严,恐其
不放上,先遣人达意。璋曰:"朝廷迁除,不应见问。"秋,七月
乙未,以璋为宣歙观察使。

10 八月,归义节度使张义潮薨,沙州长史曹义金代领
军府。制以义金为归义节度使。是后中原多故,朝命不及,
回鹘陷甘州,自馀诸州隶归义者多为羌、胡所据。

11 冬,十二月,追上宣宗谥曰元圣至明成武献文睿智
章仁神聪懿道大孝皇帝。

12 振武节度使李国昌,恃功恣横,专杀长吏。朝廷不
能平,徙国昌为大同军防御使,国昌称疾不赴。

十四年(癸巳,873)

1 春,三月癸巳,上遣敕使诣法门寺迎佛骨,群臣谏者
甚众,至有言宪宗迎佛骨寻晏驾者。上曰:"朕生得见之,死
亦无恨!"广造浮图、宝帐、香舆、幡花、幢盖以迎之,皆饰以金
玉、锦绣、珠翠。自京城至寺三百里间,道路车马,昼夜不绝。

全都流放湖南、岭南，而遭贬的原因，也都是平素与于琮相友善。李贶是李汉的儿子，萧遘是萧寘的儿子。甲申（十五日），贬前平卢节度使于瑊为凉王府长史、分司东都，贬前湖南观察使于瓌为袁州刺史。于瓌、于瑊都是于琮之兄。不久，再贬于琮为韶州刺史。

于琮的妻子广德公主是唐懿宗的妹妹，与于琮一同往韶州，行时与于琮的轿子门相对，坐时牵着于琮的衣带，所以于琮得以保全性命。当时唐诸位公主大多骄慢放纵，只有广德公主一贯遵守法度，对于氏一家宗亲无论尊卑均待之以礼，受到内外人士的称道。

8　六月，朝廷任命卢龙留后张公素为节度使。

9　韦保衡企图用自己的党羽裴条为郎官，怕尚书左丞李璋太严厉，不同意裴条赴省供职，于是事先派人向李璋打招呼。李璋回答说：“朝廷官员的升迁，是不应该来问我的。”秋季，七月乙未（二十七日），李璋被贬出朝，任宣歙观察使。

10　八月，唐归义军节度使张义潮去世，沙州长史曹义金代张义潮领掌军府。唐懿宗于是下诏制，任曹义金为归义军节度使。自此以后，中原地区变故很多，朝廷的命令不能及时传达至边远地区，于是甘州沦陷于回鹘之手，归义军所隶其馀诸州也多被羌人、胡族所占据。

11　冬季，十二月，唐懿宗令朝臣追上唐宣宗谥号为元圣至明成武献文睿智章仁神聪懿道大孝皇帝。

12　唐振武节度使李国昌自恃有功，骄横恣肆，专杀朝廷任命的官吏。朝廷对此极表不满，于是将李国昌调换为大同军防御使，李国昌抗拒朝令，竟假称有病而不赴大同。

唐懿宗咸通十四年（癸巳，公元873年）

1　春季，三月癸巳（二十九日），唐懿宗派遣宦官使者往法门寺迎佛骨，满朝大臣有许多人出来劝谏，有的人甚至说唐宪宗迎佛骨不久便驾崩。唐懿宗说：“朕在世时能见到佛骨，死了也无遗恨！”于是大量建造浮图、宝帐、香仁舉、幡花、幢盖，并且都以金玉、锦绣、珠翠修饰，准备迎接佛骨。自京城长安至法门寺之间有三百里，道路上的车马昼夜不绝。

夏,四月壬寅,佛骨至京师,导以禁军兵仗、公私音乐,沸天烛地,绵亘数十里。仪卫之盛,过于郊祀,元和之时不及远矣。富室夹道为彩楼及无遮会,竞为侈靡。上御安福门,降楼膜拜,流涕沾臆,赐僧及京城耆老尝见元和事者金帛。迎佛骨入禁中,三日,出置安国崇化寺。宰相已下竞施金帛,不可胜纪。因下德音,降中外系囚。

2　五月丁亥,以西川节度使路岩兼中书令。

3　南诏寇西川,又寇黔南,黔中经略使秦匡谋兵不少敌,弃城奔荆南,荆南节度使杜悰因而奏之。六月乙未,敕斩匡谋,籍没其家赀,亲族应缘坐者,令有司搜捕以闻。匡谋,凤翔人也。

4　以中书侍郎、同平章事王铎同平章事,充宣武节度使。时韦保衡挟恩弄权,以刘瞻、于琮先在相位,不礼于己,谮而逐之。王铎,保衡及第时主文也,萧遘,同年进士也,二人素薄保衡之为人,保衡皆摈斥之。

5　秋,七月戊寅,上疾大渐,左军中尉刘行深、右军中尉韩文约立少子普王俨。庚辰,制:“立俨为皇太子,权句当军国政事。”辛巳,上崩于咸宁殿,遗诏以韦保衡摄冢宰。僖宗即位。八月丁未,追尊母王贵妃为皇太后,刘行深、韩文约皆封国公。

6　关东、河南大水。

夏季,四月壬寅(初八),佛骨被运到京城,迎接队伍以禁军兵仗为前导,公家和私人的音乐之声响成一片,欢迎的人群铺天盖地,绵延数十里。盛大的仪卫,较郊祀有过之而无不及,空前的盛况远远超过了元和之时。长安富室在道路西旁结彩楼,并举办赦免诸恶的无遮会,竞相靡费奢侈。唐懿宗登上安福门,从楼上走下,向佛骨顶礼膜拜,激动得连眼泪都流了下来,于是赐予佛教僧侣及长安城中年高望重并曾亲眼见过元和年间唐宪宗迎佛骨的人金子和玉帛。唐懿宗将佛骨迎入禁宫,三天后又将佛骨运出,放置于安国崇化寺。宰相以下百官大臣又竞相施舍金、帛等物,其数无法胜记。为此唐懿宗专门布下德音,关押在狱的囚犯也减刑降等。

2 五月丁亥(二十四日),唐懿宗命西川节度使路岩兼任中书令。

3 南诏王国派军队侵犯西川,又侵犯黔南,唐黔中经略使秦匡谋因兵少不能抵御,弃黔中城逃奔荆南,荆南节度使杜悰将秦匡谋囚禁并奏告朝廷。六月乙未(初二),唐懿宗下令将秦匡谋斩首,并籍没其家产,其亲属家族因秦匡谋罪连坐在逃的人员,则命官府进行搜捕并上告朝廷。秦匡谋是凤翔人。

4 朝廷任命中书侍郎、同平章事王铎为同平章事,充任宣武节度使。当时韦保衡仗恃着唐懿宗对他的恩宠专政弄权,由于刘瞻、于琮在他之先居宰相位,对自己不够恭敬,因此在唐懿宗面前进行谮毁,以致被贬逐远外。王铎是韦保衡科举考试及第时的礼部校文主司,萧遘与韦保衡是同年进士,二人一贯鄙薄韦保衡的为人,为此韦保衡又将二人都摈斥排挤。

5 秋季,七月戊寅(十六日),唐懿宗得病转危,神策军左军中尉刘行深、右军中尉韩文约立懿宗最小的儿子普王李俨嗣位。庚辰(十八日),唐懿宗下诏:"立李俨为皇太子,暂时掌管军国政事。"辛巳(十九日),懿宗在咸宁殿驾崩,立下遗诏以韦保衡摄冢宰。当天唐僖宗李俨即皇帝位。八月丁未(十五日),唐僖宗追尊其生母王贵妃为皇太后,刘行深、韩文约皆被封为国公。

6 关东、河南地区发生大水灾。

7 九月，有司上先太后谥曰惠安。

8 司徒、门下侍郎、同平章事韦保衡，怨家告其阴事，贬保衡贺州刺史。

乐工李可及流岭南。可及有宠于懿宗，尝为子娶妇，懿宗赐之酒二银壶，启之无酒而中实。右军中尉西门季玄屡以为言，懿宗不听。可及尝大受赐物，载以官车。季玄谓曰："汝他日破家，此物复应以官车载还。非为受赐，徒烦牛足耳！"及流岭南，籍没其家，果如季玄言。

9 以西川节度使路岩兼侍中，加成德节度使王景崇中书令，魏博节度使韩君雄、卢龙节度使张公素、天平节度使高骈并同平章事。君雄仍赐名允中。

10 冬，十月乙未，以左仆射萧倣为门下侍郎、同平章事。

11 韦保衡再贬崖州澄迈令，寻赐自尽。又贬其弟翰林学士、兵部侍郎保乂为宾州司户，所亲翰林学士、户部侍郎刘承雍为涪州司马。承雍，禹锡之子也。

12 癸卯，赦天下。

13 西川节度使路岩，喜声色游宴，委军府政事于亲吏边咸、郭筹，皆先行后申，上下畏之。尝大阅，二人议事，默书纸相示而焚之，军中以为有异图，惊惧不安。朝廷闻之，十一月戊辰，徙岩荆南节度使。咸、筹潜知其故，遂亡命。

7　九月,有关官府给已去世的皇太后王氏上谥号,称惠安太后。

8　司徒、门下侍郎、同平章事韦保衡因冤家告发他的阴私,被贬为贺州刺史。

乐工李可及被流放到岭南。李可及得到唐懿宗的宠爱,他儿子娶媳妇时,唐懿宗曾赐给两个银酒壶,打开酒壶盖,无酒而壶却是实的。神策军右军中尉西门季玄屡次向唐懿宗劝说不宜对李可及优宠太过,懿宗不听。李可及曾经受到唐懿宗大量的财物赏赐,用官府的车子运载回私宅。西门季玄对人说:"李可及今后必定破家,这些财物必定还会用官府的车子运还。倒不可惜赐给他这么多财物,而是徒然耗费了拉车的牛的足力罢了!"待到李可及被流放到岭南,籍没其家中一切财产,情况果然如西门季玄先前所预言的那样。

9　唐僖宗命西川节度使路岩兼任侍中,加给成德节度使王景崇中书令的官号,并加给魏博节度使韩君雄、卢龙节度使张公素、天平节度使高骈等人同平章事的官号,均为使相。又赐韩君雄名为韩允中。

10　冬季,十月乙未(初四),任命左仆射萧倣为门下侍郎、同平章事。

11　再贬韦保衡为崖州澄迈县令,不久又赐韦保衡自尽。并且贬韦保衡的弟弟翰林学士、兵部侍郎韦保乂为宾州司户,韦保衡亲信翰林学士、户部侍郎刘承雍被贬为涪州司马。刘承雍是刘禹锡的儿子。

12　癸卯(十二日),宣告大赦天下囚徒。

13　唐西川节度使路岩喜好声色,游宴无度,将节度使军府的政事委托给其所亲信的官吏边咸、郭筹等人,边咸、郭筹处置军政事务时都是先自行其事,然后才申报路岩,上下官吏对二人十分畏惧。有一次军府议事,边咸与郭筹二人不说话,却互相在纸条上写字,传阅后烧毁,军府官兵疑惑不解,以为二人密谋有异图,都惊恐不安。朝廷得知这些情况后,于十一月戊辰(初七),将路岩调任为荆南节度使。边咸、郭筹私下里也得知路岩改官的原因,于是赶忙逃走。

14　以右仆射萧邺同平章事，充河东节度使。

15　十二月己亥，诏送佛骨还法门寺。

16　再贬路岩为新州刺史。

僖宗惠圣恭定孝皇帝上之上
乾符元年(甲午，874)

1　春，正月丁亥，翰林学士卢携上言，以为："陛下初临大宝，宜深念黎元。国家之有百姓，如草木之有根柢，若秋冬培溉，则春夏滋荣。臣窃见关东去年旱灾，自虢至海，麦才半收，秋稼几无，冬菜至少。贫者砧蓬实为面，蓄槐叶为齑。或更衰羸，亦难收拾。常年不稔，则散之邻境，今所在皆饥，无所依投，坐守乡闾，待尽沟壑。其蠲免馀税，实无可征，而州县以有上供及三司钱，督趣甚急，动加捶挞，虽撤屋伐木，雇妻鬻子，止可供所由酒食之费，未得至于府库也。或租税之外，更有他徭。朝廷傥不抚存，百姓实无生计。乞敕州县，应所欠残税，并一切停征，以俟蚕麦。仍发所在义仓，亟加赈给，至深春之后，有菜叶木牙，继以桑椹，渐有可食。在今数月之间，尤为窘急，行之不可稽缓。"敕从其言，而有司竟不能行，徒为空文而已。

14　唐僖宗任命右仆射萧邺为同平章事,出朝充任河东节度使。

15　十二月己亥(初八),唐僖宗下诏将佛骨送还法门寺。

16　朝廷再将路岩贬为新州刺史。

僖宗惠圣恭定孝皇帝上之上
唐僖宗乾符元年(甲午,公元 874 年)

1　春季,正月丁亥(二十七日),翰林学士卢携向唐僖宗上言,认为:"陛下刚刚登临皇帝宝座,应该多关心百姓的生活。国家有百姓,就像草木有根柢一样,如果秋天和冬天着力培育和灌溉,春天和夏天就能滋长繁茂。臣下我在关东地区看到了去年的旱灾,自虢州向东直到大海的广大地方,小麦仅仅只有一半收成,秋季的庄稼几乎没有,冬季的蔬菜就更少了。百姓贫苦之家只好将草籽捣碎当面粉,将槐树叶子收藏起来当菜。有些老弱病残的百姓,连拾麦穗、槐树叶子的力气都没有。以往没有收成的年头,老百姓就逃散到相邻的州县,而现在到处都是饥荒,连一处投靠的地方都没有,只好坐守在本乡本土,待饿死后就抛尸至沟壑,悲惨极了。说是免除灾区的馀税,实际上是无税可征,但州、县官吏因为有上供的税钱以及户部、转运、盐铁三司钱要向朝廷交纳,仍然急迫地督促百姓交粮交款,动不动就捶打鞭挞无法交齐税款的百姓,一般民户虽然拆除自己的房屋,砍倒门前的树木加以变卖,甚至卖儿卖女,卖妻室,所得的钱也只可供催督租税的吏卒的酒食费用,一文钱也到不了官府的仓库。有时租税之外,还有其他各类徭役。朝廷如果还不加以救抚,老百姓们就没有活路了。希望陛下开恩,下令各州、县官吏,停征一切还没有收上来的租税,待到蚕丝和小麦都有收获时再说。并且将各地的义仓打开,迅速赈给饥饿无粮的百姓,一直到春暖花开之时,树木发芽菜长叶,桑树长出了桑椹,百姓有充饥的食物之时,才能停止义仓的赈给。在目前几个月之间,饥馑尤其危急,赈救行动的推行切不可有迟疑稽缓。"唐僖宗对卢携的上言和建议表示同意,即下诏按卢携所说的办,但官府最后不能推行,僖宗的诏令徒具一纸空文而已。

2 路岩行至江陵，敕削官爵，长流儋州。岩美姿仪，囚于江陵狱再宿，须发皆白。寻赐自尽，籍没其家。岩之为相也，密奏："三品以上赐死，皆令使者剔取结喉三寸以进，验其必死。"至是，自罹其祸，所死之处乃杨收赐死之榻也。边咸、郭筹捕得，皆伏诛。

初，岩佐崔铉于淮南，为支使，铉知其必贵，曰："路十终须作彼一官。"既而入为监察御史，不出长安城，十年至宰相。其自监察入翰林也，铉犹在淮南，闻之，曰："路十今已入翰林，如何得老！"皆如铉言。

3 以太子少傅于琮同平章事，充山南东道节度使。

4 二月甲午，葬昭圣恭惠孝皇帝于简陵，庙号懿宗。

5 以中书侍郎、同平章事赵隐同平章事，充镇海节度使；以华州刺史裴坦为中书侍郎、同平章事。

6 以虢州刺史刘瞻为刑部尚书。瞻之贬也，人无贤愚，莫不痛惜。及其还也，长安两市人率钱雇百戏迎之。瞻闻之，改期，由他道而入。

7 夏，五月乙未，裴坦薨。以刘瞻为中书侍郎、同平章事。

初，瞻南迁，刘邺附于韦、路，共短之。及瞻还为相，邺内惧。秋，八月丁巳朔，邺延瞻，置酒于盐铁院，瞻归而遇疾，辛未，薨。时人皆以为邺鸩之也。

2 路岩行至江陵,又得到唐僖宗的敕令,被削去一切官爵,长期流到儋州。路岩仪表堂堂,被囚禁在江陵监狱中住宿,一夜之间胡须和头发全部白了。不久,唐僖宗又赐路岩自尽,并籍没其家产。路岩在唐懿宗朝任宰相时,曾密奏懿宗:"凡三品以上的大官赐死,都应让使者将死者结喉三寸处喉骨剔下,交给有关衙门,以验证死者已必死无疑。"到如今,自己倒也遭到杀身之祸,处死路岩的地方正是在先前杨收赐死时所睡的床上。另外,边咸、郭筹被捕获,也都被处死。

先前,路岩在淮南任崔铉的佐史,为掌文书的支使,崔铉测知路岩日后必定有富贵,说:"路十最终将做到宰相的高位。"不久路岩就调到朝廷任监察御史,以后迁官不出长安城,十年后升任宰相。当路岩由监察御史升任翰林学士时,崔铉却仍然在淮南任观察使,崔铉得到消息时说:"路十如今已成为翰林官,哪里得老? 还会升迁!"果然,路岩官运亨通,都像崔铉所预言的那样。

3 唐僖宗任命太子少傅于琮为同平章事,充任山南东道节度使。

4 二月甲午(初五),将唐懿宗李漼葬在简陵,定庙号为懿宗。

5 唐僖宗任命中书侍郎、同平章事赵隐为同平章事,充任镇海节度使;又任华州刺史裴坦为中书侍郎、同平章事。

6 唐僖宗任命虢州刺史刘瞻为刑部尚书。刘瞻贬官时,人们不管是贤者愚者,没有不深感痛惜的。等刘瞻由虢州回京,长安东西两市百姓花钱雇百戏来欢迎。刘瞻闻知此情,恐百姓破费,更改入京日期,改走其他道路入京。

7 夏季,五月乙未(初八),裴坦去世。唐僖宗任命刘瞻为中书侍郎、同平章事。

先前,刘瞻贬官南迁,刘邺依附韦保衡、路岩,共同诋毁刘瞻。等刘瞻回京再任宰相,刘邺内心十分恐惧。秋季,八月丁巳朔(初一),刘邺邀请刘瞻,在盐铁院设宴置酒,刘瞻宴罢归宅后发病,辛未(十五日)病逝。当时人都认为是刘邺在酒中下毒将刘瞻鸩杀。

8　以兵部侍郎、判度支崔彦昭为中书侍郎、同平章事。彦昭,群之从子也。兵部侍郎王凝,正雅之从孙也,其母,彦昭之从母。凝、彦昭同举进士,凝先及第,尝衩衣见彦昭,且戏之曰:"君不若举明经。"彦昭怒,遂为深仇。及彦昭为相,其母谓侍婢曰:"为我多作袜履,王侍郎母子必将窜逐,吾当与妹偕行。"彦昭拜且泣,谢曰:"必不敢。"凝由是获免。

　　冬,十月,以门下侍郎、同平章事刘邺同平章事,充淮南节度使。以吏部侍郎郑畋为兵部侍郎,翰林学士承旨、户部侍郎卢携守本官,并同平章事。

9　十一月庚寅,日南至,群臣上尊号曰圣神聪睿仁哲孝皇帝,改元。

10　魏博节度使韩允中薨,军中立其子节度副使简为留后。

11　南诏寇西川,作浮梁,济大渡河。防河都知兵马使、黎州刺史黄景复俟其半济,击之,蛮败走,断其浮梁。蛮以中军多张旗帜当其前,而分兵潜出上、下流各二十里,夜,作浮梁,诘朝,俱济,袭破诸城栅,夹攻景复。力战三日,景复阳败走,蛮尽锐追之,景复设三伏以待之,蛮过三分之二,乃发伏击之,蛮兵大败,杀二千馀人,追至大渡河南而还,复修完城栅而守之。蛮归,至之罗谷,遇国中发兵继至,新旧相合,钲鼓声闻数十里。复寇大渡河,与唐夹水而军,诈云求和,又自上下流潜济,与景复战连日。西川援军不至,而蛮众日益,景复不能支,军遂溃。

8　唐僖宗任命兵部侍郎、判度支崔彦昭为中书侍郎、同平章事。崔彦昭是崔群的侄子。兵部侍郎王凝是王正雅的侄孙，而其母亲又是崔彦昭的姨母。王凝与崔彦昭一同参加科举进士科考试，王凝先进士及第，曾经穿着便衣去见崔彦昭，戏辱崔彦昭说："你还不如去参加明经科的考试呢！"崔彦昭被羞辱后十分愤怒，于是表兄弟俩结下了深仇。到崔彦昭当上宰相，他母亲吩咐侍候她的婢女说："为我多制作些袜子和鞋子，我儿必定要将王侍郎母子贬逐到边远地区，我将跟随我妹妹同行。"崔彦昭听到后赶忙下拜并哭泣，向母亲谢罪说："儿必不敢妄为。"王凝于是免除了贬官流放的命运。

冬季，十月，唐僖宗任命门下侍郎、同平章事刘邺为同平章事，充当淮南节度使。又任命吏部侍郎郑畋为兵部侍郎，翰林学士承旨、户部侍郎卢携仍旧任户部侍郎，二人均为同平章事。

9　十一月庚寅(初五)，冬至，满朝大臣给唐僖宗上尊号，称圣神聪睿仁哲孝皇帝，改年号为乾符。

10　魏博节度使韩允中去世，军中立韩允中的儿子魏博节度副使韩简为留后。

11　南诏王国派军队侵犯西川，架浮桥渡过大渡河。唐防河都知兵马使、黎州刺史黄景复等南诏军队刚渡过一半时，突然发兵袭击，南诏蛮军被击败退走，唐军将浮桥折断。南诏以中路军举着许多旗帜走在前面，而分兵两路偷偷地潜往大渡河上游和下游各二十里，入夜，又造起浮桥，到第二天早上，全部渡过大渡河，袭破唐军许多城堡栅寨，并夹击黄景复。黄景复率唐军奋力拼战了三天，假装败走，南诏蛮军全力追击，黄景复设伏三处等待着，等蛮军通过了三分之二，马上发伏兵攻击，南诏蛮兵被打得大败，杀死两千多人，唐军一直追到大渡河南才还军，并修复好城栅进行防守。南诏蛮军因败归国，行进到之罗谷，遇到南诏国发出的援兵，新旧两军相合，锣鼓声震荡数十里。于是再举兵入侵大渡河，与唐军夹水对峙，假称求和，却又自上游和下游偷渡，与黄景复率领的唐军连日激战。由于四川援军不能到达，而南诏蛮军日渐增加，黄景复支撑不住蛮军的进攻，唐军于是溃散。

12　十二月，党项、回鹘寇天德军。

13　感化军奏群盗寇掠，州县不能禁，敕兖、郓等道出兵讨之。

14　南诏乘胜陷黎州，入邛崃关，攻雅州。大渡河溃兵奔入邛州，成都惊扰，民争入城，或北奔他州。城中大为守备，而堑垒比向时严固。骠信使其坦绰遗节度使牛丛书云："非敢为寇也，欲入见天子，面诉数十年为谗人离间冤抑之事。傥蒙圣恩矜恤，当还与尚书永敦邻好。今假道贵府，欲借蜀王厅留止数日，即东上。"丛素懦怯，欲许之，杨庆复以为不可，斩其使者，留二人，授以书，遣还。书辞极数其罪，詈辱之，蛮兵及新津而还。丛恐蛮至，豫焚城外，民居荡尽，蜀人尤之。诏发河东、山南西道、东川兵援之，仍命天平节度使高骈诣西川制置蛮事。

15　以韩简为魏博留后。

16　商州刺史王枢以军州空窘，减折籴钱，民相帅以白梃殴之，又殴杀官吏二人。朝廷更除刺史李诰到官，收捕民李叔汶等三十馀人，斩之。

17　初，回鹘屡求册命，诏遣册立使郗宗莒诣其国。会回鹘为吐谷浑、嗢末所破，逃遁不知所之，诏宗莒以玉册、国信授灵盐节度使唐弘夫掌之，还京师。

12 十二月,党项、回鹘侵犯唐天德军防境。

13 徐州感化军向朝廷奏称庞勋馀党攻掠剽盗,州县官府不能禁止,唐僖宗下令兖州、郓州等道出兵帮徐州进行征讨。

14 南诏蛮军乘胜攻陷黎州,进入邛崃关,又攻雅州。大渡河溃散下来的唐兵逃奔入邛州,消息传来,成都一片惊慌,士民争先恐后地逃入成都城,有的人还向北逃奔其他州府。成都城中更加强守备,修筑的堑壕与堡垒比以前更加严固。南诏骠信派官员给唐节度使牛丛送信,声称:"我们不敢侵犯唐境,是想入朝见唐天子,当面诉说数十年来南诏受小人进谗离间所遭受的冤屈事。若蒙唐天子的圣恩怜悯和抚恤,我们就将与牛尚书永远结为睦邻友好。今天借道来到贵军府,希望能借成都城内的蜀王厅留住数天,然后我们就东上长安。"牛丛一向胆小怯懦,想要准许南诏的要求,杨庆复认为这样做不可,于是斩南诏使者,仅留下两人,让他们持回信回到南诏蛮军中。牛丛的复信尽数南诏蛮军侵犯唐境的罪恶,并恶语辱骂,南诏军进至新津后即退走。牛丛恐怕蛮军来攻,事先将成都城外的居民住屋烧了个精光,使蜀地百姓非常怨恨。唐僖宗颁下诏书调发河东、山南西道、东川的军队救援成都,并且命令天平军节度使高骈前往西川布置和指挥对南诏蛮军抗战之事。

15 朝廷任命韩简为魏博留后。

16 商州刺史王枢因军府库和州府库均相当空虚,下令减少唐德宗以来形成的以税物折钱,使输米粟的折籴钱,让民户交已升值的钱纳税,引起民变,农民相率以大木棍殴打收税钱的官吏,并打死官吏两人。朝廷改任李谔为商州刺史,李谔上任后马上逮捕起事的农民李叔汶等三十多人,将他们斩首。

17 起初,回鹘王国屡屡请求唐朝给予册命,于是唐僖宗下诏文派遣册立使郗宗莒来到回鹘王国。恰值回鹘被吐谷浑、吐蕃嗢末部攻破,其可汗首领不知逃于何处,于是唐僖宗下诏命郗宗莒将玉册、国印交给唐灵盐节度使唐弘夫收掌,并命郗宗莒回到京师。

18　上年少,政在臣下,南牙、北司互相矛盾。自懿宗以来,奢侈日甚,用兵不息,赋敛愈急。关东连年水旱,州县不以实闻,上下相蒙,百姓流殍,无所控诉,相聚为盗,所在蜂起。州县兵少,加以承平日久,人不习战,每与盗遇,官军多败。是岁,濮州人王仙芝始聚众数千,起于长垣。

二年(乙未,875)

1　春,正月丙戌,以高骈为西川节度使。

2　辛巳,上祀圜丘,赦天下。

3　高骈于剑州,先遣使走马开成都门。或曰:"蛮寇逼近成都,相公尚远,万一猋突,奈何?"骈曰:"吾在交趾破蛮二十万众,蛮闻我来,逃窜不暇,何敢辄犯成都! 今春气向暖,数十万人蕴积城中,生死共处,污秽郁蒸,将成疠疫,不可缓也!"使者至成都,开城纵民出,各复常业,乘城者皆下城解甲,民大悦。蛮方攻雅州,闻之,遣使请和,引兵去。骈又奏:"南蛮小丑,易以枝梧。今西川新旧兵已多,所发长武、邠坊、河东兵,徒有劳费,并乞勒还。"敕止河东兵而已。

4　上之为普王也,小马坊使田令孜有宠,及即位,使知枢密,遂擢为中尉。上时年十四,专事游戏,政事一委令孜,呼

18 唐僖宗年龄尚小,军国大政多听从臣下,南衙朝官和北司宦官为争权互相攻击,矛盾很深。自从唐懿宗以来,奢侈之费一日甚过一日,加上用兵不息,加给人民的赋税也愈益急迫。潼关以东地区连年遭受水旱灾害,州县官吏不以实情上报朝廷,上下蒙骗,官吏贪赃,百姓却大批饿死,处于水深火热中的农民既无处控诉,只好相聚为盗,以求生路,于是到处盗贼成群,犹如风起云涌。唐地方州县领导的兵员很少,加上过了很长一段时间的太平日子,一般人也久不习惯于战阵,于是每次遭遇盗贼,官军多半被打败。这一年,濮州人王仙芝开始聚众数千人,在长垣县起事。

唐僖宗乾符二年(乙未,公元875年)

1 春季,正月丙戌(初二),朝廷任命高骈为西川节度使。

2 辛巳(二月二十七日),唐僖宗在圜丘祭天,大赦天下。

3 高骈来到剑州,先派遣使者骑马让成都打开诸城门。有人声称:"南诏蛮寇已逼近成都,高相公距成都尚很远,万一出现意外,将如何是好?"高骈回答说:"我在交趾大破蛮军二十万众,蛮军听说我来了,逃窜都来不及,如何敢在这时侵犯成都!目前春季气候转暖,数十万军民拥挤在城中,虽生死共处,但污秽郁积,恐怕发生疾疫,这就更难办了,请传我命令,开城门切不可缓!"使者赶到成都,打开诸城门纵士民出城使他们各自恢复日常产业,守城的军人也都下城解去兵甲,一时士民欢悦,紧张的情绪一下子放松了。南诏蛮军正进攻雅州,听到高骈到来,成都解除戒备,也遣使向唐军请和,引兵归国。高骈因此又上奏朝廷:"南蛮小丑,很容易对付。目前西川新兵、旧兵已很多,原先征发来赴援的长武、鄜坊、河东军队自远道来赴,只是徒然耗费军饷,请求让这些军队归还原处。"朝廷得到高骈奏文后,只是下令河东兵归镇而已。

4 唐僖宗为普王时,宦官小马坊使田令孜受到宠爱,到登上皇帝位,任命田令孜知枢密使,这时提升为掌禁兵的神策军中尉。当时僖宗才十四岁,特别喜欢游戏玩乐,军国政事一概委交田令孜办,称呼

为"阿父"。令孜颇读书，多巧数，招权纳贿，除官及赐绯紫皆不关白于上。每见，常自备果食两盘，与上相对饮啖，从容良久而退。上与内园小儿狎昵，赏赐乐工、伎儿，所费动以万计，府藏空竭。令孜说上籍两市商旅宝货悉输内库，有陈诉者，付京兆杖杀之。宰相以下，钳口莫敢言。

5　高骈至成都，明日，发步骑五千追南诏，至大渡河，杀获甚众，擒其酋长数十人，至成都，斩之。修复邛崃关、大渡河诸城栅，又筑城于戎州马湖镇，号平夷军，又筑城于沐源川，皆蛮入蜀之要路也，各置兵数千戍之。自是蛮不复入寇。骈召黄景复，责以大渡河失守，腰斩之。骈又奏请自将本管及天平、昭义、义成等军共六万人击南诏，诏不许。

先是，南诏督爽屡牒中书，辞语怨望，中书不答。卢携奏称："如此，则蛮益骄，谓唐无以答，宜数其十代受恩以责之。然自中书发牒，则嫌于体敌，请赐高骈及岭南西道节度使辛说诏，使录诏白，牒与之。"从之。

6　三月，以魏博留后韩简为节度使。

7　去岁，感化军发兵诣灵武防秋，会南诏寇西川，敕往救援。蛮退，遣还，至凤翔，不肯诣灵武，欲擅归徐州。内养王裕本、都将刘逢搜擒唱帅者胡雄等八人，斩之，众然后定。

田令孜为"阿父"。田令孜颇读过一些书,很有心计巧思,招致权柄,收纳贿赂,任命官吏并赐给官吏绯衣、紫衣均不请示僖宗。每次与唐僖宗相见,总是准备水果食物两盘,与僖宗一起边吃边饮酒,二人相对慢饮,从从容容,许久田令孜才退。唐僖宗与禁中内园小儿亲昵戏狎,给陪他玩耍的乐工、伎儿的赏赐动不动就以万计,以致内府库藏空竭。田令孜又给僖宗出主意,令籍没长安东西两市商旅的宝货,全部收归内库,有谁敢陈诉,即行逮捕,交付京兆府用乱棍打死。自宰相以下满朝大臣对此事谁也不敢上言劝谏,犹如铁钳钳住了口,都不敢发言。

5 高骈到达成都,第二天就调发步兵和骑兵五千人追击南诏军队,到了大渡河,俘获和杀死南诏军人很多,并擒获南诏首长几十人,送到成都斩首。高骈又下令修复邛崃关和大渡河诸城堡、栅寨,并在戎州马湖镇筑城,号为平夷军,又于沐源川筑城,这些城堡都是南诏入蜀的要路,每个城堡和栅塞均各置数千士兵戍守。此后南诏蛮军不再敢侵犯蜀地。高骈将黄景复召至西川节度使府,指责他在大渡河失守,处以腰斩。高骈又上奏朝廷,请求亲自率领本部兵马及天平、昭义、义成等军队共六万人进击南诏,僖宗下诏不许。

先前,南诏督爽官屡次向唐中书门下送牒文,牒文辞语怨望无礼,中书门下不予回答。卢携上奏称:"倘若这样不理不睬,南蛮必定越来越骄横,以为唐廷无言以答,应该历数南诏十代受恩于唐,责备他们负义背恩。然而由朝廷中书门下发牒文,又有将南蛮置于朝廷平起平坐的地位的嫌疑,请将诏文赐予高骈及岭南西道节度使辛谠,让他们抄录诏文,以地方官的身份给南诏下牒文。"唐僖宗遵从卢携的建议。

6 三月,朝廷正式任命魏博留后韩简为魏博节度使。

7 去年,感化军曾发兵往灵武防秋,即轮番往边境戍守,正值南诏入侵西川,唐僖宗即令他们往西川救援。南蛮退兵后,将感化军遣还,及至凤翔,却不肯往灵武防秋,企图擅自返回徐州。军中宦官内养王裕本、都将刘逢将其中倡议闹事的头头胡雄等八人逮捕斩首,才使这支军队安定下来。

8 初，南诏围成都，杨庆复以右职优给募突将以御之，成都由是获全。及高骈至，悉令纳牒，又托以蜀中屡遭蛮寇，人未复业，停其禀给，突将皆忿怨。骈好妖术，每发兵追蛮，皆夜张旗立队，对将士焚纸画人马，散小豆，曰："蜀兵懦怯，今遣玄女神兵前行。"军中壮士皆耻之。又索阖境官有出于胥吏者，皆停之。令民间皆用足陌钱，陌不足者皆执之，劾以行赇，取与皆死。刑罚严酷，由是蜀人皆不悦。

夏，四月，突将作乱，大噪突入府廷，骈走匿于厕间，突将索之，不获。天平都将张杰帅所部数百人被甲入府击突将，突将撤牙前仪注兵仗，无者奋梃挥拳，乘怒气力斗，天平军不能敌，走归营。突将追之，营门闭，不得入。监军使人招谕，许以复职名禀给，久之，乃肯还营。天平军复开门出，为追逐之势。至城北，时方修毬场，役者数百人，天平军悉取其首，还，诣府，云"已诛乱者"。骈出见之，厚以金帛赏之。明日，榜谢突将，悉还其职名、衣粮。自是日令诸道将士从己来者更直府中，严兵自卫。

9 加成德节度使王景崇兼侍中。

10 浙西狼山镇遏使王郢等六十九人有战功，节度使赵隐赏以职名而不给衣粮，郢等论诉不获，遂劫库兵作乱，行收党众近万人，攻陷苏、常，乘舟往来，泛江入海，转掠二浙，南及福建，大为人患。

8　起初，南诏军队围困成都时，杨庆复用军职和优厚的俸给招募突将抵御蛮军，使成都获得安全。高骈来到成都后，命令突将们将职牒全部交至军府，又托言称蜀中因屡遭南蛮侵犯，百姓尚未恢复产业，将突将的俸给停发，使突将都异常怨愤。高骈崇信道教，喜好妖术，每当调发军队追南蛮时，都要在夜晚张开旗帜，排列队形，对着将士焚烧纸画的人和马，并散发小豆，说道："蜀中士兵懦弱胆怯，今天我要派遣玄女神兵在前面行进。"成都军中的壮士听后都感到耻辱。高骈又搜索境内官员中出身于胥吏者，全部停官。又命令民间均使用足陌钱进行交易，钱不足百的人都要被逮捕，以行贿罪受审劾，全部处以死刑。由于刑罚严厉残酷，蜀中百姓均感不安。

夏季，四月，成都突将起事作乱，大喊大叫攻入节度使府廷，高骈逃走藏在厕所里，突将搜索未获。天平都将张杰率领所部兵几百人披甲入节度使府向突将进攻，突将将节度使衙前的兵仗仪卫撤下来进行抵抗，没有兵器的就挥舞木棍，有的挥拳战斗，他们乘着满腹怒气奋斗拼杀，天平军抵挡不住，败走归营。突将追到天平军营，由于营门紧闭而不得进入。宦官监军派人出来招谕突将，许以恢复军职和禀给，许久，突将才肯还归本营。天平军见突将退走，开营门出击，摆出追逐突将的架势。追到城北，正碰到有役夫几百人在修筑毬场，天平军竟将这些役夫全部杀死，砍下首级，还至节度使府，宣称"已将作乱者诛尽"。高骈出来接见，给天平军丰厚的金、帛作为奖赏。第二天，揭榜告示突将，将所扣突将的职名与衣粮全部归还。这天以后，高骈日夜令随从自己入蜀的诸道将士在节度使府轮流值班，严兵以作自卫，以防备突将再行叛乱。

9　朝廷加成德节度使王景崇官，让他兼任侍中。

10　浙西狼山镇遏使王郢等六十九人因作战而立有战功，浙西节度使赵隐仅赏给他们空头职名，却不赏给衣服粮食，王郢等人不服，上诉论理而未得结果，于是抢劫府库兵器进行叛乱，招收到党徒近万人，攻陷苏州、常州，乱军乘船往来于长江大海之中，转而剽掠浙东和浙西，最南及于福建，成为这一带的大患。

11　五月，以太傅、分司令狐绹同平章事，充凤翔节度使。

12　司空、同平章事萧倣薨。

13　六月，以御史大夫李蔚为中书侍郎、同平章事。

14　辛未，高骈阴籍突将之名，使人夜掩捕之，围其家，挑墙坏户而入，老幼孕病，悉驱去杀之，婴儿或扑于阶，或击于柱，流血成渠，号哭震天，死者数千人，夜，以车载尸投之于江。有一妇人，临刑，戟手大骂曰："高骈！汝无故夺有功将士职名、衣粮，激成众怒，幸而得免，不省己自咎，乃更以诈杀无辜近万人，天地鬼神，岂容汝如此！我必诉汝于上帝，使汝他日举家屠灭如我今日，冤抑污辱如我今日，惊忧惴恐如我今日！"言毕，拜天，怫然就戮。久之，突将有自戍役归者，骈复欲尽族之，有元从亲吏王殷谏曰："相公奉道，宜好生恶杀，此属在外，初不同谋，若复诛之，则自危者多矣！"骈乃止。

15　王仙芝及其党尚君长攻陷濮州、曹州，众至数万，天平节度使薛崇出兵击之，为仙芝所败。

冤句人黄巢亦聚众数千人应仙芝。巢少与仙芝皆以贩私盐为事，巢善骑射，喜任侠，粗涉书传，屡举进士不第，遂为盗，与仙芝攻剽州县，横行山东。民之困于重敛者争归之，数月之间，众至数万。

16　卢龙节度使张公素，性暴戾，不为军士所附。大将李茂勋，本回鹘阿布思之族，回鹘败，降于张仲武，仲武使成边，屡有功，赐姓名。纳降军使陈贡言者，幽之宿将，为军士所信服，茂勋潜杀贡言，声云贡言，举兵向蓟，公素出战而败，

11 五月,唐僖宗任命太傅、分司东都的令狐绹为同平章事,充任凤翔节度使。

12 司空、同平章事萧倣去世。

13 六月,唐僖宗任命御史大夫李蔚为中书侍郎、同平章事。

14 辛未(二十日),高骈暗中记下突将的姓名,派人乘夜逮捕突将,他们先将突将的家围住,跳墙破户冲进去,不管是老幼和孕妇病人,全都赶出去处死,有的婴儿被扑杀在门阶上,有的被撞死在柱上,一时流血成渠,哭喊之声震天,被杀死者达数千人,夜晚,派人用车载着尸体投入江中。有一位妇女临刑时挥手大骂:"高骈!你无辜剥夺有功将士的职名和衣粮,激怒众人攻打府廷,虽有幸得以免死,不但不反省自己的错误,反而用狡诈奸计滥杀近万无辜士民,天地鬼神岂能容忍你如此作恶!我一定要到上天那里控诉你,使你像我今天一样举家遭屠灭,像我今天一样含冤受辱,像我今天一样遭受惊扰!"说完后向天跪拜,从容就刑。许久,有突将自戍役处归来,高骈又想将他们举族杀尽,有跟随高骈多年的亲吏王殷劝谏说:"高相公既奉信道教,应尊重生命,厌恶杀人,这些突将在外戍役,起初并没有参与叛乱阴谋,如果将他们也诛杀,恐怕使人人自危,反而不利于军府!"高骈觉得有理,这才停止屠杀。

15 王仙芝及其党羽尚君长率军攻陷濮州、曹州,其队伍发展至几万人,唐天平军节度使薛崇出兵讨伐,被王仙芝打败。

冤句人黄巢也聚集了数千人响应王仙芝起义。黄巢少年时与王仙芝都以贩私盐为生,黄巢善于骑马射箭,性格豪爽任侠,粗略地涉猎了史传经书,但屡次参加进士科考试均未及第,于是成为盗贼,与王仙芝攻略州、县,横行于山东。农民在官府重敛下无以为生,于是争相投奔黄巢,几个月之间,队伍就发展到数万人。

16 唐卢龙节度使张公素,性情凶狠残暴,不为士卒所依附。大将李茂勋本是回鹘阿布思的后裔,回鹘败亡时,投降卢龙节度使张仲武,张仲武收下他,并让他入军籍戍边,因屡立战功,赐予他李茂勋的姓名。纳降军使陈贡言是幽州的宿将,受到军士们的信服,李茂勋暗中将陈贡言杀死,却打着陈贡言的旗号声称陈贡言举兵攻蓟州,张公素出战失败,

奔京师。茂勋入城,众乃知非贡言也,不得已,推而立之,朝廷因以为留后。

17 秋,七月,蝗自东而西,蔽日,所过赤地。京兆尹杨知至奏:"蝗入京畿,不食稼,皆抱荆棘而死。"宰相皆贺。

18 八月,李茂勋为卢龙节度使。

19 九月,右补阙董禹谏上游畋、乘驴击毬,上赐金帛以褒之。邠宁节度使李侃奏为假父华清宫使道雅求赠官,禹上疏论之,语颇侵宦官。枢密使杨复恭等列诉于上,冬,十月,禹坐贬郴州司马。复恭,钦义之养孙也。

20 昭义军乱,大将刘广逐节度使高浞,自为留后。以左金吾大将军曹翔为昭义节度使。

21 回鹘还至罗川,十一月,遣使者同罗榆禄入贡,赐拯接绢万匹。

22 群盗侵淫,剽掠十馀州,至于淮南,多者千馀人,少者数百人。诏淮南、忠武、宣武、义成、天平五军节度使、监军亟加讨捕及招怀。十二月,王仙芝寇沂州,平卢节度使宋威表请以步骑五千别为一使,兼帅本道兵所在讨贼。仍以威为诸道行营招讨草贼使,仍给禁兵三千、甲骑五百。因诏河南方镇所遣讨贼都头并取威处分。

三年(丙申,876)

1 春,正月,天平军奏遣将士张晏等救沂州,还,至义桥,闻北境复有盗起,留使扞御,晏等不从,喧噪趣郓州。都将张思泰、李承祐走马出城,裂袖与盟,以俸钱备酒肴慰谕,

逃奔京师,李茂勋进入幽州城,众人这才知道并不是陈贡言,但不得已也只好推李茂勋为主,朝廷因此任命李茂勋为卢龙军留后。

17 秋季,七月,蝗虫自东飞到西边,遮天蔽日,所过之地尽为赤地,草木五谷皆被吃尽。京兆尹杨知至向唐僖宗上奏称:"蝗虫飞入京畿地区,不吃庄稼,全都抱着荆棘死去。"宰相们都来致贺。

18 八月,朝廷正式任命李茂勋为卢龙节度使。

19 九月,右补阙董禹上言谏唐僖宗游猎太过、乘驴击球,僖宗赐给董禹金、帛,以示褒奖。邠宁节度使李侃是已故宦官华清宫使道雅的义子,因而上奏僖宗为其义父求赠官,董禹又上疏对此事提出异论,其疏文有一些冒犯宦官的言语。枢密使杨复恭等人在僖宗面前列举诉说,冬季,十月,董禹被贬为郴州司马。杨复恭是杨钦义的养孙。

20 唐藩镇昭义军发生变乱,大将刘广将节度使高湜驱逐,自任留后,朝廷任命左金吾大将军曹翔为昭义节度使。

21 回鹘部族回到罗川,十一月,派遣同罗榆禄为使节向唐朝进贡,唐僖宗赐给绢万匹,以接济回鹘。

22 各路盗贼势力转盛,攻掠十多个州,势力达于淮南,多的有千馀人,少的也有数百人。唐僖宗颁下诏书命令淮南、忠武、宣武、义成、天平等五军节度使、监军迅速加以征讨搜捕,并用计怀柔招抚。十二月,王仙芝率军侵入沂州,唐平卢节度使宋威上表,请求发步兵和骑兵五千人,另给自己一个招讨使名义,让他兼领本道兵在盗贼众多的地方进行征讨。朝廷于是任命宋威为诸道行营招讨草贼使,并调发禁兵三千人,铁甲骑兵五百人交宋威指挥。又下诏给河南方镇,命令各镇所派遣的讨贼军都头一并接受宋威的布置和指挥。

唐僖宗乾符三年(丙申,公元 876 年)

1 春季,正月,唐天平军上奏朝廷,宣称已经遣将士张晏等人往沂州救援,大军归还时,来到义桥,闻知北方又有盗贼起事,于是留下来捍卫义桥,张晏等人不服从命令,大喊大闹前往郓州。郓州都将张思泰、李承祐骑马出城,撕下袖子与张晏等人起盟,并用自己的薪俸买酒菜抚慰劝谕张晏等,

然后定。诏本军宣慰，一切无得穷诘。

2　敕福建、江西、湖南诸道观察、刺史，皆训练士卒；又令天下乡村各置弓刀鼓板以备群盗。

3　赐兖海节度号泰宁军。

4　三月，卢龙节度使李茂勋请以其子幽州左司马可举知留后，自求致仕。诏茂勋以左仆射致仕，以可举为卢龙留后。

5　门下侍郎、同平章事崔彦昭罢为太子太傅；以左仆射王铎兼门下侍郎、同平章事。

6　南诏遣使者诣高骈求和而盗边不息，骈斩其使者。蛮之陷交趾也，虏安南经略判官杜骧妻李瑶。瑶，宗室之疏属也。蛮遣瑶还，递木夹以遗骈，称"督爽牒西川节度使"，辞极骄慢。骈送瑶京师。甲辰，复牒南诏，数其负累圣恩德、暴犯边境、残贼欺诈之罪，安南、大渡覆败之状，折辱之。

7　原州刺史史怀操贪暴，夏，四月，军乱，逐之。

8　赐宣武、感化节度、泗州防御使密诏，选精兵数百人于巡内游弈，防卫纲船，五日一具上供钱米平安状闻奏。

9　五月，昭王汭薨。

10　以卢龙留后李可举为节度使。

11　六月，抚王纮薨。

使事情得以平息。唐僖宗下诏,令天平军对这一切都进行宣慰,不得对张晏等人穷加追究。

2 唐僖宗下令福建、江西、湖南等诸道观察使、刺史,都应训练本道士卒;又命令全国各地乡村都应自备弓箭、刀枪、鼓板,以防备盗贼。

3 朝廷给兖海节度使府赐以泰宁军的称号。

4 三月,唐卢龙节度使李茂勋请求让他的儿子幽州左司马李可举为留后,自己请求退休。唐僖宗下诏给李茂勋以左仆射的官衔退休,并任命李可举为卢龙留后。

5 门下侍郎、同平章事崔彦昭被唐僖宗罢去宰相职位,任太子太傅;唐僖宗又命左仆射王铎兼任门下侍郎、同平章事。

6 南诏王国一面派遣使者至成都向高骈求和,一面却又不断地侵盗边境,高骈于是将南诏使者斩首。南诏于唐懿宗咸通六年攻陷交趾时,曾虏获唐安南经略判官杜骧的妻子李瑶。李瑶是唐朝皇帝宗室远亲。于是南诏送李瑶回唐朝,让她给高骈传送一个木夹信件,信中称"督爽牒西川节度使",其信言辞极其骄傲。高骈之后将李瑶送归京师。甲辰(二十六日),再向南诏送上一牒,历数南诏辜负唐朝的恩德,残暴地侵犯唐朝边境,以及其侵唐失败回国后欺诈的罪恶,还有蛮军在安南、大渡河惨遭失败的情状,以折煞羞辱南诏君臣。

7 唐原州刺史史怀操贪鄙残暴,夏季,四月,原州发生军乱,史怀操被乱军驱逐。

8 唐僖宗赐予宣武军节度使、感化军节度使、泗州防御使密诏,让他们在所部选出精兵数百人于其辖地巡游,以防卫沿汴水向关中输运东南财赋的纲船,五天即要向朝廷上一奏状,以汇报上供的钱米是否平安。

9 五月,唐宣宗之子昭王李汭去世。

10 朝廷正式任命卢龙留后李可举为卢龙节度使。

11 六月,唐顺宗之子抚王李纮去世。

12　雄州地震裂,水涌,坏州城及公私庐舍俱尽。

13　秋,七月,以前岩州刺史高杰为左骁卫将军,充沿海水军都知兵马使,以讨王郢。

14　鄂王润薨。

15　加魏博节度使韩简同平章事。

16　宋威击王仙芝于沂州城下,大破之,仙芝亡去。威奏仙芝已死,纵遣诸道兵,身还青州。百官皆入贺。居三日,州县奏仙芝尚在,攻剽如故。时兵始休,诏复发之,士皆忿怨思乱。八月,仙芝陷阳翟、郏城,诏忠武节度使崔安潜发兵击之。安潜,慎由之弟也。又昭义节度使曹翔将步骑五千及义成兵卫东都宫。以左散骑常侍曾元裕为招讨副使,守东都。又诏山南东道节度使李福选步骑二千守汝、邓要路。仙芝进逼汝州,诏邠宁节度使李侃、凤翔节度使令狐绹选步兵一千、骑兵五百守陕州、潼关。

17　加成德节度使王景崇兼中书令。

18　九月乙亥朔,日有食之。

19　丙子,王仙芝陷汝州,执刺史王镣。镣,铎之从父兄弟也。东都大震,士民挈家逃出城。乙酉,敕赦王仙芝、尚君长罪,除官,以招谕之。仙芝陷阳武,攻郑州,昭义监军判官雷殷符屯中牟,击仙芝,破走之。冬,十月,仙芝南攻唐、邓。

20　西川节度使高骈筑成都罗城,使僧景仙规度,周二十五里,悉召县令庀徒赋役,吏受百钱以上皆死。蜀土疏恶,

12 雄州发生地震,地表裂开,水喷涌而出,毁坏州城,使城内公私房屋全部毁坏。

13 秋季,七月,朝廷任命前岩州刺史高杰为左骁卫将军,充任沿海水军都知兵马使,专门征讨王郢。

14 唐宣宗之子鄂王李润去世。

15 朝廷加魏博节度使韩简同平章事的官衔。

16 宋威在沂州城下讨伐王仙芝,大破王仙芝所率农民军,王仙芝因兵败逃走。宋威上奏称王仙芝已死,请将诸道讨贼军遣还,自己回到青州。朝廷百官听说王仙芝已被宋威打死,都入朝向唐僖宗祝贺。过了三天,州、县上奏称王仙芝仍然生存,并且和原先一样攻剽州县。当时诸道兵刚开始休整,即又得到诏命被调发去追剿农民军,士兵几经折腾,也都愤怒怨恨,一心想造反作乱。八月,王仙芝率军攻陷阳翟、郏城,唐僖宗下诏书命忠武节度使崔安潜去发兵讨伐。崔安潜是崔慎由的弟弟。唐僖宗又命令昭义节度使曹翔率领步兵和骑兵五千人,加上义成兵守卫东都洛阳的宫殿。任命左散骑常侍曾元裕为招讨副使,据守东都洛阳。又下诏命令山南东道节度使李福选步兵、骑兵两千人守卫汝州、邓州的重要道路。王仙芝率军进逼汝州,唐僖宗又下诏命令邠宁节度使李侃、凤翔节度使令狐绹选拔步兵一千、骑兵五百据守陕州、潼关。

17 朝廷加成德节度使王景崇官,命兼任中书令。

18 九月乙亥朔(初一),出现日食。

19 丙子(初二),王仙芝攻陷汝州城,活捉唐汝州刺史王镣。王镣是王铎的叔伯堂兄弟。消息传来,东都洛阳人心震动,一片惊慌,百姓们携带家眷争先恐后地逃出城去。乙酉(十一日),唐僖宗颁下诏敕赦免王仙芝、尚君长的罪,给二人任以官爵,企图招降他们。王仙芝攻陷阳武,又转攻郑州,唐昭义监军判官雷殷符率军屯驻于中牟县,领兵袭击王仙芝军,将其攻破并击退。冬季,十月,王仙芝向南攻打唐州、邓州。

20 西川节度使高骈在成都外围修筑罗城,让佛僧景仙进行设计规划,罗城周长二十五里,并将所辖县的县令悉数召来,让他们将各县的赋税尽行交来,并分派役夫,县吏受贿超过百钱以上者统统处死。蜀中土质疏松,

以甓甃之，环城十里内取土，皆划丘垤平之，无得为坎埳以害耕种，役者不过十日而代，众乐其均，不费扑挞而功办。自八月癸丑筑之，至十一月戊子毕功。

役之始作也，骈恐南诏扬声入寇，虽不敢决来，役者必惊扰，乃奏遣景仙托游行入南诏，说谕骠信使归附中国，仍许妻以公主，因与议二国礼仪，久之不决。骈又声言欲巡边，朝夕通烽火，至大渡河，而实不行，蛮中惴恐。由是讫于城成，边候无风尘之警。先是，西川将吏入南诏，骠信皆坐受其拜，骈以其俗尚浮屠，故遣景仙往，骠信果帅其大臣迎拜，信用其言。

21　王仙芝攻郢、复二州，陷之。

22　王郢因温州刺史鲁寔请降，寔屡为之论奏，敕郢诣阙。郢拥兵迁延，半年不至，固求望海镇使，朝廷不许，以郢为右率府率，仍令左神策军补以重职，其先所掠之财，并令给与。

23　十二月，王仙芝攻申、光、庐、寿、舒、通等州。淮南节度使刘邺奏求益兵，敕感化节度使薛能选精兵数千助之。

郑畋以言计不行，称疾逊位，不许，乃上言：“自沂州奏捷之后，仙芝愈肆猖狂，屠陷五六州，疮痍数千里。宋威衰老多病，自妄奏以来，诸道尤所不服，今淹留亳州，殊无进讨之意。

于是先将土制成砖块，在环城十里内取土，取土后又挖丘将原取土处填平，不准破坏田地造成坑洼而损害农家耕种，各县赴役的农民不过十天就可轮换，所以赴役的农夫认为派役均平，都乐于接受，不用皮鞭督役而工效卓著。从八月癸丑（初九）开始筑城，到十一月戊子（十五日）工程就圆满完毕。

在罗城修筑的开始，高骈恐怕南诏扬言入侵，虽然不一定敢真的闯来，但在心理上必定会造成役夫的惊慌，于是上奏朝廷派遣佛僧景仙托言云游而入南诏王国之境，劝说南诏骠信归附大唐，并且许以唐朝公主和亲，景仙与南诏骠信议论两廷礼仪，各不相让，因此久议不能决。高骈又声言要巡视边境，自早至晚烽火通天，来到大渡河，却并不前行，南诏蛮人听说高骈率军南下，惶恐不安。于是一直到罗城筑完，边防哨所没有出现一点警报。先前，西川将吏去南诏，均无一例外地要向南诏骠信行跪拜礼，高骈却以南诏有崇尚佛教的风俗，特意派遣景仙前往，由于景仙是高僧大德，南诏骠信果然率国中大臣迎拜景仙，并相信景仙所说的话，采用景仙的计策。

21　王仙芝率军攻陷郢州、复州。

22　王郢向唐温州刺史鲁寔请降，鲁寔屡次为王郢向朝廷上表论奏，唐僖宗于是下诏让王郢前往长安朝见。王郢拥兵拖延，半年都不入朝，并请求任望海镇使，朝廷不答应，任王郢官为右率府率，并且许王郢入朝可在左神策禁军中补给重要军职，王郢先前攻剽州县所掠夺的财物统归他所有。

23　十二月，王仙芝率农民军进攻申州、光州、庐州、寿州、舒州、通州等地。唐淮南节度使刘邺上奏朝廷要求增派军队，唐僖宗下诏命令感化军节度使薛能选派精兵数千人去淮南救助刘邺。

郑畋由于自己谋划讨平贼乱的策略得不到朝廷的采纳，借口有疾病而要求去职逊位，唐僖宗不批准，于是郑畋又向僖宗上言："自从宋威在沂州上奏告捷之后，王仙芝更加猖狂，攻陷屠杀五六个州，战乱造成疮痍几千里。招讨草贼使宋威已衰老并且多病，自从妄奏告捷以来，诸道军尤其对宋威不服，而今宋威滞留于亳州一带，根本没有向草贼进攻征讨的意思。

曾元裕拥兵蕲、黄，专欲望风退缩。若使贼陷扬州，则江南亦非国有。崔安潜威望过人，张自勉骁雄良将，宫苑使李琢，西平王晟之孙，严而有勇。请以安潜为行营都统，琢为招讨使代威，自勉为副使代元裕。"上颇采其言。

24 青、沧军士戍安南，还，至桂州，逐观察使李瓒。瓒，宗闵之子也。以右谏议大夫张禹谟为桂州观察使。

桂管监军李维周骄横，瓒曲奉之，浸不能制。桂管有兵八百人，防御使才得百人，馀皆属监军。又预于逐帅之谋，强取两使印，擅补知州官，夺昭州送使钱。诏禹谟并按之。禹谟，徹之子也。

25 招讨副使、都监杨复光奏尚君长弟让据查牙山，官军退保邓州。复光，玄价之养子也。

26 王仙芝进攻蕲州。蕲州刺史裴偓，王铎知举时所擢进士也。王镣在贼中，为仙芝以书说偓。偓与仙芝约，敛兵不战，许为之奏官。镣亦说仙芝许以如约。偓乃开城延仙芝及黄巢辈三十馀人入城，置酒，大陈货贿以赠之，表陈其状。诸宰相多言："先帝不赦庞勋，期年卒诛之。今仙芝小贼，非庞勋之比，赦罪除官，益长奸宄。"王铎固请，许之。乃以仙芝为左神策军押牙兼监察御史，遣中使以告身即蕲州授之。

招讨草贼副使曾元裕驻兵在蕲州、黄州一带,更是一心想望风退缩。如果让草贼攻陷扬州,就会使江南地区脱离朝廷的控制,后果不堪设想。我以为崔安潜有过人的威望,张自勉是最骁勇雄壮的良将,宫苑使李琢是西平王李晟的孙子,治军严厉而勇猛。请求陛下能任命崔安潜为行营都统,李琢为招讨使,取代宋威,张自勉为招讨副使,取代曾元裕。"唐僖宗对郑畋的建议大都采纳。

24 青州、沧州军远戍安南,归还原籍时,来到桂州,将桂州观察使李瓒驱逐。李瓒是李宗闵的儿子。朝廷为此任命右谏议大夫张禹谟为桂州观察使。

桂管监军李维周骄横暴虐,李瓒对他曲意奉承,渐渐不能控制。桂管军有兵八百人,防御使只能统领一百人,其余全统属于监军。监军李维周又参与了驱逐观察使李瓒的阴谋,并强迫观察使和防御使交出使印,擅自补选下属知州官,抢夺昭州送到予本道的送使钱。为此唐僖宗下诏命令张禹谟对此调查,对监军李维周作出处置。张禹谟是张徹的儿子。

25 招讨副使、都监宦官杨复光上奏朝廷,告尚君长的弟弟尚让率军占据查牙山,唐官军退保邓州。杨复光是宦官杨玄价的养子。

26 王仙芝率军进攻蕲州。蕲州刺史裴偓是王铎主掌科举考试时所选取的进士。王镣被俘后在贼军中,为王仙芝写书信劝说裴偓。于是裴偓与王仙芝约和,将军队收回不再进行争战,并答应为王仙芝向朝廷奏请求得一个官爵。王镣也劝说王仙芝准许裴偓的约和请求。于是裴偓大开蕲州城请王仙芝及黄巢等三十多人入城,置酒设宴,并摆出大量的宝货赠送给王仙芝等人,以表示其约和的诚意。朝廷诸宰相大都以为不可,说:"先帝唐懿宗不赦庞勋之罪,当年就将庞勋诛除。今天王仙芝不过是一个小贼,势力无法与庞勋相比,赦免他的罪而给予官爵,只能是更加助长奸贼的反叛气焰。"只有王铎坚持招降王仙芝,唐僖宗听信王铎之言,准许招降。于是任命王仙芝为左神策军押牙兼监察御史,派遣宦官中使将委任状送到蕲州授给王仙芝。

　　仙芝得之甚喜，镣、偓皆贺。未退，黄巢以官不及己，大怒曰："始者共立大誓，横行天下，今独取官赴左军，使此五千馀众安所归乎！"因殴仙芝，伤其首，其众喧噪不已。仙芝畏众怒，遂不受命，大掠蕲州，城中之人，半驱半杀，焚其庐舍。偓奔鄂州，敕使奔襄州，镣为贼所拘。贼乃分其军三千馀人从仙芝及尚君长，二千馀人从巢，各分道而去。

王仙芝得到委任状欢喜万分，王镣、裴偓都来祝贺。王仙芝等还没退出蕲州，黄巢以朝廷给官没有自己的份，勃然大怒，对王仙芝说："我与你起义之始曾共同立下誓言，要横行天下，今天你独自获得朝廷的官爵而要赴长安为禁军左军军官，让我们五千多弟兄归于何处！"愤怒之馀，黄巢竟殴打王仙芝，将王仙芝的头打伤，其馀部众也喧闹不已。王仙芝畏惧士众的怒气激发，于是不接受唐廷的委任状，在蕲州大肆剽掠，蕲州城内的百姓，一半被驱出城外，一半被屠杀，居民的房屋被焚毁。唐蕲州刺史裴偓逃奔鄂州，宦官中使逃奔襄州，王镣被贼军拘留。于是贼军分兵行动，三千多人跟从王仙芝及尚君长，两千多人随黄巢北上。

卷第二百五十三　唐纪六十九

起丁酉(877)尽庚子(880)十月凡三年有奇

僖宗惠圣恭定孝皇帝上之下
乾符四年(丁酉,877)

1　春,正月,王郢诱鲁寔入舟中,执之,将士从寔者皆奔溃。朝廷闻之,以右龙武大将军宋皓为江南诸道招讨使,先征诸道兵外,更发忠武、宣武、感化三道、宣、泗二州兵,新旧合万五千馀人,并受皓节度。二月,郢攻陷望海镇,掠明州,又攻台州,陷之,刺史王葆退守唐兴。诏二浙、福建各出舟师以讨之。

2　王仙芝陷鄂州。

3　黄巢陷郓州,杀节度使薛崇。

4　南诏酋龙嗣立以来,为边患殆二十年,中国为之虚耗,而其国中亦疲弊。酋龙卒,谥曰景庄皇帝;子法立,改元贞明承智大同,国号鹤拓,亦号大封人。

法好畋猎酗饮,委国事于大臣。闰月,岭南西道节度使辛谠奏南诏遣陁西段瑳宝等来请和,且言“诸道兵戍邕州岁久,馈饷之费,疲弊中国,请许其和,使赢瘵息肩”。诏许之。谠遣大将杜弘等赍书币,送瑳宝还南诏,但留荆南、宣歙数军戍邕州,自馀诸道兵什减其七。

5　王郢横行浙西,镇海节度使裴璩严兵设备,不与之战,密招其党朱实降之,散其徒六七千人,输器械二十馀万,

僖宗惠圣恭定孝皇帝上之下

唐僖宗乾符四年(丁酉,公元 877 年)

1　春季,正月,王郢将唐温州刺史鲁寔诱骗入他的船中,将鲁寔逮捕,随从鲁寔的将士全部逃奔溃散。朝廷得知情报,任命右龙武大将军宋皓为江南诸道招讨使,除先征发诸道兵以外,更调发忠武、宣武、感化三道兵和宣州、泗州二州兵,新旧合计调集军队一万五千多人,全部接受宋皓的节度。二月,王郢率军攻陷望海镇,剽掠明州,转而攻陷台州,台州刺史王葆退到唐兴拒守。唐僖宗下诏令浙东浙西和福建各调发水师乘船讨击王郢。

2　王仙芝率军攻陷鄂州。

3　黄巢率军攻陷郓州,杀死唐节度使薛崇。

4　南诏酋龙自嗣位为国王以来,为唐朝边患几乎达二十年,朝廷为抵御其侵犯致使府库虚耗,而南诏国中也由于连年战争而疲弊不堪。酋龙去世,谥号为景庄皇帝,其子法嗣立为国王,改其年号为贞明承智大同,国号为鹤拓,又号称大封人。

南诏王法喜欢打猎和饮酒,将国政委交给大臣。闰二月,唐岭南西道节度使辛谠上奏朝廷称南诏派遣陇西段瑳宝来请和,并且宣称"我诸道军队在邕州戍守多年,军队粮饷费用使得中原疲弊,请许与南诏约和,使病弱的百姓得喘息一阵"。唐僖宗下诏准许。于是辛谠派遣大将杜弘等人带着书信和钱物,送段瑳宝回归南诏国,只留下荆南、宣歙等数支军队戍守邕州,其馀诸道军队裁减十分之七。

5　王郢乱军横行于浙西,镇海节度使裴璩调集军队严加守备,不与王郢军交战,而暗中招纳王郢党羽朱实投降,使王郢党徒六七千人散伙逃走,朱实又向裴璩输缴军用器械二十多万件,

舟航、粟帛称是。敕以实为金吾将军。于是郢党离散。郢收馀众,东至明州,甬桥镇遏使刘巨容以筒箭射杀之,馀党皆平。瓌,谞之从曾孙也。

6　三月,黄巢陷沂州。

7　夏,四月壬申朔,日有食之。

8　贼帅柳彦璋剽掠江西。

9　陕州军乱,逐观察使崔碣,贬碣怀州司马。

10　黄巢与尚让合兵保查牙山。

11　五月甲子,以给事中杨损为陕虢观察使。损至官,诛首乱者。损,嗣复之子也。

12　初,桂管观察使李瓒失政,支使薛坚石屡规正之,瓒不能从。及瓒被逐,坚石摄留务,移牒邻道,禁遏乱兵,一方以安。诏擢坚石为国子博士。

13　六月,柳彦璋袭陷江州,执刺史陶祥,使祥上表,彦璋亦自附降状。敕以彦璋为右监门将军,令散众赴京师;以左武卫将军刘秉仁为江州刺史。彦璋不从,以战舰百馀固溢江为水寨,剽掠如故。

14　忠武都将李可封戍边还,至邠州,迫胁主帅,索旧欠粮盐,留止四日,阖境震惊。秋,七月,还至许州,节度使崔安潜悉按诛之。

15　庚申,王仙芝、黄巢攻宋州,三道兵与战,不利,贼遂围宋威于宋州。甲寅,左威卫上将军张自勉将忠武兵七千救宋州,杀贼二千馀人,贼解围遁去。

舟船、粟米布帛数量也很多。唐僖宗下诏敕任命朱实为金吾将军。于是王郢乱党大都离散。王郢收集馀众，东窜到明州，被甬桥镇遏使刘巨容用筒箭射死，其馀乱党全部平定。裴璩是裴谞的曾侄孙。

6 三月，黄巢率军攻陷沂州。

7 夏季，四月壬申朔（初一），出现日食。

8 农民军首领柳彦璋率军剽掠江西地区。

9 陕州发生军乱，观察使崔碣被乱军驱逐，朝廷将崔碣贬为怀州司马。

10 黄巢与尚让合兵据守查牙山。

11 五月甲子（二十四日），朝廷任命给事中杨损为陕虢观察使。杨损到官上任，诛除乱军为首分子。杨损是杨嗣复的儿子。

12 起初，唐桂管观察使李瓒使政事败坏，观察支使薛坚石屡次向李瓒规劝指正，但李瓒不能听从。等到李瓒被乱军驱逐，薛坚石暂代留守职务，下府牒移送邻道，将乱兵遏制禁止，使一方得以安定。唐僖宗于是下诏提拔薛坚石为国子博士。

13 六月，贼军柳彦璋部袭击并攻陷江州，擒获唐江州刺史陶祥，让陶祥向朝廷上表，柳彦璋自己也附上一份乞降状子一同呈上。唐僖宗下诏敕任命柳彦璋为右监门将军，并命令柳彦璋将部众解散后奔赴京师做官；又下诏任命左武卫将军刘秉仁为江州刺史。柳彦璋接到诏敕后不肯答应，率领战船百馀艘在湓江设立水寨，仍然和以前一样剽掠州县。

14 忠武军都将李可封从戍边地回许州，路过邠州，胁迫其军队主帅，索取先前所欠粮食和盐，在邠州滞留四天，使邠州全境惊恐不安。秋季，七月，李可封等回到许州，节度使崔安潜将他们全部逮捕诛杀。

15 庚申（二十一日），王仙芝、黄巢进攻宋州，唐平卢、宣武、忠武三道兵赶来与其交战，官军失利，贼军于是将宋威围困在宋州城内。七月甲寅（十五日），唐左威卫上将军张自勉率领忠武兵七千人来救宋州，斩杀贼军两千多人，解宋州之围，贼军逃走。

王铎、卢携欲使张自勉以所将兵受宋威节度,郑畋以为威与自勉已有疑忿,若在麾下,必为所杀,不肯署奏。八月辛未,铎、携诉于上,求罢免;庚辰,畋请归泸川养疾。上皆不许。

16　王仙芝陷安州。

17　盐州军乱,逐刺史王承颜,诏高品牛从珪往慰谕之,贬承颜象州司户。承颜及崔碣素有政声,以严肃为骄卒所逐,朝廷与贪暴致乱者同贬,时人惜之。从珪自盐州还,军中请以大将王宗诚为刺史。诏宗诚诣阙,将士皆释罪,仍加优给。

18　乙卯,王仙芝陷随州,执刺史崔休徵。山南东道节度使李福遣其子将兵救随州,战死。福奏求援兵,遣左武卫大将军李昌言将凤翔五百骑赴之,仙芝遂转掠复、郢。忠武大将张贯等四千人与宣武兵援襄州,自申、蔡间道逃归。诏忠武节度使崔安潜、宣武节度使穆仁裕遣人约还。

19　冬,十月,邠宁节度使李侃奏遣兵讨王宗诚,斩之,馀党悉平。

20　郑畋与王铎、卢携争论用兵于上前,畋不胜,退,复上奏,以为:"自王仙芝俶扰,崔安潜首请会兵讨之,继发士卒,罄竭资粮,贼往来千里,涂炭诸州,独不敢犯其境。又以本道兵授张自勉,解宋州围,使江、淮漕运流通,不输寇手。今

宰相王铎和卢携企图让张自勉将所部兵接受宋威的节度，另一宰相郑畋认为宋威与张自勉之间已产生疑忌，并各怀愤恨，如果将张自勉归于宋威麾下，必为宋威杀害，所以不肯在奏状上署名。八月辛未（初三），王铎、卢携在唐僖宗面前指诉郑畋，要求僖宗将郑畋宰相职罢免；庚辰（十二日），郑畋请求归泸川养病。唐僖宗对两方的请求均不予批准。

　　16　王仙芝攻陷安州。

　　17　盐州发生军乱，刺史王承颜被乱军驱逐，唐僖宗令高品宦官牛从珪往盐州抚慰劝谕，同时将王承颜贬为象州司户。王承颜与崔碣为官严正，都很有政绩，却因为过于严肃而为部下骄兵悍将驱逐，朝廷不问青红皂白，将他们同贪暴致乱的地方官吏一样贬官，当时舆论深表痛惜。牛从珪自盐州回朝廷，盐州军人请牛从珪向朝廷奏请任命大将王宗诚为刺史，唐僖宗下诏让王宗诚入朝，盐州作乱的将士全都不加追究，反而给予优厚的禀给。

　　18　乙卯（九月十七日），王仙芝率军攻陷随州，活捉唐随州刺史崔休徵。山南东道节度使李福派遣自己的儿子率兵去救随州，被贼军杀死。李福上奏朝廷请求援兵，朝廷派遣左武卫大将军李昌言率领凤翔骑兵五百赶赴随州，王仙芝转而攻掠复州、郢州。唐忠武军大将张贯等四千人与宣武军赴援襄州，却从小道自申州、蔡州逃归原籍。唐僖宗又下诏令忠武节度使崔安潜、宣武节度使穆仁裕派人戒约张贯等将士，要他们还赴襄州救援。

　　19　冬季，十月，邠宁节度使李侃上表奏称已派遣军队讨伐王宗诚，并将王宗诚斩首，其馀乱党全部讨平。

　　20　宰相郑畋与王铎、卢携在唐僖宗面前争论如何用兵征讨王仙芝等，郑畋争论未获胜，退朝后再上表奏称："自王仙芝开始起事以来，崔安潜最先奏请诸道会兵征讨，接着就调发本道士卒，竭尽本道所有以供行征士卒的资粮，王仙芝贼众四处剽掠，往来千里，使各州涂炭，而唯独不敢侵犯崔安潜所领地区。崔安潜又将本道兵授予张自勉指挥，使宋州之围得以解脱，江、淮的漕运得以流通，东南财赋不致输入贼寇之手。今天

蒙尽以自勉所将七千兵令张贯将之,隶宋威。自勉独归许州,威复奏加诬毁。因功受辱,臣窃痛之。安潜出师,前后克捷非一,一旦强兵尽付他人,良将空还,若勍敌忽至,何以枝梧!臣请以忠武四千人授威,馀三千人使自勉将之,守卫其境,既不侵宋威之功,又免使安潜愧耻。"时卢携不以为然,上不能决。畋复上言:"宋威欺罔朝廷,败衄狼藉。又闻王仙芝七状请降,威不为闻奏。朝野切齿,以为宜正军法。迹状如此,不应复典兵权,愿与内大臣参酌,早行罢黜。"不从。

21 河中军乱,逐节度使刘侔,纵兵焚掠。以京兆尹窦璟为河中宣慰制置使。

22 黄巢寇掠蕲、黄,曾元裕击破之,斩首四千级。巢遁去。

23 十一月己酉,以窦璟为河中节度使。

24 招讨副使、都监杨复光遣人说谕王仙芝,仙芝遣尚君长等请降于复光,宋威遣兵于道中劫取君长等。十二月,威奏与君长等战于颍州西南,生擒以献;复光奏君长等实降,非威所擒。诏侍御史归仁绍等鞫之,竟不能明,斩君长等于狗脊岭。

25 黄巢陷匡城,遂陷濮州。诏颍州刺史张自勉将诸道兵击之。

26 江州刺史刘秉仁乘驿之官,单舟入柳彦璋水寨,贼出不意,即迎拜,秉仁斩彦璋,散其众。

陛下又尽将张自勉所统率的七千兵交予张贯率领,隶属于宋威。而让张自勉独自归还许州,宋威又上奏诬毁张自勉。张自勉因立战功而受到诬辱,我深感痛心。崔安潜出师征讨王仙芝以来,前后胜利捷报不止一次,一旦将强兵全部交付于他人,良将空自回城,而强敌突然来进攻,又如何抵挡,作何交待!我请求将忠武军四千人授予宋威指挥,其馀三千人让张自勉率领,守卫其本道,这样既不侵夺宋威的战功,又能使崔安潜免去耻辱和羞愧。"当时卢携对郑畋的奏言不以为然,表示反对,唐僖宗不能作出裁决。郑畋又再次上言:"宋威欺骗朝廷,被王仙芝打败狼狈得不成样子。我又听说王仙芝曾七次上状请求投降,宋威都不上报朝廷。朝野对此恨得咬牙切齿,我认为应该将宋威按军法处置。宋威劣迹昭彰,不应该再让他典掌兵权,希望能与左、右神策军中尉和左、右枢密使商量,尽早将败将宋威罢免。"唐僖宗没有听从。

21 河中发生军乱,节度使刘侔被乱军驱逐,乱军纵兵四处烧杀剽掠,无人能禁。朝廷任命京兆尹窦潏为河中宣慰制置使。

22 黄巢率军侵掠蕲州、黄州,曾元裕出兵击破黄巢军,斩首四千级。黄巢率军逃走。

23 十一月己酉(十二日),朝廷任命窦潏为河中节度使。

24 招讨副使、宦官都监杨复光派遣使者往王仙芝处劝谕,王仙芝派遣尚君长等为代表向杨复光请求投降,宋威企图邀功,派士兵在道路上将尚君长等人劫走。十二月,宋威向朝廷奏称与贼帅尚君长等在颍州西南战斗,生擒尚君长等献给朝廷;杨复光向朝廷奏称尚君长等人确实是来投降,并不是宋威在战阵中擒获。唐僖宗下诏命侍御使归仁绍等进行审查,居然无法查明真相,于是将尚君长等人在狗脊岭斩首。

25 黄巢率军攻陷匡城县,接着又攻陷濮州。唐僖宗下诏令颍州刺史张自勉率诸道军队进击。

26 唐江州刺史刘秉仁乘驿马上任,单独驾一小船来到柳彦璋水寨中,贼军出乎意料,一时不知所措,当即迎拜,刘秉仁乘机将柳彦璋斩首,将柳彦璋所部贼军解散。

27 王仙芝寇荆南。节度使杨知温,知至之兄也,以文学进,不知兵,或告贼至,知温以为妄,不设备。时汉水浅狭,贼自贾堑渡。

五年(戊戌,878)

1 春,正月丁酉朔,大雪,知温方受贺,贼已至城下,遂陷罗城。将佐共治子城而守之,及暮,知温犹不出。将佐请知温出抚士卒,知温纱帽皂裘而行,将佐请知温擐甲以备流矢。知温见士卒拒战,犹赋诗示幕僚,遣使告急于山南东道节度使李福,福悉其众自将救之。时有沙陀五百在襄阳,福与之俱,至荆门,遇贼,沙陀纵骑奋击,破之。仙芝闻之,焚掠江陵而去。江陵城下旧三十万户,至是死者什三四。

2 壬寅,招讨副使曾元裕大破王仙芝于申州东,所杀万人,招降散遣者亦万人。敕以宋威久病,罢招讨使,还青州。以曾元裕为招讨使,颍州刺史张自勉为副使。

3 庚戌,以西川节度使高骈为荆南节度使兼盐铁转运使。

4 振武节度使李国昌之子克用为沙陀副兵马使,戍蔚州。时河南盗贼蜂起,云州沙陀兵马使李尽忠与牙将康君立、薛志勤、程怀信、李存璋等谋曰:"今天下大乱,朝廷号令不复行于四方,此乃英雄立功名富贵之秋也。吾属虽各拥兵众,然李振武功大官高,名闻天下,其子勇冠诸军,若辅以举事,代北不足平也。"

27 王仙芝进犯荆南。荆南节度使杨知温是杨知至的兄长，以文章才学仕进，不知用兵，有人报告盗贼来到，杨知温以为是妄造谣言，不设戒备。当时正值汉水浅而河道较窄，贼军于是从贾堑渡过汉水。

唐僖宗乾符五年（戊戌，公元878年）

1 春季，正月丁酉朔（初一），天下大雪，荆南节度使杨知温正在接受将吏的新年祝贺，王仙芝率军已来到江陵城下，攻陷外围罗城。荆南将佐齐心协力将内城修治好以拒守，到天黑，杨知温仍然没有出节度使府。将佐们请杨知温出来抚慰士兵，杨知温不着戎装随便穿着纱帽布皮衣而出，于是将佐们又请杨知温披甲以防备暗箭流矢。杨知温见士兵们正在拒战，却仍然赋诗给幕僚们听，又派遣使者向山南东道节度使李福告急，李福调集部下全部人马，亲自率领赶往赴救。当时有五百沙陀族士兵驻扎襄阳，李福与他们会合，行至荆门，与贼军遭遇，沙陀骑兵纵马横冲直撞，大破贼军。王仙芝得到消息，在江陵一带大肆烧杀抢掠一阵后离去。以前江陵城下有户三十多万，经过这次杀掠，约有十分之三四的居民死去。

2 壬寅（初六），唐招讨副使曾元裕在申州以东大破王仙芝军，杀死上万人，招降遣散的也有上万人。唐僖宗下诏，以宋威生病许久为理由，罢免他招讨使的职务，归还青州本镇。任命曾元裕为招讨使，颍州刺史张自勉为招讨副使。

3 庚戌（十四日），唐僖宗任命西川节度使高骈为荆南节度使，并兼任盐铁转运使。

4 振武节度使李国昌的儿子李克用为沙陀副兵马使，戍守蔚州。当时黄河以南起义蜂起云涌，云州沙陀兵马使李尽忠与牙将康君立、薛志勤、程怀信、李存璋等人谋划说："当今天下大乱，朝廷的号令不能通行四方，正是英雄立功名取富贵的好时机。我们虽各自有兵众，但振武节度使李国昌功大官高，名于天下，他的儿子也勇冠诸军，如果辅佐他们来举事，平定代北是没有问题的。"

众以为然。君立，兴唐人；存璋，云州人；志勤，奉诚人也。

会大同防御使段文楚兼水陆发运使，代北荐饥，漕运不继，文楚颇减军士衣米；又用法稍峻，军士怨怒。尽忠遣君立潜诣蔚州说克用起兵，除文楚而代之。克用曰："吾父在振武，俟我禀之。"君立曰："今机事已泄，缓则生变，何暇千里禀命乎!"于是尽忠夜帅牙兵攻牙城，执文楚及判官柳汉璋系狱，自知军州事，遣召克用。克用帅其众趣云州，行收兵，二月庚午，至城下，众且万人，屯于斗鸡台下。壬申，尽忠遣使送符印，请克用为防御留后。癸酉，尽忠械文楚等五人送斗鸡台下，克用令军士剐而食之，以骑践其骸。甲戌，克用入府舍视事。令将士表求敕命，朝廷不许。

李国昌上言："乞朝廷速除大同防御使，若克用违命，臣请帅本道兵讨之，终不爱一子以负国家。"朝廷方欲使国昌谕克用，会得其奏，乃以司农卿支详为大同军宣慰使，诏国昌语克用，令迎候如常仪，除克用官，必令称惬。又以太仆卿卢简方为大同防御使。

5　贬杨知温为郴州司马。
6　曾元裕奏大破王仙芝于黄梅，杀五万馀人，追斩仙芝，传首，馀党散去。

黄巢方攻亳州未下，尚让帅仙芝馀众归之，推巢为主，号冲天大将军，改元王霸，署官属。巢袭陷沂州、濮州。既而屡为官军所败，

众人都觉得有道理。康君立为兴唐人，李存璋是云州人，薛志勤是奉诚人。

恰值大同防御使段文楚兼任水陆发运使，当时代北地区一再饥荒，加上漕运不继，朝廷无法接济，段文楚于是经常减扣军士的衣粮；且用刑法稍严峻，使军士怨恨愤怒。李尽忠暗中派遣康君立往蔚州劝说李克用起兵，除掉段文楚而取代其大同防御使的职位。李克用回答说："我的父亲在振武，请等我禀告他后再作决定。"康君立说："今天机密已经泄漏，起事缓了恐怕发生变故，哪有时间往返千里禀告承命呢！"于是李尽忠连夜率领牙兵攻下牙城，将段文楚及其判官柳汉璋逮捕关押在狱中，自己暂掌州事，并派遣人召李克用来主政。李克用率领他的部众赶往云州，一边行军一边招兵，二月庚午(初四)，到达云州城下，其部众已达万人，屯军在斗鸡台下。壬申(初六)，李尽忠派遣使者向李克用送符印，请李克用任大同防御留后。癸酉(初七)，李尽忠用刑具将段文楚等五人押送到斗鸡台下，李克用令士兵们用刀剐他们身上的肉吃，又用铁骑践踏他们剩下的骨骸。甲戌(初九)，李克用进入防御使府中处理事务。并命将士们上表朝廷请求皇帝的正式任命，朝廷不同意。

李国昌上言于朝廷："请求朝廷速任命大同防御使，倘若李克用违抗朝廷命令，我请求率领本道兵马讨伐他，决不会因爱自己一个儿子而背负国家。"朝廷正想让李国昌去劝谕李克用，恰好得到他的奏状，于是唐僖宗任命司农卿支详为大同军宣慰使，并下诏命李国昌告诉李克用，要求李克用用平常的礼仪迎候支详，朝廷会给李克用官职，必定会使他满意。又任命太仆卿卢简方为大同防御使。

5　朝廷下令将杨知温贬为郴州司马。

6　曾元裕向朝廷上奏，称在黄梅大破王仙芝率领的贼军，杀五万多人，并追斩王仙芝，将其首级传送到京师，王仙芝党羽大都散去。

黄巢率军正围攻亳州不下，尚让率领王仙芝馀众来归，合兵一处，众人共推黄巢为盟主，号称"冲天大将军"，改年号为王霸，设置官职属僚。又领兵攻陷沂州、濮州。然后却屡次被唐朝官军打败，

乃遗天平节度使张杨书,请奏之。诏以巢为右卫将军,令就
郓州解甲,巢竟不至。

7　加山南东道节度使李福同平章事,赏救荆南之功也。

8　三月,群盗陷朗州、岳州。曾元裕屯荆、襄,黄巢自滑
州略宋、汴,乃以副使张自勉充东南面行营招讨使。黄巢攻
卫南,遂攻叶、阳翟。诏发河阳兵千人赴东都,与宣武、昭义
兵二千人共卫宫阙;以左神武大将军刘景仁充东都应援防遏
使,并将三镇兵,仍听于东都募兵二千人。景仁,昌之孙也。
又诏曾元裕将兵径还东都,发义成兵三千守辕辕、伊阙、河
阴、武牢。

9　王仙芝馀党王重隐陷洪州,江西观察使高湘奔湖口。
贼转掠湖南,别将曹师雄掠宣、润。诏曾元裕、杨复光引兵救
宣、润。

10　湖南军乱,都将高杰逐观察使崔瑾。瑾,郾之子也。

11　黄巢引兵渡江,攻陷虔、吉、饶、信等州。

12　朝廷以李克用据云中,夏,四月,以前大同军防御使
卢简方为振武节度使,以振武节度使李国昌为大同节度使,
以为克用必无以拒也。

13　诏以东都军储不足,贷商旅富人钱谷以供数月之
费,仍赐空名殿中侍御史告身五通,监察御史告身十通,有能
出家财助国稍多者赐之。时连岁旱、蝗,寇盗充斥,耕桑半
废,租赋不足,内藏虚竭,无所佽助。兵部侍郎、判度支杨严
三表自陈才短,不能济办,辞极哀切,诏不许。

于是黄巢给唐天平节度使张杨一封求降信,请求代向朝廷上奏。唐僖宗得到奏文后下诏任命黄巢为右卫将军,命令黄巢率部众到郓州解除武装,黄巢没有从命,最终未去郓州。

7 唐僖宗加给山南东道节度使李福同平章事的官号,以奖赏他援救荆南的战功。

8 三月,一群盗贼攻陷朗州、岳州。曾元裕率唐军屯驻在荆州、襄州,黄巢率贼军从滑州攻略宋州、汴州,朝廷于是以招讨副使张自勉充任东南面行营招讨使。黄巢率军进攻卫南县,接着进攻叶县、阳翟等县。唐僖宗下诏调拨河阳兵一千人赶赴东都洛阳,与宣武、昭义兵两千人共同保卫宫阙;又任命左神武大将军刘景仁充任东都应援防遏使,并且统率河阳、宣武、昭义三镇军队,同时听任在东都招募两千兵员。刘景仁是刘昌的孙子。僖宗又下诏命曾元裕将兵直接归还东都,调发义成兵三千人守卫辕辕、伊阙、河阴、武牢。

9 王仙芝馀党王重隐率部攻陷洪州,唐江西观察使高湘逃奔到湖口。贼军转而攻掠湖南,王重隐部别将曹师雄还攻掠了宣州、润州。朝廷命令曾元裕、杨复光率军队援救宣州、润州。

10 湖南发生军乱,都将高杰将观察使崔瑾驱逐。崔瑾是崔郾的儿子。

11 黄巢指挥贼军渡过长江,攻陷虔州、吉州、饶州、信州等地。

12 朝廷由于李克用占据着云中,于夏季四月任命前大同军防御使卢简方为振武节度使,又以振武节度使李国昌任大同节度使,认为这样处置李克用必定不会抵制。

13 唐僖宗颁下诏书,以东都洛阳军粮储备不足,向商人富家借贷钱谷,以便能供数月的费用,仍然赐予空名殿中侍御史委任状五份,监察御史委任状十份,给能借出家财资助国家并出资稍多的人。但由于当时连年旱灾、蝗灾,以及盗贼充斥,农桑废坏大半,连租赋都难以足数,各家各户内藏虚竭,竟致没有人出来资助。兵部侍郎、判度支杨严三次上表自诉自己才能短浅,无法办理,其表言辞极为哀痛悲切,但唐僖宗不予批准。

14　曹师雄寇湖州，镇海节度史裴璩遣兵击破之。王重隐死，其将徐唐莒据洪州。

15　饶州将彭幼璋合义营兵克复饶州。

16　南诏遣其酋望赵宗政来请和亲，无表，但令督爽牒中书，请为弟而不称臣。诏百僚议之，礼部侍郎崔澹等以为："南诏骄僭无礼，高骈不识大体，反因一僧呫嗫卑辞诱致其使，若从其请，恐垂笑后代。"高骈闻之，上表与澹争辩，诏谕解之。澹，玙之子也。

五月丙申朔，郑畋、卢携议蛮事，携欲与之和亲，畋固争以为不可。携怒，拂衣起，袂胃砚堕地，破之。上闻之，曰："大臣相诟，何以仪刑四海！"丁酉，畋、携皆罢为太子宾客、分司。以翰林学士承旨、户部侍郎豆卢瑑为兵部待郎，吏部侍郎崔沆为户部侍郎，并同平章事。

时宰相有好施者，常使人以布囊贮钱自随，行施丐者，每出，褴褛盈路。有朝士以书规之曰："今百姓疲弊，寇盗充斥，相公宜举贤任能，纪纲庶务，捐不急之费，杜私谒之门，使万物各得其所，则家给人足，自无贫者，何必如此行小惠乎！"宰相大怒。

17　邕州大将杜弘送段瑳宝至南诏，逾年而还。甲辰，辛谠复遣摄巡官贾宏、大将左瑜、曹朗使于南诏。

14　曹师雄进犯湖州,唐镇海节度使裴璩派遣军队将其击破。王重隐死去,其部将徐唐莒占据洪州。

15　唐饶州将领彭幼璋会合自发组织起来抵抗王重隐的义营兵,收复饶州。

16　南诏王国派遣其酋望赵宗政来唐朝,请求和亲,但没有上给唐朝皇帝的表文,却让其国中督爽官上牒文到中书门下,请求对唐朝皇帝称弟而不称臣。唐僖宗下诏请百官议论,礼部侍郎崔澹等人认为:"南诏王骄横僭越,实属无礼,西川节度使高骈不识大体,反倒因为一个和尚的主意,就卑辞诱来南诏国的使者,如果听从南诏的请求,恐怕要垂笑于后代。"高骈听到这番议论,上表朝廷与崔澹等争辩,唐僖宗下诏劝谕高骈,解释此事。崔澹是崔玙的儿子。

五月丙申朔(初一),宰相郑畋、卢携又议论关于南诏蛮人的事,卢携主张与南诏王和亲,郑畋却力争,认为不可和亲。卢携勃然大怒,拂衣而起,其衣袖挂起桌上的砚台堕到地上摔碎。唐僖宗闻知后,很不高兴地说:"大臣相骂,为什么要让砚台遭殃!"丁酉(初二),郑畋、卢携都被罢免为太子宾客,分司东都。而任命翰林学士承旨、户部侍郎豆卢瑑为兵部侍郎,吏部侍郎崔沆为户部侍郎,均为同平章事。

当时宰相中有人喜好施舍,上朝时经常让随从用布袋装钱跟随,以向乞丐行施,宰相每次朝会出殿,衣着褴褛的乞丐充盈在道路上。有的朝士上书规劝宰相说:"如今天下百姓疲弊,寇盗充斥于各地,相公们应该举贤任能,整顿纲纪,着力处置庶务,舍弃不急用的费用,杜绝私下拜谒你们的门路,使天下万物各得其所,才能使各家各户富足自给,自然就没有贫困无活路的人,又何必这样施行小惠,而邀取虚名呢!"宰相们闻知后竟恼羞成怒。

17　唐邕州大将杜弘将段瑳宝护送到南诏王国,一年多后才回国。甲辰(十日),辛谠再遣摄巡官贾宏、大将左瑜、曹朗出使南诏王国。

18　李国昌欲父子并据两镇,得大同制书,毁之,杀监军,不受代,与李克用合兵陷遮房军,进击宁武及岢岚军。卢简方赴振武,至岚州而薨。

丁巳,河东节度使窦瀚发民堑晋阳。己未,以都押牙康传圭为代州刺史,又发土团千人赴代州。土团至城北,娷队不发,求优赏。时府库空竭,瀚遣马步都虞候邓虔往慰谕之,土团剐虔,床舁其尸入府。瀚与监军自出慰谕,人给钱三百,布一端,众乃定。押牙田公锷给乱军钱布,众遂劫之以为都将,赴代州。瀚借商人钱五万缗以助军。朝廷以瀚为不才,六月,以前昭义节度使曹翔为河东节度使。

19　王仙芝馀党剽掠浙西,朝廷以荆南节度使高骈先在天平有威名,仙芝党多郓人,乃徙骈为镇海节度使。

20　沙陀焚唐林、崞县,入忻州境。

21　秋,七月,曹翔至晋阳;己亥,捕土团杀邓虔者十三人,杀之。义武兵至晋阳,不解甲,灌噪求优赏,翔斩其十将一人,乃定。发义成、忠武、昭义、河阳兵会于晋阳,以御沙陀。八月戊寅,曹翔引兵救忻州。沙陀攻岢岚军,陷其罗城,败官军于洪谷,晋阳闭门城守。

22　黄巢寇宣州,宣歙观察使王凝拒之,败于南陵。巢攻宣州不克,乃引兵攻浙东,开山路七百里,攻剽福建诸州。

23　九月,平卢军奏节度使宋威薨。

18　李国昌企图使其父子俩并据有两镇,得到唐僖宗令他任大同节度使的制书时,竟将诏制毁掉,并杀死监军,不接受卢简方来代替他振武节度使的职位,又与李克用合兵攻陷遮虏军,进而攻击宁武及岢岚军。卢简方赴振武去上任,行至岚州时去世。

丁巳(十一日),为对付李国昌父子,唐河东节度使窦瀚调发民夫到晋阳挖壕堑。己未(二十五日),任都押牙康传圭为代州刺史,又调发地方的土团一千人赴代州。土团行至晋阳城北,整顿好队伍后却不出发,向窦瀚请求丰厚的赏赐。当时河东府库空竭,窦瀚派遣马步都虞候邓虔前往慰问劝谕,土团竟将邓虔活活剐死,用床将邓虔尸体抬入节度使府。窦瀚只好与监军亲自出城向土团士卒宣谕慰问,每人给钱三百,布一端,才使土团安定下来。押牙官田公锷给乱军发放钱、布,士兵们将田公锷劫持,让他当都将,奔赴代州。窦瀚又借商人五万缗钱以助军。而朝廷竟认为窦瀚没有才干,六月,任命前昭义节度使曹翔为河东节度使。

19　王仙芝的馀党仍然在浙西一带剽掠,朝廷以荆南节度使高骈原先在天平军中时威名卓著,而王仙芝馀党多为郓州人,于是将高骈移为镇海节度使。

20　沙陀军队焚烧唐林、崞县,入侵忻州地境。

21　秋季,七月,河东节度使曹翔来到晋阳;己亥(初五),将杀害邓虔的土团士卒十三人逮捕并诛杀。义武兵来至晋阳,不解衣甲,大喊大叫要求优厚的赏赐,曹翔斩杀了十名将官中的一员,于是安定下来。朝廷调发义成、忠武、昭义、河阳军队于晋阳会合,以抵御沙陀族军队。八月戊寅(十五日),曹翔率军队援救忻州。沙陀族军队进攻岢岚军,将外围罗城攻陷,又在洪谷打败唐朝官军,晋阳将城门关闭拒守。

22　黄巢进犯宣州,宣歙观察使王凝率兵抵抗,在南陵战败。黄巢攻宣州未能攻克,于是引兵转攻浙东,开辟山路七百里,进入福建,攻剽诸州。

23　九月,平卢军奏报朝廷,称节度使宋威去世。

24　辛丑，以诸道行营招讨使曾元裕领平卢节度使。

25　壬寅，曹翔暴薨。丙午，昭义兵大掠晋阳，坊市民自共击之，杀千馀人，乃溃。

26　中书侍郎、同平章事李蔚罢为东都留守。以吏部尚书郑从谠为中书侍郎、同平章事。从谠，徐庆之孙也。

27　以户部尚书、判户部事李都同平章事兼河中节度使。

28　冬，十月，诏昭义节度使李钧、幽州节度使李可举与吐谷浑酋长赫连铎、白义诚、沙陀酋长安庆、萨葛酋长米海万，合兵讨李国昌父子于蔚州。十一月，岢岚军翻城应沙陀。丁未，以河东宣慰使崔季康为河东节度、代北行营招讨使。沙陀攻石州，庚戌，崔季康救之。

29　十二月甲戌，黄巢陷福州，观察使韦岫弃城走。

30　南诏使者赵宗政还其国。中书不答督爽牒，但作西川节度使崔安潜书意，使安潜答之。

31　崔季康及昭义节度使李钧与李克用战于洪谷，两镇兵败，钧战死。昭义兵还至代州，士卒剽掠，代州民杀之殆尽，馀众自鸬鸣谷走归上党。

32　王郢之乱，临安人董昌以土团讨贼有功，补石镜镇将。是岁，曹师雄寇二浙，杭州募诸县乡兵各千人以讨之，昌与钱塘刘孟安、阮结、富阳闻人宇、盐官徐及、新城杜稜、馀杭凌文举、临平曹信各为之都将，号杭州八都，昌为之长。其后宇卒，

24　辛丑(十日),朝廷以诸道行营招讨使曾元裕兼领平卢节度使。

25　壬寅(十一日),河东节度使曹翔突然暴亡。丙午(十五日),昭义兵在晋阳大肆抢劫,坊市居民自己动手共同讨击,杀昭义军乱兵一千多人,使乱军溃散。

26　中书侍郎、同平章事李蔚被任命为东都留守。唐僖宗又任命吏部尚书郑从谠为中书侍郎、同平章事。郑从谠是郑馀庆的孙子。

27　唐僖宗任命户部尚书、判户部事李都为同平章事,兼任河中节度使。

28　冬季,十月,唐僖宗下诏命令昭义节度使李钧、幽州节度使李可举与吐谷浑酋长赫连铎、白义诚、沙陀族酋长安庆、萨葛部酋长米海万,合兵于蔚州讨伐李国昌父子。十一月,岢岚军翻越城墙接应沙陀军。丁未(十六日),唐僖宗任命河东宣尉使崔季康为河东节度、代北行营招讨使。沙陀军攻打石州,庚戌(十九日),崔季康率兵往石州援救。

29　十二月甲戌(十三日),黄巢攻陷福州,唐福州观察使韦岫弃城逃走。

30　南诏王国的使者赵宗政归还本国。唐中书门下对南诏督爽的牒文不予回复,而以西川节度使的名义写了一份文书,让崔安潜以地方官的身份答复南诏。

31　崔季康及昭义节度使李钧率军与李克用率领的沙陀军在洪谷大战,唐河东、昭义二镇兵被打败,李钧战死。昭义兵退还到代州,士卒四处抢劫,几乎被代州百姓杀了个干净,残馀兵众自鹍鸣谷归走上党。

32　王郢之乱时,临安人董昌在本乡组织土团参与讨伐,立有战功,补为石镜镇将军。这年,曹师雄侵犯两浙地区,杭州府帅招募所属诸县乡兵各千人征讨,董昌与钱塘县人刘孟安、阮结、富阳县人闻人宇、盐官县人徐及、新城县人杜稜、馀杭县人凌文举、临平县人曹信等各率所部土团应征,任都将,号称杭州八都,以董昌为首。后来闻人宇去世,

钱塘人成及代之。临安人钱镠以骁勇事昌,以功为石镜都知兵马使。

六年(己亥,879)

1 春,正月,魏王佾薨。

2 镇海节度使高骈遣其将张璘、梁缵分道击黄巢,屡破之,降其将秦彦、毕师铎、李罕之、许勃等数十人。巢遂趣广南。彦,徐州人,师铎,冤句人;罕之,项城人也。

3 贾宏等未至南诏,相继卒于道中,从者死亦太半。时辛谠已病风痹,召摄巡官徐云虔,执其手曰:"谠已奏朝廷发使入南诏,而使者相继物故,奈何?吾子既仕则思徇国,能为此行乎?谠恨风痹不能拜耳。"因呜咽流涕。云虔曰:"士为知己死!明公见辟,恨无以报德,敢不承命!"谠喜,厚具资装而遣之。

二月丙寅,云虔至善阐城,骠信见大使抗礼,受副使已下拜。己巳,骠信使慈双羽、杨宗就馆谓云虔曰:"贵府牒欲使骠信称臣,奉表贡方物;骠信已遣人自西川入唐,与唐约为兄弟,不则舅甥。夫兄弟舅甥,书币而已,何表贡之有?"云虔曰:"骠信既欲为弟、为甥,骠信景庄之子,景庄岂无兄弟,于骠信为诸父,骠信为君,则诸父皆称臣,况弟与甥乎!且骠信之先,由大唐之命,得合六诏为一,恩德深厚,中间小忿,罪在边鄙。今骠信欲修旧好,岂可违祖宗之故事乎!

钱塘人成及代领其军职。临安人钱镠跟随董昌,以骁勇著称,因立战功而升任石镜都知兵马使。

唐僖宗乾符六年(己亥,公元 879 年)

1 春季,正月,唐懿宗之子魏王李佾去世。

2 唐镇海节度使高骈遣其部将张璘、梁缵分道围剿黄巢军,屡次将黄巢军击破,黄巢部下将领秦彦、毕师铎、李罕之、许勍等数十人投降高骈。黄巢于是率军向广南进军。秦彦是徐州人,毕师铎是冤句人,李罕之是项城人。

3 贾宏等人未能到达南诏王国,相继在道中去世,随从他们出使的人员也死了大半。这时辛谠已得了风痹病,将部下摄巡官徐云虔召来,握着他的手说:"我已经向朝廷上奏请求派遣使者入南诏,但使者相继病死,怎么办?你既然入仕做官,就应该想着报效国家,是否能出使南诏?我痛恨自己患风痹不能拜你呀。"说完后即痛哭流泪。徐云虔回答说:"士为知己者死!既然明公能任用我,一直恨自己没有机会报答恩德,岂敢不尊承您的命令。"辛谠听后心里十分欢喜,给徐云虔准备丰厚的行装和钱物,作为使者出使南诏王国。

二月丙寅(初六),徐云虔来到善阐城,南诏王国骠信见唐王朝的大使徐云虔不肯行礼,只好接受副使以下人员的跪拜。己巳(初九),骠信派慈双羽、杨宗到馆舍,对徐云虔说:"贵节度使府的牒文想使南诏骠信称臣,向唐帝国奉表贡献方物;骠信已经派遣人自西川入唐廷,与唐朝皇帝约为兄弟,要不就约为舅甥。不管是兄弟还是舅甥,通书信或输钱币而已,哪有上表纳贡的道理?"徐云虔说:"骠信既然想称弟,或为甥,而骠信正是已故景庄国王酋龙的儿子,景庄又岂能没有兄弟,他们是骠信的叔父辈,而现在骠信为君主,叔父辈对骠信也都要称臣,更何况弟和甥呢!况且骠信的先祖,是由大唐帝国册立,才得以将六诏合而为一,唐朝皇帝对南诏国有深恩厚德,虽然中间有些小的摩擦,但罪过都在于边境官吏。今天骠信想与唐朝重修旧好,怎么能违背祖宗的惯例呢!

顺祖考,孝也;事大国,义也;息战争,仁也;审名分,礼也。四者,皆令德也,可不勉乎!"骠信待云虔甚厚,云虔留善阐十七日而还。骠信以木夹二授云虔,其一上中书门下,其一牒岭南西道,然犹未肯奉表称贡。

4　辛未,河东军至静乐,士卒作乱,杀孔目官石裕等。壬申,崔季康逃归晋阳。甲戌,都头张锴、郭崿帅行营兵攻东阳门,入府,杀季康。辛巳,以陕虢观察使高浔为昭义节度使,以邠宁节度使李侃为河东节度使。

5　三月,天平军节度使张裼薨,牙将崔君裕自知州事,淄州刺史曹全晸讨诛之。

6　夏,四月庚申朔,日有食之。

7　西川节度使崔安潜到官不诘盗,蜀人怪之。安潜曰:"盗非所由通容则不能为。今穷核则应坐者众,搜捕则徒为烦扰。"甲子,出库钱千五百缗,分置三市,置榜其上曰:"有能告捕一盗,赏钱五百缗。盗不能独为,必有侣,侣者告捕,释其罪,赏同平人。"未几,有捕盗而至者,盗不服,曰:"汝与我同为盗十七年,赃皆平分,汝安能捕我!我与汝同死耳。"安潜曰:"汝即知吾有榜,何不捕彼以来!则彼应死,汝受赏矣。汝既为所先,死复何辞!"立命给捕者钱,使盗视之,然后剐盗于市,并灭其家。于是诸盗与其侣互相疑,无地容足,夜不及旦,散逃出境,境内遂无一人之盗。

顺从祖先,可称为孝;服事大国,可称为义;平息战争,可称为仁;审正名分,可称为礼。这四项,都是最高的美德,难道不可勉力而行吗!"骠信于是待徐云虔以厚礼,徐云虔留居善阐城十七天才返回。南诏骠信将木夹二片交给徐云虔,是写给唐朝廷的书信,一片是交中书门下,一片是给岭南西道的牒文,而最终没有向唐朝廷奉表称臣纳贡。

4　辛未(十一日),河东军开到静乐,士卒作乱,将孔目官石裕等人杀死。壬申(十二日),节度使崔季康逃回到晋阳。甲戌,(十四日),乱军都头张锴、郭䀧率领行营兵进攻东阳门,进入节度使府,杀死崔季康。辛巳(二十一日),朝廷任命陕虢观察使高浔为昭义节度使,任命邠宁节度使李侃为河东节度使。

5　三月,天平军节度使张裼去世,牙将崔君裕擅自出来掌州政,被淄州刺史曹全晸发兵诛讨杀死。

6　夏季,四月庚申朔(初一),出现日食。

7　西川节度使崔安潜到官上任不追究盗贼,蜀中人感到奇怪。崔安潜说:"盗贼不经过捕盗官吏的通容是无所作为的。如今要追究恐怕牵连很多人,进行大搜捕只能是徒劳烦扰。"甲子(初五),崔安潜拨出节度使府库钱一千五百缗,分别放置在成都蚕市、药市、宝市等三市,在市上张榜,称:"有能告发并逮捕一个盗贼者,赏钱五百缗。盗贼不可能独自一个行窃,必定有同伙,若同伙告发,可以释免他的罪,和平常人一样领赏。"不久,就有人捕获盗贼来到官府的,盗贼不服,说:"你与我同伙为盗已十七年,赃物都是平分,你怎么敢逮捕我!即使到官府,你与我也一样要被处死。"崔安潜对盗贼说:"你既然知道我有榜,为何不将你的同伙逮捕送官府!如果你这样做,他就该处死,你就该受到奖赏了。现在你既然被他先告发,还有什么话好说!"于是立即给捕贼的人赏钱,让盗贼看见,然后将盗贼押到市上剐死,并诛灭其一家。于是诸盗贼与他们的同伙互相猜疑,在成都没有容身之地,不到第二天天亮,盗贼们就乘夜逃跑,西川境内没有一个盗贼。

安潜以蜀兵怯弱,奏遣大将赍牒诣陈、许募壮士,与蜀人相杂,训练用之,得三千人,分为三军,亦戴黄帽,号黄头军。又奏乞洪州弩手,教蜀人用弩走丸而射之,选得千人,号神机弩营。蜀兵由是浸强。

8　凉王侹薨。

9　上以群盗为忧,王铎曰:"臣为宰相之长,在朝不足分陛下之忧,请自督诸将讨之。"乃以铎守司徒兼侍中,充荆南节度使、南面行营招讨都统。

10　五月辛卯,敕赐河东军士银。牙将贺公雅所部士卒作乱,焚掠三城,执孔目官王敬送马步司。节度使李侃与监军自出慰谕,为之斩敬于牙门,乃定。

11　泰宁节度使李係,晟之曾孙也,有口才而实无勇略,王铎以其家世良将,奏为行营副都统兼湖南观察使,使将精兵五万并土团屯潭州,以塞岭北之路,拒黄巢。

12　河东都虞候每夜密捕贺公雅部卒,族灭之。丁巳,馀党近百人称"报冤将",大掠三城,焚马步都虞候张锴、府城都虞候郭昢家。节度使李侃下令,以军府不安,曲顺军情,收锴、昢,斩于牙门,并逐其家,以贺公雅为马步都虞候。锴、昢临刑,泣言于众曰:"所杀皆捕盗司密申,今日冤死,独无烈士相救乎!"于是军士复大噪,篡取锴、昢归都虞候司。寻下令,复其旧职,并召还其家;收捕盗司元义宗等三十馀家,诛灭之。己未,以马步都教练使朱玫等为三城斩斫使,将兵分捕报冤将,悉斩之,军城始定。

崔安潜以蜀中士兵懦弱胆怯，上奏朝廷请奉牒文到陈州、许州招募壮士，与蜀人混合编排，经训练后作为军队，共得三千士兵，分成三军，每人头戴黄帽，号称黄头军。又上奏朝廷乞求派来洪州弓弩手，教蜀人用弓弩射丸的技术，又选得弓弩手一千人，号称神机弩营。蜀兵于是渐渐强悍起来。

8　唐懿宗子凉王李侹去世。

9　唐僖宗因为群盗猖狂而十分忧虑。王铎说："我为宰相之首，在朝廷不足以分担陛下的忧虑，请让我出朝督促诸将讨伐盗贼。"于是任命王铎为代理司徒兼侍中，充当荆南节度使、南面行营招讨都统。

10　五月辛卯（初二），唐僖宗下诏救赐给河东军士银饷。河东牙将贺公雅部下的士卒起而作乱，焚烧并劫掠晋阳三城，并将孔目官王敬逮捕押送到马步司。河东节度使李侃与宦官监军亲自出来宣慰劝谕，在乱军逼迫下将王敬在牙门斩杀，事才平定。

11　泰宁节度使李係是李晟的曾孙，很有口才，能说会道，实际上无勇无谋，王铎以为他一家世代出良将，上奏请任李係为行营副都统兼湖南观察使，让他率领精兵五万加上土团屯驻潭州，用以堵塞南岭以北的道路，以抗拒黄巢军的北进。

12　河东都虞候每夜秘密逮捕贺公雅所部曾参与作乱的士卒，抓到后就杀其全家族。丁巳（二十八日），乱军馀党近百人自称"报冤将"，在晋阳三城大肆抢掠，焚烧马步都虞候张锴、府城都虞候郭昢的家。河东节度使李侃以军府不得安宁，曲意顺从乱军的愿望，竟下令将张锴、郭昢逮捕，在牙门斩首，并驱逐他们的家属，任命贺公雅为马步都虞候。张锴、郭昢临刑时，哭着对众人说："我们只是奉命而行，所杀的人都是由捕盗司所申报的名单，今日死得实在是冤枉，难道这里就没有英烈之士仗义相救吗！"军士们听后再次喧噪起来，将张锴、郭昢劫下刑场，送归都虞候衙门。不久李侃下令恢复二人旧职，并且召还他们的家属；将捕盗司元义宗等三十多人收捕，连同其全家一起诛杀。己未（三十日），又任命马步都教练使朱玫等为三城斩斫使，率领士兵分头逮捕报冤将，将他们全部斩首，军城始得以安定下来。

13　黄巢与浙东观察使崔璆、岭南东道节度使李迢书，求天平节度使，二人为之奏闻，朝廷不许。巢复上表求广州节度使，上命大臣议之。左仆射于琮以为："广州市舶宝货所聚，岂可令贼得之！"亦不许，乃议别除官。六月，宰相请除巢府率，从之。

14　河东节度使李侃以军府数有乱，称疾，请寻医。敕以代州刺史康传圭为河东行军司马，征侃诣京师。秋，八月甲子，侃发晋阳。寻以东都留守李蔚同平章事，充河东节度使。

15　镇海节度使高骈奏："请以权舒州刺史郎幼复充留后，守浙西，遣都知兵马使张璘将兵五千于郴州守险，兵马留后王重任将兵八千于循、潮二州邀遮，臣将万人自大庾岭趣广州击黄巢。巢闻臣往，必当遁逃，乞敕王铎以所部兵三万于梧、桂、昭、永四州守险。"诏不许。

16　九月，黄巢得率府率告身，大怒，诟执政，急攻广州，即日陷之，执节度使李迢，转掠岭南州县。巢使迢草表述其所怀，迢曰："予代受国恩，亲戚满朝，腕可断，表不可草。"巢杀之。

17　冬，十月，以镇海节度使高骈为淮南节度使，充盐铁转运使，以泾原节度使周宝为镇海节度使，以山南东道行军司马刘巨容为节度使。宝，平州人也。

18　黄巢在岭南，士卒罹瘴疫死者什三四，其徒劝之北还以图大事，巢从之。自桂州编大筏数十，乘暴水，沿湘江而下，历衡、永州，癸未，抵潭州城下。李係婴城不敢出战，

13　黄巢向唐浙东观察使崔璆、岭南东道节度使李迢投书,请求天平节度使的职位,崔璆和李迢为黄巢奏闻于朝廷,朝廷不准。黄巢再向朝廷上表乞求广州节度使的职位,唐僖宗命满朝大臣讨论此事。左仆射于琮认为:"广州有市舶司,每年蕃船往来,聚集到大量宝货,这样重要的地方岂能让盗贼控制。"于是又不批准黄巢乞任广州节度使的要求,而让大臣们议论给黄巢任以其他官职。六月,宰相们提出可任黄巢为府率,唐僖宗表示同意。

14　由于军府经常发生变乱,河东节度使李侃称病请求朝廷批准他寻医治疗。唐僖宗于是下诏任命代州刺史康传圭为河东行军司马,将李侃征还京师。秋季,八月甲子(初七),李侃自晋阳出发赴京。不久,唐僖宗任命东都留守李蔚为同平章事,充任河东节度使。

15　镇海节度使高骈向朝廷上奏:"请任命权代舒州刺史郎幼复为镇海军留后,守浙西,调遣都知兵马使张璘统兵五千到郴州据守险要,兵马留后王重任统兵八千于循州、潮州阻挡黄巢军,我亲自统帅一万军队翻过大庾岭直趋广州进攻黄巢。黄巢得知我来,必定要北逃,请朝廷命令王铎以所部军队三万人在梧州、桂州、昭州、永州等四州扼守险要。"唐僖宗不予批准。

16　九月,黄巢得到朝廷给予的率府官的委任状,气得怒发冲冠,大骂当朝宰相,并率军急攻广州,当天即将广州攻陷,活捉广州节度使李迢,并挥师转掠岭南地区各州县。黄巢又让李迢草写表文向朝廷申述自己想当广州节度使的愿望,李迢回答说:"我世代蒙受国家的恩典,亲戚当官的布满朝廷,我宁愿被斩断手腕,决不为你草写表文。"黄巢将其杀死。

17　冬季,十月,唐僖宗任命镇海节度使高骈为淮南节度使,并充任盐铁转运使,而以泾原节度使周宝为镇海节度使,又任命山南东道行军司马刘巨容为山南东道节度使。周宝是平州人。

18　黄巢军在岭南地区,士卒得瘴疫死者有十分之三四,黄巢的部下劝黄巢北还以图大事,黄巢表示赞同。于是编制几十个大木筏,从桂州乘洪水沿湘江顺流而下,穿过衡州、永州,癸未(二十七日),抵达潭州城下。李係紧把城门不敢出来迎战,

巢急攻,一日,陷之,係奔朗州。巢尽杀戍兵,流尸蔽江而下。尚让乘胜进逼江陵,众号五十万。时诸道兵未集,江陵兵不满万人,王铎留其将刘汉宏守江陵,自帅众趣襄阳,云欲会刘巨容之师。铎既去,汉宏大掠江陵,焚荡殆尽。士民逃窜山谷,会大雪,僵尸满野。后旬馀,贼乃至。汉宏,兖州人也,帅其众北归为群盗。

19 闰月丁亥朔,河东节度使李蔚有疾,以供军副使李卲权观察留后,监军李奉皋权兵马留后。己丑,蔚薨。都虞候张锴、郭昢署状绌卲,以少尹丁球知观察留后。

20 十一月戊午,以定州已来制置使万年王处存为义武节度使,河东行军司马、雁门关已来制置使康传圭为河东节度使。

21 黄巢北趣襄阳,刘巨容与江西招讨使淄州刺史曹全晸合兵屯荆门以拒之。贼至,巨容伏兵林中,全晸以轻骑逆战,阳不胜而走,贼追之,伏发,大破贼众,乘胜逐北,比至江陵,俘斩其什七八。巢与尚让收馀众渡江东走。或劝巨容穷追,贼可尽也。巨容曰:"国家喜负人,有急则抚存将士,不爱官赏,事宁则弃之,或更得罪,不若留贼以为富贵之资。"众乃止。全晸渡江追贼,会朝廷以泰宁都将段彦谟代为招讨使,全晸亦止。由是贼势复振,攻鄂州,陷其外郭,转掠饶、信、池、宣、歙、杭十五州,众至二十万。

黄巢急攻一日，将城攻陷，李係逃奔朗州。黄巢将潭州戍兵全部杀死，将尸体抛入湘江顺流而下，以致死尸把江面都遮盖住了。尚让率军乘胜进逼江陵，贼军号称五十万。当时诸道军队尚未集结，江陵官军兵不满万人，王铎留下部将刘汉宏据守江陵，自己率众赶往襄阳，宣称将要会合刘巨容所率军队。王铎离去后，刘汉宏趁机对江陵大肆抢劫，几乎将江陵城烧了个干净。士民逃窜于山谷，正值天降大雪，大批冻死于山野，使山上一片僵尸。十多天后，黄巢的军队才赶到。刘汉宏是兖州人，这时率领其部众向北逃亡成为群盗。

19 闰十月丁亥朔(初一)，唐河东节度使李蔚病重，让供军副使李劭暂时任观察留后，监军李奉皋暂时任兵马留后。己丑(初三)，李蔚病逝。都虞候张锴、郭眅签署奏状将李劭废黜，让少尹丁球知观察留后。

20 十一月戊午(初三)，朝廷任命定州已来制置使万年人王处存为义武军节度使，又任命河东行军司马、雁门关已来制置使康传圭为河东节度使。

21 黄巢向北进攻襄阳，唐山南东道节度使刘巨容与江西招讨使淄州刺史曹全晸合兵，屯驻荆门以抗拒黄巢。贼军赶到，刘巨容在林中埋下伏兵，曹全晸率轻骑迎战，假装不胜而走，贼军追赶，伏兵齐发，大破贼军，并乘胜追逐到江陵，俘虏和斩杀贼军十分之七八。黄巢与尚让收集馀众渡过长江向东转移。有人劝刘巨容穷追不舍，可将贼军杀尽。但刘巨容却有不同看法，他说："国家常说话不算数，有危急时就抚存将士，不惜赏官予人，事情平定下来时就将我们抛弃于一边，有的人甚至因功得罪，不如将残贼留下来，以为我辈取富贵的资本。"部众于是不再提追击黄巢之事。曹全晸率军渡过长江追赶贼军，恰好朝廷任命泰宁都将段彦谟代曹全晸为招讨使，于是曹全晸也停止了追击。贼军得以逃走，势力复振，进攻鄂州，将其外城攻陷，转而挥师掠夺饶州、信州、池州、宣州、歙州、杭州等十五州之地，部众又发展到二十万人。

22 康传圭自代州赴晋阳,庚辰,至乌城驿,张锴、郭眣出迎,乱刀斫杀之,至府,又族其家。

23 十二月,以王铎为太子宾客、分司。

24 初,兵部尚书卢携尝荐高骈可为都统,至是,骈将张璘等屡破黄巢,乃复以携为门下侍郎、平章事,凡关东节度使,王铎、郑畋所除者,多易置之。

25 是岁,桂阳贼陈彦谦陷郴州,杀刺史董岳。

广明元年(庚子,880)

1 春,正月乙卯朔,改元。

2 沙陀入雁门关,寇忻、代。二月庚戌,沙陀二万馀人逼晋阳,辛亥,陷太谷。遣汝州防御使博昌诸葛爽帅东都防御兵救河东。

3 河东节度使康传圭,专事威刑,多复仇怨,强取富人财。遣前遮虏军使苏弘轸击沙陀于太谷,至秦城,遇沙陀,战不利而还,传圭怒,斩弘轸。时沙陀已还代北,传圭遣都教练使张彦球将兵三千追之。壬戌,至百井,军变,还趣晋阳。传圭闭城拒之,乱兵自西明门入,杀传圭,监军周从寓自出慰谕,乃定,以彦球为府城都虞候。朝廷闻之,遣使宣慰曰:"所杀节度使,事出一时,各宜自安,勿复忧惧。"

4 左拾遗侯昌业以盗贼满关东,而上不亲政事,专务游戏,赏赐无度,田令孜专权无上,天文变异,社稷将危,上疏极谏。上大怒,召昌业至内侍省,赐死。

22　康传圭自代州赶赴晋阳，庚辰(二十五日)，来到乌城驿，河东都虞候张锴、郭眹出城来迎接，康传圭命部下用乱刀将二人砍杀，进入河东军府，又将二人家族全部诛灭。

23　十二月，朝廷任命王铎为太子宾客、分司东都，为闲职。

24　起初，兵部尚书卢携曾举荐高骈可担任都统，至此，高骈部将张璘等屡次攻破黄巢，于是唐僖宗再任卢携为门下侍郎、平章事，举凡关东诸镇的节度使，由王铎、郑畋所任命的多罢免改任。

25　这一年，桂阳贼帅陈彦谦攻陷郴州，将郴州刺史董岳杀死。

唐僖宗广明元年(庚子，公元880年)

1　春季，正月乙卯朔(初一)，改年号为广明元年。

2　沙陀族军队侵入雁门关，进犯忻州、代州。二月庚戌(二十六日)，沙陀族军队两万多人进逼晋阳，辛亥(二十七日)，攻陷太谷。朝廷派遣汝州防御使博昌人诸葛爽率领东都防御兵援救河东。

3　河东节度使康传圭，对部下专用威刑，结下了许多仇怨，又强夺富人家财。康传圭派遣前遮虏军使苏弘轸讨击沙陀军于太谷，在秦城与沙陀军遭遇，作战失利后退兵，康传圭大怒，将苏弘轸斩首。这时沙陀军已退回代北，康传圭派遣都教练使张彦球率领三千军队追击。壬戌(三月初九)，来到百井，军队发生变乱，回归晋阳。康传圭关闭城门将乱军拒于城外，乱兵自西明门进入，杀康传圭，监军周从寓亲自出来抚慰劝谕，才使局面平定下来，于是以张彦球为府城都虞候。朝廷得知情况，派遣使者宣慰说："你们杀了节度使，事出于一时，大家各自安心，不要再忧惧了。"

4　左拾遗侯昌业认为盗贼遍于潼关以东，而唐僖宗却不亲政事，一心游戏，对臣下赏赐没有节度，宦官田令孜专权，无视皇上，使天象发生变异，社稷将有危险，因而向唐僖宗上疏极谏。唐僖宗恼羞成怒，将侯昌业召至内侍省，赐他自尽。

5　上好骑射、剑矟、法算,至于音律、蒲博,无不精妙,好蹴鞠、斗鸡,与诸王赌鹅,鹅一头至五十缗。尤善击球,尝谓优人石野猪曰:"朕若应击毬进士举,须为状元。"对曰:"若遇尧、舜作礼部侍郎,恐陛下不免驳放。"上笑而已。

6　度支以用度不足,奏借富户及胡商货财,敕借其半。盐铁转运使高骈上言:"天下盗贼蜂起,皆出于饥寒,独富户、胡商未耳。"乃止。

7　高骈奏改杨子院为发运使。

8　三月庚午,以左金吾大将军陈敬瑄为西川节度使。敬瑄,许州人,田令孜之兄也。

初,崔安潜镇许昌,令孜为敬瑄求兵马使,安潜不许。敬瑄因令孜得隶左神策军,数岁,累迁至大将军。令孜见关东群盗日炽,阴为幸蜀之计,奏以敬瑄及其腹心左神策大将军杨师立、牛勖、罗元杲镇三川,上令四人击毬赌三川,敬瑄得第一筹,即以为西川节度使,代安潜。

9　辛未,以门下侍郎、同平章事郑从谠同平章事,充河东节度使。康传圭既死,河东兵益骄,故以宰相镇之,使自择参佐。从谠奏以长安令王调为节度副使,前兵部员外郎、史馆修撰刘崇龟为节度判官,前司勋员外郎、史馆修撰赵崇为观察判官,前进士刘崇鲁为推官。时人谓之小朝廷,言名士之多也。崇龟、崇鲁,政会之七世孙也。时承晋阳新乱之后,日有杀掠,从谠貌温而气劲,多谋而善断,将士欲为恶者,

5　唐僖宗好骑马射箭，舞剑弄槊，还喜爱阴阳算学，对音律、掷色子赌博也无不精妙，常玩蹴鞠、斗鸡，与诸王赌鹅，一只鹅赌五十缗钱。尤其是善于击马球，曾经对伎优石野猪说："朕如果参加击毬进士的考试，必定考得状元。"石野猪回答说："如果遇到尧、舜做礼部侍郎，恐怕陛下不免要驳正他们的错失，并放逐他们了。"唐僖宗听后大笑。

6　度支官因国家用度不足，上奏请借富户及胡商的财产、货物，唐僖宗颁下诏敕，令富户、胡商将一半财货借给国家。盐铁转运使高骈上言朝廷："如今天下盗贼蜂起，起因都是由于饥寒交迫，只有富户、胡商没有造反。"唐僖宗于是撤销借富户、胡商一半财产的诏令。

7　淮南节度使高骈上奏请求将扬州留后所居的杨子院改为发运使。

8　三月庚午（十七日），唐僖宗任命左金吾大将军陈敬瑄为西川节度使。陈敬瑄是许州人，为田令孜的兄长。

起初，崔安潜坐镇许昌，田令孜为陈敬瑄向崔安潜求兵马使的官位，崔安潜没有许诺。陈敬瑄又因田令孜得到左神策军的军籍，几年后，多次迁官做到大将军。田令孜看到潼关以东广大地区群盗势力日益壮大，暗中为日后逃入西蜀作准备，于是上奏请以陈敬瑄及其心腹左神策大将军杨师立、牛勖、罗元杲坐镇三川，唐僖宗命令四人以击毬来打赌，陈敬瑄获得第一筹，僖宗即以陈敬瑄为西川节度使，以取代崔安潜。

9　辛未（十八日），朝廷以门下侍郎、同平章事郑从谠为同平章事，充任河东节度使。康传圭既然已死，河东兵更加骄横，所以任命宰相坐镇河东，并让郑从谠自己选择辅佐官。郑从谠上奏请以长安令王调为节度副使，前兵部员外郎、史馆修撰刘崇龟为节度判官，前司勋员外郎、史馆修撰赵崇为观察判官，进士及第而尚未授官的刘崇鲁为推官。当时人将郑从谠这个班子称为小朝廷，指的是这个班子名士众多。刘崇龟和刘崇鲁是刘政会七世孙。当时正是晋阳新近发生军乱之后，每日都出现杀掠，郑从谠面貌温和而内气刚劲，多谋善断，有企图作恶的将士，

从说辄先觉,诛之,奸轨慑息。为善者抚待无疑,如张彦球有方略,百井之变,非其本心,独推首乱者杀之,召彦球慰谕,悉以兵柄委之,军中由是遂安。彦球为从说尽死力,卒获其用。

10　淮南节度使高骈遣其将张璘等击黄巢屡捷,卢携奏以骈为诸道行营都统。骈乃传檄征天下兵,且广召募,得土客之兵共七万,威望大振,朝廷深倚之。

11　安南军乱,节度使曾衮出城避之,诸道兵戍邕管者往往自归。

12　夏,四月丁酉,以太仆卿李琢为蔚、朔等州招讨都统、行营节度使。琢,听之子也。

13　张璘渡江击贼帅王重霸,降之;屡破黄巢军,巢退保饶州,别将常宏以其众数万降。璘攻饶州,克之,巢走。时江、淮诸军屡奏破贼,率皆不实,宰相已下表贺,朝廷差以自安。

14　以李琢为蔚朔节度使,仍充都统。

15　以杨师立为东川节度使,牛勖为山南西道节度使。

16　以诸葛爽为北面行营副招讨。

17　初,刘巨容既还襄阳,荆南监军杨复光以忠武都将宋浩权知府事,泰宁都将段彦谟以兵守其城。诏以浩为荆南安抚使,彦谟耻居其下。浩禁军士翦伐街中槐柳,彦谟部卒犯令,浩杖其背,彦谟怒,挟刃驰入,并其二子杀之。复光奏浩残酷,为众所诛,诏以彦谟为朗州刺史,以工部侍郎郑绍业为荆南节度使。

郑从谠总是先有察觉,将他诛杀,使心术不正的人有所警惕。郑从谠对善良的人抚慰亲信不加怀疑,如张彦球很有方略,百井之变,不是他的本心,郑从谠只是将首谋作乱者查出处死,而将张彦球召来慰问劝谕,将全部兵权委交给他,军中于是逐渐得到安定。张彦球也为郑从谠竭尽死力,发挥了他最大的作用。

10 淮南节度使高骈派遣其部将张璘等人讨击黄巢军,屡次获得胜利,卢携于是上奏唐僖宗请以高骈为诸道行营都统。高骈于是传檄征发天下兵马,并且广为招募,得到淮南本土士兵和诸道军队士兵共七万人,势力的壮大使高骈威望大振,朝廷对他更深加倚重。

11 安南发生军乱,节度使曾衮逃出城外躲避乱军,诸道戍守邕管的士兵纷纷擅自返归原籍。

12 夏季,四月丁酉(十四日),朝廷任命太仆卿李琢为蔚、朔等州招讨都统、行营节度使。李琢是李听的儿子。

13 张璘渡过长江袭击贼军将帅王重霸,迫使王重霸投降;又屡次袭破黄巢军,于是黄巢退保饶州,其部下别将常宏率所部数万人降唐。张璘进攻饶州,将城攻克,黄巢又撤走。这时江、淮间诸官军屡有破贼报捷的奏文,几乎全不是实情,宰相以下百官得到虚假的捷报,都上表唐僖宗表示祝贺,就这样朝廷自觉安稳。

14 朝廷任命李琢为蔚朔节度使,并仍旧充任都统。

15 又任命杨师立为东川节度使,牛勖为山南西道节度使。

16 任命诸葛爽为北面行营副招讨。

17 起初,刘巨容在大破黄巢后回到襄阳,荆南监军杨复光命令忠武都将宋浩暂时掌管府事,泰宁都将段彦谟率所部兵守荆南城。唐僖宗下诏任命宋浩为荆南安抚使,段彦谟感到居于宋浩之下是耻辱。宋浩禁止伐街中的槐柳树,段彦谟所部士卒违犯禁令,宋浩用刑杖打犯禁士兵的背,段彦谟极感愤怒,怀挟利刃驰入军府,杀宋浩及其两个儿子。杨复光上奏朝廷称宋浩残酷,被激愤的士众诛杀,于是唐僖宗下诏任命段彦谟为朗州刺史,又任命工部侍郎郑绍业为荆南节度使。

18　五月丁巳,以汝州防御使诸葛爽为振武节度使。

19　刘汉宏之党浸盛,侵掠宋、兖,甲子,征东方诸道兵讨之。

20　黄巢屯信州,遇疾疫,卒徒多死。张璘急击之,巢以金啖璘,且致书请降于高骈,求保奏,骈欲诱致之,许为之求节钺。时昭义、感化、义武等军皆至淮南,骈恐分其功,乃奏贼不日当平,不烦诸道兵,请悉遣归,朝廷许之。贼诇知诸道兵已北渡淮,乃告绝于骈,且请战。骈怒,令璘击之,兵败,璘死,巢势复振。

21　乙亥,以枢密使西门思恭为凤翔监军。丙子,以宣徽使李顺融为枢密使。皆降白麻,于阁门出案,与将相同。

22　西川节度使陈敬瑄素微贱,报至蜀,蜀人皆惊,莫知为谁。有青城妖人乘其声势,帅其党诈称陈仆射,马步使瞿大夫觉其妄,执之,沃以狗血,即引服,悉诛之。六月庚寅,敬瑄至成都。

23　黄巢别将陷睦州、婺州。

24　卢携病风不能行,谒告。己亥,始入对,敕勿拜,遣二黄门掖之。携内挟田令孜,外倚高骈,上宠遇甚厚,由是专制朝政,高下在心。既病,精神不完,事之可否决于亲吏杨温、李修,货赂公行。豆卢瑑无他材,专附会携。崔沆时有启陈,常为所沮。

18　五月丁巳(初四),朝廷任命汝州防御使诸葛爽为振武节度使。

19　刘汉宏的部众逐渐壮大,侵入宋州、兖州劫掠,甲子(十一日),朝廷征东方诸道兵讨伐刘汉宏。

20　黄巢军驻扎在信州,遇到传染病,士卒死了很多。张璘趁机急攻贼军,黄巢以黄金引诱张璘,并向高骈致书请降,请求高骈向朝廷保奏,高骈也想诱黄巢上钩,许言愿为黄巢向朝廷求得节钺。当时昭义、感化、义武等军队都赶到淮南,高骈恐这些军队会分他的功劳,于是上奏朝廷说贼众不几日就当平定,不用麻烦诸道军队,请求将诸道军队全部遣归本镇,朝廷相信高骈,批准了他的奏请。黄巢刺探到唐诸道兵已经北渡淮河,于是向高骈宣告绝交,并宣战。高骈得知后怒气冲天,命令张璘向黄巢军进攻,被杀得大败,张璘也战死,于是黄巢的势力复振。

21　乙亥(二十二日),朝廷派宦官枢密使西门思恭为凤翔监军。丙子(二十二日),唐僖宗任宣徽使李顺融为枢密使。对这些宦官的任命,都是由阁门出案降白麻,与朝官将相命官的手续相同。

22　西川节度使陈敬瑄向来很微贱,他主管西蜀的消息传来,蜀中人士都感到惊讶,不知道陈敬瑄是谁。有一个青城无名妖人借用这种声势,率领其徒伪称是陈仆射以行骗,马步使瞿大夫察觉其妖妄,将他逮捕,灌以狗血,强迫立即喝下,将他及其党羽全部诛死。六月庚寅(初八),陈敬瑄到达成都。

23　黄巢别将攻陷睦州、婺州。

24　卢携得中风病不能行走,请假在私宅养病。己亥(十七日),才上朝议政,唐僖宗令他不用下拜,派两个宦官扶掖着他视事。卢携在内朝挟恃着宦官田令孜的势力,在外藩倚靠高骈的军事力量,加上唐僖宗对他极为宠信,所以专制朝政,朝廷政事无论高下都出自他的主意。病倒后,精神已不正常,政事由他的亲吏杨温、李修裁决,使贿赂公然施行。宰相豆卢瑑没有什么才能,专意附会卢携。另一宰相崔沆对政事时常有一些建议,常为卢携所阻遏。

25　庚子,李琢奏沙陀二千来降。琢时将兵万人屯代州,与卢龙节度使李可举、吐谷浑都督赫连铎共讨沙陀。李克用遣大将高文集守朔州,自将其众拒可举于雄武军。铎遣人说文集归国,文集执克用将傅文达,与沙陀酋长李友金、萨葛都督米海万、安庆都督史敬存皆降于琢,开门迎官军。友金,克用之族父也。

26　庚戌,黄巢攻宣州,陷之。

27　刘汉宏南掠申、光。

28　赵宗政之还南诏也,西川节度使崔安潜表以崔澹之说为是,且曰:"南诏小蛮,本云南一郡之地,今遣使与和,彼谓中国为怯,复求尚主,何以拒之!"上命宰相议之。卢携、豆卢瑑上言:"大中之末,府库充实。自咸通以来,蛮两陷安南、邕管,一入黔中,四犯西川,征兵运粮,天下疲弊,逾十五年,租赋太半不入京师,三使、内库由兹空竭,战士死于瘴疠,百姓困为盗贼,致中原榛杞,皆蛮故也。前岁冬,蛮不为寇,由赵宗政未归。去岁冬,蛮不为寇,由徐云虔复命,蛮尚有觊望。今安南子城为叛卒所据,节度使攻之未下,自馀戍卒,多已自归,邕管客军,又减其半。冬期且至,傥蛮寇侵轶,何以枝梧!不若且遣使臣报复,纵未得其称臣奉贡,且不使之怀怨益深,坚决犯边,则可矣。"乃作诏赐陈敬瑄,许其和亲,不称臣,令敬瑄录诏白,并移书与之,仍增赐金帛。

25　庚子(十八日),李琢奏告朝廷,称有沙陀族两千人来降。李琢当时统率军队万人驻屯代州,与卢龙节度使李可举、吐谷浑都督赫连铎共同讨伐沙陀。李克用派遣大将高文集据守朔州,自己率军抗拒李可举于雄武军。赫连铎派人游说高文集归附国家,高文集逮捕李克用部将傅文达,与沙陀首长李友金、萨葛都督米海万、安庆都督史敬存等人均投降于李琢,开城门迎接唐官军。李友金是李克用的族父。

26　庚戌(二十八日),黄巢军进攻宣州,将城攻陷。

27　刘汉宏向南攻掠申州、光州。

28　赵宗政回到南诏王国时,当时的西川节度使崔安潜上表朝廷,指出崔澹所说的对付南诏蛮人的政策是对的,并且声言:"南诏小蛮,本不过云南一郡之地,今天派遣使者与我朝约和,是他们以为中原怯弱,如果再来求公主,将以何种理由拒绝!"唐僖宗命令宰相就此事议论。卢携、豆卢瑑说:"大中末年,府库充实。而自咸通年以来,南诏蛮军两次攻陷安南、邕管,一次侵入黔中,四次进犯西川,朝廷征兵运粮,使天下百姓疲弊至极,约超过十五年,有大半租赋不能输入京师,度支、户部、盐铁三使和禁宫内库由此而空竭,战士由于荒蛮之地的瘴气瘟疫而死亡,百姓由于贫困无告而结伙为盗贼,以致中原地区只剩下榛子杞柳,这都是由于南诏蛮人的缘故。前年冬季,南诏蛮人没有侵犯唐境,是由于赵宗政尚未归国。去年冬季,南诏蛮人没有侵犯唐境,是由于徐云虔自南诏回朝复命,使南诏蛮人尚存有约和的企望。今天安南内城被叛乱的士卒占据,节度使曾衮率军围攻不能克,其馀戍卒,大多已擅自归返原籍,邕管军辖下的外来诸道戍兵已减少一半。冬季就要来临,倘若南诏蛮军入寇侵犯,将如何对付! 还不如暂且派遣使臣往南诏回报,即使不能使得南诏王向大唐皇帝称臣纳贡,也不会使他们对我大唐王朝怀抱更深的怨恨,而坚持要进犯我边境,若能达到这样的目的,也就可以了。"于是唐僖宗令作诏书赐予西川节度使陈敬瑄,准许与南诏国王和亲,而不必强求其向唐朝称臣,命令陈敬瑄抄录诏书,并将书派人送往南诏,又增赐黄金玉帛。

以嗣曹王龟年为宗正少卿充使,以徐云虔为副使,别遣内使,
共赍诣南诏。

29　秋,七月,黄巢自采石渡江,围天长、六合,兵势甚
盛。淮南将毕师铎言于高骈曰:"朝廷倚公为安危,今贼数十
万众乘胜长驱,若涉无人之境,不据险要之地以击之,使逾长
淮,不可复制,必为中原大患。"骈以诸道兵已散,张璘复死,
自度力不能制,畏怯不敢出兵,但命诸将严备,自保而已,且
上表告急,称:"贼六十多万屯天长,去臣城无五十里。"先是,
卢携谓"骈有文武长才,若悉委以兵柄,黄巢不足平"。朝野
虽有谓骈不足恃者,然犹庶几望之。及骈表至,上下失望,人
情大骇。诏书责骈散遣诸道兵,致贼乘无备渡江。骈上表
言:"臣奏闻遣归,亦非自专。今臣竭力保卫一方,必能济办,
但恐贼迤逦过淮,宜急敕东道将士善为御备。"遂称风痹,不
复出战。

30　诏河南诸道发兵屯溵水,泰宁节度使齐克让屯汝
州,以备黄巢。

31　辛酉,以淄州刺史曹全晸为天平节度使、兼东面副
都统。

32　刘汉宏请降,戊辰,以为宿州刺史。

33　李克用自雄武军引兵还击高文集于朔州,李可举遣
行军司马韩玄绍邀之于药儿岭,大破之,杀七千馀人,李尽忠、
程怀信皆死,又败之于雄武军之境,杀万人。李琢、赫连铎进
攻蔚州,李国昌战败,部众皆溃,独与克用及宗族北入达靼。

任命嗣曹王李龟年为宗正少卿充当使臣,任命徐云虔为副使,另外还派遣宦官中使随同,一道带着书信前往南诏王国。

29 秋季,七月,黄巢军从采石渡过长江,围攻天长、六合,兵势相当强大。淮南军将毕师铎向高骈进言:"朝廷把安危倚仗于您,如今贼众数十万乘胜长途驱进,有如涉入无人之境,倘若不及时占据险要之地攻击贼军,让他们越过长淮,就再也没有办法制服他们了,必定要成为中原的大患。"高骈因诸道援军已遣散,张璘又战死,自己感到不能制止黄巢北进,畏惧之心加上怯懦使他不敢出兵,只是命令诸将严加戒备,采取自保策略而已,并且上表朝廷告急,声称:"黄巢贼六十多万众屯聚天长,距我城不到五十里。"先前,卢携声言"高骈有文武大才,如果将兵柄全都委交于他,平定黄巢将不在话下"。朝野人士虽然有不少人说高骈不足以依恃,但犹对他抱有一线希望。等到高骈的表文送达朝廷,使朝野上下一片失望,人情震恐。唐僖宗下诏谴责高骈妄自遣散诸道军,致使黄巢贼众乘唐军无备而渡过长江。高骈上表辩解说:"我上奏建议遣归诸道军队,也不能算是自我专权。今天我竭尽全力保卫一方,也必定是能办到的,只是恐怕贼众连绵曲折渡过淮河,应紧急命令东面诸道将士加强戒备,奋力抵御为是。"于是高骈宣称患有风痹症,不再派兵与黄巢军作战。

30 唐僖宗下诏命令河南诸道调发军队驻扎在溵水,泰宁节度使齐克让驻扎在汝州,以防备黄巢。

31 辛酉(九日),任命淄州刺史曹全晸为天平军节度使,兼任东面副都统。

32 刘汉宏向唐朝廷请求投降,戊辰(十六日),朝廷任命刘汉宏为宿州刺史。

33 沙陀李克用自雄武军率领军队回朔州,还击背叛自己的高文集部,唐卢龙节度使李可举派遣行军司马韩玄绍于药儿岭邀击,大破李克用军,杀死七千多人,李尽忠、程怀信也都被杀死,李克用军又在雄武军境内被打败,上万人被杀。李琢、赫连铎率军进攻蔚州,沙陀李国昌被击败,其部众全部溃散,只身与李克用及其宗族向北逃入鞑靼部落。

诏以铎为云州刺史、大同军防御使,吐谷浑白义成为蔚州刺史,萨葛米海万为朔州刺史,加李可举兼侍中。

达靼本靺鞨之别部也,居于阴山。后数月,赫连铎阴赂达靼,使取李国昌父子,李克用知之,时与其豪帅游猎,置马鞭、木叶或悬针,射之无不中,豪帅心服。又置酒与饮,酒酣,克用言曰:“吾得罪天子,愿效忠而不得。今闻黄巢北来,必为中原患,一旦天子若赦吾罪,得与公辈南向共立大功,不亦快乎!人生几何,谁能老死沙碛邪!”达靼知无留意,乃止。

34 八月甲午,以前西川节度使崔安潜为太子宾客、分司。

35 九月,东都奏:“汝州所募军李光庭等五百人自代州还,过东都,烧安喜门,焚掠市肆,由长夏门去。”

36 黄巢众号十五万,曹全晸以其众六千与之战,颇有杀获,以众寡不敌,退屯泗上,以俟诸军至,并力击之。而高骈竟不之救,贼遂击全晸,破之。

37 徐州遣兵三千赴溵水,过许昌。徐卒素名凶悖,节度使薛能,自谓前镇彭城,有恩信于徐人,馆之毬场。及暮,徐卒大噪,能登子城楼问之,对以供备疏阙,慰劳久之,方定。许人大惧。时忠武亦遣大将周岌诣溵水,行未远,闻之,夜,引兵还,比明,入城,袭击徐卒,尽杀之,且怨能之厚徐卒也,遂逐之。能将奔襄阳,乱兵追杀之,并其家。岌自称留后。

唐僖宗下诏任命赫连铎为云州刺史、大同军防御使,吐谷浑人白义成为蔚州刺史,萨葛人米海万为朔州刺史,又加李可举官兼侍中。

鞑靼本是靺鞨族的别部,居住于阴山一带。以后几个月,赫连铎暗中贿赂鞑靼,让他们捕送李国昌父子,李克用知道其中阴谋,经常与鞑靼豪帅出游巡猎,将马鞭、木叶或悬针放在远处当靶子,没有一次不中靶心,使鞑靼豪帅心服。又设酒宴与鞑靼豪帅对饮,喝到兴头上,李克用说:"我得罪了大唐天子,愿为唐效忠而没有门路。如今听说黄巢大军北进,必定成为中原的大患,一旦大唐天子要赦免我的罪过,就将会同你们一起南下,共立大功,不是也很痛快吗! 人生并不长久,谁愿意老死在沙碛之中!"鞑靼听说这些话后,知道李克用并无留在鞑靼的意思,于是不再接受赫连铎的贿赂以谋害李克用等。

34　八月甲午(十三日),朝廷任命前西川节度使崔安潜为太子宾客,分司东都充闲职。

35　九月,东都上表奏告朝廷:"汝州所招募的军队李光庭百人从代州还朝,路过东都时,烧安喜门进入洛阳坊市,在坊市大肆焚烧抢劫,由长夏门出走。"

36　黄巢军号称十五万,唐将曹全晸率所部兵六千人与黄巢军接战,杀获不少人,但由于寡不敌众,退兵屯驻泗州,以等待诸道援军的到来,并合力围剿。但高骈居然不出兵救援,黄巢派兵攻击曹全晸军,将其击败。

37　徐州派遣三千兵赴溵水,经过许昌。徐州士卒一贯有凶狠的名声,节度使薛能自称以前曾镇守彭城,对徐州人有恩信,于是将士兵安排在毬场宿营。至入夜之时,徐州士卒大声喧噪,薛能登上外城问讯,徐州士卒回答说宿地设备太差,供应缺少,薛能慰劳许久,众人才安定。许昌人闻知后惊恐万状。当时忠武军也派遣大将周岌率兵往溵水,未走多远,闻知城中徐州士卒闹事,引兵还,到第二天天亮,忠武军入许州城袭击徐州军队,将徐州兵全部杀死,又怨薛能待徐州兵卒太厚,将薛能驱逐。薛能将要逃奔襄阳,乱兵将他追杀,并杀其全家。于是周岌自称留后。

汝、郑把截制置使齐克让恐为岌所袭,引兵还兖州,诸道屯潋水者皆散。黄巢遂悉众渡淮,所过不虏掠,惟取丁壮以益兵。

38　先是征振武节度使吴师泰为左金吾大将军,以诸葛爽代之。师泰见朝廷多故,使军民上表留己。冬,十月,复以师泰为振武节度使,以爽为夏绥节度使。

39　黄巢陷申州,遂入颍、宋、徐、兖之境,所至吏民逃溃。

40　群盗陷澧州,杀刺史李询、判官皇甫镇。镇举进士二十三上,不中第,询辟之。贼至,城陷,镇走,问人曰:"使君免乎?"曰:"贼执之矣。"镇曰:"吾受知若此,去将何之!"遂还诣贼,竟与同死。

唐汝、郑把截制置使齐克让恐怕遭到周岌袭击,带着军队归还兖州,屯于溵水的诸道军队也全部散去。黄巢于是乘机率全部军队渡过淮河,所过之处不掳不掠,只是收纳丁壮以扩充兵员。

38　先前,唐僖宗征振武节度使吴师泰为左金吾大将军,以诸葛爽代吴师泰任振武军节度使。吴师泰看到唐朝廷多有变故,私下让军民上表请留自己。冬季,十月,再任吴师泰为振武节度使,任诸葛爽为夏绥节度使。

39　黄巢率军攻陷申州,于是进入颍州、宋州、徐州、兖州境内,所到之处,吏民均逃跑溃散。

40　一群盗贼攻陷澧州,将刺史李询、判官皇甫镇杀死。皇甫镇参加科举进士科考试达二十三次,都未中举,被李询召辟入幕府。黄巢军攻陷州城,皇甫镇逃出城,向出城者询问:"李使君得出城否?"有人告诉说:"刺史李询已被贼捉住。"皇甫镇说:"我受李询知遇大恩,逃出城又能往何处去!"于是回到城中,最终与李询同死。

卷第二百五十四　唐纪七十

起庚子(880)十一月尽壬寅(882)四月凡一年有奇

僖宗惠圣恭定孝皇帝中之上

广明元年(庚子,880)

1　十一月,河中都虞候王重荣作乱,剽掠坊市俱空。

2　宿州刺史刘汉宏怨朝廷赏薄,甲寅,以汉宏为浙东观察使。

3　诏河东节度使郑从谠以本道兵授诸葛爽及代州刺史朱玫,使南讨黄巢。乙卯,以代北都统李琢为河阳节度使。

4　初,黄巢将渡淮,豆卢瑑请以天平节钺授巢,俟其到镇讨之。卢携曰:"盗贼无厌,虽与之节,不能止其剽掠,不若急发诸道兵扼泗州,汴州节度使为都统,贼既前不能入关,必还掠淮、浙,偷生海渚耳!"从之。既而淮北相继告急,携称疾不出,京师大恐。庚申,东都奏黄巢入汝州境。

5　辛酉,以王重荣权知河中留后,以河中节度使同平章事李都为太子少傅。

6　汝郑把截制置都指挥使齐克让奏黄巢自称天补大将军,转牒诸军云:"各宜守垒,勿犯吾锋!吾将入东都,即至京邑,自欲问罪,无预众人。"上召宰相议之。豆卢瑑、崔沆请发关内诸镇及两神策军守潼关。壬戌,日南至,上开延英,

僖宗惠圣恭定孝皇帝中之上

唐僖宗广明元年(庚子,公元880年)

1 十一月,唐河中镇都虞候王重荣兴兵作乱,四处抢劫,河中坊市被抢夺一空。

2 唐宿州刺史刘汉宏抱怨朝廷给他的赏赐太轻薄,甲寅(初四),朝廷任命刘汉宏为浙东观察使。

3 唐僖宗下诏,令河东节度使郑从谠将所率本道军队授予诸葛爽及代州刺史朱玫,让他们率领军队南下攻讨黄巢。乙卯(初五),任命代北都统李琢为河阳节度使。

4 起初,黄巢将要率领军队北渡淮河,唐宰相豆卢瑑请求唐僖宗将天平节度使的节钺授予黄巢,待黄巢到镇上任时,再行攻讨。宰相卢携说:"盗贼们都是贪得无厌,虽然给黄巢节钺,也未必能制止他四处剽掠,不如赶快调发诸道军队扼守泗州,任命汴州节度使为都统,率大军阻击黄巢贼众,黄巢既往前不能进入关中,必定转而攻掠淮、浙一带,逃至大海中去偷生!"唐僖宗听后表示同意。谁知不久淮北诸州相继来使告急,卢携知道情势不妙,于是宣称有疾病,而不再上朝议政,京师长安上下一片恐慌。庚申(十日),东都送来奏状,声称黄巢已攻入汝州境内。

5 辛酉(十一日),朝廷命王重荣暂时充任河中镇留后,而以河中节度使、同平章事李都为太子少傅,召回京师。

6 汝郑把截制置都指挥使齐克让向朝廷奏称:黄巢已自称天补大将军,并写牒文转送给唐诸镇军,宣称:"你们应各自据守自己的城垒,不要冲犯我强大军队的兵锋!我将亲率大军攻入东都,接着攻入京师,向朝廷问罪,与你们没有关系。"唐僖宗将宰相们召到内殿商议对策。豆卢瑑、崔沆建议调发在关内的诸藩镇军及左、右神策军去拒守潼关。壬戌(十二日),冬至,唐僖宗在延英殿召开会议,

对宰相泣下。观军容使田令孜奏："请选左右神策军弓弩手守潼关，臣自为都指挥制置把截使。"上曰："侍卫将士，不习征战，恐未足用。"令孜曰："昔安禄山构逆，玄宗幸蜀以避之。"崔沆曰："禄山众才五万，比之黄巢，不足言矣。"豆卢瑑曰："哥舒翰以十五万众不能守潼关，今黄巢众六十万，而潼关又无哥舒之兵。若令孜为社稷计，三川帅臣皆令孜腹心，比于玄宗则有备矣。"上不怿，谓令孜曰："卿且为朕发兵守潼关。"是日，上幸左神策军，亲阅将士。令孜荐左军马军将军张承范、右军步军将军王师会、左军兵马使赵珂。上召见三人，以承范为兵马先锋使兼把截潼关制置使，师会为制置关塞粮料使，珂为句当寨栅使，令孜为左右神策军内外八镇及诸道兵马都指挥制置招讨等使，飞龙使杨复恭为副使。

癸亥，齐克让奏："黄巢已入东都境，臣收军退保潼关，于关外置寨。将士屡经战斗，久乏资储，州县残破，人烟殆绝，东西南北不见王人，冻馁交逼，兵械刓弊，各思乡闾，恐一旦溃去，乞早遣资粮及援军。"上命选两神策弩手得二千八百人，令张承范等将以赴之。

丁卯，黄巢陷东都，留守刘允章率百官迎谒，巢入城，劳问而已，闾里晏然。允章，迺之曾孙也。田令孜奏募坊市人数千以补两军。

辛未，陕州奏东都已陷。壬申，以田令孜为汝、洛、晋、绛、同、华都统，将左、右军东讨。是日，贼陷虢州。

7　以神策将罗元杲为河阳节度使。

竟对着宰相们流泪。观军容使宦官田令孜奏称："请皇上选左、右神策军中的弓弩手去守潼关，我亲自任都指挥制置把截使，前去拒敌。"唐僖宗回答说："禁军侍卫将士，久不习征战，恐怕未必能派上用场。"田令孜说："过去安禄山叛乱时，玄宗去四川避难。"崔沆说："安禄山部众才五万人，和黄巢相比，不值得一提。"豆卢瑑说："先前哥舒翰统率十五万大军尚不能把守潼关，今天黄巢贼众有六十万，而潼关又没有像哥舒翰当年那样强大的军队。如果说田令孜真为大唐社稷考虑的话，蜀中三川帅臣陈敬瑄、杨师立、牛勗倒都是田令孜的心腹，这比起唐玄宗时的情况来，当然可以说是有备无患了。"唐僖宗听后很不高兴，对田令孜说："请你且为朕调发军队，去潼关拒守。"这一天，唐僖宗来到左神策军军营，亲自检阅将士。田令孜又向唐僖宗推荐左神策军马军将军张承范、右神策军步军将军王师会、左神策军兵马使赵珂。唐僖宗于是召见三人，任命张承范为兵马先锋使兼把截潼关制置使，王师会为制置关塞粮料使，赵珂为句当寨栅使，并任命田令孜为左、右神策军内外八镇及诸道马都指挥制置招讨等使，飞龙使杨复恭被任命为副使。

癸亥（十三日），齐克让向朝廷上奏："黄巢贼众已进入东都，我收集散兵退到潼关继续进行抵抗，驻扎在潼关之外设置营寨。我部战士经过多次战斗，缺乏战备物资已经很久，关东州县残破不堪，人烟几乎断绝，东西南北四方不见大唐朝廷管辖下的人，官军饥寒交迫，兵械军器又钝又劣，士兵们各自思念故乡故间，恐怕很容易溃散，乞请朝廷尽早运送资粮和援军。"唐僖宗命令选拔左、右神策军弓弩手共得两千八百人，令张承范等将率领以赴潼关。

丁卯（十七日），黄巢军攻陷东都，唐东都留守刘允章率领百官迎拜，黄巢大军入城，对城中百姓劳问而已，坊里和平常一样，人民生活正常。刘允章是刘迺的曾孙。田令孜上奏请招募长安坊市居民几千人以补充左、右神策军。

辛未（二十一日），陕州地方官向朝廷上奏东都已陷落。壬申（二十二日），唐僖宗任命田令孜为汝、洛、晋、绛、同、华等州都统，率领左、右神策军出发东讨黄巢。这一天，黄巢军攻陷虢州。

7　朝廷任命神策军将领罗元杲为河阳节度使。

8 以周岌为忠武节度使。初,薛能遣牙将上蔡秦宗权调发至蔡州,闻许州乱,托云赴难,选募蔡兵,遂逐刺史,据其城。及周岌为节度使,即以宗权为蔡州刺史。

9 乙亥,张承范等将神策弩手发京师。神策军士皆长安富家子,赂宦官窜名军籍,厚得禀赐,但华衣怒马,凭势使气,未尝更战陈,闻当出征,父子聚泣,多以金帛雇病坊贫人代行,往往不能操兵。是日,上御章信门楼临遣之。承范进言:"闻黄巢拥数十万之众,鼓行而西,齐克让以饥卒万人依托关外,复遣臣以二千馀人屯于关上,又未闻为馈饷之计,以此拒贼,臣窃寒心。愿陛下趣诸道精兵早为继援。"上曰:"卿辈第行,兵寻至矣!"丁丑,承范等至华州。会刺史裴虔馀徙宣歙观察使,军民皆逃入华山,城中索然,州库唯尘埃鼠迹,赖仓中犹有米千馀斛,军士裹三日粮而行。

十二月庚辰朔,承范等至潼关,搜菁中,得村民百许,使运石汲水,为守御之备。与齐克让军皆绝粮,士卒莫有斗志。是日,黄巢前锋军抵关下,白旗满野,不见其际,克让与战,贼小却,俄而巢至,举军大呼,声振河、华。克让力战,自午至西始解,士卒饥甚,遂喧噪,烧营而溃,克让走入关。关左有谷,平日禁人往来,以榷征税,谓之"禁坑"。贼至仓猝,官军忘守之,溃兵自谷而入,谷中灌木寿藤茂密如织,一夕践为坦途。承范尽散其辎囊以给士卒,遣使上表告急,

8 又任命周岌为忠武军节度使。起初，薛能派遣其牙将上蔡人秦宗权调发军队到蔡州，闻知许州发生军乱，托言赴难，选募蔡州人为兵，之后驱逐蔡州刺史，占据蔡州城。这时周岌为忠武军节度使，当即任命秦宗权为蔡州刺史。

9 乙亥(二十五日)，张承范等率领神策军弓弩手自京师出发。神策军士兵都是长安富家子弟，贿赂宦官而挂名于军籍，以获得优厚的赐给，但这些人平时穿着华丽的衣服，骑着快马疾驰，凭借宦官的势力气焰嚣张，却从未参加过战阵，听说要上前线，父子相聚抱头大哭，许多人用金帛雇佣居住在病坊的贫苦人代行，这些人往往更不能操持兵器。这一天，唐僖宗登上章信门楼遣送征人出发。张承范向唐僖宗进言："听说黄巢拥兵数十万，战鼓咚咚向西涌来，齐克让仅率领饥饿不堪的士卒万人在潼关外拒敌，今天又派遣我率两千多人驻屯于潼关上，也没有听到为我们调拨粮饷的计划，就这样让我们去抗拒强敌，实在令我寒心。希望陛下调集诸道精兵尽早为我们的后援。"唐僖宗回答说："你们先行一步，随后援兵将至！"丁丑(二十七日)，张承范等率军赶到华州。正值华州刺史裴虔馀迁任宣歙观察使，军民全都逃入华山，城中空荡荡的，州库只剩下尘埃鼠迹，幸运的是粮仓中仍有米千馀斛，军士们带上三天的粮食再上征程。

十二月庚辰朔(初一)，张承范等率军赶到潼关，在青草茂密处搜得村民一百来人，即让他们为役运石汲水，作守城的准备。这时张承范军与齐克让军都已绝粮，士卒个个都没有斗志。这一天，黄巢军的前锋进抵潼关城下，白旗遍布山野，一望无际，齐克让率军出战，黄巢军小败，接着黄巢率大军赶到，全军大声呐喊，声音震撼黄河、华山。齐克让奋力拼战，自午时至酉时才停战，这时士卒已饿极了，于是呼喊喧闹着把营寨烧毁，溃散而去，齐克让也退入潼关。潼关左边有山谷，平时禁止人在谷中往来，以便榷征商税，人们称此谷为"禁坑"。黄巢大军来得仓促，官军猝不及防，溃兵自山谷而入禁坑，里面灌木长藤茂密犹如蜘蛛网，一夕之间踏成一条平坦的大道。张承范将辎重和私囊全部散发给士卒，派人上表朝廷告急，

称："臣离京六日，甲卒未增一人，馈饷未闻影响。到关之日，巨寇已来，以二千馀人拒六十万众，外军饥溃，蹋开禁坑。臣之失守，鼎镬甘心；朝廷谋臣，愧颜何寄！或闻陛下已议西巡，苟銮舆一动，则上下土崩。臣敢以犹生之躯奋冒死之语，愿与近密及宰臣熟议，急征兵以救关防，则高祖、太宗之业庶几犹可扶持，使黄巢继安禄山之亡，微臣胜哥舒翰之死！"

辛巳，贼急攻潼关，承范悉力拒之，自寅及申，关上矢尽，投石以击之。关外有天堑，贼驱民千馀人入其中，掘土填之，须臾，即平，引兵而度。夜，纵火焚关楼俱尽。承范分兵八百人，使王师会守禁坑，比至，贼已入矣。壬午旦，贼夹攻潼关，关上兵皆溃，师会自杀，承范变服帅馀众脱走。至野狐泉，遇奉天援兵二千继至，承范曰："汝来晚矣！"博野、凤翔军还至渭桥，见所募新军衣裘温鲜，怒曰："此辈何功而然，我曹反冻馁！"遂掠之，更为贼乡导，以趣长安。

贼之攻潼关也，朝廷以前京兆尹萧廪为东道转运粮料使。廪称疾，请休官，贬贺州司户。

黄巢入华州，留其将乔钤守之。河中留后王重荣请降于贼。癸未，制以巢为天平节度使。

甲申，以翰林学士承旨、尚书左丞王徽为户部侍郎，翰林学士、户部侍郎裴澈为工部侍郎，并同平章事。以卢携为太子宾客、分司。田令孜闻黄巢已入关，恐天子责己，乃归罪于携而贬之，

表称:"我率军离京六天,士卒没有增加一人,军饷更连影子也未见到。到潼关之日,黄巢巨寇已来到关下,我以二千多人抗拒六十万敌众,在关外的齐克让军因饥饿而溃散,踏开禁坑。我如果将潼关失守,就是处以投身油锅的极刑也心甘情愿;但是朝廷宰相谋臣,羞愧之颜又寄托于何处!听人说陛下已经议论要西巡至蜀中,如果陛下的金銮舆驾一动,恐怕朝廷上下将土崩瓦解。我敢在战死之前,以尚存一刻的身躯,大胆说几句冒死之话,希望陛下与亲近宦官及宰相大臣深思熟虑,紧急征兵来救援潼关的关防,如果潼关能守,我大唐高祖、太宗创立的基业或许还可以扶持,使黄巢步安禄山的后尘遭到灭亡,而微臣我战死了也比哥舒翰要强!"

辛巳(初二),黄巢军猛攻潼关,张承范竭尽全力进行抵抗,自寅时到申时,关上官军弓箭已无矢可射,于是用石头投向黄巢军。潼关外有壕沟,黄巢军驱赶平民一千多人到壕中,掘土将壕沟填上,不一会儿,即将壕沟填平,于是黄巢军渡过壕沟。入夜,纵火将关楼全部焚烧干净。张承范于是分八百士兵,交王师会,令他拒守禁坑,当王师会率军赶到禁坑时,黄巢军已经通过。壬午(初三)早晨,黄巢军夹攻潼关,关上唐守军全部溃散,王师会自杀,张承范身穿便服率领残余士兵逃脱回到长安。行进到野狐泉,遇到相继到来的奉天援兵两千人,张承范对他们说:"你们来晚了!"于是退还。博野镇和凤翔镇的军队退至渭桥,见田令孜所招募的新军穿着新衣皮袋,十分愤怒,说:"这些家伙有什么功劳能穿上这样好的衣服,我们殊死拼战反倒受冻挨饿!"于是抢劫新军,并为黄巢军作向导,往长安进发。

黄巢军进攻潼关时,朝廷任命前京兆尹萧廪为东道转运粮料使。萧廪不敢任职,称病请求退休,结果被贬为贺州司户。

黄巢率军攻入华州,留部将乔钤据守。唐河中留后王重荣向黄巢请降。癸未(初四),唐僖宗颁下诏制,给予黄巢天平节度使的官职。

甲申(初五),唐僖宗任命翰林学士承旨、尚书左丞王徽为户部侍郎,任翰林学士、户部侍郎裴澈为工部侍郎,二人都为同平章事。贬宰相卢携为太子宾客、分司东都。田令孜听说黄巢率大军已进入关中,恐怕天子追究自己的责任,于是归罪于卢携,而将他贬官,

荐徽、澈为相。是夕，携饮药死。澈，休之从子也。

百官退朝，闻乱兵入城，布路窜匿。令孜帅神策兵五百奉帝自金光门出，惟福、穆、泽、寿四王及妃嫔数人从行，百官皆莫知之。上奔驰昼夜不息，从官多不能及。车驾既去，军士及坊市民竞入府库盗金帛。

晡时，黄巢前锋将柴存入长安，金吾大将军张直方帅文武数十人迎巢于霸上。巢乘金装肩舆，其徒皆被发，约以红缯，衣锦绣，执兵以从，甲骑如流，辎重塞途，千里络绎不绝。民夹道聚观，尚让历谕之曰："黄王起兵，本为百姓，非如李氏不爱汝曹，汝曹但安居无恐。"巢馆于田令孜第，其徒为盗久，不胜富，见贫者，往往施与之。居数日，各出大掠，焚市肆，杀人满街，巢不能禁。尤憎官吏，得者皆杀之。

10　上趣骆谷，凤翔节度使郑畋谒上于道次，请车驾留凤翔。上曰："朕不欲密迩巨寇，且幸兴元，征兵以图收复。卿东扞贼锋，西抚诸蕃，纠合邻道，勉建大勋。"畋曰："道路梗涩，奏报难通，请得便宜从事。"许之。戊子，上至婿水，诏牛勖、杨师立、陈敬瑄，谕以京城不守，且幸兴元，若贼势犹盛，将幸成都，宜豫为备拟。

庚寅，黄巢杀唐宗室在长安者无遗类。辛卯，巢始入宫。壬辰，巢即皇帝位于含元殿，画皂缯为衮衣，击战鼓数百以代金石之乐。

荐举王徽、裴澈为宰相。这天傍晚，卢携喝毒药自杀身亡。裴澈是裴休的侄子。

百官退出朝堂，听说乱兵已入长安城，分道躲藏。田令孜率领神策军士兵五百人护卫着唐僖宗自金光门出城，只有福王、穆王、泽王、寿王等四王及几个妃嫔随銮驾而去，百官竟无人知晓，不知皇帝去向。唐僖宗昼夜不停地奔驰，随从官员大多跟不上。唐僖宗的车驾既已远去，长安城中的军士及坊市百姓争先恐后地闯入皇家府库盗取金帛。

傍晚时分，黄巢部下前锋将柴存进入长安城，唐金吾大将军张直方率文武官几十人往霸上迎接黄巢。黄巢坐着用黄金装饰的轿子，其部下全都披着头发，用红丝绳束发，穿着锦绣衣裳，手持兵器跟从着，铁甲骑兵行如流水，辎重车辆塞满道路，大军绵延千里络绎不绝。长安居民夹道聚观，尚让挨个向士民们宣谕说："黄王起兵，本为了百姓，不像唐朝李氏皇帝不爱你们，你们只管安居乐业，不要恐慌。"黄巢住宿在田令孜的家，其部下将士为盗贼既久，极为富有，看到贫穷的人，往往施舍财物。但居住几天以后，又各自出来大肆抢劫，焚烧坊市，到处杀人，使死尸满街，黄巢无法禁止。黄巢部下尤其憎恨唐朝官吏，凡抓获到的全部杀死。

10　唐僖宗向骆谷奔逃，凤翔节度使郑畋在道旁拜谒，请求唐僖宗的车驾留在凤翔。唐僖宗对郑畋说："朕不愿距强大的贼寇太近，暂且到兴元，征发天下兵以图收复京师。你留在这里东拒贼军的兵锋，西向招抚诸蕃族，纠合邻道的军队，尽最大努力建立丰功伟业。"郑畋回奏说："这一带道路堵塞，有事向陛下上奏报告难以通达，请求给我便宜从事的权力。"唐僖宗当即表示同意。戊子(初九)，唐僖宗奔至婿水，颁下诏书给牛勖、杨师立、陈敬瑄，告谕京城已为黄巢贼寇攻陷，皇帝车驾暂时留居兴元，如果黄巢贼军势力仍然强盛，车驾将行幸成都，请他们预先做好迎驾的准备。

庚寅(十一日)，黄巢将留在长安的唐朝皇帝宗室全部杀光，一个不剩。辛卯(十二日)，黄巢始入居禁宫。壬辰(十三日)，黄巢称帝，在含元殿即皇帝位，将布和绸画作天子礼服，敲响数百只战鼓替代金石音乐，作为登基之礼。

登丹凤楼，下赦书；国号大齐，改元金统。谓廣明之号，去唐下体而著黄家日月，以为己符瑞。唐官三品以上悉停任，四品以下位如故。以妻曹氏为皇后。以尚让为太尉兼中书令，赵璋兼侍中，崔璆、杨希古并同平章事，孟楷、盖洪为左右仆射、知左右军事，费传古为枢密使。以太常博士皮日休为翰林学士。璆，邠之子也，时罢浙东观察使，在长安，巢得而相之。

诸葛爽以代北行营兵屯栎阳，黄巢将砀山朱温屯东渭桥，巢使温诱说之，爽遂降于巢。温少孤贫，与兄昱、存随母王氏依萧县刘崇家，崇数笞辱之，崇母独怜之，戒家人曰："朱三非常人也，汝曹善遇之。"巢以诸葛爽为河阳节度使，爽赴镇，罗元杲发兵拒之，士卒皆弃甲迎爽，元杲逃奔行在。

11　郑畋还凤翔，召将佐议拒贼，皆曰："贼势方炽，宜且从容以俟兵集，乃图收复。"畋曰："诸君劝畋臣贼乎！"因闷绝仆地，毙伤其面，自午至明旦，尚未能言。会巢使者以赦书至，监军袁敬柔与将佐序立宣示，代畋草表署名以谢巢。监军与巢使者宴，乐奏，将佐以下皆哭，使者怪之，幕客孙储曰："以相公风痹不能来，故悲耳。"民间闻者无不泣。畋闻之曰："吾固知人心尚未厌唐，贼授首无日矣！"乃刺指血为表，

黄巢登上丹凤楼，颁下赦书；定国号为大齐，改年号为金统。宣称当朝年号廣明是"唐"字去"書"而留"广"，"广"字加"黄"字为"廣"，再将日、月合并为"明"字，指的是黄家日月，认为这正是自己将当皇帝的符瑞。黄巢又发布命令，凡唐朝三品以上官员全部停任，四品以下官员保留官位如故。又册立其妻子曹氏为皇后。任命尚让为太尉兼中书令，赵璋为兼侍中，崔璆、杨希古并为同平章事，孟楷、盖洪为左右仆射、知左右军事，费传古为枢密使。又任命太常博士皮日休为翰林学士。崔璆是崔邠的儿子，当时正罢去浙东观察使的官职，居住在长安，被黄巢俘获而任为宰相。

唐将诸葛爽率领代北行营的军队屯驻在栎阳，黄巢部下大将砀山人朱温率军驻扎在东渭桥，黄巢让朱温游说诱降诸葛爽，于是诸葛爽向黄巢投降。朱温年少时失去父亲且贫困，与哥哥朱昱、朱存随母亲王氏依靠萧县刘崇家为生，刘崇多次鞭笞侮辱朱温一家，只有刘崇的母亲可怜朱温，并告诫自家人说："朱三不是平常人，你们要好好对待他。"诸葛爽投降黄巢后，被黄巢任命为河阳节度使，当诸葛爽来到河阳之时，将军罗元杲调军队抗拒，但罗元杲部下士卒都抛弃兵器迎接诸葛爽，罗元杲无奈，只好逃奔唐僖宗的行宫。

11 唐凤翔节度使郑畋回到凤翔，召集部下将佐议论抗拒黄巢军，部将们都声称："黄巢贼众的势力正强盛，应该缓慢地做好准备，等待各路军队聚集后，再图收复京师。"郑畋失望地说："你们是否要劝我投降贼寇呢！"并因气愤而昏倒于地，被砖瓦碰伤脸部，从中午一直到第二天早上，都不能言语。恰巧黄巢派使者带着赦免诸军的赦书赶到，监军袁敬柔与众将佐对黄巢使者毕恭毕敬，并草写降书宣示于众，代郑畋署名，对黄巢的赦免表示感谢。监军袁敬柔为黄巢所派使者举行宴会，音乐奏起，将佐以下兵卒都失声痛哭，使者感到奇怪，节度使府幕客孙储解释说："由于军府相公郑畋因病不能来参加宴会，所以大家感到悲痛。"民间百姓闻知后无不流泪。郑畋得知这些情况后说："我为此知道天下人心尚未对大唐王朝感到厌恶，黄巢贼身首异地指日可待了！"于是刺破手指，用血书写表文，

遣所亲间道诣行在,召将佐谕以逆顺,皆听命,复刺血与盟,然后完城堑,缮器械,训士卒,密约邻道合兵讨贼,邻道皆许诺发兵,会于凤翔。时禁兵分镇关中尚数万,闻天子幸蜀,无所归,畋使人招之,皆往从畋,畋分财以结其心,军势大振。

12　丁酉,车驾至兴元,诏诸道各出全军收复京师。

13　己亥,黄巢下令,百官诣赵璋第投名衔者,复其官。豆卢瑑、崔沆及左仆射于琮、右仆射刘邺、太子少师裴谂、御史中丞赵濛、刑部侍郎李溥、京兆尹李汤扈从不及,匿民间,巢搜获,皆杀之。广德公主曰:“我唐室之女,誓与于仆射俱死!”执贼刃不置,贼并杀之。发卢携尸,戮之于市。将作监郑綦、库部郎中郑係义不臣贼,举家自杀。左金吾大将军张直方虽臣于巢,多纳亡命,匿公卿于复壁,巢杀之。

14　初,枢密使杨复恭荐处士河间张濬,拜太常博士,迁度支员外郎。黄巢逼潼关,濬避乱商山。上幸兴元,道中无供顿,汉阴令李康以骡负糗粮数百驮献之,从行军士始得食。上问康:“卿为县令,何能如是?”对曰:“臣不及此,乃张濬员外教臣。”上召濬诣行在,拜兵部郎中。

15　义武节度使王处存闻长安失守,号哭累日,不俟诏命,举军入援,遣二千人间道诣兴元卫车驾。

派遣自己亲信的人走小路赶赴唐僖宗的行营,以表忠心,又召集部下将佐教谕以逆顺忠义的道理,部下官兵都表示愿意听命,再刺血与大家盟誓,然后将凤翔的城墙壕堑修复完好,将兵器军械修复完缮,训练士卒,并秘密地约请邻道合兵攻讨黄巢,邻道也都许诺愿意发兵,一齐到凤翔会合。当时神策军八镇兵分别坐镇于关中的还有数万人,听说唐僖宗逃往西蜀,一时无所归从,郑畋派人往各军招抚,诸军都赴凤翔听从郑畋的调遣,郑畋于是将财产分给诸军,以连结诸人的心,于是军势大振。

12　丁酉(十八日),唐僖宗的车驾来到兴元,即向天下诸道颁发诏书,命令各道调发全军收复京师。

13　己亥(二十日),黄巢颁布命令:唐朝百官到大齐宰相赵璋的宅第投报官名姓名者,可以恢复其官位。唐宰相豆卢瑑、崔沆以及左仆射于琮、右仆射刘邺、太子少师裴谂、御史中丞赵濛、刑部侍郎李溥、京兆尹李汤由于来不及跟从唐僖宗的车驾,留在长安,躲藏在民间,被黄巢军搜获,全部被杀死。广德公主说:"我是唐帝室之女,誓与于仆射同死!"抓住行刑队的刀而面无惧色,被黄巢军一并杀死。黄巢军又发掘卢携的坟墓,将卢携的尸体放于街市杀戮。唐将作监郑綦、库部郎中郑係坚守臣节,不肯向黄巢军投诚,全家自杀。唐左金吾大将军张直方虽然投降于黄巢,但收容许多亡命之徒,将唐公卿大臣藏于私宅复壁中,被黄巢处死。

14　起初,唐枢密使杨复恭向唐僖宗荐举处士河间人张濬,唐僖宗拜张濬为太常博士,不久迁官为度支员外郎。黄巢率大军进逼潼关,张濬避乱于商山。唐僖宗逃往兴元,一路上没有人供给粮食,汉阴县令李康用骡子运干粮数百驮献给行营,随从车驾逃亡的军士才有饭吃。唐僖宗问李康:"你官仅至县令,怎么能想到为我贡粮?"李康回答说:"我实在想不到,是张濬员外教我这样干的。"唐僖宗于是召张濬到行营,拜为兵部郎中。

15　唐义武节度使王处存听说长安失守,痛哭了好几天,没有等收到诏令,就派军队入援,调遣军队两千人走小道到达兴元,以护卫唐僖宗的车驾。

16　黄巢遣使调发河中,前后数百人,吏民不胜其苦。王重荣谓众曰:"始吾屈节以纾军府之患,今调财不已,又将征兵,吾亡无日矣! 不如发兵拒之。"众皆以为然,乃悉驱巢使者杀之。巢遣其将朱温自同州,弟黄邺自华州,合兵击河中,重荣与战,大破之,获粮仗四十馀船,遣使与王处存结盟,引兵营于渭北。

17　陈敬瑄闻车驾出幸,遣步骑三千奉迎,表请幸成都。时从兵浸多,兴元储偫不丰,田令孜亦劝上。上从之。

中和元年(辛丑,881)

1　春,正月,车驾发兴元。加牛勖同平章事。陈敬瑄以扈从之人骄纵难制,有内园小儿先至成都,游于行宫,笑曰:"人言西川是蛮,今日观之,亦不恶!"敬瑄执而杖杀之,由是众皆肃然。敬瑄迎谒于鹿头关。辛未,上至绵州,东川节度使杨师立谒见。壬申,以兵部侍郎、判度支萧遘同平章事。

2　郑畋约前朔方节度使唐弘夫、泾原节度使程宗楚同讨黄巢。巢遣其将王晖赍诏召畋,畋斩之,遣其子凝绩诣行在,凝绩追及上于汉州。

3　丁丑,车驾至成都,馆于府舍。

4　上遣使趣高骈讨黄巢,道路相望,骈终不出兵。上至蜀,犹冀骈立功,诏骈巡内刺史及诸将有功者,自监察至常侍,听以墨敕除讫奏闻。

16　黄巢派遣使者到河中调发兵粮,使者前后达数百人,河中吏民无法负担,苦不堪言。王重荣于是对部众说:"起初我屈节事贼,是想缓解军府的急患,如今黄巢来调财不已,又要征调士兵,我们早晚要死于他手! 不如发兵抗拒黄巢。"部众都认为应加以抗拒,于是将黄巢派来的使者全部处死。黄巢派遣部将朱温从同州发兵,弟弟黄邺从华州发兵,两军会合进攻河中,王重荣出兵拒战,大破黄巢军,缴获粮食兵仗四十多船,又派遣使者与唐义武节度使王处存结盟,率领军队到渭北扎营。

17　唐西川节度使陈敬瑄闻知僖宗的车驾出幸兴元,派遣步兵和骑兵三千人来奉迎,上表请唐僖宗往成都暂住。当时随从车驾的军队渐渐增多,兴元的储粮不多,田令孜也劝唐僖宗出幸成都。唐僖宗表示同意。

唐僖宗中和元年(辛丑,公元 881 年)

1　春季,正月,唐僖宗的车驾自兴元出发。颁布命令加牛勖为同平章事。陈敬瑄感到唐僖宗的扈从人员骄横而难以控制,有一伙曾给役于长安禁宫内园中的小儿先行到达成都,在行宫游荡,笑言:"人们说西川人是蛮人,今天看来,也不算大恶!"陈敬瑄将他们逮捕并用乱棒打死,于是众扈从人员都肃然遵纪。陈敬瑄赶到鹿头关迎接唐僖宗。辛未(二十二日),唐僖宗到达绵州,东川节度使杨师立来拜谒。壬申(二十三日),唐僖宗任命兵部侍郎、判度支萧遘为同平章事。

2　唐凤翔节度使郑畋约请前朔方节度使唐弘夫、泾原节度使程宗楚共讨黄巢。黄巢派遣部将王晖捧着诏书来招降郑畋,被郑畋斩首,郑畋又派遣其儿子郑凝绩到行营,郑凝绩赶到汉州追上唐僖宗的车驾。

3　丁丑(二十八日),唐僖宗的车驾到达成都,在节度使府舍安歇。

4　唐僖宗派遣使者往淮南节度使高骈处催促他出兵讨伐黄巢,使者往来于道路,前后相望,但高骈始终不肯奉命出兵。唐僖宗来到成都,仍然寄希望于高骈能讨贼立功,颁下诏书给高骈,凡其巡辖境内的刺史及诸将领讨贼有功者,可用墨敕给予自监察御史到散骑常侍的官爵,先任命然后再向行宫奏报。

5　裴澈自贼中奔诣行在。时百官未集,乏人草制,右拾遗乐朋龟谒田令孜而拜之,由是擢为翰林学士。张濬先亦拜令孜。令孜尝召宰相及朝贵饮酒,濬耻于众中拜令孜,乃先谒令孜谢酒。及宾客毕集,令孜言曰:"令孜与张郎中清浊异流,尝蒙中外,既虑玷辱,何惮改更?今日于隐处谢酒则又不可。"濬惭惧无所容。

6　二月乙卯朔,以太子少师王铎守司徒兼门下侍郎、同平章事。

7　丙申,加郑畋同平章事。

8　加淮南节度使高骈东面都统,加河东节度使郑从说兼侍中,依前行营招讨使。代北监军陈景思帅沙陀酋长李友金及萨葛、安庆、吐谷浑诸部入援京师。至绛州,将济河。绛州刺史瞿稹,亦沙陀也,谓景思曰:"贼势方盛,未可轻进,不若且还代北募兵。"遂与景思俱还雁门。

9　以枢密使杨复光为京西南面行营都监。

10　黄巢以朱温为东南面行营都虞候,将兵攻邓州。三月辛亥,陷之,执刺史赵戒,因戍邓州以扼荆、襄。

11　壬子,加陈敬瑄同平章事。甲寅,敬瑄奏遣左黄头军使李铤将兵击黄巢。

12　辛酉,以郑畋为京城四面诸军行营都统。赐畋诏:"凡蕃、汉将士赴难有功者,并听以墨敕除官。"畋奏以泾原节度使程宗楚为副都统,前朔方节度使唐弘夫为行军司马。

5　裴澈从黄巢贼众中逃奔到成都行宫。当时朝廷百官未能集合在行宫,缺乏草写诏制的人才,右拾遗乐朋龟面见田令孜并下拜,于是被提拔为翰林学士。张濬起先也曾向田令孜下拜。田令孜曾经召集宰相及宦官权贵们一起饮酒,张濬感到在大庭广众面前向宦官田令孜下拜是件耻辱的事,于是在宴会前先拜见田令孜谢酒。及宾客全部来齐之时,田令孜说:"我田令孜与张郎中分属内外朝,清浊异流,今天蒙中朝宦官和外朝朝官能表里一致,共同敬酒,的确是愉快的事,朝官如果顾虑和宦官一起饮酒玷辱了身份,又何必更改时间于宴会前来谢酒呢? 今天张郎中就是于隐蔽之处来向我谢酒,这不可以啊。"一番话说得张濬又惭愧又恐惧,无地自容。

6　二月乙卯朔(初一),唐僖宗任命太子少师王铎代理司徒兼门下侍郎、同平章事。

7　丙申(十八日),又加给郑畋同平章事的官衔。

8　加淮南节度使高骈东面都统官衔,加河东节度使郑从谠兼侍中,先前所任行营招讨使依旧充任。唐代北监军陈景思率领沙陀族酋长李友金以及由萨葛、安庆、吐谷浑等部族人组成的军队向关中进发,入援京师。行至绛州,将要渡过黄河。绛州刺史瞿稹也是沙陀族人,对陈景思说:"黄巢贼众势头正盛,你我所率军队兵员太少,不可轻易前进,不如暂且回到代北去招募兵员。"于是瞿稹会同陈景思一同回到雁门。

9　唐僖宗任命枢密使杨复光为京西南面行营都监。

10　黄巢任命朱温为东南面行营都虞候,率领军队进攻邓州。三月辛亥(初三),朱温攻陷邓州,活捉邓州刺史赵戒,于是率军戍守邓州,以控扼荆州、襄州地区。

11　壬子(初四),唐僖宗加给陈敬瑄同平章事的官衔。甲寅(初六),陈敬瑄奏告唐僖宗,称派遣左黄头军使李铤率领西川黄头军袭击黄巢军。

12　辛酉(十三日),唐僖宗任命郑畋为京城四面诸军行营都统。又赐给郑畋诏书:"凡是我军队不管是蕃族,还是汉族的将士赴难讨贼有功者,都可以用墨笔书写的诏敕赏给他们官职。"郑畋当即上奏唐僖宗,请以泾原节度使程宗楚为副都统,并请任前朔方节度使唐弘夫为行军司马。

黄巢遣其将尚让、王播帅众五万寇凤翔,畋使弘夫伏兵要害,自以兵数千,多张旗帜,疏陈于高冈。贼以畋书生,轻之,鼓行而前,无复行伍,伏发,贼大败于龙尾陂,斩首二万馀级,伏尸数十里。

13 有书尚书省门为诗以嘲贼者,尚让怒,应在省官及门卒,悉抉目倒悬之;大索城中能为诗者,尽杀之,识字者给贱役,凡杀三千馀人。

14 瞿稹、李友金至代州,募兵逾旬,得三万人,皆北方杂胡,屯于崞西,犷悍暴横,稹与友金不能制。友金乃说陈景思曰:"今虽有众数万,苟无威信之将以统之,终无成功。吾兄司徒父子,勇略过人,为众所服。骠骑诚奏天子赦其罪,召以为帅,则代北之人一麾响应,狂贼不足平也!"景思以为然,遣使诣行在言之,诏如所请。友金以五百骑赍诏诣达靼迎之,李克用帅达靼诸部万人赴之。

15 群臣追从车驾者稍集成都,南北司朝者近二百人,诸道及四夷贡献不绝,蜀中府库充实,与京师无异,赏赐不乏,士卒欣悦。

16 黄巢得王徽,逼以官,徽阳喑,不从。月馀,逃奔河中,遣人间道奉绢表诣行在。诏以徽为兵部尚书。

这时,黄巢派遣其部将尚让、王播率领兵众五万多人进攻凤翔,郑畋布置唐弘夫在长安至凤翔路上的要害之处设下伏兵,自己率数千军队,举着许多旗帜,疏疏拉拉地于山岗高处布阵。黄巢军认为郑畋是一介书生,对他相当轻视,敲着战鼓蜂拥而进,军队没有队形,向前乱冲乱杀,一时唐伏兵四起,黄巢军大败于龙尾陂,被斩首者达两万馀级,伏卧于地的尸体长达数十里。

13 有人在长安尚书省都堂官府大门上涂写诗句,嘲弄黄巢军,尚让见后勃然大怒,将当时在尚书省的官员和守门的士兵,全部挖去眼睛,头足倒悬挂于门前;又在长安城中大肆搜索能写诗的人,抓到的全部杀死,凡认识字的人均罚作贱役,所杀总计有三千多人。

14 唐将瞿稹、李友金来到代州,十多天后,募得士兵三万人,都是北方的杂胡,驻扎在崞县之西,这些胡族士兵粗犷剽悍,暴虐凶横,瞿稹和李友金都无法控制。李友金于是游说陈景思说:"今天虽然有兵众好几万人,如果没有威信卓著的将领统率他们,最终是不能成功的。我的兄长司徒李国昌与他的儿子李克用,均有过人的勇力和智略,为兵众所推服。陈骠骑如果能上奏大唐天子赦免他们的罪,召回他们任为统帅,就可以使代北诸胡士兵群起响应,贼寇再猖狂也不足以平定了!"陈景思听后感到有道理,于是派遣使者到成都行宫向唐僖宗奏请,唐僖宗颁下诏书批准了陈景思的请求。李友金于是怀着诏书带五百骑兵到鞑靼往迎李国昌、李克用父子,李克用奉诏后立即率领鞑靼诸部兵万人开进塞内赴援。

15 唐朝诸大臣追从唐僖宗车驾者逐渐聚集于成都,南衙和北司朝见皇上者有近二百人,诸道地方官和四夷酋领贡献给成都行宫的物资连绵不绝,蜀中府库充盈,与往年在京师时没有两样,于是唐僖宗给予将士的赏赐并不缺乏,使士卒欢欣鼓舞。

16 黄巢捕获王徽,逼他出任大齐的官职,王徽装聋不说话,不肯从命。一个多月后,王徽逃奔于河中,派人走小路将写于绢上的表文送到成都行宫。唐僖宗颁下诏书任命王徽为兵部尚书。

17　前夏绥节度使诸葛爽复自河阳奉表自归,即以为河阳节度使。

18　宥州刺史拓跋思恭,本党项羌也,纠合夷、夏兵会鄜延节度使李孝昌于鄜州,同盟讨贼。

奉天镇使齐克俭遣使诣郑畋求自效。甲子,畋传檄天下藩镇,合兵讨贼。时天子在蜀,诏令不通,天下谓朝廷不能复振,及得畋檄,争发兵应之。贼惧,不敢复窥京西。

19　夏,四月戊寅朔,加王铎兼侍中。

20　以拓跋思恭权知夏绥节度使。

21　黄巢以其将王玫为邠宁节度使,邠州通塞镇将朱玫起兵诛之,让别将李重古为节度使,自将兵讨巢。

是时,唐弘夫屯渭北,王重荣屯沙苑,王处存屯渭桥,拓跋思恭屯武功,郑畋屯盩厔。弘夫乘龙尾之捷,进薄长安。

壬午,黄巢帅众东走,程宗楚先自延秋门入,弘夫继至,处存帅锐卒五千夜入城。坊市民喜,争欢呼出迎官军,或以瓦砾击贼,或拾箭以供官军。宗楚等恐诸将分其功,不报凤翔、鄜夏,军士释兵入第舍,掠金帛、妓妾。处存令军士系白罽为号,坊市少年或窃其号以掠人。贼露宿霸上,诇知官军不整,且诸军不相继,引兵还袭之,自诸门分入,大战长安中,宗楚、弘夫死,

17　唐前夏绥节度使诸葛爽自河阳奉表朝廷，表示要弃暗投明，复归大唐，唐僖宗得表后立即再任诸葛爽为河阳节度使。

18　唐宥州刺史拓跋思恭本为党项羌人，这时纠合夷族、汉族士兵，在鄜州会合鄜延节度使李孝昌，结成同盟以讨伐黄巢军。

唐奉天镇使齐克俭派遣使者到郑畋处要投军自效，以雪洗潼关外战败的耻辱。甲子(十六日)，郑畋向全国各藩镇发布檄文，号召天下藩镇合兵攻讨黄巢贼寇。当时大唐天子居留于蜀地，诏令不通畅，天下藩镇由于消息不通，都传言大唐王朝不能再复兴振作，这时得到郑畋的檄文，都争着调发军队响应。黄巢对于这种形势感到恐惧，不敢再派兵窥伺长安以西的地方。

19　夏季，四月戊寅朔(初一)，唐僖宗加王铎官兼侍中。

20　任命拓跋思恭为代理夏绥节度使。

21　黄巢任命其部将王玫为邠宁节度使，唐邠州通塞镇将朱玫起兵将王玫诛杀，让别将李重古为邠州节度使，自己率领军队攻讨黄巢军。

这时，唐弘夫率军驻扎在渭北，王重荣率军屯驻沙苑，王处存驻军渭桥，拓跋思恭屯军武功，郑畋统率大军进驻盩厔，形成四面合围长安的形势。唐弘夫乘龙尾大捷的馀威率军猛进，逼近长安。

壬午(初五)，黄巢率军出长安城向东方撤退，唐将程宗楚率军首先从延秋门进入长安城，唐弘夫紧接着率军赶到，王处存率领精锐士兵五千人于夜晚也进入长安。长安坊市居民十分欢喜，争先恐后地出来欢迎官军，欢呼声响成一片，有的人还用瓦砾投击黄巢军，也有人收拾箭头供给官军。入城的程宗楚等人恐怕其他将领入城分去他们的战功，竟不通报凤翔节度使郑畋和鄜夏节度使拓跋思恭，入城的官军士兵们放下军器进入居民私宅，抢夺金帛，掠取妓妾。王处存下令军士系上白色丝绸头巾作为记号，但坊市无赖少年不少人也戴上白丝头巾，照样掠人劫货，使长安城内一片混乱。黄巢率军露宿于霸上，侦察到城内官军号令不整，而且围长安的诸路官军互不联系，于是率军还袭长安，黄巢军自诸城门分别杀入，大战于城中，唐将程宗楚、唐弘夫都被杀死，

军士重负不能走,是以甚败,死者什八九。处存收馀众还营。

丁亥,巢复入长安,怒民之助官军,纵兵屠杀,流血成川,谓之洗城。于是诸军皆退,贼势愈炽。

贼所署同州刺史王溥、华州刺史乔谦、商州刺史宋岩闻巢弃长安,皆率众奔邓州,朱温斩溥、谦,释岩,使还商州。

22　庚寅,拓跋思恭、李孝昌与贼战于土桥,不利。

23　诏以河中留后王重荣为节度使。

24　贼众上黄巢尊号曰承天应运启圣睿文宣武皇帝。

25　有双雉集广陵府舍,占者以为野鸟来集,城邑将空之兆。高骈恶之,乃移檄四方,云将入讨黄巢,悉发巡内兵八万,舟二千艘,旌旗甲兵甚盛。五月乙未,出屯东塘。诸将数请行期,骈托风涛为阻,或云时日不利,竟不发。

26　李克用牒河东,称奉诏将兵五万讨黄巢,令具顿递,郑从谠闭城以备之。克用屯于汾东,从谠犒劳,给其资粮,累日不发。克用自至城下大呼,求与从谠相见,从谠登城谢之。癸亥,复求发军赏给,从谠以钱千缗、米千斛遗之。甲子,克用纵沙陀剽掠居民,城中大骇。从谠求救于振武节度使契苾璋,璋引突厥、吐谷浑救之,破沙陀两寨,克用追战至晋阳城南,璋引兵入城,沙陀掠阳曲、榆次而归。

官军士兵由于抢劫财物太多，负重而走不动路，被黄巢军杀得大败，死者有十分之八九。王处存收拾残兵馀众归还到渭桥扎营地。

丁亥（十日），黄巢再进入长安，对长安居民帮助官军感到极为愤怒，于是纵兵进行屠杀，长安城血流成河，将此称之为洗城。于是唐诸路军全部撤退，黄巢军的声势更盛。

黄巢所任命的同州刺史王溥、华州刺史乔谦、商州刺史宋岩听黄巢已放弃长安，均率领部众投奔邓州，朱温将王溥、乔谦问斩，而将宋岩释放，让他率军还商州。

22　庚寅（十三日），唐将拓跋思恭、李孝昌率官军与黄巢军在土桥激战，官军失利。

23　唐僖宗颁发诏书任命河中留后王重荣为河中节度使。

24　大齐百官给黄巢上尊号，称为承天应运启圣睿文宣武皇帝。

25　有一对野鸡飞集于广陵淮南节度使府舍，占卜者认为野鸟飞来集合，是广陵城邑将要淘空的征兆。高骈对此感到厌恶和恐惧，于是向四方传布檄文，声言将要入关中讨伐黄巢，调发所巡辖地境所有军队八万人、船两千艘，旌旗挥舞，军势旺盛。五月乙未，大军出屯于东塘。淮南诸将领多次向高骈问出征的行期，高骈托言江河风涛太大阻挡大军行军，又托言时日不吉利，结果最终没有出发。

26　李克用给河东节度使府发送牒文，声称奉唐僖宗诏命率兵五万征讨黄巢，要求节度使府沿道准备酒食以供军，并设置邮驿，河东节度使郑从谠紧闭城门对李克用严设戒备。李克用率军于汾东驻屯，郑从谠派人去犒劳，并送给李克用军资粮草，但李克用驻留多日而不开拔。李克用亲自来到晋阳城下呼喊，要求与河东节度使郑从谠相见，郑从谠登上城楼向李克用致谢。癸亥（十六日），又要求发给粮饷赏钱，郑从谠送上钱千缗，米千斛。甲子（十七日），李克用放纵沙陀军抢掠居民，城中大为惊恐。郑从谠派人向振武节度使契苾璋求救，契苾璋率领突厥、吐谷浑兵赶来援救，攻破沙陀军两个寨，李克用率大军出战，追契苾璋军至于晋阳城南，契苾璋率军进入晋阳城，于是李克用所率沙陀军队抢掠阳曲、榆次后北归。

27 黄巢之克长安也，忠武节度使周岌降之。岌尝夜宴，急召监军杨复光，左右曰："周公臣贼，将不利于内侍，不可往。"复光曰："事已如此，义不图全。"即诣之。酒酣，岌言及本朝，复光泣下，良久，曰："丈夫所感者恩义耳！公自匹夫为公侯，奈何舍十八叶天子而臣贼乎！"岌亦流涕曰："吾不能独拒贼，故貌奉而心图之。今日召公，正为此耳。"因沥酒为盟。是夕，复光遣其养子守亮杀贼使者于驿。

时秦宗权据蔡州，不从岌命，复光将忠武兵三千诣蔡州，说宗权同举兵讨巢。宗权遣其将王淑将兵三千从复光击邓州，逗留不进，复光斩之，并其军，分忠武八千人为八都，遣牙将鹿晏弘、晋晖、王建、韩建、张造、李师泰、庞从等八人将之。王建，舞阳人；韩建，长社人；晏弘、晖、造、师泰，皆许州人也。复光帅八都与朱温战，败之，遂克邓州，逐北至蓝桥而还。

28 昭义节度使高浔会王重荣攻华州，克之。

29 六月戊戌，以郑畋为司空兼门下侍郎、同平章事，都统如故。

30 李克用遇大雨，引兵北还，陷忻、代二州，因留居代州。郑从谠遣教练使论安等军百井以备之。

31 邠宁节度副使朱玫屯兴平，黄巢将王播围兴平，玫退屯奉天及龙尾陂。

27 黄巢攻克长安之时，唐忠武军节度使周岌投降于黄巢。周岌有一次举行夜宴，急召忠武监军杨复光赴宴，杨复光左右部属劝道："周公已投降于黄巢贼，恐怕将不利于内侍监，不可轻易前往。"杨复光回答说："事情已到这般境地，为赴义就不能希图自己身家性命。"于是前往赴宴。行酒一通至兴头上时，周岌谈到大唐王朝，杨复光一边听一边流泪，过了一会儿，杨复光对周岌说："大丈夫最为感戴的东西，当是恩义！你自一介匹夫而位列公侯，为何要舍弃立国已十八世的唐朝，而向黄巢贼称臣呢！"周岌听后也泪流满面，说："我不能孤军抗贼寇，所以表面上向贼称臣，而内心却在想办法拒贼呀！今天召你来，正是为商议此事的。"因此将酒滴洒于地而起盟，誓言忠于唐朝而扫平寇难。这天傍晚，杨复光派遣其养子杨守亮在驿馆将黄巢派来的使者杀死。

当时秦宗权占据蔡州，不听从周岌的命令，杨复光率领忠武军三千人来到蔡州，劝说秦宗权一同举兵讨伐黄巢。秦宗权于是派遣其部将王淑率领三千人的军队随从杨复光进击邓州，王淑逗留不进，杨复光将他斩首，兼并他的军队，又将忠武军八千人分为八都，派遣牙将鹿晏弘、晋晖、王建、韩建、张造、李师泰、庞从等八人分别统率。王建是舞阳人，韩建是长社人，鹿晏弘、晋晖、张造、李师泰为许州人。杨复光率领八都军队与黄巢部将朱温作战，将朱温击败，于是攻克邓州，向北追逐朱温残军，至蓝桥才还师。

28 唐昭义军节度使高浔会合河中王重荣军进攻华州，将城攻克。

29 六月戊戌（二十二日），唐僖宗任命郑畋为司空兼门下侍郎、同平章事，并依旧任都统。

30 李克用沙陀军遇到大雨，于是引军北还，攻陷忻州、代州，因而留居于代州。郑从说派遣教练使论安等率军驻扎于百井，以防备沙陀军。

31 唐邠宁节度副使朱玫率领军队驻扎在兴平，黄巢派部将王播围攻兴平，朱玫率军撤退，驻扎在奉天及龙尾陂。

32　西川黄头军使李铤将万人,巩咸将五千人屯兴平,为二寨,与黄巢战,屡捷;陈敬瑄遣神机营使高仁厚将二千人益之。

33　秋,七月丁巳,改元,赦天下。

34　庚申,以翰林学士承旨、兵部侍郎韦昭度同平章事。

35　论安自百井擅还,郑从谠不解靴衫斩之,灭其族。更遣都头温汉臣将兵屯百井。契苾璋引兵还振武。

36　初,车驾至成都,蜀军赏钱人三缗。田令孜为行在都指挥处置使,每四方贡金帛,辄颁赐从驾诸军无虚日,不复及蜀军,蜀军颇有怨言。丙寅,令孜宴土客都头,以金杯行酒,因赐之,诸都头皆拜而受,西川黄头军使郭琪独不受,起言曰:"诸将月受俸料,丰赡有馀,常思难报,岂敢无厌! 顾蜀军与诸军同宿卫,而赏赉悬殊,颇有觖望,恐万一致变。愿军容减诸将之赐以均蜀军,使土客如一,则上下幸甚!"令孜默然有间,曰:"汝尝有何功?"对曰:"琪生长山东,征戍边鄙,尝与党项十七战,契丹十馀战,金创满身;又尝征吐谷浑,伤胁肠出,线缝复战。"令孜乃自酌酒于别樽以赐琪,琪知其毒,不得已,再拜饮之。归,杀一婢,吮其血以解毒,吐黑汁数升,遂帅所部作乱,丁卯,焚掠坊市。令孜奉天子保东城,

32　西川黄头军使李铤率领万人，巩咸率领五千人，进屯兴平，扎下两个营寨，出兵与黄巢军作战，屡有捷报；西川节度使陈敬瑄派遣神机营使高仁厚率领二千人增援李铤、巩咸二军。

33　秋季，七月丁巳（十一日），改年号为中和，大赦天下。

34　庚申（十四日），唐僖宗任命翰林学士承旨、兵部侍郎韦昭度为同平章事。

35　论安擅自由百井率军回晋阳，河东节度使郑从谠极为愤怒，将论安不脱靴、不解衣衫即行问斩，并诛灭其家族。另外派遣都头温汉臣率领军队进驻百井，契苾璋也率本部军队回到振武。

36　起初，唐僖宗的车驾来到成都时，蜀中军队每人赏钱三缗。田令孜任行在都指挥处置使后，每有四方贡输而来的金帛，就自作主张颁发和赐予随从车驾来到成都的外镇诸军，而且几乎每日都有赏赐，而蜀中军队却不再得到什么奖赏，于是蜀军有很多怨言。丙寅（二十日），田令孜为本土蜀军和外来客军都头设宴，用金杯行酒，并因此将金杯赐给诸都头，都头们都拜而接受，独有西川黄头军使郭琪不受赐，并站起来说："诸都将每月领有俸料钱，所得丰厚，赡养一家而有馀，经常想到难以报答所蒙受的厚恩，岂敢贪得无厌，再受金杯！我看到蜀中军队与外镇诸军同作宿卫，而所给赏赐却大有悬殊，故蜀军多有怨气，恐怕万一激致变乱，难以收拾。愿田军容减免给予诸将的特别赏赐，用以平均地赐给蜀军，使土军与客军奖赏如一，这样上下都会感到庆幸和欢天喜地的！"田令孜听罢默然无言，好一会儿才问郭琪说："你曾立过什么军功？"郭琪回答说："我生长在嵛山以东地区，并不是蜀地之人，曾在边远地区征讨屯戍，率军与党项作战十七次，与契丹作战十几次，满身都有金创伤疤；又曾经出征吐谷浑，被击伤肚皮，肠子都流出来了，用线缝上后马上又投入战斗。"田令孜于是用另外一个酒杯亲自斟满酒赐给郭琪，郭琪知道酒中已下毒，不得已，再拜将酒饮下。回到家中后，杀死一个婢女，吮吸她的血来解毒，结果吐出黑色的毒汁好几升，于是率领所部造反作乱，丁卯（二十一日），焚烧和抢劫成都坊市，成都城一片混乱。田令孜奉拥着唐僖宗保居东城，

闭门登楼，命诸军击之。琪引兵还营，陈敬瑄命都押牙安金山将兵攻之，琪夜突围出，奔广都，从兵皆溃，独厅吏一人从，息于江岸。琪谓厅吏曰："陈公知吾无罪，然军府惊扰，不可以莫之安也。汝事吾能始终，今有以报汝。汝赍吾印剑诣陈公曰：'郭琪走渡江，我以剑击之，坠水，尸随湍流下矣，得其印剑以献。'陈公必据汝所言，榜悬印剑于市以安众。汝当获厚赏，吾家亦保无恙。吾自此适广陵，归高公，后数日，汝可密以语吾家也。"遂解印剑授之而逸。厅吏以献敬瑄，果免琪家。

上日夕专与宦者同处，议天下事，待外臣殊疏薄。庚午，左拾遗孟昭图上疏，以为："治安之代，遐迩犹应同心；多难之时，中外尤当一体。去冬车驾西幸，不告南司，遂使宰相、仆射以下悉为贼所屠，独北司平善。况今朝臣至者，皆冒死崎岖，远奉君亲，所宜自兹同休等戚。伏见前夕黄头军作乱，陛下独与令孜、敬瑄及诸内臣闭城登楼，并不召王铎已下及收朝臣入城；翌日，又不对宰相，又不宣慰朝臣。臣备位谏官，至今未知圣躬安否，况疏冗乎！倘群臣不顾君上，罪固当诛；若陛下不恤群臣，于义安在！夫天下者，高祖、太宗之天下，非北司之天下；天子者，四海九州之天子，非北司之天子。北司未必尽可信，南司未必尽无用。岂天子与宰相了无关涉，朝臣皆若路人！如此，恐收复之期，尚劳圣虑，尸禄之士，

紧闭城门并登上城楼,命令诸军攻击郭琪所率领的乱军。郭琪率领军队回到营地,陈敬瑄命令都押牙安金山率领军队来围攻,郭琪于夜晚突围而出,逃奔广都,随从他的士兵全部溃散,只有其军府厅吏一人跟从,在江岸休息。郭琪对厅吏说:"陈公敬瑄知道我无罪,但军府已被惊扰,不可能不清除我而使军府安定下来。你追随我能始终如一,今天有一个办法可以报答你。你可奉我的官印和利剑去向陈公报告,就说:'郭琪渡江逃走,我用剑将他击落于水中,尸体随急流而下,缴得他的官印和剑,献给陈公。'陈公必定会根据你所说的,将我的印和剑悬于成都坊市,张榜以安定众心。你也必定能为此获得丰厚的奖赏,我的一家人也可因此得保而无恙。我由此前往广陵,投奔淮南节度使高骈,几天过后,你可以私下将我的情况告诉我家。"于是将印和剑解下授予厅吏,顺流东逃。厅吏将官印和剑献给陈敬瑄,果然,郭琪一家得到赦免。

唐僖宗日夜专门与宦官同处,共议天下之事,而待禁外朝臣越来越疏远,礼遇也越来越薄。庚午(二十四日),左拾遗孟昭图上疏谏诤,认为:"太平治安时期,远近犹应同心协力;国家多难时期,中朝外朝更应该同为一体。去年冬季,皇上车驾西行,不告诉南司宰相朝臣,以致使宰相、仆射以下百官都被黄巢贼寇所屠杀,只有北司宦官得平安无事。况且如今朝臣能到达这里,都是冒着生命危险,经过崎岖之道,才得以远道来侍奉君上,所以应当从此休戚与共。而我看到前天傍晚西川黄头军作乱,陛下只是与田令孜、陈敬瑄及诸宦官内臣紧闭城门登上城楼躲避,并不召宰相王铎并让朝臣入城;第二天,又不召对宰相,也不宣慰朝臣。我虽然备位谏臣,却至今不知道陛下圣体是否安泰,更何况其他散官!倘若群臣不顾君上,其罪固然应当遭诛;若陛下不抚恤群臣,于理义上也说不过去!大唐天下是高祖、太宗开创的天下,并不是北司宦官的天下;大唐天子是四海九州百姓的天子,也不是北司宦官的天子。北司宦官未必人人尽可信任,南司朝官也未必人人都无用。岂有天子与宰相毫无关系,相关无事,朝臣都视如路人!这样下去,恐怕收复京师之期,还要有劳于陛下思虑,而尸位素餐之士,

得以宴安。臣躬被宠荣,职在裨益,虽遂事不谏,而来者可追。"疏入,令孜屏不奏。辛未,矫诏贬昭图嘉州司户,遣人沉于蠹颐津,闻者气塞而莫敢言。

37　鄜延节度使李孝昌、权夏州节度使拓跋思恭屯东渭桥,黄巢遣朱温拒之。

以义武节度使王处存为东南面行营招讨使,以邠宁节度副使朱玫为节度使。

38　八月己丑夜,星交流如织,或大如杯碗,至丁酉乃止。

39　武宁节度使支详遣牙将时溥、陈璠将兵五千入关讨黄巢,二人皆详所奖拔也。溥至东都,矫称详命,召师还与璠合兵,屠河阴,掠郑州而东。及彭城,详迎劳,犒赏甚厚。溥遣所亲说详曰:"众心见迫,请公解印以相授。"详不能制,出居大彭馆,溥自知留务。璠谓溥曰:"支仆射有惠于徐人,不杀,必成后悔。"溥不许,送详归朝。璠伏甲于七里亭,并其家属杀之。诏以溥为武宁留后。溥表璠为宿州刺史,璠到官贪虐,溥以都将张友代还,杀之。

40　杨复光奏升蔡州为奉国军,以秦宗权为防御使。寿州屠者王绪与妹夫刘行全聚众五百,盗据本州,月馀,复陷光州,自称将军,有众万馀人。秦宗权表为光州刺史。固始县佐王潮及弟审邽、审知皆以材气知名,绪以潮为军正,使典资粮,阅士卒,信用之。

却得以安享宴乐。我受到陛下的宠任有幸被任为谏臣，职责就是上言谏诤，以有裨益于国家，虽然过去的事情无法谏诤了，但是未来的事情还来得及补救。"疏状送入行宫禁内，被田令孜扣留，而不上奏于唐僖宗。辛未（二十五日），田令孜假借唐僖宗的名义矫诏贬孟昭图为嘉州司户，又派人于蟇颐津将孟昭图投入江中淹死，朝臣闻知此事都义愤填膺，敢怒而不敢言。

37 唐鄜延节度使李孝昌、代理夏州节度使拓跋思恭率军驻扎在东渭桥，黄巢派朱温率军抵抗。

唐僖宗任命义武节度使王处存为东南面行营招讨使，又任命邠宁节度副使朱玫为邠宁节度使。

38 八月己丑（十三日）夜晚，天空流星交织如梭，有的大如杯，有的大如碗，到丁酉（二十一日）才止。

39 唐武宁节度使支详派遣牙将时溥、陈璠率领军队五千人进入关中讨伐黄巢，二人均为支详所奖励提拔的将领。时溥来到东都，假称支详的命令，将军队召还与陈璠合兵一处，在河阴大肆屠杀，劫掠郑州后向东走。回到彭城，支详出来迎接慰劳，犒赏丰厚。时溥派亲信对支详说："受兵众的拥戴被迫充当军府总统领，请你解下节度使的大印授予时溥。"支详不能制止，只好搬出军府住在大彭馆，时溥于是自掌武宁军留后事务。陈璠对时溥说："支仆射对徐州人有恩惠，不杀他，一定会后悔的。"时溥没有同意，将支详送归朝廷。陈璠在七里亭埋伏甲兵，杀支详及其家属。唐僖宗颁下诏书，任命时溥为武宁军留后。时溥上表请任陈璠为宿州刺史，陈璠到官后贪鄙暴虐，于是时溥另派都将张友替代陈璠，陈璠回到徐州后被时溥杀死。

40 杨复光向唐僖宗奏请将蔡州升为奉国军，任秦宗权为防御史。寿州的屠户王绪与妹夫刘行全聚集五百人，占据寿州，一个多月后，又攻陷光州，自称为将军，部众发展到一万多人。秦宗权上表请朝廷任命王绪为光州刺史。固始县佐丞王潮及其弟王审邽、王审知都以有才气而知名，王绪于是任命王潮为军正，让他典掌物资和粮草，巡阅士卒，并对他十分信任。

41　高浔与黄巢将李详战于石桥,浔败,奔河中,详乘胜复取华州。巢以详为华州刺史。

42　以权知夏绥节度使拓跋思恭为节度使。

43　宗正少卿嗣曹王龟年自南诏还,骠信上表款附,请悉遵诏旨。

44　李孝昌、拓跋思恭与尚让、朱温战于东渭桥,不利,引去。

45　初,高骈与镇海节度使周宝俱出神策军,骈以兄事宝。及骈先贵有功,浸轻之。既而封壤相邻,数争细故,遂有隙。骈檄宝入援京师,宝治舟师以俟之,怪其久不行,访诸幕客,或曰:“高公幸朝廷多故,有并吞江东之志,声云入援,其实未必非图我也! 宜为备。”宝未之信,使人觇骈,殊无北上意。会骈使人约宝面会瓜洲议军事,宝遂以言者为然,辞疾不往,且谓使者曰:“吾非李康,高公复欲作家门功勋以欺朝廷邪!”骈怒,复遣使责宝:“何敢轻侮大臣?”宝诟之曰:“彼此夹江为节度使,汝为大臣,我岂坊门卒邪!”由是遂为深仇。

骈留东塘百馀日,诏屡趣之,骈上表,托以宝及浙东观察使刘汉宏将为后患。辛亥,复罢兵还府,其实无赴难心,但欲攘雉集之异耳。

41　唐昭义节度使高浔率官军与黄巢部将李详在石桥交战，高浔被打败，逃奔河中，李详率军乘胜收复华州。黄巢任命李详为华州刺史。

42　唐僖宗任命代理夏绥节度使拓跋思恭为正式的夏绥节度使。

43　唐宗正少卿嗣曹王李龟年由南诏王国归还，南诏骠信向大唐皇帝上表表示愿意通款归附，请求以后一切处置都遵从唐朝皇帝的旨意行事。

44　唐将李孝昌、拓跋思恭与大齐将尚让、朱温各率军队战于东渭桥，唐军失利，引兵退去。

45　起初，淮南节度使高骈与镇海节度使周宝都出身于神策禁军，高骈称周宝为兄，对周宝很恭敬。后来高骈先富贵，立有战功，渐渐对周宝轻视而不恭。随后各任节度使，所辖地境相邻，常常因为小事发生争执，于是两人有隔阂。高骈传檄周宝请率军入援京师，周宝整治水师船舰等待高骈，却奇怪高骈很久都不成行，于是向各位幕客询问，有人说："高公对朝廷多故深表庆幸，有志要吞并江东，独霸一方，声言入援讨黄巢贼，其实未必不是虚张声势，而趁机图谋于我！应对他加强戒备。"周宝开始不相信，派人往高骈军中侦察，发觉高骈始终没有北上赴援的意思。恰值高骈派人来约请周宝到瓜洲会面商议军事，周宝于是相信了幕客的推测，辞以有病而不前往，并对高骈的使者说："我不是李康，高公又想在家门口寻找借口，假称谋反而收捕大将，作为自己的功勋来欺骗朝廷吗？"高骈得知后勃然大怒，再派使者去谴责周宝，称："你怎么胆敢血口喷人，轻侮当朝大臣？"周宝也不示弱，对骂说："你我彼此夹着长江为节度使，你为大臣，难道我是坊门的小卒吗？"于是两人结下深仇。

高骈屯兵留居东塘一百多天，唐僖宗屡下诏书催促他率兵赴援，高骈向唐僖宗上表，托言周宝和浙东观察使刘汉宏将为后患而不发兵。辛亥（九月初六），再自东塘罢兵回到广陵军府，其实，高骈并无北上赴难之心，只是想要避让双雉齐集军府的灾异之兆而已。

46 高骈召石镜镇将董昌至广陵,欲与之俱击黄巢。昌将钱镠说昌曰:"观高公无讨贼心,不若以扞御乡里为辞而去之。"昌从之,骈听昌还。会杭州刺史路审中将之官,行到嘉兴,昌自石镜引兵入杭州,审中惧而还。昌自称杭州都押牙、知州事,遣将吏请于周宝。宝不能制,表为杭州刺史。

47 临海贼杜雄陷台州。

48 辛酉,立皇子震为建王。

49 昭义十将成麟杀高浔,引兵还据潞州;天井关戍将孟方立起兵攻麟,杀之。方立,沔州人也。

50 忠武监军杨复光屯武功。

51 永嘉贼朱褒陷温州。

52 凤翔行军司马李昌言将本军屯兴平。时凤翔仓库虚竭,犒赏稍薄,粮馈不继,昌言知府中兵少,因激怒其众,冬,十月,引军还袭府城。郑畋登城与士卒言,其众皆下马罗拜曰:"相公诚无负我曹。"畋曰:"行军苟能戢兵爱人,为国灭贼,亦可以顺守矣。"乃以留务委之,即日西赴行在。

53 天平节度使、南面招讨使曹全晸与贼战死,军中立其兄子存实为留后。

54 十一月乙巳,孟楷、朱温袭鄜、夏二军于富平,二军败,奔归本道。

55 郑畋至凤州,累表辞位,诏以畋为太子少傅、分司。以李昌言为凤翔节度行营招讨使。

56 以门下侍郎、同平章事裴澈为鄂岳观察使。

46 高骈将石镜镇将董昌召到广陵,想与他共同去讨击黄巢。董昌部将钱镠对董昌说:"我看高公根本没有讨贼之心,不如以要捍卫乡里为理由辞职归去。"董昌表示同意,而高骈也听任董昌率部伍还乡。正值杭州刺史路审中将赴任到官,刚走到嘉兴,董昌自石镜率兵先进入杭州,路审中感到惧怕而退还。于是董昌自称杭州都押牙、知州事,派遣将军文吏向周宝请官,周宝没有能力制止,只好上表任董昌为杭州刺史。

47 临海县盗贼杜雄率众攻陷台州。

48 辛酉(十六日),唐僖宗立皇子李震为建王。

49 昭义军十将之一成麟杀节度使高浔,率兵占据潞州;天井关戍将孟方立起兵攻打成麟,将他杀死。孟方立是洺州人。

50 忠武军监军杨复光率军屯驻武功。

51 永嘉盗贼朱褒率众攻陷温州。

52 唐凤翔行军司马李昌言率本部军队屯驻兴平。当时凤翔镇仓库已虚竭,给军士的犒赏较之先前稍少,且粮运不继,士兵颇有怨言,李昌言知道凤翔节度使府兵员很少,故意以粮饷减少激怒其部下士兵,冬季,十月,李昌言率领其本部军队回凤翔,袭击军府。凤翔节度使郑畋登上城楼向城下的士卒喊话,士兵们都下马向郑畋下拜,说:"郑相公确实没有背负我们。"郑畋说:"行军司马李昌言如果能聚集军队爱护百姓,为国家讨灭盗贼,虽夺得节度使旌旗,也可以说是顺守。"于是委任李昌言为凤翔留务,自己立即出发西赴成都行宫。

53 唐天平军节度使、南面招付使曹全晸与黄巢军作战战死,军中立他哥哥的儿手曹存实为天平军留后。

54 十一月乙巳(初一),大齐将领孟楷、朱温在富平袭击唐鄜延、绥夏二军,唐两支藩镇军被击败,逃奔回本道。

55 郑畋由凤翔行至凤州,多次向唐僖宗上表请求辞去官位,唐僖宗颁下诏书,改任郑畋为太子少傅、分司东都。任命李昌言为凤翔节度行营招讨使。

56 唐僖宗任命门下侍郎、同平章事裴澈为鄂岳观察使。

57 加镇海节度使周宝同平章事。

58 遂昌贼卢约陷处州。

59 十二月,江西将闵勖戍湖南,还,过潭州,逐观察使李裕,自为留后。

60 以感化留后时溥为节度使。

61 赐夏州号定难军。

62 初,高骈镇荆南,补武陵蛮雷满为牙将,领蛮军,从骈至淮南,逃归,聚众千人,袭朗州,杀刺史崔蕘,诏以满为朗州留后。岁中,率三四引兵寇荆南,入其郛,焚掠而去,大为荆人之患。

陬溪人周岳尝与满猎,争肉而斗,欲杀满,不果。闻满据朗州,亦聚众袭衡州,逐刺史徐颢,诏以岳为衡州刺史。石门蛮向环亦集夷獠数千攻陷澧州,杀刺史吕自牧,自称刺史。

63 王铎以高骈为诸道都统无心讨贼,自以身为首相,发愤请行,恳款流涕,至于再三,上许之。

二年(壬寅,882)

1 春,正月辛亥,以王铎兼中书令,充诸道行营都都统,权知义成节度使,俟罢兵复还政府。高骈但领盐铁转运使,罢其都统及诸使。听王铎自辟将佐,以太子少师崔安潜为副都统。辛未,以周岌、王重荣为都都统左右司马,诸葛爽及宣武节度使康实为左右先锋使,时溥为催遣纲运租赋防遏使。以右神策观军容使西门思恭为诸道行营都都监。又以王处存、李孝昌、拓跋思恭为京城东北西面都统,

57 又下令加给镇海节度使周宝同平章事衔。

58 遂昌贼帅卢约率众攻陷处州。

59 十二月,江西将领闵勖戍守湖南,回江西时,路过潭州,将潭州观察使李裕驱逐,自己任潭州留后。

60 唐僖宗任命感化军留后时溥为感化军节度使。

61 唐僖宗赐给夏州以定难军的称号。

62 起初,高骈镇守荆南时,将武陵蛮人雷满补为牙将,以统率蛮军,雷满跟从高骈至淮南,后逃归故土,聚集兵众千人,袭击朗州,将朗州刺史崔蕡杀死,唐僖宗下诏书任雷满为朗州留后。这年中,雷满率军侵扰荆南三四次,攻入荆南城外城,放火焚烧并大肆抢劫而去,成为荆南地区的大患。

陬溪人周岳曾经与雷满在一起打猎,为抢夺猎物而发生争斗,想将雷满杀死,没有成功。当听到雷满占据了朗州,周岳也聚集兵众袭击衡州,驱逐唐衡州刺史徐颢,唐僖宗下诏书任周岳为衡州刺史。石门蛮人向环也召集夷、獠等蛮族兵数千人攻陷澧州,将唐澧州刺史吕自牧杀死,自称澧州刺史。

63 王铎见高骈虽身任诸道军队都统却无心讨伐黄巢贼众,认为自己既身为大唐宰相,在唐僖宗面前慷慨发誓,请求统兵讨贼,其言恳切真诚,竟致泪流满面,并再三恳求,唐僖宗终于准许。

唐僖宗中和二年(壬寅,公元882年)

1 春季,正月辛亥(初八),唐僖宗任命王铎兼中书令,充任诸道行营都都统,并暂代义成军节度使,待讨贼成功罢兵之后再归还朝廷。高骈只领有盐铁转运使的官职,罢去他的都统及诸使职衔。又准许王铎自行召辟将佐,任命太子少师崔安潜为副都统。辛未(二十八日),唐僖宗又任命周岌、王重荣为都都统左右司马,任命诸葛爽及宣武节度使康实为左右先锋使,任命时溥为催遣纲运租赋防遏使。又任命右神策军观军容使西门思恭为诸道行营都都监。分别任命王处存、李孝昌、拓跋思恭为京城东、北、西面都统,

以杨复光为南面行营都监使。又以中书舍人郑昌图为义成节度行军司马,给事中郑畯为判官,直弘文馆王抟为推官,司勋员外郎裴贽为掌书记。昌图,从谠之从祖兄弟;畯,畋之弟;抟,玙之曾孙;贽,坦之子也。又以陕虢观察使王重盈为东面都供军使。重盈,重荣之兄也。

2 黄巢以朱温为同州刺史,令温自取之。二月,同州刺史米诚奔河中,温遂据之。

3 己卯,以太子少傅、分司郑畋为司空兼门下侍郎、同平章事,召诣行在,军务一以咨之。以王铎判户部事。

4 朱温寇河中,王重荣击败之。

5 以李昌言为京城西面都统,朱玫为河南都统。

6 泾原节度使胡公素薨,军中请命于都统王铎,承制以大将张钧为留后。

7 李克用寇蔚州,三月,振武节度使契苾璋奏与天德、大同共讨克用。诏郑从谠与相知应接。

8 陈敬瑄多遣人历县镇诇事,谓之寻事人,所至多所求取。有二人过资阳镇,独无所求。镇将谢弘让邀之,不至。自疑有罪,夜,亡入群盗中。明旦,二人去,弘让实无罪也。捕盗使杨迁诱弘让出首而执以送使,云讨击擒获,以求功。敬瑄不之问,杖弘让脊二十,钉于西城二七日,煎油泼之,又以胶麻掣其疮,备极惨酷,见者冤之。又有邛州牙官阡能,因公事违期,避杖,亡命为盗,杨迁复诱之。能方出首,闻弘让之冤,大骂杨迁,

任命杨复光为南面行营都监使。又任命中书舍人郑昌图为义成军节度行军司马，给事中郑畷充任判官，直弘文馆王抟为推官，司勋员外郎裴贽为掌书记。郑昌图是郑从谠的叔祖兄弟，郑畷是郑畋的弟弟，王抟是王玙的曾孙，裴贽是裴坦的儿子。又任命陕虢观察使王重盈为东面都供军使。王重盈是王重荣的哥哥。

2 黄巢任命朱温为同州刺史，让朱温自己去攻取同州后上任。二月，唐同州刺史米诚逃奔河中，朱温于是占据了同州。

3 己卯(初六)，唐僖宗任命太子少傅、分司东都郑畋为司空兼门下侍郎、同平章事，召至成都行宫，凡军务都要向郑畋咨询。又任王铎判户部事。

4 大齐将朱温侵犯河中，唐河中节度使王重荣率军迎击，将朱温击败。

5 唐僖宗又任命李昌言为京城西面都统，任朱玫为河南都统。

6 唐泾原节度使胡公素去世，泾原军将士向都统王铎请求任命新统帅，王铎承用制书任命大将张钧为泾原军留后。

7 李克用率沙陀军侵犯蔚州，三月，唐振武节度使契苾璋上奏朝廷，请求与天德军、大同军共同讨伐李克用。唐僖宗颁诏书让河东节度使郑从谠与知情者接应。

8 西川节度使陈敬瑄多次派遣人员到各地县、镇侦探阴事，称为"寻事人"，所到之处向地方官多有所求，索取财物。有两个寻事人过资阳镇，独无所求取。镇将谢弘让于路上邀请，仍然不来。谢弘让自疑恐有得罪，夜晚，逃亡入群盗中。第二天早晨，二寻事人离去，谢弘让实际上无罪。捕盗使杨迁诱使谢弘让出来自首，却将谢弘让逮捕送给西川节度使府，声称经过讨击将谢弘让擒获，以求取功赏。陈敬瑄不进行审问，令用木杖打谢弘让背脊二十杖，将谢弘让钉在成都西城十四天，将沸油往他身上泼，又用胶麻抽打沸油煎出的疮，其刑惨酷至极，看见的人无不称其冤。又有邛州牙官阡能，因公事违失期限，为躲避杖刑，逃亡入盗贼群中为盗，杨迁又进行诱捕。阡能正想出山自首，听到谢弘让的冤情，痛骂杨迁无耻，

发愤为盗,驱掠良民,不从者举家杀之,逾月,众至万人,立部伍,署职级,横行邛、雅二州间,攻陷城邑,所过涂地。先是,蜀中少盗贼,自是纷纷竞起,州县不能制。敬瑄遣牙将杨行迁将三千人,胡洪略、莫匡时各将二千人以讨之。

9　以右神策将军齐克俭为左右神策内外八镇兼博野、奉天节度使。

10　赐鄜坊军号保大。

11　夏,四月甲午,加陈敬瑄兼侍中。

12　赫连铎、李可举与李克用战,不利。

13　初,高骈好神仙,有方士吕用之坐妖党亡命归骈,骈厚待之,补以军职。用之,鄱阳茶商之子也,久客广陵,熟其人情,炉鼎之暇,颇言公私利病,故骈愈奇之,稍加信任。骈旧将梁缵、陈珙、冯绥、董瑾、俞公楚、姚归礼素为骈所厚,用之欲专权,浸以计去之,骈遂夺缵兵,族珙家,绥、瑾、公楚、归礼咸见疏。

用之又引其党张守一、诸葛殷共蛊惑骈。守一本沧、景村民,以术干骈,无所遇,穷困甚,用之谓曰:“但与吾同心,勿忧不富贵。”遂荐于骈,骈宠待埒于用之。殷始自鄱阳来,用之先言于骈曰:“玉皇以公职事繁重,辍左右尊神一人佐公为理,公善遇之,欲其久留,亦可縻以人间重职。”明日,殷谒见,诡辩风生,骈以为神,补盐铁剧职。骈严洁,甥侄辈未尝得接坐。

义愤填膺地发誓要当盗贼，驱赶和掠夺良民，不从命者将其举家杀光。一个多月后，发展了一支一万人的队伍，建立部伍，设置各级军官，横行于邛州、雅州之间，攻陷城镇乡邑，所过之处，肝脑涂地。先前，蜀中盗贼很少，自此以后盗贼纷纷竞起，州、县官吏不能制止。陈敬瑄派遣牙将杨行迁率领三千人的军队，胡洪略、莫匡时各率领二千人的军队，四出攻讨贼众。

9 唐僖宗任命右神策将军齐克俭为左右神策内外八镇兼博野、奉天军节度使。

10 唐僖宗赐予鄜坊军以保大军的称号。

11 夏季，四月甲午(二十二日)，唐僖宗加陈敬瑄兼侍中。

12 唐将赫连铎、李可举率领军队与沙陀李克用接战，官军失利。

13 起初，高骈喜好神仙，有一位方士吕用之因为参与妖党事发而逃到高骈处，高骈待吕用之极为优厚，给他补以军职。吕用之是鄱阳茶商的儿子，客居于广陵很久，熟悉广陵城中的人情世故，在烧炼丹药的空暇时间，常常谈及公家和私人间的利弊得失，使高骈越加感到奇异，因此稍加以信任。高骈旧有部将梁缵、陈珙、冯绫、董瑾、俞公楚、姚归礼平素都受到高骈的优厚礼遇，吕用之想专权，慢慢地用计排斥他们，高骈于是收夺梁缵的兵权，诛灭陈珙家族，冯绫、董瑾、俞公楚、姚归礼也都被疏远。

吕用之又引荐他的党羽张守一、诸葛殷共同用道术来蛊惑高骈。张守一本是沧州、景州之间的村民，用道术求见高骈，而无法知遇，以致穷困之极，吕用之对张守一说："只要与我同心协力，不愁没有富贵。"于是推荐于高骈，高骈宠待张守一仅亚于吕用之。诸葛殷自鄱阳初来广陵，吕用之事先对高骈说："玉皇大帝因为高公职事太繁重，挑选其左右尊神一人来辅佐你，以为治理，你应好好招待他，如果想让他久留，也可以给他以人间的重要官职，牵縻着他不能离去。"第二天，诸葛殷来拜见高骈，一口诡辩，鬼话连篇，而谈笑风生，高骈以为是神仙，给诸葛殷补以盐铁重要官职。高骈平时特别爱清洁，他的外甥、侄儿辈从未与他坐过一条凳子。

殷病风疽,搔扪不替手,脓血满爪,骈独与之同席促膝,传杯器而食。左右以为言,骈曰:"神仙以此试人耳!"骈有畜犬,闻其腥秽,多来近之。骈怪之,殷笑曰:"殷尝于玉皇前见之,别来数百年,犹相识。"骈与郑畋有隙,用之谓骈曰:"宰相有遣剑客来刺公者,今夕至矣!"骈大惧,问计安出。用之曰:"张先生尝学斯术,可以御之。"骈请于守一,守一许诺。乃使骈衣妇人之服,潜于他室,而守一代居骈寝榻中,夜掷铜器于阶,令铿然有声,又密以囊盛彘血,洒于庭宇,如格斗之状。及旦,笑谓骈曰:"几落奴手!"骈泣谢曰:"先生于骈,乃更生之惠也!"厚酬以金宝。有萧胜者,赂用之,求盐城监,骈有难色,用之曰:"用之非为胜也,近得上仙书云,有官剑在盐城井中,须一灵官往取之。以胜上仙左右之人,欲使取剑耳。"骈乃许之。胜至监数月,函一铜匕首以献,用之见,稽首曰:"此北帝所佩,得之,则百里之内五兵不能犯。"骈乃饰以珠玉,常置坐隅。用之自谓磻溪真君,谓守一乃赤松子,殷乃葛将军,胜乃秦穆公之婿也。

用之又刻青石为奇字云:"玉皇授白云先生高骈。"密令左右置道院香案。骈得之,惊喜。用之曰:"玉皇以公焚修功著,将补真官,计鸾鹤不日当降此际。用之等谪限亦满,必得陪幢节,同归上清耳!"是后,骈于道院庭中刻木鹤,

诸葛殷患有风疽疮，身上奇痒不止，成天用手不停地扒搔，手爪上尽是脓血，高骈独与他同席促膝而坐，手传酒杯瓷器饮酒吃饭。左右侍从为此劝说几句，高骈说："这不过是神仙以脏体来试我而已。"高骈养了一些狗，嗅到诸葛殷身上的脓腥味，多跑近其身边。高骈感到奇怪，诸葛殷笑着说："我曾经在玉皇大帝前面见过它们，一别数百年，它们仍然认识我呀。"高骈与郑畋之间有矛盾，吕用之对高骈说："宰相有人派遣剑客来行刺你，今天晚上就到！"高骈极感恐惧，向吕用之询问对策。吕用之说："张守一先生曾学过治服剑客的法术，可以抵御刺客。"高骈于是请张守一施展法术，张守一也答应了。于是让高骈穿妇女穿的衣服，躲藏在其他房屋，而张守一借居于高骈寝床上，夜里抛掷铜器于台阶上，使音响哗然，传向屋外，又暗中用袋子装好猪血，泼洒于庭堂，做出好像有一场格斗的样子。到天亮时，张守一笑着对高骈说："几乎落于贼奴之手！"高骈竟流着泪道谢说："张先生对于我高骈，真是有再生之恩呀！"酬以丰厚的金宝。有一个人名萧胜，贿赂吕用之，求盐城县监的官职，高骈面有难色，吕用之说："我并不是为萧胜求官，最近得到上仙的书，书上写有一把官剑在盐城的井中，须得一有灵气的官去取出来。我是因为萧胜是上仙左右的人，想让他去取来官剑呀。"高骈听后马上表示准许。萧胜至盐城监任上数月后，用盒子装一把铜匕首来献高骈，吕用之见到，装模作样地稽首鞠躬说："这是北帝所佩带的剑，得到它，可以百里之内使各种兵器不能侵犯。"高骈于是在铜匕首上装饰珠玉，经常放在座位角落。吕用之自称为嶓溪真君，称张守一为赤松子，诸葛殷为葛将军，又称萧胜是秦穆公的女婿。

吕用之又在青石上刻写奇怪的文字："玉皇授白云先生高骈。"命令左右随从秘密地放在道院烧香用的香案上。高骈得到奇石，又惊又喜。吕用之说："玉皇大帝由于你修炼仙道，功德卓著，所以将要补给你真的仙官，估计有仙鹤鸾鸟不几日当飞临此地。我和张守一、诸葛殷是神仙下凡，在人间的期限已满，必定得陪同你一同归上清宫为神仙了！"此后，高骈在道院庭堂中刻一只大木鹤，

时著羽服跨之，日夕斋醮，炼金烧丹，费以巨万计。

用之微时，依止江阳后土庙，举动祈祷。及得志，白骈崇大其庙，极江南工材之选，每军旅大事，以少牢祷之。用之又言神仙好楼居，说骈作迎仙楼，费十五万缗，又作延和阁，高八丈。

用之每对骈呵叱风雨，仰揖空际，云有神仙过云表，骈辄随而拜之。然常厚赂骈左右，使伺骈动静，共为欺罔，骈不之寤。左右小有异议者，辄为用之陷死不旋踵，但潜抚膺鸣指，口不敢言。骈倚用之如左右手，公私大小之事皆决于用之，退贤进不肖，淫刑滥赏，骈之政事于是大坏矣！

用之知上下怨愤，恐有窃发，请置巡察使，骈即以用之领之，募险狯者百馀人，纵横闾巷间，谓之“察子”，民间呵妻骂子，靡不知之。用之欲夺人货财，掠人妇女，辄诬以叛逆，榜掠取服，杀其人而取之，所破灭者数百家，道路以目，将吏士民虽家居，皆重足屏气。

用之又欲以兵威胁制诸将，请选募诸军骁勇之士二万人，号左、右莫邪都。骈即以张守一及用之为左、右莫邪军使，署置将吏如帅府，器械精利，衣装华洁，每出入，导从近千人。

用之侍妾百馀人，自奉奢靡，用度不足，辄留三司纲输其家。

时常穿着羽服，跨在木鹤背上，日夜做斋戒，烧炼金丹，费钱巨万，企图飞上天去成仙。

吕用之卑微之时，依住在江阳县后土庙，每有举动即先行祈祷。等到他得志后，劝高骈扩建后土庙，于是极尽江南工匠和材料，选用来筑庙，以后每有军旅大事，即用牲畜祭祀祷告。吕用之又说神仙喜好居住于楼上，劝说高骈造迎仙楼，费钱十五万缗，又造延和阁，高达八丈。

吕用之经常当高骈的面呼风唤雨，并仰望着天空作揖，声称有神仙穿过云层，高骈听后即随时向神仙下拜。吕用之又常常用丰厚的贿赂拉拢高骈的左右随从人员，让他们伺察高骈的动静，共同进行迷惑欺骗，高骈始终不能觉悟。高骈左右的人若对神仙小有异议，立即就会被吕用之陷于死地，人们只敢暗暗地抚胸弹指，敢怒而不敢言。高骈把吕用之倚为左右手，无论公事私事，无论事大事小都交由吕用之裁决，辞退贤人君子，引进不肖之徒，滥施淫刑，又滥加赏赐，淮南的政事于是受到极大的破坏。

吕用之心里知道军府上下对自己一片怨愤，恐怕有人暗中揭发自己，于是请高骈设置巡察使，高骈立即任命吕用之掌领其事，招募阴险奸猾之徒一百多人，纵横于广陵城闾巷之间，称为"察子"，民间咒妻骂子的事，也无不知道。吕用之又想夺取百姓的财货，掠夺民间妇女，凡被看中的即将其家诬为叛逆贼，屈打成招，掠取口供，然后判罪杀其人而取得财货或美女，广陵城中因此而家破人亡者，有数百家，以致路人侧目而视，将吏士民虽然居处于家中，也都重足而立，连粗气也不敢喘一口。

吕用之又想用军队来威胁治服淮南诸将，请高骈在诸军中选募骁勇之士两万人，号称左、右莫邪都。高骈即任命张守一和吕用之为左、右莫邪军使，可以和节度使府一样自己署置将领，左、右莫邪都的军用器械都相当精良，衣服也华丽整洁，吕用之和张守一每次出入使府，都有导从人员近千人。

吕用之有侍妾一百多人，自己的俸禄不够他奢费，而用度不足时，即将户部、度支、盐铁三司所发运给朝廷的贡赋运往自己家。

用之犹虑人泄其奸谋，乃言于骈曰："神仙不难致，但恨学者不能绝俗累，故不肯降临耳！"骈乃悉去宾客，谢绝人事，宾客、将吏皆不得见；有不得已见之者，皆先令沐浴斋袚，然后见，拜起才毕，已复引出。由是用之得专行威福，无所忌惮，境内不复知有骈矣。

14　王铎将两川、兴元之军屯灵感寺，泾原屯京西，易定、河中屯渭北，邠宁、凤翔屯兴平，保大、定难屯渭桥，忠武屯武功，官军四集。黄巢势已蹙，号令所行不出同、华。民避乱皆入深山筑栅自保，农事俱废，长安城中斗米直三十缗。贼卖人于官军以为粮，官军或执山寨之民鬻之，人直数百缗，以肥瘠论价。

吕用之装神弄鬼，内心空虚，也忧惧有人泄露他的奸诈和阴谋，于是对高骈说："神仙不难学到，只是恨学神仙的人不能断绝俗世的拖累，为此神仙就不肯降临军府。"高骈于是将自己的宾客全部除去，谢绝人间世事，凡宾客、将吏请见者都不得见；有不得已必须要见的人，都让他们先沐浴洗澡，行斋戒拔除秽气，然后才接见，刚拜完才起来，就被高骈请出。于是吕用之得以专断独行，专行威福，以致淮南节度使巡境之内不再有人知道有高骈。

　　14　王铎率两川、兴元的官军驻扎在灵感寺，泾原军驻扎在京西，易定军、河中军屯驻在渭北，邠宁军、凤翔军屯驻在兴平，保大军、定难军屯驻在渭桥，忠武军屯驻在武功，这样，官军从四面八方会集。黄巢军的势力范围越来越小，号令所行不出同州、华州，平民百姓为避战乱都逃入深山，修筑栅栏进行自卫，以致农事全都荒毁，长安城中一斗米值三十缗钱。黄巢部下只好卖人给官军以获取粮食，有的官军也收捕山寨贫民来卖钱，每人值数百缗钱，进行贩人交易时竟以肥瘦来论价。

卷第二百五十五　唐纪七十一

起壬寅(882)五月尽甲辰(884)五月凡二年

僖宗惠圣恭定孝皇帝中之下
中和二年(壬寅,882)

1　五月,以湖南观察使闵勖权充镇南节度使。勖屡求于湖南建节,朝廷恐诸道观察使效之,不许。先是,王仙芝寇掠江西,高安人锺传聚蛮獠,依山为堡,众至万人。仙芝陷抚州而不能守,传入据之,诏即以为刺史。至是,又逐江西观察使高茂卿,据洪州。朝廷以勖本江西牙将,故复置镇南军,使勖领之,若传不受代,令勖因而讨之。勖知朝廷意欲斗两盗使相毙,辞不行。

2　加淮南节度使高骈兼侍中,罢其盐铁转运使。骈既失兵柄,又解利权,攘袂大诟,遣其幕僚顾云草表自诉,言辞不逊,其略曰:"是陛下不用微臣,固非微臣有负陛下。"又曰:"奸臣未悟,陛下犹迷,不思宗庙之焚烧,不痛园陵之开毁。"又曰:"王铎偾军之将,崔安潜在蜀贪黩,岂二儒士能戢强兵!"又曰:"今之所用,上至帅臣,下及裨将,以臣所料,悉可坐擒。"又曰:"无使百代有抱恨之臣,千古留刮席之耻。臣但恐寇生东土,刘氏复兴,即轵道之灾,岂独往日!"又曰:"今贤才在野,佞人满朝,致陛下为亡国之君,

僖宗惠圣恭定孝皇帝中之下
唐僖宗中和二年(壬寅,公元882年)

1 五月,唐僖宗任命湖南观察使闵勖权且充当镇南节度使。闵勖多次请求在湖南设立节度使,朝廷恐怕各道观察使竞相效仿,而未予批准。在这之前,王仙芝到江西一带抢掠,高安人锺传收集蛮獠土著居民,借依山势修筑堡垒,人数多达一万。王仙芝攻陷抚州后不能固守,锺传率众占据了抚州,唐僖宗立即颁诏,任命锺传为抚州刺史。到这时,锺传又驱逐江西观察使高茂卿,占据了洪州。因为闵勖本来就是江西地方的牙将,所以朝廷又设置了镇南军,命令闵勖统领,如果锺传拒不受管,就命令闵勖对他进行讨伐。闵勖知道朝廷的意图是使他和锺传相互争斗,两败俱伤,因而推辞拒不赴任。

2 唐僖宗命淮南节度使高骈兼任侍中,而罢免了他盐铁转运使的官职。高骈既已丧失兵权,又被解除了财权,捋起袖子破口怒骂,并指使他的幕僚顾云起草表文进行自我陈诉,所用言辞多有极不谦恭之处,其中说:"是陛下不重用我,而决不是我辜负了陛下。"又说:"奸臣没有醒悟,皇上还在迷惘,宗庙被火焚烧不忧虑,园陵被打开捣毁也不痛惜。"又说:"王铎在江陵战役中是个败将,崔安潜在四川贪婪轻狂,这两个儒士怎么能统管大军呢!"又说:"今天朝廷所重用的人,上自统帅大员,下到一般将领,若让我筹划料理,可以坐着就把他们全部擒获。"还说:"不要让臣子在百代之后还深感遗憾,不要让帝王在千秋万世之后还满心愧疚。我唯恐山东出现盗寇,刘季一类的人再次兴起,像轵道那样的灾难,难道只能是以前才有吗!"又说:"现今贤能有才的人闲置不用,鲜廉寡耻的人把持朝政,这是要让陛下做亡国的君主,

此子等计将安出！"上命郑畋草诏切责之，其略曰："绾利则牢盆在手，主兵则都统当权，直至京北、京西神策诸镇，悉在指挥之下，可知董制之权，而又贵作司徒，荣为太尉。以为不用，如何为用乎？"又曰："朕缘久付卿兵柄，不能翦荡元凶，自天长漏网过淮，不出一兵袭逐，奄残京国，首尾三年；广陵之师，未离封部，忠臣积望，勇士兴讥，所以擢用元臣，诛夷巨寇。"又曰："从来倚仗之意，一旦控告无门，凝睇东南，惟增凄恻！"又曰："谢玄破苻坚于淝水，裴度平元济于淮西，未必儒臣不如武将。"又曰："宗庙焚烧，园陵开毁，龟玉毁椟，谁之过欤！"又曰："'奸臣未悟'之言，何人肯认！'陛下犹迷'之语，朕不敢当！"又曰："卿尚不能缚黄巢于天长，安能坐擒诸将！"又曰："卿云刘氏复兴，不知谁为魁首？比朕于刘玄、子婴，何太诬罔！"又曰："况天步未倾，皇纲尚整，三灵不昧，百度俱存，君臣之礼仪，上下之名分，所宜遵守，未可堕陵。朕虽冲人，安得轻侮！"骈臣节既亏，自是贡赋遂绝。

3　以天平留后曹存实为节度使。

4　黄巢攻兴平，兴平诸军退屯奉天。

5　加河阳节度使诸葛爽同平章事。

6　六月，以泾原留后张钧为节度使。

7　荆南节度使段彦谟与监军朱敬玫相恶，敬玫别选壮士三千人，号忠勇军，自将之。彦谟谋杀敬玫。已亥，敬玫先帅众攻彦谟，杀之，以少尹李燧为留后。

8　蜀人罗浑擎、句胡僧、罗夫子各聚众数千人以应阡能，杨行迁等与之战，数不利，求益兵。府中兵尽，陈敬瑄悉搜仓库门庭之卒以给之。是月，大战于乾溪，官军大败。行迁等

他们这些人究竟能出什么计策!"唐僖宗命令郑畋起草诏书痛斥高骈,大略是说:"你专营江、淮盐利,身为都统管领大兵,直到京北、京西的神策军及各镇防守,这些都是由你指挥的,由此可知你掌握的权力,后来又封你为司徒,荣升为太尉。如果这样还不算重用你,那么怎样才算重用呢?"又说:"朕长期把兵权交付给你,却不能扫荡翦除乱贼魁首,黄巢从天长县漏网逃跑经过淮河,你竟一个兵卒也不派出去追击,致使他们占据残害都城,前后达三年之久;在广陵的军队,没有离开驻地,忠良大臣深怀怨恨,勇猛士兵出现讥讽,因此启用元老诸臣,以剿杀当今大寇。"诏书又说:"你向来是希图有所倚仗,而一旦控告呈诉找不到门路,就会斜眼凝视着东南方,只能增加哀伤。"又说:"谢玄在淝水能战胜符坚,裴度在淮西能平灭吴元济,可见并不一定文臣不如武将。"诏书还说道:"宗庙被火焚烧,园陵被打开捣毁,宝龟美玉藏在匣内被毁,这是谁的过错!"并说:"'奸臣没有醒悟'这话,哪个人肯承认!'皇上还在迷惘'这话,朕不敢应承!"诏书责问高骈:"你尚且不能在天长县俘获黄巢,又怎么能坐着就能擒拿各位将领!"又说:"你说刘季一类的人会再次兴起,不知其头目是谁? 你把朕比作刘玄、子婴,实在是太诬蔑欺罔了!"又说:"况且,大唐天下还未倾倒,朝廷纲纪尚且整肃,天道人心没有沦丧,各种法度全都存在,君主和臣子之间的礼仪,上上下下的名分,理所当然应该严格遵守,而不可有违定制。朕虽然年龄幼小,但怎能容忍你如此轻狂的侮辱!"高骈既已丧失了作为臣子的礼节,自此以后便断绝了进贡纳赋。

3 朝廷任命天平留后曹存实为节度使。

4 黄巢攻打兴平,兴平地方的各路官军退到奉天屯驻。

5 朝廷加封河阳节度使诸葛爽同平章事。

6 六月,朝廷任命泾原留后张钧为节度使。

7 荆南节度使段彦谟与监军朱敬玫相互仇视,朱敬玫特地精选强壮士兵三千人,号称忠勇军,亲自统领。段彦谟企图杀害朱敬玫。己亥(二十八日),朱敬玫先发制人,带领士兵攻打段彦谟,将段彦谟杀死,让少尹李燧做荆南的留后。

8 四川人罗浑擎、句胡僧、罗夫子各招聚了几千人马来响应阡能,朝廷派令杨行迁等人与他们作战,几次都失利,杨行迁等请求增兵。官府已无兵可派,陈敬瑄便把看守仓库门庭的兵卒都集合起来派给杨行迁。这个月,双方在乾溪展开激战,结果官军惨败。杨行迁等人

恐无功获罪,多执村民为俘送府,日数十百人。敬瑄不问,悉斩之。其中亦有老弱及妇女,观者或问之,皆曰:"我方治田绩麻,官军忽入村,系虏以来,竟不知何罪!"

9 秋,七月己巳,以锺传为江西观察使,从高骈之请也。传既去抚州,南城人危全讽复据之,又遣其弟仔倡据信州。

10 尚让攻宜君寨,会大雪盈尺,贼冻死者什二三。

11 蜀人韩求聚众数千人应阡能。

12 镇海节度使周宝奏高骈承制以贼帅孙端为宣歙观察使。诏宝与宣歙观察使裴虔馀发兵拒之。

13 南诏上书请早降公主,诏报以方议礼仪。

14 以保大留后东方逵为节度使,充京城东面行营招讨使。

15 闰月,加魏博节度使韩简兼侍中。

16 八月,以兵部侍郎、判度支郑绍业同平章事、兼荆南节度使。

17 浙东观察使刘汉宏遣弟汉宥及马步都虞候辛约将兵二万营于西陵,谋兼并浙西,杭州刺史董昌遣都知兵马使钱镠拒之。壬子,镠乘雾夜济江,袭其营,大破之,所杀殆尽,汉宥、辛约皆走。

18 魏博节度使韩简亦有兼并之志,自将兵三万攻河阳,败诸葛爽于修武。爽弃城走,简留兵戍之,因掠邢、洺而还。

19 李国昌自达靼帅其族迁于代州。

深恐没有立功而被治罪，便抓了许多村民充作俘虏送到官府，每天都有几十甚至上百人。陈敬瑄不问青红皂白，把抓来的村民都杀了。其中，也有年老体弱的人及妇女，围观的人问他们为什么被抓，都回答说："我们正在耕田绩麻，官军忽然进了村子，便强行抓来，我们也不知道犯了什么罪。"

9　秋季，七月己巳(二十九日)，朝廷任命钟传为江西观察使，这是根据高骈的请求任命的。钟传离开抚州，南城人危全讽又占据了抚州，并派遣他的弟弟危仔倡占据信州。

10　尚让攻打宜君寨，恰好下大雪，有一尺多厚，贼寇被冻死的占十分之二三。

11　四川人韩求聚集了几千人，响应阡能。

12　镇海节度使周宝上奏，说高骈自称秉承旨意，让贼寇头目孙端做宣歙地方的观察使。唐僖宗颁发诏书给周宝和宣歙观察使裴虔馀，命他们派发大兵阻击孙端。

13　南诏王上书请求尽早迎娶公主，唐僖宗颁诏告诉南诏王正在商议车服礼仪。

14　朝廷任命保大留后东方逵为节度使，充当京城东面行营的招讨使。

15　闰七月，朝廷加封魏博节度使韩简兼任侍中。

16　八月，朝廷任命兵部侍郎、判度支郑绍业为同平章事，并兼充荆南节度使。

17　浙东观察使刘汉宏派遣其弟刘汉宥及马步都虞候辛约，带领两万兵马在西陵安营扎寨，谋划兼并浙西地方，杭州刺史董昌派遣都知兵马使钱镠带兵抵抗。壬子(十三日)，钱镠在夜间乘有大雾督兵过江，袭击刘汉宥和辛约的军营，势如破竹，敌营兵马多被斩杀，刘汉宥、辛约两人逃跑。

18　魏博节度使韩简也有兼并的意图，亲自带兵三万攻打河阳，在修武打败诸葛爽。诸葛爽放弃河阳城逃跑，韩简留军队在此驻守，并到邢州、洺水一带抢掠一番回来。

19　李国昌从鞑靼率领其部落族人迁到代州定居。

20 黄巢所署同州防御使朱温屡请益兵以扞河中,知右军事孟楷抑之,不报。温见巢兵势日蹙,知其将亡,亲将胡真、谢瞳劝温归国。九月丙戌,温杀其监军严实,举州降王重荣。温以舅事重荣,王铎承制以温为同华节度使,使瞳奉表诣行在。瞳,福州人也。

李详以重荣待温厚,亦欲归之,为监军所告,黄巢杀之,以其弟思邺为华州刺史。

21 桂邕州军乱,逐节度使张从训,以前容管经略使崔焯为岭南西道节度使。

22 平卢大将王敬武逐节度使安师儒,自为留后。

23 初,朝廷以庞勋降将汤群为岚州刺史,群潜通沙陀,朝廷疑之,徙群怀州刺史,郑从谠遣使赍告身授之。冬,十月庚子朔,群杀使者,据城叛,附于沙陀。壬寅,从谠遣马步都虞候张彦球将兵讨之。

24 贼帅韩秀昇、屈行从起兵,断峡江路。癸丑,陈敬瑄遣押牙庄梦蝶将二千人讨之,又遣押牙胡弘略将千人继之。

25 韩简复引兵击郓州,节度使曹存实逆战,败死。天平都将下邑朱瑄收馀众,婴城拒守,简攻之不下。诏以瑄权知天平留后。

26 以朱温为右金吾大将军、河中行营招讨副使,赐名全忠。

27 李克用虽累表请降,而据忻、代州,数侵掠并、汾,争楼烦监。义武节度使王处存与克用世为婚姻,诏处存谕克用:“若诚心款附,宜且归朔州俟朝命;若暴横如故,当与河东、大同军共讨之。”

20 黄巢的部属同州防御使朱温多次请求增兵以固守河中一带,知右军事孟楷把这事压下而不上报。朱温看到黄巢队伍的形势越来越紧迫,知道其将以失败告终,亲信将领胡真、谢瞳两人也规劝朱温归顺大唐。九月丙戌(十七日),朱温杀掉监军严实,率同州全部人马投降王重荣。朱温把王重荣当作舅舅来侍奉,王铎秉承旨意,让朱温做同华节度使,派谢瞳恭奉表文到皇帝驻跸之地报告。谢瞳是福州人氏。

李详看到王重荣对待朱温很宽厚,便也想归顺他,被监军察觉告发,黄巢于是将李详杀掉,让他的弟弟黄思邺当华州刺史。

21 邕州军队发生叛乱,赶走节度使张从训,让以前的容管经略使崔焯做岭南西道节度使。

22 平卢地方的大将王敬武赶走节度使安师儒,自己做这里的留后。

23 起初,朝廷让庞勋的投降将领汤群做岚州刺史,汤群私下暗通沙陀,朝廷对他产生了怀疑,便调汤群到怀州当刺史,郑从谠派遣使臣拿着告身前往传授命令。冬季,十月庚子朔(初一),汤群杀掉郑从谠派来的使臣,占据城邑反叛,归附沙陀。壬寅(初三),郑从谠派遣马步都虞候张彦球带兵讨伐汤群。

24 贼寇将领韩秀昇、屈行从兴兵而起,截断峡江路。癸丑(十四日),陈敬瑄派遣押牙将庄梦蝶带领两千人马进行讨伐,又续派押牙将胡弘略率领一千余人前往。

25 韩简再次带兵进攻郓州,天平节度使曹存实迎战,结果战败身亡。天平都将下邑的朱瑄招收残存馀部,环绕郓州城拒敌死守,韩简终于没有攻下郓州。唐僖宗颁诏,命朱瑄暂代天平留后。

26 唐僖宗加封朱温为右金吾大将军、河中行管招讨副使,并赐名为朱全忠。

27 李克用虽然多次进呈表文请求投降,可是他占据忻州、代州,经常入侵抢掠并州、汾州,并争夺楼烦监。义武节度使王处存与李克用是世代姻亲,唐僖宗于是诏令王处存告诫李克用:"如果是真心诚意地归附,就应当暂且回到朔州等待朝廷的命令;如果仍像从前一样暴虐横行,朝廷就会汇集河东和大同的官军一同进行讨伐。"

28　以平卢大将王敬武为留后。时诸道兵皆会关中讨黄巢，独平卢不至，王铎遣都统判官、谏议大夫张濬往说之。敬武已受黄巢官爵，不出迎，濬见敬武，责之曰："公为天子藩臣，侮慢诏使，不能事上，何以使下！"敬武愕然，谢之。既宣诏，将士皆不应，濬徐谕之曰："人生当先晓逆顺，次知利害。黄巢，前日贩盐虏耳，公等舍累叶天子而臣之，果何利哉！今天下勤王之师皆集京畿，而淄青独不至；一旦贼平，天子返正，公等何面目见天下之人乎！不亟往分功名、取富贵，后悔无及矣！"将士皆改容引咎，顾谓敬武曰："谏议之言是也。"敬武即发兵从濬而西。

29　刘汉宏又遣登高镇将王镇将兵七万屯西陵，钱镠复济江袭击，大破之，斩获万计，得汉宏补诸将官伪敕二百馀通，镇奔诸暨。

30　黄巢兵势尚强，王重荣患之，谓行营都监杨复光曰："臣贼则负国，讨贼则力不足，奈何？"复光曰："雁门李仆射，骁勇，有强兵，其家尊与吾先人尝共事相善，彼亦有徇国之志，所以不至者，以与河东结隙耳。诚以朝旨谕郑公而召之，必来，来则贼不足平矣！"东面宣慰使王徽亦以为然。时王铎在河中，乃以墨敕召李克用，谕郑从谠。十一月，克用将沙陀万七千自岚、石路趣河中，不敢入太原境，独与数百骑过晋阳城下与从谠别，从谠以名马、器币赠之。

28　朝廷任命平卢大将王敬武为留后。当时各道官兵都汇聚关中讨伐黄巢，唯独平卢的官军没有到来，王铎派遣都统判官、谏议大夫张濬前往规劝王敬武。王敬武已经接受了黄巢封给的官爵，拒不出城接迎，张濬见到王敬武，责问他说："你是大唐天子的臣僚，却侮辱怠慢传诏的使臣，你不能侍奉朝廷，怎么能指挥下属呢！"王敬武很吃惊，向张濬谢罪。接着宣读唐僖宗的书时，将领和士兵都不呼应，张濬慢慢地劝谕他们说："人生在世应当首先知道什么是离经叛道，什么是顺应时势，其次应当知道干什么有利，干什么有害。黄巢这个人，从前不过是个贩卖食盐的下贱人，你们舍弃几代的大唐天子而对黄巢称臣，究竟能有什么好处！现在天下救援大唐皇帝的军队都聚集在京畿一带，可是唯有淄青的官军不到；将来一旦贼寇平灭，大唐皇帝返回京师重新一统天下，你们还有什么脸面是去见天下的人！现在若是不立即前往竞相建功立业、争取荣华富贵，将来后悔可就来不及了！"平卢将领和士兵听后都收起刚才的面容，感到自己错了，纷纷回过头对王敬武说："谏议大夫张濬的话对呀。"王敬武立即派发军队跟随张濬往西开进。

29　刘汉宏又派遣镇守登高的大将王镇带兵七万屯驻西陵，钱镠于夜间再次过江对王镇发动突然袭击，大破王军，斩杀擒获一万馀人，缴获刘汉宏委命补授各位将官的伪敕书两百馀件，王镇逃往诸暨。

30　黄巢的兵势还比较强大，王重荣对此深表忧虑，他对行营都监杨复光说："对贼寇称臣就辜负了大唐，讨伐贼寇又兵力不足，怎样才好？"杨复光说："雁门节度使李克用，作战勇猛，并拥有强大的军队，他的父亲与我已故的养父曾经一同共事，相处很好，他也有以身殉国的宏大志愿，之所以他不来，是因为他与河东的郑从谠有矛盾。假如用朝廷的旨意劝谕郑从谠，从而召唤李克用，李克用一定会来，李克用若来，则平灭贼寇不在话下了！"东面宣慰使王徽也这样认为。当时王铎在河中，就用墨敕征召李克用，谕劝郑从谠。十一月，李克用带领一万七千沙陀人马，从岚城县、石州一路赶往河中，但不敢进入太原境内，只带几个骑兵经过晋阳城与郑从谠告别，郑从谠赠送给他名马、器具和钱币。

31　李详旧卒共逐黄思邺，推华阴镇使王遇为主，以华州降于王重荣，王铎承制以遇为刺史。

32　阡能党愈炽，侵淫入蜀州境。陈敬瑄以杨行迁等久无功，以押牙高仁厚为都招讨指挥使，将兵五百人往代之。未发前一日，有鬻面者，自旦至午，出入营中数四，逻者疑之，执而讯之，果阡能之谍也。仁厚命释缚，温言问之，对曰："某村民，阡能囚其父母妻子于狱，云：'汝诇事归，得实则免汝家；不然，尽死。'某非愿尔也。"仁厚曰："诚知汝如是，我何忍杀汝！今纵汝归，救汝父母妻子，但语阡能云：'高尚书来日发，所将止五百人，无多兵也。'然我活汝一家，汝当为我潜语寨中人云：'仆射愍汝曹皆良人，为贼所制，情非得已。尚书欲拯救湔洗汝曹，尚书来，汝曹各投兵迎降，尚书当使人书汝背为"归顺"字，遣汝复旧业。所欲诛者，阡能、罗浑擎、句胡僧、罗夫子、韩求五人耳，必不使横及百姓也。'"谍曰："此皆百姓心上事，尚书尽知而赦之，其谁不舞跃听命！一口传百，百传千，川腾海沸，不可遏也。比尚书之至，百姓必尽奔赴如婴儿之见慈母，阡能孤居，立成擒矣！"遂遣之。

明日，仁厚引兵发，至双流，把截使白文现出迎。仁厚周视堑栅，怒曰："阡能役夫，其众皆耕民耳，竭一府之兵，岁馀不能擒，今观堑栅重复牢密如此，宜其可以安眠饱食，养寇邀功也！"命引出斩之。监军力救，久之，乃得免。命悉平堑栅，才留五百兵守之，馀兵悉以自随，又召诸寨兵，相继皆集。

31　李详的旧部兵卒共同驱逐黄思邺,推举华阴镇使王遇做首领,将华州降归王重荣,王铎秉承旨意委任王遇为刺史。

32　阡能一伙势力越来越大,一路侵掠淫乱进入蜀州境内。因为杨行迁等人长期以来没有立功,陈敬瑄便任命押牙将高仁厚为都招讨指挥使,带领军队五百人前往取代杨行迁。在出发的前一天,有个卖面的人,从早晨到中午,在军营中出出入入好多次,巡逻的士兵对这人产生了怀疑,把他抓起来讯问,果然是阡能的间谍。高仁厚命令为他解开捆绑的绳索,和颜悦色地对他进行询问,那个人说:"我是某个村子的人,阡能把我的父母妻子儿女都囚禁在狱中,并说'你刺探官军情况回来,得到实情就宽免了你们全家;不然的话,你们全家都要处死。'我并不是甘心情愿地为阡能效力。"高仁厚说:"我相信你是这样的,怎能忍心杀害你!现在我放你回去,去救你的父母妻子儿女,只管对阡能说:'高仁厚过两天就发兵,所带的军队不过五百人,没有多少人马。'可是,我救了你们一家人,你要为我对营寨的人中偷偷传话说:'陈敬瑄仆射可怜你们都是善良的人,被贼寇控制,其情形实在是不得已。高仁厚要来拯救你们,为你们洗刷冤枉,高仁厚来的时候,你们要分别扔掉兵器前往投降,高仁厚会叫人在你们的背上书写"归顺"二字,让你们回去仍操旧业。想要杀掉的,不过是阡能、罗浑擎、句胡僧、罗夫子和韩求这五个人,一定不会牵连到老百姓的。'"阡能派来的那个间谍说:"这些全是老百姓心里想的事,尚书您都一清二楚并宽免百姓,还有谁不高高兴兴地听命!这些话一个人传播给一百人,一百人传播给一千人,就会像河川欢跃大海沸腾,势不可挡。等到尚书您来,老百姓一定都投奔而来,就像婴儿见到慈爱的母亲,那时,阡能孤立无援,马上就可以擒获!"于是,高仁厚让他回去。

第二天,高仁厚率领军队出发,到达双流,把截使白文现出来迎接。高仁厚环视堑壕营栅,怒气冲冲地说:"阡能一伙人,都是耕种土地的百姓,你们用尽一府的军队,长达一年多而不能擒获,现在看到你这里堑壕栅栏重重叠叠如此牢固,大概也可以安稳睡觉饱食终日而留养贼寇以邀功请赏了!"便命令把白文现拉出斩首。监军极力营救,劝了好久,白文现才免于一死。高仁厚下令把堑壕栅栏全部平掉,仅留下五百士兵守卫,其馀士兵全都跟随他走,又征召各个寨子的士兵,都相继集合起来。

　　阡能闻仁厚将至，遣罗浑擎立五寨于双流之西，伏兵千人于野桥箐以邀官军。仁厚诇知，引兵围之，下令勿杀，遣人释戎服入贼中告谕，如昨日所以语谍者。贼大喜，呼噪，争弃甲投兵请降，拜如摧山。仁厚悉抚谕，书其背，使归语寨中未降者，寨中馀众争出降。浑擎狼狈逾寨走，其众执以诣仁厚，仁厚曰："此愚夫，不足与语。"械以送府。悉命焚五寨及其甲兵，惟留旗帜，所降凡四千人。

　　明旦，仁厚谓降者曰："始欲即遣汝归，而前涂诸寨百姓未知吾心，或有忧疑，藉汝曹为我前行，过穿口、新津寨下，示以背字告谕之，比至延贡，可归矣。"乃取浑擎旗倒系之，每五十人为队，扬旗疾呼曰："罗浑擎已生擒，送使府，大军行至。汝曹居寨中者，速如我出降，立得为良人，无事矣！"至穿口，句胡僧置十一寨，寨中人争出降，胡僧大惊，拔剑遏之，众投瓦石击之，共擒以献仁厚，其众五千馀人皆降。

　　又明旦，焚寨，使降者执旗先驱，一如双流。至新津，韩求置十三寨皆迎降。求自投深堑，其众钩出之，已死，斩首以献。将士欲焚寨，仁厚止之曰："降人犹未食。"使先运出资粮，然后焚之。新降者竞炊爨，与先降来告者共食之，语笑歌吹，终夜不绝。

阡能听说高仁厚将到，派遣罗浑擎在双流的西面设立五个营寨，在野桥箐一带设下伏兵一千余人以拦击官军。高仁厚刺探到这一军情，带兵把罗浑擎的军营包围起来，下令不要剿杀，而是派人脱掉军人装束潜入贼寇营中传话，像昨天对那个间谍说的一样。贼寇听后很是欢喜，呼喊叫嚷着，争先恐后地抛弃盔甲扔掉兵器请求投降，下拜的人多得像高山倾倒一样。高仁厚对这些来降的人均加抚恤劝导，在他们的背上书写"归顺"二字，然后让他们回到贼寇营寨之中，告诉那些还未投降的人，于是营寨内剩余的人都争着跑出去投降。罗浑擎只好越过堑壕狼狈逃跑，结果被他的部属抓住送到高仁厚那里，高仁厚说："这个蠢货，不值得和他说什么。"便给罗浑擎带上刑具送往官府。高仁厚下令把贼寇的五个营寨和盔甲武器全部烧掉，只留下收缴的旗帜，先后投降的人总共有四千名。

第三天早晨，高仁厚对投降的人说："开始时本想立即放你们回家，可是前面道路上各个寨子的百姓还不知道我的心思，有的人会有忧虑和疑问，现在借助你们在前面行走，经过穿口、新津寨一带时，向那里的百姓展示你们背上的'归顺'二字，把投降情况告诉他们，等到了延贡，就放你们回去。"于是取来罗浑擎的旗帜倒着挂起来，每五十个人结为一队，挥着旗子大声呼喊："罗浑擎已经被活捉，送到官府去了，大唐王朝的军队马上就到。你们住在营寨中的人，快快像我们一样出来投降，马上就可以成为朝廷的良民，没有事了！"官军到达穿口，句胡僧设有十一个营寨，寨子中的人都争着跑出来投降，句胡僧大为惊慌，拔出剑来阻止，大家用瓦片石头打他，一起把他抓住献给高仁厚，句胡僧的部属五千余人都投降了。

第四天早晨，高仁厚焚烧贼寇营寨，让投降的人打着旗子在前面走，像在双流出发时一样。到达新津，韩求设置的十三个营寨中的人都出来投降。韩求自己跳入深深的堑壕，他的部属把他钩了上来，他已经死了，便砍下他的脑袋送给高仁厚。官军将士要烧毁营寨，高仁厚阻止他们说："投降的人还没有吃饭。"让人先把资财粮食运出来，然后再烧营寨。刚刚投降的人竞相烧火做饭，与先前投降来向他们传话的人一同进餐，欢歌笑语，整夜都没有停。

明日,仁厚纵双流、穿口降者先归,使新津降者执旗先驱,且曰:"入邛州境,亦可散归矣。"罗夫子置九寨于延贡,其众前夕望新津火光,已不眠矣。及新津人至,罗夫子脱身弃寨奔阡能,其众皆降。

明日,罗夫子至阡能寨,与之谋悉众决战。计未定,日向暮,延贡降者至,阡能、罗夫子走马巡寨,欲出兵,众皆不应。仁厚引兵连夜逼之,明旦,诸寨知大军已近,呼噪争出,执阡能,阡能窘急赴井,为众所擒,不死,又执罗夫子,罗夫子自刭。众挈罗夫子首,缚阡能,驱之前迎官军,见仁厚,拥马首大呼泣拜曰:"百姓负冤日久,无所控诉。自谍者还,百姓引领,度顷刻如期年。今遇尚书,如出九泉睹白日,已死而复生矣。"欢呼不可止。贼寨在他所者,分遣诸将往降之。仁厚出军凡六日,五贼皆平。每下县镇,辄补镇遏使,使安集户口。

于是陈敬瑄枭韩求、罗夫子首于市,钉阡能、罗浑擎、句胡僧于城西,七日而剐之。阡能孔目官张荣,本安仁进士,屡举不中第,归于阡能,为之谋主,为草书檄,阡能败,以诗启求哀于仁厚,仁厚送府,钉于马市,自馀不戮一人。

十二月,以仁厚为眉州防御使。

陈敬瑄榜邛州,凡阡能等亲党皆不问。未几,邛州刺史申捕获阡能叔父行全家三十五人系狱,请准法。敬瑄以问孔目官唐溪,对曰:"公已有榜,令勿问,而刺史复捕之,此必有故。今若杀之,岂惟使明公失大信,窃恐阡能之党

第五天，高仁厚把双流、穿口投降的人先行放回去，而让新津投降的人打着旗帜在前面走，并且对他们说："进入邛州境内，也可以放你们回去。"罗夫子在延贡设置九个营寨，他的部属在前一天晚上看到新津火光冲天，已是夜不能眠。等到新津投降的人赶到这里，罗夫子便扔下寨子逃奔阡能，他的部属全都投降。

第六天，罗夫子逃到阡能的营寨，与阡能谋划动用全部人马进行决战。计策还没商定，天快黑了，高仁厚带着延贡投降的人赶到，阡能、罗夫子骑上战马巡视营寨，想派兵出战，部属都不听号令。高仁厚带领官军连夜逼近，次日早晨，各个营寨知道大唐官军已经接近，争先恐后地呼喊着往外跑，有人去抓阡能，阡能走投无路只好跳井，被众人拿获，没有死，同时去抓罗夫子，罗夫子自杀了。大家提着罗夫子的脑袋，绑着阡能，驱赶着他前往迎接官军，见到高仁厚，众人拥簇着高仁厚的马大声哭泣跪拜着说："老百姓忍辱含冤时间太长了，找不到地方控告申诉。自从您放回间谍，老百姓就伸长脖子盼望官军到来，度日如年。现在见到尚书您，就像走出阴间重见天日，死而复生一样。"欢呼的声音此起彼伏不能制止。其他地方的贼寇营寨，也分别派遣将领前往投降。高仁厚出兵总共六天，五大贼寇都被平灭。他每攻打下一个县镇，就补授镇遏使，令其安抚召集民人户口。

于是，陈敬瑄把韩求、罗夫子两人的首级挂在市井，又将阡能、罗浑擎、句胡僧钉在城西，七天后把他们三人处以凌迟极刑。为阡能掌管文书的吏员张荣，本来是安仁的进士，多次参加科举而未被录取入仕，最后投奔阡能，为阡能出谋划策，起草书信檄文，阡能失败后，张荣作诗向高仁厚苦苦哀求，高仁厚把他送到官府，钉在马市处死，其余的没有再杀戮一人。

十二月，朝廷任命高仁厚为眉州防御使。

陈敬瑄在邛州张贴告示，所有阡能等人的亲朋党羽都不问罪。不久，邛州刺史申报抓获阡能的叔父阡行全家三十五人，因在狱中，请求正法。陈敬瑄就此征求掌管文书的吏员唐溪的意见，唐溪说："您已经张贴告示，下令对阡能的亲友不再问罪，可是邛州刺史还是把阡行全一家逮捕，这里面一定有原因。现在若是把阡行全一家杀掉，不但会使您失信于民，我还担心会导致阡能的党羽再次

纷纷复起矣!"敬瑄从之,遣押牙牛晕往,集众于州门,破械而释之,因询其所以然,果行全有良田,刺史欲买之,不与,故恨之。敬瑄召刺史,将按其罪,刺史以忧死。他日,行全闻其家由溪以免,密饷溪蚀箔金百两。溪怒曰:"此乃太师仁明,何预吾事,汝乃怀祸相饷乎!"还其金,斥逐使去。

33 河东节度使郑从谠奏克岚州,执汤群,斩之。

34 以忻、代等州留后李克用为雁门节度使。

35 初,朝廷以郑绍业为荆南节度使,时段彦谟方据荆南,绍业惮之,逾半岁,乃至镇。上幸蜀,召绍业还,以彦谟为节度使。彦谟为朱敬玫所杀,复以绍业为节度使。绍业畏敬玫,逗遛不进,军中久无帅;至是,敬玫署押牙陈儒知府事。儒,江陵人也。

36 加奉天节度使齐克俭、河中节度使王重荣并同平章事。

37 李克用将兵四万至河中,遣从父弟克脩先将兵五百济河尝贼。初,克用弟克让为南山寺僧所杀,其仆浑进通归于黄巢。自高浔之败,诸军皆畏贼,莫敢进。及克用军至,贼惮之,曰:"鸦军至矣,当避其锋。"克用军皆衣黑,故谓之鸦军。巢乃捕南山寺僧十馀人,遣使赍诏书及重赂,因浑进通诣克用以求和。克用杀僧,哭克让,受其赂以分诸将,焚其诏书,归其使者,引兵自夏阳渡河,军于同州。

纷纷起兵谋反！"陈敬瑄听从了唐溪的话，派遣押牙将牛晕前往，在邛州的州门口召集众人，打开阡行全一家人的刑具释放他们，并顺便询问他们为什么被刺史抓起来，果然是阡行全家里有肥沃的田地，刺史想要收买，阡行全不同意，刺史便因此怀恨在心。陈敬瑄叫来邛州刺史，要对他治罪，邛州刺史忧惧而死。后来，阡行全听说他们全家是由于唐溪的一番话而免于治罪，暗地里给唐溪送去蚀箔金一百两。唐溪怒气冲冲地说："这都是太师陈敬瑄仁慈开明，哪里有我什么事，你是在向我送祸呀！"他把阡行全送来的金子全都退回，斥责并赶走了派来的人。

33　河东节度使郑从谠奏报攻克岚州，抓获汤群，并将其斩杀。

34　朝廷任命忻州、代州等处的留后李克用为雁门节度使。

35　起初，朝廷任命郑绍业为荆南节度使，当时段彦谟刚刚占据荆南，郑绍业对段彦谟有些畏惧，过了半年，才到荆南镇。唐僖宗到达蜀地，召令郑绍业回去，任命段彦谟为荆南节度使。段彦谟被朱敬玫杀害，朝廷再次任命郑绍业为荆南节度使。郑绍业畏惧朱敬玫，逗留不前，荆南官军很长时间没有主帅，这时，朱敬玫便暂任押牙将陈儒掌管荆南府事宜。陈儒是江陵人。

36　朝廷加封奉天节度使齐克俭、河中节度使王重荣均为同平章事。

37　李克用带领军队四万人到达河中，派遣他的堂弟李克脩先带五百人马过河试探贼寇。当初，李克用的弟弟李克让躲避贼寇隐藏在南山佛寺，被寺里的僧人杀害，李克让的仆人浑进通投归黄巢。自从高浔一役吃了败仗，各路官军都畏惧贼寇，不敢向前。等到李克用的军队到来，贼寇害怕了，说："鸦军来到了，应当避开他们的锋芒。"李克用的军队穿衣服都是黑色，所以贼寇称他们是鸦军。黄巢于是抓获南山佛寺的僧人十余名，派出使者带着诏书及丰厚的贿赂财物，通过浑进通的关系到李克用那里求和。李克用杀掉僧人，哭祭李克让，又接受黄巢的贿赂财物，分给各位将领，而将黄巢的诏书烧掉，把使者打发回去，然后带领大军从夏阳过河，在同州安设军营。

38　孟方立既杀成麟,引兵归邢州,潞人请监军吴全勖知留后。是岁,王铎墨制以方立知邢州事,方立不受,囚全勖,与铎书,愿得儒臣镇潞州,铎以郑昌图知昭义军事。既而朝廷以右仆射、租庸使王徽同平章事,充昭义节度使,徽以车驾播迁,中原方扰,方立专据山东邢、洺、磁三州,度朝廷力不能制,辞不行,请且委昌图。诏以徽为大明宫留守、京畿安抚制置修奉园陵使。昌图至潞州,不三月而去,方立遂迁昭义军于邢州,自称留后,表其将李殷锐为潞州刺史。

39　和州刺史秦彦使其子将兵数千袭宣州,逐观察使窦潏而代之。

三年(癸卯,883)

1　春,正月,李克用将李存贞败黄揆于沙苑。己巳,克用进屯沙苑。揆,巢之弟也。王铎承制以克用为东北面行营都统,以杨复光为东面都统监军使,陈景思为北面都统监军使。

乙亥,制以中书令、充诸道行营都统王铎为义成节度使,令赴镇。田令孜欲归重北司,称铎讨黄巢久无功,卒用杨复光策,召沙陀而破之,故罢铎兵柄以悦复光。又以副都统崔安潜为东都留守,以都都监西门思恭为右神策中尉,充诸道租庸兼催促诸道进军等使。令孜自以建议幸蜀、收传国宝、列圣真容、散家财犒军为己功,令宰相藩镇共请加赏,上以令孜为十军兼十二卫观军容使。

2　成德节度使常山忠穆王王景崇薨,军中立其子节度副使镕知留后事,时镕生十年矣。

3　以天平留后朱瑄为节度使。

38　孟方立既已杀掉成麟,带兵回到邢州,潞州百姓便请求监军吴全勖主持留后事宜。这一年,王铎颁墨制任命孟方立主持邢州事宜,孟方立拒不受命,囚禁吴全勖,写信给王铎,愿意招用儒臣镇守潞州,王铎任命郑昌图主持昭义的军事。不久,朝廷任命右仆射、租庸使王徽为同平章事,充任昭义节度使,王徽认为唐僖宗远迁蜀地,中原一带正扰乱不安,孟方立单独占据山东的邢、洺、磁三个州,估计朝廷无力控制这种局面,推辞而不赴任,请求暂且委派郑昌图为昭义节度使。朝廷又颁诏任命王徽为大明宫留守、京畿安抚制置修奉园陵使。郑昌图到达潞州任上,不到三个月就走了,孟方立于是把昭义军调到邢州,自己称作留后,进呈表章请求任命他的将领李殷锐为潞州刺史。

39　和州刺史秦彦派遣他的儿子带领军队几千人袭击宣州,赶走观察使窦潏,取而代之。

唐僖宗中和三年(癸卯,公元883年)

1　春季,正月,李克用的将领李存贞在沙苑打败黄揆。己巳(初二),李克用进驻沙苑。黄揆是黄巢的弟弟。王铎秉承旨意,任命李克用为东北面行营都统,杨复光为东面都统监军使,陈景思为北面都统监军使。

乙亥(初八),唐僖宗任命中书令、充诸道行营都统王铎为义成节度使,命他前赴镇所。田令孜想要归依北司,他奏称王铎讨剿黄巢时间长久而没立功,最后采用杨复光的策略,召来沙陀人马才击败贼寇,因而罢免了王铎的兵权来取悦杨复光。又任命副都统崔安潜为东都留守,命都都监西门思恭为右神策中尉,充任诸道租庸兼催促诸道进军等使。田令孜自以为建议唐僖宗出走蜀地、收藏传国宝和各先帝的画像、散放家中资财犒赏官军有功,便指令宰相藩镇一同请求为他恩加赏赐,唐僖宗于是任命田令孜为神策十军兼南牙十二卫观军容使。

2　成德节度使常山忠穆王王景崇死去,军营中拥立王景崇的儿子节度副使王镕主持留后事宜,当时王镕才十岁。

3　朝廷任命天平留后朱瑄为节度使。

4　二月壬子,李克用进军乾阬,与河中、易定、忠武军合。尚让等将十五万众屯于梁田陂,明日,大战,自午至晡,贼众大败,俘斩数万,伏尸三十里。巢将王璠、黄揆袭华州,据之,王遇亡去。

5　初,光州刺史李罕之为秦宗权所攻,弃州奔项城,帅馀众归诸葛爽,爽以为怀州刺史。韩简攻郓州,半年,不能下,爽复袭取河阳,朱瑄请和,简乃舍之,引兵击河阳。爽遣罕之逆战于武陟,魏军大败而还,大将澶州刺史乐行达先归,据魏州,军中共立行达为留后,简为部下所杀。己未,以行达为魏博留后。

6　甲子,李克用进围华州,黄思邺、黄揆婴城固守。克用分骑屯渭北。

7　以王镕为成德留后。

8　以郑绍业为太子宾客、分司,以陈儒为荆南留后。

9　峡路招讨指挥使庄梦蝶为韩秀昇、屈行从所败,退保忠州,应援使胡弘略战亦不利。江、淮贡赋皆为贼所阻,百官无俸。云安、湇井路不通,民间乏盐。陈敬瑄奏以眉州防御使高仁厚为西川行军司马,将三千兵讨之。

10　加凤翔节度使李昌言同平章事。

11　黄巢兵数败,食复尽,阴为遁计,发兵三万扼蓝田道,三月壬申,遣尚让将兵救华州,李克用、王重荣引兵逆战于零口,破之。克用进军渭桥,骑军在渭北,克用每夜令其将薛志勤、康君立潜入长安,燔积聚,斩虏而还,贼中大惊。

12　以淮南押牙合肥杨行愍为庐州刺史。行愍本庐州牙将,勇敢,屡有战功,都将忌之,白刺史郎幼复遣使出戍于外。行愍过辞,都将以甘言悦之,问其所须,行愍曰:"正须汝头耳!"

4　二月壬子(十五日),李克用率军前往乾阮,与河中、易定、忠武军等各路官军会合。尚让等人带十五万人马屯驻梁田陂,第二天,展开激战,从中午一直打到傍晚,贼寇大败,俘虏斩杀几万人,横卧在地上的尸体长达三十里。黄巢带领王璠、黄揆袭击华州,并占据了华州,王遇逃跑。

5　起初,光州刺史李罕之受到秦宗权的进攻,放弃光州奔往项城,率领剩馀的人马归附诸葛爽,诸葛爽任命李罕之为怀州刺史。韩简攻打郓州,半年也没能攻下,诸葛爽又袭击攻取河阳,朱瑄请求讲和,韩简便放弃进攻郓州,带兵回攻河阳。诸葛爽派遣李罕之在武陟迎战,结果魏州军大败退回,大将澶州刺史乐行达先期回去,占据了魏州,军营上下便共同拥立乐行达为魏州留后,韩简被部下杀害。己未(二十一日),朝廷任命乐行达为魏博留后。

6　甲子(二十七日),李克用进军围攻华州,黄思邺、黄揆环绕华州城顽固坚守。李克用分派一部分骑兵屯驻渭北。

7　朝廷任命王镕为成德留后。

8　朝廷任命郑绍业为太子宾客、分司,任命陈儒为荆南留后。

9　峡路招讨指挥使庄梦蝶被韩秀昇、屈行从打败,退到忠州固守,应援使胡弘略与贼寇作战也同样失利。这样,江、淮一带的贡赋都被贼寇阻截,朝廷百官无俸可供。云安、渟井一带的道路不通,民间缺乏食盐。于是陈敬瑄奏请,任命眉州防御使高仁厚为西川行军司马,率领军队三千人前往讨伐韩秀昇、屈行从。

10　朝廷为凤翔节度使李昌言加封同平章事。

11　黄巢所带的人马多次战败,粮食也吃尽,暗中筹谋逃离长安,他派出三万兵马扼守住蓝田这一向南出走的要道。三月壬申(初六),派遣尚让带兵救援华州,李克用、王重荣带领官军在零口迎击贼寇,获得胜利。李克用率领大军前赴渭桥,骑兵则布置在渭北,李克用每天夜间都命令将领薛志勤、康君立偷偷进入长安城,焚烧黄巢积聚的财物,斩杀俘获黄巢的人马,然后再退出,使贼寇大为惊慌恐惧。

12　朝廷任命淮南押牙将合肥人杨行愍为庐州刺史。杨行愍本来是庐州的牙将,勇猛果敢,多次作战立功,行营都将很嫉妒他,禀告刺史郎幼复派遣他到外边驻防。杨行愍向都将辞行,都将对他好言相待,问他还有什么需要的东西,杨行愍说:"就是需要你的脑袋!"

遂起斩之,并将诸营,自称八营都知兵马使。幼复不能制,荐于高骈,请以自代。骈以行愍为淮南押牙,知庐州事,朝廷因而命之。行愍闻州人王勋贤,召,欲用之,固辞。问其子弟,曰:"子潜,好学慎密,可任以事;弟子稔,有气节,可为将。"行愍召潜置门下,以稔及定远人季章为骑将。

初,吕用之因左骁雄军使俞公楚得见高骈,用之横甚,或以咎公楚,公楚数戒用之少自敛,毋相累,用之衔之。右骁雄军使姚归礼,气直敢言,尤疾用之所为,时面数其罪,常欲手刃之。癸未夜,用之与其党会倡家,归礼潜遣人爇其室,杀貌类者数人,用之易服得免。明旦,穷治其事,获纵火者,皆骁雄之卒,用之于是日夜谮二将于骈。未几,骈使二将将骁雄卒三千袭贼于慎县,用之密以语杨行愍云:"公楚、归礼欲袭庐州。"行愍发兵掩之,二将不为备,举军尽殪,以二将谋乱告骈,骈不知用之谋,厚赏行愍。

13 己丑,以河中行营招讨副使朱全忠为宣武节度使,俟克复长安,令赴镇。

14 癸巳,李克用等拔华州,黄揆弃城走。

15 刘汉宏分兵屯黄岭、岩下、贞女三镇,钱镠将八都兵自富春击之,破黄岭,擒岩下镇将史弁、贞女镇将杨元宗。汉宏以精兵屯诸暨,镠又击破之,汉宏走。

16 庄梦蝶与韩秀昇、屈行从战,又败。其败兵纷纭还走,所在慰谕,不可遏。遇高仁厚于路,叱之,即止。仁厚斩都虞候一人,

于是起身把都将斩杀，并统领各路军营，自己称作八营都知兵马使。郎幼复见已无法控制杨行愍，便向高骈推荐，请求以杨行愍接替自己。高骈于是任命杨行愍为淮南押牙将，掌管庐州事宜，朝廷因而委任杨行愍做庐州刺史。杨衍愍听说庐州人王勖很是贤能，把他召来，想起用他，王勖坚持推辞。杨行愍询问王勖年轻后辈的情况，回答说："儿子王潜，勤奋学习，办事谨慎周密，可以委用；弟弟的儿子王稔，很有气节，可以用为将领。"杨行愍便把王潜召来安置在身边，任命王稔和定远人李章为骑兵将领。

起初，吕用之因为左骁雄军使俞公楚的关系而得以拜见高骈，吕用之过于蛮横霸道，有人因此责怪俞公楚，俞公楚几次劝诫吕用之稍微收敛一些，不要使他受到连累，吕用之对俞公楚便怀恨在心。右骁雄军使姚归礼，性格直爽敢于说话，尤其憎恶吕用之的所作所为，有时当面指责他的横暴行为，常常想亲手杀了他。癸未（十七日）夜，吕用之与他的党羽在娼妓家会聚，姚归礼暗中派人焚烧吕用之的卧室，杀掉好几个与他面貌相似的人，吕用之更换衣服而免于一死。第二天早晨，吕用之严厉追究这件事，抓获放火的人，都是骁雄军的兵卒，吕用之于是白天晚上地向高骈诬陷俞公楚和姚归礼两位将领。不久，高骈命令俞公楚和姚归礼两人督率骁雄军三千人在庐州境内慎县袭击贼寇，吕用之偷偷向杨行愍说："俞公楚、姚归礼要攻打庐州。"杨行愍出其不意发动突然进攻，俞公楚、姚归礼两人没有任何准备，结果全军覆没，杨行愍又向高骈告发俞公楚、姚归礼谋反叛乱，高骈不知道这是吕用之的阴谋，竟重赏杨行愍。

13　己丑（二十三日），朝廷任命河中行营招讨副使朱全忠为宣武节度使，等夺回长安，再令他前往镇所。

14　癸巳（二十七日），李克用等人攻克华州，黄揆离城逃走。

15　刘汉宏在黄岭、岩下、贞女三个镇分别驻扎军队，钱镠带八都兵从富春渡江发动进攻，攻占黄岭，抓获岩下镇将史弁和贞女镇将杨元宗。刘汉宏调集精锐人马驻守诸暨，钱镠又发动进攻占领诸暨，刘汉宏只好逃跑。

16　庄梦蝶与韩秀昇、屈行从激战，再次失败。庄梦蝶的败兵纷纷逃走，进行抚慰劝导，也不能阻止。这些逃兵在路上遇见高仁厚，被他高声怒喝，逃兵当即停下。高仁厚斩杀了一名都虞候，

更令修娖部伍。乃召耆老,询以山川蹊径及贼寨所据,喜曰:
"贼精兵尽在舟中,使老弱守寨,资粮皆在寨中,此所谓重战
轻防,其败必矣!"乃扬兵江上,为欲涉之状。贼昼夜御备,遣
兵挑战,仁厚不与交兵,潜发勇士千人执兵负薪,夜,由间道
攻其寨,且焚之。贼望见,分兵往救之,不及,资粮荡尽,众心
已摇。仁厚复募善游者凿其舟,相继皆沉,贼往来惶惑,不能
相救,仁厚遣兵于要路邀击,且招之,贼众皆降。秀昇、行从
见众溃,挥剑乱斫,欲止之,众愈怒,共执二人诣仁厚,仁厚诘
之曰:"何故反?"秀升曰:"自大中皇帝晏驾,天下无复公道,
纽解纲绝。今日反者,岂惟秀昇!成是败非,机上之肉,惟所
烹醢耳!"仁厚愀然,命善食而械之。夏,四月庚子,献于行
在,斩之。

17　李克用与忠武将庞从、河中将白志迁等引兵先进,
与黄巢军战于渭南,一日三战,皆捷;义成、义武等诸军继之,
贼众大奔。甲辰,克用等自光泰门入京师,黄巢力战不胜,焚
宫室遁去。贼死及降者其众,官军暴掠,无异于贼,长安室屋
及民所存无几。巢自蓝田入商山,多遗珍宝于路,官军争取
之,不急追,贼遂逸去。

杨复光遣使告捷,百官入贺。诏留忠武等军二万人,委
大明宫留守王徽及京畿制置使田从异部分,守卫长安。五
月,加朱玫、李克用、东方逵同平章事。升陕州为节度,以王
重盈为节度使。又建延州为保塞军,以保大行军司马延州刺史
李孝恭为节度使。克用时年二十八,于诸将最少,而破黄巢,

重新下令整顿队伍。高仁厚找来当地高龄老人，向他们询问这一带山川小路以及贼寇营寨屯据的情况之后，高兴地说："贼寇的精锐人马都在船上，而让那些年老体弱人守卫营寨，资财粮食都在寨子里，这就是人们所说的重视攻战轻视防守，他们一定会失败的！"高仁厚于是公开在江面上布置下军队，摆出要过江攻打的阵势。船上的贼寇日夜防御准备，并派兵前来挑战，高仁厚不与这些贼寇交战，而暗中派出一千名勇猛士兵手拿兵器肩扛菒秆，在夜晚从偏僻的小路前往攻打贼寇的营寨，并且放火焚烧。船上的贼寇看到这种情况，马上分派人马回营寨救援，已来不及了，贼寇的资财粮食全被毁掉，人心动摇。高仁厚又招募善于游泳的人凿破贼寇的船只，使其都相继沉没，贼寇来来往往惶恐迷惑，不能救援，高仁厚派遣军队在交通要道拦击贼寇，并且招降，最后贼寇都投降了。韩秀昇、屈行从看到人马溃败不堪，挥剑乱砍，想进行阻止，大家更加愤怒，一同抓住韩秀昇、屈行从两人送到高仁厚那里，高仁厚质问说："你们为什么起兵谋反？"韩秀昇回答说："自从宣宗皇帝死后，天下再也没有公道，维系大唐王朝的纽带松懈，朝廷法度被废弃。当今谋反的人，难道只是我韩秀昇！成者王侯败者贼，我已是桌子上的肉，任凭你们煮杀剁成肉酱！"高仁厚听后不禁感到凄怆，命令让他美餐之后戴上刑具。夏季，四月庚子（初四），高仁厚把韩秀昇献到成都唐僖宗那里，韩秀昇被斩杀。

17　李克用与忠武将领庞从、河中将领白志迁等带领人马先行进军，在渭南与黄巢军队展开激战，一天交战多次，都获得胜利；义成、义武等各路大军相继赶到，黄巢人马只好争相败逃。甲辰（初八），李克用等从光泰门进入京师长安，黄巢顽强争战而不能取胜，最后放火焚烧宫殿后逃跑。贼寇战死和投降的人很多，但官军横暴抢掠，与贼寇没有什么两样，长安城内的房屋和百姓所剩无几。黄巢从蓝田进入商山，在路上扔下许多珍宝，官军争抢这些东西，而不急于追击，贼寇于是逃脱了。

杨复光派遣使臣向唐僖宗报捷，朝中百官向皇上恭贺。僖宗颁诏，留下忠武等军两万人，委派大明宫留守王徽和京畿制置使田从异指挥部署，驻守护卫长安。五月，朝廷为朱玫、李克用、东方逵加封同平章事。将陕州升格为节度，任命王重盈为节度使。又在延州建立保塞军，任命保大行军司马、延州刺史李孝恭为节度使。李克用当时年仅二十八岁，在各位将领中是最年轻的，可是打败黄巢，

复长安,功第一,兵势最强,诸将皆畏之。克用一目微眇,时人谓之"独眼龙"。

诏以崔璆家贵身显,为黄巢相首尾三载,不逃不隐,于所在斩之。

18 黄巢使其骁将孟楷将万人为前锋,击蔡州,节度使秦宗权逆战而败。贼进攻其城,宗权遂称臣于巢,与之连兵。

初,巢在长安,陈州刺史宛丘赵犨谓将佐曰:"巢不死长安,必东走,陈其冲也。且巢素与忠武为仇,不可不为之备。"乃完城堑,缮甲兵,积刍粟,六十里之内,民有资粮者,悉徙之入城。多募勇士,使其弟昶玼、子麓林分将之。孟楷既下蔡州,移兵击陈,军于项城。犨先示之弱,伺其无备,袭击之,杀获殆尽,生擒楷,斩之。巢闻楷死,惊恐,悉众屯溵水。六月,与秦宗权合兵围陈州,掘堑五重,百道攻之。陈人大恐,犨谕之曰:"忠武素著义勇,陈州号为劲兵,况吾家久食陈禄,誓与此州存亡。男子当求生于死中,且徇国而死,不愈于臣贼而生乎! 有异议者斩!"数引锐兵开门出击贼,破之。巢益怒,营于州北,立宫室百司,为持久之计。时民间无积聚,贼掠人为粮,生投于碓硙,并骨食之,号给粮之处曰"舂磨寨"。纵兵四掠,自河南许、汝、唐、邓、孟、郑、汴、曹、濮、徐、兖等数十州,咸被其毒。

收复长安,李克用的功劳实属第一,军队实力也最强大,各位将领对他都很畏惧。李克用的一只眼睛略微小些,当时人们都叫他"独眼龙"。

唐僖宗颁发诏令,指责崔璆家世富贵出身显赫,却在黄巢手下做同平章事先后三年,既不逃走也不隐居,将他在住所斩杀。

18 黄巢派令他的骁将孟楷督率一万人马为前锋,进攻蔡州,节度使秦宗权带官兵迎战失败。贼寇攻打蔡州城,秦宗权于是向黄巢称臣,把他的队伍与黄巢的人马合并到一起。

起初,黄巢在长安时,陈州刺史宛丘人赵犨对手下将领僚佐说:"黄巢如果不是在长安战死,一定是向东逃跑,陈州则首当其冲。并且黄巢一向仇视忠武军,我们不能不做准备。"于是赵犨把护卫陈州城的堑壕挖整完毕,修缮盔甲武器,大量积储草料粮食,在六十里之内,老百姓家有资财粮食的,把他们都迁入陈州城内。赵犨还招募许多勇猛的士兵,让他的弟弟赵昶珝、儿子赵麓林分别统领。黄巢的骁将孟楷既已攻下蔡州,便调动军队去打陈州,率军驻扎在项城。赵犨先是向孟楷做出势单力薄的样子,乘他没有准备,发动突然袭击,孟楷的人马几乎全被斩杀擒获,本人也被活捉处斩。黄巢听说孟楷被处死,很惊慌恐惧,把所有的人马都调集到溵水一带驻守。六月,黄巢与秦宗权汇合人马围攻陈州,挖开层层密布的五重堑壕,从上百个道路向陈州发起进攻。陈州城内的人们极其恐慌,赵犨对他们说:"忠武军向来以正义勇敢著称,陈州的兵马号称为最强有力的队伍,况且我赵犨一家长期食用陈州的俸禄,誓与陈州共存亡。男子汉要以死相拼来求得生路,况且以身殉国而死,不比向贼寇称臣苟且偷生要好吗!有异议者一律斩首!"赵犨几次带领精锐人马打开城门出去攻打贼寇,挫败了贼寇的进攻。黄巢更加震怒,在陈州的北面建立行营,设立宫室百官,做长远的打算。当时民间没有积储,贼寇抓掠百姓充作粮食,把活人扔到石磨里面去磨,连同骨头一起吃掉,号称供给粮食的地方是"舂磨寨"。黄巢放纵士兵到处抢掠,河南府许州、汝州、唐州、邓州、孟州、郑州、汴州、曹州、濮州、徐州、兖州等几十个州的地方,都受到黄巢的蹂躏。

19　初,上蔡人刘谦为岭南小校,节度使韦宙奇其器,以兄女妻之。谦击群盗,屡有功,辛丑,以谦为封州刺史。

20　加东川节度使杨师立同平章事。

21　宣武节度使朱全忠帅所部数百人赴镇,秋,七月丁卯,至汴州。时汴、宋荐饥,公私穷竭,内则骄军难制,外为大敌所攻,无日不战,众心危惧,而全忠勇气益振。诏以黄巢未平,加全忠东北面都招讨使。

22　南诏遣布燮杨奇肱来迎公主。诏陈敬瑄与书,辞以"銮舆巡幸,仪物未备,俟还京邑,然后出降"。奇肱不从,直前至成都。

23　李克用自长安引兵还雁门,寻有诏,以克用为河东节度使,召郑从谠诣行在。克用乃自东道过榆次,诣雁门省其父。克用寻榜河东,安慰军民曰:"勿为旧念,各安家业。"

24　左骁卫上将军杨复光卒于河中。复光慷慨喜忠义,善抚士卒,军中恸哭累日,八都将鹿晏弘等各以其众散去。田令孜素畏忌之,闻其卒,甚喜,因摈斥其兄枢密使复恭为飞龙使。令孜专权,人莫与之抗,惟复恭数与之争得失,故令孜恶之,复恭因称疾归蓝田。

25　以成德留后王镕、魏博留后乐行达、天平留后朱瑄为本道节度使。

26　司徒、门下侍郎、同平章事郑畋,虽当播越,犹谨法度。田令孜为判官吴圆求郎官,畋不许;陈敬瑄欲立于宰相之上,畋以故事,使相品秩虽高,皆居真相之下,固争之。

19　当初，上蔡人刘谦做岭南小校，节度使韦宙特别器重他，把哥哥的女儿嫁给他做妻子。刘谦攻打各股贼寇，连连立功，辛丑(初七)，朝廷任命刘谦为封州刺史。

20　朝廷为东川节度使杨师立加封同平章事。

21　宣武节度使朱全忠率领部下几百人前往镇所，秋季，七月丁卯(初三)，朱全忠到达汴州。当时汴州、宋州一带接连闹饥荒，国库资财匮乏，百姓穷困潦倒，内部则是骄横的官军难以控制，外面又受到强大的贼寇进攻，没有一天不交战，很多人担忧害怕，可是朱全忠的勇气却更加振奋。唐僖宗颁发诏令，指出黄巢一伙还没平灭，加封朱全忠为东北面都招讨使。

22　南诏王派遣清平官杨奇肱来内地迎娶公主。唐僖宗诏令陈敬瑄回信答复，说："皇帝外出，公主婚嫁的礼仪物品尚未准备齐全，待皇帝回到京师长安之后再办公主婚事。"以此来推辞，杨奇肱不肯，直接前往成都去见唐僖宗。

23　李克用从长安带领军队回到雁门，不久唐僖宗颁诏，任命李克用为河东节度使，召令郑从谠前往成都。李克用于是从东道经过榆次，到达雁门探望他的父亲。不久，李克用在河东张贴告示，安慰官军和百姓说："不要再思虑过去的事，应各自安置家口操持旧业。"

24　左骁卫上将军杨复光在河中府死去。杨复光为人慷慨，忠诚义气，善于安抚军内士卒，他死后士兵连哭数日，八都将鹿晏弘等率领自己人马分别散去。田令孜一向畏惧忌恨杨复光，听说杨复光死了，十分高兴，趁机排斥杨复光的哥哥枢密使杨复恭，任他为飞龙使。田令孜独揽大权，没有人敢和他抗争，只有杨复恭多次与他争论得失事宜，因此田令孜憎恨他，杨复恭于是托词有病回到蓝田。

25　朝廷任命成德留后王镕、魏博留后乐行达、天平留后朱瑄分别为本道节度使。

26　司徒、门下侍郎、同平章事郑畋，虽然是颠沛流离，仍然谨慎地维护朝廷的法度。田令孜请求为判官吴圆加封郎官，郑畋不同意；陈敬瑄想要立于宰相上位，郑畋认为在以往的旧例中，虽然节度使带平章事及检校三省长官、三公、三师这些人称为使相，其品秩很高，但却都在真正的宰相之下，因而坚决与陈敬瑄争辩。

二人乃令凤翔节度使李昌言上言："军情猜忌，不可令畋扈从过此。"畋亦累表辞位，乃罢为太子太保，又以其子兵部侍郎凝绩为彭州刺史，使之就养。以兵部尚书判度支裴澈为中书侍郎、同平章事。

27　八月甲辰，李克用至晋阳，诏以前振武节度使李国昌为代北节度使，镇代州。

28　升湖南为钦化军，以观察使闵勖为节度使。

29　九月，加陈敬瑄兼中书令，进爵颍川郡王。

30　感化节度使时溥营于溵水，加溥东面兵马都统。

31　以荆南留后陈儒为节度使。

32　昭义节度使孟方立，以潞州地险人劲，屡篡主帅，欲渐弱之，乃迁治所于邢州，大将家及富室皆徙山东，潞人不悦。监军祁审诲因人心不安，使武乡镇使安居受潜以蜡丸乞师于李克用，请复军府于潞州。冬，十月，克用遣其将贺公雅等赴之，为方立所败；又遣李克脩击之。辛亥，取潞州，杀其刺史李殷锐。是后克用每岁出兵争山东，三州之人半为俘馘，野无稼穑矣。

33　以宗女为安化长公主，妻南诏。

34　刘汉宏将十馀万众出西陵，将击董昌。戊午，钱镠济江迎战，大破之，汉宏易服持鲙刀而遁。己未，汉宏收馀众四万又战，镠又破之，斩其弟汉容及将辛约。

35　十一月甲子朔，秦宗权围许州。

36　忠武大将鹿晏弘帅所部自河中南掠襄、邓、金、洋，所过屠灭，声云西赴行在。十二月，至兴元，逐节度使牛勖，勖奔龙州西山。晏弘据兴元，自称留后。

田令孜、陈敬瑄两人于是指令凤翔节度使李昌言向唐僖宗进言说："军中人情猜疑，不能让郑畋随从皇上经过这里。"郑畋也多次进呈表文请求辞去官职，唐僖宗于是罢免郑畋的官职，封为太子太保，又以郑畋的儿子兵部侍郎郑凝绩为彭州刺史，让郑畋到那里去养老。朝廷任命兵部尚书判度支裴澈为中书侍郎、同平章事。

27　八月甲辰（十一日），李克用到达晋阳，唐僖宗诏令任命以前的振武节度使李国昌为代北节度使，镇所设在代州。

28　朝廷将湖南晋升为钦化军，任命观察使闵勖为节度使。

29　九月，朝廷加封陈敬瑄兼任中书令，晋升爵位为颍川郡王。

30　感化节度使时溥在溵水安设军营，朝廷加封他为东面兵马都统。

31　朝廷任命荆南留后陈儒为节度使。

32　昭义节度使孟方立，因为潞州地势险要百姓刚烈，几次强夺主帅，所以想逐渐削弱这里，于是把镇所迁移到邢州，各大将领的家属和富贵人家都搬到山东，潞州人很不高兴。监军祁审诲因为人心不稳定，派遣武乡镇使安居受偷偷地通过蜡丸传递消息请求李克用出兵，希望把军府重新设在潞州。冬季，十月，李克用派遣他的将领贺公雅等人前往，被孟方立打败；李克用又派遣李克脩去进攻。辛亥（十八日），攻下潞州，杀掉潞州刺史李殷锐。从这以后，李克用每年都派出军队争夺山东的地盘，邢州、洺州、磁州这三个州的百姓有一半被俘获，田野里见不到庄稼。

33　唐僖宗诏令以宗室的女儿为安化长公主，嫁给南诏王。

34　刘汉宏带领十几万人马从西陵出发，要攻打董昌。戊午（二十五日），钱镠过江迎战，击败了刘汉宏的队伍，刘汉宏更换衣服手拿鱼刀扮成厨师逃走。己未（二十六日），刘汉宏把残兵败将收集起来再次对战，钱镠又将刘汉宏打败，斩杀了他的弟弟刘汉容及其将领辛约。

35　十一月甲子朔日（初一），秦宗权围攻许州。

36　忠武大将鹿晏弘率领部属从河中向南抢掠，路经襄州、邓州、金州、洋州，所经过的地方都遭到屠杀残害，鹿晏弘扬言说要往西开进，直奔成都唐僖宗的处所。十二月，鹿晏弘到达兴元，赶走节度使牛勖，牛勖逃奔龙州的西山。鹿晏弘于是占据兴元，自称留后。

37　武宁节度使时溥因食中毒，疑判官李凝古而杀之。凝古父损，为右散骑常侍，在成都，溥奏凝古与父同谋，田令孜受溥赂，令御史台鞫之。侍御史王华为损论冤，令孜矫诏移损下神策狱，华拒而不遣。萧遘奏："李凝古行毒，事出暧昧，已为溥所杀，父损相别数年，声问不通，安得诬以同谋！溥恃功乱法，陵蔑朝廷，欲杀天子侍臣。若徇其欲，行及臣辈，朝廷何以自立！"由是损得免死，归田里。时令孜专权，群臣莫敢迕视，惟遘屡与争辩，朝廷倚之。

38　升浙东为义胜军，以刘汉宏为节度使。

39　赵犨遣人间道求救于邻道，于是周岌、时溥、朱全忠皆引兵救之。全忠与黄巢之党战于鹿邑，败之，斩首二千馀级，遂引兵入亳州而据之。

四年(甲辰,884)

1　春，正月，以鹿晏弘为兴元留后。

2　赐魏博节度使乐行达名彦祯。

3　东川节度使杨师立以陈敬瑄兄弟权宠之盛，心不能平。敬瑄之遣高仁厚讨韩秀昇也，语之曰："成功而还，当奏天子，以东川相赏。"师立闻之，怒曰："彼此列藩，而遽以我疆土许人，是无天地也！"田令孜恐其为乱，因其不发兵防遏，征师立为右仆射。

4　黄巢兵尚强，周岌、时溥、朱全忠不能支，共求救于河东节度使李克用。二月，克用将蕃、汉兵五万出天井关，河阳节度使诸葛爽辞以河桥不完，屯兵万善以拒之。克用乃还兵，自陕、河中渡河而东。

37 武宁节度使时溥因食物中毒,怀疑是判官李凝古所为而将李斩杀。李凝古的父亲李损,是朝廷的右散骑常侍,当时在成都,时溥奏参李凝古和他的父亲合谋杀害他;田令孜收受时溥的贿赂,命令御史台审讯李损。侍御史王华为李损鸣冤叫屈,田令孜假借唐僖宗的诏令要将李损转移投入神策狱,王华拒绝命令而不发遣李损。萧遘上奏说:"李凝古投毒谋害时溥案本来事实不清,而李凝古已被时溥杀死,李凝古与他的父亲李损已分别多年,彼此信息不通,怎么能诬陷他们父子是同谋! 时溥倚仗有功践踏法度,凌辱蔑视朝廷,想要杀害天子身边的大臣。如果依从了他的狂妄要求,牵连到朝中臣僚,朝廷还怎么能够立足天下!"这样,李损才免于一死,解职回到故里。当时田令孜独揽大权,臣僚们没有敢不顺从的,只有萧遘多次与他争辩,成为朝廷的依靠。

38 朝廷将浙东升格为义胜军,任命刘汉宏为节度使。

39 赵犨派人抄近路向邻近各道求救,于是周岌、时溥、朱全忠都率领队伍前往救援。朱全忠与黄巢的人马在鹿邑展开激战,打败黄巢,斩杀两千馀人,带领官军进入亳州而占据该城。

唐僖宗中和四年(甲辰,公元884年)

1 春季,正月,朝廷任命鹿晏弘为兴元留后。

2 唐僖宗赐魏博节度使乐行达名为彦祯。

3 东川节度使杨师立对陈敬瑄、田令孜兄弟极度专权,心中愤愤不平。陈敬瑄派遣高仁厚讨伐韩秀昇时,对高仁厚说:"大功告成之后,我要奏请皇上,赏你做东川节度使。"杨师立知道这事后,勃然大怒,气愤地说:"彼此都是大唐的藩镇,而竟然把我管辖的疆土许诺给别人,这实在是没有天公地道了!"田令孜担心杨师立发动叛乱,趁着他还没有发兵进行防范,就征调杨师立为右仆射。

· 4 黄巢人马的势力还比较强大,周岌、时溥、朱全忠支持不住,一同向河东节度使李克用请求救援。二月,李克用带领蕃夷和汉族兵马五万出天井关,河阳节度使诸葛爽以河阳桥还没完工为理由进行推辞,在万善屯驻军队拒绝李克用经由这里。李克用于是带兵回去从陕州和河中渡过黄河向东挺进。

5　杨师立得诏书,怒,不受代,杀官告使及监军使,举兵,以讨陈敬瑄为名,大将有谏者辄杀之,进屯涪城,遣其将郝蠲袭绵州,不克。丙午,以陈敬瑄为西川、东川、山南西道都指挥、招讨、安抚、处置等使。三月甲子,杨师立移檄行在百官及诸道将吏士庶,数陈敬瑄十罪,自言集本道将士、八州坛丁共十五万人,长驱问罪。诏削师立官爵,以眉州防御使高仁厚为东川留后,将兵五千讨之,以西川押牙杨茂言为行军副使。

6　朱全忠击黄巢瓦子寨,拔之。巢将陕人李唐宾、楚丘王虔裕降于全忠。

7　婺州人王镇执刺史黄碣,降于钱镠。刘汉宏遣其将娄赟杀镇而代之,浦阳镇将蒋瓌召镠兵共攻婺州,擒赟而还。碣,闽人也。

8　高骈从子左骁卫大将军濆,疏吕用之罪状二十馀幅,密以呈骈,且泣曰:“用之内则假神仙之说,蛊惑尊听;外则盗节制之权,残贼百姓。将佐惧死,莫之敢言。岁月浸深,羽翼将成,苟不除之,恐高氏奕代勋庸,一朝扫地矣!”因呜咽不自胜。骈曰:“汝醉邪!”命扶出。明日,以濆状示用之,用之曰:“四十郎尝以空乏见告,未获遵命,故有此憾。”因出濆手书数幅呈之。骈甚惭,遂禁濆出入,后月馀,以濆知舒州事。

群盗陈儒攻舒州,濆求救于庐州。杨行愍力不能救,谋于其将李神福,神福请不用寸刃而逐之。乃多赍旗帜,间道入舒州,顷之,引舒州兵建庐州旗帜而出,指画地形,若布大陈状,贼惧,宵遁。神福,洺州人也。

5 杨师立接到调任他为右仆射的诏令,极其愤怒,拒不受命,杀掉朝廷的官告使和东川监军使,以讨伐陈敬瑄为名兴兵反叛,大将中有谏阻的,杨师立当即斩杀,进军驻扎涪城,派遣他的将领郝蠋攻打绵州,没有攻克。丙午(十五日),朝廷任命陈敬瑄为西川、东川、山南西道都指挥、招讨、安抚、处置等使。三月甲子(初三),杨师立向成都唐僖宗那里的文武百官和各道将士官民发檄文,历数陈敬瑄的十大罪状,自己陈言招集本道将士、八州坛丁共十五万人,长驱直进前往问罪。僖宗颁发诏令,削去杨师立的官爵,任命眉州防御使高仁厚为东川留后,率领军队五千进行讨伐,命西川押牙将杨茂言为行军副使。

6 朱全忠攻打黄巢的瓦子寨,攻了下来。黄巢的将领陕州人李唐宾、楚丘人王虔裕向朱全忠投降。

7 婺州人王镇捉住刺史黄碣,向钱镠投降。刘汉宏派遣他的将领娄赉杀掉王镇而取代,镇守浦阳的将领蒋瓌召来钱镠的兵马一同进攻婺州,擒获娄赉而回。黄碣是福建人。

8 高骈的侄子左骁卫大将军高澞,陈述吕用之的罪状,状纸达二十多篇,秘密呈交高骈,并且哭着说:"吕用之在内假借神仙鬼怪,迷惑您的耳目;在外则盗用节制权柄,残害地方百姓。将领佐官都怕死,而不敢说话。随着时光的流逝,吕用之的羽毛将要丰满,翅膀要硬起来,如果不把他铲除掉,恐怕高家世代的功劳,在一个早晨就会败落下去!"于是情不自禁地痛哭起来。高骈说:"你是喝多了吧!"叫人把高澞搀扶出去。第二天,高骈把高澞的诉状展示给吕用之看,吕用之说:"高澞曾因手头拮据请求救助,没有获得准许,所以对我怀恨在心。"吕用之顺便拿出高澞原来亲手写的几封信呈送高骈。高骈十分惭愧,于是禁止高澞随便出入,一个多月后,让高澞去掌管舒州事宜。

盗贼陈儒攻打舒州,高澞向庐州的杨行愍请求救援。杨行愍估计靠他的兵力难以救援,便和他的将领李神福谋划对策,李神福自请不动刀枪就可赶走盗贼。于是带上许多旗帜,从偏僻的小路进入舒州,不久,李神福带领舒州的军队打着庐州带来的旗帜纷纷出城,看着地形比比划划,就像布置大的作战阵容的样子,陈儒一伙盗贼害怕起来,乘夜间逃走了。李神福是洺州人。

久之,群盗吴迥、李本复攻舒州,濮不能守,弃城走,骈使人就杀之。杨行愍遣其将合肥陶雅、清流张训等将兵击吴迥、李本,擒斩之,以雅摄舒州刺史。秦宗权遣其弟将兵寇庐州,据舒城,杨行愍遣其将合肥田頵击走之。

9　前杭州刺史路审中客居黄州,闻鄂州刺史崔绍卒,募兵三千人入据之。武昌牙将杜洪亦逐岳州刺史而代之。

10　黄巢围陈州几三百日,赵犨兄弟与之大小数百战,虽兵食将尽,而众心益固。李克用会许、汴、徐、兖之军于陈州。时尚让屯太康,夏,四月癸巳,诸军进拔太康。黄思邺屯西华,诸军复攻之,思邺走。黄巢闻之惧,退军故阳里,陈州围始解。

朱全忠闻黄巢将至,引军还大梁。五月癸亥,大雨,平地三尺,黄巢营为水所漂,且闻李克用将至,遂引兵东北趣汴州,屠尉氏。尚让以骁骑五千进逼大梁,至于繁台,宣武将丰人朱珍、南华庞师古击却之。全忠复告急于李克用,丙寅,克用与忠武都监使田从异发许州,戊辰,追及黄巢于中牟北王满渡,乘其半济,奋击,大破之,杀万馀人,贼遂溃。尚让帅其众降时溥,别将临晋李谠、曲周霍存、甄城葛从周、冤句张归霸及弟归厚帅其众降朱全忠。巢逾汴而北,己巳,克用追击之于封丘,又破之。庚午夜,复大雨,贼惊惧东走,克用追之,过胙城、匡城。巢收馀众近千人,东奔兖州。辛未,克用追至冤句,骑能属者才数百人,昼夜行二百馀里,人马疲乏,粮尽,乃还汴州,欲裹粮复追之,获巢幼子及乘舆器服符印,得所掠男女万人,悉纵遣之。

过了很久，盗贼吴迥、李本再次攻打舒州，高渎不能固守，放弃舒州城逃跑，高骈派人把高渎杀掉。杨行愍派遣手下将领合肥人陶雅、清流人张训等人率领官军攻打吴迥、李本，将他们擒获斩杀，便任命陶雅代理舒州刺史。秦宗权派遣他的弟弟带领人马侵扰庐州，占据舒城，杨行愍又派遣他的将领合肥人田頵将盗贼打退。

9　以前的杭州刺史路审中旅居黄州，他听说鄂州刺史崔绍死去，便招募三千人马占据了鄂州。武昌牙将杜洪也驱逐岳州刺史取而代之。

10　黄巢围攻陈州将近三百天，赵犨兄弟与黄巢大小战斗几百次，虽然官兵的粮食快要没了，可是大家抗击贼寇的决心更加坚定。李克用在陈州与许州、汴州、徐州、兖州的各路官军相会。当时，尚让驻守太康，夏季，四月癸巳（初三），各路官军推进攻克太康。黄思邺驻扎西华，各路官军又攻打西华，黄思邺逃跑。黄巢听到这些战况很是恐惧，把人马撤退到故阳里，陈州的包围才解除。

朱全忠听说黄巢快要到来，带领军队回到大梁。五月癸亥（初三），天下大雨，平地积水三尺深，黄巢的军营被水淹没，又听说李克用将要来到，于是带领人马往东北方向的汴州奔去，屠杀尉氏。尚让带领精壮骑兵五千逼近大梁，到达繁台，宣武将领丰州人朱珍、南华人庞师古将尚让击退。朱全忠又向李克用告急请求援救，丙寅（初六），李克用与忠武都监使田从异从许州出发，戊辰（初八），在中牟北面的王满渡追赶上黄巢，李克用乘黄巢人马渡到汴河一半的时候，奋勇攻打，将黄巢打得大败，斩杀一万馀人，贼寇于是溃退。尚让率领他的人马向时溥投降，其他将领临晋人李谠、曲周人霍存、甄城人葛从周、冤句人张归霸以及他的弟弟张归厚带领所部向朱全忠投降。黄巢经过汴河向北奔去，己巳（初九），李克用在封丘追上黄巢，又将黄巢打败。庚午（初十）夜间，又下大雨，贼寇惊慌畏惧向东逃跑，李克用穷追不舍，先后经过胙城、匡城。黄巢把剩馀的人马收集起将近一千人，向东奔往兖州。辛未（十一日），李克用追到冤句，统领的骑兵仅几百人，一天一夜行程两百馀里，士兵和马匹都疲惫不堪，粮食也断绝了，于是回到汴州，想携带粮食再次追击黄巢，李克用捉住黄巢的幼子，缴获了黄巢乘坐的车马和他的器具、服装、符节和印章，并收得黄巢以前掠抢的男女百姓一万多人，把他们全部放回去。

11 癸酉,高仁厚屯德阳,杨师立遣其将郑君雄、张士安据鹿头关以拒之。

12 甲戌,李克用至汴州,营于城外,朱全忠固请入城,馆于上源驿。全忠就置酒,声乐、馔具皆精丰,礼貌甚恭。克用乘酒使气,语颇侵之,全忠不平。薄暮,罢酒,从者皆沾醉,宣武将杨彦洪密与全忠谋,连车树栅以塞衢路,发兵围驿而攻之,呼声动地。克用醉,不之闻,亲兵薛志勤、史敬思等十馀人格斗,侍者郭景铢灭烛,扶克用匿床下,以水沃其面,徐告以难,克用始张目援弓而起。志勤射汴人,死者数十。须臾,烟火四合,会大雨震电,天地晦冥,志勤扶克用帅左右数人逾垣突围,乘电光而行,汴人扼桥,力战得度,史敬思为后拒,战死。克用登尉氏门,缒城得出,监军陈景思等三百馀人,皆为汴人所杀。杨彦洪谓全忠曰:"胡人急则乘马,见乘马则射之。"是夕,彦洪乘马适在全忠前,全忠射之,殪。

克用妻刘氏,多智略,左右先脱归者以汴人为变告,刘氏神色不动,立斩之,阴召大将约束,谋保军以还。比明,克用至,欲勒兵攻全忠,刘氏曰:"公比为国讨贼,救东诸侯之急,今汴人不道,乃谋害公,自当诉之朝廷。若擅举兵相攻,则天下孰能辨其曲直!且彼得以有辞矣。"克用从之,引兵去,但移书责全忠。全忠复书曰:"前夕之变,仆不之知,朝廷自遣使者与杨彦洪为谋,彦洪既伏其辜,惟公谅察。"

11　癸酉(十三日),高仁厚驻扎德阳,杨师立派遣他的将领郑君雄、张士安占据鹿头关以抗拒高仁厚。

12　甲戌(十四日),李克用到达汴州,在城外安营扎寨,朱全忠坚持请李克用进入城内,在上源驿为李克用设立馆舍。朱全忠为李克用置办酒席招待,有精彩的歌舞音乐,丰盛的美食佳肴,礼貌十分恭谦。李克用乘着酒兴颐指气使,多有恶语伤人之处,朱全忠心里愤愤不平。到了傍晚,酒宴结束,李克用的随从都饮酒大醉,宣武将军杨彦洪与朱全忠谋划,把马车连起来用树木做栅栏以堵塞主要道路,然后派出军队包围上源驿攻打李克用,呼喊的声音惊天动地。李克用已醉,不知道这一切,他的亲兵薛志勤、史敬思等十几人展开激烈的搏杀,侍者郭景铢熄灭蜡烛,搀扶李克用藏到床下,用凉水浇李克用的脸,慢慢地告诉他所发生的变乱,李克用开始睁开眼睛拉着弓箭起来。薛志勤用箭射汴州的人,射死几十名。不一会儿,浓烟烈火从四面扑来,恰好天下大雨,电闪雷鸣,天地昏暗,薛志勤扶着李克用率领身边的几名卫兵,越过墙垣突破包围,乘着闪电的光亮向前走,汴州军队把守渡桥,经过激烈的交战李克用才过去,史敬思在后面阻击掩护,战死。李克用登上汴州城的南门尉氏门,用绳子拴住身体溜下去,得以逃出,监军陈景思等三百馀人,都被汴州军队杀害。杨彦洪对朱全忠说:"北方的胡人遇有急事就乘骑马匹,我们见到有骑马人便射他。"当天晚上,杨彦洪恰好骑着马出现在朱全忠的面前,朱全忠当即射箭,杀死了杨彦洪。

李克用的妻子刘氏,智多善谋,李克用身边的人有的先从汴州城内逃脱回去,把汴州城内朱全忠发动变乱一事告诉给她,刘氏不动声色,立即将逃回来的人斩杀,暗中召集各大将军加以控制,谋划保全军队回去。等到天亮,李克用回来,要率领所部官兵去攻打朱全忠,刘氏说:"你现在为国家讨伐贼寇,解救东面各路官军的燃眉之急,今天汴州朱全忠一伙人不仁道,竟阴谋杀害你,正应当去呈诉朝廷。如果你擅自带领人马去攻打他,那么天下的人谁还能辨别这件事的是非曲直!而且那样会让朱全忠有话可说了。"李克用听从了妻子刘氏的话,带领军队离去,只是写信责备朱全忠。朱全忠回信说:"前天晚上的变乱,我实在不知道,是朝廷派遣的使臣与杨彦洪谋划的,杨彦洪既然已经伏罪处死,只有请你体察原谅了。"

克用养子嗣源，年十七，从克用自上源出，矢石之间，独无所伤。嗣源本胡人，名邈佶烈，无姓。克用择军中骁勇者，多养为子，名回鹘张政之子曰存信，振武孙重进曰存进，许州王贤曰存贤，安敬思曰存孝，皆冒姓李氏。

丙子，克用至许州故寨，求粮于周岌，岌辞以粮乏，乃自陕济河还晋阳。

13　郑君雄、张士安坚壁不出，高仁厚曰：“攻之则彼利我伤，围之则彼困我逸。”遂列十二寨围之。丁丑，夜二鼓，君雄等出劲兵掩击城北副使寨，杨茂言不能御，帅众弃寨走，其旁数寨见副使走，亦走。东川人并兵南攻中军，仁厚闻之，大开寨门，设炬火照之，自帅士卒为两翼伏道左右。贼至，见门开，不敢入，还去，仁厚发伏击之，东川兵大奔，追至城下，蹙之壕中，斩获其众而还。

仁厚念诸弃寨走者，明旦所当诛杀其多，乃密召孔目官张韶，谕之曰：“尔速遣步探子将数十人分道追走者，自以尔意谕之曰：‘仆射幸不出寨，皆不知，汝曹速归，来旦牙参，勿忧也。’”韶素名长者，众信之，至四鼓，皆还寨，惟杨茂言走至张把，乃追及之。仁厚闻诸寨漏鼓如故，喜曰：“悉归矣！”诘旦，诸将牙集，以为仁厚诚不知也。坐良久，仁厚谓茂言曰：“昨夜闻副使身先士卒，走至张把，有诸？”对曰：“昨夜闻贼攻中军，

李克用的养子李嗣源，年龄十七岁，跟随李克用从上源驿出来，枪林箭雨之中，唯独没有受伤。李嗣源本来是北方的胡人，名字是邈佶烈，没有姓。李克用选择军营中勇健强悍的人，将许多收养作为义子，给回鹘人张政的儿子起名存信，振武人孙重进起名存进，许州人王贤起名存贤，安敬思起名存孝，都冒充李姓。

丙子(十六日)，李克用到达许州原来的营寨，向周岌请求援助粮食，周岌以粮食缺乏为理由而拒绝了，李克用于是从陕州渡过黄河回到晋阳。

13 郑君雄、张士安坚守东川城堡而不出战，高仁厚说："发动进攻对郑君雄、张士安有利而我军将要付出大的伤亡，进行围困会使郑君雄、张士安疲惫困乏而我军安闲无损。"于是布置十二个营寨将东川城堡包围起来。丁丑(十七日)，夜间二更时分，郑君雄等人出动强劲军队乘官兵不备突然袭击城北副使的营寨，杨茂言抵御不住，率领人马扔下营寨逃跑，旁边几个营寨的官兵看到副使逃跑，也纷纷逃跑。东川人集中兵力向南攻打官军主帅所在中军，高仁厚听到这一消息，下令把营寨的大门打开，设置火炬照着这里，亲自率领士兵在大道左右埋伏下来。贼寇赶到，看见营寨的大门敞开着，不敢进去，调头往回走，高仁厚令伏兵发起进攻，东川的人马拼命奔逃，高仁厚追赶到东川城下，贼寇拥挤在堑壕里面，官军斩杀擒获大量人马后回去。

高仁厚考虑到那些扔下营寨逃跑的官军，第二天早晨应当诛杀处斩的人很多，于是秘密找来掌管文书的吏员张韶，命令他说："你快快派遣军营侦探带领几十人分头追赶逃跑的官兵，只是用你自己的意思告诉他们说：'检校仆射高仁厚幸好没有走出营寨，一切都不知道，你们快点回去，明天早晨牙将们像往常一样去参见高仁厚，不要有什么顾虑。'"张韶向有忠厚长者之名，大家对他的话都很信，到四更时分，逃走的官军都分别回到营寨，只有副使杨茂言跑到了张把镇，于是极力追赶将他劝回。高仁厚听到各个营寨打更的漏鼓声已和往日一样，高兴地说："都回来了！"次日早晨，各营寨的将领集合参见高仁厚，都以为他对出逃的事确实不知道。坐了好久，高仁厚对杨茂言说："昨天夜间听说你身先士卒，竟跑到了张把镇，有这事吗？"杨茂言回答说："昨天夜里听到贼寇攻打中军，

左右言仆射已去,遂策马参随,既而审其虚,复还寨中。"仁厚曰:"仁厚与副使俱受命天子,将兵讨贼,若仁厚先走,副使当叱下马,行军法,代总军事,然后奏闻。今副使既先走,又为欺罔,理当何如?"茂言拱手曰:"当死。"仁厚曰:"然!"命左右扶下,斩之,诸将股栗。仁厚乃召昨夜所俘虏数十人,释缚纵归。君雄等闻之惧,曰:"彼军法严整如是,自今兵不可复出矣!"

14 庚辰,时溥遣其将李师悦将兵万人追黄巢。

15 癸未,高仁厚陈于鹿头关城下,郑君雄等悉众出战。仁厚设伏于陈后,阳败走,君雄等追之,伏发,君雄等大败。是夕,遁归梓州。陈敬瑄发兵三千以益仁厚军,进围梓州。

身边的人说你已撤离了,于是快马加鞭跟随上去,后来了解到你根本没有离去,所以又回到营寨之中。"高仁厚说:"我高仁厚和你都是接受皇上的谕令,督率官军讨伐贼寇,如果是我高仁厚先行逃跑,你作为副使理当怒声叱喝我下马,进行军法处置,而代行总理军中事宜,然后奏报皇上。今天你既已先行逃跑,又欺骗蒙蔽,按理说应当怎样处置?"杨茂言拱手说:"该当死罪。"高仁厚说:"是这样!"于是命令身边的人把杨茂言拉下,将他处斩,各位将领吓得腿都发抖。高仁厚又召来几个昨天夜里俘虏的贼寇,给他们解开绳索放他们回去。郑君雄等人听说这些后很害怕,说:"高仁厚这样严格执行军法整饬营伍,从现在起咱们人马可不能再出去了!"

14　庚辰(二十日),时溥派遣手下将领李师悦带领军队一万人追击黄巢。

15　癸未(二十三日),高仁厚带领所部官军在鹿头关城下摆开阵势,郑君雄等人率全部人马出城作战。高仁厚在阵列后面设下埋伏,假装败退,郑君雄等人追击,中了埋伏,大败。这天傍晚,郑君雄逃回梓州。陈敬瑄派发军队三千以壮大高仁厚的阵容,进军围攻梓州。

卷第二百五十六 唐纪七十二

起甲辰(884)六月尽丁未(887)三月凡二年有奇

僖宗惠圣恭定孝皇帝下之上

中和四年(甲辰,884)

1 六月壬辰,东川留后高仁厚奏郑君雄斩杨师立出降。仁厚围梓州久不下,乃为书射城中,道其将士曰:"仁厚不忍城中玉石俱焚,为诸君缓师十日,使诸君自成其功。若十日不送师立首,当分见兵为五番,番分昼夜以攻之,于此甚逸,于彼必困矣。五日不下,四面俱进,克之必矣。诸君图之!"数日,君雄大呼于众曰:"天子所诛者元恶耳,他人无预也。"众呼万岁,大噪,突入府中,师立自杀,君雄挈其首出降。仁厚献其首及妻子于行在,陈敬瑄钉其子于城北,敬瑄三子出观之,钉者呼曰:"兹事行及汝曹,汝曹于后努力领取!"三子走马而返。以高仁厚为东川节度使。

2 甲辰,武宁将李师悦与尚让追黄巢至瑕丘,败之。巢众殆尽,走至狼虎谷。丙午,巢甥林言斩巢兄弟妻子首,将诣时溥,遇沙陀博野军,夺之,并斩言首以献于溥。

3 蔡州节度使秦宗权纵兵四出,侵噬邻道;天平节度使朱瑄,有众三万,从父弟瑾,勇冠军中。宣武节度使朱全忠为宗权所攻,势甚窘,求救于瑄,瑄遣瑾将兵救之,败宗权于合乡。全忠德之,与瑄约为兄弟。

僖宗惠圣恭定孝皇帝下之上
唐僖宗中和四年(甲辰,公元884年)

1 六月壬辰(初三),东川留后高仁厚上奏说郑君雄斩杀杨师立出来投降。高仁厚围攻梓州城好长时间拿不下来,于是写了一封信用箭射入城中,对城内的将领士卒说:"高仁厚我不忍心看到城内玉石俱焚,我暂缓进攻十天,让你们自己完成这一功业。如果十天内不送出杨师立的脑袋,我就要把现有的官兵分为五番,各番白天和黑夜轮流攻打,这样对于我们是很安逸的,对于你们则一定是疲困不堪。五天若还没有攻打下来,就从四面八方一同进攻,一定会攻克。你们考虑吧!"过了几天,郑君雄对众人大声疾呼说:"天子所要杀戮的是罪魁祸首,与别的人没有关系。"大家高喊万岁,嚷嚷吵吵,冲进府第,杨师立自杀身亡,郑君雄提着杨师立的头出来投降。高仁厚将杨师立的头和他的妻子儿女送到唐僖宗那里,陈敬瑄下令把杨师立的儿子钉死在城的北面,陈敬瑄的三个儿子出去观看这场景,被钉的人大叫:"这种事也会轮到你们,你们以后等着努力领取吧!"陈敬瑄的三个儿子骑上马逃了回去。朝廷任命高仁厚为东川节度使。

2 甲辰(十五日),武宁将军李师悦和尚让追击黄巢到瑕丘,打败黄巢。黄巢的人马几乎没剩下多少,逃到泰山东南部的狼虎谷。丙午(十七日),黄巢的外甥林言斩下黄巢和黄巢的兄弟、妻子儿女的头颅,正要拿着送到时溥那里,遇上了沙陀博野军,将黄巢等人的头颅夺去,并且砍下林言的脑袋,一同献给了时溥。

3 蔡州节度使秦宗权放纵士兵四处出击,侵吞邻近各道。天平节度使朱瑄,有人马三万,堂弟朱瑾,勇猛过人,在军营中可称第一。宣武节度使朱全忠受到秦宗权的进攻,处境十分紧迫,向朱瑄求救,朱瑄派遣朱瑾带领军队前往救援,在合乡打败了秦宗权。朱全忠很感激他,与朱瑄结为兄弟。

4　秋，七月壬午，时溥遣使献黄巢及家人首并姬妾，上御大玄楼受之。宣问姬妾："汝曹皆勋贵子女，世受国恩，何为从贼？"其居首者对曰："狂贼凶逆，国家以百万之众，失守宗祧，播迁巴、蜀，今陛下以不能拒贼责一女子，置公卿将帅于何地乎！"上不复问，皆戮之于市。人争与之酒，其馀皆悲怖昏醉，居首者独不饮不泣，至于就刑，神色肃然。

5　朱全忠击秦宗权，败宗权于溵水。

6　李克用至晋阳，大治甲兵，遣榆次镇将雁门李承嗣奉表诣行在，自陈"有破黄巢大功，为朱全忠所图，仅能自免，将佐已下从行者三百馀人，并牌印皆没不返。全忠仍榜东都、陕、孟，云臣已死，行营兵溃，令所在邀遮屠翦，勿令漏失，将士皆号泣冤诉，请复仇雠。臣以朝廷至公，当俟诏命，扪循抑止，复归本道。乞遣使按问，发兵诛讨，臣遣弟克勤将万骑在河中俟命"。时朝廷以大寇初平，方务姑息，得克用表，大恐，但遣中使赐优诏和解之。克用前后凡八表，称："全忠妒功疾能，阴狡祸贼，异日必为国患。惟乞下诏削其官爵，臣自帅本道兵讨之，不用度支粮饷。"上累遣杨复恭等谕指，称："吾深知卿冤，方事之殷，姑存大体。"克用终郁郁不平。时藩镇相攻者，朝廷不复为之辩曲直，由是互相吞噬，惟力是视，皆无所禀畏矣！

4　秋季，七月壬午(二十四日)，时溥派遣使臣进献黄巢和他家人的头颅以及他的众姬妾，唐僖宗亲临成都大玄楼接受进献。僖宗向黄巢的众妾问话："你们都是显贵人家的子女，世代接受国家的恩惠，为什么要跟随贼寇呀？"为首的一位回答说："贼寇逞凶作乱，大唐王朝有百万军队，却不能固守祖庙，流落到巴蜀一带，今天陛下责备一个女子不能抗拒贼寇，那么朝中的王公大臣将军统帅们又怎么说呢！"僖宗不再问话，下令全部在集市杀掉。人们争着给黄巢的众妾送酒，其馀的人都悲痛恐惧昏昏沉沉地喝醉了，唯独为首的那位既不饮酒也不哭泣，到了行刑的时候，神态脸色肃穆坦然。

5　朱全忠攻击秦宗权，在溵水将他打败。

6　李克用到达晋阳，大规模地修整盔甲武器，派遣镇守榆次的将军雁门人李承嗣恭奉表文到唐僖宗那里，自我陈述道："李克用有打败黄巢的大功劳，却中了朱全忠的阴谋圈套，仅是自己免于一死，身边的将领辅佐官员之下跟随的三百馀人，和朝廷授给的牌印都全军覆没。朱全忠还屡屡在东都、陕州、孟州张贴告示，说我已经死亡，军营中的人马溃散，他命令各地拦截阻击全部斩杀，不许漏网一个，为此军营中的将领和士兵都哭诉冤屈，请求报仇。我认为朝廷最为公正，应当等皇上颁发了诏命再行动，因此安抚手下人马遵循朝纲，制止了他们要擅自报仇的请求，又回到原来的营地。现在恳求皇上派遣使臣审查讯问这一事件，发兵讨伐朱全忠，我派弟弟李克勤带领一万骑兵在河中府等候命令。"当时朝廷认为黄巢大寇刚刚平灭，为政应当宽容一些，接到李克用的表文，朝廷很是担心，只是派遣中使赐发褒嘉奖励李克用的诏书，劝两人和解。李克用先后共八次进呈表文，说："朱全忠妒忌他人的功劳和才能，是阴险狡诈的乱臣贼子，将来一定会成为国家的祸患。只请求皇上颁发诏令削去朱全忠的官职和爵位，我亲自率领本道官兵对他进行讨伐，而且不用朝廷支给粮食和兵饷。"唐僖宗几次派遣杨复恭等人向李克用传达谕令，说："我深知你的冤屈，可是现在事务繁多，你姑且以大局为重吧。"对此李克用一直愤懑不平。当时对各藩镇的相互攻打，朝廷不再为他们明辨谁是谁非，由于这样，各藩镇尽管互相侵吞，只看实力，都不再向朝廷禀告事情惧怕朝廷了！

7 八月,李克用奏请割麟州隶河东,又请以弟克脩为昭义节度使,皆许之。由是昭义分为二镇。进克用爵陇西郡王。克用奏罢云蔚防御使,依旧隶河东,从之。

8 九月己未,加朱全忠同平章事。

9 以右仆射、大明宫留守王徽知京兆尹事。上以长安宫室焚毁,故久留蜀未归。徽招抚流散,户口稍归,复缮治宫室,百司粗有绪。冬,十月,关东藩镇表请车驾还京师。

10 朱全忠之降也,义成节度使王铎为都统,承制除官。全忠初镇大梁,事铎礼甚恭,铎依以为援。而全忠兵浸强,益骄倨,铎知不足恃,表请还朝,徙铎为义昌节度使。

11 鹿晏弘之去河中,王建、韩建、张造、晋晖、李师泰各帅其众与之俱,及据兴元,以建等为巡内刺史,不遣之官。晏弘猜忌,众心不附,王建、韩建素相亲善,晏弘尤忌之,数引入卧内,待之加厚,二建相谓曰:"仆射甘言厚意,疑我也,祸将至矣!"田令孜密遣人以厚利诱之,十一月,二建与张造、晋晖、李师泰帅众数千逃奔行在,令孜皆养为假子,赐与巨万,拜诸卫将军,使各将其众,号随驾五都。又遣禁兵讨晏弘,晏弘弃兴元走。

12 初,宦者曹知悫,本华原富家子,有胆略。黄巢陷长安,知悫归乡里,集壮士,据嵯峨山南,为堡自固,巢党不敢近。知悫数遣壮士变衣服语言,效巢党,夜入长安攻贼营,贼惊以为鬼神;

7　八月，李克用上奏请求朝廷把麟州割让隶属河东节度使管辖，又请求任命他的弟弟李克脩为昭义节度使，朝廷都准许了他。从此，昭义分成了两个镇。朝廷还为李克用晋升爵位为陇西郡王。李克用奏请裁撤云蔚防御使，云州、蔚州、朔州仍隶属河东节度使管辖，朝廷也依从了他。

8　九月己未（初二），朝廷加封朱全忠为同平章事。

9　朝廷任命右仆射、大明宫留守王徽掌管京兆尹的事务。唐僖宗因为长安宫殿被黄巢烧毁，所以长期留在蜀地而没回去。王徽招抚流散的百姓，长安的居民稍微回来一些，又修缮治理宫室，各官署粗略地有了些头绪。冬季，十月，关东的藩镇进呈表文请求唐僖宗回京师长安。

10　朱全忠投降的时候，义成节度使王铎是都统，秉承旨意为朱全忠封官授职。起初朱全忠镇守大梁，侍奉王铎礼节十分恭谦，王铎把他看作自己的臂膀来依靠。可是随着朱全忠人马的渐渐强大，他越来越骄横傲慢，王铎知道朱全忠这人靠不住，便进呈表文请求回到朝廷任职，朝廷于是将王铎调任义昌节度使。

11　鹿晏弘离开河中时，王建、韩建、张造、晋晖、李师泰分别率领所部人马与他一同前去，等到占据了兴元，便任命王建等人为巡内刺史，但没有派遣他们前赴任所。鹿晏弘猜疑各将领在内不再依从他，王建、韩建两人平时相互亲近友善，鹿晏弘尤其忌恨他们，多次把他俩带进内室，给他们的待遇更加优厚，王建、韩建相互说：“鹿仆射以好言美意招待我们，是在怀疑我们，大祸快要降临了！”田令孜秘密派人以丰厚的利益去引诱王建等人，十一月，王建、韩建与张造、晋晖、李师泰率领几千人马逃奔到成都唐僖宗那里，田令孜把他们都收养为义子，赏赐给他们大量钱财，封他们为各卫将军，让他们分别带领自己的人马，号称随驾五都。朝廷又派遣禁卫军讨伐鹿晏弘，鹿晏弘放弃兴元城逃跑。

12　当初，宦官曹知悫，本来是华原富贵人家的儿子，有勇气和智谋。黄巢攻陷长安后，曹知悫回到故乡，招集强壮勇士，占据嵯峨山南部，建筑营垒自我固守，黄巢的人马不敢接近。曹知悫多次派遣招集来的强壮勇士更换衣服改变言语，仿效黄巢手下的人，夜间进入长安攻打贼寇的军营，贼寇惊恐万状以为是鬼神作怪，

又疑其下有叛者，由是心不自安。朝廷闻而嘉之，就除内常侍，赐金紫。知悫闻车驾将还，谓人曰："吾施小术，使诸军得成大功，从驾群臣但平步往来，俟至大散关，当阅其可归者纳之。"行在闻之，恐其为变。田令孜尤恶之，密以敕旨谕邠宁节度使王行瑜，使诛之，行瑜潜师自嵯峨山北乘高攻之，知悫不为备，举营尽殪。令孜益骄横，禁制天子，不得有所主断。上患其专，时语左右而流涕。

13　鹿晏弘引兵东出襄州，秦宗权遣其将秦诰、赵德谞将兵会之，共攻襄州，陷之。山南东道节度使刘巨容奔成都。德谞，蔡州人也。晏弘引兵转掠襄、邓、均、房、庐、寿，复还许州。忠武节度使周岌闻其至，弃镇走，晏弘遂据许州，自称留后，朝廷不能讨，因以为忠武节度使。

14　十二月己丑，陈敬瑄表辞三川都指挥、招讨、制置、安抚等使，从之。

15　初，黄巢转掠福建，建州人陈岩聚众数千保乡里，号九龙军，福建观察使郑镒奏为团练副使。泉州刺史、左厢都虞候李连有罪，亡入溪洞，岩击败之。镒畏岩之逼，表岩自代，壬寅，以岩为福建观察使。岩为治有威惠，闽人安之。

16　义昌节度使兼中书令王铎，厚于奉养，过魏州，侍妾成列，服御鲜华，如承平之态。魏博节度使乐彦祯之子从训，伏卒数百于漳南高鸡泊，围而杀之，及宾僚从者三百馀人皆死，掠其资装侍妾而还。彦祯奏云为盗所杀，朝廷不能诘。

黄巢又怀疑手下人有叛变的,因此心神不定。朝廷得知这一情况特地嘉奖曹知悫,授给他内常侍官职,赐给金印紫绶。曹知悫听说唐僖宗要回京师长安,对人讲:"我略施小计谋,从而使各路官军取得了收复长安的硕大功绩,那些跟随皇上的百官只是平庸地来往无功受禄,等到他们到达大散关,我要审视其中应该返回京师任职的人才能接纳。"这话传到僖宗那里,朝廷担心曹知悫会发动变乱。田令孜尤其仇视曹知悫,便暗中假借僖宗的旨意谕令邠宁节度使王行瑜,让他将曹知悫杀掉,王行瑜秘密派出军队从嵯峨山的北面登上高处发起进攻,曹知悫没有任何准备,全部人马都被杀死。田令孜更加骄横起来,约束控制皇上,使僖宗不能做主断事。僖宗厌恨田令孜的专权,经常向身边的人谈起这事而痛哭流涕。

13 鹿晏弘带领军队往东出发奔向襄州,秦宗权派遣将领秦诰、赵德谭率领军队与鹿晏弘会合,共同攻打襄州,予以攻克。山南东道节度使刘巨容逃奔成都。赵德谭是蔡州人。鹿晏弘带领人马,在襄州、邓州、均州、房州、庐州、寿州各州之间辗转抢掠,又回到许州。忠武节度使周岌听说鹿晏弘来到,放弃许州城逃跑,鹿晏弘于是占据了许州,自称留后,朝廷无法对他进行讨伐,便任命他为忠武节度使。

14 十二月己丑(初三),陈敬瑄具呈表章请求辞去三川都指挥、招讨、制置、安抚等使官职,朝廷依从。

15 当初,黄巢辗转掠侵福建时,建州人陈岩招集了几千人保卫家乡,号称"九龙军",经福建观察使郑镒奏请,朝廷任命陈岩为团练副使。泉州刺史、左厢都虞候李连犯了大罪,逃入溪间石洞,陈岩将李连打败。郑镒害怕陈岩威逼自己,便上奏表文请让陈岩代替自己,壬寅(十六日),朝廷任命陈岩为福建观察使。陈岩治理地方恩威并用,福建百姓都较安定。

16 义昌节度使兼中书令王铎,供养自家极其丰厚,当他经过魏州时,侍从众妾成群结队,穿着打扮鲜艳华丽就像天下太平时一样。魏博节度使乐彦祯的儿子乐从训,在漳南高鸡泊一带设下几百名伏兵,围攻并将王铎杀掉,连同王铎的宾客幕僚三百多人也都处死,然后掠抢王铎所带的资财服装侍从众妾回去。乐彦祯上奏说王铎被盗贼杀害,朝廷也未能再查问。

17　賜邠宁军号曰"静难"。

18　是岁，馀杭镇使陈晟逐睦州刺史柳超，颍州都知兵马使汝阴王敬荛逐其刺史，各领州事，朝廷因命为刺史。

19　均州贼帅孙喜聚众数千人，谋攻州城，刺史吕烨不知所为。都将武当冯行袭伏兵江南，自乘小舟迎喜，谓曰："州人得良牧，无不归心，然公所从之卒太多，州人惧于剽掠，尚以为疑。不若置军江北，独与腹心轻骑俱进，行袭请为前道，告谕州人，无不服者矣。"喜以为然，从之。既渡江，军吏迎谒，伏兵发，行袭手击喜，斩之，从喜者皆死，江北军望之俱溃。山南东道节度使上其功，诏以行袭为均州刺史。州西有长山，当襄、邓入蜀之道，群盗据之，抄掠贡赋，行袭讨诛之，蜀道以通。

20　凤翔节度使李昌言病，表弟昌符知留后。昌言薨，制以昌符为凤翔节度使。

21　时黄巢虽平，秦宗权复炽，命将出兵，寇掠邻道，陈彦侵淮南，秦贤侵江南，秦诰陷襄、唐、邓，孙儒陷东都、孟、陕、虢，张晊陷汝、郑，卢瑭攻汴、宋，所至屠翦焚荡，殆无孑遗。其残暴又甚于巢，军行未始转粮，车载盐尸以从。北至卫、滑，西及关辅，东尽青、齐，南出江、淮，州镇存者仅保一城，极目千里，无复烟火。上将还长安，畏宗权为患。

17 朝廷赐邠宁军名号为"静难"。

18 这一年,馀杭镇将陈晟驱逐睦州刺史柳超,颍州都知兵马使汝阴人王敬荛赶走当地刺史,分别主持本州事宜,朝廷于是分别任命他们为睦州刺史、颍州刺史。

19 均州地方的贼寇头目孙喜召集了几千人,筹划攻打均州城,刺史吕烨不知如何应付。都将武当人冯行袭在汉江南岸设下伏兵,自己乘坐小船过江迎接孙喜,对孙喜说:"均州城内的百姓得到像你这样贤良的长官,没有不归顺的,可是跟随你的兵卒太多了,均州城内的人害怕被抢劫,尚且对你有疑心。你不如把人马放在江北,单独与左右亲信轻装便服地过去,我冯行袭请求在前面为你开道,告诉均州城内的人,那么就没有不顺服你的人了。"孙喜认为这样不错,便听从冯行袭的安排。不久,孙喜渡过汉江,军中官吏前来迎接拜见,原来设下的伏兵突然发起进攻,冯行袭亲自攻击孙喜,将孙喜斩杀,跟随孙喜过来的人也都被杀死,江北面孙喜的人马看到这种情况都溃散了。山南东道节度使上疏奏报冯行袭的功劳,唐僖宗颁诏任命冯行袭为均州刺史。均州西面有座长山,正对着从襄州、邓州进入蜀地的交通要道,不少盗贼占据长山,掠抢送往成都的贡品赋税,冯行袭讨伐消灭了长山的盗贼,使去往蜀地的道路得以通行。

20 凤翔节度使李昌言患病,进呈表文请让他的弟弟李昌符主管留后事宜。李昌言死去,唐僖宗便颁诏任命李昌符为凤翔节度使。

21 当时黄巢虽已消灭,可是秦宗权又兴起作乱,命令各将领派出军队,抢掠邻近各道,陈彦进攻淮南,秦贤进攻江南,秦诰攻克襄州、唐州、邓州,孙儒攻克东都、孟州、陕州、虢州,张晊攻克汝州、郑州,卢瑭攻打汴州、宋州,所到之处烧杀抢掠,无人能免。其残暴程度比黄巢更为厉害,军队出征未来得及转运粮食,竟把盐腌的死尸装在车上随军出发。北面到卫州、滑州,西面到关辅一带,东面包括全部青州、齐州,南面直达江州、淮阴以远,在此范围内州镇得以保存的仅有自身一城,千里远望,再也见不到烟火。唐僖宗将要返回长安,又害怕秦宗权作乱危害。

光启元年(乙巳,885)

1　春,正月戊午,下诏招抚之。

2　己卯,车驾发成都,陈敬瑄送至汉州而还。

3　荆南监军朱敬玫所募忠勇军暴横,陈儒患之。郑绍业之镇荆南也,遣大将申屠琮将兵五千击黄巢于长安,军还,儒告琮,使除之。忠勇将程君从闻之,帅其众奔朗州,琮追击之,杀百馀人,自是琮复专军政。

雷满屡攻掠荆南,儒重赂以却之。淮南将张瓌、韩师德叛高骈,据复、岳二州,自称刺史,儒请瓌摄行军司马,师德摄节度副使,将兵击雷满。师德引兵上峡大掠,归于岳州;瓌还兵逐儒而代之。儒将奔行在,瓌劫还,囚之。瓌,渭州人,性贪暴,荆南旧将夷灭殆尽。

先是,朱敬玫屡杀大将及富商以致富,朝廷遣中使杨玄晦代之。敬玫留居荆南,尝曝衣,瓌见而欲之,遣卒夜攻之,杀敬玫,尽取其财。瓌恶牙将郭禹慓悍,欲杀之,禹结党千人亡去,庚申,袭归州,据之,自称刺史。禹,青州人成汭也,因杀人亡命,更其姓名。

4　南康贼帅卢光稠陷虔州,自称刺史,以其里人谭全播为谋主。

5　秦宗权责租赋于光州刺史王绪,绪不能给,宗权怒,发兵击之。绪惧,悉举光、寿兵五千人,驱吏民渡江,以刘行全为前锋,转掠江、洪、虔州,是月,陷汀、漳二州,然皆不能守也。

6　秦宗权寇颍、亳,朱全忠败之于焦夷。

唐僖宗光启元年(乙巳,公元885年)

1　春季,正月戊午(初二),唐僖宗颁发诏令招抚秦宗权。

2　己卯(十九日),唐僖宗从成都出发,陈敬瑄将皇帝送到汉州才回去。

3　荆南监军朱敬玫招募来的忠勇军残暴横行,节度使陈儒很是担忧。郑绍业镇守荆南,派遣大将申屠琮带领军队五千到长安攻打黄巢,军队回来,陈儒告诉申屠琮忠勇军的暴行,让申屠琮消灭它。忠勇军将领程君从得知,便率领人马奔往朗州,申屠琮追击攻打忠勇军,斩杀一百多人,此后申屠琮又独自掌管军政大权。

雷满多次攻打抢掠荆南,陈儒用丰厚的资财贿赂让他退兵。淮南将领张瑰、韩师德背叛高骈,分别占据复州、岳州,自称刺史,陈儒请张瑰代理行军司马,韩师德代理节度副使,带领军队攻打雷满。韩师德率领军队到巫峡一带大肆抢掠,回到岳州;张瑰率军回去驱逐陈儒而取代了他。陈儒要逃往唐僖宗那里,被张瑰挟持回去,囚禁起来。张瑰是滑州人,性情贪婪暴虐,荆南地方的旧有将领几乎全被他杀光了。

在这之前,朱敬玫多次杀戮军中大将和富商,霸占他们的资财使自己富有,朝廷派遣中使杨玄晦去取代了他。朱敬玫留在荆南居住,他曾经晾晒衣服,被张瑰看到而产生了贪欲,便派遣军队夜间前去攻打,杀掉朱敬玫,把财物全部抢去。张瑰对牙将郭禹的勇悍很忌恨,想杀害他,郭禹联合党羽一千人逃离,庚申(初四),郭禹攻打归州,予以占据,自称刺史。郭禹本来是青州人,叫成汭,因为杀人逃亡,更改了姓名。

4　南康贼寇头目卢光稠攻克虔州,自称刺史,让他的同乡谭全播为出谋划策的主要人物。

5　秦宗权责令光州刺史王绪提供田租赋税,王绪不能供给,秦宗权大为震怒,发兵攻打王绪。王绪恐惧,调动光州、寿州全部军队五千人,驱赶这里的百姓过江,任命刘行全为前锋,辗转抢掠江州、洪州、虔州,这个月内,攻克了汀州、漳州,但都不能固守。

6　秦宗权进犯颍州、亳州,朱全忠在焦夷将他打败。

7　二月丙申，车驾至凤翔。三月丁卯，至京师。荆棘满城，狐兔纵横，上凄然不乐。己巳，赦天下，改元。时朝廷号令所行，惟河西、山南、剑南、岭南数十州而已。

8　秦宗权称帝，置百官。诏以武宁节度使时溥为蔡州四面行营兵马都统以讨之。

9　卢龙节度使李可举、成德节度使王镕恶李克用之强，而义武节度使王处存与克用亲善，为侄邠娶克用女。又，河北诸镇，惟义武尚属朝廷，可举等恐其窥伺山东，终为己患，乃相与谋曰：“易、定，燕、赵之余也。”约共灭处存而分其地，又说云中节度使赫连铎使攻克用之背。可举遣其将李全忠将兵六万攻易州，镕遣将将兵攻无极。处存告急于克用，克用遣其将康君立等将兵救之。

10　闰月，秦宗权遣其弟宗言寇荆南。

11　初，田令孜在蜀募新军五十四都，每都千人，分隶两神策，为十军以统之，又南牙、北司官共万馀员，是时藩镇各专租税，河南北、江、淮无复上供，三司转运无调发之所，度支惟收京畿、同、华、凤翔等数州租税，不能赡，赏赉不时，士卒有怨言。令孜患之，不知所出。先是，安邑、解县两池盐皆隶盐铁，置官榷之。中和以来，河中节度使王重荣专之，岁献三千车以供国用，令孜奏复如旧制隶盐铁。夏，四月，令孜自兼两池榷盐使，收其利以赡军。重荣上章论诉不已，遣中使往谕之，重荣不可。时令孜多遣亲信觇藩镇，有不附己者，辄图之。

7　二月丙申(初十)，唐僖宗到达凤翔。三月丁卯(十二日)，唐僖宗回到京师。长安城内到处野草丛生，狐狸野兔四下乱跑，唐僖宗悲伤难过，闷闷不乐。己巳(十四日)，唐僖宗下诏赦免犯人，改用光启年号。当时，朝廷的号令能够达到的，只有河西、山南、剑南、岭南的几十个州罢了。

8　秦宗权自称皇帝，设置百官。朝廷下诏命令武宁节度使时溥任蔡州四面行营兵马都统讨伐秦宗权。

9　卢龙节度使李可举、成德节度使王镕忌恨李克用的强大，但是义武节度使王处存与李克用亲善，为侄子王郜迎娶李克用的女儿为妻。还有，河北各镇中，只有义武节度使尚且归属朝廷，李可举等人担心义武节度使会图谋恒山以东的地盘，最终成为自己的隐患，于是他们互相筹谋说："易州、定州，本来是燕国、赵国剩馀的地方。"相约一起消灭王处存然后瓜分他的地盘，又劝说云中节度使赫连铎，让他攻打李克用的后方。李可举派遣将领李全忠带领六万人马攻打易州，王镕派遣将领带领军队攻打定州的无极。王处存向李克用报急，李克用派遣将领康君立等人带领军队前往救援。

10　闰三月，秦宗权派遣他的弟弟秦宗言进犯荆南。

11　起初，田令孜在蜀地招募新的军队设五十四都，每都一千人，分别隶属左右神策军，共组成十个军进行统率，还有南牙、北司的官吏共一万馀人，当时各藩镇独占田租赋税，河南道、河北道、江南道、淮南道不再向朝廷进贡纳赋，朝廷的盐铁使、度支使、户部使三司转运钱粮而没有调取征发的地方，财政上只是收取京畿、同州、华州和凤翔等几个州的田租赋税，不够赡养朝廷百官和军队，赏赐不能准时，军中士卒有怨言。田令孜对此很担心，但又不知如何是好。在这以前，安邑、解县的两个盐池都隶属户部的盐铁使，朝廷任命官吏管理池盐专卖事宜。中和年间以来，河中节度使王重荣独掌池盐专卖事务，每年向朝廷进献三千车盐供国家调用，田令孜上奏请求恢复过去的制度仍由盐铁使管理安邑、解县的两个盐池。夏季，四月，田令孜自己兼任安邑、解县两个盐池的榷盐使，收取所得利钱来供养军队。王重荣不停地上奏进行辩论申诉，唐僖宗派遣中使前往抚慰，王重荣仍不善罢甘休。当时，田令孜派遣许多亲信侦探各个藩镇的内情，有不归附自己的，田令孜就暗算他。

令孜养子匡祐使河中,重荣待之甚厚,而匡祐傲甚,举军皆愤怒。重荣乃数令孜罪恶,责其无礼,监军为讲解,仅得脱去。匡祐归,以告令孜,劝图之。五月,令孜徙重荣为泰宁节度使,以泰宁节度使齐克让为义武节度使,以义武节度使王处存为河中节度使,仍诏李克用以河东兵援处存赴镇。

12　卢龙兵攻易州,裨将刘仁恭穴地入城,遂克之。仁恭,深州人也。李克用自将救无极,败成德兵。成德兵退保新城,克用复进击,大破之。拔新城,成德兵走,追至九门,斩首万馀级。卢龙兵既得易州,骄怠,王处存夜遣卒三千蒙羊皮造城下,卢龙兵以为羊也,争出掠之,处存奋击,大破之,复取易州,李全忠走。

13　加陕虢节度使王重盈同平章事。
14　李全忠既丧师,恐获罪,收馀众还袭幽州。六月,李可举窘急,举族登楼自焚死,全忠自为留后。

15　东都留守李罕之与秦宗权将孙儒相拒数月。罕之兵少食尽,弃城,西保渑池,宗权陷东都。

16　秋,七月,以李全忠为卢龙留后。
17　乙巳,右补阙常濬上疏,以为:“陛下姑息藩镇太甚,是非功过,骈首并足,致天下纷纷若此,犹未之寤,岂可不念骆谷之艰危,复怀西顾之计乎!宜稍振典刑以威四方。”田令孜之党言于上曰:“此疏传于藩镇,岂不致其猜忿!”庚戌,贬濬万州司户,寻赐死。

田令孜的养子匡祐被派往河中任职,王重荣对待他十分优厚,可是匡祐极其傲慢,全军士卒都怨恨他。这时,王重荣便历数田令孜的罪状,谴责匡祐放肆无礼,监军为他们讲和劝解,匡祐才逃脱走掉。匡祐回去,把王重荣的所作所为告诉田令孜,劝田令孜设法整治王重荣。五月,田令孜将王重荣调任泰宁节度使,以泰宁节度使齐克让为义武节度使,而将义武节度使王处存调任河中节度使,还诏令李克用动用河东军队援助王处存前赴镇所。

12 卢龙的军队攻打易州,副将刘仁恭挖地道进入城内,于是攻克。刘仁恭是深州人。李克用亲自率领人马救援无极,打败成德的军队。成德的军队退到新城固守,李克用再次发动进攻,大破守兵。攻占了新城,成德的军队逃跑,李克用追到九门,斩杀一万馀人。卢龙的军队占据了易州,便骄傲松懈下来,王处存夜间派遣士兵三千人蒙上羊皮到易州城下,卢龙的军队以为是羊群,争先恐后地出来抢掠,王处存率兵奋力作战,大破卢龙军,又夺回易州,李全忠逃跑。

13 朝廷为陕虢节度使王重盈加封同平章事。

14 李全忠损兵折将丧失了人马,担心会被治罪,便召集剩下的人回去攻打幽州。六月,李可举因形势紧迫,带全族人登上幽州城楼自焚而死,李全忠便自称幽州留后。

15 东都留守李罕之与秦宗权的将领孙儒相互攻打持续了几个月。李罕之人马缺少粮食也用完,最后放弃东都城,往西退到渑池固守,于是秦宗权攻占了东都。

16 秋季,七月,朝廷任命李全忠为卢龙留后。

17 乙巳(二十三日),右补阙常濬向唐僖宗具呈奏章,他认为:"陛下对藩镇的宽容放纵太过分了,是非曲直功劳过错,齐头并足不分高低,致使天下纷纷攘攘这样混乱,可是皇上对此还不醒悟,怎么能不想想骆谷时的艰难险境,难道还有西走蜀地的打算吗!现在应该整顿一下朝纲法纪以使四方敬畏朝廷的威严。"田令孜的党羽对唐僖宗说:"常濬这个奏疏的内容若是传到各藩镇,岂不是让他们产生猜忌怨恨吗?"庚戌(二十八日),朝廷将常濬贬为万州司户,不久赐死。

18　沧州军乱,逐节度使杨全玫,立牙将卢彦威为留后,全玫奔幽州。以保銮都将曹诚为义昌节度使,以彦威为德州刺史。

19　孙儒据东都月馀,烧宫室、官寺、民居,大掠席卷而去,城中寂无鸡犬。李罕之复引其众入东都,筑垒于市西而居之。

20　王重荣自以有复京城功,为田令孜所摈,不肯之兖州,累表论令孜离间君臣,数令孜十罪,令孜结邠宁节度使朱玫、凤翔节度使李昌符以抗之。王处存亦上言:"幽、镇兵新退,臣未敢离易、定。且王重荣无罪,有大功于国,不宜轻有改易。"诏趣其上道,八月,处存引军至晋州,刺史冀君武闭城不内而还。

21　洺州刺史马爽,与昭义行军司马奚忠信不叶,起兵屯邢州南,胁孟方立请诛忠信。既而众溃,爽奔魏州,忠信使人赂乐彦祯而杀之。

22　秦宗权攻邻道二十馀州,陷之。唯陈州距蔡百馀里,兵力甚弱,刺史赵犨日与宗权战,宗权不能屈。诏以犨为蔡州节度使。犨德朱全忠之援,与全忠结婚,凡全忠所调发,无不立至。

23　王绪至漳州,以道险粮少,令军中"无得以老弱自随,犯者斩!"唯王潮兄弟扶其母董氏崎岖从军,绪召潮等责之曰:"军皆有法,未有无法之军。汝违吾令而不诛,是无法也。"三子曰:"人皆有母,未有无母之人,将军奈何使人弃其母!"绪怒,命斩其母。三子曰:"潮等事母如事将军,既杀其母,安用其子!请先母死。"将士皆为之请,乃舍之。

18　沧州军队发生叛乱,赶走节度使杨全玫,拥立牙将卢彦威为留后,杨全玫逃奔幽州。朝廷任命保銮都将曹诚为义昌节度使,任命卢彦威为德州刺史。

19　孙儒占据东都一个多月,焚烧宫殿房屋、官府寺庙、百姓住房,大肆抢掠席卷而去,留下的东都城寂静得连鸡鸣狗叫之声都听不到。李罕之又带领他的人马进入东都,在市西筑造营垒驻守。

20　王重荣自以为有收复京城长安的功劳,却受到田令孜的排斥,所以不肯到兖州任职,多次上表论辩田令孜挑拨皇帝和臣僚不和,历数田令孜的十大罪状,田令孜交结邠宁节度使朱玫、凤翔节度使李昌符来与王重荣抗衡。王处存也上疏道:"李可举、王镕的人马刚刚退去,我不敢轻易离开易州、定州一带。而且,王重荣没有罪过,却对国家有莫大的功劳,不应该草率地有所变更。"唐僖宗颁诏催促王处存启程,八月,王处存带领军队到达晋州,刺史冀君武关闭城门不让他进入,王处存只好回去。

21　洺州刺史马爽,与昭义行军司马奚忠信不和,起兵驻扎邢州南部,胁迫孟方立请求诛杀奚忠信。不久,马爽的军队溃败,马爽本人逃奔魏州,奚忠信派人贿赂乐彦祯杀死马爽。

22　秦宗权攻打临近各道的二十多个州,都予攻克。唯有陈州距离蔡州一百馀里,兵力很弱,刺史赵犨每天与秦宗权对阵,秦宗权不能使赵犨屈服。唐僖宗颁诏任命赵犨为蔡州节度使。赵犨感激朱全忠的救援,与朱全忠结为姻亲,凡是朱全忠有所调动分派,马上就能得到。

23　王绪到达漳州,因为道路艰险粮食缺少,便传令军中"不许老弱家人跟随,违犯命令者斩首!"唯有王潮兄弟搀扶母亲董氏在崎岖不平的道路上跟随军队行走,王绪召来王潮兄弟斥责他们说:"军队都有军法,没有军法的军队是没有的。你们违犯我的命令而不诛杀,那就没有军法了。"王潮兄弟三人说:"人都有自己的母亲,没有母亲的人是没有的,将军你怎么能叫人抛弃他们的生母呢!"王绪勃然大怒,命令斩杀王潮的母亲。王潮兄弟三人说:"我们兄弟侍奉母亲如同侍奉将军一样,既然要杀我们的母亲,还怎么能用母亲的儿子!请在处死母亲之前先把我们杀了吧!"军中将士都为王潮兄弟求情,这才免除处罚。

有望气者谓绪曰："军中有王者气。"于是绪见将卒有勇略逾己及气质魁岸者皆杀之。刘行全亦死,众皆自危,曰："行全亲也,且军锋之冠,犹不免,况吾属乎!"行至南安,王潮说其前锋将曰："吾属违坟墓,损妻子,羁旅外乡为群盗,岂所欲哉!乃为绪所迫胁故也。今绪猜刻不仁,妄杀无辜,军中子子者受诛且尽,子须眉若神,骑射绝伦,又为前锋,吾窃为子危之!"前锋将执潮手泣,问计安出。潮为之谋,伏壮士数十人于篁竹中,伺绪至,挺剑大呼跃出,就马上擒之,反缚以徇,军中皆呼万岁。潮推前锋将为主,前锋将曰:"吾属今日不为鱼肉,皆王君力也。天以王君为主,谁敢先之!"相推让数四,卒奉潮为将军。绪叹曰:"此子在吾网中不能杀,岂非天哉!"

潮引兵将还光州,约其属,所过秋豪无犯。行及沙县,泉州人张延鲁等以刺史廖彦若贪暴,帅耆老奉牛酒遮道,请潮留为州将,潮乃引兵围泉州。

24　九月戊申,以陈敬瑄为三川及峡内诸州都指挥、制置等使。

25　蔡军围荆南,马步使赵匡谋奉前节度使陈儒以出,留后张瑰觉之,杀匡及儒。

26　冬,十月癸丑,秦宗权败朱全忠于八角。

27　王重荣求救于李克用,克用方怨朝廷不罪朱全忠,选兵市马,聚结诸胡,议攻汴州,报曰:"待吾先灭全忠,还扫鼠辈如秋叶耳!"重荣曰:"待公自关东还,吾为虏矣。不若先除君侧之恶,

有个观望云气以测吉凶征兆的方士对王绪说："军营中云气显示有的人要称王。"于是，王绪见到将领士卒中有胆略智谋超过自己以及气质不凡身材魁梧的人都杀掉。刘行全也被斩杀，军营中人人自危，大家说："刘行全是王绪的亲戚，而且在军中的勇猛数第一，这样的人还不能免于杀身之祸，更何况我们这些人！"军队行到南安，王潮劝说前锋将："我们背井离乡，舍弃老婆孩子，流落外乡做一群盗贼，这难道是我们所希望的吗！这都是王绪裹胁逼迫的结果。现在王绪猜忌苛刻不仁不义，乱杀无罪之人，军营中有特殊才貌的人遭受残害都快要杀光了，你的容貌如同天神，骑马射箭的技艺在军中独一无二，而且又是前锋将，我暗地里为你的安危担忧呀！"前锋将拉着王潮的手哭泣，问他该怎么办。王潮为前锋将谋划，在竹林里埋伏下几十名强壮士兵，等到王绪来到，这些人拔出剑大声呼喊着跳出来，在马背上将王绪擒获，然后把他反绑起来游行，军营中的将士都呼喊万岁。王潮推举前锋将做主帅，前锋将说："我们今天避免了杀身之祸，都是王先生的功劳。天意让王先生做主帅，有谁敢争！"他们相互推让了好多次，最后尊王潮为将军。王绪叹息道："王潮这个人是我手中之物而没能杀掉他，难道不是天意吗！"

王潮带领人马准备回光州，约令他的部属，所经过的地方不能有丝毫的侵犯。队伍行到沙县，有泉州人张延鲁等带领年高望重的老人敬献牛肉美酒拦住道路，诉说刺史廖彦若的贪婪残暴，请求王潮留下做泉州的将军，王潮于是率领人马围攻泉州。

24　九月戊申（二十七日），朝廷任命陈敬瑄为三川及三峡之内各州都指挥、制置等使。

25　蔡州军队围攻荆南，马步使赵匡谋划拥立被张瓌囚禁的前任节度使陈儒重新出来主政，被留后张瓌察觉，杀死了赵匡和陈儒。

26　冬季，十月癸丑（初二），秦宗权在八角镇打败朱全忠。

27　王重荣向李克用请求救援，李克用正在怨恨朝廷对朱全忠在上源驿陷害他而不治罪，挑选兵卒购买马匹，聚集联合北方的各胡族部落，商议攻打汴州，他向王重荣报信说："等我先消灭了朱全忠，回头再收拾这些鼠辈就像秋风扫落叶一样容易！"王重荣说："等您从关东回来，我已成为阶下囚了。不如先除掉皇帝身边的恶棍，

退擒全忠易矣。"时朱玫、李昌符亦阴附朱全忠,克用乃上言:"玫、昌符与全忠相表里,欲共灭臣,臣不得不自救,已集蕃、汉兵十五万,决以来年济河,自渭北讨二镇,不近京城,保无惊扰。既诛二镇,乃旋师灭全忠以雪仇耻。"上遣使者谕释,冠盖相望。

朱玫欲朝廷讨克用,数遣人潜入京城,烧积聚,或刺杀近侍,声云克用所为,于是京师震恐,日有讹言。令孜遣玫、昌符将本军及神策鄜、延、灵、夏等军各三万人屯沙苑,以讨王重荣,重荣发兵拒之,告急于李克用,克用引兵赴之。十一月,重荣遣兵攻同州,刺史郭璋出战,败死。重荣与玫等相守月馀,克用兵至,与重荣俱壁沙苑,表请诛令孜及玫、昌符。诏和解之,克用不听。十二月癸酉,合战,玫、昌符大败,各走还本镇,溃军所过焚掠。克用进逼京城,乙亥夜,令孜奉天子自开远门出幸凤翔。

初,黄巢焚长安宫室而去,诸道兵入城纵掠,焚府寺民居什六七,王徽累年补茸,仅完一二,至是复为乱兵焚掠,无孑遗矣。

28　是岁,赐河中军号护国。

二年(丙午,886)

1　春,正月,镇海牙将张郁作乱,攻陷常州。

2　李克用还军河中,与王重荣同表请大驾还宫,因罪状田令孜,请诛之。上复以飞龙使杨复恭为枢密使。

然后再退兵擒拿朱全忠就容易了。"当时朱玫、李昌符也暗中归附朱全忠，李克用于是上疏说："朱玫、李昌符与朱全忠内外勾结，要一起消灭我，我不得不自救，现已集结蕃夷和汉族的军队十五万，决意在明年过河，从渭河的北面讨伐朱玫、李昌符，但不逼近京城，保证长安没有惊慌扰乱。杀掉朱玫、李昌符两人之后，便撤回军队消灭朱全忠，以报仇雪耻。"唐僖宗接连不断地派遣使臣前往李克用处进行规劝解释。

朱玫想使朝廷讨伐李克用，多次派人偷偷进入京城，纵火焚烧积聚的财物，或者刺杀近臣，放出风声说是李克用干的，于是京师长安震惊恐慌，每天都有谣言传出。田令孜派遣朱玫、李昌符带领他们自己的军队以及神策军、鄜州、延州、灵州、夏州等地的军队共三万人，驻扎在沙苑，以征伐王重荣，王重荣派出军队进行抵抗，并向李克用告急，李克用带领人马赶往这里。十一月，王重荣派遣军队攻打同州，刺史郭璋出来迎战，战败身亡。王重荣与朱玫、李昌符相互对峙一个多月，李克用的军队赶到，与王重荣一起在沙苑设置营垒，进呈表文请求诛杀田令孜及朱玫、李昌符。唐僖宗颁诏劝李克用与田令孜等和解，李克用拒绝接受。十二月癸酉（二十三日），双方会战，朱玫、李昌符大败，分别逃回自己的镇所，溃败的军队在所经过的地方大肆焚烧抢掠。李克用逼近京城，乙亥（二十五日）夜间，田令孜侍奉唐僖宗从长安城的开远门出走奔往凤翔。

当初，黄巢离开长安时曾放火焚烧宫殿房舍，各道官兵进入长安城后大肆抢掠，焚烧官府、寺庙和民房有十分之六七，经王徽多年修补，仅完成了十分之一二，到这时再次遭到作乱军队的焚烧抢掠，就没有什么遗留的了。

28　本年，朝廷赐河中官军护国称号。

唐僖宗光启二年(丙午，公元886年)

1　春季，正月，镇海牙将张郁兴兵作乱，攻占常州。

2　李克用撤军回到河中，与王重荣一同进呈表章请唐僖宗返回长安，并指出田令孜的罪状，请求诛杀田令孜。唐僖宗再次任命飞龙使杨复恭为枢密使。

戊子,令孜请上幸兴元,上不从。是夜,令孜引兵入宫,劫上幸宝鸡,黄门卫士从者才数百人,宰相朝臣皆不知。翰林学士承旨杜让能宿直禁中,闻之,步追乘舆,出城十馀里,得人所遗马,无羁勒,解带系颈而乘之,独追及上于宝鸡。明日,乃有太子少保孔纬等数人继至。让能,审权之子,纬,戣之孙也。宗正奉太庙神主至鄠,遇盗,皆失之。朝士追乘舆者至盩厔,为乱兵所掠,衣装殆尽。

庚寅,上以孔纬为御史大夫,使还召百官,上留宝鸡以待之。

时田令孜弄权,再致播迁,天下共忿疾之。朱玫、李昌符亦耻为之用,且惮李克用、王重荣之强,更与之合。

萧遘因邠宁奏事判官李松年至凤翔,遣召朱玫亟迎车驾,癸巳,玫引步骑五千至凤翔。孔纬诣宰相,欲宣诏召之,萧遘、裴澈以令孜在上侧,不欲往,辞疾不见。纬令台吏趣百官诣行在,皆辞以无袍笏,纬召三院御史,泣谓:"布衣亲旧有急,犹当赴之。岂有天子蒙尘,为人臣子,累召而不往者!"御史请办装数日而行,纬拂衣起曰:"吾妻病垂死且不顾,诸君善自为谋,请从此辞!"乃诣李昌符,请骑卫送至行在,昌符义之,赠装钱,遣骑送之。

邠宁、凤翔兵追逼乘舆,败神策指挥使杨晟于潘氏,钲鼓之声闻于行宫。田令孜奉上发宝鸡,留禁兵守石鼻为后拒。

戊子(初八),田令孜请僖宗前往兴元,唐僖宗不同意。这天夜间,田令孜带领军队进入僖宗的行宫,劫持僖宗前去宝鸡,跟随的宦官侍卫士兵仅几百人,宰相和朝中大臣都不知道。翰林学士承旨杜让能这天正在唐僖宗行宫值宿,听说僖宗被劫持,跑步追赶皇帝的车舆,出了凤翔城十几里,杜让能碰到一匹别人遗弃的马,没有笼头缰绳,便解下腰带绑在马脖子上,骑马独自追到宝鸡见到僖宗。第二天,才有太子少保孔纬等几个人相继赶到。杜让能是杜审权的儿子,孔纬是孔戣的孙子。宗正官奉持太庙先帝的牌位行至鄠县时,遇到盗贼,神主牌位都散失了。朝廷中的人追赶僖宗到达盩厔,遭到作乱军队的抢掠,衣服行李几乎都被抢光了。

庚寅(初十),唐僖宗任命孔纬为御史大夫,派他回凤翔召来朝中百官,僖宗留在宝鸡等待他们。

当时田令孜玩弄权势,以致皇帝再次离开京城流亡迁徙,天下的人们都对田令孜愤怒痛恨。朱玫、李昌符也感到被田令孜利用很羞耻,并且惧怕李克用、王重荣兵力的强大,便改弦更张与李克用、王重荣联合起来。

宰相萧遘见邠宁的奏事判官李松年到达凤翔,便派他召令朱玫快来迎接唐僖宗,癸巳(十三日),朱玫带领步兵和骑兵五千人赶到凤翔。孔纬到达宰相那里,想宣读诏令召请他们去宝鸡,萧遘、裴澈因为田令孜在皇帝身边,不想去,就以有病为托词而不见孔纬。孔纬命令台吏催促朝中百官去宝鸡唐僖宗那里,都以没有衣袍和朝笏为词拒绝前往,孔纬再召请台院、殿院和察院这三院的御史大夫,流着眼泪对他们说:"普通平民的亲朋旧友有了危难,还应当前去帮忙。哪里有皇帝蒙受风尘流亡在外,做臣僚的被再三召请仍不动身前往的!"御史大夫们请求置办行李过几天再启程,孔纬把衣袖一甩起身说:"我的妻子患病都快要死了我尚且不顾,你们如此为自己打算,那么我们从此以后就分手吧!"孔纬于是去见李昌符,请李昌符派骑兵护送他回宝鸡唐僖宗那里,李昌符感佩孔纬的大义行动,便向他赠送行李钱粮,派遣骑兵护送孔纬启行。

邠宁、凤翔的军队追赶逼近宝鸡唐僖宗的行宫,在宝鸡东北的潘氏打败神策军指挥使杨晟,激战的锣鼓声在僖宗的行宫都能听见。田令孜侍奉皇帝离开宝鸡,留下禁卫军固守石鼻寨在后面阻击掩护。

置感义军于兴、凤二州,以杨晟为节度使,守散关。时军民杂糅,锋镝纵横,以神策军使王建、晋晖为清道斩斫使,建以长剑五百前驱奋击,乘舆乃得前。上以传国宝授建负之以从,登大散岭。李昌符焚阁道丈馀,将摧折,王建扶掖上自烟焰中跃过。夜,宿板下,上枕建膝而寝,既觉,始进食,解御袍赐建曰:"以其有泪痕故也。"车驾才入散关,朱玫已围宝鸡。石鼻军溃,玫长驱攻散关,不克。嗣襄王煴,肃宗之玄孙也,有疾,从上不及,留遵涂驿,为玫所得,与俱还凤翔。

庚戌,李克用还太原。

3 二月,王重荣、朱玫、李昌符复上表请诛田令孜。

4 以前东都留守郑从谠为守太傅兼侍中。

5 朱玫、李昌符使山南西道节度使石君涉栅绝险要,烧邮驿,上由他道以进。山谷崎岖,邠军迫其后,危殆者数四,仅得达山南。三月壬午,石君涉弃镇逃归朱玫。

癸未,凤翔百官萧遘等罪状田令孜及其党韦昭度,请诛之。初,昭度因供奉僧澈结宦官,得为相。澈师知玄鄙澈所为,昭度每与同列诣知玄,皆拜之,知玄揖使诣澈啜茶。

山南西道监军冯翊严遵美迎上于西县,丙申,车驾至兴元。

戊戌,以御史大夫孔纬、翰林学士承旨兵部尚书杜让能并为兵部侍郎、同平章事。

保銮都将李铤等败邠军于凤州。

又在兴州、凤州布置下感义军,任命杨晟为节度使,坚守散关。当时军队和百姓混杂在一起,交战的刀刃和箭头纵横乱飞,僖宗任命神策军使王建、晋晖为清道斩斫使,王建率领五百人手持长剑在前面奋力冲杀开路,僖宗乘坐的车才得以向前行进。僖宗把传国之宝交给王建背着随行,攀登大散岭。李昌符放火将登山的栈道焚烧了一丈多长,栈道就要折断,王建挽扶着僖宗从烟火中跳出来。夜里,就睡在木板下,僖宗枕着王建的膝盖入睡,睡醒觉开始吃饭,僖宗脱下身穿的御袍赏给王建说:"这上面沾满了泪痕,所以赏赐给你。"僖宗刚刚进入散关,朱玫的人马已经围攻宝鸡。石鼻的军队溃败,朱玫长驱直入进攻散关,没有攻克。襄王的儿子李煴,是肃宗的玄孙,身患疾病,跟不上僖宗,便留在遵涂驿,被朱玫俘获,和他一起回到凤翔。

庚戌(三十日),李克用回到太原。

3 二月,王重荣、朱玫、李昌符再次进呈表章,请求诛杀田令孜。

4 朝廷任命从前的东都留守郑从谠为守太傅兼侍中。

5 朱玫、李昌符指使山南西道节度使石君涉在险要的地方安设栅栏断绝交通,烧毁邮传驿站,唐僖宗一行只好经由其他道路向前行进。高山深谷,道路崎岖不平,朱玫的军队在后面逼近,险情再三出现,最后才勉强到达山南。三月壬午(初三),石君涉放弃镇所逃奔朱玫。

癸未(初四),留在凤翔的百官萧遘等谴责田令孜及其党羽韦昭度的罪行,奏请将他们斩杀。当初,韦昭度因为侍奉和尚澈而得以与宦官交结,最后当上宰相。澈的师傅知玄鄙视澈的所作所为,韦昭度每次与澈一同去知玄那里,都向知玄行礼,而知玄却作揖让他们到澈那里去喝茶。

山南西道监军冯翊人严遵美在西县迎接唐僖宗,丙申(十七日),唐僖宗到达兴元。

戊戌(十九日),朝廷任命御史大夫孔纬、翰林学士承旨、兵部尚书杜让能二人同为兵部侍郎、同平章事。

保銮都将李铤等人在凤州打败朱玫的军队。

诏加王重荣应接粮料使，调本道谷十五万斛以济国用。重荣表称令孜未诛，不奉诏。

以尚书左丞卢渥为户部尚书，充山南西道留后。以严遵美为内枢密使，遣王建帅部兵戍三泉，晋晖及神策军使张造帅四都兵屯黑水，修栈道以通往来。以建遥领壁州刺史。将帅遥领州镇自此始。

6　陈敬瑄疑东川节度使高仁厚，欲去之。遂州刺史郑君立起兵攻陷汉州，进向成都。敬瑄遣其将李顺之逆战，君立败死。敬瑄又发维、茂羌军击仁厚，杀之。

7　朱玫以田令孜在天子左右，终不可去，言于萧遘曰："主上播迁六年，中原将士冒矢石，百姓供馈饷，战死饿死，什减七八，仅得复京城。天下方喜车驾还宫，主上更以勤王之功为敕使之荣，委以大权，使堕纲纪，骚扰藩镇，召乱生祸。玫昨奉尊命来迎大驾，不蒙信察，反类胁君。吾辈报国之心极矣，战贼之力殚矣，安能垂头弭耳，受制于阉寺之手哉！李氏孙尚多，相公盍改图以利社稷乎？"遘曰："主上践阼十馀年，无大过恶。正以令孜专权肘腋，致坐不安席，上每言之，流涕不已。近日上初无行意，令孜陈兵帐前，迫胁以行，不容俟旦。罪皆在令孜，人谁不知！足下尽心王室，正有引兵还镇，拜表迎銮。废立重事，伊、霍所难，遘不敢闻命！"玫出，宣言曰："我立李氏一王，敢异议者斩！"

唐僖宗颁诏加封王重荣为应接粮料使，命令他调集本道的粮谷十五万斛以接济国家急用。王重荣进呈表章声称田令孜没有斩除，不能奉行诏令。

朝廷任命尚书左丞卢渥为户部尚书，充任山南西道留后。任命严遵美为内枢密使，派遣王建率领本部人马在三泉防守，晋晖和神策军使张造率领从驾的四都人马驻扎黑水，修建栈道以便相互交通往来。朝廷任命王建隔地兼任壁州刺史。军中将帅隔地兼任州镇官职从这时开始。

6　陈敬瑄对东川节度使高仁厚起了疑心，想除掉他。遂州刺史郑君立兴兵攻占了汉州，向成都进发。陈敬瑄派遣将领李顺之迎战，郑君立战败身亡。陈敬瑄又派出维、茂两地羌族军队攻打高仁厚，将高仁厚杀掉。

7　朱玫因为田令孜在唐僖宗身边，到头来还是没有把他除掉，就对萧遘说：“六年来皇上流离迁徙，中原一带的将领士卒出入于刀箭之中，老百姓供给军粮，交战中阵亡和饥饿致死的人，十分已去了七八，才得以收复京师。天下官民正为皇上返回长安宫殿高兴，皇上却把拯救皇室的功劳归于宦官田令孜，将朝廷大权委任给他，致使朝纲法纪遭到践踏，各藩镇不时受到骚扰，招致王重荣兴兵作乱惹出祸害。我昨天奉您的命令来迎接皇上，不但没有受到信任理解，反而似乎有胁迫皇上的嫌疑。我们这些人报效国家的一片忠心最为赤诚，征讨贼寇竭尽全力，现在怎能俯首帖耳，去受宦官们的控制管束！大唐皇室李氏的子孙还有许多，你为什么不为社稷国家的长治久安而另做图谋呢？”萧遘对他说：“当今皇上即位十几年来，没有什么大的过错。正是因为田令孜在皇上身边擅揽大权，致使皇上坐立不安，皇上每当谈到这些，都痛哭流涕不止。近些天的事，皇上起初没有迁徙的意图，无奈田令孜在皇上的住所安置兵卒，强行裹胁皇上出走，竟不容许等到天亮。一切罪过都在田令孜身上，人们有谁不知！你对皇室尽心效力，正应当带领人马回到镇所，进呈表章迎接皇上。废黜和拥立皇上事关重大，商朝的伊尹，汉朝的霍光也难以办得完全妥当，我萧遘可不敢听从您的命令！”朱玫出去后，公开宣告说：“我拥立大唐皇室李氏的一个王，有敢反对的人一律斩首！”

夏，四月壬子，玫逼凤翔百官奉襄王煴权监军国事，承制封拜指挥，仍遣大臣入蜀迎驾，盟百官于石鼻驿。玫使萧遘为册文，遘辞以文思荒落，乃使兵部侍郎判户部郑昌图为之。乙卯，煴受册，玫自兼左、右神策十军使，帅百官奉煴还京师。以郑昌图同平章事、判度支、盐铁、户部，各置副使，三司之事一以委焉。河中百官崔安潜等上襄王笺，贺受册。

8　田令孜自知不为天下所容，乃荐枢密使杨复恭为左神策中尉、观军容使，自除西川监军使，往依陈敬瑄。复恭斥令孜之党，出王建为利州刺史，晋晖为集州刺史，张造为万州刺史，李师泰为忠州刺史。

9　五月，朱玫以中书侍郎、同平章事萧遘为太子太保，自加侍中、诸道盐铁、转运等使；加裴澈判度支，郑昌图判户部；以淮南节度使高骈兼中书令，充江淮盐铁、转运等使、诸道行营兵马都统；淮南右都押牙、和州刺史吕用之为岭南东道节度使。大行封拜以悦藩镇。遣吏部侍郎夏侯潭宣谕河北，户部侍郎杨陟宣谕江、淮，诸藩镇受其命者什六七，高骈仍奉笺劝进。

吕用之建牙开幕，一与骈同，凡骈之腹心及将校能任事者，皆逼以从己，诸所施为，不复咨禀。骈颇疑之，阴欲夺其权，而根蒂已固，无如之何。用之知之，甚惧，访于其党前度支巡官郑杞、前知庐州事董瑾，杞曰：“此固为晚矣。”用之问策安出，杞曰：“曹孟德有言：‘宁我负人，无人负我。’”明日，与瑾共为书一缄授用之，其语秘，人莫有知者。

萧遘称疾归永乐。

夏季,四月壬子(初三),朱玫逼迫留在凤翔的朝中百官尊奉襄王李煴暂行代理军国大事,秉承旨意封授指挥官,仍派遣大臣进入蜀地迎接车驾,在石鼻驿会盟百官。朱玫让萧遘撰写拥立襄王李煴的册文,萧遘以文笔生疏思路不畅为托词推辞了,于是朱玫委命兵部侍郎兼管户部郑昌图起草册文。乙卯(初六),李煴接受众官拥立他的册文,朱玫自己兼任左、右神策十军使,率领朝中百官侍奉李煴返回京师长安。又任命郑昌图为同平章事,兼管度支、盐铁、户部事宜,分别设置副使,所有三司的事务都委托给他一人。留在河中府的朝中百官崔安潜等人向襄王李煴进呈表笺,恭贺他接受拥立。

8 田令孜自己知道天下官民不会饶恕他,于是推荐枢密使杨复恭为左神策中尉、观军容使,自己充任西川监军使,前去依附陈敬瑄。杨复恭排斥田令孜的党羽,调出王建为利州刺史,晋晖为集州刺史,张造为万州刺史,李师泰为忠州刺史。

9 五月,朱玫委任中书侍郎、同平章事萧遘为太子太保,自己充任侍中、诸道盐铁、转运等使官职;加封裴澈兼管财政,郑昌图兼管户部;委任淮南节度使高骈兼中书令,充任江州和淮南盐铁、转运等使,及诸道行营兵马都统;任命淮南右都押牙、和州刺史吕用之为岭南东道节度使。朱玫大行封官授职,目的是以此求得各藩镇的支持。他还派遣吏部侍郎夏侯潭到河北传达谕令,派户部侍郎杨陟到江州、淮南传达谕令,各处藩镇接受朱玫命令的占十分之六七,高骈因而进呈表笺劝襄王李煴称帝。

吕用之设置的官府衙署,都与高骈相同,所有高骈的亲信及各将校中能够委任的人,都逼迫他们顺从自己,所作所为,不再向高骈禀告。高骈对吕用之很是怀疑,暗中想夺回他的兵权,可是吕用之已是根深蒂固,没有办法对付他。吕用之察觉到高骈有疑心,十分恐惧,便去征询他的党羽、以前的度支巡官郑杞和以前主管庐州事宜的董瑾,郑杞说:"高骈现在为时已晚了。"吕用之问郑杞有什么计策,郑杞说:"曹操曾经有这样的话:'宁我负人,无人负我。'"第二天,郑杞与董瑾共同写了一封书信给吕用之,信中所谈十分秘密,人们都不知道。

萧遘以身体有病为托词回到永乐县。

初,凤翔节度使李昌符与朱玫同谋立襄王,既而玫自为宰相专权,昌符怒,不受其官,更通表兴元。诏加昌符检校司徒。

朱玫遣其将王行瑜将邠宁、河西兵五万追乘舆,感义节度使杨晟战数却,弃散关走,行瑜进屯凤州。

是时,诸道贡赋多之长安,不之兴元,从官卫士皆乏食,上涕泣,不知为计。杜让能言于上曰:"杨复光与王重荣同破黄巢,复京城,相亲善,复恭其兄也。若遣重臣往谕以大义,且致复恭之意,宜有回虑归国之理。"上从之,遣右谏议大夫刘崇望使于河中,赍诏谕重荣,重荣即听命,遣使表献绢十万匹,且请讨朱玫以自赎。

戊戌,襄王熅遣使至晋阳赐李克用诏,言"上至半涂,六军变扰,苍黄晏驾,吾为藩镇所推,今已受册"。朱玫亦与克用书,克用闻其谋皆出于玫,大怒。大将盖寓说克用曰:"銮舆播迁,天下皆归咎于我,今不诛玫,黜李熅,无以自湔洗。"克用从之,燔诏书,囚使者,移檄邻道,称:"玫敢欺藩方,明言晏驾。当道已发蕃、汉三万兵进讨凶逆,当共立大功。"寓,蔚州人也。

10 秦贤寇宋汴,朱全忠败之于尉氏南,癸巳,遣都将郭言将步骑三万击蔡州。

11 六月,以扈跸都将杨守亮为金商节度、京畿制置使,将兵二万出金州,与王重荣、李克用共讨朱玫。守亮本姓訾,名亮,曹州人,与弟信皆为杨复光假子,更名守亮、守信。

当初，凤翔节度使李昌符和朱玫共同谋划拥立襄王李熅，后来朱玫自己做宰相独揽大权，李昌符很恼怒，不接受朱玫封给他的官职，改变立场向兴元唐僖宗进呈表章。唐僖宗颁诏加封李昌符为检校司徒。

朱玫派遣手下将领王行瑜带领邠宁、河西军队五万人追赶唐僖宗，感义节度使杨晟交战后再三退却，最后放弃散关逃走，王行瑜开进凤州驻扎。

当时，各道进贡纳赋大多都是送往长安，而不送给兴元的唐僖宗，跟随唐僖宗的官员和卫士都缺乏粮食，唐僖宗痛哭流涕，不知如何是好。杜让能向唐僖宗进言说："杨复光与王重荣一同打败黄巢，收复京师长安，彼此亲近友好，杨复恭是他的哥哥。如果派遣朝中重臣前往王重荣那里，向他申明大义，并且转达杨复恭规劝他的意愿，按理说王重荣应当回心转意归顺朝廷。"唐僖宗采纳了杜让能的意见，派遣右谏议大夫刘崇望出使前往河中，拿着唐僖宗的诏书向王重荣传达谕旨，王重荣当即表示听从朝廷的命令，派遣使臣向唐僖宗进呈表章献绢十万匹，并且请求征讨朱玫赎自己的罪。

戊戌（二十日），襄王李熅派遣使臣赴晋阳向李克用赐发诏书，诏书上说："皇帝行至半路，朝廷的禁卫军发生变乱纷扰，皇帝不幸死去，我被各藩镇推举拥立，现在已接受册封。"朱玫也给李克用写了信，李克用听说拥立襄王李熅这件事都是朱玫谋划的，勃然大怒。大将军盖寓规劝李克用说："皇帝流离迁徙，天下都归罪于我们当初进逼京师，现在如果不诛杀朱玫，废黜襄王李熅，就没有办法洗清我们自己。"李克用听从盖寓的话，焚烧了襄王李熅的诏书，囚禁派来的使臣，向邻近各道发出檄文，说："朱玫竟敢欺骗藩镇，公然说皇帝死了。本道已派出蕃夷、汉族军队三万人讨伐这一凶顽恶逆，大家应当一起建立大的功业。"盖寓是蔚州人。

10 秦贤侵扰宋州、汴州，被朱全忠在尉氏的南部打败，癸巳（十五日），又派遣都将郭言带领步、骑兵三万攻打蔡州。

11 六月，朝廷任命随从御驾的扈跸都将杨守亮为金商节度使、京畿制置使，带领军队两万从金州出征，与王重荣、李克用联合讨伐朱玫。杨守亮本来姓訾名亮，曹州人，与弟弟訾信都是杨复光的养子，更改姓名为杨守亮、杨守信。

李克用遣使奉表称："方发兵济河,除逆党,迎车驾,愿诏诸道与臣协力。"先是,山南之人皆言克用与朱玫合,人情恟惧,表至,上出示从官,并谕山南诸镇,由是帖然。然克用表犹以朱全忠为言,上使杨复恭以书谕之云:"俟三辅事宁,别有进止。"

12　衡州刺史周岳发兵攻潭州,钦化节度使闵勗招淮西将黄皓入城共守,皓遂杀勗。岳攻拔州城,擒皓,杀之。

13　镇海节度使周宝遣牙将丁从实袭常州,逐张郁,郁奔海陵,依镇遏使南昌高霸。霸,高骈将也,镇海陵,有民五万户,兵三万人。

14　秋,七月,秦宗权陷许州,杀节度使鹿晏弘。

15　王行瑜进攻兴州,感义节度使杨晟弃镇走,据文州,诏保銮都将李铤、扈跸都将李茂贞、陈佩屯大唐峰以拒之。茂贞,博野人,本姓宋,名文通,以功赐姓名。

16　更命钦化军曰武安,以衡州刺史周岳为节度使。

17　八月,卢龙节度使李全忠薨,以其子匡威为留后。

18　王潮拔泉州,杀廖彦若。潮闻福建观察陈岩威名,不敢犯福州境,遣使降之,岩表潮为泉州刺史。潮沉勇有智略,既得泉州,招怀离散,均赋缮兵,吏民悦服。幽王绪于别馆,绪惭,自杀。

19　九月,朱玫将张行实攻大唐峰,李铤等击却之。金吾将军满存与邠军战,破之,复取兴州,进守万仞寨。

李克用派遣使臣恭奉表章进呈,说:"现在我正派军队渡过黄河,消灭朱玫逆党,迎接皇帝的车驾,希望诏令各道人马与我一道齐心协力攻打朱玫。"在这之前,山南道的人都传说李克用与朱玫和好,人心惶惶,李克用的表章送到,唐僖宗向跟随的官员们展示.并且谕告山南各镇,从此才稳定下来。但是李克用的表章仍坚持要朝廷治朱全忠当年谋害他的罪,唐僖宗命令杨复恭写信告诉李克用说:"待京畿一带的事情安宁下来,会另有一番晋升革退的安排。"

12　衡州刺史周岳派军队攻打潭州,钦化节度使闵勖招来淮西将领黄皓进入潭州城共同固守,黄皓却杀掉闵勖。周岳攻克占据潭州城后,抓获黄皓,将他杀掉。

13　镇海节度使周宝派遣牙将丁从实攻打常州,驱逐张郁,张郁逃往海陵,投奔镇遏使南昌人高霸。高霸是高骈的部将,镇守海陵,有百姓五万户,军队三万人。

14　秋季,七月,秦宗权攻克许州,杀节度使鹿晏弘。

15　王行瑜进攻兴州,感义节度使杨晟放弃兴州逃跑,占据文州,唐僖宗诏令保銮都将李铤、扈蟀都将李茂贞和陈佩驻扎大唐峰来抵抗王行瑜。李茂贞是博野人,本来姓宋,名叫文通,因为有功赐给他李茂贞这一姓名。

16　朝廷更改钦化军名为武安军,任命衡州刺史周岳为节度使。

17　八月,卢龙节度使李全忠死去,朝廷任命他的儿子李匡威成为留后。

18　王潮攻克泉州,杀廖彦若。王潮久知福建观察使陈岩威武出名,不敢进犯福州地盘,派遣使者向他降服,陈岩便进呈表章请求任命王潮为泉州刺史。王潮沉稳勇敢又有智谋,占据泉州之后,他招募安抚流离失所的百姓,均平赋税修缮武器,官吏和百姓都心悦诚服。王潮把王绪幽禁在一个特别的馆舍,王绪羞愧沮丧,自杀身亡。

19　九月,朱玫带领张行实攻打大唐峰,李铤等人将他们击退。金吾将军满存与朱玫的军队交战,将其打败,再次占领了兴州,开进万仞寨驻守。

20　李克脩攻孟方立,甲午,擒其将吕臻于焦冈,拔故镇、武安、临洺、邯郸、沙河,以大将安金俊为邢州刺史。

21　长安百官太子太师裴璩等劝进于襄王熅。冬,十月,熅即皇帝位,改元建贞,遥尊上为太上元皇圣帝。

22　董昌谓钱镠曰:"汝能取越州,吾以杭州授汝。"镠曰:"然,不取终为后患。"遂将兵自诸暨趋平水,凿山开道五百里,出曹娥埭,浙东将鲍君福帅众降之。镠与浙东军战,屡破之,进屯丰山。

23　感化牙将张雄、冯弘铎得罪于节度使时溥,聚众三百,走渡江,袭苏州,据之。雄自称刺史,稍聚兵至五万,战舰千馀,自号天成军。

24　河阳节度使诸葛爽薨,大将刘经、张全义立爽子仲方为留后。全义,临濮人也。

25　李克脩攻邢州,不克而还。

26　十一月丙戌,钱镠克越州,刘汉宏奔台州。

27　义成节度使安师儒委政于两厢都虞候夏侯晏、杜标,二人骄恣,军中忿之。小校张骁潜出,聚众二千攻州城,师儒斩晏、标首谕之,军中稍息。天平节度使朱瑄谋取滑州,遣濮州刺史朱裕将兵诱张骁,杀之。朱全忠先遣其将朱珍、李唐宾袭滑州,入境,遇大雪,珍等一夕驰至壁下,百梯并升,遂克之,虏师儒以归。全忠以牙将江陵胡真知义成留后。

28　田令孜至成都请寻医,许之。

29　十二月戊寅,诸军拔凤州,以满存为凤州防御使。

20　李克脩攻打孟方立,甲午(十八日),在焦冈擒获孟方立的将领吕臻,攻克故镇、武安、临洺、邯郸、沙河,任命大将安金俊为邢州刺史。

21　留在京师长安的朝廷百官太子太师裴璩等人劝说襄王李煴称帝。冬季,十月,李煴登基称帝,改年号为建贞,隔地尊奉唐僖宗为太上元皇圣帝。

22　董昌对钱镠说:"你如果能攻占越州,我就把杭州刺史的官职授给你。"钱镠说:"好吧,不拿下越州最终也是个后患。"于是钱镠带领军队从诸暨奔赴越州会稽县的平水镇,凿挖高山开辟道路长达五百里,经由曹娥埭杀出,浙东将军鲍君福率领所部人马向钱镠投降。钱镠与浙东的军队交战,多次将其打败,开进丰山驻扎。

23　感化牙将张雄、冯弘铎得罪了节度使时溥,召集三百人马,渡过长江逃跑,攻打苏州,予以占据。张雄自称苏州刺史,逐渐招募军队达到五万人,战舰一千馀艘,自己号称天成军。

24　河阳节度使诸葛爽死去,大将刘经、张全义拥立诸葛爽的儿子诸葛仲方做留后。张全义是临濮人。

25　李克脩攻打邢州,未能攻克又带兵退回。

26　十一月丙戌(十一日),钱镠攻克越州,刘汉宏逃往台州。

27　义成节度使安师儒委任两厢都虞候夏侯晏、杜标主持政务,这两个人傲慢专横,军营中对他们愤愤不平。小校张骁偷偷出去,招集了两千人马前来攻打滑州城,安师儒砍下夏侯晏、杜标两人的脑袋谕告手下人马,军中的愤怒情绪才稍微平息一些。天平节度使朱瑄谋划夺取滑州,派遣濮州刺史朱裕带领军队引诱张骁上当,将张骁斩杀。朱全忠先派遣手下将领朱珍、李唐宾攻打滑州,进入滑州境内,恰遇大雪,朱珍等人一个夜晚就赶到滑州城下,上百个云梯一同架起,于是攻克了滑州城,抓获安师儒回去。朱全忠委任牙将江陵人胡真掌管义成留后事宜。

28　田令孜到达成都请求寻找医生治病,朝廷予以准许。

29　十二月戊寅,各路军队攻克凤州,朝廷任命满存为凤州防御使。

30　杨复恭传檄关中，称"得朱玫首者，以静难节度使赏之"。王行瑜战数败，恐获罪于玫，与其下谋曰："今无功，归亦死，曷若与汝曹斩玫首，迎大驾，取邠宁节钺乎？"众从之。甲寅，行瑜自凤州擅引兵归京师，玫方视事，闻之，怒，召行瑜，责之曰："汝擅归，欲反邪？"行瑜曰："吾不反，欲诛反者朱玫耳！"遂擒斩之，并杀其党数百人。诸军大乱，焚掠京城，士民无衣冻死者蔽地。裴澈、郑昌图帅百官二百馀人奉襄王奔河中，王重荣诈为迎奉，执煴，杀之，囚澈、昌图，百官死者殆半。

31　台州刺史杜雄诱刘汉宏，执送董昌，斩之。昌徙镇越州，自称知浙东军府事，以钱镠知杭州事。

32　王重荣函襄王煴首至行在，刑部请御兴元城南楼献馘，百官毕贺。太常博士殷盈孙议，以为："煴为贼臣所逼，正以不能死节为罪耳。礼，公族罪在大辟，君为之素服不举。今煴已就诛，宜废为庶人，令所在葬其首。其献馘称贺之礼，请俟朱玫首至而行之。"从之。盈孙，侑之孙也。

33　河阳大将刘经，畏李罕之难制，自引兵镇洛阳，袭罕之于渑池，为罕之所败。经弃洛阳走，罕之追杀殆尽。罕之军于巩，将渡河，经遣张全义将兵拒之。时诸葛仲方幼弱，政在刘经，诸将多不附，全义遂与罕之合兵攻河阳，为经所败，罕之、全义走保怀州。

30 杨复恭向关中传发檄文,说:"谁能斩下朱玫的脑袋,就把朱玫静难节度使转封给他。"王行瑜与李钲、满存交战,屡战屡败,担心朱玫治他的罪,就与属下谋划说:"现在没有战功,回去也是死,不如和你们一起砍下朱玫的脑袋,迎接皇帝回来,拿到邠宁的符节与黄钺,怎么样?"大家依从王行瑜的意见。甲寅(初十),王行瑜从凤州擅自带领军队返回京师长安,朱玫正在料理政事,听说此事,十分震怒,召来王行瑜,责问他说:"你擅自回来,要谋反吗?"王行瑜说:"我不谋反,而是要诛杀谋反的人朱玫!"于是将朱玫擒获斩杀,并且杀死朱玫的党羽几百人。各路军队顿时乱成一团,焚烧抢掠京城长安,士人百姓因没有衣服被冻死的,尸体遍地都是。裴澈、郑昌图率领众官兩百多人侍奉襄王李煴奔往河中,王重荣假装出来迎接,抓住李煴,将他杀死,囚禁裴澈、郑昌图,众官被处死的将近一半。

31 台州刺史杜雄引诱刘汉宏,把他抓获送到董昌那里,将他处斩。董昌将镇所迁到越州,自称主持浙东军府事宜,委任钱镠掌管杭州事宜。

32 王重荣将襄王李煴的头装在匣内送到唐僖宗那里,刑部请僖宗到兴元城南楼接受进献,朝廷百官都前往祝贺。太常博士殷盈孙提出意见,他认为:"李煴是被朱玫一伙逼迫的,他的罪过在于不能以死相拒。礼仪规定,公族里有人犯了死罪被处斩,君主为他穿丧服停止重要活动。现在襄王李煴已被斩杀,应当颁诏把他废为平民,命令所在的地方安葬他的头颅。至于献馘称贺的大礼,请等朱玫的头颅送到再举行。"唐僖宗采纳了殷盈孙的意见。殷盈孙是殷侑的孙子。

33 河阳大将刘经,担心李罕之难以控制,亲自带领军队镇守洛阳,在渑池袭击李罕之,却被李罕之打败。刘经放弃洛阳逃跑,李罕之追击斩杀,把他的人马几乎消灭光。李罕之在巩县驻扎军队,正要渡过黄河,刘经派遣张全义前来抵挡。当时诸葛仲方幼小软弱,政权在刘经的手中,各位将领多有不服,张全义于是与李罕之把军队联合起来攻打河阳,但被刘经打败,李罕之、张全义逃走退守怀州。

34 初,忠武决胜指挥使孙儒与龙骧指挥使朗山刘建锋戍蔡州,拒黄巢,扶沟马殷隶军中,以材勇闻。及秦宗权叛,儒等皆属焉。宗权遣儒攻陷郑州,刺史李璠奔大梁。儒进陷河阳,留后诸葛仲方奔大梁。儒自称节度使,张全义据怀州,李罕之据泽州以拒之。

初,长安人张佶为宣州幕僚,恶观察使秦彦之为人,弃官去。过蔡州,宗权留以为行军司马。佶谓刘建锋曰:"秦公刚鸷而猜忌,亡无日矣,吾属何以自免!"建锋方自危,遂与佶善。

35 寿州刺史张翱遣其将魏虔将万人寇庐州,庐州刺史杨行愍遣其将田頵、李神福、张训拒之,败虔于褚城。滁州刺史许勍袭舒州,刺史陶雅奔庐州。高骈命行愍更名行密。

36 是岁,天平牙将朱瑾逐泰宁节度使齐克让,自称留后。瑾将袭兖州,求婚于克让,乃自郓盛饰车服,私藏兵甲以赴之。亲迎之夕,甲士窃发,逐克让而代之。朝廷因以瑾为泰宁节度使。

37 安陆贼帅周通攻鄂州,路审中亡去。岳州刺史杜洪乘虚入鄂,自称武昌留后,朝廷因以授之。湘阴贼帅邓进思复乘虚陷岳州。

38 秦宗言围荆南二年,张瓌婴城自守,城中米斗直钱四十缗,食甲鼓皆尽,击门扉以警夜,死者相枕。宗言竟不能克而去。

三年(丁未,887)

1 春,正月,以邠州都将王行瑜为静难军节度使,扈跸都头李茂贞领武定节度使,扈跸都头杨守宗为金商节度使,右卫大将军顾彦朗为东川节度使,金商节度使杨守亮为山南西道节度使。彦朗,丰县人也。

34 当初,忠武决胜指挥使孙儒与龙骧指挥使朗山人刘建锋驻防蔡州,抵抗黄巢,扶沟人马殷隶属军营之中,因为才能出众勇猛果敢而出名。等到秦宗权反叛,孙儒等人都归属了秦宗权。秦宗权派遣孙儒攻克了郑州,郑州刺史李璠逃奔大梁。孙儒再进军攻克河阳,河阳留后诸葛仲方也逃往大梁。孙儒自称节度使,张全义占据怀州,李罕之占据泽州来抵抗孙儒。

起初,长安人张佶在宣州做幕僚,憎恨观察使秦彦的为人,辞去官职离开。张佶经过蔡州时,秦宗权留下他做行军司马。张佶对刘建锋说:"秦宗权刚愎凶狠又猜疑忌妒,他的末日就要到了,我们应该考虑怎么能够免除大祸!"刘建锋正为自己安危担忧,于是与张佶结为好友。

35 寿州刺史张翱派遣属下将领魏虔带领一万人马侵扰庐州,庐州刺史杨行愍派遣手下将领田頵、李神福、张训进行抗击,在褚城打败魏虔。滁州刺史许勍攻打舒州,舒州刺史陶雅逃往庐州。高骈命令杨行愍改名为杨行密。

36 本年,天平牙将朱瑾赶走泰宁节度使齐克让,自称泰宁留后。朱瑾要攻打兖州,假装向齐克让请求通婚讲和,又安排华丽的车辆服装,暗中派出军队裹藏武器,从郓州前赴兖州。亲迎的当天夜晚,朱瑾的人马偷偷发起进攻,赶走了齐克让而取代了他。朝廷于是任命朱瑾为泰宁节度使。

37 安陆贼寇头目周通攻打鄂州,据守鄂州的路审中逃离。岳州刺史杜洪乘虚而入占据鄂州,自称武昌留后,朝廷便正式任命杜洪为武昌留后。湘阴贼寇头目邓进思也是乘虚而入攻占了岳州。

38 秦宗言围攻荆南长达两年之久,张瑰在荆南顽强固守,城内的米一斗值钱高达四十缗,粮食、武器、更鼓都用尽了,只好击打门板在夜间报时辰,死尸在地上横竖相枕。可是秦宗言最后还是未能攻克荆南城而离去。

唐僖宗光启三年(丁未,公元887年)

1 春季,正月,朝廷任命邠州都将王行瑜为静难军节度使,扈跸都头李茂贞兼任武定节度使,扈跸都头杨守宗为金商节度使,右卫大将军顾彦朗为东川节度使,金商节度使杨守亮为山南西道节度使。顾彦朗是丰县人。

2　辛巳，以董昌为浙东观察使，钱镠为杭州刺史。

3　秦宗权自以兵力十倍于朱全忠，而数为所败，耻之，欲悉力以攻汴州。全忠患兵少，二月，以诸军都指挥使朱珍为淄州刺史，募兵于东道，期以初夏而还。

4　戊辰，削夺三川都监田令孜官爵，长流端州。然令孜依陈敬瑄，竟不行。

5　代北节度使李国昌薨。

6　三月癸未，诏伪宰相萧遘、郑昌图、裴澈，于所在集众斩之，皆死于岐山。时朝士受煴官者甚众，法司皆处以极法，杜让能力争之，免者什七八。

7　壬辰，车驾至凤翔，节度使李昌符恐车驾还京，虽不治前过，恩赏必疏，乃以宫室未完，固请驻跸府舍，从之。

8　太傅兼侍中郑从谠罢为太子太保。

9　镇海节度使周宝募亲军千人，号后楼兵，禀给倍于镇海军。镇海军皆怨，而后楼兵浸骄不可制。宝溺于声色，不亲政事，筑罗城二十馀里，建东第，人苦其役。宝与僚属宴后楼，有言镇海军怨望者，宝曰："乱则杀之！"度支催勘使薛朗以其言告所善镇海军将刘浩，戒之使戢士卒，浩曰："惟反可以免死耳！"是夕，宝醉，方寝，浩帅其党作乱，攻府舍而焚之。宝惊起，徒跣叩芙蓉门呼后楼兵，后楼兵亦反矣。宝帅家人步走出青阳门，遂奔常州，依刺史丁从实。浩杀诸僚佐，癸巳，迎薛朗入府，推为留后。宝先兼租庸副使，城中货财山积，是日，尽于乱兵之手。

2　辛巳(初七),朝廷任命董昌为浙东视察使,钱镠为杭州刺史。

3　秦宗权自以为兵力是朱全忠的十倍,却多次被朱全忠打败,感到耻辱,想集中全部兵力攻打汴州。朱全忠担心人马太少,二月,他委任诸军都指挥使朱珍为淄州刺史,到东道招募军队,约定初夏时节回来。

4　戊辰(二十四日),朝廷革除三川都监田令孜的官职爵位,把他长期流放端州。可是田令孜依附陈敬瑄,竟然不启程。

5　代北节度使李国昌死去。

6　三月癸未(初九),唐僖宗颁发诏令,命令将襄王李煴任命的伪宰相萧遘、郑昌图、裴澈于所在地召集兵民当众处斩,这几个人都死在岐山县。当时朝廷官员接受李煴授给官职的人很多,刑部要将他们全部处斩,杜让能为这些人极力争辩,最后有十分之七八的人免于一死。

7　壬辰(十八日),唐僖宗到达凤翔,节度使李昌符担心唐僖宗回到京城长安即使不追究他从前与朱玫驱赶圣驾的罪过,对他的恩赏也一定少了,于是以长安宫室还没修整完毕为理由,一再请求唐僖宗在凤翔府第留住,唐僖宗依从了他。

8　朝廷将太傅兼侍中郑从谠贬斥为太子太保。

9　镇海节度使周宝招募随身护卫军一千人,号称后楼兵,供给的粮饷是镇海军的一倍。镇海军的兵卒都怨气冲天,而后楼兵却是越来越骄横无法遏制。周宝沉溺于歌舞和女色,不亲自料理政务,修筑由丝织绸绢装饰的罗城长达二十多里,建造府第,人们都苦于沉重的劳役。周宝和他的臣僚属下曾在后楼兵营内举办宴会,有人说镇海军中有抱怨的人,周宝说:"谁敢作乱就杀掉谁!"度支催勘使薛朗把周宝的话告诉与他相好的镇海军将领刘浩,告诫他命令手下士卒注意一些,刘浩说:"只有造反可以免于一死了!"当天夜晚,周宝喝醉,刚刚入睡,刘浩率领手下人马发动叛乱,攻打节度使府第并放火焚烧。周宝惊慌失措地起来,光着脚去敲芙蓉门呼喊后楼兵,但后楼兵也谋反了。周宝带领全家人徒步跑出青阳门,于是奔往常州,前去依附刺史丁从实。刘浩将周宝的各位属僚佐官斩杀,癸巳(十九日),迎接薛朗进入府第,推举他做留后。周宝以前兼任租庸副使,城内货物资财堆积如山,这一天,全都落入作乱士兵的手中。

高骈闻宝败，列牙受贺，遣使馈以麨粉。宝怒，掷之地曰："汝有吕用之在，他日未可知也！"扬州连岁饥，城中馁死者日数千人，坊市为之寥落，灾异数见，骈悉以为周宝当之。

10　山南西道节度使杨守亮忌利州刺史王建骁勇，屡召之。建惧，不往。前龙州司仓周庠说建曰："唐祚将终，藩镇互相吞噬，皆无雄才远略，不能戡济多难。公勇而有谋，得士卒心，立大功者非公而谁！然葭萌四战之地，难以久安。阆州地僻人富，杨茂实，陈、田之腹心，不修职贡，若表其罪，兴兵讨之，可不战而擒也。"建从之，召募溪洞酋豪，有众八千，沿嘉陵江而下，袭阆州，逐其刺史杨茂实而据之，自称防御使，招纳亡命，军势益盛，守亮不能制。

部将张虔裕说建曰："公乘天子微弱，专据方州，若唐室复兴，公无种矣。宜遣使奉表天子，杖大义以行师，蔑不济矣。"部将綦毋谏复说建养士爱民以观天下之变。建从之。庠、虔裕、谏，皆许州人也。

初，建与东川节度使顾彦朗俱在神策军，同讨贼。建既据阆州，彦朗畏其侵暴，数遣使问遗，馈以军食，建由是不犯东川。

11　初，周宝闻淮南六合镇遏使徐约兵精，诱之使击苏州。

高骈听说仇敌周宝惨败,命令牙将列队庆贺,又派遣使臣向周宝送去细粉。周宝十分恼怒,把高骈送来的细粉扔在地上怒骂高骈:"有吕用之在你身边,日后结果怎样还难以预料!"扬州连续几年闹饥荒,城内被饿死的人每天都有几千,店铺集市因此冷落下来,灾异经常出现,高骈把罪过都加在周宝身上。

10　山南西道节度使杨守亮嫉妒利州刺史王建的勇猛果敢,多次召令王建前往他的镇所。王建担心被杨守亮谋害,始终不去。原龙州司仓周庠规劝王建说:"大唐王朝就要完结了,现在藩镇之间相互吞并,但是都没有雄才大略,不能够平定拯救这个多灾多难的天下。你勇敢又有智谋,深得士卒的拥护,建大功立大业的人除了你还有谁呢!可是利州这个地方争战最多,难以长久安定。阆州地方偏僻百姓富有,那里的刺史杨茂实,是陈敬瑄、田令孜的心腹,不称职守,如果进呈表章列举他的罪状,发动军队进行讨伐,可以不交战就把他擒获。"王建采纳了周庠的意见,召请河沟山洞间的部落首领,聚集了八千人马,沿着嘉陵江而下,袭击阆州,赶走阆州刺史杨茂实而据为己有,王建自称防御使,招收接纳四处逃亡的人们,军队的势力更加盛大起来,杨守亮已不能控制他了。

王建的属下将领张虔裕劝诫他说:"你乘着天子的势力微弱,独自占据一方,如果唐朝皇室重新兴盛起来,你就要遭受灭族之灾。你应该派遣使臣向皇帝进呈表章,依仗正义而发动军队,没有不能战胜的。"手下将领綦毋谏也规劝王建,叫他招养人才爱护百姓,静观天下的变化。对这些劝诫,王建都听从了。周庠、张虔裕、綦毋谏三个人,都是许州人。

当初,王建与东川节度使顾彦朗都在神策军,一同讨伐贼寇。王建占据了阆州之后,顾彦朗害怕王建侵扰暴掠,多次派出使者前往问候和赠送礼物,送给王建军需粮食,因此王建没有进犯东川顾彦朗的地盘。

11　起初,周宝听说淮南六合镇遏使徐约的军队精壮,便引诱他去攻打苏州。

卷第二百五十七　唐纪七十三

起丁未(887)四月尽戊申(888)凡一年有奇

僖宗惠圣恭定孝皇帝下之下

光启三年(丁未,887)

1　夏,四月甲辰朔,约逐苏州刺史张雄,帅其众逃入海。

2　高骈闻秦宗权将寇淮南,遣左厢都知兵马使毕师铎将百骑屯高邮。

时吕用之用事,宿将多为所诛,师铎自以黄巢降将,常自危。师铎有美妾,用之欲见之,师铎不许,用之因师铎出,窃往见之,师铎惭怒,出其妾,由是有隙。

师铎将如高邮,用之待之加厚,师铎益疑惧,谓祸在旦夕。师铎子娶高邮镇遏使张神剑女,师铎密与之谋,神剑以为无是事。神剑名雄,人以其善用剑,故谓之"神剑"。时府中籍籍,亦以为师铎且受诛,其母使人语之曰:"设有是事,汝自努力前去,勿以老母、弱子为累!"师铎疑未决。

会骈子四十三郎者素恶用之,欲使师铎帅外镇将吏疏用之罪恶,闻于其父,密使人绐之曰:"用之比来频启令公,欲因此相图,已有委曲在张尚书所,宜备之!"师铎问神剑曰:"昨夜使司有文书,翁胡不言?"神剑不寤,曰:"无之。"师铎不自安,归营,

僖宗惠圣恭定孝皇帝下之下

唐僖宗光启三年(丁未,公元887年)

1 夏季,四月甲辰朔(初一),徐约赶走苏州刺史张雄,张雄率领他的人马逃往海上。

2 高骈听说秦宗权将要侵扰淮南,派遣左厢都知兵马使毕师铎带领一百骑兵驻扎高邮。

当时吕用之当权,有丰富经验的老将大多被他诛杀,毕师铎因为是从黄巢那里投降过来的将领,常常为自己的安危担忧。毕师铎有一个漂亮的小妾,吕用之想见见她,毕师铎不准许,吕用之趁着毕师铎外出的机会,偷偷地前去看那美妾,毕师铎羞愧恼怒,将小妾休掉,为此毕师铎与吕用之结下了仇怨。

毕师铎将要去高邮,吕用之对待他更加优厚,毕师铎却越来越疑虑恐惧,认为大祸就在眼前了。毕师铎的儿子娶高邮镇遏使张神剑的女儿为妻,毕师铎去与张神剑秘密商谋,张神剑认为吕用之不会加害毕师铎。张神剑本名叫张雄,人们因为他善于用剑,所以叫他张神剑。当时高邮府内众说纷纭,也有人认为毕师铎将要遭受杀身大祸,毕师铎的母亲派人对毕师铎说:"如果有这样的事,你自己要想方设法离开逃走,不要因为年老的母亲、弱小的儿子拖累了你!"毕师铎犹豫不决。

恰好高骈的一个叫四十三郎的儿子一向憎恨吕用之,想让毕师铎率领在外镇守的将领官吏分条陈述吕用之的罪恶行径,报告给他的父亲高骈,暗中派人欺骗毕师铎说:"吕用之近来一再诱导高骈,想要以此来谋害你,已经有机密文书在张神剑那里,应当早作防备!"毕师铎去问张神剑说:"昨天夜间淮南节度使司送来了机密信函,你怎么不对我说?"张神剑不清楚怎么回事,说:"没有什么机密信函。"毕师铎不能安下心来,便回到军营中,

谋于腹心,皆劝师铎起兵诛用之,师铎曰:"用之数年以来,人怨鬼怒,安知天不假手于我诛之邪!淮宁军使郑汉章,我乡人,昔归顺时副将也,素切齿于用之,闻吾谋,必喜。"乃夜与百骑潜诣汉章,汉章大喜,悉发镇兵及驱居民合千馀人从师铎至高邮。师铎诘张神剑以所得委曲,神剑惊曰:"无有。"师铎声色浸厉,神剑奋曰:"公何见事之暗!用之奸恶,天地所不容。况近者重赂权贵得岭南节度,复不行,或云谋窃据此土,使其得志,吾辈岂能握刀头事此妖物邪!要剐此数贼以谢淮海,何必多言!"汉章喜,遂命取酒,割臂血沥酒,共饮之。乙巳,众推师铎为行营使,为文告天地,移书淮南境内,言诛用之及张守一、诸葛殷之意。以汉章为行营副使,神剑为都指挥使。

神剑以师铎成败未可知,请以所部留高邮,曰:"一则为公声援,二则供给粮饷。"师铎不悦,汉章曰:"张尚书谋亦善,苟终始同心,事捷之日,子女玉帛相与共之,今日岂可复相违!"师铎乃许之。戊申,师铎、汉章发高邮。

庚戌,诇骑以白高骈,吕用之匿之。

3 朱珍至淄青旬日,应募者万馀人,又袭青州,获马千匹。辛亥,还,至大梁,朱全忠喜曰:"吾事济矣!"

时蔡人方寇汴州,其将张晊屯北郊,秦贤屯板桥,各有众数万,列三十六寨,连延二十馀里。全忠谓诸将曰:"彼蓄锐休兵,

与心腹亲信商量对策,他们都劝毕师铎发兵讨伐吕用之,毕师铎说:"多年来,吕用之惹得百姓怨恨,鬼神愤怒,苍天是不是要借助我的力量来诛灭吕用之呀! 淮宁军使郑汉章,是我的同乡,当初离开黄巢投奔高骈时是个副将,一向痛恨吕用之,如果知道了我讨伐吕用之的计谋,他一定会高兴的。"于是毕师铎连夜与一百骑兵秘密到达郑汉章那里,郑汉章大为高兴,把镇所的军队全部发动起来,又驱使当地百姓总共一千余人跟随毕师铎到达高邮。毕师铎追问张神剑收到的秘密文书,张神剑惊异地说:"根本没有机密信函。"毕师铎的声色更加严厉,张神剑激奋地说道:"你看事情怎么这样糊涂! 吕用之奸邪凶恶,是天地所不容的。况且近来他大肆贿赂身居高位有权势的人,得到岭南东道节度使的官职,又不前去赴任,有的人说吕用之是在筹谋夺取这里的地盘,假使他的狂妄野心得逞,我们这些人怎么能够手握刀把为这种妖魔鬼怪做事! 我们要把吕用之这几个乱臣贼子千刀万剐以答谢淮海一带的百姓,还有什么可说的!"郑汉章听后大快,于是命令拿酒来,用刀划破胳膊让血滴到酒里,大家一起把酒喝掉。乙巳(初二),大家推举毕师铎为行营使,起草檄文祭告天地,向淮南境内传送檄文,说明讨伐吕用之以及张守一、诸葛殷的意图。委任郑汉章为行营副使,张神剑为都指挥使。

张神剑因为毕师铎的成功和失败还难以预料,请求带领所部人马留在高邮,他对毕师铎说:"这样,一则为你做声援,二则可以供给军粮兵饷。"毕师铎对此不高兴,郑汉章说:"尚书张神剑的计谋也不错,如果你们自始至终同心同德,等到事毕告捷的日子,美女宝玉缎帛共同分享,现在怎么可以不保持一致!"毕师铎于是同意张神剑留守高邮。戊申(初五),毕师铎、郑汉章从高邮出发。

庚戌(初七),密探骑兵前往广陵向高骈禀告这件事,被吕用之隐匿起来。

3 朱珍到达淄青招募军队,十几天内就有一万余人应募,朱珍又率众攻打青州,获得马匹一千。辛亥(初八),朱珍返回,到达大梁,朱全忠高兴地说:"我的事业成功了!"

当时蔡州人正在侵扰汴州,蔡州军队的将领张晊在汴州城的北郊驻扎,秦贤驻扎板桥,他们各有几万人马,排列三十六个营寨,相互连接延续二十余里。朱全忠对各位将领说:"蔡州军队养精蓄锐经过休整,

方来击我，未知朱珍之至，谓吾兵少，畏怯自守而已，宜出其不意，先击之。"乃自引兵攻秦贤寨，士卒踊跃争先。贤不为备，连拔四寨，斩万馀级，蔡人大惊，以为神。

全忠又使牙将新野郭言募兵于河阳、陕、虢，得万馀人而还。

4　毕师铎兵奄至广陵城下，城中惊扰。壬子，吕用之引麾下劲兵，诱以重赏，出城力战。师铎兵少却，用之始得断桥塞门争守备。是日，骈登延和阁，闻喧噪声，左右以师铎之变告。骈惊，急召用之诘之，用之徐对曰："师铎之众思归，为门卫所遏，适已随宜区处，计寻退散。傥或不已，正烦玄女一力士耳，愿令公勿忧！"骈曰："近者觉君之妄多矣，君善为之，勿使吾为周侍中！"言毕，惨沮久之，用之惭懅而退。

师铎退屯山光寺，以广陵城坚兵多，甚有悔色。癸丑，遣其属孙约与其子诣宣州，乞师于观察使秦彦，且许以克城之日迎彦为帅。会师铎馆客毕慕颜自城中逃出，言"众心离散，用之忧窘，若坚守之，不日当溃"。师铎乃悦。

是日未明，骈召用之，问以事本末，用之始以实对，骈曰："吾不欲复出兵相攻，君可选一温信大将，以我手札谕之，若其未从，当别处分。"用之退，念诸将皆仇敌，必不利于己，甲寅，遣所部讨击副使许戡，赍骈委曲，及用之誓状并酒肴出劳师铎，

才来攻打我们，而不知道朱珍人马的到来，认为我们军队少，害怕胆怯闭城固守而已，我们应当乘他们没有准备，抢先攻打。"于是朱全忠亲自带领军队攻打秦贤的营寨，手下士卒踊跃向前争先恐后。秦贤没有准备，朱全忠接连攻克四个营寨，斩杀一万余人，蔡州军队大为震惊，认为是神兵降临了。

朱全忠又派遣牙将新野人郭言到河阳、陕州、虢州招募军队，召集了一万余人回来。

4　毕师铎的军队忽然到达广陵城下，城内兵民惊慌混乱。壬子(初九)，吕用之率直接统领的精壮军队，以丰厚的赏赐为诱饵，杀出广陵城竭力对战。毕师铎的人马稍稍向后退却，吕用之这才得以砍断吊桥堵塞城门固守防备。这一天，高骈登上延和阁，听到嘈杂喧闹的声音，身边的人把毕师铎发动变乱的事告诉他。高骈很吃惊，急忙召来吕用之责问他，吕用之慢慢回答说："毕师铎的人马想要回来，被城门的卫兵阻拦住了，刚才已经分别做了适当的处置，大概不久就可以撤退散去。假如毕师铎还不退离，只要烦劳九天玄女的一个力士就行了，希望你不要担忧！"高骈说："近来感到你太狂妄，你要好自为之，不要使我像周宝那样众叛亲离。"说完，面色沮丧惨然好长时间，吕用之羞愧地退了下去。

毕师铎退到广陵城北的山光寺驻扎，因为广陵城防守坚固兵力众多，毕师铎有些懊悔。癸丑(初十)，毕师铎派遣他的属将孙约与他的儿子一起到宣州，请求观察使秦彦派出军队，并且许诺攻克广陵城的时候迎接秦彦做淮南节度使。恰巧毕师铎馆舍的客人毕慕颜从广陵城内逃出来，说"城内人心离散，吕用之忧愁窘迫，如果坚守，用不了几天吕用之的人马就会溃败"。毕师铎于是振作起精神。

这一天天还没亮，高骈召来吕用之，问他毕师铎发动军队来广陵这件事的原委，吕用之才把实情告诉高骈，高骈说："我不想再派军队出城攻打，你可以挑选一个为人温和诚实可信的大将，用我亲手写的函札告诉毕师铎，如果他不听劝告仍不撤走，就要另行处置。"吕用之退下去，考虑到各位将领都与他结仇为敌，若是派他们去对自己一定不利，甲寅(十一日)，便派遣他的部下讨击副使许戡，带着高骈的手札和吕用之的誓状以及美酒佳肴出广陵城慰劳毕师铎，

师铎始亦望骈旧将劳问，得以具陈用之奸恶，披泄积愤，见戢至，大骂曰："梁缵、韩问何在，乃使此秽物来！"戢未及发言，已牵出斩之。乙卯，师铎射书入城，用之不发，即焚之。

丁巳，用之以甲士百人入见骈于延和阁下，骈大惊，匿于寝室，久而后出，曰："节度使所居，无故以兵入，欲反邪！"命左右驱出。用之大惧，出子城南门，举策指之曰："吾不可复入此！"自是高、吕始判矣。

是夜，骈召其从子前左金吾卫将军杰密议军事。戊午，署杰都牢城使，泣而勉之，以亲信五百人给之。

用之命诸将大索城中丁壮，无问朝士、书生，悉以白刃驱缚登城，令分立城上，自旦至暮，不得休息。又恐其与外寇通，数易其地，家人饷之，莫知所在。由是城中人亦恨师铎入城之晚也。

骈遣大将石锷以师铎幼子及其母书并骈委曲至扬子谕师铎，师铎遽遣其子还，曰："令公但斩吕、张以示师铎，师铎不敢负恩，愿以妻子为质。"骈恐用之屠其家，收师铎母妻子置使院。

辛酉，秦彦遣其将秦稠将兵三千至扬子助师铎。壬戌，宣州军攻南门，不克；癸亥，又攻罗城东南隅，城几陷者数四。甲子，罗城西南隅守者焚战格以应师铎，师铎毁其城以内其众。用之帅其众千人力战于三桥北，师铎垂败，会高杰以牢城兵自子城出，欲擒用之以授师铎，用之乃开参佐门北走。

毕师铎起初也希望高骈的旧有大将出来犒劳慰问，乘便陈述吕用之的奸恶罪状，发泄积压在心头的愤怒，但看到是许戡来到，便大声怒骂说："梁缵、韩问哪里去了，竟让这种下贱东西来！"许戡还没来得及说话，已被拉出斩杀。乙卯（十二日），毕师铎写信用箭射入广陵城，吕用之看也不看，当即烧掉。

丁巳（十四日），吕用之带着身披战甲的士兵一百人到延和阁下去见高骈，高骈大为吃惊，隐藏在卧室里，很长时间才出来，说道："节度使所居住的地方，你无故带着士兵进入，要谋反吗！"命令身边侍卫将他们赶出去。吕用之十分恐惧，从内城的南门出去，手举马鞭指着广陵内城说："我不再进入这里了！"从此，高骈和吕用之分道扬镳。

当天夜里，高骈召来他的侄子前左金吾卫将军高杰秘密商议军事要务。戊午（十五日），高骈暂任高杰为都牢城使，流着眼泪勉励他，把亲信兵卒五百人拨给他带领。

吕用之命令各位将领大肆搜索广陵城内的少壮男子，不管是朝中人士还是白面书生，都用雪亮的刀剑驱赶捆绑着登上城墙，命令他们分别站立在城墙上面，从早晨到晚上，不能得到休息。吕用之又恐怕这些人与外边毕师铎的人沟通，几次变换他们的地方，家里人给他们送饭，也不知道在什么地方。因此，广陵城内的人们也恨不得毕师铎早日入城。

高骈派遣大将石锷带着毕师铎的小儿子和他母亲的信以及高骈的机密文书到达扬子，告诉毕师铎城内发生的事，毕师铎立即派他的儿子回去，对高骈说："你只要斩杀了吕用之和那个张守一，给我看看，我决不敢辜负了你的恩情，现在愿意把我的老婆孩子作为你的人质。"高骈担心吕用之会屠杀毕师铎的家属，就安置毕师铎的母亲妻子和儿子在节度使司的院内。

辛酉（十八日），秦彦派遣属下将领秦稠带领军队三千到达扬子援助毕师铎。壬戌（十九日），秦彦的宣州军队攻打广陵城的南门，没有攻克；癸亥（二十日），又攻打广陵外围小城的东南角，有好几次几乎攻破。甲子（二十一日），广陵外围小城西南角的护卫士兵焚烧防守的木栅来接应毕师铎，毕师铎捣毁外围小城城墙以便接纳里面的人马。吕用之率领所部一千人在三桥北面顽强对战，毕师铎眼看就要失败了，恰逢高杰率领牢城军队从内城里面杀出来，想要擒拿吕用之把他交给毕师铎，吕用之于是打开参佐门向北逃跑。

骈召梁缵以昭义军百馀人保子城。

乙丑，师铎纵兵大掠。骈不得已，命彻备，与师铎相见于延和阁下，交拜如宾主之仪，署师铎节度副使、行军司马，仍承制加左仆射，郑汉章等各迁官有差。

左莫邪都虞候申及，本徐州健将，入见骈，说之曰："师铎逆党不多，请令公及此选元从三十人，夜自教场门出，比师铎觉之，追不及矣。然后发诸镇兵，还取府城，此转祸为福也。若一二日事定，浸恐艰难，及亦不得在左右矣。"言之，且泣，骈犹豫不听。及恐语泄，遂窜匿，会张雄至东塘，及往归之。

丙寅，师铎果分兵守诸门，搜捕用之亲党，悉诛之。师铎入居使院，秦稠以宣军千人分守使宅及诸仓库。丁卯，骈牒请解所任，以师铎兼判府事。

师铎遣孙约至宣城，趣秦彦过江。或说师铎曰："仆射向者举兵，盖以用之辈奸邪暴横，高令公坐自聋瞽，不能区理，故顺众心为一方去害。今用之既败，军府廓然，仆射宜复奉高公而佐之，但总其兵权以号令，谁敢不服！用之乃淮南一叛将耳，移书所在，立可枭擒。如此，外有推奉之名，内得兼并之实，虽朝廷闻之，亦无亏臣节。使高公聪明，必知内愧；如其不悛，乃机上肉耳，奈何以此功业付之他人，岂惟受制于人，终恐自相鱼肉！前日秦稠先守仓库，其相疑已可见。且秦司空为节度使，庐州、寿州其肯为之下乎！

高骈召来梁缵带领昭义军一百馀人保护内城。

乙丑(二十二日),毕师铎怂恿军队大肆掠抢。高骈没有办法,命令撤除防备,与毕师铎在延和阁下相见,彼此行礼只像宾客和主人一样,高骈暂任毕师铎为节度副使、行军司马,依然承袭旧制加封他左仆射,郑汉章等人的官职也分别有不同的升迁。

左莫邪都虞候申及,本来是徐州勇猛强健的将领,他进城拜见高骈,劝说道:"毕师铎一伙叛逆党羽人数不多,请你趁着这个机会挑选主要的随从人员三十人,今天夜间就从教场门出去,等到毕师铎察觉到,追赶也来不及了。离开广陵城后再发动各个镇所的军队,回来攻取广陵城,就能把灾祸转变为福音。如果过了一两天大局已定,恐怕形势更加危险紧迫,我申及也不能再留在你的身边了。"申及一面说这些话一面哭泣,高骈犹豫不决没有听从申及的劝告。申及担心自己的话泄漏出去,于是逃走藏匿起来,适逢张雄来到广陵东塘,申及便投奔了张雄。

丙寅(二十三日),毕师铎果然分派军队把守广陵城的各个城门,搜捕吕用之的亲信党羽,将他们全都斩杀。毕师铎进入高骈的节度使司官署,秦稠带领宣州军队一千人分头守护节度使官署以及各个仓库。丁卯(二十四日),高骈书写公文请解除他所担任的官职,任命毕师铎兼管淮南节度使司事宜。

毕师铎派遣孙约前赴宣州,催促秦彦渡过长江。有人劝毕师铎说:"你日前发动军队前来广陵,是因为吕用之等人奸诈邪恶暴虐横行,高骈由此如同耳聋眼瞎一样,难以料理政务,因此你顺应众人的心愿为这一带翦除祸害。现在吕用之已经失败,广陵城内的军府旷然一清,你应当再尊奉高骈而辅佐他,只总揽他的兵权来发号施令,有谁敢不服从! 吕用之不过是淮南的一个叛逆将领,把檄文传递到他所在的地方,马上就可以擒获杀掉他。这样一来,在外间有拥戴高骈的美名,在内又得到了兼并他人力量的实惠,即使朝廷知道了,你也没有亏负做臣子的节操。如果高骈聪明的话,他一定会在内心感到惭愧;如果高骈还不能觉醒改过,他也不过是菜板上的肉罢了,你为什么要把这样的功劳大业交给别人,那样的话不仅要受到别人的制约,恐怕最终还要把自己变成别人的美餐! 昨天秦稠抢先据守仓库,值得怀疑的地方已显而易见。而且,秦彦如果做淮南节度使,庐州的杨行密、寿州的张翱又哪肯俯首帖耳地听他的指令!

仆见战攻之端未有穷已,岂惟淮南之人肝脑涂地,窃恐仆射功名成败未可知也!不若及今遏止秦司空勿使过江,彼若粗识安危,必不敢轻进。就使他日责我以负约,犹不失为高氏忠臣也。"师铎大以为不然,明日,以告郑汉章,汉章曰:"此智士也!"散求之,其人畏祸,竟不复出。

戊辰,骈迁家出居南第,师铎以甲士百人为卫,其实囚之也。是日,宣军以所求未获,焚进奉两楼数十间,宝货悉为煨烬。己巳,师铎于府厅视事,凡官吏非有兵权者皆如故,复迁骈于东第。自城陷,诸军大掠不已,至是,师铎始以先锋使唐宏为静街使,禁止之。

骈先为盐铁使,积年不贡奉,货财在扬州者,填委如山。骈作郊天、御楼六军立仗仪服,及大殿元会、内署行幸供张器用,皆刻镂金玉、蟠龙蹙凤数十万事,悉为乱兵所掠,归于闾阎,张陈寝处其中。

庚午,获诸葛殷,杖杀之,弃尸道旁,怨家抉其目,断其舌,众以瓦石投之,须臾成冢。吕用之之败也,其党郑杞首归师铎,师铎署杞知海陵监事。杞至海陵,阴记高霸得失,闻于师铎。霸获其书,杖杞背,断手足,刳目截舌,然后斩之。

5 蔡将卢瑭屯于万胜,夹汴水而军,以绝汴州运路,朱全忠乘雾袭之,掩杀殆尽。于是蔡兵皆徙就张晊,屯于赤冈。

我感到相互攻打会没完没了，岂止是淮南的百姓要惨遭战祸，我担心你的功业与名誉成功还是失败也是难以预测的！不如趁着现在赶快阻止秦彦，不要让他渡过长江，他如果还能大体地意识到自己的安危，一定不敢轻易进发。即使是日后秦彦责备我们背弃了先前的誓约，我们还可以说是高骈的忠诚臣下。"毕师铎却完全不这样认为，第二天，毕师铎把这件事告诉了郑汉章，郑汉章说："这是一个有智谋的才子呀！"到处寻找他，这个人害怕祸患，竟然再也不露面了。

戊辰（二十五日），高骈全家迁出延和阁到城南府第居住，毕师铎命令甲士一百人护卫高骈，实际上是把他囚禁起来。这一天，秦稠率领的宣州军队因为索要的未能获得，便放火焚烧进奉两楼的几十个房间，财宝货物都被烧毁。己巳（二十六日），毕师铎在节度使司官署的大厅料理政事，所有未掌握兵权的官吏，其官职如同以前一样，又把高骈迁移到城东的府第。自从广陵城被攻克，各路军队大肆抢掠不止，到这时，毕师铎开始委任先锋使唐宏为静街使，禁止军队的抢掠行为。

高骈从前曾做盐铁转运使，多年不向朝廷进贡，留在扬州的货物财宝，堆积得像小山一样。高骈制作郊外祭天、登楼大赦罪人时六军的陈设仪仗和礼仪服装，以及大殿之上召见群臣和巡幸内署时供给陈设的器具用品，都是精心雕刻的黄金白玉，上面有盘曲的蛟龙、屈缩的彩凤，总共有几十万件，全都被作乱的军队掠抢，散落到民间里巷人家，摆放在卧室居所。

庚午（二十七日），毕师铎抓获诸葛殷，用棍棒将他打死，把尸体扔到大路旁边，有与诸葛殷结有怨仇的人挖出他的眼睛，切断他的舌头，人们用碎瓦乱石投打诸葛殷的尸体，不一会儿就堆成了小山。吕用之失败时，他的党羽郑杞首先归顺毕师铎，毕师铎暂任郑杞掌管海陵监事。郑杞到达海陵，暗中记录海陵镇遏使高霸的利弊得失，报告给毕师铎。高霸获得了郑杞的文书，用棍棒击打郑杞的背部，砍断他的手和脚，挖出眼睛截断舌头，然后将他处斩。

5　蔡州军将领卢瑭驻扎中牟县万胜镇，他在汴水两侧安置军营，以便断绝汴州城的运输途径，朱全忠乘着大雾去攻打，将卢瑭的人马几乎消灭光了。于是，蔡州的军队都转移到张晊那里，在汴州城北的赤冈驻扎。

全忠复就击之,杀二万馀人。蔡人大惧,或军中自相惊,全忠乃还大梁,养兵休士。

6　辛未,高骈密以金遗守者,毕师铎闻之,壬午,复迎骈入道院,收高氏子弟甥侄十馀人同幽之。

7　前苏州刺史张雄帅其众自海溯江,屯于东塘,遣其将赵晖入据上元。

8　毕师铎之攻广陵也,吕用之诈为高骈牒,署庐州刺史杨行密行军司马,追兵入援。庐江人袁袭说行密曰:"高公昏惑,用之奸邪,师铎悖逆,凶德参会,而求兵于我,此天以淮南授明公也,趣赴之。"行密乃悉发庐州兵,复借兵于和州刺史孙端,合数千人赴之,五月,至天长。郑汉章之从师铎也,留其妻守淮口,用之帅众攻之,旬日不克,汉章引兵救之。用之闻行密至天长,引兵归之。

9　丙子,朱全忠出击张晊,大破之。秦宗权闻之,自郑州引精兵会之。

10　张神剑求货于毕师铎,师铎报以俟秦司空之命,神剑怒,亦以其众归杨行密;及海陵镇遏使高霸、曲溪人刘金、盱眙人贾令威悉以其众属焉。行密众至万七千人,张神剑运高邮粮以给之。

11　朱全忠求救于兖、郓,朱瑄、朱瑾皆引兵赴之,义成军亦至。辛巳,全忠以四镇兵攻秦宗权于边孝村,大破之,斩首二万馀级。宗权宵遁,全忠追之,至阳武桥而还。全忠深德朱瑄,兄事之。蔡人之守东都、河阳、许、汝、怀、郑、陕、虢者,闻宗权败,皆弃去。宗权发郑州,孙儒发河阳,皆屠灭其人,焚其庐舍而去,宗权之势自是稍衰。朝廷以扈驾都头杨守宗知许州事,朱全忠以其将孙从益知郑州事。

朱全忠再次率众前去攻打,斩杀两万余人。蔡州人十分恐惧,有时在军营内就自相惊慌起来,朱全忠于是回到大梁,休养整顿军队。

6　辛未(二十八日),高骈暗中向看守他的士兵赠送金钱,毕师铎察觉到这事,壬午,又把高骈接入道院,把高骈的儿子兄弟外甥侄子十几个都一同集中幽禁起来。

7　以前的苏州刺史张雄率领他的人马从海上沿着长江逆流而上,在东塘驻扎,他还派遣属下将领赵晖进并占据了上元。

8　毕师铎攻打广陵时,吕用之假借高骈的名义颁发公文,暂任庐州刺史杨行密为行军司马,命他派军队来广陵救援。庐江人袁袭劝告杨行密说:"高骈昏庸糊涂,吕用之奸诈邪恶,毕师铎叛逆作乱,这三个人合在一起可以说是恶劣德行的大汇聚,现在来请求我们出兵救援,这是天意把淮南授给你,你应当马上前赴广陵。"杨行密于是把庐州军队全部发动起来,又向和州刺史孙端求借军队,集合几千人马开赴广陵,五月,到达天长。当初郑汉章跟随毕师铎出征广陵,留下他的妻子守卫淮口,吕用之便带领人马攻打淮口,十天时间没有攻克,郑汉章率领军队回来营救。吕用之听说杨行密到达天长,便带着人马返回。

9　丙子(初三),朱全忠派出军队攻打张晊,张晊大败。秦宗权获悉,从郑州带领精壮军队与张晊相会以抗击朱全忠。

10　张神剑向毕师铎请求资财,毕师铎回答他要等秦彦的命令,张神剑很恼怒,也带领他的人马投归了杨行密;接着海陵镇遏使高霸、曲溪人刘金、盱眙人贾令威都率领所部人马归属杨行密。杨行密的军队达到一万七千人,张神剑运送高邮的粮食供给这些军队需用。

11　朱全忠向兖州、郓州请求救援,朱瑄、朱瑾都带领人马前往,义成军也赶到。辛巳(初八),朱全忠指挥四个镇所的军队在汴州北郊的边孝村攻打秦宗权,将他打败,斩杀两万余人。秦宗权夜间逃跑,朱全忠追赶他,直到阳武桥才返回。朱全忠深深地感恩朱瑄,把他当作兄长对待。蔡州军队中护守东都、河阳、许州、汝州、怀州、郑州、陕州、虢州的人,听说秦宗权失败,都纷纷离去。秦宗权征发郑州,孙儒征发河阳,都大肆屠杀那里的百姓,焚烧当地的房屋而后离去,秦宗权的势力从这以后有所衰落。朝廷任命扈驾都头杨守宗掌管许州事宜,朱全忠委任属下将领孙从益掌管郑州事宜。

12　钱镠遣东安都将杜稜、浙江都将阮结、静江都将成及将兵讨薛朗。

13　甲午，秦彦将宣歙兵三万馀人，乘竹筏沿江而下，赵晖邀击于上元，杀溺殆半。丙申，彦入广陵，自称权知淮南节度使，仍以毕师铎为行军司马，补池州刺史赵锽为宣歙观察使。戊戌，杨行密帅诸军抵广陵城下，为八寨以守之，秦彦闭城自守。

14　六月戊申，天威都头杨守立与凤翔节度使李昌符争道，麾下相殴，帝命中使谕之，不止。是夕，宿卫皆严兵为备。己酉，昌符拥兵烧行宫，庚戌，复攻大安门。守立与昌符战于通衢，昌符兵败，帅麾下走保陇州。杜让能闻难，挺身步入侍；韦昭度质其家于军中，誓诛反贼，故军士力战而胜之。守立，复恭之假子也。壬子，以扈驾都将、武定节度使李茂贞为陇州招讨使，以讨昌符。

15　甲寅，河中牙将常行儒杀节度使王重荣。重荣用法严，末年尤甚，行儒尝被罚，耻之，遂作乱。夜，攻府舍，重荣逃于别墅；明旦，行儒得而杀之。制以陕虢节度使王重盈为护国节度使，又以重盈子珙权知陕虢留后。重盈至河中，执行儒，杀之。

16　戊午，秦彦遣毕师铎、秦稠将兵八千出城，西击杨行密，稠败死，士卒死者什七八。城中乏食，樵采路绝，宣州军始食人。

17　壬戌，亳州将谢殷逐其刺史宋衮。

12　钱镠派遣东安都将杜稜、浙江都将阮结、静江都将成及带领军队讨伐薛朗。

13　甲午（二十一日），秦彦带领宣歙军队三万馀人，乘坐竹筏沿着长江向下开进，赵晖在上元拦截阻击，斩杀和溺死水中的人将近一半。丙申（二十三日），秦彦进入广陵城，自称暂时代理淮南节度使事务，仍然委任毕师铎为行军司马，补授池州刺史赵锽为宣歙观察使。戊戌（二十五日），杨行密率领各路军队抵达广陵城下，安设八个营寨围守，秦彦则关闭城门固守。

14　六月戊申（初六），神策军中的天威都头杨守立与凤翔节度使李昌符两人争抢道路，部下殴打起来，唐僖宗命令宦官传谕劝解，竟不能罢休。这天夜晚，宫中值宿士兵严阵以待防备不测。己酉（初七），李昌符带领军队焚烧唐僖宗的行宫，庚戌（初八），李昌符又攻打大安门。杨守立与李昌符在宫外道路上对战，最后李昌符的军队战败，率领手下人马逃往陇州固守。在这期间，杜让能听说皇宫有难，挺身而出进入宫中护卫唐僖宗；韦昭度则把他的家人放在军营中作为人质，以表示他誓死斩杀谋反贼子的决心，因此军中士卒竭力苦战，终于战胜。杨守立，是杨复恭的养子。壬子（初十），朝廷任命扈驾都将、武定节度使李茂贞为陇州招讨使，以讨伐李昌符。

15　甲寅（十二日），河中牙将常行儒将节度使王重荣杀死。王重荣执行法度极其严格，到了晚年更为厉害，常行儒曾经被王重荣处罚，对此感到很耻辱，于是发动了叛乱。夜间，常行儒攻打王重荣的府第，王重荣逃到别墅；第二天早晨，常行儒抓获王重荣并将他杀掉。朝廷下命委任王重荣的哥哥陕虢节度使王重盈为护国节度使，又任命王重盈的儿子王珙暂任陕虢留后。王重盈到达河中，抓获常行儒，将他杀掉。

16　戊午（十六日），秦彦派遣毕师铎、秦稠带领军队八千人出广陵城，向西攻打杨行密，秦稠战败身亡，所部士卒战死的占十分之七八。广陵城内缺乏粮食，出外打柴的道路也被断绝，秦彦率领的宣州军队开始吃人充饥。

17　壬戌（二十日），亳州将领谢殷驱逐亳州刺史宋衮。

18　孙儒既去河阳,李罕之召张全义于泽州,与之收合馀众。罕之据河阳,全义据东都,共求援于河东。李克用以其将安金俊为泽州刺史,将骑助之,表罕之为河阳节度使,全义为河南尹。

初,东都经黄巢之乱,遗民聚为三城以相保,继以秦宗权、孙儒残暴,仅存坏垣而已。全义初至,白骨蔽地,荆棘弥望,居民不满百户,全义麾下才百馀人,相与保中州城,四野俱无耕者。全义乃于麾下选十八人材器可任者,人给一旗一榜,谓之屯将,使诣十八县故墟落中,植旗张榜,招怀流散,劝之树艺。惟杀人者死,馀但笞杖而已,无严刑,无租税,民归之者如市。又选壮者教之战陈,以御寇盗。数年之后,都城坊曲,渐复旧制,诸县户口,率皆归复,桑麻蔚然,野无旷土。其胜兵者,大县至七千人,小县不减二千人,乃奏置令佐以治之。全义明察,人不能欺,而为政宽简。出,见田畴美者,辄下马,与僚佐共观之,召田主,劳以酒食;有蚕麦善收者,或亲至其家,悉呼出老幼,赐以茶彩衣物。民间言:"张公不喜声伎,见之未尝笑;独见佳麦良茧则笑耳。"有田荒秽者,则集众杖之;或诉以乏人牛,乃召其邻里责之曰:"彼诚乏人牛,何不助之!"众皆谢,乃释之。由是邻里有无相助,故比户皆有蓄积,凶年不饥,遂成富庶焉。

18　孙儒离开了河阳后，李罕之便从泽州召来张全义，和他一道把剩下的人马收集起来。李罕之占据河阳，张全义占据东都洛阳，一同向河东节度使李克用请求援助。李克用任命手下将领安金俊为泽州刺史，带领骑兵前往援助，并进呈表章任命李罕之为河阳节度使，张全义为河南尹。

当初，东都洛阳经过黄巢的战乱，劫后遗留的百姓聚集成为三个城以相互保护，接着又有秦宗权、孙儒的残酷暴行，留下的仅仅是残垣断壁。张全义刚到这里时，只见白骨遍地，放眼望去到处是丛生的草木，居民总共不到一百户，张全义的部下才一百多人，共同守卫三城中间的中州城，四周田野都没有耕作的人。张全义于是在手下人中挑选了十八个才能器度可以任用的人，每人发给一面旗帜一张榜文，称作屯将，派他们分别到河南十八个县旧有的村落之中，立起旗帜张贴榜文，招收抚恤四处流散的百姓，规劝他们种植耕作。只有犯了杀人罪的处死，其他罪过仅予笞打杖击，没有严酷刑罚，不收田租赋税，因此老百姓前来归顺的像赶集一样。张全义又挑选精明强壮的百姓教授作战阵法，以防御贼寇强盗。几年之后，河南各地的城市店铺乃至小巷，都渐渐地恢复了原来的规模式样，各县的民户人口大多都回归，各种农作物生长茂盛，田野里再也没有空旷的地方。各地能够作战的军队，大县达到七千人，小县也不少于两千人，于是张全义进呈奏章请设置县令佐官治理地方。张全义精明强干，人们对他不能有欺隐，同时他办理政务又很宽厚简明。张全义外出，看见田地中的作物很茂盛，就下马，与身边的臣僚共同观赏，召来田地的主人，用美酒好饭慰劳他；有善于养蚕种麦的人获得丰收，张全义有时就到这些人的家里，把男女老幼都叫出来，赏赐给他们茶叶丝绸和衣服等物。当时在民间传着这样的话："张全义大人不喜好歌妓舞女，看到这些没见过他发笑；唯独看到茂盛的麦田和上好的蚕丝他就满面笑容。"有的人将田地荒芜了，张全义就召集众人当面杖打进行惩罚；有的人申诉说缺乏人手和耕牛，张全义便把他的邻居叫来责问："他如果确实缺少劳力耕牛，你们为什么不帮助他！"大家都表示谢罪，张全义才把人放回。由于这样，在邻里之间互通有无彼此帮助，因此各户钱粮都有积蓄，灾年也不致有饥荒，于是富庶起来。

19　杜稜等败薛朗将李君旰于阳羡。

20　秋,七月癸未,淮南将吴苗帅其徒八千人逾城降杨行密。

21　八月壬寅朔,李茂贞奏陇州刺史薛知筹以城降,斩李昌符,灭其族。

22　朱全忠引兵过亳州,遣其将霍存袭谢殷,斩之。

23　丙子,以李茂贞同平章事、充凤翔节度使。

24　以韦昭度守太保、兼侍中。

25　朱全忠欲兼兖、郓,而以朱瑄兄弟有功于己,攻之无名,乃诬瑄招诱宣武军士,移书诮让。瑄复书不逊,全忠遣其将朱珍、葛从周袭曹州,壬子,拔之,杀刺史丘弘礼。又攻濮州,与兖、郓兵战于刘桥,杀数万人,朱瑄、朱瑾仅以身免。全忠与兖、郓始有隙。

26　秦彦以张雄兵强,冀得其用,以仆射告身授雄,以尚书告身三通授裨将冯弘铎等。广陵人竞以珠玉金缯诣雄军贸食,通犀带一,得米五升,锦衾一,得糠五升,雄军既富,不复肯战,未几,复助杨行密。

丁卯,彦悉出城中兵万二千人,遣毕师铎、郑汉章将之,陈于城西,延袤数里,军势甚盛。行密安卧帐中,曰:"贼近告我。"牙将李宗礼曰:"众寡不敌,宜坚壁自守,徐图还师。"李涛怒曰:"吾以顺讨逆,何论众寡,大军至此,去将安归! 涛愿将所部为前锋,保为公破之!"涛,赵州人也。行密乃积金帛鲞米于一寨,

19　杜稜等人在阳羡打破薛朗的将领李君昄。

20　秋季,七月癸未(十二日),淮南将领吴苗率领手下八千人马越过城池向杨行密投降。

21　八月壬寅朔(初一),李茂贞奏报陇州刺史薛知筹献出陇州城投降,斩杀李昌符,诛灭了李昌符的全族人。

22　朱全忠带领军队经过亳州,派遣属下将领霍存攻打谢殷,将他斩杀。

23　丙子,朝廷任命李茂贞为同平章事、充任凤翔节度使。

24　朝廷任命韦昭度兼理太保、兼任侍中。

25　朱全忠想要兼并兖州、郓州,可是因为朱瑄兄弟曾经救援汴州对自己有功,攻打没有理由,于是朱全忠诬陷朱瑄招纳引诱宣武军的士卒,送去书信责备他。朱瑄给朱全忠的回信也不恭谦,朱全忠便派遣属下将领朱珍、葛从周袭击曹州,壬子(十一日),攻克,杀死曹州刺史丘弘礼。接着朱全忠的军队又攻打濮州,在刘桥与兖州、郓州的军队展开激战,斩杀几万人,朱瑄、朱瑾仅仅保住性命。朱全忠与兖州的朱瑄、郓州的朱瑾从此结下了怨仇。

26　秦彦感到张雄的军队强大,希望能够被他所用,便把仆射的告身授给张雄,又将尚书告身文书三份授给副将冯弘铎等人。广陵城内的人们竞相带着珠宝玉器黄金绸缎到张雄的军营换取粮食,一个通天犀带,只换得大米五升,一个锦缎被子,只换得粗糠五升。张雄的军队既然富有起来,便不愿意再去交战,不久,又去协助杨行密。

丁卯(二十六日),秦彦将广陵城内的军队一万两千人全部调出,派毕师铎、郑汉章统率,布置在广陵城的西部,绵延几里地,军队气势很盛。杨行密却安安稳稳地躺在军帐里面,说:“贼寇靠近时再告诉我。”牙将李宗礼说:“敌我人数相差太大,我们应当加固壁垒自我坚守,再慢慢图谋把军队迁回。”李涛愤怒地说:“我们顺应天道讨伐逆贼,哪管人多人少,军队已经来到这里,回去能到哪里去! 我愿意带领所部人马做前锋,保证为杨公你打败贼寇!”李涛是赵州人。杨行密于是把金钱布帛麦子稻米都堆积到一个营寨,

使羸弱守之，多伏精兵于其旁，自将千餘人冲其陈。兵始交，行密阳不胜而走，广陵兵追之，入空寨，争取金帛刍米，伏兵四起，广陵众乱，行密纵兵击之，俘斩殆尽，积尸十里，沟渎皆满，师铎、汉章单骑仅免。自是秦彦不复言出师矣。

27 九月，以户部侍郎、判度支张濬为兵部侍郎、同平章事。

28 高骈在道院，秦彦供给甚薄，左右无食，至然木像、煮革带食之，有相啖者。彦与毕师铎出师屡败，疑骈为厌胜，外围益急，恐骈党有为内应者。有妖尼王奉仙言于彦曰："扬州分野极灾，必有一大人死，自此喜矣。"甲戌，命其将刘匡时杀骈，并其子弟甥侄无少长皆死，同坎瘗之。乙亥，杨行密闻之，帅士卒缟素向城大哭三日。

29 朱珍攻濮州，朱瑄遣弟罕将步骑万人救之；辛卯，朱全忠逆击罕于范，擒斩之。

30 冬，十月，秦彦遣郑汉章将步骑五千出击张神剑、高霸寨，破之，神剑奔高邮，霸奔海陵。

31 丁未，朱珍拔濮州，刺史朱裕奔郓；珍进兵攻郓。瑄使裕诈遗珍书，约为内应，珍夜引兵赴之，瑄开门纳汴军，闭而杀之，死者数千人，汴军乃退。瑄乘胜复取曹州，以其属郭词为刺史。

32 甲寅，立皇子陞为益王。

派瘦弱的士卒看守,在这旁边埋伏下许多精兵,自己带领一千多人冲击广陵军队的阵营。双方军队开始交战后,杨行密假装不能取胜而逃跑,广陵军队追击他,进入没有强兵防守的那个营寨,争先恐后地抢夺金钱布帛、小麦稻米,这时,杨行密埋伏的军队从四面发起进攻,广陵军队大乱,杨行密指挥军队勇猛攻打,俘虏斩杀,几乎将广陵军队消灭光,地上的死尸有十里,沟渠里都填满了,毕师铎、郑汉章仅以单身骑马逃走。从这以后秦彦再也不提出动军队了。

27 九月,朝廷任命户部侍郎、判度支张濬为兵部侍郎、同平章事。

28 高骈被囚禁在广陵城内的道院,秦彦供给他的吃用东西极其缺少,身边的人没有吃的,以致燃烧道院内的木像煮皮带吃,有的竟相互吃人肉。秦彦与毕师铎出动军队一再失败,怀疑是高骈通过巫术诅咒他们,广陵城外的围攻又越来越紧迫,秦彦担心高骈的党羽中有做内应的人。有一个行妖术的尼姑王奉仙对秦彦说:"扬州上空的天象预兆这里要有大灾大难,一定要有一个大人物死去,而后才会顺心如意。"甲戌(初四),秦彦命令属下将领刘匡时将高骈斩杀,连同高骈的儿子兄弟外甥侄子不论年龄大小全都处死,把他们一同埋葬在一个大坑内。乙亥(初五),杨行密得知高骈被害,率领军中士卒身穿丧服向着广陵城大声痛哭三天。

29 朱珍攻打濮州,朱瑄派遣弟弟朱罕带领步兵、骑兵一万人前往救援;辛卯(二十一日),朱全忠在濮州的范县迎战朱罕,将朱罕擒获斩杀。

30 冬季,十月,秦彦派遣郑汉章带领步兵、骑兵五千人前去攻打张神剑、高霸的营寨,取得胜利,张神剑逃奔高邮,高霸逃奔海陵。

31 丁未(初七),朱珍攻克濮州,濮州刺史朱裕逃奔郓州;朱珍进兵攻打郓州。朱瑄让朱裕假装给朱珍写信,相约为朱珍做内应,朱珍夜间带领人马前赴郓州,朱瑄打开城门接纳汴州军队,然后关门斩杀,杀死了几千人,汴州军队于是退去。朱瑄乘胜又攻占曹州,任属下郭词为曹州刺史。

32 甲寅(十四日),唐僖宗立皇子李陲为益王。

33 杜稜等拔常州,丁从实奔海陵。钱镠奉周宝归杭州,属橐鞬,具部将礼,郊迎之。

34 杨行密围广陵且半年,秦彦、毕师铎大小数十战,多不利。城中无食,米斗直钱五十缗,草根木实皆尽,以堇泥为饼食之,饿死者太半。宣军掠人诣肆卖之,驱缚屠割如羊豕,讫无一声,积骸流血,满于坊市。彦、师铎无如之何,唶嚜而已。外围益急,彦、师铎忧懑,殆无生意,相对抱膝,终日悄然。行密亦以城久不下,欲引还。己巳夜,大风雨,吕用之部将张审威帅麾下士三百,晨,伏于西壕,俟守者易代,潜登城,启关纳其众,守者皆不斗而溃。先是,彦、师铎信重尼奉仙,虽战陈日时,赏罚轻重,皆取决焉。至是复咨于奉仙曰:"何以取济?"奉仙曰:"走为上策!"乃自开化门出奔东塘。行密帅诸军合万五千人入城,以梁缵不尽节于高氏,为秦、毕用,斩于戟门之外;韩问闻之,赴井死。以高骈从孙愈摄副使,使改殡骈及其族。城中遗民才数百家,饥赢非复人状,行密辇西寨米以赈之。行密自称淮南留后。

35 秦宗权遣其弟宗衡将兵万人渡淮,与杨行密争扬州,以孙儒为副,张佶、刘建锋、马殷及宗权族弟彦晖皆从。十一月辛未,抵广陵城西,据行密故寨,行密辎重之未入城者,为蔡人所得。秦彦、毕师铎至东塘,张雄不纳,将渡江趣宣州。宗衡召之,乃引兵还,与宗衡合。

33　杜棱等人攻克常州，丁从实奔往海陵。钱镠迎奉周宝返回杭州，佩戴衣甲弓箭，向周宝行部将礼，亲自到杭州郊外迎接他。

34　杨行密围攻广陵将近半年，秦彦、毕师铎与他交战大大小小几十次，大多失利。城内没有粮食，一斗米竟值五十缗钱，草根和花木的果实都吃完了，便用黏土做饼充饥，饿死的人超过一半。宣州军队抢掠百姓到店铺出卖，驱赶捆绑屠杀宰割就像对待猪羊一样，一直到街上没有一点声音，堆积的尸骨和流淌的鲜血，布满了店铺。秦彦、毕师铎对这种状况也没办法，只是皱眉头罢了。广陵城外的围攻更加紧迫，秦彦和毕师铎忧心忡忡抑郁不快，几乎不想活了，两个人面对面抱着膝盖，一天到晚都一言不发。而杨行密也因为好长时间不能攻下广陵城，想要带领军队返回庐州。己巳（二十九日）夜晚，狂风暴雨大作，吕用之的属下将领张审威率领手下士卒三百人，在早晨埋伏在城西堑壕，等到城内的护守士卒换班，偷偷地登上城墙，打开关卡把他的人马都放进去，城内的守卫士卒未经一战就溃散了。在这之前，秦彦、毕师铎信赖器重尼姑王奉仙，连兴兵作战的阵容日期时辰，奖赏惩罚的多少，都由尼姑王奉仙来决定。到这时，秦彦、毕师铎又询问王奉仙说："怎样才能挽救局面？"王奉仙回答说："离城出走是最好的对策！"于是，秦彦、毕师铎从开化门出城奔往东塘。杨行密带领各路人马合计一万五千人进入广陵城，因为梁缵未能对高骈效忠至死，后来为秦彦、毕师铎效力，杨行密便在戟门的外面将他斩杀；韩问听说后，便跳井自杀。杨行密委任高骈胞弟的孙子高愈暂为副使，命令重新安葬高骈和被害的族人。广陵城内剩下的百姓仅有几百家，饥饿瘦弱得都没有人样子，杨行密便从广陵城西的营寨载运粮米来赈济他们。杨行密自称淮南留后。

35　秦宗权派遣胞弟秦宗衡带领军队一万人渡过淮河，与杨行密争夺扬州，委任孙儒为副将，张佶、刘建锋、马殷以及秦宗权的族弟秦彦晖都跟随前往。十一月辛未（初二），秦宗衡率领人马抵达广陵城西部，占据杨行密原有的营寨，杨行密没有运入城内的器械、粮草等物，都被蔡州军队缴获。秦彦、毕师铎到达东塘，张雄拒不接纳，便想渡过长江奔赴宣州。这时秦宗衡召请他们，于是秦彦、毕师铎带领人马返回，与秦宗衡联合起来。

未几,宗权召宗衡还蔡,拒朱全忠。孙儒知宗权势不能久,称疾不行。宗衡屡促之,儒怒,甲戌,与宗衡饮酒,坐中手刃之,传首于全忠。宗衡将安仁义降于行密。仁义,本沙陀将也,行密悉以骑兵委之,列于田頵之上。儒分兵掠邻州,未几,众至数万,以城下乏食,与彦、师铎袭高邮。

36 初,宣武都指挥使朱珍与排陈斩斫使李唐宾,勇略、功名略相当,全忠每战,使二人偕,往无不捷,然二人素不相下。珍使人迎其妻于大梁,不白全忠,全忠怒,追还其妻,杀守门者,使亲吏蒋玄晖召珍,以唐宾代总其众。馆驿巡官冯翊敬翔谏曰:“朱珍未易轻取,恐其猜惧生变。”全忠悔,使人追止之。珍果自疑,丙子夜,珍置酒召诸将。唐宾疑其有异图,斩关奔大梁,珍亦弃军单骑继至。全忠两惜其才,皆不罪,遣还濮州,因引兵归。

全忠多权数,将佐莫测其所为,惟敬翔能逆知之,往往助其所不及,全忠大悦,自恨得翔晚,凡军机、民政悉以咨之。

37 辛巳,高邮镇遏使张神剑帅麾下二百人逃归扬州;丙戌,孙儒屠高邮。戊子,高邮残兵七百人溃围而至,杨行密虑其为变,分隶诸将,一夕尽坑之,明日,杀神剑于其第。

杨行密恐孙儒乘胜取海陵,壬寅,命镇遏使高霸帅其兵民悉归府城,曰:“有违命者,族之。”于是数万户弃资产、焚庐舍、

不久，秦宗权召令秦宗衡回蔡州，抗击朱全忠。孙儒知道秦宗权的权势不会太长久，便以有病为托词拒不拔。秦宗衡多次催促他，孙儒十分恼怒，甲戌(初五)，孙儒与秦宗衡一起喝酒，在座位中亲手将秦宗衡斩杀，又把他的首级送到朱全忠那里。秦宗衡的将领安仁义向杨行密投降。安仁义本来是李克用沙陀军的将领，杨行密把全部骑兵都交给他带领，并且把他的地位排列在田頵的前面。孙儒分派人马抢掠邻近各州，不久，他的军队就达到几万人，因为广陵城一带缺乏粮食，孙儒便与秦彦、毕师铎去攻打高邮。

36　当初，宣武都指挥使朱珍与排阵斩斫使李唐宾两人，勇猛与胆略、功劳与声誉不相上下，朱全忠每次作战，都让两人同行，所到之处没有不取胜的，可是朱珍、李唐宾两人却一向互相不服气。朱珍派人到大梁迎接妻子，而没告诉朱全忠，朱全忠很恼怒，追回他的妻子，杀掉守门的人，派他的亲近吏员蒋玄晖去召朱珍来，让李唐宾代替朱珍总理他的人马。馆驿巡官冯翊人敬翔规劝朱全忠说："朱珍不可轻易取代，恐怕他会猜疑惧发动变乱。"朱全忠后悔，便派人追上蒋玄晖，停止原有的安排。朱珍果然已有疑心，丙子(初七)夜晚，朱珍设置酒席召请各位将领。李唐宾怀疑朱珍要有叛乱的图谋，砍开城门奔赴大梁，朱珍也扔下军队只身一人骑马接着赶到大梁。朱全忠爱惜这两个人的才能，都不加谴责，派遣他们返回濮州，两人便带领人马回去。

朱全忠善于玩弄权术，手下将领臣僚对他的所作所为都难以预测，只有敬翔能够预先知道，往往帮助朱全忠完善他未想到的地方，朱全忠很是高兴，为自己这么晚才得到敬翔这一人才感到遗憾，所有机要军务、地方行政事宜都和敬翔商议。

37　辛巳(十二日)，高邮镇遏使张神剑率领部下两百人出逃归附扬州的杨行密；丙戌(十七日)，孙儒在高邮城展开大屠杀。戊子(十九日)，高邮的残余军队七百人突围赶到扬州，杨行密担心他们发生变乱，把他们分由各位将领管领，在一个夜晚全部活埋了，第二天，杨行密在府第又将张神剑杀死。

杨行密担心孙儒在攻占高邮后会乘胜进攻海陵，壬寅，命令镇遏使高霸率领海陵的军队百姓全部迁入广陵城内，并说："如有违犯命令的人，斩灭全族。"于是，几万户百姓抛弃资财家产、焚烧田间房舍、

挈老幼迁于广陵。戊戌，霸与弟眰、部将余绕山、前常州刺史丁从实至广陵，行密出郭迎之，与霸、眰约为兄弟，置其将卒于法云寺。

38　己亥，秦宗权陷郑州。

39　朝廷以淮南久乱，闰月，以朱全忠兼淮南节度使、东南面招讨使。

40　陈敬瑄恶顾彦朗与王建相亲，恐其合兵图己，谋于田令孜，令孜曰："建，吾子也，不为杨兴元所容，故作贼耳。今折简召之，可致麾下。"乃遣使以书召之，建大喜，诣梓州见彦朗曰："十军阿父见召，当往省之。因见陈太师，求一大州，若得之，私愿足矣！"乃留其家于梓州，帅麾下精兵二千，与从子宗镖、假子宗瑶、宗弼、宗侃、宗弁俱西。宗瑶，燕人姜郅；宗弼，许人魏弘夫；宗侃，许人田师侃；宗弁，鹿弁也。

建至鹿头关，西川参谋李乂谓敬瑄曰："王建，虎也，奈何延之入室？彼安肯为公下乎！"敬瑄悔，亟遣人止之，且增修守备。建怒，破关而进，败汉州刺史张顼于绵竹，遂拔汉州，进军学射山，又败西川将句惟立于蚕此，又拔德阳。敬瑄遣使让之，对曰："十军阿父召我来，及门而拒之，重为顾公所疑，进退无归矣。"田令孜登楼慰谕之，建与诸将于清远桥上髡发罗拜，曰："今既无归，且辞阿父作贼矣！"顾彦朗以其弟彦晖为汉州刺史，发兵助建，急攻成都，三日不克而退，还屯汉州。

敬瑄告难于朝，诏遣中使和解之，又令李茂贞以书谕之，皆不从。

扶老携幼迁到广陵城。戊戌(二十九日),高霸与胞弟高晔、属下将领余绕山、前任常州刺史丁从实一同赶到广陵,杨行密到城外迎接,与高霸、高晔结拜为兄弟,把他们的将领士卒安置在法云寺。

38 己亥(三十日),秦宗权攻克郑州。

39 朝廷因为淮南一带长期以来战乱不停,于闰十一月,任命朱全忠兼任淮南节度使、东南面招讨使。

40 陈敬瑄对顾彦朗与王建相互亲近友好耿耿于怀,担心他们会联合军队来算计自己,便去和田令孜商量,田令孜说:"王建是我的养子,因为杨兴元容不下他,所以做了贼寇。现在我写封信相召,他会到你的手下效力的。"于是,田令孜派人给王建送去信函召请他,王建十分高兴,前赴梓州会见顾彦朗说:"神策十军观军容使我的义父田令孜召请我,我应当前去探望。顺便去见见太师陈敬瑄,向他要一个大州,如果得到了,我的愿望就得到满足了!"于是,王建把家人留在梓州,率领手下精壮人马两千,与侄子王宗锦、养子王宗瑶、王宗弼、王宗侃、王宗弁一同向西开进。王宗瑶是燕州人,原名叫姜郅;王宗弼是许州人,原名叫魏弘夫;王宗侃也是许州人,原名叫田师侃;王宗弁原名叫鹿弁。

王建到达鹿头关,西川人参谋李乂对陈敬瑄说:"王建这个人,是一头猛虎,怎么能引他入室呢?他哪里会甘心情愿地在你的手下!"陈敬瑄感到后悔,立即派人去阻止王建西进,并且加强守卫防备。王建很恼怒,攻破鹿头关向前开进,在绵竹打败汉州刺史张顼,于是攻克汉州,向学射山进军,又在成都县的蚕此镇打败西川将领句惟立,接着攻克德阳。陈敬瑄派出使者斥责王建,王建回答说:"神策十军观军容使我的义父田令孜召我来,到了门口却又拒绝我,这会让顾彦朗怀疑,我前后都没有归宿了。"田令孜登上大玄楼慰问劝说王建,王建与各位将领在大玄楼前的清远桥上剃去头发围着下拜,说:"现在我们既然已经没有归宿,那么就辞别义父去做贼寇了!"顾彦朗委任他的弟弟顾彦晖为汉州刺史,发兵援助王建,猛烈进攻成都,三天没有攻克下来,便退兵撤走,回到汉州驻扎。

陈敬瑄把王建谋乱一事呈报朝廷,唐僖宗派遣中使为他们劝和,又命令李茂贞写信劝解,结果都不听从。

41　杨行密欲遣高霸屯天长以拒孙儒，袁袭曰："霸，高氏旧将，常挟两端，我胜则来，不胜则叛。今处之天长，是自绝其归路也，不如杀之。"己酉，行密伏甲执霸及丁从实、余绕山，皆杀之。又遣千骑掩杀其党于法云寺，死者数千人。是日，大雪，寺外数坊地皆赤。高暀出走，明日，获而杀之。

吕用之之在天长也，绐杨行密曰："用之有银五万铤，埋于所居，克城之日，愿备麾上一醉之资。"庚戌，行密阅士卒，顾用之曰："仆射许此曹银，何食言邪！"因牵下械系，命田頵鞫之，云："与郑杞、董瑾谋因中元夜，邀高骈至其第建黄箓斋，乘其入静，缢杀之，声言上升。因令莫邪都帅诸军推用之为节度使。"是日，腰斩用之，怨家刌割立尽，并诛其族党。军士发其中堂，得桐人，书骈姓名于胸，桎梏而钉之。

袁袭言于行密曰："广陵饥弊已甚，蔡贼复来，民必重困，不如避之。"甲寅，行密遣和州将延陵宗以其众二千人归和州，乙卯，又命指挥使蔡俦将兵千人，辎重数千两，归于庐州。

42　赵晖据上元，会周宝败，浙西溃卒多归之，众至数万。晖遂自骄大，治南朝台城而居之，服用奢僭。张雄在东塘，晖不与通问；雄溯江而上，晖以兵塞其中流。雄怒，戊午，攻上元，拔之。晖奔当涂，未至，为其下所杀。馀众降，雄悉坑之。

41　杨行密想派遣高霸驻扎天长以抗击孙儒,袁袭对杨行密说:"高霸是高骈的旧将,反复无常,我们胜了,他前来归附,失利了他又反叛。现在要让他安排到天长,这样他就再也不可能回来了,不如把他杀掉。"己酉(初十),杨行密埋伏下甲士拿获高霸以及丁从实、余绕山,把他们全部杀死。又派遣一千骑兵在法云寺乘其不备袭击了高霸的部下,杀死几千人。这一天,下大雪,法云寺外几条街的地面却都被鲜血染红。高暀出寺逃跑,第二天,也被抓获杀死。

吕用之在天长时,欺骗杨行密说:"我有银子五万铤,埋在住所地下,等到攻克广陵城时,我愿意献给你做饮酒庆功的资财。"庚戌(十一日),杨行密检阅士卒,回头对吕用之说:"你许诺给他们银子,怎么不履行诺言呀!"于是把他拉下戴上刑具,命令田颉审讯,吕用之说:"我曾与郑杞、董瑾谋划趁七月十五中元日夜晚,邀请高骈到住所摆设黄箓斋,趁着他入静时,把他勒死,对外就声称高骈升天了。乘机命令莫邪都帅各军拥立我吕用之为节度使。"当天,吕用之被腰斩,和吕用之有怨仇的人立刻把他的尸体切割光,接着又将吕用之的家族党羽诛杀。军中士卒打开吕用之的厅堂,搜得一个桐木做的人像,胸部写着高骈的姓名,手上戴着镣铐,身上钉着钉子。

袁袭对杨行密说:"广陵城内的饥荒已相当严重,孙儒的蔡州贼寇又来进攻,老百姓一定更加困苦,不如避开这里。"甲寅(十五日),杨行密派遣和州将领延陵宗带领所部人马两千返回和州,乙卯(十六日),杨行密又命令指挥使蔡俦带领一千人马和几千辆车的军需器械、粮草等,回到庐州。

42　赵晖占据了上元县,适逢周宝军队溃败,浙西溃散的兵卒大多投归赵晖,他的人马达到几万。赵晖于是骄傲自大起来,修治南朝的台城在那里居住,穿着衣服和使用器物奢侈华丽超越本分。张雄在东塘,赵晖不和他通信问候;张雄沿着长江逆行向上开进,赵晖派出军队在长江中流阻塞张雄人马。张雄勃然大怒,戊午(十九日),攻打上元县,予以占据。赵晖逃奔当涂,还没到达那里,就被属下斩杀。剩馀的人马投降,张雄将他们全部活埋。

43　朱全忠遣内客将张廷范致朝命于杨行密,以行密为淮南节度副使,又以宣武行军司马李璠为淮南留后,遣牙将郭言将兵千人送之。

感化节度使时溥自以于全忠为先进,官为都统,顾不得领淮南,而全忠得之,意甚恨望。全忠以书假道于溥,溥不许。璠至泗州,溥以兵袭之,郭言力战得免而还,徐、汴始构怨。

44　十二月癸巳,秦宗权所署山南东道留后赵德諲陷荆南,杀节度使张瓌,留其将王建肇守城而去,遗民才数百家。

45　饶州刺史陈儒陷衢州。

46　上蔡贼帅冯敬章陷蕲州。

47　乙未,周宝卒于杭州。

48　钱镠以杜棱为常州制置使。命阮结等进攻润州,丙申,克之,刘浩走,擒薛朗以归。

文德元年(戊申,888)

1　春,正月甲寅,孙儒杀秦彦、毕师铎、郑汉章。彦等之归宗衡也,其众犹二千余人,其后稍稍为儒所夺,裨将唐宏知其必及祸,恐并死,乃诬告彦等潜召汴军。儒杀彦等,以宏为马军使。

2　张守一与吕用之同归杨行密,复为诸将合仙丹,又欲干军府之政,行密怒而杀之。

3　蔡将石璠将万余人寇陈、亳,朱全忠遣朱珍、葛从周将数千骑击擒之。癸亥,以全忠为蔡州四面行营都统,代时溥,诸镇兵皆受全忠节度。

4　张廷范至广陵,杨行密厚礼之,及闻李璠来为留后,怒,有不受之色。廷范密使人白全忠,宜自以大军赴镇,全忠从之。

43　朱全忠派遣内客将张廷范向杨行密传达朝廷的命令,任命杨行密为淮南节度副使,并委任宣武行军司马李璠为淮南留后,派遣牙将郭言带领军队一千人护送他赴任。

感化节度使时溥自以为在朱全忠之前入仕做官,官职当到都统,反而不能管领淮南,而被朱全忠获得,心中很是怨恨不满。朱全忠写信给时溥希望让李璠借道经过他那里,时溥不准许。李璠到达泗州,时溥派军队袭击他,护送的牙将郭言奋力应战才免于一死退了回来,徐州、汴州从此结下了怨恨。

44　十二月癸巳(二十五日),秦宗权所任命的山南东道留后赵德諲攻克荆南,杀死节度使张瑰,留下属将王建肇守护荆南城然后离去,城中遗留下的百姓只有几百家。

45　饶州刺史陈儒攻克衢州。

46　上蔡贼寇头目冯敬章攻克蕲州。

47　乙未(二十七日),周宝死于杭州。

48　钱镠委任杜棱为常州制置使。命令阮结等人进攻润州,丙申(二十八日),攻克润州,刘浩逃走,阮结擒获薛朗返回。

唐僖宗文德元年(戊申,公元 888 年)

1　春季,正月甲寅(十六日),孙儒将秦彦、毕师铎、郑汉章杀死。秦彦等人归附秦宗衡时,他们的人马还有两千多,后来被孙儒逐渐吞并,秦彦的裨将唐宏知道会遇到大的灾祸,担心一起去送死,于是诬告秦彦等人暗中召来汴州军队。孙儒杀掉秦彦等人,任命唐宏为马军使。

2　张守一当初和吕用之一起归附杨行密,他为各位将领做仙丹,又想干预节度使司的政务,杨行密很恼怒,把他杀掉。

3　蔡州将领石璠带领一万馀人侵扰陈州、亳州,朱全忠派遣朱珍、葛从周带领几千骑兵攻打抓获石璠。癸亥(二十五日),唐僖宗颁诏任命朱全忠为蔡州四面行营都统,取代时溥,各镇军队都受朱全忠指挥调遣。

4　张廷范到达广陵,杨行密以隆重的礼节接待他,等到听说李璠要来做淮南留后,便很不满,显出不接受的脸色。张廷范秘密派人告诉朱全忠,应当亲自率领大军赶赴广陵,朱全忠听从了他的意见。

至宋州，廷范自广陵逃来，曰："行密未可图也。"甲子，李璠至，言徐军遮道，全忠乃止。

5　丙寅，钱镠斩薛朗，剖其心以祭周宝，以阮结为润州制置使。

6　二月，朱全忠奏以杨行密为淮南留后。

7　乙亥，上不豫。壬午，发凤翔，己丑，至长安。庚寅，赦天下，改元。以韦昭度兼中书令。

8　魏博节度使乐彦祯，骄泰不法，发六州民筑罗城，方八十里，人苦其役。其子从训，尤凶险，既杀王铎，魏人皆恶之。从训聚亡命五百馀人为亲兵，谓之子将，牙兵疑之，籍籍不安。从训惧，易服逃出，止于近县，彦祯因以为相州刺史。从训遣人至魏运甲兵、金帛，交错于路，牙兵益疑。彦祯惧，请避位，居龙兴寺为僧，众推都将赵文玠知留后事。

从训引兵三万至城下，文玠不出战，众复杀之，推牙将贵乡罗弘信知留后事。先是，人有言"见白须翁，言弘信当为地主"者，文玠既死，众群聚呼曰："谁欲为节度使者？"弘信出应曰："白须翁已命我矣。"众环视曰："可也。"遂立之。弘信引兵出，与从训战，败之。从训收馀众保内黄，魏人围之。

先是，朱全忠将讨蔡州，遣押牙雷邺以银万两请籴于魏，牙兵既逐彦祯，杀邺于馆。从训既败，乃求救于全忠。

9　初，河阳节度使李罕之与张全义刻臂为盟，相得欢甚。罕之勇而无谋，性复贪暴，意轻全义，闻其勤俭力穑，笑曰：

朱全忠到达宋州时,张廷范从广陵逃来,说:"杨行密不便谋取。"甲子(二十六日),李璠赶到,说时溥的徐州军队拦住了前方的道路,朱全忠于是停止进军。

5　丙寅(二十八日),钱镠斩杀薛朗,剖取他的心脏以祭奠周宝,委任阮结为润州制置使。

6　二月,朱全忠奏请任命杨行密为淮南留后。

7　乙亥(初七),唐僖宗患病。壬午(十四日),唐僖宗从凤翔出发,己丑(二十一日),到达长安。庚寅(二十二日),大赦天下,改年号为文德。朝廷任命韦昭度兼任中书令。

8　魏博节度使乐彦祯,骄横不法,征发六州的百姓,在魏州城墙外修筑外城,方圆八十里,人们苦于沉重的劳役。乐彦祯的儿子乐从训尤其凶狠险恶,他杀害了王铎以后,魏州的老百姓都憎恨他。乐从训召集亡命徒五百多人组成亲军,称为"子将",魏州牙兵对此有了疑心,吵闹不安。乐从训十分恐惧,更换衣服逃出魏州城,停留在附近州县,乐彦祯于是委任乐从训做相州刺史。乐从训派人到魏州拉运甲胄武器、金银布帛,来往于道路,牙兵更加疑虑。乐彦祯害怕出事,请求离开魏博节度使的官位,隐居到龙兴寺做僧人,大家公推都将赵文玢主持魏博留后事宜。

乐从训带领军队三万到达魏州城下,赵文玢不出城迎战,大家又把他杀掉,推举牙将、贵乡人罗弘信掌管魏博留后事宜。在这之前,有人说:"看到一个白胡须老人,他说罗弘信应当做这里的主将。"赵文玢既然死了,众人便聚集呼喊说:"有谁想做节度使?"罗弘信出来答应说:"那个白须老人已经指定我了。"众人围看后说:"可以。"于是拥立罗弘信为魏博留后。罗弘信带领军队出城,与乐从训交战,打败了乐从训。乐从训收集剩馀的人马退保内黄,魏州军队随着围攻内黄。

在这之前,朱全忠要讨伐蔡州,派遣押牙将雷邺带着白银一万两到魏州请求购买粮食,魏州牙兵驱逐了节度使乐彦祯后,便将雷邺在馆舍斩杀。乐从训失败以后,即向朱全忠请求救援。

9　当初,河阳节度使李罕之与河南尹张全义把臂膊割破出血结盟,彼此相处十分融洽。李罕之勇猛而没有智谋,性情又贪婪粗暴,心中轻视张全义,他听说张全义勤奋节俭注重农耕,嘲笑说:

"此田舍一夫耳!"全义闻之,不以为忤。罕之屡求谷帛,全义皆与之。而罕之征求无厌,河南不能给,小不如所欲,辄械河南主吏至河阳杖之,河南将佐皆愤怒。全义曰:"李太尉所求,奈何不与!"竭力奉之,状若畏之者,罕之益骄。罕之所部不耕稼,专以剽掠为资,啖人为粮,至是悉其众攻绛州,绛州刺史王友遇降之,进攻晋州,护国节度使王重盈密结全义以图之。全义潜发屯兵,夜,乘虚袭河阳,黎明,入三城,罕之逾垣步走,全义悉俘其家,遂兼领河阳节度使。罕之奔泽州,求救于李克用。

10　三月戊戌朔,日有食之,既。

11　己亥,上疾复作,壬寅,大渐。皇弟吉王保,长而贤,群臣属望。十军观军容使杨复恭请立其弟寿王杰。是日,下诏,立杰为皇太弟,监军国事。右军中尉刘季述遣兵迎杰于六王宅,入居少阳院,宰相以下就见之。癸卯,上崩于灵符殿。遗制,太弟杰更名敏,以韦昭度摄冢宰。

昭宗即位,体貌明粹,有英气,喜文学,以僖宗威令不振,朝廷日卑,有恢复前烈之志,尊礼大臣,梦想贤豪,践阼之始,中外忻忻焉。

12　朱全忠裹粮于宋州,将攻秦宗权。会乐从训来告急,乃移军屯滑州,遣都押牙李唐宾等将步骑三万攻蔡州,遣都指挥使朱珍等分兵救乐从训。自白马济河,下黎阳、临河、李固三镇,进至内黄,败魏军万馀人,获其将周儒等十人。

"这不过是一个田间的农夫罢了!"张全义听到这话,并不和他计较作对。李罕之多次向张全义索要谷物布帛,张全义每次都给他。可是李罕之索要没有止境,河南难以供给,稍微不能满足他的欲望,他就用刑具拘拿河南的官吏押到河阳用棍棒殴打,河南的将领佐官都很愤怒。张全义却说:"太尉李罕之所要的东西,怎么能不给!"竭力奉送,样子像怕李罕之似的,李罕之便更加骄横起来。李罕之的手下人马不耕种庄稼,专门通过抢劫掠夺搜刮资财,吃人肉当作粮食,到这时李罕之发动全部人马攻打绛州,绛州刺史王友遇投降,李罕之又进攻晋州,护国节度使王重盈暗中联合张全义以图谋对付李罕之。张全义暗中派发河南各县的屯守部队,夜间,趁着李罕之防备空虚攻打河阳,黎明时分,张全义的人马进入河阳三个城区,李罕之翻过城墙徒步逃跑,张全义把李罕之的家人全部俘获,于是兼任河阳节度使。李罕之逃奔泽州,向李克用请求救援。

10　三月戊戌朔(初一),发生日食,是日全食。

11　己亥(初二),唐僖宗疾病再次发作,壬寅(初五),病情恶化。僖宗的弟弟吉王李保,年龄大又有才能,朝中群臣都寄希望于他。神策十军观军容使杨复恭却请求拥立僖宗的弟弟寿王李杰。这一天,颁下诏书,立李杰为皇太弟,摄理军国大事。右军中尉刘季述派遣军队到六王宅迎接李杰,迁入少阳院居住,自宰相以下朝中大臣都到少阳院拜见李杰。癸卯(初六),唐僖宗在灵符殿驾崩。留下诏令,太弟李杰改名李敏,任命韦昭度代理冢宰,主持后事。

唐昭宗李敏即位,昭宗形体相貌精明强干,有英武气概,喜好文学,因为唐僖宗时皇威法令不振作,朝廷的地位越来越低下,他便有恢复从前功业的大志,尊重朝中大臣,渴望贤能豪杰,登基不久,朝廷内外很有些起色。

12　朱全忠在宋州裹带粮食,要攻打秦宗权。恰逢乐从训前来向他求援,朱全忠于是把军队调到滑州驻扎,派遣都押牙李唐宾等人带领步兵、骑兵三万人攻打蔡州,派遣都指挥使朱珍等人分别带领军队去救援乐从训。从白马渡过黄河,攻克黎阳、临河、李固三个镇,开进到内黄,打败魏州军队一万馀人,擒获魏州军队将领周儒等十人。

13 李克用以其将康君立为南面招讨使,督李存孝、薛阿檀、史俨、安金俊、安休休五将、骑七千,助李罕之攻河阳。张全义婴城自守,城中食尽,求救于朱全忠,以妻子为质。

14 王建攻彭州,陈敬瑄救之,乃去。建大掠西川,十二州皆被其患。

15 夏,四月庚午,追尊上母王氏曰恭宪皇后。

16 壬午,孙儒袭扬州,克之,杨行密出走,儒自称淮南节度使。行密将奔海陵,袁袭劝归庐州,再为进取之计,从之。

17 朱全忠遣其将丁会、葛从周、牛存节将兵数万救河阳。李存孝令李罕之以步兵攻城,自帅骑兵逆战于温,河东军败,安休休惧罪,奔蔡州。汴人分兵欲断太行路,康君立等惧,引兵还。全忠表丁会为河阳留后,复以张全义为河南尹。会,寿春人;存节,博昌人也。全义德全忠出己,由是尽心附之,全忠每出战,全义主给其粮仗无乏。

李罕之为泽州刺史,领河阳节度使。罕之留其子顾事克用,身还泽州,专以寇钞为事,自怀、孟、晋、绛数百里间,州无刺史,县无令长,田无麦禾,邑无烟火者,殆将十年。河中、绛州之间有摩云山,绝高,民保聚其上,寇盗莫能近,罕之攻拔之,时人谓之"李摩云"。

18 乐从训移军洹水,罗弘信遣其将程公信击从训,斩之,与父彦祯皆枭首军门。癸巳,遣使以厚币犒全忠军,请修好,全忠乃召军还。诏以罗弘信权知魏博留后。

13 李克用委任属将康君立为南面招讨使，督率李存孝、薛阿檀、史俨、安金俊、安休休五位将领和骑兵七千，前去援助李罕之攻打河阳。张全义据城固守，河阳城内粮食没有了，张全义向朱全忠请求救援，让妻子儿女做人质。

14 王建进攻彭州，陈敬瑄救助彭州，王建于是离去。王建到西川大肆抢掠，西川的十二个州都遭受踩蹦。

15 夏季，四月庚午(初三)，唐昭宗追尊生母王氏为恭宪皇后。

16 壬午(十五日)，孙儒攻打扬州，攻克扬州城，杨行密离开扬州逃走，孙儒自称淮南节度使。杨行密要投奔海陵，袁袭劝他回到庐州，再作进攻打算，杨行密听从了袁袭的意见。

17 朱全忠派遣属下将领丁会、葛从周、牛存节带领军队几万人救援河阳。李存孝命令李罕之带领步兵攻城，自己率领骑兵在温县迎战，河东军队大败，安休休惧怕治罪，逃奔蔡州。朱全忠分派汴州军队想要截断河阳以北的太行路，康君立等河东将领很恐惧，当即带领人马返回。朱全忠进呈表章，任命丁会为河阳留后，又任命张全义为河南尹。丁会是寿春人，牛存节是博昌人。张全义感激朱全忠救出自己，因此诚心实意地归附他，朱全忠每次出兵作战，张全义主持供给粮食兵器，从来没有缺乏。

李罕之做泽州刺史，兼任河阳节度使。留下他的儿子李颀侍奉李克用，自己回到泽州，专门做侵扰掠夺等事，怀州、孟州、晋州、绛州几百里的范围，州府没有刺史，县衙没有县令长官，田间见不到谷麦庄稼，村落小城看不到百姓做饭的烟火，持续将近十年。河中、绛州之间有一座摩云山，高耸入云，百姓自相保护聚集在这座山上，贼寇强盗不能接近，李罕之攻打占据了这座山，因此当时人们都叫他"李摩云"。

18 乐从训率领军队转移到洹水，罗弘信派遣属下将领程公信攻打乐从训，将乐从训斩杀，与他的父亲乐彦祯一起在军营大门悬首示众。癸巳(二十六日)，罗弘信派出使者带着十分丰厚的礼物犒劳朱全忠的军队，希望与他和好，朱全忠于是召命军队撤回。昭宗颁布诏令，任命罗弘信暂代魏博留后。

19　归州刺史郭禹击荆南,逐王建肇,建肇奔黔州。诏以禹为荆南留后。荆南兵荒之馀,止有一十七家,禹励精为治,抚集凋残,通商务农,晚年殆及万户。时藩镇各务兵力相残,莫以养民为事,独华州刺史韩建招抚流散,劝课农桑,数年之间,民富军赡。时人谓之北韩南郭。

秦宗权别将常厚据夔州,禹与其将汝阳许存攻夺之。久之,朝廷以禹为荆南节度使,建肇为武泰节度使。禹奏复姓名为成汭。

20　加李克用兼侍中。

21　五月己亥,加朱全忠兼侍中。

22　赵德諲既失荆南,且度秦宗权必败,壬寅,举山南东道来降,且自托于朱全忠。全忠表请以德諲自副,制以山南东道为忠义军,以德諲为节度使,充蔡州四面行营副都统。

23　朱全忠既得洛、孟,无西顾之忧,乃大发兵击秦宗权,大破宗权于蔡州之南,克北关门。宗权屯守中州,全忠分诸将为二十八寨以环之。

24　加凤翔节度使李茂贞检校侍中。

25　陈敬瑄方与王建相攻,贡赋中绝。建以成都尚强,退无所掠,欲罢兵,周庠、綦毋谏以为不可,庠曰:"邛州城堑完固,食支数年,可据之以为根本。"建曰:"吾在军中久,观用兵者不倚天子之重,则众心易离。不若疏敬瑄之罪,表请朝廷,命大臣为帅而佐之,则功庶可成。"乃使庠草表,请讨敬瑄以赎罪,因求邛州。顾彦朗亦表请赦建罪,移敬瑄他镇以靖两川。

19 归州刺史郭禹攻打荆南，驱逐王建肇，王建肇逃奔黔州。昭宗颁诏任命郭禹为荆南留后。荆南兵荒马乱之后，仅仅剩下十七家，郭禹振作精神设法治理，抚慰安定疲惫受难的百姓，疏通货物买卖，注重农田耕作，到郭禹死前，荆南已有将近一万民户。那时各藩镇把招兵买马相互残杀视作要务，而不抚养百姓，唯有华州刺史韩建招抚流散的百姓，勉励督促百姓勤于农间耕种和栽桑养蚕，几年的时间，百姓家中富有，军队供给充裕。当时人们称之为北韩南郭。

秦宗权的另外一个将领常厚占据夔州，郭禹与他的手下将领汝阳人许存攻打夺占了夔州。过了很久，朝廷任命郭禹为荆南节度使，王建肇为武泰节度使。郭禹向皇帝奏请恢复他的原姓名成汭。

20 朝廷加封李克用兼任侍中。

21 五月己亥(初三)，朝廷加封朱全忠兼任侍中。

22 赵德諲失去了荆南之后，并且推测秦宗权一定会失败，便于壬寅(初六)，带领山南东道的全部人马来向朱全忠投降，并且把他自己托付给朱全忠。朱全忠进呈表章奏请以赵德諲做自己的辅佐，唐昭宗颁发诏令，命山南东道军队为忠义军，任命赵德諲为节度使，充任蔡州四面行营副都统。

23 朱全忠既然获得了洛州、孟州，没有西面的顾虑，于是大规模发动军队攻打秦宗权，在蔡州的南部把秦宗权打得大败，攻克北关门。秦宗权驻扎固守中州，朱全忠分派各位将领设置二十八个营寨，把秦宗权围困起来。

24 朝廷加封凤翔节度使李茂贞为检校侍中。

25 陈敬瑄正与王建相互攻战，因而断绝了向朝廷进贡纳赋。王建因为成都的军队还很强大，后退又没有什么可以抢掠的，想停战撤兵，周庠、綦母谏认为不能这样，周庠说："邛州城堑壕完整坚固，粮食可供给几年，应当占据这里作为立脚之地。"王建说："我在军营中的时间很长了，观察那些统率军队的人，如果不倚仗天子的恩威，就容易造成人心离散。我们不如陈述斥责陈敬瑄的罪状，进呈表章请求朝廷，任命朝中大臣做统帅，我们来辅助他，那么大业差不多就可以成功了。"于是，王建让周庠起草表章，向朝廷请求讨伐陈敬瑄来赎自己的罪过，并趁便索求邛州。顾彦朗也上表请求赦免王建的罪过，把陈敬瑄调到其他镇所，以便安定东川、西川。

初，黄巢之乱，上为寿王，从僖宗幸蜀。时事出仓猝，诸王多徒行至山谷中，寿王疲乏，不能前，卧磻石上。田令孜自后至，趣之行，王曰："足痛，幸军容给一马。"令孜曰："此深山，安得马！"以鞭抶王使前，王顾而不言，心衔之。及即位，遣人监西川军，令孜不奉诏。上方愤藩镇跋扈，欲以威制之。会得彦朗、建表，以令孜所恃者敬瑄耳，六月，以韦昭度兼中书令，充西川节度使，兼两川招抚制置等使，征敬瑄为龙武统军。

王建军新都，时绵竹土豪何义阳、安仁费师懃等所在拥兵自保，众或万人，少者千人，建遣王宗瑶说之，皆帅众附于建，给其资粮，建军复振。

26　置佑国军于河南府，以张全义为节度使。
27　秋，七月，李罕之引河东兵寇河阳，丁会击却之。

28　升凤州为节度府，割兴、利州隶之，以凤州防御使满存为节度使、同平章事。
29　以权知魏博留后罗弘信为节度使。
30　八月戊辰，朱全忠拔蔡州南城。
31　杨行密畏孙儒之逼，欲轻兵袭洪州，袁袭曰："锺传定江西已久，兵强食足，未易图也。赵锽新得宣州，怙乱残暴，众心不附。公宜卑辞厚币，说和州孙端、上元张雄使自采石济江侵其境，彼必来逆战，公自铜官济江会之，破锽必矣。"行密从之，使蔡俦守庐州，帅诸将济自糁潭。

孙端、张雄为赵锽所败，锽将苏塘、漆朗将兵二万屯曷山。袁袭曰："公引兵急趋曷山，坚壁自守，彼求战不得，谓我畏怯，

起初，黄巢发动叛乱，昭宗身为寿王，跟随僖宗逃到蜀地。当时事发仓猝匆忙，各王大多步行在高山深谷之中，寿王疲惫乏力，难以向前行进，躺在岩石上面休息。田令孜从后面赶来，催促他行走，寿王说："我脚疼，希望你给我一匹马。"田令孜说："在这深山里，哪里有马！"用鞭子抽打寿王命他起身快走，寿王回头盯着田令孜而不说话，心中十分怨恨他。等到即位，派遣他人摄理西川军队，田令孜拒不奉行诏令。昭宗正在愤恨各藩镇骄横跋扈，想通过皇帝的威势制裁。恰有顾彦朗、王建进呈表章，认为田令孜有恃无恐是因为他依靠陈敬瑄，六月，昭宗便任命韦昭度兼任中书令，充当西川节度使，兼任两川招抚制置等使，征调陈敬瑄为龙武统军。

　　王建在新都驻扎，当时绵竹土豪何义阳、安仁人费师勰等人在当地拥有军队自相保护，人马多的达一万人，少的也有一千人，王建派遣王宗瑶去劝说他们，结果都率领所部人马归附王建，向王建供给资财粮食，王建的军队又振作起来。

　　26　朝廷在河南府设置佑国军，任命张全义为节度使。

　　27　秋季，七月，李罕之带领河东军队侵扰河阳，丁会将李罕之打退。

　　28　朝廷将凤州升格为节度使司，把兴州、利州划归其下，任命凤州防御使满存为节度使、同平章事。

　　29　朝廷任命暂代魏博留后罗弘信为节度使。

　　30　八月戊辰（初三），朱全忠攻克蔡州的南城。

　　31　杨行密担心孙儒逼迫，想派轻便军队袭击洪州，袁袭说："钟传平定江西已经很长时间，军队强大粮食充足，不容易谋取。赵锽刚刚占据宣州，他乘乱取利凶残粗暴，手下人马都不归附他。你应当以十分恭谦的辞令和丰厚的礼物，劝说和州的孙端、上元的张雄，让他们从采石渡过长江侵入宣州境内，赵锽一定会前来迎战，你从铜官渡过长江与孙端、张雄会合，一定会打败赵锽。"杨行密听从袁袭的建议，派蔡俦守卫庐州，自己率领各位将领从糁潭过江。

　　孙端、张雄被赵锽打败，赵锽的将领苏塘、漆朗带领军队两万驻扎曷山。袁袭对杨行密说："你率领军队立即奔赴曷山，在那儿坚守营垒，赵锽来挑战我们不理，他们便会认为我们畏惧胆怯，

因其怠，可破也。"行密从之。塘等大败，遂围宣州。锽兄乾之自池州帅众救宣州，行密使其将陶雅击乾之于九华，破之。乾之奔江西，以雅为池州制置使。

32　九月，朱全忠以馈运不继，且秦宗权残破不足忧，引兵还。丙申，遣朱珍将兵五千送楚州刺史刘瓒之官。

33　钱镠遣其从弟铢将兵攻徐约于苏州。

34　冬，十月，徐兵邀朱珍、刘瓒不听前，珍等击之，取沛、滕二县，斩获万计。

35　孟方立遣其将奚忠信将兵三万袭辽州，李克脩邀击，大破之，擒忠信送晋阳。

36　辛卯，葬惠圣恭定孝皇帝于靖陵，庙号僖宗。

37　陈敬瑄、田令孜闻韦昭度将至，治兵完城以拒之。

38　十一月，时溥自将步骑七万屯吴康镇，朱珍与战，大破之。朱全忠又遣别将攻宿州，刺史张友降之。

39　丙申，秦宗权别将攻陷许州，执忠武留后王蕴，复取许州。

40　十二月，蔡将申丛执宗权，折其足而囚之，降于全忠，全忠表丛为蔡州留后。

41　初，感义节度使杨晟既失兴、凤，走据文、龙、成、茂四州。王建攻西川，田令孜以晟己之故将，假威戎军节度使，使守彭州。王建攻彭州，陈敬瑄眉州刺史山行章将兵五万壁新繁以救之。

趁他们轻慢松懈,可以一举打败他们。"杨行密采纳袁袭的意见。结果苏塘等人的军队大败,杨行密于是围攻宣州。赵锽的哥哥赵乾之从池州率领人马来救援宣州,杨行密派属将陶雅在九华山截击赵乾之,将他打败。赵乾之奔往江西,杨行密委任陶雅为池州制置使。

32 九月,朱全忠因为粮食输送跟不上,并且秦宗权的军队残败破落已不值得忧虑,便带领人马返回。丙申(初二),派遣朱珍带领军队五千护送楚州刺史刘瓒到任所。

33 钱镠派遣堂弟钱铼带领军队攻打苏州的徐约。

34 冬季,十月,时溥的徐州军队半路拦击朱珍、刘瓒,不让他们前往楚州,朱珍等攻打徐州军队,夺取沛县、滕县,斩杀擒获一万多人。

35 孟方立派遣手下将领奚忠信带领军队三万攻打辽州,李克脩半路拦截,大败奚忠信的军队,抓获奚忠信送往晋阳。

36 辛卯(二十七日),在京兆奉天县的靖陵安葬惠圣恭定孝皇帝,庙号为僖宗。

37 陈敬瑄、田令孜听说韦昭度要到来,修理兵器整治城墙以便抵抗。

38 十一月,时溥亲自率领步兵、骑兵七万人驻扎吴康镇,朱珍与他交战,时溥大败。朱全忠又派遣别的将领攻打宿州,宿州刺史张友投降。

39 丙申(初三),秦宗权的将领攻克许州,抓获忠武留后王蕴,又收复了许州。

40 十二月,蔡州军队将领申丛抓获秦宗权,砍断他的脚囚禁起来,然后向朱全忠投降,朱全忠上表以申丛为蔡州留后。

41 当初,感义节度使杨晟失守兴州、凤州以后,离去占据了文州、龙州、成州、茂州四个州。王建攻打西川,田令孜因为杨晟是自己神策军的旧将,让杨晟代理威戎军节度使,命他守卫彭州。王建攻打彭州,陈敬瑄的眉州刺史山行章带领军队五万在新繁建造营垒以便救援彭州。

42　丁亥，以韦昭度为行营招讨使，山南西道节度使杨守亮副之，东川节度使顾彦朗为行军司马；割邛、蜀、黎、雅置永平军，以王建为节度使，治邛州，充行营诸军都指挥使。

戊子，削陈敬瑄官爵。

43　山南西道节度使杨守亮陷夔州。

42　丁亥(二十四日),朝廷任命韦昭度为行营招讨使,山南西道节度使杨守亮为副,东川节度使顾彦朗为行军司马;把邛州、蜀州、黎州、雅州划归永平军,任命王建为节度使,官署设在邛州,充任行营诸军都指挥使。

戊子(二十五日),朝廷削去陈敬瑄的官职爵位。

43　山南西道节度使杨守亮攻克夔州。

卷第二百五十八　唐紀七十四

起己酉(889)尽辛亥(891)凡三年

昭宗圣穆景文孝皇帝上之上

龙纪元年(己酉,889)

1　春,正月癸巳朔,赦天下,改元。

2　以翰林学士承旨、兵部侍郎刘崇望同平章事。

3　汴将庞师古拔宿迁,军于吕梁。时溥逆战,大败,还保彭城。

4　壬子,蔡将郭璠杀申丛,送秦宗权于汴,告朱全忠云:"丛谋复立宗权。"全忠以璠为淮西留后。

5　戊申,王建大破山行章于新繁,杀获近万人,行章仅以身免。杨晟惧,徙屯三交,行章屯濛阳,与建相持。

6　二月,朱全忠送秦宗权至京师,斩于独柳。京兆尹孙揆监刑,宗权于槛车中引首谓揆曰:"尚书察宗权岂反者邪?但输忠不效耳。"观者皆笑。揆,逖之族孙也。

7　三月,加朱全忠兼中书令,进爵东平郡王。全忠既克蔡州,军势益盛。

加奉国节度使赵德𬤇中书令,加蔡州节度使赵犨同平章事,充忠武节度使,以陈州为理所。会犨有疾,悉以军府事授其弟昶,表乞骸骨,诏以昶代为忠武节度使。未几,犨薨。

昭宗圣穆景文孝皇帝上之上
唐昭宗龙纪元年(己酉,公元889年)

1 春季,正月癸巳朔(初一),唐昭宗大赦天下,改年号为龙纪。

2 朝廷任命翰林学士承旨、兵部侍郎刘崇望为同平章事。

3 汴州军队将领庞师古攻克宿迁,在吕梁洪镇驻扎军队。时溥前去迎战,结果大败,退回彭城固守。

4 壬子(二十日),蔡州军队将领郭璠杀死申丛,把秦宗权送到汴州,对朱全忠说:"申丛筹划再次拥立秦宗权。"朱全忠于是任命郭璠为淮西留后。

5 戊申(十六日),王建在新繁大败山行章,斩杀擒获将近一万人,山行章仅能逃脱性命。杨晟恐惧,便把军队调到三交驻扎,山行章在濮阳驻扎,与王建相互对持。

6 二月,朱全忠把秦宗权送到京师长安,在独柳斩杀。京兆尹孙揆主持行刑,秦宗权在槛车里伸出脑袋对孙揆说:"尚书你察看我秦宗权难道是造反的人吗?只是献纳忠心没有功效罢了。"围观的人都笑了。孙揆是刑部侍郎孙逖的从孙。

7 三月,朝廷加封朱全忠兼任中书令,晋升爵位为东平郡王。朱全忠攻克蔡州以后,军队的势力更加强大起来。

朝廷加封奉国节度使赵德諲为中书令,加封蔡州节度使赵犨为同平章事,充任忠武节度使,以陈州作为忠武节度使的任所。适逢赵犨患有疾病,把节度使司的军政事务全部交给他弟弟赵昶办理,自己上表请求辞掉官职返回故乡,于是唐昭宗颁发诏令任命赵昶代替他为忠武节度使。不久,赵犨死去。

8　丙申,钱镠拔苏州,徐约亡入海而死。钱镠以海昌都将沈粲权知苏州。

9　夏,四月,赐陕虢军号保义。

10　五月甲辰,润州制置使阮结卒,钱镠以静江都将成及代之。

11　李克用大发兵,遣李罕之、李存孝攻孟方立,六月,拔磁、洺二州。方立遣大将马溉、袁奉韬将兵数万拒之,战于琉璃陂,方立兵大败,二将皆为所擒,克用乘胜进攻邢州。方立性猜忌,诸将多怨,至是皆不为方立用,方立惭惧,饮药死。弟摄洺州刺史迁,素得士心,众奉之为留后,求援于朱全忠。全忠假道于魏博,罗弘信不许,全忠乃遣大将王虔裕将精甲数百,间道入邢州共守。

12　杨行密围宣州,城中食尽,人相啖,指挥使周进思据城逐赵锽,锽将奔广陵,田頵追擒之。未几,城中执进思以降。行密入宣州,诸将争取金帛,徐温独据米囷,为粥以食饿者。温,朐山人也。锽将宿松周本,勇冠军中,行密获而释之,以为裨将。锽既败,左右皆散,惟李德诚从锽不去,行密以宗女妻之。德诚,西华人也。行密表言于朝,诏以行密为宣歙观察使。

朱全忠与赵锽有旧,遣使求之。行密谋于袁袭,袭曰:“不若斩首以遗之。”行密从之。未几,袭卒,行密哭之曰:“天不欲成吾大功邪?何为折吾股肱也!吾好宽而袭每劝我以杀,此其所以不寿与!”

孙儒遣兵攻庐州,蔡俦以州降之。

13　朱珍拔萧县,据之,与时溥相拒,朱全忠欲自往临之。珍命诸军皆葺马厩,李唐宾部将严郊独惰慢,军吏责之。

8 丙申(初五),钱镠攻克苏州,徐约逃入海上身亡。钱镠委任海昌都将沈粲暂代苏州刺史。

9 夏季,四月,朝廷赐给陕虢军队名号保义。

10 五月甲辰(十三日),润州制置使阮结死去,钱镠委任静江都将成及代任润州制置使。

11 李克用大举发兵,派遣李罕之、李存孝攻打孟方立,六月,攻克磁州、洺州。孟方立派遣大将马溉、袁奉韬带领军队几万抗击,在琉璃陂展开激战,孟方立的军队大败,马溉、袁奉韬两位将领都被擒获,李克用乘胜进攻邢州。孟方立性情猜忌,属下将领大多怨恨,到这时都不肯为他效力,孟方立惭愧恐惧,服药自杀。孟方立的弟弟、摄理洺州刺史孟迁,一向深得士卒的拥护,大家尊奉他为昭义军留后,孟迁向朱全忠请求救援。朱全忠要借道经过魏博,罗弘信不准许,朱全忠于是派遣大将王虔裕带领精壮人马几百名,通过偏僻的小路进入邢州与孟迁共同防守。

12 杨行密围攻宣州,城内粮食用光了,就相互残杀吃人肉充饥,指挥使周进思占据宣州城赶走赵锽,赵锽要逃奔广陵,被田頵追击擒获。不久,城内的军队捉拿周进思向杨行密投降。杨行密进入宣州城,各位将领争先恐后地抢夺金银布帛,唯独徐温占据粮仓,做粥给饥饿的人们吃。徐温是朐山人。赵锽的手下将领宿松县人周本,勇猛果敢在军营中堪称第一,杨行密抓获他后又将他释放,任命为裨将。赵锽失败时,身边的人都纷纷离去,只有李德诚跟随赵锽不走,杨行密把同族人的女儿嫁给李德诚为妻子来拉拢他。李德诚是西华人。杨行密进呈表章向朝廷论政言事,昭宗颁发诏令任命杨行密为宣歙观察使。

朱全忠与赵锽早有交情,派遣使者向杨行密索要赵锽。杨行密和袁袭商量,袁袭说:"不如把赵锽砍掉脑袋去送给朱全忠。"杨行密依从了袁袭的意见。不久,袁袭死去,杨行密痛哭着说:"老天不想让我成就大的功业吗? 为什么要折损我的得力助手! 我喜好宽厚,可是袁袭常常劝说我斩杀,这大概是他不能长寿的原因吧!"

孙儒派遣军队攻打庐州,蔡俦向孙儒献城投降。

13 朱珍攻克萧县,占据该县,与时溥相互抗拒,朱全忠想亲自前往指挥作战。朱珍命令各军都修盖马棚,唯有李唐宾的部将严郊懒惰怠慢,军中官吏斥责他。

　　唐宾怒，见珍诉之。珍亦怒，以唐宾为无礼，拔剑斩之，遣骑白全忠，云唐宾谋叛。淮南左司马敬翔，恐全忠乘怒，仓猝处置违宜，故留使者，逮夜，然后从容白之，全忠果大惊。翔因为画策，诈收唐宾妻子系狱，遣骑往慰抚，全忠从之，军中始安。秋，七月，全忠如萧县，未至，珍出迎，命武士执之，责以专杀而诛之。诸将霍存等数十人叩头为之请，全忠怒，以床掷之，乃退。丁未，至萧县，以庞师古代珍为都指挥使。八月丙子，全忠进攻时溥壁，会大雨，引兵还。

　　14　冬，十月，平卢节度使王敬武薨。子师范，年十六，军中推为留后，棣州刺史张蟾不从。诏以太子少师崔安潜兼侍中，充平卢节度使。蟾迎安潜至州，与之共讨师范。

　　15　以给事中杜孺休为苏州刺史。钱镠不悦，以知州事沈粲为制置指挥使。

　　16　杨行密遣马步都虞候田頵等攻常州。

　　17　十一月，上改名晔。

　　18　上将祀圜丘。故事，中尉、枢密皆襏衫侍从。僖宗之世，已具襕笏，至是，又令有司制法服，孔纬及谏官、礼官皆以为不可，上出手札谕之曰："卿等所论至当。事有从权，勿以小瑕遂妨大礼。"于是宦官始服剑佩侍祠。己酉，祀圜丘，赦天下。

　　上在藩邸，素疾宦官，及即位，杨复恭恃援立功，所为多不法，上意不平。政事多谋于宰相，孔纬、张濬劝上举大中故事抑宦者权。

李唐宾很气愤,去谒见朱珍申诉。朱珍对此极其愤怒,认为李唐宾太无礼了,拔剑将李唐宾斩杀,派遣骑兵要去告诉朱全忠,说李唐宾图谋叛乱。淮南左司马敬翔,担心朱全忠会乘着怒气仓促处理免不了失当欠妥,所以把朱珍派来的使者留下,到了夜晚之后,才从容不迫地把这件事告诉朱全忠,朱全忠大为震惊。敬翔趁机为朱全忠筹划计策,假装逮捕李唐宾的妻子、孩子拘禁在监狱,派遣骑兵前往慰问安抚,朱全忠依从敬翔的安排,军营上下才安定下来。秋季,七月,朱全忠前往萧县,还未到达,朱珍出城迎接,朱全忠命令武士将朱珍拿下,以擅自杀人罪要将他处死。霍存等几十位将领跪下磕头为朱珍求情,朱全忠很恼怒,用坐卧器具投打他们,这些将领才退去。丁未(十七日),朱全忠到达萧县,他任命庞师古代替朱珍做都指挥使。八月丙子(十七日),朱全忠进攻时溥的营垒,适逢天下大雨,又带领军队返回萧县。

14　冬季,十月,平卢节度使王敬武死去。儿子王师范,年龄仅十六岁,军中将士推举他做平卢留后,棣州刺史张蟾拒不服从。昭宗颁发诏令任命太子少师崔安潜兼任侍中,充任平卢节度使。张蟾把崔安潜迎接到棣州,和他一起筹商讨代王师范。

15　朝廷任命给事中杜孺休为苏州刺史。钱镠对此很不高兴,委任主持苏州事宜的沈粲为制置指挥使。

16　杨行密派遣马步都虞候田頵等人攻打常州。

17　十一月,昭宗改名为李晔。

18　昭宗要去祭坛祭天。按照旧例,朝廷中的中尉、枢密都要身穿大襟分开的衣衫侍奉跟随皇帝。僖宗时代,已经具备了袍服和朝笏,到这时,昭宗又命令有关官吏制作礼服,孔纬和谏官、礼官都认为不适当,唐昭宗传出亲手写的谕令对他们说:"你们所谈论的很得当。办事应当权宜处理,不能因为微小的不当而妨碍了朝廷的大礼。"于是,宦官开始身穿法服佩剑侍奉皇帝祭礼。己酉(二十一日),唐昭宗赴祭坛祭天,大赦天下。

昭宗身为寿王居住藩邸时,一向憎恨宦官,到了他登基称帝以后,杨复恭倚仗着当初拥立昭宗即位有功,所作所为大多违犯法度,昭宗在心中对他愤愤不平。有关朝政事务,昭宗大多和宰相商讨,孔纬、张濬奉劝皇帝施行内宫以往的成例,抑制宦官的权力。

复恭常乘肩舆至太极殿。他日,上与宰相言及四方反者,孔纬曰:"陛下左右有将反者,况四方乎!"上矍然问之,纬指复恭曰:"复恭陛下家奴,乃肩舆造前殿,多养壮士为假子,使典禁兵,或为方镇,非反而何!"复恭曰:"子壮士,欲以收士心,卫国家,岂反邪!"上曰:"卿欲卫国家,何不使姓李而姓杨乎?"复恭无以对。

复恭假子天威军使杨守立,本姓胡,名弘立,勇冠六军,人皆畏之。上欲讨复恭,恐守立作乱,谓复恭:"朕欲得卿胡子在左右。"复恭见守立于上,上赐姓名李顺节,使掌六军管钥,不期年,擢至天武都头,领镇海节度使,俄加同平章事。及谢日,台吏申请班见百僚,孔纬判不集。顺节至中书,色不悦。他日,语微及之,纬曰:"宰相师长百僚,故有班见。相公职为都头,而于政事堂班见百僚,于意安乎?"顺节不敢复言。

朱全忠求领盐铁,孔纬独执以为不可,谓进奏吏曰:"朱公须此职,非兴兵不可!"全忠乃止。

19 田頵攻常州,为地道入城,中宵,旌旗甲兵出于制置使杜棱之寝室,遂虏之,以兵三万戍常州。

20 朱全忠遣庞师古将兵自颍上趋淮南,击孙儒。

21 十二月甲子,王建败山行章及西川骑将宋行能于广都,行能奔还成都,行章退守眉州。壬申,行章请降于建。

杨复恭经常乘坐轿子到太极殿。有一天,昭宗与宰相谈论四方谋反叛乱的人,孔纬说:"陛下的身边就有将要谋反的人,何况四方呢!"昭宗惊惶地追问他,孔纬指着杨复恭说:"杨复恭是陛下的家奴,竟敢乘坐轿子到前殿,招养许多壮士为养子,委任他们统管朝廷的军队,有的则充任地方节度使、刺史,这不是谋反是什么!"杨复恭辩解说:"我招养壮士为义子,是想收拢将士的心,保卫国家,哪里是谋反呀!"昭宗说:"你想保卫国家,为什么不让这些壮士姓李而姓杨?"杨复恭无话可答。

杨复恭的养子天威军使杨守立,本来姓胡,名叫弘立,以其勇猛果敢在朝廷的军队中闻名,人们对他都很畏惧。昭宗想要整治杨复恭,担心杨守立兴兵作乱,便对杨复恭说:"朕想把你的养子杨守立留在朕的身边。"杨复恭把杨守立引见给昭宗,昭宗赏赐给他新的姓名李顺节,派令他掌管朝廷军队各屯营营门的启闭,不到一年,提升为神策军的天武都头,兼任镇海节度使,不久又加封同平章事。等到谢恩的日子,御史大夫请求朝中百官排班拜见李顺节,孔纬裁决不准召集朝中百官。李顺节到中书省,脸色显得很不高兴。有一天,孔纬在和李顺节的言谈中委婉地涉及这件事,孔纬说:"宰相是朝中百官的师长,所以有百官排班拜见。你的官职是神策军的天武都头,而在政事堂上让百官排班拜见,能心安吗?"李顺节不敢再说。

朱全忠请求兼任盐铁转运使,唯独孔纬坚持认为不可以,他对进奏官吏说:"朱全忠想要盐铁使这一职,除非他兴兵来抢不可!"朱全忠这才停止索求该职。

19　田頵攻打常州,挖凿地道进城,半夜时分,田頵的旌旗甲兵出现在制置使杜稜的寝室,将杜稜俘获,田頵派令三万军队驻扎常州。

20　朱全忠派遣庞师古带领军队从颍上县赶赴淮南,攻打孙儒。

21　十二月甲子(初七),王建在广都打败山行章及西川骑兵将领宋行能,宋行能逃回成都,山行章退到眉州固守。壬申(十五日),山行章向王建请求投降。

22　戊寅,孙儒自广陵引兵渡江,壬午,逐田頵,取常州,以刘建锋守之。儒还广陵,建锋又逐成及,取润州。

23　前山南东道节度使刘巨容之在襄阳也,有申屠生教之烧药为黄金。田令孜之弟过襄阳,巨容出金示之。及寓居成都,令孜求其方,不与,恨之,是岁,令孜杀巨容,灭其族。

大顺元年(庚戌,890)

1　春,正月戊子朔,群臣上尊号曰圣文睿德光武弘孝皇帝;改元。

2　李克用急攻邢州,孟迁食竭力尽,执王虔裕及汴兵以降。克用以安金俊为邢洺团练使。

3　壬寅,王建攻邛州,陈敬瑄遣其大将彭城杨儒将兵三千助刺史毛湘守之,湘出战,屡败。杨儒登城,见建兵盛,叹曰:"唐祚尽矣,王公治众,严而不残,殆可以庇民乎!"遂帅所部出降。建养以为子,更其姓名曰王宗儒。乙巳,建留永平节度判官张琳为邛南招安使,引兵还成都。琳,许州人也。

陈敬瑄分兵布寨于犀浦、郫、导江等县,发城中民户一丁,昼则穿重壕,采竹木,运砖石,夜则登城,击柝巡警,无休息。

韦昭度营于唐桥,王建营于东阊门外。建事昭度甚谨。

辛亥,简州将杜有迁执刺史员虔嵩降于建,建以有迁知州事。

4　汴将庞师古等众号十万,渡淮,声言救杨行密,攻下天长,壬子,下高邮。

22 戊寅(二十一日),孙儒从广陵带领军队渡过长江,壬午(二十五日),孙儒赶走田颎,占据常州,委任刘建锋守卫常州。孙儒返回广陵,刘建锋又驱逐成及,占据润州。

23 从前山南东道节度使刘巨容在襄阳时,有个叫申屠生的人教他烧炼药物制作黄金。田令孜的弟弟经过襄阳,刘巨容拿出烧好的黄金给他看。等到刘巨容到成都住下,田令孜向他索求炼金秘方,刘巨容不给,田令孜于是衔恨,这一年,田令孜杀死刘巨容,并且灭了他的家族。

唐昭宗大顺元年(庚戌,公元890年)

1 春季,正月戊子朔(初一),朝中文武群臣为昭宗上尊号为圣文睿德光武弘孝皇帝,改年号为大顺。

2 李克用猛烈攻打邢州,孟迁粮食吃尽兵力疲惫,抓住王虔裕,带着汴州军队向李克用投降。李克用任命安金俊为邢洺团练使。

3 壬寅(十五日),王建攻打邛州,陈敬瑄派遣属下大将彭城人杨儒带领军队三千援助邛州刺史毛湘守城,毛湘出城作战,多次败阵。杨儒登上城楼,看见王建的军队声势浩大,叹息着说道:"大唐气数已到了尽头,王建治理民众,严厉而不残暴,大概可以庇护老百姓!"于是,杨儒率领所部人马出城向王建投降。王建收养杨儒为义子,改其姓名叫王宗儒。乙巳(十八日),王建留下永平节度判官张琳为邛南招安使,带领军队返回成都。张琳是许州人。

陈敬瑄在犀浦县、郫县、导江县等地分别安设营寨,对城内居住的百姓一户征发一名壮丁,白天挖掘重重堑壕,采伐竹木,运送砖头石块,夜里则登上城墙,打柝巡夜,从无休息。

韦昭度在唐桥安设军营,王建在东阊门外安设军营。王建侍奉韦昭度相当谨慎。

辛亥(二十四日),简州将领杜有迁抓获刺史员虔嵩向王建投降,王建委任杜有迁掌管简州事务。

4 汴州军队将领庞师古等人的军队号称十万,渡过淮河,扬言要救杨行密,攻下天长县,壬子(二十五日),攻克高邮。

5　二月己未，资州将侯元绰执刺史杨戡降于王建，建以元绰知州事。

6　乙丑，加朱全忠守中书令。

7　庞师古引兵深入淮南，己巳，与孙儒战于陵亭，师古兵败而还。

8　杨行密遣其将马敬言将兵五千，乘虚袭据润州。李友将兵二万屯青城，将攻常州。安仁义、刘威、田頵败刘建锋于武进，敬言、仁义、威屯润州。友，合肥人；威，慎县人也。

9　李克用将兵攻云州防御使赫连铎，克其东城。铎求救于卢龙节度使李匡威，匡威将兵三万赴之。丙子，邢洺团练使安金俊中流矢死，河东万胜军使申信叛降于铎。会幽州军至，克用引还。

10　时溥求救于河东，李克用遣其将石君和将五百骑赴之。

11　李克用巡潞州，以供具不厚，怒昭义节度使李克脩，诟而笞之。克脩惭愤成疾，三月，薨。克用表其弟决胜军使克恭为昭义留后。

12　赐宣歙军号宁国，以杨行密为节度使。

13　夏，四月，宿州将张筠逐刺史张绍光，附于时溥，朱全忠帅诸军讨之。溥出兵掠砀山，全忠遣牙内都指挥使朱友裕击之，杀三千馀人，擒石君和。友裕，全忠之子也。

14　乙丑，陈敬瑄遣蜀州刺史任从海将兵二万救邛州，战败，欲以蜀州降王建。敬瑄杀之，以徐公钺代为蜀州刺史。丙寅，嘉州刺史朱实举州降于建。丙子，僰道土豪文武坚执戎州刺史谢承恩降于建。

5　二月己未(初三),资州将领侯元绰抓住刺史杨戣向王建投降,王建委任侯元绰掌管资州事务。

6　乙丑(初九),朝廷加封朱全忠兼理中书令。

7　庞师古带领军队深入淮南,己巳(十三日),与孙儒在陵亭镇展开激战,庞师古的军队失利而返回。

8　杨行密派遣属下将领马敬言率领军队五千,乘虚攻打并占据了润州。李友带领军队两万驻扎青城,要攻打常州。安仁义、刘威、田頵在武进县打败刘建锋。马敬言、安仁义、刘威于是驻扎润州。李友是合肥人,刘威是慎县人。

9　李克用带领军队攻打云州防御使赫连铎,攻克云州东城。赫连铎向卢龙节度使李匡威请求救援,李匡威带领军队三万赶赴云州。丙子(二十日),李克用的将领邢洺团练使安金俊在激战中被乱飞的箭击中身亡,河东万胜军使申信向赫连铎投降。又恰有幽州的军队赶来,李克用便率领人马返回。

10　时溥向河东节度使李克用求救,李克用派遣属下将领石君和带领五百骑兵前去救援。

11　李克用巡视潞州,因为供给的酒食等用品不够丰厚,便对昭义节度使李克脩很恼怒,将他辱骂并笞打一顿。李克脩羞愧怨愤以致身患重病,三月,便死去了。李克用上呈表章,任命他的弟弟决胜军使李克恭为昭义留后。

12　唐昭宗赐宣歙军名号为宁国,任命杨行密为节度使。

13　夏季,四月,宿州将领张筠驱逐刺史张绍光,归附时溥,朱全忠率领各路军队讨伐张筠。时溥派出军队到砀山一带抢劫,朱全忠派遣牙内都指挥使朱友裕攻打时溥的军队,杀死三千多人,擒获石君和。朱友裕是朱全忠的儿子。

14　乙丑(初十),陈敬瑄派遣蜀州刺史任从海带领军队两万救援邛州,结果被打败,任从海便想献出蜀州向王建投降。陈敬瑄杀掉任从海,任命徐公钺代理蜀州刺史。丙寅(十一日),嘉州刺史朱实献出全州向王建投降。丙子(二十一日),僰道土豪文武坚抓获戎州刺史谢承恩向王建投降。

15　赫连铎、李匡威表请讨李克用。朱全忠亦上言："克用终为国患,今因其败,臣请帅汴、滑、孟三军,与河北三镇共除之。乞朝廷命大臣为统帅。"

初,张濬因杨复恭以进,复恭中废,更附田令孜而薄复恭。及复恭再用事,深恨之。上知濬与复恭有隙,特亲倚之;濬亦以功名为己任,每自比谢安、裴度。克用之讨黄巢屯河中也,濬为都统判官。克用薄其为人,闻其作相,私谓诏使曰:"张公好虚谈而无实用,倾覆之士也。主上采其名而用之,他日交乱天下,必是人也。"濬闻而衔之。

上从容与濬论古今治乱,濬曰:"陛下英睿如此,而中外制于强臣,此臣日夜所痛心疾首也。"上问以当今所急,对曰:"莫若强兵以服天下。"上于是广募兵于京师,至十万人。

及全忠等请讨克用,上命三省、御史台四品以上议之,以为不可者什六七,杜让能、刘崇望亦以为不可。濬欲倚外势以挤杨复恭,乃曰:"先帝再幸山南,沙陀所为也。臣常虑其与河朔相表里,致朝廷不能制。今两河藩镇共请讨之,此千载一时。但乞陛下付臣兵柄,旬月可平。失今不取,后悔无及。"孔纬曰:"濬言是也。"复恭曰:"先朝播迁,虽藩镇跋扈,亦由居中之臣措置未得其宜。今宗庙甫安,不宜更造兵端。"上曰:"克用有兴复大功,今乘其危而攻之,天下其谓我何?"纬曰:"陛下所言,一时之体也;张濬所言,万世之利也。昨计用兵、馈运、犒赏之费,

15　赫连铎、李匡威进至表章请求讨伐李克用。朱全忠也向朝廷进言说："李克用最终是国家祸患,现在趁着他势力衰败,我请求率领汴州、滑州、孟州三路军队,和河北的三镇人马一起去除掉李克用。恳望朝廷任命大臣充任统帅。"

当初,张濬凭借杨复恭的势力得以晋升,杨复恭后来失宠,张濬便又去依附田令孜而疏远了杨复恭。等到杨复恭再次当权,他对张濬深怀忌恨。唐昭宗知道张濬与杨复恭有怨仇,便格外地亲近倚重张濬;张濬也把已有的功名看成是自己所能胜任的,常常把自己比作谢安、裴度。李克用讨伐黄巢驻扎在河中时,张濬充任都统判官。李克用蔑视张濬的为人,听说他做了宰相,私下对传达诏令的使臣说:"张濬喜好空谈而不能务实办事,是个颠覆朝廷的人。皇上听信他的虚名而重用他,将来有一天导致天下大乱的,一定是这个人。"张濬听到这些,对李克用怀恨在心。

昭宗从容地与张濬谈论从古到今的乱世治理,张濬说:"陛下这样英明聪慧,却在内在外受制于宦官、藩镇,这是我日日夜夜所痛心疾首的事。"昭宗向张濬询问当今最为紧迫的事情是什么,张濬回答说:"任何事情都不如增强军队以威服天下重要。"唐昭宗于是大规模招募军队,聚集在京师长安,人数达到十万。

等到朱全忠等人请求讨伐李克用,昭宗便命令尚书省、门下省、中书省和御史台四品以上的官员共同商议这件事,认为不能兴兵讨伐的人占十分之六七,杜让能、刘崇望也认为不能这样做。张濬试图凭借外边的势力来排挤杨复恭,于是说:"先帝第二次巡幸山南,是李克用带着沙陀人马逼迫的。我常常忧虑担心李克用与黄河以北的藩镇内外勾结,致使朝廷不能控制。现在河南的朱全忠、河北的李匡威共同请求讨伐李克用,这是千载难逢的一个时机。只请求陛下授予我统领军队的大权,一个月就可以消灭李克用。如果错失现在的良机而不争取,那么将后悔莫及。"孔纬附和道:"张濬说得对。"杨复恭则说:"先帝流离迁徙,虽然由于藩镇骄横跋扈造成,但也是因为朝中大臣举止不当、措施不力。现在朝廷刚刚安定下来,不应当再兴兵大战。"昭宗说:"李克用有打破黄巢收复京城的大功,现在趁着他处于困境而去攻打,天下的人们会怎样说我?"孔纬说:"陛下所说的,是现在一时的体面;张濬所说的,是今后世代的大利。昨天计算调遣军队、运送物资、犒劳奖赏的费用,

一二年间未至匮乏,在陛下断志行之耳。"上以二相言叶,俛俛从之,曰:"兹事今付卿二人,无贻朕羞!"

五月,诏削夺克用官爵、属籍,以潜为河东行营都招讨制置宣慰使,京兆尹孙揆副之,以镇国节度使韩建为都虞候兼供军粮料使,以朱全忠为南面招讨使,李匡威为北面招讨使,赫连铎副之。

潜奏给事中牛徽为行营判官,徽曰:"国家以丧乱之馀,欲为英武之举,横挑强寇,离诸侯心,吾见其颠沛也!"遂以衰疾固辞。徽,僧孺之孙也。

16　李克恭骄恣不晓军事,潞人素乐李克脩之简俭,且死非其罪,潞人怜之,由是将士离心。初,潞人叛孟氏,牙将安居受等召河东兵以取潞州,及孟迁以邢、洺、磁州归李克用,克用宠任之,以迁为军城都虞候,群从皆补右职,居受等咸怨且惧。

昭义有精兵,号"后院将"。克用既得三州,将图河朔,令李克恭选后院将尤骁勇者五百人送晋阳,潞人惜之。克恭遣牙将李元审及小校冯霸部送晋阳,至铜鞮,霸招其众以叛,循山而南,至于沁水,众已三千人。李元审击之,为霸所伤,归于潞。庚子,克恭就元审所馆视之,安居受帅其党作乱,攻而焚之,克恭、元审皆死。众推居受为留后,附于朱全忠。居受使召冯霸,不至。居受惧,出走,为野人所杀。霸引兵入潞,自为留后。

时朝廷方讨克用,闻克恭死,朝臣皆贺。全忠遣河阳留后朱崇节将兵入潞州,权知留后。克用遣康君立、李存孝将兵围之。

一两年内都不至于缺乏，就在陛下当机立断兴兵讨伐了！"昭宗因为张濬和孔纬两位宰相一唱一和，不得已依从了他们的意见，说："这件事现在就交给你们两人去办理，但不要给朕带来羞辱！"

五月，昭宗颁发诏令削去李克用的官职、爵位及赐他李姓后所编的属籍，任命张濬为河东行营都招讨制置宣慰使，京兆尹孙揆为副使，任命镇国节度使韩建为都虞候兼任供军粮料使，任命朱全忠为南面招讨使，李匡威为北面招讨使，赫连铎为副使。

张濬奏请任命给事中牛徽为行营判官，牛徽说："国家刚刚经历了先帝丧事和战乱，却又要做出威武壮举，粗暴地挑起与李克用强大人马的争斗，离间各藩镇的归心，我看天下又要动荡变乱了！"于是，牛徽以年纪衰老身体有病为借口坚决拒绝担任行营判官。牛徽是唐文宗宰相牛僧孺的孙子。

16　李克用新委任的昭义留后李克恭骄横放纵不懂得军事，而潞州人一向对李克俦的简朴节俭有好感，并且他不是因为自身的罪过而致死，潞州人都怜悯他，因此军中将领士卒离心离德。当初，潞州人背叛昭义节度使孟方立，潞州牙将安居受等人招来河东军队攻取潞州，等到孟迁将邢州、洺州、磁州献给李克用，李克用对孟迁宠信，委以重任，任命孟迁为军城都虞候，跟随他的人都补授重要的职位，安居受等人对此都很怨恨并且惧怕。

昭义节度使有精良军队，号称"后院将"。李克用获得邢州、洺州、磁州三州以后，便要图谋黄河以北的地盘，他命令李克恭挑选"后院将"中特别勇猛的将士五百人送往晋阳，潞州人对挑走这些将士很惋惜。李克恭派遣牙将李元审以及小校冯霸部送赴晋阳，队伍行到潞州的铜鞮县，冯霸劫持这批人马叛逃，沿着高山向南开进，到达沁水时，人马已达三千。李元审追击冯霸，被冯霸打伤，便回到潞州。庚子（十五日），李克恭到李元审的馆舍去看望，安居受率领手下人马发动叛乱，攻打并将李元审的馆舍焚烧，李克恭、李元审两人都死于变乱之中。大家推举安居受为留后，归附朱全忠。安居受派人召请冯霸，冯霸不来。安居受有些畏惧，离开潞州外走，被乡下人杀死。冯霸带领军队进入潞州，自称昭义留后。

当时朝廷正在兴兵讨伐李克用，听说李克恭死了，朝中大臣都向昭宗表示祝贺。朱全忠派遣河阳留后朱崇节带领军队进入潞州，暂任昭义留后。李克用派遣康君立、李存孝带领人马围攻潞州。

　　壬子,张濬帅诸军五十二都及邠、宁、鄜、夏杂虏合五万人发京师,上御安喜楼饯之。濬屏左右言于上曰:"俟臣先除外忧,然后为陛下除内患。"杨复恭窃听,闻之。两军中尉饯濬于长乐坂,复恭属濬酒,濬辞以醉,复恭戏之曰:"相公杖钺专征,作态邪?"濬曰:"俟平贼还,方见作态耳!"复恭益忌之。

　　癸丑,削夺李罕之官爵;六月,以孙揆为昭义节度使,充招讨副使。

　　17　丁巳,茂州刺史李继昌帅众救成都,己未,王建击斩之。辛酉,资简都制置应援使谢从本杀雅州刺史张承简,举城降建。

　　18　孙儒求好于朱全忠,全忠表为淮南节度使。未几,全忠杀其使者,遂复为仇敌。

　　19　光启末,德州刺史卢彦威逐义昌节度使杨全玫,自称留后,求旌节,朝廷未许。至是,王镕、罗弘信因张濬用兵,为之请,乃以彦威为义昌节度使。

　　20　张濬会宣武、镇国、静难、凤翔、保大、定难诸军于晋州。

　　21　更命义成军曰宣义。辛未,以朱全忠为宣武、宣义节度使。全忠以方有事徐、杨,征兵遣戍,殊为辽阔,乃辞宣义,请以胡真为节度使,从之,然兵赋出入,皆制于全忠,一如巡属。及胡真入为统军,竟以全忠为两镇节度使,罢淮南不领焉。

　　22　秋,七月,官军至阴地关,朱全忠遣骁将葛从周将千骑潜自壶关夜抵潞州,犯围入城。又遣别将李谠、李重胤、邓季筠将兵攻李罕之于泽州,又遣张全义、朱友裕军于泽州之北,

壬子(二十七日),张濬率领各路军队五十二都以及从邠州、宁州、鄜州、夏州各胡族总共五万人从京师长安出发,昭宗在安喜楼上为张濬饯行。张濬命令身边的人都退避后对唐昭宗说:"等我先消灭了外忧,然后再为陛下铲除内患。"杨复恭在外偷听,知道了这些。两军中尉在长安城东的长乐坡为张濬饯行,杨复恭向张濬劝酒,张濬以已经喝醉为托辞而不饮,杨复恭取笑他说:"你奉有皇帝号令信物专门出征,现在是故作姿态吗?"张濬说:"等我消灭了贼寇回到京师,再让你看我的故作姿态。"杨复恭更加忌恨他了。

癸丑(二十八日),朝廷削除李罕之的官职爵位;六月,朝廷任命孙揆为昭义节度使,充任招讨副使。

17 丁巳(初三),茂州刺史李继昌率领部众救援成都,己未(初五),王建攻击杀死李继昌。辛酉(初七),资简制置应援使谢从本杀死雅州刺史张承简,献出雅州全城向王建投降。

18 孙儒向朱全忠求情修好,朱全忠进呈表章请以孙儒为淮南节度使。不久,朱全忠又杀死孙儒派去的使者,于是他们又成为仇敌。

19 光启末年,德州刺史卢彦威驱逐义昌节度使杨全玫,自称留后,向朝廷请求颁给他节度使的仗仪,朝廷没有准许。到这时,王镕、罗弘信趁张濬发动军队,又为卢彦威请求,朝廷于是任命卢彦威为义昌节度使。

20 张濬与宣武、镇国、静难、凤翔、保大、定难各路军队在晋州相会。

21 朝廷将义成军改名为宣义军。辛未(十七日),朝廷任命朱全忠为宣武、宣义节度使。朱全忠因为徐州、扬州正有战事,征调军队派遣驻扎,地域过于广阔,于是推辞这一官职,请求任命胡真为宣义节度使,朝廷依从了朱全忠的意见,可是军队调动和粮赋收支诸事,都由朱全忠统管控制,胡真如同属员一样。等到胡真进入京师做了统军,竟然让朱全忠充任宣武、宣义两镇节度使,而不再兼任淮南节度使。

22 秋季,七月,张濬统领的官军到达阴地关,朱全忠派遣猛将葛从周带领一千骑兵从壶关在夜间偷偷地抵达潞州,冲破外围进入潞州城。朱全忠又派遣其他将领李谠、李重胤、邓季筠带领军队在泽州攻打李罕之,还派遣张全义、朱友裕率领人马在泽州的北面驻扎,

为从周应援。季筠,下邑人也。全忠奏:臣已遣兵守潞州,请孙揆赴镇。张濬亦恐昭义遂为汴人所据,分兵三千,使揆将之趣潞州。

八月乙丑,揆发晋州,李存孝闻之,以三百骑伏于长子西谷中。揆建牙杖节,褒衣大盖,拥众而行。存孝突出,擒揆及赐旌节中使韩归范,牙兵五百馀人,追击馀众于刁黄岭,尽杀之。存孝械揆及归范,绁以素练,徇于潞州城下曰:"朝廷以孙尚书为潞帅,命韩天使赐旌节,葛仆射可速归大梁,令尚书视事。"遂绁以献于克用。克用因之,既而使人诱之,欲以为河东副使,揆曰:"吾天子大臣,兵败而死,分也,岂能伏事镇使邪!"克用怒,命以锯锯之,锯不能入。揆骂曰:"死狗奴!锯人当用板夹,汝岂知邪!"乃以板夹之,至死,骂不绝声。

23　丙寅,孙儒攻润州。

24　苏州刺史杜孺休到官,钱镠密使沈粲害之。会杨行密将李友拔苏州,粲归杭州。镠欲归罪于粲而杀之,粲奔孙儒。

25　王建退屯汉州。

26　陈敬瑄括富民财以供军,置征督院,逼以桎梏棰楚,使各自占,凡有财者如匿赃、虚占,急征,咸不聊生。

27　李罕之告急于李克用,克用遣李存孝将五千骑救之。

作为葛从周的援助。邓季筠是下邑人。朱全忠上奏说：我已经派遣军队守卫潞州，请命孙揆前赴潞州镇所。张濬也恐怕潞州昭义节度使司重镇从此被朱全忠的汴州军队占据，便分派军队三千，命令孙揆带领奔赴潞州。

八月乙丑（十二日），孙揆从晋州出发，李存孝得知这一消息，带领三百骑兵埋伏在潞州长子县西面的山谷中。孙揆建立军旗执拿节度使的仪仗，身穿宽大的衣服，头顶清凉伞，在队伍的簇拥下行进。李存孝在山谷中突然杀出，擒获孙揆和颁赐节度使仪仗的宦官韩归范以及牙兵五百多人，追击剩馀的人马直到刁黄岭，全部斩杀。李存孝给孙揆和韩归范戴上刑具，用白色的布带捆绑起来，在潞州城下巡示说："朝廷任命尚书孙揆为潞州统帅，派使臣韩归范来赐发节度使仪仗，葛从周你可以立即返回大梁了，好让孙揆到职就任。"于是，李存孝把孙揆和韩归范捆绑着献给李克用。李克用把孙揆和韩归范囚禁起来，不久派人去诱导孙揆，打算委任他做河东副使，孙揆说："我是天子委派的大臣，军队溃败而身亡，这是我的天数，怎么能屈服侍奉镇守一方的节度使！"李克用十分恼怒，命令用锯锯断孙揆的身体，可是锯不进去。孙揆骂道："该死的狗奴才！锯人应当用木板夹起来，你们哪里知道！"于是用木板把孙揆夹起来，一直到死，孙揆都骂不绝口。

23　丙寅（十三日），孙儒攻打润州。

24　苏州刺史杜孺休到达衙署后，钱镠密令沈粲将杜孺休杀害。适逢杨行密的将领李友攻克苏州，沈粲便回到杭州。钱镠要把谋害杜孺休的罪过归到沈粲的身上从而杀掉他，沈粲便投奔了孙儒。

25　王建从成都退到汉州驻扎。

26　陈敬瑄搜刮富人的财产以供给军需，设置征督院，使用镣铐及鞭打百姓，命令他们自报家中资财数目，凡是家中有资财而隐匿，或者本来没资财占有他人的，都急迫催征，老百姓都无法生存下去了。

27　李罕之在泽州向李克用告急求救，李克用派遣李存孝带领五千骑兵前去救援。

28　九月壬寅，朱全忠军于河阳。汴军之初围泽州也，呼李罕之曰：“相公每恃河东，轻绝当道；今张相公围太原，葛仆射入潞府，旬月之间，沙陀无穴自藏，相公何路求生邪！”及李存孝至，选精骑五百，绕汴寨呼曰：“我，沙陀之求穴者也，欲得尔肉以饱士卒，可令肥者出斗！”汴将邓季筠，亦骁将也，引兵出战，存孝生擒之。是夕，李谠、李重胤收众遁去，存孝、罕之随而击之，至马牢山，大破之，斩获万计，追至怀州而还。存孝复引兵攻潞州，葛从周、朱崇节弃潞州而归。戊申，全忠庭责诸将桡败之罪，斩李谠、李重胤而还。

李克用以康君立为昭义留后，李存孝为汾州刺史。存孝自谓擒孙揆功大，当镇昭义，而君立得之，愤恚不食者数日，纵意刑杀，始有叛克用之志。

李匡威攻蔚州，虏其刺史邢善益，赫连铎引吐蕃、黠戛斯众数万攻遮虏军，杀其军使刘胡子。克用遣其将李存信击之，不胜，更命李嗣源为存信之副，遂破之。克用以大军继其后，匡威、铎皆败走，获匡威之子武州刺史仁宗及铎之婿，俘斩万计。

李嗣源性谨重廉俭，诸将相会，各自诧勇略，嗣源独默然，徐曰：“诸君喜以口击贼，嗣源但以手击贼耳。”众惭而止。

29　杨行密以其将张行周为常州制置使。闰月，孙儒遣刘建锋攻拔常州，杀行周，遂围苏州。

30　邛州刺史毛湘，本田令孜亲吏，王建攻之急，食尽，救兵不至。壬戌，湘谓都知兵马使任可知曰：“吾不忍负田军容，

28　九月壬寅（十九日），朱全忠在河阳驻扎。朱全忠的汴州军队开始围攻泽州时，向李罕之呼喊说："你常常倚仗河东节度使李克用，与汴州军队随便绝交；现在宰相张濬围攻太原，仆射葛从周进入潞州官府，一月之间，李克用的沙陀人马便无藏身之地，你到哪里谋求活路呀！"等到李存孝赶到泽州，挑选精壮骑兵五百人，绕着汴州军队的营寨呼喊着说："我们就是沙陀寻找藏身之地的人，现在要拿你们身上的肉来喂饱我们的士卒，可以让肥胖的人出来决斗！"汴州军队将领邓季筠，也是一员猛将，带领军队出营交战，结果李存孝把邓季筠活捉。当天傍晚，李谠、李重胤收集人马离去，李存孝、李罕之跟随追击，到马牢山，大破汴州军队，斩杀擒获以万计算，一直追到怀州才返回。李存孝又带领军队攻打潞州，葛从周、朱崇节弃城逃回。戊申（二十五日），朱全忠在庭堂上责罚各位将领打了败仗的罪过，斩杀了李谠、李重胤，然后退兵返回。

李克用任命康君立为昭义留后，李存孝为汾州刺史。李存孝自认为擒获孙揆功劳最大，应当由他充任昭义留后，可是却被康君立抢去这一官职，气愤怨恨，连续几天不思饭食，随意刑罚斩杀属下士卒，开始产生了背叛李克用的意图。

李匡威攻打蔚州，抓获蔚州刺史邢善益，赫连铎带领吐蕃、黠戛斯的军队几万人攻打遮虏军，杀掉遮虏军使刘胡子。李克用派遣属下将领李存信与李匡威、赫连铎交战，未能取胜，又命令李嗣源做李存信的副将，于是打败了李匡威、赫连铎。李克用率领大军随后赶到，于是李匡威、赫连铎都溃败逃跑，李克用抓获李匡威的儿子武州刺史李仁宗以及赫连铎的女婿，俘虏斩杀以万计算。

李嗣源性情谨慎稳重、廉洁节俭，各位将领相聚，纷纷自夸有勇有谋，唯独李嗣源保持沉默，他慢慢地说："各位喜好用嘴皮子攻打贼寇，我李嗣源只是用手去攻打贼寇。"大家都羞愧地停止了自夸。

29　杨行密委任手下将领张行周为常州制置使。闰九月，孙儒派遣刘建锋攻打并占据常州，杀死张行周，于是又围攻苏州。

30　邛州刺史毛湘，本来是田令孜的亲信官吏，王建攻打邛州越来越紧迫，城内粮食吃尽，救援的军队还没到达。壬戌（初九），毛湘对都知兵马使任可知说："我不忍心辜负观军容使田令孜，

吏民何罪！尔可持吾头归王建。"乃沐浴以俟刃。可知斩湘及二子降于建，士民皆泣。甲戌，建持永平旌节入邛州，以节度判官张琳知留后。缮完城隍，抚安夷獠，经营蜀、雅。冬，十月癸未朔，建引兵还成都，蜀州将李行周逐徐公钺，举城降建。

31　乙酉，朱全忠自河阳如滑州视事，遣使者请粮马及假道于魏以伐河东，罗弘信不许，又请于镇，镇人亦不许，全忠乃自黎阳济河击魏。

32　加邠宁节度使王行瑜侍中，佑国节度使张全义同平章事。

33　官军出阴地关，游兵至于汾州。李克用遣薛志勤、李承嗣将骑三千营于洪洞，李存孝将兵五千营于赵城。镇国节度使韩建以壮士三百夜袭存孝营，存孝知之，设伏以待之。建兵不利，静难、凤翔之兵不战而走。河东兵乘胜逐北，抵晋州西门，张濬出战，又败，官军死者近三千人。静难、凤翔、保大、定难之军先渡河西归，濬独有禁军及宣武军合万人，与韩建闭城拒守，自是不敢复出。存孝引兵攻绛州，十一月，刺史张行恭弃城走。存孝进攻晋州，三日，与其众谋曰："张濬宰相，俘之无益，天子禁兵，不宜加害。"乃退五十里而军。濬、建自含口遁去。存孝取晋、绛二州，大掠慈、隰之境。

先是，克用遣韩归范归朝，附表讼冤，言："臣父子三代，受恩四朝，破庞勋，翦黄巢，黜襄王，存易定，致陛下今日冠通天之冠，

可是邛州城内的老百姓有什么罪！你可以拿着我的头颅去投奔王建。"说完,毛湘便洗澡更衣等待砍头。任可知遵命斩杀了毛湘和他的两个儿子向王建投降,城内的士卒百姓都为此痛哭流泪。甲戌(二十一日),王建手持永平节度使的旌旗节钺进入邛州城,委任节度判官张琳主持留后事宜。王建把邛州城池修缮完好,抚恤安定夷獠边民,筹划管理蜀州、雅州。冬季,十月癸未朔(初一),王建带领军队返回成都,蜀州将领李行周驱逐徐公铢,献出蜀州城向王建投降。

31 乙酉(初三),朱全忠从河阳到滑州治理政事,朱全忠派遣使者向魏州的罗弘信请求供给粮食马匹及借道经过魏州去讨伐河东节度使李克用,罗弘信不答应,又请求借道镇州,镇州人也不准许,朱全忠于是从黎阳渡过黄河攻打魏州。

32 朝廷为邠宁节度使王行瑜加封侍中,为佑国节度使张全义加封同平章事。

33 张濬统领的官军从阴地关开出,游击的军队到达汾州。李克用派遣薛志勤、李承嗣带领骑兵三千在洪洞县安设营寨,李存孝带领军队五千在赵城县安设营寨。镇国节度使韩建派出强壮士卒三百人在夜间去袭击李存孝的军营,李存孝事先知道了,便设下埋伏等待韩建人马的到来。韩建军队没有得手,静难、凤翔军队也未经交战就后撤。李克用的河东军队乘胜追击,直达晋州城的西门,张濬带领军队出城交战,再次打了败仗,官军被斩杀的将近三千名。静难、凤翔、保大、定难各路军队于是抢先渡过黄河往西回奔,张濬只剩下长安禁军和宣武军总共一万人,与韩建一起关闭晋州城门固守,从此不敢再出城。李存孝带领军队先去攻打绛州,十一月,刺史张行恭放弃绛州城逃跑。李存孝再回兵进攻晋州,围攻了三天,他与属下商议说:"张濬身为宰相,我们俘获他也没有什么好处,天子手下的京师禁军,我们不应当斩杀。"于是,李存孝率领军队后退五十里驻扎。张濬、韩建从含口逃走。李存孝攻取了晋州、绛州,大肆抢掠慈州、隰州一带。

在此之前,李克用放韩归范回到朝廷,附带表章诉冤说:"我家父子三代人,蒙受武宗、宣宗、懿宗、僖宗四朝皇帝的恩德,攻破庞勋叛逆,剪除黄巢贼寇,废黜襄王李煴,保存易州定州,使得陛下现在头戴帝王的冠冕,

佩白玉之玺,未必非臣之力也!若以攻云州为臣罪,则拓跋思恭之取鄜延,朱全忠之侵徐、郓,何独不讨?赏彼诛此,臣岂无辞!且朝廷当阽危之时,则誉臣为韩、彭、伊、吕;及既安之后,则骂臣为戎、羯、胡、夷。今天下握兵立功之人,独不惧陛下他日之骂乎!况臣果有大罪,六师征之,自有典刑,何必幸臣之弱而后取之邪!今张濬既出师,则固难束手,已集蕃、汉兵五十万,欲直抵蒲、潼,与濬格斗。若其不胜,甘从削夺。不然,方且轻骑叩阍,顿首丹陛,诉奸回于陛下之扆坐,纳制敕于先帝之庙庭,然后自拘司败,恭俟铁质。"表至,濬已败,朝廷震恐。濬与韩建逾王屋至河阳,撤民屋为筏以济河,师徒失亡殆尽。

是役也,朝廷倚朱全忠及河朔三镇。及濬至晋州,全忠方连兵徐、郓,虽遣将攻泽州而身不至。行营乃求兵粮于镇、魏,镇、魏倚河东为扞蔽,皆不出兵,惟华、邠、凤翔、鄜、夏之兵会之。兵未交而孙揆被擒,幽、云俱败,杨复恭复从中沮之,故濬军望风自溃。

34 十二月,孙儒拔苏州,杀李友。安仁义等闻之,焚润州庐舍,夜遁。儒使沈粲守苏州,又遣其将归传道守润州。

35 辛丑,汴将丁会、葛从周击魏,渡河,取黎阳、临河,庞师古、霍存下淇门、卫县,朱全忠自以大军继之。

身佩洁白的玉玺，这不能说没有我的功劳！如果因为攻打云州而认为我有罪，那么拓跋思恭夺取鄜延，朱全忠攻打徐州的时溥、郓州的朱瑄，为什么朝廷却不进行讨伐？同样的举动，那里受到奖赏，这里却遭受讨伐，我怎么会没有话说呢！况且当朝廷处在危机时刻，就赞誉我是当今的韩信、彭越、伊尹、吕尚；等到天下稍微安定以后，就辱骂我是北戎、羯族、胡人、蛮夷。这样，现在天下掌握重兵立有战功的人，难道就不担心陛下将来有一天会辱骂他们吗！而且，若是我果真有弥天大罪，派出朝廷的军队进行征伐，自然有刑法惩处，何必趁我的军力衰弱以后再来攻取！现在张濬既然已经出动军队，我就很难束手待擒，我已经集聚了蕃族、汉人的军队五十万，要直抵蒲州、潼关，与张濬决一死战。如果不能获胜，我也甘心被革除官职削去爵位。不然，我就要轻装骑马去敲皇宫的大门，在殿阶前磕头，到陛下屏风宝座下自陈奸恶回人，去先帝的庙堂缴纳诏令敕书，然后把自己捆绑起来到刑官那里，恭敬地等候用刑被斩。"表章送到时，张濬已经兵败，朝中群臣震惊恐慌。张濬和韩建经过王屋山到达河阳，拆除百姓的房屋做成木筏以便渡过黄河，军中士卒失踪死亡几乎没剩下多少。

这次战役，朝廷想倚助朱全忠和黄河以北三镇。但等到张濬到达晋州，朱全忠才联合徐州、郓州的军队，虽然派遣将领攻打泽州却不亲身前往。张濬的行营于是向镇州、魏州求助军队和粮食，可是镇州、魏州把李克用的河东军队当作自己的屏障，都拒不出兵，只有华州、邠州、凤翔、鄜州、夏州的军队前去和张濬会合。军队还没有交战，孙揆就被擒获，幽州的李匡威、云州的赫连铎都打了败仗，杨复恭又在这中间作梗，因此张濬的军队一战即溃，望风而逃。

34 十二月，孙儒攻克苏州，杀死李友。安仁义等得知后，焚烧润州的房舍，夜里逃走。孙儒派沈粲留守苏州，又派遣属下将领归传道坚守润州。

35 辛丑(二十日)，汴州军队将领丁会、葛从周攻打魏州，渡过黄河，攻取卫州的黎阳县、相州的临河县，庞师古、霍存攻下卫州淇门镇、卫县，朱全忠亲自带领大军相继赶到。

36　是岁,置昇州于上元县,以张雄为刺史。

二年(辛亥,891)

1　春,正月,罗弘信军于内黄。丙辰,朱全忠击之,五战皆捷,至永定桥,斩首万馀级。弘信惧,遣使厚币请和。全忠命止焚掠,归其俘,还军河上。魏博自是服于汴。

2　庚申,制以太保、门下侍郎、同平章事孔纬为荆南节度使,中书侍郎、同平章事张濬为鄂岳观察使。以翰林学士承旨、兵部侍郎崔昭纬同平章事,御史中丞徐彦若为户部侍郎、同平章事。昭纬,慎由从子;彦若,商之子也。

杨复恭使人劫孔纬于长乐坡,斩其旌节,资装俱尽,纬仅能自免。李克用复遣使上表曰:"张濬以陛下万代之业,邀自己一时之功,知臣与朱温深仇,私相连结。臣今身无官爵,名是罪人,不敢归陛下藩方,且欲于河中寄寓,进退行止,伏俟指麾。"诏再贬孔纬均州刺史,张濬连州刺史。赐克用诏,悉复其官爵,使归晋阳。

3　孙儒尽举淮、蔡之兵济江,癸酉,自润州转战而南,田頵、安仁义屡败退,杨行密城戍皆望风奔溃。儒将李从立奄至宣州东溪,行密守备尚未固,众心危惧,夜,使其将合肥台濛将五百人屯溪西,濛使士卒传呼,往返数四,从立以为大众继至,遽引去。儒前军至溧水,行密使都指挥使李神福拒之。神福阳退以示怯,儒军不设备,神福夜帅精兵袭之,俘斩千人。

36 这一年,朝廷在上元县设置昇州,任命张雄为刺史。

唐昭宗大顺二年(辛亥,公元891年)

1 春季,正月,罗弘信率领军队在内黄驻扎。丙辰(初五),朱全忠攻打罗弘信,交战五次都获得胜利,到达永定桥,斩杀一万馀人。罗弘信十分畏惧,派遣使者带着丰厚的礼物向朱全忠求和。朱全忠命令停止焚烧抢掠,将俘获士卒归还,返回河阳驻扎。魏博罗弘信从此服从了朱全忠。

2 庚申(初九),唐昭宗颁发诏令,将太保、门下侍郎、同平章事孔纬贬职为荆南节度使,中书侍郎、同平章事张濬贬为鄂岳观察使。任命翰林学士承旨、兵部侍郎崔昭纬为同平章事,御史中丞徐彦若为户部侍郎、同平章事。崔昭纬是崔慎由的侄子,徐彦若是徐商的儿子。

杨复恭派出人马在长乐坡拦截抢劫孔纬,斩断孔纬的节度使旌旗节钺,抢光了孔纬的资财装备,孔纬仅能保住自身一命。李克用再次派遣使者向唐昭宗进呈表章说:"张濬用陛下世世代代的基业,来谋取他自己一时的功名,他知道我与朱温有着很深的怨仇,便与朱温在暗中勾结。我现在身上已没有官职爵位,是被朝廷指名讨伐的罪人,不敢再回去做陛下的藩镇,只是想在河中一带留居,是进是退如何举动,敬候朝廷指示。"唐昭宗诏令将孔纬再次贬职,降为均州刺史,张濬也再次贬职,降为连州刺史。同时,向李克用赐发诏书,全部恢复他以前的官职爵位,让他回到晋阳。

3 孙儒发动淮州、蔡州的全部军队渡过长江,癸酉(二十二日),从润州辗转作战向南开进,田頵、安仁义屡屡败退,杨行密的守城士卒都望风而逃。孙儒手下将领李从立突然到达宣州城的东溪,杨行密的守卫防备还没有巩固,军中人心惶惶,夜里,杨行密派属将合肥人台濛带领五百人马到宛溪的西侧驻扎,台濛命令士卒狂呼乱喊,往返多次,李从立以为是杨行密的大队人马相继赶到,急忙带领队伍退走。孙儒的前军到达溧水县,杨行密派都指挥使李神福抗击。李神福假装退却表示怯弱,孙儒的军队便不设防备,李神福夜间率领精兵前去袭击,俘获、斩杀一千人。

4 二月,加李克用守中书令,复李罕之官爵,再贬张濬
绣州司户。

5 韦昭度将诸道兵十馀万讨陈敬瑄,三年不能克,馈运
不继,朝议欲息兵。三月乙亥,制复敬瑄官爵,令顾彦朗、王
建各帅众归镇。

6 王师范遣都指挥使卢弘击棣州刺史张蟾,弘引兵还
攻师范,师范使人以重赂迎之,曰:"师范童呆,不堪重任,愿
得避位,使保首领,公之仁也。"弘以师范年少,信之,不设备。
师范密谓小校安丘刘鄩曰:"汝能杀弘,吾以汝为大将。"弘入
城,师范伏甲而享之,鄩杀弘于座及其党数人。师范慰谕士
卒,厚赏重誓,自将以攻棣州,执张蟾,斩之。崔安潜逃归京
师。师范以鄩为马步副都指挥使。诏以师范为平卢节度使。

师范和谨好学,每本县令到官,师范辄备仪卫往谒之,令
不敢当,师范命客将挟持,令坐于听事,自称"百姓王师范",
拜之于庭。僚佐或谏,师范曰:"吾敬桑梓,所以教子孙不忘
本也!"

7 张濬至蓝田,逃奔华州依韩建,与孔纬密求救于朱全
忠。全忠上表为纬、濬讼冤,朝廷不得已,并听自便。纬至商
州而还,亦寓居华州。

8 邢洺节度使安知建潜通朱全忠,李克用表以李存孝
代之。知建惧,奔青州,朝廷以知建为神武统军。知建帅麾
下三千人将诣京师,过郓州,朱瑄与克用方睦,伏兵河上,斩
之,传首晋阳。

4 二月，朝廷加封李克用守中书令，恢复李罕之的官职爵位，再次将张濬贬职为绣州司户。

5 韦昭度带领各道军队十多万人马讨伐陈敬瑄，已经三年而不能攻克成都，军粮物资的运送供应不上，朝中大臣商议想停战退兵。三月乙亥（二十五日），唐昭宗颁发诏令恢复陈敬瑄的官职爵位，命令顾彦朗、王建率领人马分别回到梓州、邛州。

6 王师范派遣都指挥使卢弘攻打棣州刺史张蟾，卢弘却带领人马回来攻击王师范，王师范派人赠送丰厚的财物来迎接他，说："我王师范年少痴呆，不能胜任重大官职，愿意退位让给你，能让我保住脑袋，就是你的仁德。"卢弘因为王师范年龄较小，就相信了这番话，不设置防备。王师范秘密地对小校安丘人刘郭说："你如果能将卢弘斩杀，我就委任你做大将。"卢弘进入城池，王师范埋伏下人马又款待卢弘，刘郭在宴席座位上将卢弘及其党羽好几人杀死。王师范安慰传告手下士卒，对有功人员大加奖赏，庄重盟誓，亲自率领大军攻打棣州，抓获棣州刺史张蟾，将他斩杀。崔安潜逃回到京师。王师范任命刘郭为马步副都指挥使。唐昭宗颁发诏令，任命王师范为平卢节度使。

王师范待人平和，办事谨慎好学，每当有本地新县令到任，王师范就置备仪仗和卫士前往拜见，县令不敢担当，王师范就命令主持仪仗的宾客挟持县令，强迫县令坐在厅堂上，王师范自称"百姓王师范"，在厅堂上叩拜县令。有的属官劝阻他，王师范说："我敬重家乡，是因为要教导子子孙孙永不忘本。"

7 张濬到达蓝田，逃奔华州依附韩建，与孔纬一起秘密向朱全忠求救。朱全忠进呈表章为孔纬、张濬申诉冤屈，朝廷不得已，让孔纬、张濬各随其便。孔纬到达商州后返回，也在华州留居下来。

8 邢洺节度使安知建暗中与朱全忠交往，李克用进呈表章请以李存孝取代他。安知建知道后很是恐惧，逃奔青州，朝廷于是任命安知建为神武统军。安知建率领属下三千人要到京师长安，经过郓州，郓州的朱瑄与李克用正相和睦，便在黄河上设下埋伏，将安知建斩杀，并把安知建的头颅传送到晋阳李克用那里。

9　夏，四月，有彗星见于三台，东行入太微，长十丈馀。甲申，赦天下。

10　成都城中乏食，弃儿满路。民有潜入行营贩米入城者，逻者得之，以白韦昭度，昭度曰："满城饥甚，忍不救之！"释勿问。亦有白陈敬瑄者，敬瑄曰："吾恨无术以救饿者，彼能如是，勿禁也！"由是贩者浸多，然所致不过斗升，截筒，径寸半，深五分，量米而鬻之，每筒百馀钱，饿殍狼籍。军民强弱相陵，将吏斩之不能禁。乃更为酷法，或断腰，或斜劈，死者相继而为者不止，人耳目既熟，不以为惧。吏民日窘，多谋出降，敬瑄悉捕其族党杀之，惨毒备至。内外都指挥使、眉州刺史成都徐耕，性仁恕，所全活数千人。田令孜曰："公掌生杀而不刑一人，有异志邪？"耕惧，夜，取俘囚戮于市。

王建见罢兵制书，曰："大功垂成，奈何弃之！"谋于周庠，庠劝建请韦公还朝，独攻成都，克而有之。建表请："陈敬瑄、田令孜罪不可赦，愿毕命以图成功。"昭度无如之何，由是未能东还。建说昭度曰："今关东藩镇迭相吞噬，此腹心之疾也，相公宜早归庙堂，与天子谋之。敬瑄，疥癣耳，当以日月制之，责建，可办也！"昭度犹豫未决。庚子，建阴令东川将唐友通等擒昭度亲吏骆保于行府门，脔食之，云其盗军粮。昭度大惧，遽称疾，以印节授建，牒建知三使留后兼行营招讨使，

9　夏季,四月,有彗星出现在三台,向东行去进入太微,尾长十丈多。甲申(初五),昭宗诏令大赦天下。

10　成都城中缺乏粮食,被遗弃的婴儿到处都是。百姓中有人偷偷进入围城行营,贩卖粮米入城,巡逻的人将他们抓获,禀告韦昭度,韦昭度说:"成都全城的人都在饥饿中挣扎,怎能忍心不准救呢!"下令把卖米人放掉而不治罪。也有的人把这种情况禀告陈敬瑄,陈敬瑄说:"我正痛心没有办法救助城内这些忍饥挨饿的人,他们能这样做不要禁止!"因此,贩卖粮米的人越来越多,可是这些人携带的粮米最多不过一斗数升,他们截断竹筒,竹筒的直径有一寸半,深有五分,量米出卖,每筒卖得一百多钱,城内被饿死的人横竖满地。军中士卒和城内百姓强者欺凌弱者,将领和官吏即使斩杀横行霸道的人也不能禁止。于是改为更为严酷的刑法,有的拦腰砍断,有的斜着劈斩,被处斩的人一个接一个,可是无视法庭的人仍然层出不穷,人们对酷刑斩杀听到和看到的多了,也不再感到恐惧。成都城内的官吏和百姓的处境一天比一天窘迫,许多人筹划出城投降,陈敬瑄把这些人的家族党羽全部逮捕斩杀,残忍到了极点。内外都指挥使、眉州刺史成都人徐耕,性情仁厚宽恕,被他保全的人有几千。田令孜对徐耕说:"你掌握着生杀大权却不惩处一个人,是不是有叛变的打算?"徐耕害怕起来,夜里,把俘获的囚犯提出来在市街上处斩。

王建看到停战退兵的诏令,说:"大功就要告成了,怎么能舍弃!"他和周庠商议,周庠劝说王建去请韦昭度返回朝廷,独自攻打成都,攻克并占据该城。王建于是进呈表章声称:"陈敬瑄、田令孜的罪恶不可赦免,我愿意竭尽全力效命以求成功。"韦昭度拿他没办法,因此也不能东返京师。王建劝韦昭度说:"现在关东各藩镇相互吞并,这是国家的心腹大患,您应当早回朝廷,与天子共同谋划。陈敬瑄就像疥疮皮癣一样,我会用一定的时间来制服他,责成我王建,就可以办理了!"韦昭度对此犹豫不决。庚子(二十一日),王建暗中命令东川将领唐友通等人在行府门口擒获韦昭度的亲信官吏骆保,把他切成肉块吃掉,说他偷窃了军粮。韦昭度大为恐慌,急忙声称有病,把帅印符节授给王建,发布公文任命王建掌管节度使、招抚使、制置使三使留后事宜,并兼任西川行营招讨使,

即日东还。建送至新都，跪觞马前，泣拜而别。昭度甫出剑门，即以兵守之，不复内东军。昭度至京师，除东都留守。

建急攻成都，环城烽堠亘五十里。有狗屠王鹞，请诈得罪亡入城说之，使上下离心，建遣之。鹞入见陈敬瑄、田令孜，则言"建兵疲食尽，将遁矣"，出则鬻茶于市，阴为吏民称建英武，兵势强盛。由是敬瑄等懈于守备，而众心危惧。建又遣其将京兆郑渥诈降以觇之，敬瑄以为将，使乘城，既而复以诈得归。建由是悉知城中虚实，以渥为亲从都指挥使，更姓名曰王宗渥。

11　以武安节度使周岳为岭南西道节度使。

12　李克用大举击赫连铎，败其兵于河上，进围云州。

13　杨行密遣其将刘威、朱延寿将兵三万击孙儒于黄池，威等大败。延寿，舒城人也。孙儒军于黄池，五月，大水，诸营皆没，乃还扬州，使其将康暀据和州，安景思据滁州。

14　丙午，立皇子祐为德王。

15　杨行密遣其将李神福攻和、滁，康暀降，安景思走。

16　秋，七月，李克用急攻云州，赫连铎食尽，奔吐谷浑部，既而归于幽州。克用表大将石善友为大同防御使。

17　朱全忠遣使与杨行密约共攻孙儒。儒恃其兵强，欲先灭行密，后敌全忠，移檄藩镇，数行密、全忠之罪，且曰："俟平宣、汴，当引兵入朝，除君侧之恶。"于是悉焚扬州庐舍，

当天就启程东返长安。王建把韦昭度送到新都,在战马前跪下向韦昭度敬酒,流着眼泪行礼告别。韦昭度刚刚出了剑门,王建就命令士卒把守剑门,不再让东面的军队进来。韦昭度到达京师长安,授职东都留守。

王建急迫攻打成都,环绕成都城烽火堑壕绵延五十里。有个宰狗的屠夫王鹞,向王建请求假装获罪逃进城里游说,让城内的士卒百姓和陈敬瑄离心离德,王建便派他前往。王鹞入城拜见陈敬瑄、田令孜,说"王建人马疲困粮食吃尽,快要逃跑了",出来就在市街上卖茶,暗中向官吏百姓称颂王建英雄威武,兵势强盛。于是,陈敬瑄等防备松懈,而城内的人们却心感危惧。王建又派遣属下将领京兆人郑渥假装投降以便察看城内军情,陈敬瑄任命郑渥为将领,让他登上城楼观看,不久郑渥又以诈骗出城回到军营。王建因此全部知道了城内的虚实情况,任命郑渥为亲从都指挥使,更改姓名叫王宗渥。

11 朝廷任命武安节度使周岳为岭南西道节度使。

12 李克用大规模进攻赫连铎,在北河将他打败,接着围攻云州。

13 杨行密派遣属下将领刘威、朱延寿带领军队三万在黄池镇攻打孙儒,结果刘威、朱延寿的人马大败。朱延寿是舒城人。孙儒率领军队在黄池镇驻扎,五月,洪水暴发,各个营寨都被淹没,于是返回扬州,他派分手下将领康暀占据和州,安景思占据滁州。

14 丙午,唐昭宗颁诏立皇子李祐为德王。

15 杨行密派遣属下将领李神福攻打和州、滁州,康暀投降,安景思逃跑。

16 秋季,七月,李克用猛攻云州,赫连铎粮食用光,投奔吐谷浑部,不久归附幽州。李克用进呈表章请任命大将石善友为大同防御使。

17 朱全忠派遣使者与杨行密相约共同攻打孙儒。孙儒倚仗军队强大,想先灭掉杨行密,然后再抗击朱全忠,他向各个藩镇传送檄文,历数杨行密、朱全忠的罪行,并且说:"等我消灭了杨行密的宣州人马和朱全忠的汴州人马,就率领军队进入京师,清除皇帝身边的奸臣。"于是,孙儒把扬州城的房屋全部放火焚烧,

尽驱丁壮及妇女渡江，杀老弱以充食。行密将张训、李德诚潜入扬州，灭馀火，得谷数十万斛以赈饥民。泗州刺史张谏贷数万斛以给军，训以行密之命馈之，谏由是德行密。

18　邢洺节度使李存孝劝李克用攻镇州，克用从之。八月，克用南巡泽潞，遂涉怀孟之境。

19　朱全忠遣其将丁会攻宿州，克其外城。

20　乙未，孙儒自苏州出屯广德，杨行密引兵拒之。儒围其寨，行密将上蔡李简帅百馀人力战，破寨，拔行密出之。

21　王建攻陈敬瑄益急，敬瑄出战辄败，巡内州县率为建所取。威戎节度使杨晟时馈之食，建以兵据新都，彭州道绝。敬瑄出，慰勉士卒，皆不应。

辛丑，田令孜登城谓建曰：“老夫向于公甚厚，何见困如是？”建曰：“父子之恩岂敢忘！但朝廷命建讨不受代者，不得不然。傥太师改图，建复何求！”是夕，令孜自携西川印节诣建营授之，将士皆呼万岁。建泣谢，请复为父子如初。

先是，建常诱其将士曰：“成都城中繁盛如花锦，一朝得之，金帛子女恣汝曹所取，节度使与汝曹迭日为之耳！”壬寅，敬瑄开门迎建。建署其将张勋为马步斩斫使，使先入城。乃谓将士曰：“吾与汝曹三年百战，今始得城，汝曹不忧不富贵，慎勿焚掠坊市。吾已委张勋护之矣，彼幸执而白我，我犹得赦之；若先斩而后白，吾亦不能救也！”既而士卒有犯令者，勋执百馀人，皆捶其胸而杀之，积尸于市，众莫敢犯。故时人谓勋为“张打胸”。

驱赶所有少壮男人和妇女渡过长江,斩杀年老体弱的人当作粮食。杨行密的将领张训、李德诚偷偷进入扬州城,扑灭馀火,获得粮谷几十万斛用来赈济饥民。泗州刺史张谏求借几万斛粮食供给军队,张训以杨行密的命令向张谏赠送,张谏因此很感激杨行密。

18 邢洺节度使李存孝劝说李克用攻打镇州,李克用听从了他的意见。八月,李克用到南面的泽州、潞州一带巡视,于是进入到怀州、孟州的境内。

19 朱全忠派遣属下将领丁会攻打宿州,攻克了外城。

20 乙未(十八日),孙儒从苏州出征到广德县驻扎,杨行密带领军队进行抗击。孙儒率军围攻杨行密的营寨,杨行密的将领上蔡人李简率领一百馀人竭力奋战,冲破被包围的营寨,救杨行密逃出。

21 王建攻打陈敬瑄越来越急,陈敬瑄每次派兵出战都被打败,成都附近的州县都被王建占取。彭州的威戎节度使杨晟不时向陈敬瑄运送粮食,王建派出军队占据新都,截断了从彭州通往成都的道路。陈敬瑄出来,慰问勉励士卒,士卒都不应答。

辛丑(二十四日),田令孜登上城楼对王建说:"老夫我待你一向相当宽厚,为什么要这样围攻?"王建说:"我身为你的养子,不敢忘记养父的恩德!可是朝廷命令我讨伐不接受来取代他的人,我不得不这样。倘若太师你改弦易辙,我王建还有什么谋求的!"这天傍晚,田令孜亲自携带西川官印符节到达王建的军营交给王建,军中将领士卒都高呼万岁。王建流着眼泪感谢田令孜,请求恢复他们当初那种父子关系。

在这之前,王建常常引诱属下将士们说:"成都城内繁荣昌盛如花似锦,有朝一日占据了成都,城内的金银布帛和女人任你们取用,我与你们交替着做节度使!"壬寅(二十五日),陈敬瑄打开成都城门迎接王建。王建任命属下将领张勍为马步斩斫使,派他先行入城。而对将领士卒们说:"我和你们三年来苦战上百次,现在才获得城池,你们不要担忧不会富贵,千万不要焚烧抢掠店铺市街。我已经委派张勍护卫成都城,对于违令枉法的人,他若是抓来告诉我,我还可以赦免;如果他先行斩杀了然后才告诉我,我也不能救助了!"不久,入城士卒中有违反命令的人,张勍拘拿一百多人,都击打胸膛而处死,尸体堆积在市街上,见此情况,军中士卒不敢再违犯禁令。因此,当时人们称张勍是"张打胸"。

癸卯，建入城，自称西川留后。小校韩武数于使厅上马，牙司止之，武怒曰："司徒许我迭日为节度使，上马何为！"建密遣人刺杀之。

初，陈敬瑄之拒朝命也，田令孜欲盗其军政，谓敬瑄曰："三兄尊重，军务烦劳，不若尽以相付，日具记事咨呈，兄但高居自逸而已。"敬瑄素无智能，忻然许之。自是军事皆不由己，以至于亡。建表敬瑄子陶为雅州刺史，使随陶之官，明年，罢归，寓居新津，以一县租赋赡之。

癸丑，建分遣士卒就食诸州，更文武坚姓名曰王宗阮，谢从本曰王宗本。陈敬瑄将佐有器干者，建皆礼而用之。

22　六军十二卫观军容使、左神策军中尉杨复恭总宿卫兵，专制朝政，诸假子皆为节度使、刺史，又养宦官子六百人，皆为监军。假子龙剑节度使守贞、武定节度使守忠不输贡赋，上表讪薄朝廷。

上舅王瓌求节度使，上访于复恭，复恭以为不可，瓌怒，诟之。瓌出入禁中，颇用事，复恭恶之，奏以为黔南节度使，至吉柏津，令山南西道节度使杨守亮覆诸江中，宗族宾客皆死，以舟败闻。上知复恭所为，深恨之。

李顺节既宠贵，与复恭争权，尽以复恭阴事告上，上乃出复恭为凤翔监军。复恭愠怼，不肯行，称疾，求致仕。九月乙卯，以复恭为上将军致仕，赐以几杖。使者致诏命还，复恭潜遣腹心张绾刺杀之。

癸卯（二十六日），王建进入成都城，自称西川留后。小校韩武几次在节度使司的厅堂上起身上马，牙司制止他，韩武怒气冲冲地说："司徒王建许诺我过几天做节度使，在厅堂上马算什么！"王建暗中派人刺杀了韩武。

当初，陈敬瑄拒绝接受朝廷的任命时，田令孜想窃取他统军行政的大权，便对陈敬瑄说："三哥你尊贵庄重，军中事务繁琐劳苦，不如全部交给我来办理，每天把所有记录的事项向你呈报，老兄你只是高高在上悠闲自得便可以了。"陈敬瑄一向没有什么智谋才能，便愉快地答应了。从这以后，陈敬瑄对军中事务都不能自作主张，以至于灭亡。王建进呈表章请任命陈敬瑄的儿子陈陶为雅州刺史，让陈敬瑄随同陈陶到雅州刺史的官所，第二年，贬黜陈敬瑄回到故里，在新津县居住，用一个县的田租赋税赡养他。

癸丑，王建派遣手下士卒分别前赴各州并食用当地粮租，更改文武坚的姓名叫王宗阮，改谢从本的姓名叫王宗本。对陈敬瑄原有将领中有器量才干的人，王建都以礼相待并重用他们。

22　六军十二卫观军容使、左神策军中尉杨复恭统领宫中宿卫兵，对朝廷政务独断专行，各位养子都充任节度使、刺史，还收养宦官儿子六百人，都充作监军。杨复恭的养子龙剑节度使杨守贞、武定节度使杨守忠竟不向朝廷进送贡品赋税，还上呈表章毁谤鄙视朝廷。

唐昭宗的舅舅王瓌谋求节度使官职，昭宗征求杨复恭的意见，杨复恭认为不行，王瓌恼怒，大骂杨复恭。王瓌在宫中出入，很有权力，杨复恭忌恨他，便向唐昭宗奏请任命王瓌为黔南节度使，当王瓌赴任到达利州益昌县的吉柏津时，杨复恭命令山南西道节度使杨守亮弄翻王瓌的船只淹没江中，王瓌的家族宾客都丧了命，杨守亮向朝廷奏报说王瓌乘船遇难。昭宗知道是杨复恭暗害王瓌，更加憎恨他。

李顺节获宠位尊以后，与杨复恭争夺权力，将杨复恭暗地里做的事情全都告诉了昭宗，昭宗于是下令以杨复恭为凤翔监军。杨复恭心怀怨恨，不肯启程赴任，声称有病，请求退休。九月乙卯（初八），昭宗准许杨复恭以上将军官衔退休，向他赐赏几杖以示敬重。昭宗的使者颁发诏令返回，杨复恭暗中派遣心腹亲信张绾将使者刺杀。

23　加护国节度使王重盈兼中书令。

24　东川节度使顾彦朗薨,军中推其弟彦晖知留后。

25　冬,十月壬午,宿州刺史张筠降于丁会。

26　癸未,以永平节度使王建为西川节度使;甲申,废永平军。建既得西川,留心政事,容纳直言,好施乐士,用人各尽其才,谦恭俭素。然多忌好杀,诸将有功名者,多因事诛之。

27　杨复恭居第近玉山营,假子守信为玉山军使,数往省之。或告复恭与守信谋反,乙酉,上御安喜楼,陈兵自卫,命天威都将李顺节、神策军使李守节将兵攻其第。张绾帅家众拒战,守信引兵助之,顺节等不能克。丙戌,禁兵守含光门,俟其开,欲出掠两市,遇刘崇望,立马谕之曰:"天子亲在街东督战,汝曹皆宿卫之士,当于楼前杀贼立功,勿贪小利,自取恶名!"众皆曰:"诺。"遂从崇望而东。守信之众望见兵来,遂溃走。守信与复恭挈其族自通化门出,趣兴元,永安都头权安追之,擒张绾,斩之。复恭至兴元,杨守亮、杨守忠、杨守贞及绵州刺史杨守厚同举兵拒朝廷,以讨李顺节为名。守厚,亦复恭假子也。

28　李克用攻王镕,大破镇兵于龙尾冈,斩获万计,遂拔临城,攻元氏、柏乡,李匡威引幽州兵救之。克用大掠而还,军于邢州。

29　十一月,曹州都将郭铢杀刺史郭词,降于朱全忠。

30　泰宁节度使朱瑾将万馀人攻单州。

23 朝廷加封护国节度使王重盈兼任中书令。

24 东川节度使顾彦朗死去，军营中推举他的弟弟顾彦晖主持留后事宜。

25 冬季，十月壬午(初五)，宿州刺史张筠向丁会投降。

26 癸未(初六)，朝廷任命永平节度使王建为西川节度使；甲申(初七)，朝廷取消永平节度使。王建得到西川节度使的官职后，注重行政事务，采纳进谏直言，喜好布施，乐于结交人才，用人各尽其能，待人谦虚有礼，穿用节俭朴素。可是，王建性情多疑容易猜忌，因而常常杀人，手下将领中立功出名的人，大多因事而被杀。

27 杨复恭居住的府第靠近玉山营，他的养子杨守信是玉山营军使，多次前往看望杨复恭。有人告发杨复恭与杨守信谋划叛乱，乙酉(初八)，昭宗来到安喜楼，调派军队列阵以自卫，命令天威都将李顺节、神策军使李守节带领人马攻打杨复恭的府第。张绾率领杨复恭在家中蓄养的士卒抗击迎战，杨守信带领军队前往援助，李顺节、李守节未能攻克杨复恭的府第。丙戌(初九)，守护皇城南面含光门的宫中卫兵，等到城门打开，想要出去抢劫两边的市街，遇到刘崇望，他停下马对这些士卒说："天子亲自在街东督率作战，你们都是护卫皇宫的士兵，应当到安喜楼前杀贼建功，不要贪图那些小财物，而去获取罪恶的名声！"大家都说："是。"于是跟随刘崇望向东奔去。杨守信的人马看到宫中卫兵来了，当即溃散逃跑。杨守信与杨复恭带着家人从长安城东面的通化门出走，奔往兴元，神策军永安都头权安追击，抓获张绾，将他斩杀。杨复恭到达兴元，杨守亮、杨守忠、杨守贞以及绵州刺史杨守厚以讨伐李顺节为名一同发动军队抗拒朝廷。杨守厚也是杨复恭的养子。

28 李克用攻打王镕，在临城西北的龙尾冈大败镇州军队，斩杀擒获数以万计，于是攻克临城，接着又攻打赵州的元氏、柏乡，李匡威带领幽州军队前去救援。李克用大肆抢掠之后返回，率军在邢州驻扎。

29 十一月，天平节度使朱瑄所属的曹州都将郭铢杀害了刺史郭词，向朱全忠投降。

30 泰宁节度使朱瑾带领一万多人攻打属于朱全忠的单州。

31　乙丑,时溥将刘知俊帅众二千降于朱全忠。知俊,沛人,徐之骁将也,溥军自是不振。全忠以知俊为左右开道指挥使。

32　辛未,寿州将刘弘鄂恶孙儒残暴,举州降朱全忠。

33　十二月乙酉,汴将丁会、张归霸与朱瑾战于金乡,大破之,杀获殆尽,瑾单骑走免。

34　天威都将李顺节恃恩骄横,出入常以兵自随。两军中尉刘景宣、西门君遂恶之,白上,恐其作乱。戊子,二人以诏召顺节,顺节入至银台门,二人邀顺节于仗舍坐语,供奉官似先知自后斩其首,从者大噪而出。于是天威、捧日、登封三都大掠永宁坊,至暮乃定。百官表贺。

35　孙儒焚掠苏、常,引兵逼宣州,钱镠复遣兵据苏州。儒屡破杨行密之兵,旌旗辎重亘百馀里。行密求救于钱镠,镠以兵食助之。

36　以顾彦晖为东川节度使,遣中使宋道弼赐旌节。杨守亮使杨守厚囚道弼,夺旌节,发兵攻梓州。癸卯,彦晖求救于王建;甲辰,建遣其将华洪、李简、王宗侃、王宗弼救东川。建密谓诸将曰:"尔等破贼,彦晖必犒师,汝曹于行营报宴,因而执之,无烦再举。"宗侃破守厚七砦,守厚走归绵州。彦晖具犒礼,诸将报宴,宗弼以建谋告之,彦晖乃以疾辞。

31 乙丑(十九日),时溥的将领刘知俊率领二千人马向朱全忠投降。刘知俊是沛县人,徐州军队的一员猛将,时溥的军队从此一蹶不振。朱全忠任命刘知俊为左右开道指挥使。

32 辛未(二十五日),寿州将领刘弘鄂憎恨孙儒的残暴,献出寿州向朱全忠投降。

33 十二月乙酉(初九),汴州军队将领丁会、张归霸在金乡与朱瑾交战,朱瑾大败,他的人马被斩杀擒获几乎全军覆没,朱瑾自己骑马逃跑免于一死。

34 天威都将李顺节倚仗皇恩骄傲专横,出入皇宫常常带着卫兵跟随他。两军中尉刘景宣、西门君遂憎恨他,告诉昭宗说,恐怕李顺节会发动叛乱。戊子(十二日),刘景宣、西门君遂二人用昭宗的诏令召请李顺节,李顺节进入皇宫到银台门,他们二人邀请李顺节到仪仗房舍坐下说话,供奉官似先知从后面砍下李顺节的头颅,跟随李顺节的卫兵大声呼喊着跑了出去。于是,神策军的天威、捧日、登封三都人马大肆抢掠永宁坊,一直到天黑才安定下来。朝中百官向昭宗上表庆贺。

35 孙儒焚烧抢掠苏州、常州,带领军队进逼宣州,钱镠又派遣军队占据了苏州。孙儒接连多次打败杨行密的人马,他的军队的旌旗和器械粮草等物绵延达一百多里。杨行密向钱镠请求救援,钱镠便援助他军需粮食。

36 朝廷任命顾彦晖为东川节度使,派遣宦官宋道弼前往向他颁发节度使的旌旗节钺。杨守亮让杨守厚把宋道弼囚禁起来,夺取了节度使的旌旗节钺,发动军队攻打梓州。癸卯(二十七日),顾彦晖向王建请求救援;甲辰(二十八日),王建派遣属下将领华洪、李简、王宗侃、王宗弼救援东川节度使顾彦晖。王建秘密对各位将领说:"你们打败杨守厚,顾彦晖一定会来犒劳慰问军队,你们在军队驻地摆设酒宴回报,趁机抓获顾彦晖,就可不必再有其他举动了。"王宗侃打败了杨守厚的七个营寨,杨守厚逃跑回到绵州。顾彦晖备办犒劳王建军队的礼物,各位将领也要设宴答谢,王宗弼却把王建的计谋告诉顾彦晖,顾彦晖于是以有病为托辞拒绝前往。

　　初，李茂贞养子继臻据金州，均州刺史冯行袭攻下之，诏以行袭为昭信防御使，治金州。杨守亮欲自金、商袭京师，行袭逆击，大破之。

　　37　是岁，赐泾原军号曰彰义，增领渭、武二州。

　　38　福建观察使陈岩疾病，遣使以书召泉州刺史王潮，欲授以军政，未至而岩卒。岩妻弟都将范晖讽将士推己为留后。

当初,李茂贞的养子李继臻占据金州,均州刺史冯行袭攻打夺占了金州,朝廷于是任命冯行袭为昭信防御使,管理金州。杨守亮要从金州、商州去攻打京师长安,冯行袭迎战抗击,大败杨守亮。

37 这一年,朝廷赏赐泾原军名号为彰义。将渭州、武州拨归彰义节度使管辖。

38 福建观察使陈岩身患重病,便派遣使者带着书信召请泉州刺史王潮,想要把军事行政大权转授给他,使者还未到泉州,陈岩便死了。陈岩的妻弟都将范晖暗示劝说军中将士推举自己为留后。

卷第二百五十九　唐纪七十五

起壬子(892)尽甲寅(894)凡三年

昭宗圣穆景文孝皇帝上之中
景福元年(壬子,892)

1　春,正月丙寅,赦天下,改元。

2　凤翔李茂贞、静难王行瑜、镇国韩建、同州王行约、秦州李茂庄五节度使上言:杨守亮容匿叛臣杨复恭,请出军讨之,乞加茂贞山南西道招讨使。朝议以茂贞得山南,不可复制,下诏和解之,皆不听。

3　王镕、李匡威合兵十馀万攻尧山,李克用遣其将李嗣勋击之,大破幽、镇兵,斩获三万。

4　杨行密谓诸将曰:"孙儒之众十倍于我,吾战数不利,欲退保铜官,何如?"刘威、李神福曰:"儒扫地远来,利在速战。宜屯据险要,坚壁清野以老其师,时出轻骑抄其馈饷,夺其俘掠。彼前不得战,退无资粮,可坐擒也!"戴友规曰:"儒与我相持数年,胜负略相当。今悉众致死于我,我若望风弃城,正堕其计。淮南士民从公渡江及自儒军来降者甚众,公宜遣将先护送归淮南,使复生业;儒军闻淮南安堵,皆有思归之心,人心既摇,

昭宗圣穆景文孝皇帝上之中
唐昭宗景福元年(壬子,公元892年)

1　春季,正月丙寅(二十一日),唐昭宗诏令赦免天下,改年号为景福。

2　凤翔节度使李茂贞、静难节度使王行瑜、镇国节度使韩建、同州节度使王行约、秦州节度使李茂庄五人一同向朝廷上疏进言;杨守亮容纳藏匿叛逆乱臣杨复恭,请发兵讨伐杨守亮,并请求加封李茂贞为山南西道招讨使。朝廷商议认为,李茂贞如果获得山南西道招讨使的官职,就不可能再控制住他了,于是颁下诏令劝李茂贞等五位节度使与杨守亮和解,结果都不听从。

3　王镕、李匡威联合军队总共十多万人攻打尧山,李克用派遣属下将领李嗣勋进行抗击,大败幽州、镇州的军队,斩杀擒获三万人。

4　杨行密对各位将领说:"孙儒的军队人数是我们的十倍,我们作战多次失利,现在想退到铜官固守,怎么样?"刘威、李神福说:"孙儒调动全部军队从远处前来,速战速决对他有利。我们应当占据险要的地方,坚守城堡,转移周围的人畜财粮,使孙儒的军队疲劳困苦,我方再不时派出轻便骑兵抄掠他们输送的军粮,夺取他们掳掠的东西。孙儒向前没有交战的机会,后退又没有资财粮食,我们擒获孙儒可以说是马到成功的事!"戴友规对杨行密说:"孙儒与我们争夺扬州相持了五个年头,彼此胜负大体相当。现在孙儒发动全部军队要把我们置于死地,我们若是望风而走放弃城池,那就正中了孙儒的计谋。淮南的士子百姓跟随你渡过长江以及从孙儒的军营中前来投降的人相当多,你应当派遣将领护送这些人先回淮南,让他们像原来一样谋生立业。孙儒军队的士兵听说淮南一带人民安居,生活稳定,都会产生回归故里的念头,孙儒的军心既然动摇,

安得不败!"行密悦,从之。友规,庐州人也。

5 威戎节度使杨晟与杨守亮等约攻王建,二月丁丑,晟出兵掠新繁、汉州之境,使其将吕尧将兵二千会杨守厚攻梓州。建遣行营都指挥使李简击尧,斩之。

6 戊寅,朱全忠出兵击朱瑄,遣其子友裕将兵前行,军于斗门。

7 李茂贞、王行瑜擅举兵击兴元。茂贞表求招讨使不已,遗杜让能、西门君遂书,陵蔑朝廷。上意不能容,御延英,召宰相、谏官议之。时宦官有阴与二镇相表里者,宰相相顾不敢言,上不悦。给事中牛徽曰:"先朝多难,茂贞诚有翼卫之功。诸杨阻兵,亟出攻讨,其志亦在疾恶,但不当不俟诏命耳。比闻兵过山南,杀伤至多。陛下傥不以招讨使授之,使用国法约束,则山南之民尽矣!"上曰:"此言是也。"乃以茂贞为山南西道招讨使。

8 甲申,朱全忠至卫南,朱瑄将步骑万人袭斗门,朱友裕弃营走,瑄据其营。全忠不知,乙酉,引兵趣斗门,至者皆为郓人所杀。全忠退军瓠河,丁亥,瑄击全忠,大破之,全忠走。张归厚于后力战,全忠仅免,副使李璠等皆死。

9 朱全忠奏贬河阳节度使赵克裕,以佑国节度使张全义兼河阳节度使。

10 孙儒围宣州。初,刘建锋为孙儒守常州,将兵从儒击杨行密,甘露镇使陈可言帅部兵千人据常州。行密将张训引兵奄至城下,可言仓猝出迎,训手刃杀之,遂取常州。行密别将又取润州。

怎么会不失败呢!"杨行密听后很高兴,依从了属下将领的意见。戴友规是庐州人。

5　威戎节度使杨晟与杨守亮等人相约共同攻打王建,二月丁丑(初二),杨晟派出军队到新繁、汉州境内抢掠,命令手下将领吕荛带领军队两千会同杨守厚攻打梓州。王建派遣行营都指挥使李简抗击吕荛,将吕荛斩杀。

6　戊寅(初三),朱全忠派出军队攻打朱瑄,派遣他的儿子朱友裕督率军队前行,在濮阳县的斗门城驻扎下来。

7　李茂贞、王行瑜未奉朝廷命令擅自发动军队攻打兴元。李茂贞不断上表请求授给他山南西道招讨使,给宰相杜让能、神策中尉西门君遂送去书信,凌辱蔑视朝廷。昭宗认为不能容许李茂贞如此放肆,便御临延英殿,召令宰相、谏官进行商议。当时宦官中有人暗中与李茂贞、王行瑜勾结,因而宰相们相互观望不敢发言,昭宗很不高兴。给事中牛徽说:"先朝皇帝多灾多难,李茂贞确实有护卫的功劳。各个杨姓将领阻拦朝廷军队,李茂贞当即派出军队攻伐征讨,他的意向就在于痛恨杨复恭一伙奸恶小人,但是不应当不等待朝廷的诏命就行动。近来听说他的军队经过山南,斩杀伤害的人相当多。陛下倘若不以山南西道招讨使的官职授给李茂贞,使用国家法度来约束他,那么山南的百姓就会被斩尽杀绝了!"昭宗说:"这话说得对。"于是任命李茂贞为山南西道招讨使。

8　甲申(初九),朱全忠到达卫州南部,朱瑄率领步、骑兵一万人攻打斗门城,朱友裕放弃营寨逃走,朱瑄于是占据了斗门的营寨。朱全忠不知道斗门城已被朱瑄夺取,乙酉(初十),他带领军队赶往斗门,到达那里的人都被朱瑄的郓州军队斩杀。朱全忠退到濮州雷泽县的瓠河镇驻扎,丁亥(十二日),朱瑄攻打朱全忠,朱全忠大败逃跑。张归厚在后面竭力阻击掩护,朱全忠仅免一死,副使李璠等人都在交战中阵亡。

9　朱全忠奏请将河阳节度使赵克裕贬职,让佑国节度使张全义兼任河阳节度使。

10　孙儒围攻宣州。起初,刘建锋为孙儒德据守常州,当他带领军队跟随孙儒攻打杨行密时,甘露镇使陈可言率领所部人马一千人据守常州。杨行密的将领张训带领军队忽然来到常州城下,陈可言仓猝出城迎战,张训亲手将陈可言斩杀,于是占取常州。杨行密的将领又攻取了润州。

11　朱全忠连年攻时溥，徐、泗、濠三州民不得耕获，兖、郓、河东兵救之，皆无功，复值水灾，人死者什六七。溥困甚，请和于全忠，全忠曰："必移镇乃可。"溥许之。全忠乃奏请移溥他镇，仍命大臣镇徐州。诏以门下侍郎、同平章事刘崇望同平章事，充感化节度使，以溥为太子太师。溥恐全忠诈而杀之，据城不奉诏，崇望及华阴而还。

12　忠义节度使赵德谭薨，子匡凝代之。

13　范晖骄侈失众心，王潮以从弟彦复为都统，弟审知为都监，将兵攻福州。民自请输米饷军，平湖洞及滨海蛮夷皆以兵船助之。

14　辛丑，王建遣族子嘉州刺史宗裕、雅州刺史王宗侃、威信都指挥使华洪、茂州刺史王宗瑶将兵五万攻彭州，杨晟逆战而败，宗裕等围之。杨守亮遣其将符昭救之，径趋成都，营三学山。建亟召华洪还。洪疾驱而至，后军尚未集，以数百人夜去昭营数里，多击更鼓。昭以为蜀军大至，引兵宵遁。

15　三月，以户部尚书郑延昌为中书侍郎、同平章事。延昌，从谠之从兄弟也。

16　左神策勇胜三都都指挥使杨子实、子迁、子钊，皆守亮之假子也，自渠州引兵救杨晟，知守亮必败，壬子，帅其众二万降于王建。

17　李克用、王处存合兵攻王镕，癸丑，拔天长镇。戊午，镕与战于新市，大破之，杀获三万馀人。辛酉，克用退屯栾城。诏和解河东及镇、定、幽四镇。

11　朱全忠连年攻打时溥，徐州、泗州、濠州三州的百姓都无法耕种收获，兖州、郓州、河东的军队救援时溥，都没有成功，又赶上闹水灾，百姓死亡的占十分之六七。时溥极其困乏，向朱全忠请求和解，朱全忠回答说："你必须迁移镇所离开徐州才可以。"时溥表示同意。朱全忠便奏请将时溥调往其他镇所，仍然任命朝中大臣镇守徐州。于是，唐昭宗任命门下侍郎、同平章事刘崇望以同平章事衔充任感化节度使，任命时溥为太子太师。时溥担心朱全忠欺骗谋杀他，依然占据徐州城而不奉行朝廷的诏令，刘崇望到达华阴便又返回长安。

12　忠义节度使赵德湮死去，他的儿子赵匡凝代任忠义节度使。

13　福建观察使范晖骄横奢侈造成属下离心离德，王潮任命堂弟王彦复为都统，胞弟王审知为都监，带领军队攻打福州。百姓自动请求运送粮米给王潮的军队，平湖洞以及海边的蛮夷都用战船援助王潮。

14　辛丑(二十六日)，王建派遣同族子弟嘉州刺史王宗裕、雅州刺史王宗侃、威信都指挥使华洪、茂州刺史王宗瑶带领军队五万攻打彭州，杨晟迎战失败，王宗裕等当即围攻杨晟。杨守亮派遣属下将领符昭前去救助杨晟，符昭直接奔赴成都，在汉州金堂县的三学山安营扎寨。王建紧急召令华洪返回成都。华洪火速赶到，后面的军队还没有来得及集结，就带领几百人在夜间到离符昭营寨几里以外的地方，频繁地击打更鼓。符昭以为是王建的军队大规模来到，便带领军队连夜逃跑了。

15　三月，朝廷任命户部尚书郑延昌为中书侍郎、同平章事。郑延昌是郑从谠的堂兄弟。

16　左神策勇胜三都都指挥使杨子实、杨子迁、杨子钊，都是杨守亮的养子，他们从渠州带领军队救援杨晟，知道杨守亮一定会失败，便于壬子(初八)，率领所部人马共计两万向王建投降。

17　李克用、王处存联合军队攻打王镕，癸丑(初九)，攻克滹沱河东北的天长镇。戊午(十四日)，王镕在镇州九门县的新市与李克用、王处存展开激战，结果大败李克用、王处存，斩杀擒获三万多人。辛酉(十七日)，李克用率众退到栾城驻扎。唐昭宗颁发诏令劝河东及镇州、定州、幽州四镇和解。

18　杨晟遣杨守贞、杨守忠、杨守厚书,使攻东川以解彭州之围,守贞等从之。神策督将窦行实戍梓州,守厚密诱之为内应,守厚至涪城,行实事泄,顾彦晖斩之。守厚遁去。守贞、守忠军至,无所归,盘桓绵、剑间,王建遣其将吉谏袭守厚,破之。癸亥,西川将李简邀击守忠于钟阳,斩获三千馀人。夏,四月,简又破守厚于铜铧,斩获三千馀人,降万五千人。守忠、守厚皆走。

19　乙酉,置武胜军于杭州,以钱镠为防御使。

20　天威军使贾德晟,以李顺节之死,颇怨愤,西门君遂恶之,奏而杀之。德晟麾下千馀骑奔凤翔,李茂贞由是益强。

21　李匡威出兵侵云、代,壬寅,李克用始引兵还。

22　时溥遣兵南侵,至楚州,杨行密将张训、李德诚败之于寿河,遂取楚州,执其刺史刘瓒。

23　加邠宁节度使王行瑜兼中书令。

24　杨行密屡败孙儒兵,破其广德营,张训屯安吉,断其粮道。儒食尽,士卒大疫,遣其将刘建锋、马殷分兵掠诸县。六月,行密闻儒疾疟,戊寅,纵兵击之。会大雨、晦冥,儒军大败,安仁义破儒五十馀寨,田頵擒儒于陈,斩之,传首京师,儒众多降于行密。刘建锋、马殷收馀众七千,南走洪州,推建锋为帅,殷为先锋指挥使,张佶为谋主,比至江西,众十馀万。

丁酉,杨行密帅众归扬州。秋,七月丙辰,至广陵,表田頵守宣州,安仁义守润州。

18 杨晟给杨守贞、杨守忠、杨守厚送去书信,让他们攻打东川以求解除彭州之围,杨守贞等遵命行动。神策督将窦行实驻守梓州,杨守厚暗中引诱他做内应,杨守厚到达涪城,窦行实要做内应的事情泄漏,顾彦晖将窦行实斩杀。杨守厚于是逃走。杨守贞、杨守忠的军队赶到,找不到去处,在绵州、剑州之间徘徊,王建派遣手下将领吉谏攻打杨守厚,将他打败。癸亥(十九日),西川将领李简在绵州巴西县的钟阳镇拦击杨守忠,斩杀擒获三千多人。夏季,四月,李简又在铜铧打败杨守厚,斩杀擒获三千多人,前往投降的有一万五千人。杨守忠、杨守厚都逃跑了。

19 乙酉(十二日),朝廷在杭州设置武胜军,任命钱镠为防御使。

20 天威军使贾德晟,因为李顺节之死,很是怨恨愤怒,西门君遂憎恨他,上奏唐昭宗将贾德晟杀死。贾德晟属下一千多名骑兵投奔凤翔,李茂贞的势力从此更加强大起来。

21 李匡威派出军队侵扰云州、代州,壬寅(二十九日),李克用开始从镇州带领军队返回。

22 时溥派遣军队向南侵扰,到达楚州,杨行密的将领张训、李德诚在寿河将时溥的人马打破,乘胜攻占了楚州,抓获楚州刺史刘瓒。

23 朝廷加封邠宁节度使王行瑜兼任中书令。

24 杨行密多次击败孙儒的军队,攻破了孙儒在广德安设的营寨,张训则在安吉驻扎,截断了孙儒的运粮道路。孙儒军中粮食吃尽,大闹瘟疫,孙儒派遣属下将领刘建锋、马殷分别带领军队到各县抢掠。六月,杨行密听说孙儒军中正闹瘟疫,戊寅(初六),便派出军队攻打孙儒。当时正赶上大雨滂沱,天昏地暗,孙儒军队大败,安仁义攻破孙儒五十多个营寨,田頵在阵地上擒获孙儒,将他斩杀,把他的头传送到京师长安,孙儒的手下人马大多向杨行密投降。刘建锋、马殷收集剩馀的人马七千人,向南奔往洪州,大家推举刘建锋为统帅,马殷为先锋指挥使,委任张佶为谋主,等到队伍到达江西,人数已达十馀万。

丁酉(二十五日),杨行密率领人马返回扬州。秋季,七月丙辰(十四日),杨行密回到广陵,向朝廷上表请命田頵守宣州,安仁义守润州。

先是，扬州富庶甲天下，时人称扬一、益二，及经秦、毕、孙、杨兵火之馀，江、淮之间，东西千里扫地尽矣。

25　王建围彭州，久不下，民皆窜匿山谷。诸寨日出俘掠，谓之"淘虏"，都将先择其善者，馀则士卒分之，以是为常。

有军士王先成者，新津人，本书生也，世乱，为兵，度诸将惟北寨王宗侃最贤，乃往说之曰："彭州本西川之巡属也，陈、田召杨晟，割四州以授之，伪署观察使，与之共拒朝命。今陈、田已平而晟犹据之，州民皆知西川乃其大府而司徒乃其主也，故大军始至，民不入城而入山谷避之，以俟招安。今军至累月，未闻招安之命，军士复从而掠之，与盗贼无异，夺其赀财，驱其畜产，分其老弱妇女以为奴婢，使父子兄弟流离愁怨。其在山中者暴露于暑雨，残伤于蛇虎，孤危饥渴，无所归诉。彼始以杨晟非其主而不从，今司徒不加存恤，彼更思杨氏矣。"宗侃恻然，不觉屡移其床前问之，先成曰："又有甚于是者：今诸寨每旦出六七百人，入山淘虏，薄暮乃返，曾无守备之意。赖城中无人耳，万一有智者为之画策，使乘虚奔突，先伏精兵千人于门内，登城望淘虏者稍远，出弓弩手、炮手各百人，攻寨之一面，随以役卒五百，负薪土填壕为道，然后出精兵奋击，且焚其寨；又于三面城下各出耀兵，

在此之前，扬州的富庶天下无比，当时人们称颂扬州第一，益州第二，等到经过秦彦、毕师铎、孙儒、杨行密各股军队的战火之后，江、淮之间，东西千里方圆一片败落景象。

25　王建围攻彭州，很久不能攻克，当地百姓都窜逃藏匿在高山深谷之中。王建各个营寨的士卒每天出去掳掠抢劫，把这叫作"淘虏"，对搜抢来的百姓财物，军中将领先挑选好的，剩余的让士兵们瓜分，以此为常事。

有一个军士王先成，是新律人，本来是个书生，适逢天下大乱，便参军从武，他揣测各位将领中只有北面营寨的王宗侃最为贤明，就前往劝王宗侃说："彭州本来是西川的属地，陈敬瑄、田令孜召来杨晟，割出四个州授给杨晟，任杨晟为观察使，与他们共同抗拒朝廷命令。现在陈敬瑄、田令孜已经平灭，而杨晟仍然占据着彭州，彭州的百姓都知道西川是他们的大府，而检校司徒王建是他们的官长，所以王建的大队人马到达彭城一带之初，当地百姓并不进入城内归附杨晟，而是逃往高山深谷躲避起来，等待着王建的招抚。现在王建军队到达已经几个月了，百姓没有听到招抚劝降的命令，相反纵容军中士卒一再大肆抢掠，与强盗贼寇没有什么两样，他们抢夺百姓的资财货物，追逐百姓的家畜财产，把年老体弱的人以及妇女分给士兵做奴婢，使这里的父子兄弟骨肉分离愁苦怨怒。那些在山谷中的人，酷暑暴雨之下无遮无盖，不时受到毒蛇猛虎的残害，孤苦危险，又饿又渴，没有诉苦的地方。彭州百姓开始时认为杨晟不是他们的官长而不遵从他，现在检校司徒王建对他们不加爱抚救济，他们就会改变初衷想念杨晟了。"王宗侃十分悲戚，不由得一再移动他坐着的床向前询问王先成，王先成说："还有比这更为危险的事：现在各个营寨每天早晨出动六七百人，进入深山搜掠百姓财物，天黑时才返回来，竟然没有守寨防备的意思。这不过是赖于彭州城内没有能人罢了，万一有足智多谋的人为杨晟出谋划策，让他乘虚出击，事先在彭州城门的里面埋伏下精壮人马一千人，当登上城楼瞭望到王建营寨的士兵外出去抢掠走远时，便派出弓弩手、炮手各一百人，攻打营寨的一面，紧随着派五百名役夫士兵，身背柴草土石填满堑壕垫好道路，然后出动精锐军队奋勇攻打，并且焚烧王建的营寨；又从彭州城的另三面突然派出军队，

诸寨咸自备御，无暇相救，城中得以益兵继出，如此，能无败乎！"宗侃蹙然曰："此诚有之，将若之何？"

先成请条列为状以白王建，宗侃即命先成草之，大指言："今所白之事，须四面通共，宗侃所司止于北面，或所白可从，乞以牙举施行。"事凡七条："其一，乞招安山中百姓。其二，乞禁诸寨军士及子弟无得一人辄出淘虏，仍表诸寨之旁七里内听樵牧，敢越表者斩。其三，乞置招安寨，中容数千人，以处所招百姓，宗侃请选所部将校谨干者为招安将，使将三十人昼夜执兵巡卫。其四，招安之事须委一人总领，今榜帖既下，诸寨必各遣军士入山招安，百姓见之无不惊疑，如鼠见狸，谁肯来者！欲招之必有其术，愿降帖付宗侃专掌其事。其五，乞严勒四寨指挥使，悉索前日所虏彭州男女老幼集于营场，有父子、兄弟、夫妇自相认者即使相从，牒具人数，部送招安寨，有敢私匿一人者斩；仍乞勒府中诸营，亦令严索，有自军前先寄归者，量给资粮，悉部送归招安寨。其六，乞置九陇行县于招安寨中，以前南郑令王丕摄县令，设置曹局，抚安百姓，择其子弟之壮者，给帖使自入山招其亲戚，彼知司徒严禁侵掠，前日为军士所虏者，皆获安堵，必欢呼踊跃，相帅下山，如子归母，不日尽出。其七，彭州土地宜麻，百姓未入山时多沤藏者，宜令县令晓谕，各归田里，出所沤麻鬻之，以为资粮，必渐复业。"建得之大喜，即行之，悉如所申。

各个营寨都自己忙着防备抵御,没有功夫相互救援,彭州城内得以增派军队相继杀出,这样一来,王建怎么能不失败呢!"王宗侃惊慌地说:"这种情况确实有可能发生,该怎么办好呢?"

王先成请求分条开列写成状纸以便禀告王建,王宗侃当即命令王先成起草状文,大意是说:"今天所禀告的事,必须是围攻彭州城的王宗裕、王宗侃、华洪、王宗瑶四面相通共同行动,我王宗侃所统管的只是北面的营寨,或许所禀告的事可以依从,请求命令西川军队的使牙检举全都施行。"事情共有七条:"其一,请求招抚山谷中的百姓。其二,请求禁止各营寨的军中士兵和子弟,一个也不准出去搜掠百姓,在各营寨的旁边立石碑,七里方圆之内听凭打柴放牧,有敢超越石碑的斩杀。其三,请求设置招安寨,寨中能容纳下几千人,以安置所招来的百姓,我王宗侃请求从所部将校中挑选谨慎干练的人为招安将领,令他带领三十人日夜手持武器巡逻护卫。其四,招抚百姓这件事,必须委派一个人总管,现在招安的榜帖既然发了下去,各个营寨一定是分头派遣军中士兵进入山谷招抚百姓,躲藏在那里的百姓看到这种情形,没有不惊慌疑惧的,就会像老鼠见了猫,有谁还肯前来投降!要想招抚山谷中的百姓,必须有恰当的方法,希望颁下文告委任我王宗侃专门掌管这桩事。其五,请求严格勒令四面营寨的指挥使,把从前掳掠来的彭州男女老幼全都集结在营寨的广场上,有父亲与儿子、哥哥与弟弟、丈夫与妻子自己相互认出的,就让他们相聚,在公文上注明人数,分部送往招安寨,有胆敢私自隐匿一个人的当即处斩;并请求勒令成都府中的各个营寨,也严格搜索,有先前从军队前沿送回来的百姓,酌量支给资财粮食,全都分部送回招安寨。其六,请求在招安寨中设置九陇行县,委任从前的南郑县令王玘暂摄九陇行县县令,设置曹局,招抚安顿百姓,从这些百姓中挑选身强力壮的子弟,发给他们文告,让他们自己入山招请他们的亲戚,百姓知道司徒严令禁止士兵侵扰抢掠,前些时候被军中士兵抢虏去的人,也都很平安,必定会欢呼跳跃,纷纷走下山来,如同儿子回到母亲的怀抱,用不了几天就会全部从山中出来。其七,彭州的土地适于种麻,这里的百姓在没有进山时将大量的麻沤藏起来,应当命令县令明确告知百姓,分别回到田间故里,挖出沤藏的麻卖掉,换取资财粮食,这样必定会逐渐恢复旧业。"王建接到状文大为欢喜,当即施行,全部照办。

明日，榜帖至，威令赫然，无敢犯者。三日，山中民竞出，赴招安寨如归市，寨不能容，斥而广之。浸有市井，又出麻鬵之。民见村落无抄暴之患，稍稍辞县令，复故业。月馀，招安寨皆空。

26　己巳，李茂贞克凤州，感义节度使满存奔兴元。茂贞又取兴、洋二州，皆表其子弟镇之。

27　八月，以杨行密为淮南节度使、同平章事，以田頵知宣州留后，安仁义为润州刺史。

孙儒降兵多蔡人，行密选其尤勇健者五千人，厚其禀赐，以皂衣蒙甲，号"黑云都"，每战，使之先登陷陈，四邻畏之。

行密以用度不足，欲以茶盐易民布帛，掌书记舒城高勖曰："兵火之馀，十室九空，又渔利以困之，将复离叛。不若悉我所有易邻道所无，足以给军，选贤守令劝课农桑，数年之间，仓库自实。"行密从之。田頵闻之曰："贤者之言，其利远哉！"行密驰射武伎，皆非所长，而宽简有智略，善抚御将士，与同甘苦，推心待物，无所猜忌。尝早出，从者断马鞦，取其金，行密知而不问，他日，复早出如故，人服其度量。

淮南被兵六年，士民转徙几尽。行密初至，赐与将吏，帛不过数尺，钱不过数百。而能以勤俭足用，非公宴，未尝举乐。招抚流散，轻徭薄敛，未及数年，公私富庶，几复承平之旧。

第二天,发布的告示传下,威严的军令赫然在目,没有人敢违犯。第三天,躲藏在山谷中的百姓竞相出来,像赶集一样奔赴招安寨,招安寨容不下,就开辟地盘扩展寨子。逐渐地又有了集市,百姓又拿出收藏的麻贩卖。招安寨的人民看到自己村落没有被残暴抢掠的苦难,逐渐告辞九陇行县县令,回到故里重操旧业。一个多月的时间,招安寨里都空了。

26 己巳(二十七日),李茂贞攻克凤州,感义节度使满存逃奔兴元。李茂贞又连续攻占了兴州、洋州,向朝廷上表请求委任他的子弟统管。

27 八月,朝廷任命杨行密为淮南节度使、同平章事,委任田頵为宣州留后,任命安仁义为润州刺史。

孙儒处投降过来的士兵大多是蔡州人,杨行密挑选他们当中特别勇猛强健的人五千名,予以丰厚的俸饷和赏赐,用黑色的外衣蒙盖上甲胄,号称"黑云都",每当作战时,就让这些人首先冲锋陷阵,四周邻近的军队都很惧怕他们。

杨行密因为军中费用缺乏,想用茶叶和食盐换取百姓的布帛,掌书记舒城人高勖说:"战乱刚刚过去,老百姓十户有九家是空的,官府却又要以商谋利使他们艰难窘迫,这将会使百姓再次叛离我们。不如拿出我们拥有的东西去与缺少此物的邻道贸易,这样完全可以供给军队,再挑选贤明的地方长官劝勉人民耕作纺织,几年的时间,仓库自然就会充盈。"杨行密采纳了高勖的意见。田頵听到这件事后说:"贤明人士的话,其利益深远呀!"杨行密对于骑马射箭比武这些技艺,都没有什么专长,可是他对人宽厚,生活节俭又有智谋胆略,善于安抚驾驭军中将士,与他们同甘共苦,待人处事推心置腹,没有任何猜疑顾忌。有一次早晨出去,跟随的人剪断驾辕马臀部的皮带,拿走那上面的金饰,杨行密知道了也不追问,后来,仍像以前一样在早晨外出,人们都佩服他的心胸度量。

淮南一带遭受战乱接连六年,当地士人和百姓辗转迁移几乎走光了。杨行密刚到这里时,赏赐将领官吏,布帛不过几尺,银钱不到几百。可是杨行密能够靠勤奋节俭保证军中供给充足,除非因公摆设宴会,他自己从不举办歌舞声乐。杨行密招收安抚流离的百姓,减轻徭役少征赋税,没有几年的工夫,官府和百姓都富有起来,几乎恢复到太平盛世时的状态。

28 李克用北巡至天宁军,闻李匡威、赫连铎将兵八万寇云州,遣其将李君庆发兵于晋阳。克用潜入新城,伏兵于神堆,擒吐谷浑逻骑三百,匡威等大惊。丙申,君庆以大军至,克用迁入云州。丁酉,出击匡威等,大破之。己亥,匡威等烧营而遁;追至天成军,斩获不可胜计。

29 辛丑,李茂贞攻拔兴元,杨复恭、杨守亮、杨守信、杨守贞、杨守忠、满存奔阆州。茂贞表其子继密权知兴元府事。

30 九月,加荆南节度使成汭同平章事。

31 时溥迫监军奏称将士留己,冬,十月,复以溥为侍中、感化节度。朱全忠奏请追溥新命,诏谕解之。

32 初,邢、洺、磁州留后李存孝,与李存信俱为李克用假子,不相睦。存信有宠于克用,存孝在邢州,欲立大功以胜之,乃建议取镇冀,存信从中沮之,不时听许。及王镕围尧山,存孝救之,不克。克用以存信为蕃、汉马步都指挥使,与存孝共击之,二人互相猜忌,逗留不进,克用更遣李嗣勋等击破之。存信还,谮存孝无心击贼,疑与之有私约。存孝闻之,自以有功于克用,而信任顾不及存信,愤怨,且惧及祸,乃潜结王镕及朱全忠,上表以三州自归于朝廷,乞赐旌节及会诸道兵讨李克用;诏以存孝为邢、洺、磁节度使,不许会兵。

33 十一月,时溥濠州刺史张璲、泗州刺史张谏以州附于朱全忠。

28　李克用往北巡视到达天宁军，听说李匡威、赫连铎率领军队八万侵扰云州，便派遣属下将领李君庆从晋阳率军出发。李克用偷偷进入新城，而在云州城南的神堆设下伏兵，擒获吐谷浑的巡逻骑兵三百人，李匡威等大为震惊。丙申（二十五日），李君庆率领大军赶到，李克用便迁入云州。丁酉（二十六日），李克用派出军队攻打李匡威等，结果李匡威等大败。己亥（二十八日），李匡威等焚烧营寨逃跑，李克用的军队追到蔚州东北的天成军，斩杀擒获无法计算。

29　辛丑（三十日），李茂贞攻克兴元，杨复恭、杨守亮、杨守信、杨守贞、杨守忠、满存一同逃奔阆州。李茂贞上表朝廷请求委任他的儿子李继密暂时主持兴元府事宜。

30　九月，朝廷加封荆南节度使成汭为同平章事。

31　时溥逼迫监军向朝廷奏称军中将士一定要挽留他自己。而不应召到京师，冬季，十月，朝廷又任命时溥为侍中、感化节度使。朱全忠上奏请求朝廷追回对时溥新的任命，唐昭宗颁发诏令劝朱全忠与时溥和解。

32　当初，邢州、洺州、磁州的留后李存孝，与李存信都是李克用的养子，可是他们相互不和睦。李存信在李克用那里很受宠，李存孝在邢州，想要建立大功以求超过李存信，于是建议攻取镇冀，李存信从中作梗，李克用不时听从李存信的意见。等到王镕围攻尧山，李存孝前往救援，未能获胜。李克用便任命李存信为蕃、汉马步都指挥使，与李存孝一同攻打王镕，李存孝、李存信两人互相猜疑忌恨，彼此逗留观望而不前进，李克用改派李嗣勋等将王镕打败。李存信回到李克用那里，诬陷李存孝根本不想攻打贼寇，怀疑他与贼寇暗中有密约。李存孝听到这事，自认为对李克用颇有功劳，可是李克用对他的信任反不如李存信，很是愤恨，又怕大祸降临，于是暗中与王镕和朱全忠交结，向朝廷上呈表章以邢州、洺州、磁州三州归顺朝廷，并请求赏赐给他节使度的旌旗节钺以及会同各道军队讨伐李克用。唐昭宗颁发诏令，任命李存孝为邢州、洺州、磁州节度使，但不同意会合军队的举动。

33　十一月，时溥的濠州刺史张璲、泗州刺史张谏分别献出濠州、泗州，归附朱全忠。

34 乙未,朱全忠遣其子友裕将兵十万攻濮州,拔之,执其刺史邵伦,遂令友裕移兵击时溥。

35 孙儒将王坛陷婺州,刺史蒋瓌奔越州。

36 庐州刺史蔡俦发杨行密祖父墓,与舒州刺史倪章连兵,遣使送印于朱全忠以求救。全忠恶其反覆,纳其印,不救,且牒报行密,行密谢之。行密遣行营都指挥使李神福将兵讨俦。

37 《宣明历》浸差,太子少詹事边冈造新历成,十二月,上之。命曰《景福崇玄历》。

38 壬午,王建遣其将华洪击杨守亮于阆州,破之。建遣节度押牙延陵郑顼使于朱全忠,全忠问剑阁,顼极言其险。全忠不信,顼曰:"苟不以闻,恐误公军机。"全忠大笑。

39 是岁,明州刺史锺文季卒,其将黄晟自称刺史。

二年(癸丑,893)

1 春,正月,时溥遣兵攻宿州,刺史郭言战死。

2 东川留后顾彦晖既与王建有隙,李茂贞欲抚之使从己,奏请更赐彦晖节,诏以彦晖为东川节度使。茂贞又奏遣知兴元府事李继密救梓州,未几,建遣兵败东川、凤翔之兵于利州。彦晖求和,请与茂贞绝,乃许之。

3 凤翔节度使李茂贞自请镇兴元,诏以茂贞为山南西道兼武定节度使,以中书侍郎、同平章事徐彦若同平章事,充凤翔节度使,又割果、阆二州隶武定军。茂贞欲兼得凤翔,不奉诏。

34　乙未，朱全忠派遣他的儿子朱友裕带领军队十万人攻打濮州，予以攻克，抓获濮州刺史邵伦，于是，朱全忠又命令朱友裕调转军队攻打时溥。

35　孙儒的将领王坛攻陷婺州，婺州刺史蒋瓌逃奔越州。

36　庐州刺史蔡俦挖开杨行密祖父的坟墓，与舒州刺史倪章联合军队，派遣使者向朱全忠送去官印求救。朱全忠厌恶蔡俦反复无常，接受了他送来的官印，而不派兵救援，并且给杨行密送去书信通报消息，杨行密对朱全忠表示感谢。接着，杨行密派遣行营都指挥使李神福带领军队讨伐蔡俦。

37　唐穆宗时建立的《宣明历》逐渐出现误差，太子少詹事边冈改造新历完工，十二月，进献朝廷。昭宗把新历命名为《景福崇玄历》。

38　壬午（十二日），王建派遣属下将领华洪在阆州进攻杨守亮，将其打败。王建派遣节度押牙、延陵人郑顼出使到朱全忠那里，朱全忠询问剑阁的情况，郑顼极力述说剑阁的险峻。朱全忠不信，郑顼说："假如不相信我说的话，恐怕要误了你的军机大事。"朱全忠听后哈哈大笑。

39　这一年，明州刺史锺文季去世，他的手下将领黄晟自称明州刺史。

唐昭宗景福二年（癸丑，公元 893 年）

1　春季，正月，时溥派遣军队攻打宿州，宿州刺史郭言战死。

2　东川留后顾彦晖既然与王建有矛盾，李茂贞便想招抚顾彦晖使他随从自己，于是上奏请求再次赏赐给顾彦晖节度使旌旗节钺，唐昭宗颁诏任命顾彦晖为东川节度使。李茂贞又奏请派遣掌管兴元府事宜的李继密救援梓州，不久，王建派遣军队在利州打败了东川、凤翔的军队。顾彦晖向王建求和，表示要与李茂贞断绝往来，王建这才许可与他和解。

3　凤翔节度使李茂贞请求镇守兴元府，唐昭宗颁诏任命李茂贞为山南西道兼武定节度使，委任中书侍郎、同平章事徐彦若为同平章事，充任凤翔节度使，又割出果州、阆州隶属武定节度使管辖。李茂贞试图同时获得凤翔，因而拒不奉行诏令。

4 二月甲戌,加西川节度使王建同平章事。

5 李克用引兵围邢州,王镕遣牙将王藏海致书解之。克用怒,斩藏海,进兵击镕,败镇兵于平山。辛巳,攻天长镇,旬日不下。镕出兵三万救之,克用逆战于叱日岭下,大破之,斩首万馀级,馀众溃去。河东军无食,脯其尸而啖之。

6 时溥求救于朱瑾,朱全忠遣其将霍存将骑兵三千军曹州以备之。瑾将兵二万救徐州,存引兵赴之,与朱友裕合击徐、兖兵于石佛山下,大破之,瑾遁归兖州。辛卯,徐兵复出,存战死。

7 李克用进下井陉,李存孝将兵救王镕,遂入镇州,与镕计事。镕又乞师于朱全忠,全忠方与时溥相攻,不能救,但遗克用书,言“邺下有十万精兵,抑而未进”。克用复书:“傥实屯军邺下,颙望降临;必欲真决雌雄,愿角逐于常山之尾。”甲午,李匡威引兵救镕,败河东兵于元氏,克用引还邢州。镕犒匡威于藁城,辇金帛二十万以酬之。

8 朱友裕围彭城,时溥数出兵,友裕闭壁不战。朱瑾宵遁,友裕不追,都虞候朱友恭以书谮友裕于全忠,全忠怒,驿书下都指挥使庞师古,使代之将,且按其事。书误达于友裕,友裕大惧,以二千骑逃入山中,潜诣砀山,匿于伯父全昱之所。全忠夫人张氏闻之,使友裕单骑诣汴州见全忠,泣涕拜伏于庭,全忠命左右捽抑,

4 二月甲戌(初五),朝廷加封西川节度使王建为同平章事。

5 李克用带领军队围攻邢州,镇州的王镕派遣牙将王藏海给李克用送去书信劝解。李克用大怒,将王藏海斩杀,派军队攻打王镕,在平山县打败镇州的军队。辛巳(十二日),李克用攻打天长镇,十几天都没有攻克。王镕派出军队三万前往救援,李克用在叱日岭下迎战,把王镕的军队打得大败,斩杀一万馀人,剩馀的人马溃散逃去。李克用的河东军队没有粮食,就把被杀士卒的尸体切割而食。

6 徐州的时溥向兖州的朱瑾请求救援,朱全忠派遣属下将领霍存带领骑兵三千在曹州驻扎防备朱瑾军队的进攻。朱瑾率领士兵两万人前去救援徐州,霍存带领人马前往迎战,他和朱友裕在彭城附近的石佛山下联合攻击徐州、兖州的军队,结果徐州、兖州军队大败,朱瑾逃回兖州。辛卯(二十二日),徐州军队再次出击,霍存恃胜不备战死。

7 李克用进军攻下井陉,李存孝带领军队前往救援王镕,于是进入镇州,与王镕商议攻防事宜。王镕又请朱全忠派出军队救援,朱全忠正忙于与时溥交战,不能派兵救援,不过却给李克用送去书信,说"我在邺下驻有十万精兵,只因我的抑制才未让他们推进"。李克用给朱全忠回信说:"倘若你在邺下确实驻有强兵,那么我恭候大军的到来;如果一定真要分出胜负,请到常山脚下决战。"甲午(二十五日),李匡威带领军队救助王镕,在元氏打败李克用的河东军队,李克用率领人马返回邢州。王镕在藁城犒劳李匡威,拿出金帛二十万来酬谢。

8 朱友裕围攻彭城,时溥几次派出军队挑战,朱友裕都关闭营垒拒不出战。朱瑾在石佛山下战败于夜间逃跑,朱友裕也不追击,都虞候朱友恭写信给朱全忠诬陷朱友裕,朱全忠看信后勃然大怒,当即通过驿站传信给都指挥使庞师古,命令他代替朱友裕统领军队,并且审查朱友裕的可疑事件。不料,朱全忠的这封信误传到朱友裕的手里,朱友裕看到极其恐惧,当即带着两千骑兵逃进深山,秘密到达砀山,在伯父朱全昱那里藏匿起来。朱全忠的夫人张氏听说这件事,让朱友裕单人骑马到汴州拜见朱全忠,朱友裕在厅堂上痛哭流涕跪下求饶,朱全忠命令身边侍卫揪住他的头发,按住他的脖子,

将斩之,夫人趋就抱之,泣曰:"汝舍兵众,束身归罪,无异志明矣。"全忠悟而舍之,使权知许州。友恭,寿春人李彦威也,幼为全忠家僮,全忠养以为子。张夫人,砀山人,多智略,全忠敬惮之,虽军府事,时与之谋议。或将兵出,中涂,夫人以为不可,遣一介召之,全忠立为之返。

庞师古攻佛山寨,拔之。自是徐兵不敢出。

9 李匡威之救王镕也,将发幽州,家人会别,弟匡筹之妻美,匡威醉而淫之。二月,匡威自镇州还,至博野,匡筹据军府自称留后,以符追行营兵。匡威众溃归,但与亲近留深州,进退无所之,遣判官李抱真入奏,请归京师。京师屡更大乱,闻匡威来,坊市大恐,曰:"金头王来图社稷。"士民或窜匿山谷。王镕德其以己故致失地,迎归镇州,为筑第,父事之。

10 以渝州刺史柳玭为泸州刺史。柳氏自公绰以来,世以孝悌礼法为士大夫所宗。玭为御史大夫,上欲以为相,宦官恶之,故久谪于外。玭尝戒其子弟曰:"凡门地高,可畏不可恃也。立身行己,一事有失,则得罪重于他人,死无以见先人于地下,此其所以可畏也。门高则骄心易生,族盛则为人所嫉。懿行实才,人未之信,小有玷颣,众皆指之,此其所以不可恃也。故膏粱子弟,学宜加勤,行宜加励,仅得比他人耳!"

要把他拉出去处斩,张夫人急忙跑过去抱住朱友裕,流着泪说:"你离开手下人马,只身回来认罪,没有其他图谋已经很明显了。"朱全忠听后顿时醒悟而免除对朱友裕的刑罚,命他暂且主持许州事宜。朱友恭,本来是寿春人李彦威,幼小时候便为朱全忠家的童仆,被朱全忠收养为义子。张夫人是砀山人,足智多谋,朱全忠敬重而又惧怕她,即便是节度使司的要事,也时常与她谋划商议。有时朱全忠率领军队出征,已经行进到半路,而张夫人认为这次出征不可取,只派遣一个人去召请,朱全忠立即因此而返回。

庞师古攻打石佛山营寨,予以占据。从此以后,时溥的徐州军队不敢再出来交战。

9　李匡威救援王镕时,将要从幽州出发,家族里的人都会聚为他送别,李匡威胞弟李匡筹的妻子长得秀美,李匡威喝醉酒后将她奸淫。二月份,李匡威从镇州返回,到达博野,李匡筹占据节度使司自称留后,用节度使司的符节追回李匡威行营的军队。李匡威的人马溃散投归幽州,他只得与一些亲近的士卒留在深州,进退无去处,便派遣判官李抱真向朝廷上奏,请求回到京师长安。京师接连几次遭受大的战乱,听说李匡威要来,街头巷尾的人们大为恐慌,都说:"金头王李匡威要来图谋大唐皇位了。"长安的士人百姓有的竟逃窜到山谷中藏匿起来。因为李匡威是为救援王镕而失去了幽州的,因此王镕对李匡威感恩戴德,迎接李匡威回到镇州,并为他建造了府第,当作父亲一样侍奉他。

10　朝廷任命渝州刺史柳玭为泸州刺史。柳氏家族自从元和年间的柳公绰以来,世代都因敬老尊长、重礼守法而被士大夫们所尊崇。柳玭曾任御史大夫,皇帝想委任他做宰相,宦官们憎恶他,因而长期贬职在外。柳玭曾经告诫他家中的子弟说:"门第地位高贵,是可怕而不是可以自恃的事。这些人为人处事,如果一件事上出现失误,招来的罪过就会比别人严重得多,死后也没有脸面在地下与祖先相见,这是所以说可怕的原因。门第高就容易产生骄傲心理,家族昌盛就要被人嫉妒。他们的美德善行、真才实学,人们未必相信,而稍微有一点美中不足,大家都会去指责他们,这是所以说不可自恃的原因。因此,高贵人家的子弟,学习应当更加勤奋,行为应当再接再厉,这样也仅仅是能和其他普通人相比而已!"

11　王建屡请杀陈敬瑄、田令孜，朝廷不许。夏，四月乙亥，建使人告敬瑄谋作乱，杀之新津。又告令孜通凤翔书，下狱死。建使节度判官冯涓草表奏之曰："开匣出虎，孔宣父不责他人；当路斩蛇，孙叔敖盖非利已。专杀不行于阃外，先机恐失于彀中。"涓，宿之孙也。

12　汴军攻徐州，累月不克。通事官张涛以书白朱全忠云："进军时日非良，故无功。"全忠以为然。敬翔曰："今攻城累月，所费甚多，徐人已困，旦夕且下，使将士闻此言，则懈于攻取矣。"全忠乃焚其书。癸未，全忠自将如徐州；戊子，庞师古拔彭城，时溥举族登燕子楼自焚死。己丑，全忠入彭城，以宋州刺史张廷范知感化留后，奏乞朝廷除文臣为节度使。

13　李匡威在镇州，为王镕完城堑，缮甲兵，视之如子。匡威以镕年少，且乐真定土风，潜谋夺之。李抱真自京师还，为之画策，阴以恩施悦其将士。王氏在镇久，镇人爱之，不徇匡威。匡威忌日，镕就第吊之，匡威素服衷甲，伏兵劫之，镕趋抱匡威曰："镕为晋人所困，几亡矣，赖公以有今日。公欲得四州，此固镕之愿也，不若与公共归府，以位让公，则将士莫之拒矣。"匡威以为然，与镕骈马，陈兵入府。会大风雷雨，屋瓦皆震。匡威入东偏门，镇之亲军闭之，有屠者墨君和自缺垣跃出，拳殴匡威甲士，挟镕于马上，负之登屋。镇人既得镕，

11　王建一再请求杀掉陈敬瑄、田令孜，朝廷不准许。夏季，四月乙亥(初七)，王建指使人告发陈敬瑄谋反作乱，在新津将他杀死。又指使人告发田令孜与凤翔节度使李茂贞暗中通信，把他囚禁狱中致死。王建命令节度判官冯涓起草表章奏报说："打开木笼放出猛虎，孔子责备其弟子不责备别人；孙叔教将两头蛇杀死，并不是为了他自己的利益。统兵在外的将帅如果没有专杀大权，重要的机会就要在奸臣的圈套中丧失。"冯涓是冯宿的孙子。

12　汴州军队攻打徐州，连续几个月未能攻克。通事官张涛写信给朱全忠说："进军的时机没有把握好，所以劳而无功。"朱全忠同意他的看法。敬翔却说："现在攻打徐州城已经几个月了，耗费人力财力相当大，时溥的徐州军队已经困乏不堪，攻下徐州是早晚的事了，如果让军中将士知道张涛的这些话，那么进攻的劲头就会松懈下来。"朱全忠于是将张涛的书信烧掉。癸未(十五日)，朱全忠亲自率领人马到达徐州；戊子(二十日)，庞师古攻克彭城，时溥全家族的人登上燕子楼自焚而死。己丑(二十一日)，朱全忠进入彭城，委任宋州刺史张廷范主持感化留后事宜，奏请朝廷任命文臣做节度使。

13　李匡威留在镇州，为王镕整治护城堑壕，修理盔甲武器，把王镕当成儿子一样看待。李匡威因为王镕年纪小，又喜好镇州的水土气候，便秘密谋划夺取镇州。李抱真从京师长安返回镇州，为李匡威出谋划策，暗中给予王镕军中将士小恩小惠以换取他们的好感。王镕家族在镇州已经很长时间，镇州人爱戴王镕，而不曲从李匡威。在李匡威父母去世的纪念日，王镕到李匡威的寓所吊唁，李匡威外穿丧服里面却穿着盔甲，埋伏下士兵将王镕劫持，王镕奔到李匡威面前抱着他说："我王镕被河东李克用围困时，几乎要兵败身亡了，依靠你的救援才有了今天。你想获得镇州、冀州、深州、赵州这四个州，这本来是我的愿望，不如我和你一同回到节度使司，把节度使的官位让给你，这样军中将士就不会抗拒你了。"李匡威认为可以，与王镕并排骑着马，摆开军队进入节度使司。恰逢狂风大作雷雨交加，房屋上的瓦都被震动。李匡威进入镇州城的东偏门，王镕的镇州亲军当即把东偏门关闭，有个厮夫叫墨君和从残破的墙壁后面跳出来，用拳头猛打李匡威的披甲士兵，把王镕从马背上夹在腋下，背他登上房屋。镇州军队既然已经夺回王镕，

攻匡威,杀之,并其族党。镕时年十七,体疏瘦,为君和所挟,颈痛头偏者累日。李匡筹奏镕杀其兄,请举兵复冤,诏不许。

14 幽州将刘仁恭将兵戍蔚州,过期未代,士卒思归。会李匡筹立,戍卒奉仁恭为帅,还攻幽州,至居庸关,为府兵所败。仁恭奔河东,李克用厚待之。

15 李神福围庐州。甲午,杨行密自将诣庐州,田頵自宣州引兵会之。初,蔡人张颢以骁勇事秦宗权,后从孙儒,儒败,归行密,行密厚待之,使将兵戍庐州。蔡俦叛,颢更为之用。及围急,颢逾城来降,行密以隶银枪都使袁袭。袭以颢反覆,白行密,请杀之,行密恐袭不能容,置之亲军。袭,陈州人也。

16 王彦复、王审知攻福州,久不下。范晖求救于威胜节度使董昌,昌与陈岩婚姻,发温、台、婺州兵五千救之。彦复、审知以城坚,援兵且至,士卒死伤多,白王潮,欲罢兵更图后举,潮不许。请潮自临行营,潮报曰:"兵尽添兵,将尽添将,兵将俱尽,吾当自来。"彦复、审知惧,亲犯矢石急攻之。五月,城中食尽,晖知不能守,夜,以印授监军,弃城走,援兵亦还。庚子,彦复等入城。辛丑,晖亡抵沿海都,为将士所杀。潮入福州,自称留后,素服葬陈岩,以女妻其子延晦,厚抚其家。汀、建二州降,岭海间群盗二十馀辈皆降溃。

便攻打李匡威,将他杀死,李匡威的亲族党羽也一同被杀掉。王镕当时年仅十七岁,身体瘦弱,这次被墨君和夹着走,竟好几天脖子疼痛脑袋偏斜。李匡筹向朝廷奏报王镕杀害了他的哥哥李匡威,请求发动军队报仇,昭宗颁诏不许他擅动。

14 幽州将领刘仁恭带领军队守卫蔚州,过了期限还没有士兵来替代,军中士兵都想回归。正逢李匡筹自称节度使,蔚州的士兵当即尊奉刘仁恭为统帅,返回攻打幽州,到达居庸关,被李匡筹的幽州节度使府军队打败。刘仁恭逃奔河东,李克用对待他相当优厚。

15 李神福围攻庐州。甲午(二十六日),杨行密亲自率领军队到达庐州,田頵从宣州带领军队来与他会合。当初,蔡州人张颢以其勇猛果敢侍奉秦宗权,后来又跟随孙儒,孙儒失败后,张颢归附杨行密,杨行密对待他很优厚,委任他带领军队驻扎庐州。蔡俦反叛后,张颢又改旗易帜为他所用。等到庐州被围紧急时,张颢越过城墙再投奔杨行密,杨行密把张颢派到银枪都使袁稹手下。袁稹认为张颢反复无常,向杨行密陈说,请求将张颢杀死,杨行密担心袁稹容不下张颢,便把张颢安置在亲军中。袁稹是陈州人。

16 王潮派遣王彦复、王审知攻打福州,很久未能攻克。范晖向威胜节度使董昌求救,董昌与陈岩是姻亲,便派遣温州、台州、婺州军队五千前往救援。王彦复、王审知因为福州城坚固,救援军队即将赶到,军中士卒死亡受伤的已相当多,向王潮述说,想要撤回军队以后再作打算,王潮不准许。王彦复、王审知请王潮亲自前来军营,王潮回答他们说:"士兵光了增加士兵,将领没了添派将领,等到士兵将领都没了,我自然要亲自来。"王彦复、王审知被王潮的话吓呆了,他们亲自冒着箭石猛烈进攻。五月份,福州城内粮食吃尽,范晖知道不能再固守,夜里,把官印交给监军,离开福州城逃跑,前来救援的军队也纷纷返回。庚子(初二),王彦复、王审知进入福州城。辛丑(初三),范晖逃亡到沿海城中,被军中将士斩杀。王潮进入福州城,自称留后,身穿丧服安葬陈岩,把自己的女儿嫁给陈岩的儿子陈延晦,对陈岩家族的抚恤十分丰厚。汀州、建州两个州也向王潮投降,从岭南到沿海之间的二十多股成伙盗贼或者归顺王潮或者溃散。

17　闰月,以武胜防御使钱镠为苏杭观察使。又以凬跸都头曹诚为黔中节度使,耀德都头李铤为镇海军节度使,宣威都头孙惟晟为荆南节度使。六月,以捧日都头陈珮为岭南东道节度使,并同平章事。时李茂贞跋扈,上以武臣难制,欲用诸王代之,故诚等四人皆加恩,解兵柄,令赴镇。

18　李匡筹出兵攻王镕之乐寿、武强,以报杀匡威之耻。

19　秋,七月,王镕遣兵救邢州,李克用败之于平山,壬申,进击镇州。镕惧,请以兵粮二十万助攻邢州,克用许之。克用治兵于栾城,合镕兵三万进屯任县,李存信屯琉璃陂。

20　丁亥,杨行密克庐州,斩蔡俦。左右请发俦父母冢,行密曰:"俦以此得罪,吾何为效之!"

21　加天雄节度使李茂庄同平章事。

22　钱镠发民夫二十万及十三都军士筑杭州罗城,周七十里。

23　昇州刺史张雄卒,冯弘铎代之为刺史。

24　李茂贞恃功骄横,上表及遗杜让能书,辞语不逊。上怒,欲讨之。茂贞又上表,略曰:"陛下贵为万乘,不能庇元舅之一身;尊极九州,不能戮复恭之一竖。"又曰:"今朝廷但观强弱,不计是非。"又曰:"约衰残而行法,随盛壮以加恩;体物锱铢,看人衡纩。"又曰:"军情易变,戎马难羁,唯虑徇服生灵,因兹受祸,未审乘舆播越,自此何之!"上益怒,决讨茂贞,命杜让能专掌其事,让能谏曰:"陛下初临大宝,国步未夷,

17 闰五月,朝廷任命武胜防御使钱镠为苏杭观察使。又任命虎踔都头曹诚为黔中节度使,耀德都头李铤为镇海军节度使,宣威都头孙惟晟为荆南节度使。六月,朝廷又任命捧日都头陈珮为岭南东道节度使,并同平章事。当时茂贞骄横跋扈,昭宗感到武臣难以控制,想要用皇族多王取代他们,因此曹诚、李铤、孙惟晟、陈珮四人都接到皇帝的恩诏,解除在京师的兵权,命令他们前赴镇所。

18 李匡筹派出军队攻打王镕的乐寿、武强两地,以报王镕杀害其兄李匡威这一耻辱。

19 秋季,七月,王镕派遣军队救援邢州,被李克用在平山将他打败,壬申(初六),李克用进击镇州。王镕十分惧怕,请求拿出军粮二十万来帮助李克用攻打邢州,李克用许可了王镕的请求。李克用在栾城整训军队,会合王镕军队总共三万人在邢州东南的任县驻扎,李存信则在邢州龙同县的琉璃陂驻扎。

20 丁亥(二十一日),杨行密攻克庐州,将庐州刺史蔡俦斩杀。杨行密身边的人请求挖毁蔡俦父母的坟,杨行密说:"蔡俦因为挖掘了我的祖坟而获罪,我怎么能去效法他呢!"

21 朝廷加封秦州的天雄节度使李茂庄为同平章事。

22 钱镠征发民夫二十万连同十三都的士兵筑造杭州的外围城,围绕杭州城有七十里长。

23 昇州刺史张雄死去,冯弘铎接替为昇州刺史。

24 李茂贞倚仗有功骄傲强横,向昭宗进呈表章以及给杜让能写信,言语很不恭谦。昭宗十分愤怒,想要讨伐李茂贞。李茂贞再次上表,大略说:"陛下身为一统天下的大唐皇帝,却不能庇护皇舅王瓌一人的性命;陛下在天下最受尊崇,却不能斩杀杨复恭这个家伙。"又说:"现在朝廷只看各节度使的强弱与否,而不计议是非曲直。"还说:"朝廷约束势力弱者对他们行之以法,附和势力强盛者对他们施加恩赏;处事视其轻重而斤斤计较,看人权衡利害而仰人鼻息。"他又说:"军中情形千变万化,战争胜负难以约束,我是担心京畿一带的百姓因此遭受祸害,不知道皇帝流离迁徙,今后还能到哪里去!"昭宗更加愤怒,决心讨伐李茂贞,命令杜让能专门掌管征讨事宜,杜让能劝昭宗说:"陛下刚刚即位不久,国家的命运还不平安,

茂贞近在国门,臣愚以为未宜与之构怨,万一不克,悔之无及。"上曰:"王室日卑,号令不出国门,此乃志士愤痛之秋。药弗瞑眩,厥疾弗瘳。朕不能甘心为孱懦之主,惛惛度日,坐视陵夷。卿但为朕调兵食,朕自委诸王用兵,成败不以责卿!"让能曰:"陛下必欲行之,则中外大臣共宜协力以成圣志,不当独以任臣。"上曰:"卿位居元辅,与朕同休戚,无宜避事!"让能泣曰:"臣岂敢避事!况陛下所欲行者,宪宗之志也;顾时有所未可,势有所不能耳。但恐他日臣徒受晁错之诛,不能弭七国之祸也。敢不奉诏,以死继之!"上乃命让能留中书,计画调度,月馀不归。崔昭纬阴结邠、岐,为之耳目,让能朝发一言,二镇夕必知之。李茂贞使其党纠合市人数百千人,拥观军容使西门君遂马诉曰:"岐帅无罪,不宜致讨,使百姓涂炭。"君遂曰:"此宰相事,非吾所及。"市人又邀崔昭纬、郑延昌肩舆诉之,二相曰:"兹事主上专委杜太尉,吾曹不预知。"市人因乱投瓦石,二相下舆走匿民家,仅自免,丧堂印及朝服。上命捕其唱帅者诛之,用兵之意益坚。京师民或亡匿山谷,严刑所不能禁。八月,以嗣覃王嗣周为京西招讨使,神策大将军李铧副之。

25　丙辰,杨行密遣田頵将宣州兵二万攻歙州,歙州刺史裴枢城守,久不下。时诸将为刺史者多贪暴,独池州团练使陶雅宽厚得民,歙人曰:"得陶雅为刺史,请听命。"行密即以雅为歙州刺史,歙人纳之。雅尽礼见枢,送之还朝。枢,遵庆之曾孙也。

凤翔的李茂贞离京师长安这样近，我认为不应当与他结下怨仇，万一不能消灭他，那么后悔也来不及了。"昭宗说："现在皇室的地位越来越低下，朝廷的号令在京师以外的地方就得不到推行，这正是仁人志士痛心疾首的时刻。服药不到使眼睛昏花程度，疾病就不会痊愈。朕不能甘心做一个软弱可欺的君主，默默无闻地度过时日，坐在这里看着别人来欺侮。你只管为朕调动军队粮食，朕亲自委派各王统领军队，不论成功与失败都不会追究你的责任。"杜让能回答说："陛下一定要兴兵讨伐李茂贞，那么朝廷内外的大臣都应当齐心协力帮助陛下实现宏图大志，而不应当唯独任用我一人。"昭宗对杜让能说："你身为宰相，与朕应当同甘共苦，不应遇事躲避！"杜让能流着泪说："我怎么敢遇事躲避呢！况且陛下所要施行的事情，是当年宪宗皇帝的志愿；只是天时还有所不利，形势也不允许罢了。只恐怕将来有一天我会像汉景帝时的晁错一样白白遭受杀身大祸，而不能平息吴楚等七国叛乱的战祸。我怎敢不奉行诏令，以死相报！"昭宗于是任命杜让能留在中书省，筹划调度，一个多月没有回家。崔昭纬暗中与邠州、岐州交结，探听消息，杜让能早晨说一句话，邠州、岐州傍晚就一定会知道。李茂贞指使他的党羽纠集集市中成百上千的人，包围在观军容使西门君遂马前诉说："李茂贞大帅没有罪，不应当对他进行征讨，而使百姓遭受战祸。"西门君遂说："这是宰相的事，不是我力所能及的。"那些被纠集的人又拦截崔昭纬、郑延昌乘坐的轿子进行诉说，两位宰相说："这件事皇帝专门委任太尉杜让能料理，我们事先也不知道。"市中百姓于是四处乱投砖瓦石块，崔昭纬、郑延昌两位宰相慌忙下了轿子跑到民户家里躲藏起来，仅以自身得免，大堂官印和上朝服装都丢失了。唐昭宗命令捕拿这次闲事中倡导的人予以诛杀，出兵讨伐的念头更加坚定。京师长安的百姓有的逃到山谷中藏匿起来，虽然动用严酷的刑罚也禁止不住。八月，唐昭宗任命续任覃王李嗣周为京西招讨使，神策大将军李鐬为副使。

25　丙辰(二十一日)，杨行密派遣田頵带领军队两万攻打歙州，歙州刺史裴枢据城固守，田頵很久不能攻克。当时各军中将领当了刺史以后大多贪婪粗暴，唯有池州团练使陶雅待人宽厚很得民心，歙州人说："如果让陶雅来做刺史，我们愿意服从命令。"杨行密当即任命陶雅为歙州刺史，歙州人便接受了他。陶雅用极高的礼节拜见裴枢，送裴枢返回朝廷。裴枢是裴遵庆的曾孙。

26 朱全忠命庞师古移兵攻兖州,与朱瑾战,屡破之。

27 九月丁卯,以钱镠为镇海节度使。

28 李存孝夜犯李存信营,虏奉诚军使孙考老。李克用自引兵攻邢州,掘堑筑垒环之。存孝时出兵突击,堑垒不能成。河东牙将袁奉韬密使人谓存孝曰:"大王惟俟堑成即归晋阳,尚书所惮者独大王耳,诸将非尚书敌也。大王若归,咫尺之堑,安能沮尚书之锋锐邪!"存孝以为然,按兵不出。旬日,堑垒成,飞走不能越,存孝由是遂穷。汴将邓季筠从克用攻邢州,轻骑逃归。朱全忠大喜,使将亲军。

29 乙亥,覃王嗣周帅禁军三万送凤翔节度使徐彦若赴镇,军于兴平。李茂贞、王行瑜合兵近六万,军于盩厔以拒之。禁军皆新募市井少年,茂贞、行瑜所将皆边兵百战之馀,壬午,茂贞等进逼兴平,禁军皆望风逃溃,茂贞等乘胜进攻三桥,京城大震,士民奔散,市人复守阙请诛首议用兵者。崔昭纬心害太尉、门下侍郎、同平章事杜让能,密遗茂贞书曰:"用兵非主上意,皆出于杜太尉耳。"甲申,茂贞陈于临皋驿,表让能罪,请诛之。让能言于上曰:"臣固先言之矣,请以臣为解。"上涕下不自禁,曰:"与卿诀矣!"是日,贬让能梧州刺史,制辞略曰:"弃卿士之藏谋,构藩垣之深衅,咨询之际,证执弥坚。"又流观军容使西门君遂于儋州,内枢密使李周潼于崖州,段诩于驩州。乙酉,

26 朱全忠命令庞师古调动军队攻打兖州,与朱瑾作战,多次打败朱瑾。

27 九月丁卯(初二),朝廷任命钱镠为镇海节度使。

28 李存孝在夜间进攻李存信的营寨,虏获了奉诚军使孙考老。李克用亲自率领军队攻打邢州,环绕邢州城挖掘堑壕修筑营垒。李存孝不时派出军队突然袭击,使他的堑壕营垒不能建成。河东牙将袁奉韬秘密派人对李存孝说:"陇西郡王李克用只是等着堑壕营垒修成就返回晋阳,尚书你所惧怕的只有大王李克用罢了,他手下的各位将领都不是你的对手。大王李克用如果返回晋阳,几尺宽的堑壕,怎么能阻止住尚书你的锋芒锐势呢!"李存孝认为很对,便止住军队不再出城袭击。十几天的时间,李克用的堑壕营垒修造完毕,即使插上翅膀飞也越不过去,李存孝因此处境艰难。汴州军队的原来将领邓季筠这时也跟随李克用攻打邢州,他乘马轻装逃回汴州。朱全忠见了他大为高兴,命令他统领亲军。

29 乙亥(初十),覃王李嗣周率领禁军三万护送凤翔节度使徐彦若前赴镇所,在兴平驻扎。李茂贞、王行瑜联合军队约近六万人,驻扎在盩厔进行抗击。朝廷禁军都是刚刚从市街上招募来的少年,而李茂贞、王行瑜所带领的都是边防士兵,经历过大大小小上百次的战斗,壬午(十七日),李茂贞等进军逼近兴平,朝廷禁军都望风逃散,李茂贞等乘胜进攻三桥,京师长安大为震惊,士人百姓四处奔逃,市街的百姓又踞守在皇宫门前请求诛杀首先倡议发兵进行征伐的人。崔昭纬存心陷害太尉、门下侍郎、同平章事杜让能,秘密给李茂贞送去书信说:"朝廷用兵征伐并不是皇帝的意图,都是太尉杜让能出的主意罢了。"甲申(十九日),李茂贞在长安城西的临皋驿陈列军队,向唐昭宗进呈表章历数杜让能的罪行,请求将他诛杀。杜让能对唐昭宗说:"我本来就有言在先,现在就请通过惩处我来排解战事吧。"唐昭宗痛哭流涕不能控制,对杜让能说:"只能与你分别了!"当天,就把杜让能贬职为梧州刺史,诏令大略说:"朕没有听取谋臣的深谋远虑,构成了藩镇的挑衅,最后商议之时,争执更加坚决。"接着,唐昭宗又把观军容使西门君遂流放到儋州,内枢密使李周潼流放到崖州,段诩流放到驩州。乙酉(二十日),

上御安福门,斩君遂、周潼、诩,再贬让能雷州司户。遣使谓茂贞曰:"惑朕举兵者,三人也,非让能之罪。"以内侍骆全瓘、刘景宣为左右军中尉。

壬辰,以东都留守韦昭度为司徒、门下侍郎、同平章事,御史中丞崔胤为户部侍郎、同平章事。胤,慎由之子也,外宽弘而内巧险,与崔昭纬深相结,故得为相。季父安潜谓所亲曰:"吾父兄刻苦以立门户,终为缁郎所坏!"缁郎,胤小字也。

李茂贞勒兵不解,请诛杜让能然后还镇,崔昭纬复从而挤之。冬,十月,赐让能及其弟户部侍郎弘徽自尽。复下诏布告中外,称"让能举枉错直,爱憎系于一时;鬻狱卖官,聚敛逾于巨万"。自是朝廷动息皆禀于邠、岐,南、北司往往依附二镇以邀恩泽。有崔铤、王超者,为二镇判官,凡天子有所可否,其不遑者,辄诉于铤、超,二人则教茂贞、行瑜上章论之,朝廷少有依违,其辞语已不逊。

制复以茂贞为凤翔节度使兼山南西道节度使、守中书令,于是茂贞尽有凤翔、兴元、洋、陇秦等十五州之地。以徐彦若为御史大夫。

30　戊戌,以泉州刺史王潮为福建观察使。

31　舒州刺史倪章弃城走,杨行密以李神福为舒州刺史。

32　邠宁节度使、守侍中兼中书令王行瑜求为尚书令,韦昭度密奏:"太宗以尚书令执政,遂登大位,自是不以授人臣。惟郭子仪以大功拜尚书令,终身避让。行瑜安可轻议!"十一月,以行瑜为太师,赐号尚父,仍赐铁券。

唐昭宗亲临安福门,将西门君遂、李周潼、段诩处斩,将杜让能再次贬为雷州司户。派遣使臣对李茂贞说:"蛊惑朕出兵的,是西门君遂、李周潼和段诩这三个人,不是杜让能的罪过。"朝廷任命宦官骆全瓘、刘景宣为左、右军中尉。

壬辰(二十七日),朝廷任命东都留守韦昭度为司徒、门下侍郎、同平章事,任命御史中丞崔胤为户部侍郎、同平章事。崔胤是崔慎由的儿子,他表面上对人宽宏大量,内心里却奸巧阴险,与崔昭纬相互往来交情很深,因此得以做宰相。崔胤的叔父崔安潜对亲信说:"我的父亲哥哥就兢兢业业为崔家创立了基业,最终要败在缁郎的手里了!"缁郎是崔胤的小名。

李茂贞控制军队而不解除对京师的威胁,表示只有朝廷杀掉杜让能才能返回凤翔,崔昭纬又在内怂恿施加压力。冬季,十月,昭宗赐令杜让能和他的弟弟户部侍郎杜弘徽自杀。还向朝廷内外颁布诏书,说:"杜让能荐举邪恶的人而不用质朴的人,对人的喜好和憎恶都凭一时决定;他拿案狱官司做买卖,卖官卖爵,搜刮的钱财超过上万。"从这以后,朝廷的一举一动都要禀告邠州、岐州,朝廷官员和宫内宦官也往往依附李茂贞、王行瑜以博得恩赏提拔。崔铤、王超二人,是邠州、岐州的判官,凡是昭宗对一些事情的决断,使某些人未能得逞,他们就向崔铤、王超申诉,崔铤、王超二人便教唆李茂贞、王行瑜上呈表章进行辩论,朝廷对他们的事稍微有些不同意见,李茂贞、王行瑜便出言不逊。

昭宗颁发诏令重新任命李茂贞为凤翔节度使兼任山南西道节度使、守中书令,于是李茂贞占据了凤翔、兴元、洋州、陇秦等十五个州的全部地盘。朝廷又任命徐彦若为御史大夫。

30 戊戌(初四),朝廷任命泉州刺史王潮为福建观察使。

31 舒州刺史倪章放弃舒州城逃跑,杨行密委任李神福为舒州刺史。

32 邠宁节度使、守侍中兼中书令王行瑜谋求尚书令官职,韦昭度秘密上奏说:"太宗皇帝是以尚书令执掌政务大权,从而登基即位的,所以从此不再授给大臣尚书令官职。唯独郭子仪因为立有大功而授职尚书令,但郭子仪一直到死都推辞。王行瑜怎么可以轻率地议求此职!"十一月,朝廷任命王行瑜为太师,赐给尚父名号,沿袭旧制颁赐铁券。

33 十二月,朱全忠请徙盐铁于汴州以便供军。崔昭纬以为全忠新破徐、郓,兵力倍增,若更判盐铁,不可复制,乃赐诏开谕之。

34 汴将葛从周攻齐州刺史朱威,朱瑄、朱瑾引兵救之。

35 初,武安节度使周岳杀闵勖,据潭州,邵州刺史邓处讷闻而哭之,诸将入吊,处讷曰:"吾与公等咸受仆射大恩,今周岳无状杀之,吾欲与公等竭一州之力,为仆射报仇,可乎?"皆曰:"善!"于是训卒厉兵,八年,乃结朗州刺史雷满共攻潭州,克之,斩岳,自称留后。

乾宁元年(甲寅,894)

1 春,正月乙丑朔,赦天下,改元。

2 李茂贞入朝,大陈兵自卫,数日归镇。

3 以李匡筹为卢龙节度使。

4 二月,朱全忠自将击朱瑄,军于鱼山。瑄与朱瑾合兵攻之,兖、郓兵大败,死者万馀人。

5 以右散骑常侍郑綮为礼部侍郎、同平章事。綮好诙谐,多为歇后诗,讥嘲时事。上以为有所蕴,手注班簿,命以为相,闻者大惊。堂吏往告之,綮笑曰:"诸君大误,使天下更无人,未至郑綮!"吏曰:"特出圣意。"綮曰:"果如是,奈人笑何!"既而贺客至,綮搔首言曰:"歇后郑五作宰相,时事可知矣!"累让不获,乃视事。

33 十二月,朱全忠请求把盐铁转运使衙署迁到汴州以便供给军需。崔昭纬认为朱全忠刚刚打败时溥的徐州军队和朱瑄的郓州军队,兵力倍增,如果再让他兼任盐铁转运使,就不可能再控制他了,于是朝廷赐颁诏令劝导朱全忠。

34 汴州军队将领葛从周攻打齐州刺史朱威,朱瑄、朱瑾带领军队救援朱威。

35 当初,武安节度使周岳杀死闵勖,占据潭州,邵州刺史邓处讷得知后悲伤痛哭,各位将领前来祭奠闵勖,邓处讷对他们说:"我和你们都蒙受闵仆射的大恩大德,现在周岳无端将他杀害,我要和你们竭尽邵州的全部军力,为闵仆射报仇,可以吗?"大家一起回答说:"好!"于是,邓处讷训练士卒,整顿装备,八年后,便联合朗州刺史雷满共同攻打潭州,攻克潭州城,将周岳斩杀,自称留后。

唐昭宗乾宁元年(甲寅,公元894年)

1 春季,正月乙丑朔(初一),朝廷下令天下大赦,改年号为乾宁。

2 李茂贞进入京师长安,布置大量军队自卫,几天后返回凤翔。

3 朝廷任命李匡筹为卢龙节度使。

4 二月,朱全忠亲自率领大军攻打郓州的朱瑄,在鱼山安营扎寨。朱瑄与朱瑾联合军队进攻朱全忠的营地,结果朱瑾的兖州军队和朱瑄的郓州军队大败,死亡一万多人。

5 朝廷任命右散骑常侍郑綮为礼部侍郎、同平章事。郑綮说话诙谐,经常写一些歇后诗,讥讽嘲笑时事。唐昭宗认为郑綮内蕴才干,亲手把他的姓名添入在朝大臣的登记册上,任命郑綮为宰相,听到这一消息的人都很吃惊。宫中官吏前往告诉郑綮这一任命,郑綮笑着说:"你们一定是大错了,即使天下再没有人,也轮不到我郑綮做宰相呀!"宫中官吏说:"这是特出自皇帝的旨意。"郑綮说:"果真是这样,让人们怎么笑话啊!"接着,前来恭贺的宾客来到,郑綮用手抓着头说:"歇后诗人郑五充任宰相,当朝的事情可以知道了!"他一再推辞而没有获得准许,这才前赴宰相任。

6 以邵州刺史邓处讷为武安节度使。

7 彰义节度使张钧薨，表其兄镖为留后。

8 三月，黄州刺史吴讨举州降杨行密。

9 邢州城中食尽，甲申，李存孝登城谓李克用曰："儿蒙王恩得富贵，苟非困于谗慝，安肯舍父子而从仇雠乎！愿一见王，死不恨！"克用使刘夫人视之。夫人引存孝出见克用，存孝泥首谢罪曰："儿粗立微劳，存信逼儿，失图至此！"克用叱之曰："汝遗朱全忠、王镕书，毁我万端，亦存信教汝乎！"囚之，归于晋阳，车裂于牙门。存孝骁勇，克用军中皆莫及。常将骑兵为先锋，所向无敌，身被重铠，腰弓髀槊，独舞铁树陷陈，万人辟易。每以二马自随，马稍乏，就陈中易之，出入如飞。克用惜其才，意临刑诸将必为之请，因而释之。既而诸将疾其能，竟无一人言者。既死，克用为之不视事者旬日，私恨诸将，而于李存信竟无所谴。又有薛阿檀者，其勇与存孝相侔，诸将疾之，常不得志，密与存孝通，存孝诛，恐事泄，遂自杀。自是克用兵势浸弱，而朱全忠独盛矣。克用表马师素为邢洺节度使。

10 朱全忠遣军将张从晦慰抚寿州。从晦陵侮刺史江彦温而与诸将夜饮，彦温疑其谋己，明日，尽杀在席诸将，以书谢全忠而自杀。军中推其子从项知军州事，全忠为之腰斩从晦。

6　朝廷任命邵州刺史邓处讷为武安节度使。

7　泾州的彰义节度使张钧死去,有表章奏请任命张钧的哥哥张镨为留后。

8　三月,黄州刺史吴讨献出黄州,向杨行密投降。

9　邢州城内粮食吃尽,甲申(二十一日),李存孝登上城楼对围困他的李克用说:"儿子我承蒙大王您的恩德才得以富贵,若不是被奸邪小人逼迫,我怎么能舍弃父子之恩而去随从你的仇人呢!我希望再见大王一面,便死无遗恨!"李克用让刘夫人去看望李存孝。刘夫人带领李存孝出邢州城去拜见李克用,李存孝跪在地上向李克用磕头认罪说:"儿子我刚立了一点功劳,李存信便威逼我,以至于失去考虑到这种地步!"李克用怒喝他说:"你写给朱全忠、王镕的信,大肆毁谤我,这也是李存信逼你干的吗!"于是把李存孝囚禁起来,回到晋阳,在牙门将李存孝车裂处死。李存孝勇猛果敢,李克用军营中的将领都比不过他。他经常带领骑兵做李克用的先锋,所向无敌,他身披沉重铁甲,腰挎弓箭长矛,独自挥舞铁栊冲锋陷阵,成千上万的人在他面前都丧胆逃退。李存孝常常带着两匹马跟随作战,骑着的马稍微疲乏,他就在阵地上改骑另一匹马,出入如飞。李克用很爱惜李存孝的才能,他估计临到动刑前各位将领一定会为李存孝求情,他便可以趁机将李存孝释放。后来却是军中各位将领妒忌李存孝的才能,竟然没有一个人出来说话。李存孝被处死后,李克用为此悲伤而不办理政务长达十几天,在心中憎恨手下将领,可是对李存信竟然没有什么责罚。还有一个叫薛阿檀的将领,他的勇猛与李存孝不相上下,军中各将也嫉妒他,常常不得志,他暗中与李存孝相通,李存孝被处死后,薛阿檀担心事情泄漏,于是自杀了。从此,李克用军队的势力逐渐衰弱下去,而朱全忠却独自强盛。李克用上表请求朝廷任命马师素为邢洺节度使。

10　朱全忠派遣军中将领张从晦慰问安抚寿州。张从晦凌辱欺侮寿州刺史江彦温,而和寿州各位将领整夜饮酒,江彦温怀疑张从晦要图谋自己,第二天,他把在席间饮酒的各位将领全都杀掉,留下遗书向朱全忠谢罪,也自杀了。军中将士推举江彦温的儿子江从项主持军中和寿州事宜,朱全忠为此将张从晦腰斩处死。

11　五月，加镇海节度使钱镠同平章事。

12　刘建锋、马殷引兵至醴陵，邓处讷遣邵州指挥使蒋勋、邓继崇将步骑三千守龙回关。殷先至关下，遣使诣勋，勋等以牛酒犒师。殷使说勋曰："刘骧智勇兼人，术家言当兴翼、轸间。今将十万众，精锐无敌，而君以乡兵数千拒之，难矣。不如先下之，取富贵，还乡里，不亦善乎！"勋等然之，谓众曰："东军许吾属还。"士卒皆欢呼，弃旗帜铠仗遁去。建锋令前锋衣其甲，张其旗，趋潭州。潭人以为邵州兵还，不为备。建锋径入府，处讷方宴，擒斩之。戊辰，建锋入潭州，自称留后。

13　王建攻彭州，城中人相食，彭州内外都指挥使赵章出降。王先成请筑龙尾道，属于女墙。丙子，西川兵登城，杨晟犹帅众力战，刀子都虞候王茂权斩之。获彭州马步使安师建，建欲使为将，师建泣谢曰："师建誓与杨司徒同生死，不忍复戴日月，惟速死为惠。"再三谕之，不从，乃杀之，礼葬而祭之。更赵章姓名曰王宗勉，王茂权名曰宗训，又更王钊名曰宗谨，李绾姓名曰王宗绾。

14　辛卯，中书侍郎、同平章事郑延昌罢为右仆射。

15　朱瑄、朱瑾求救于河东，李克用遣骑将安福顺及弟福庆、福迁督精骑五百假道于魏，渡河应之。

11　五月,朝廷加封镇海节度使钱镠为同平章事。

12　刘建锋、马殷带领军队到达醴陵县,邓处讷派遣邵州指挥使蒋勋、邓继崇率领步兵、骑兵三千人驻守龙回关。马殷首先来到龙回关下,派使者去拜望蒋勋,蒋勋等拿出牛肉美酒犒劳马殷的人马。马殷的使者劝蒋勋说:"刘骧既有智谋又有胆略,占卜算命的人说他会在荆州、长沙这一带兴起。现在刘骧率领十万军队,装备精良,士兵强壮,所向无敌,而你带着几千名乡兵去抗击,实在太难了。你不如抢先从龙回关撤下,谋取富贵荣华,返回乡里,不是也很好吗!"蒋勋等认为这样不错,便对手下人马说:"从东面来的刘建锋、马殷的军队允许我们返回故里了。"士兵们听后都欢呼跳跃,扔下旗帜盔甲和仪仗纷纷逃去。刘建锋命令前锋士兵穿戴上蒋勋队伍扔下的盔甲,并打着蒋勋、邓继崇的旗帜,奔赴潭州。潭州城内的人以为是邵州的军队回来了,不做任何防备。刘建锋的军队直接进入潭州官署,邓处讷这时正在举行宴会,于是被擒获斩杀。戊辰(初七),刘建锋进入潭州,自称留后。

13　王建攻打彭州,城内缺乏粮食,吃人充饥,彭州内外都指挥使赵章出城向王建投降。王先成建议在彭州城外修筑像龙尾一样的登道,连接到城上的短墙,以便攻入城内。丙子(十五日),王建的西川军队登上彭州城墙,杨晟仍率领人马竭力奋战,刀子都虞候王茂权将杨晟斩杀。彭州马步使安师建被抓获,王建想任命他做手下将领,安师建流着泪谢绝说:"我安师建誓与司徒杨晟同生共死,不忍心仍留在世上,只求快把我处死就是恩惠了。"王建再三劝导,安师建还是不听从,王建只好将安师建杀死,按一定的礼仪埋葬并祭奠他。王建把赵章的姓名改为王宗勉,把王茂权的名字改为王宗训,又把王钊的名字改为王宗谨,李绾的姓名改为王宗绾,收为养子。

14　辛卯(三十日),朝廷将中书侍郎、同平章事郑延昌贬职为右仆射。

15　朱瑄、朱瑾向河东节度使李克用求救,李克用派遣骑兵将领安福顺和他的弟弟安福庆、安福迁督率精壮骑兵五百借道经魏州,渡过黄河前往应援。

16　武昌节度使杜洪攻黄州，杨行密遣行营都指挥使朱延寿等救之。

17　六月甲午，以宋州刺史张廷范为武宁节度使，从朱全忠之请也。

18　蕲州刺史冯敬章邀击淮南军，朱延寿攻蕲州，不克。

19　戊午，以翰林学士承旨、礼部尚书李谿同平章事，方宣制，水部郎中知制诰刘崇鲁出班掠麻恸哭。上召崇鲁，问其故，对言："谿奸邪，依附杨复恭、西门君遂，得在翰林，无相业，恐危社稷。"谿竟罢为太子少傅。谿，郾之孙也。上师谿为文，崔昭纬恐谿为相，分己权，故使崇鲁沮之。谿十表自讼，丑诋"崇鲁父符受赃枉法，事觉自杀；弟崇望与杨复恭深交，崇鲁庭拜田令孜，为朱玫作劝进表，乃云臣交结内臣，何异抱赃唱贼！且故事，绝巾惨带，不入禁庭。臣果不才，崇鲁自应上章论列，岂于正殿恸哭！为国不祥，无人臣礼，乞正其罪"。诏停崇鲁见任。谿犹上表不已，乞行诛窜，表数千言，诟詈无所不至。

20　李克用大破吐谷浑，杀赫连铎，擒白义诚。

21　秋，七月，李茂贞遣兵攻阆州，拔之，杨复恭、杨守亮、杨守信帅其族党犯围走。

22　礼部侍郎、同平章事郑綮自以不合众望，累表避位，诏以太子少保致仕。以御史大夫徐彦若为中书侍郎兼吏部尚书、同平章事。

23　绵州刺史杨守厚卒，其将常再荣举城降王建。

16　武昌节度使杜洪派军队攻打黄州,杨行密派遣行营都指挥使朱延寿等前往救援。

17　六月甲午(初三),朝廷根据朱全忠的请求,任命宋州刺史张廷范为武宁节度使。

18　蕲州刺史冯敬章拦击朱延寿淮南军队,朱延寿攻打蕲州,未能攻克。

19　戊午(二十七日),朝廷任命翰林学士承旨、礼部尚书李谿为同平章事,刚刚宣布这一诏令,水部郎中知制诰刘崇鲁从朝中大臣的班次里出来强行夺过诏书大声痛哭。唐昭宗召来刘崇鲁,问他原因,刘崇鲁回答说:"李谿奸诈邪恶,依附杨复恭、西门君遂,才得到翰林学士官职,根本没有做宰相的品行,恐怕他会危害大唐天下的。"李谿最终被贬为太子少傅。李谿是唐宪宗时李𬱖的孙子。唐昭宗向李谿学习写作文章,崔昭纬怕李谿做了宰相,会分去他的权力,因而指使刘崇鲁出来阻挠。李谿十次进呈表章自行申诉,表内痛骂道:"刘崇鲁的父亲刘符贪污受贿践踏法度,事情被觉察后自杀;刘崇鲁的弟弟刘崇望与杨复恭交情很深,刘崇鲁本人则曾在庭堂上叩拜田令孜,为朱玫起草篡夺帝位的表文,可是他却说我交结宦官,这与怀里抱着赃物嘴里高喊捉贼有什么两样!况且按成例,身着粗绸巾和浅色衣带等不吉利的服饰都不能进入宫内殿堂。我若是果真没有才识,刘崇鲁自然应当上呈表章论说陈述,怎么能在宫中正殿上号啕大哭呢!此事他不顾忌国家的吉祥,丧失了做臣子的礼节,请求治他的罪。"为此,唐昭宗诏令中止刘崇鲁当时所任的官职。李谿仍然不停地上呈表章,请将刘崇鲁诛杀或流放,表文有几千字,痛骂严斥无所不至。

20　李克用大破吐谷浑部,杀死赫连铎,擒获白义诚。

21　秋季,七月,李茂贞派遣军队进攻阆州,予以攻克,杨复恭、杨守亮、杨守信率领家族党羽冲破包围逃走。

22　礼部侍郎、同平章事郑綮感到自己得不到群臣的拥护,多次上表请求退位,唐昭宗诏命郑綮以太子少保官衔退休。朝廷任命御史大夫徐彦若为中书侍郎兼吏部尚书、同平章事。

23　绵州刺史杨守厚死去,他的将领常再荣献出绵州城向王建投降。

24　杨复恭、守亮、守信将自商山奔河东,至乾元,遇华州兵,获之。八月,韩建献于阙下,斩于独柳。李茂贞献复恭遗守亮书,诉致仕之由云:"承天门乃隋家旧业,大侄但积粟训兵,勿贡献。吾于荆榛中立寿王,才得尊位,废定策国老,有如此负心门生天子!"

25　昭义节度使康君立诣晋阳谒李克用。己未,克用会诸将饮博,酒酣,克用语及李存孝,流涕不已。君立素与李存信善,一言忤旨,克用拔剑斫之,因于马步司。九月庚申朔,出之,君立已死。克用表云州刺史薛志诚为昭义留后。

26　冬,十月,封皇子祤为棣王,禊为虔王,禋为沂王,祎为遂王。

27　刘仁恭数因盖寓献策于李克用,愿得兵万人取幽州。克用方攻邢州,分兵数千,欲纳仁恭于幽州,不克。李匡筹益骄,数侵河东之境。克用怒,十一月,大举兵攻匡筹,拔武州,进围新州。

28　以泾原留后张镠为彰义节度使。

29　朱全忠遣使至泗州,陵慢刺史张谏,谏举州降杨行密。行密遣押牙唐令回持茶万馀斤如汴宋贸易,全忠执令回,尽取其茶。扬、汴始有隙。

30　十二月,李匡筹遣大将将步骑数万救新州,李克用选精兵逆战于段庄,大破之,斩首万馀级,生擒将校三百人,以练绤之,徇于城下。是夕,新州降。辛亥,进攻妫州。壬子,匡筹复发兵出居庸关,克用使精骑当其前以疲之,

24 杨复恭、杨守亮、杨守信要从商山奔往河东,到达商州的乾元县时,遇到华州军队,将他们抓获。八月,韩建把杨复恭父子三人送交朝廷,在独柳将他们斩杀。李茂贞献上杨复恭以前给杨守亮的信,信上陈诉他退职的情由说:"唐朝的江山本是隋朝的旧业,大侄你只管积存粮食训练士兵,不要向朝廷进贡。我当初在荆棘榛丛一样的困境中拥立寿王继承帝位,才使得他得到皇位,可是皇帝即位后却废掉了我这个制定大策的国家元老,哪里有像这样忘恩负义的学生天子呀!"

25 昭义节度使康君立前赴晋阳拜见李克用。己未(三十日),李克用会聚属下各位将领尽情饮酒,喝到兴头上,李克用谈起李存孝,泪水不停地往下流。康君立平时和李存信亲近友好,不慎一句话触怒了李克用,李克用拔出剑来就向康君立砍去,把他囚禁在马步司。九月庚申朔(初一),李克用命令把康君立放出来,可是康君立已经死了。李克用于是上表朝廷请求任命云州刺史薛志诚为昭义留后。

26 冬季,十月,唐昭宗封皇子李祤为棣王,李禊为虔王,李禋为沂王,李祎为遂王。

27 刘仁恭几次经由盖寓向李克用献计献策,希望给他一万军队攻取李匡筹的幽州。李克用正在攻打邢州,便分派出几千人马,想让刘仁恭进入幽州,却未能攻克。李匡筹更加骄傲起来,几次侵扰李克用的河东地盘。李克用大为震怒,十一月,发动军队大规模进攻李匡筹,攻克武州,进军围攻新州。

28 朝廷任命泾原留后张镍为彰义节度使。

29 朱全忠派遣使者到泗州,使者凌辱轻慢泗州刺史张谏,张谏于是献出泗州城向杨行密投降。杨行密派遣押牙将唐令回带着一万多斤茶叶到汴州、宋州一带贸易,朱全忠抓获唐令回,把茶叶全部夺去。扬州的杨行密和汴州的朱全忠从此开始有了怨仇。

30 十二月,李匡筹派遣大将率领步兵、骑兵几万人前往救援新州,李克用挑选精壮士兵在新州东南的段庄迎战,把李匡筹的人马打得大败,斩杀一万多人,活捉将校三百人,用绳索捆绑起来,在新州城下示众。当天傍晚,新州军队便向李克用投降。辛亥(二十三日),李克用进攻妫州。壬子(二十四日),李匡筹又派遣军队出居庸关,李克用派令精锐骑兵阻击其前锋以使李匡筹的人马疲惫,

遣步将李存审自他道出其背夹击之,幽州兵大败,杀获万计。
甲寅,李匡筹挈其族奔沧州,义昌节度使卢彦威利其辎重、妓
妾,遣兵攻之于景城,杀之,尽俘其众。存审本姓符,宛丘人,
克用养以为子。丙辰,克用进军幽州,其大将请降。匡筹素
暗懦,初据军府,兄匡威闻之,谓诸将曰:"兄失弟得,不出吾
家,亦复何恨! 但惜匡筹才短,不能保守,得及二年,幸矣。"

31 加匡国节度使王行约检校侍中。

32 吴讨畏杜洪之逼,纳印请代于杨行密,行密以先锋
指挥使瞿章权知黄州。

33 是岁,黄连洞蛮二万围汀州,福建观察使王潮遣其
将李承勋将万人击之。蛮解去,承勋追击之,至浆水口,破
之。闽地略定。潮遣僚佐巡州县,劝农桑,定租税,交好邻
道,保境息民,闽人安之。

34 封州刺史刘谦卒,子隐居丧于贺江,土民百馀人谋
乱,隐一夕尽诛之。岭南节度使刘崇龟召补右都押牙兼贺水
镇使,未几,表为封州刺史。

35 义胜节度使董昌苛虐,于常赋之外,加敛数倍,以充
贡献及中外馈遗,每旬发一纲,金万两,银五千铤,越绫万五
千匹,他物称是,用卒五百人,或遇雨雪风水违程,则皆死。
贡奉为天下最,由是朝廷以为忠,宠命相继,官至司徒、同平
章事,爵陇西郡王。

另外派遣步兵将领李存审从其他道路绕到背后进行夹击,李匡筹的幽州军队大败,被斩杀擒获数以万计。甲寅(二十六日),李匡筹携带家人逃奔沧州,义昌节度使卢彦威看上了李匡筹的行李资财、歌妓妻妾,派出军队在景城攻击,将李匡筹杀死,所有人马都被卢彦威俘获。李存审本来姓符,是宛丘人,李克用将他收养为义子。丙辰(二十八日),李克用进军幽州,幽州大将请求投降。李匡筹平时愚昧软弱,当他刚刚出任幽州节度使时,他的哥哥李匡威知道后,对各位将领说:"我做哥哥的失去,让弟弟获得,仍然没有出我们的家门,也没有什么可遗恨的! 只可惜李匡筹缺乏才干,不能够保住,能占据两年时间,就值得庆幸了!"

31　朝廷加封匡国节度使王行约为检校侍中。

32　黄州刺史吴讨惧怕杜洪的逼攻,便交纳官印请杨行密委人代理,杨行密委任先锋指挥使瞿章暂管黄州刺史事宜。

33　这一年,汀州宁化县的黄连洞有蛮人两万围攻汀州,福建观察使王潮派遣手下将领李承勋带领一万人马前往攻击。蛮人解除围攻离去,李承勋追击,到达浆水口,将蛮人打败。福建一带大略安定下来。王潮派遣属下官员到各州县巡视,勉励百姓耕种纺织,制定地租赋税限额,和邻近各道友好交往,保护境内,让百姓休养,福建百姓都很安定。

34　封州刺史刘谦死去,刘谦的儿子刘隐在贺江守丧,当地土著居民一百多人谋举叛乱,刘隐在一晚将他们全部杀掉。岭南节度使刘崇龟召来刘隐补授右都押牙兼任贺水镇使,不久,又上表朝廷请求任命刘隐为封州刺史。

35　越州义胜节度使董昌政治苛刻为人暴虐,在正常的赋税之外,又增加几倍征收,拿来向朝廷进贡奉献和内外馈送,董昌每十天向京师长安发送贡品一纲,有黄金一万两,白银五千铤,浙东绫绢一万五千匹,其他物品也都大体相当,指派士兵五百人运送,有时因为遇到暴雨、大雪、狂风、洪水而延误行程,运送贡品的士兵就会被全部处死。他向朝廷进贡奉献的财物,为天下第一,因此朝廷认为董昌忠诚,奖赏诏命接连不断,他的官职高升到司徒、同平章事,并获得陇西郡王的爵位。

昌建生祠于越州，制度悉如禹庙，命民间祷赛者，无得之禹庙，皆之生祠。昌求为越王，朝廷未之许，昌不悦曰："朝廷欲负我矣，我累年贡献无算而惜越王邪！"有诮之者曰："王为越王，曷若为越帝。"于是民间讹言时世将变，竞相帅填门喧噪，请昌为帝。昌大喜，遣人谢之曰："天时未至，时至我自为之。"其僚佐吴瑶、都虞候李畅之等皆劝成之，吏民献谣谶符瑞者不可胜纪，其始赏之以钱数百缗，既而献者日多，稍减至五百、三百而已。昌曰："谶云'兔子上金床'，此谓我也。我生太岁在卯，明年复在卯，二月卯日卯时，吾称帝之秋也。"

董昌在世就在越州为自己建造祠庙,规模形状完全和越州大禹庙一样,命令民间祈福求神的百姓,不准到大禹庙去,必须都到他的生祠。董昌向朝廷请求任命他为越王,朝廷没有准许,董昌便很不高兴地说:"朝廷要辜负我了,我多年来向朝廷进贡奉献无数,而朝廷竟舍不得一个越王的爵位!"有谄媚阿谀的人对董昌说:"大王与其做越王,还不如称作越帝。"于是民间谣传世道要有变更,人们争着挤满董昌的府门喧嚷喊叫,纷纷请求董昌称帝。董昌欣喜若狂,派人出去答谢说:"时机还不成熟,时机一到我自然要称帝的。"董昌的僚佐吴瑶、都虞候李畅之等人都劝说促成此事,于是官吏百姓纷纷进献预示大吉的隐语和祥瑞征兆,举不胜举,开始时对进献的人赏给几百缗钱,后来进献的人越来越多,赏钱逐渐减少到不过五百、三百文而已。董昌说:"有谶语说'兔子上金床',这指的就是我。我的生辰在卯年,明年又恰是卯年,二月的卯日卯时,就是我称帝的时间。"

卷第二百六十　唐纪七十六

起乙卯(895)尽丙辰(896)凡二年

昭宗圣穆景文孝皇帝上之下
乾宁二年(乙卯,895)

1　春,正月辛酉,幽州军民数万以麾盖歌鼓迎李克用入府舍。克用命李存审、刘仁恭将兵略定巡属。

2　癸亥,朱全忠遣其将朱友恭围兖州,朱瑄自郓以兵粮救之,友恭设伏,败之于高梧,尽夺其饷,擒河东将安福顺、安福庆。

3　己巳,以给事中陆希声为户部侍郎、同平章事。希声,元方五世孙也。

4　壬申,护国节度使王重盈薨,军中请以重荣子行军司马珂知留后事。珂,重盈兄重简之子也,重荣养以为子。

5　杨行密表朱全忠罪恶,请会易定、兖、郓、河东兵讨之。

6　董昌将称帝,集将佐议之。节度副使黄碣曰:"今唐室虽微,天人未厌。齐桓、晋文皆翼戴周室以成霸业。大王兴于畎亩,受朝廷厚恩,位至将相,富贵极矣,奈何一旦忽为族灭之计乎! 碣宁死为忠臣,不生为叛逆!"昌怒,以为惑众,斩之,投其首于厕中,骂之曰:"奴贼负我! 好圣明时三公不能待,而先求死也!"

昭宗圣穆景文孝皇帝上之下

唐昭宗乾宁二年(乙卯,公元895年)

1　春季,正月辛酉(初三),幽州的军队百姓几万人张起伞盖、敲锣打鼓、载歌载舞欢迎李克用进入卢龙节度使官署。李克用命令李存审、刘仁恭带领军队巡视安定卢龙节度使所属的各个州县。

2　癸亥(初五),朱全忠派遣属下将领朱友恭围攻朱瑾据守的兖州,朱瑄从郓州带着军器粮食前往救援朱瑾,朱友恭设下埋伏,在高梧打败朱瑄的人马,把朱瑄携带的军饷全部夺去,并擒获河东将领安福顺、安福庆。

3　己巳(十一日),朝廷任命给事中陆希声为户部侍郎、同平章事。陆希声是陆元方的第五代孙子。

4　壬申(十四日),护国节度使王重盈死去,军中将士向朝廷请求任命他的儿子行军司马王珂主持留后事宜。王珂是王重盈的哥哥王重简的儿子,被王重荣收养为义子。

5　杨行密向朝廷进呈表章历数朱全忠的罪恶,请求会同易定、兖州、郓州、河东的军队一同讨伐朱全忠。

6　董昌将要称帝,他召集手下将领僚佐进行商谈。节度副使黄碣说:"现在大唐皇室虽然衰败,但是天道民心还没有厌弃它。春秋时代的齐桓公、晋文公都辅佐尊奉周室才成就了称霸一方的大业。您爵至陇西郡王,是从田间民夫逐渐兴起的,承蒙朝廷的宽厚恩泽,官位做到镇将和宰相,荣华富贵已到了极点,为什么突然做出灭九族的打算呢!我黄碣宁可死也要做大唐的忠臣,而不为了活命去做朝廷叛逆!"董昌大为震怒,认为黄碣是在蛊惑手下,当即将他斩杀,把他的脑袋扔到厕所里面,并痛骂说:"这个奴才贼子背叛了我!我如此的圣明时代他不等着坐三公高位,而先要找死!"

并杀其家八十口,同坎瘗之。又问会稽令吴镣,对曰:"大王不为真诸侯以传子孙,乃欲假天子以取灭亡邪!"昌亦族诛之。又谓山阴令张逊曰:"汝有能政,吾深知之,俟吾为帝,命汝知御史台。"逊曰:"大王起石镜镇,建节浙东,荣贵近二十年,何苦效李锜、刘阐之所为乎!浙东僻处海隅,巡属虽有六州,大王若称帝,彼必不从,徒守空城,为天下笑耳!"昌又杀之,谓人曰:"无此三人者,则人莫我违矣!"

二月辛卯,昌被衮冕登子城门楼,即皇帝位。悉陈瑞物于庭以示众。先是,咸通末,吴、越间讹言山中有大鸟,四目三足,声云"罗平天册",见者有殃,民间多画像以祀之,及昌僭号,曰:"此吾鸑鷟也。"乃自称大越罗平国,改元顺天,署城楼曰天册之楼,令群下谓己曰"圣人"。以前杭州刺史李邈、前婺州刺史蒋瓌、两浙盐铁副使杜郢、前屯田郎中李瑜为相。又以吴瑶等皆为翰林学士,李畅之等皆为大将军。

昌移书钱镠,告以权即罗平国位,以镠为两浙都指挥使。镠遗昌书曰:"与其闭门作天子,与九族、百姓俱陷涂炭,岂若开门作节度使,终身富贵邪!及今悔悔,尚可及也!"昌不听,镠乃将兵三万诣越州城下,至迎恩门见昌,再拜言曰:"大王位兼将相,奈何舍安就危!镠将兵此来,以俟大王改过耳。纵大王不自惜,乡里士民何罪,随大王族灭乎!"昌惧,致犒军钱二百万,执首谋者吴瑶及巫觋数人送于镠,且请待罪天子。镠引兵还,以状闻。

董昌并且把黄碣全家八十口人全部斩杀，将他们埋葬在一个墓穴里。董昌又问会稽令吴镣，吴镣回答说："大王您不做真诸侯让子孙世袭相传，而要做假天子去自取灭亡吗？"董昌听后，把吴镣的全家也杀光。董昌又对山阴令张逊说："你有行政才能，我清楚地知道，等我称皇帝后，任命你主管御史台。"张逊回答他说："大王您当初从石镜镇兴起，在浙东建下节度使的基业，荣华富贵快二十年了，何苦像李锜、刘闢那样背离朝廷最后遭受杀身大祸呢！浙东地方偏僻处在海边，管辖的虽然有台州、明州、温州、处州、婺州、衢州这六个州，但大王您若是自己称帝，他们一定不会附和，您徒然据守越州一座空城，只让天下人耻笑！"董昌又将张逊杀掉，对人们说："没有了黄碣、吴镣、张逊这三个人，就没有再敢违背我的人了！"

二月辛卯(初三)，董昌身穿帝王的冠服登上越州内城，即位称帝。他把官吏百姓进献的祥瑞物品全都摆放在庭堂上向众人展示。在这之前，咸通末年，浙东一带民间谣传山中有一个大鸟，四只眼睛三条腿，叫喊"罗平天册"，见到这个大鸟的人就会有灾祸，于是民间百姓纷纷画像祭祀它，等到董昌自行称帝，他便说："这鸟就是我的彩凤。"于是董昌自称大越罗平国，改年号为顺天，给越州城楼题字为"天册之楼"，命令所有属下称他为"圣人"。董昌任命以前的杭州刺史李邈、婺州刺史蒋瓌、两浙盐铁副使杜郓、屯田郎中李瑜为宰相。又任命吴瑶等人都做翰林学士，李畅之等人都做大将军。

董昌给钱镠送去书信，告诉他已暂且即罗平国皇帝位，任命钱镠为两浙都指挥使。钱镠写信给董昌说："您与其关起门来称帝作天子，与家族和百姓一同遭殃，不如打开城门作节度使，终身享受荣华富贵呢！即使到现在改正错误，还来得及！"董昌不听钱镠的劝告，钱镠于是带领军队三万奔赴越州城下，钱镠到越州城西迎恩门与董昌相见，再次奉劝董昌说："大王你的地位既是镇将又是宰相，为什么要舍弃安宁而自找祸患呢！钱镠我带领军队到这里来，就是等着大王你改过。即使大王你不顾惜自己，可是乡里的士人百姓有什么罪，要随着你被毁灭家族呢！"董昌这才惧怕起来，送给钱镠犒劳军队的钱财二百万，抓获首先为他谋划称帝的吴瑶以及几名男女巫士送交钱镠，并且请求等待皇帝治他的罪。钱镠带领军队返回，把这件事报知朝廷。

7　王重盈之子保义节度使珙、晋州刺史瑶举兵击王珂,表言珂非王氏子。与朱全忠书,言"珂本吾家苍头,不应为嗣"。珂上表自陈,且求援于李克用。上遣中使谕解之。

8　上重李谿文学,乙未,复以谿为户部侍郎、同平章事。

9　朱全忠军于单父,为朱友恭声援。

10　李克用表刘仁恭为卢龙留后,留兵戍之。壬子,还晋阳。

妫州人高思继兄弟,有武干,为燕人所服,克用皆以为都将,分掌幽州兵,部下士卒,皆山北之豪也,仁恭惮之。久之,河东兵戍幽州者暴横,思继兄弟以法裁之,所诛杀甚多。克用怒,以让仁恭,仁恭诉称高氏兄弟所为,克用俱杀之。仁恭欲收燕人心,复引其诸子置帐下,厚抚之。

11　崔昭纬与李茂贞、王行瑜深相结,得天子过失,朝廷机事,悉以告之。邠宁节度副使崔铤,昭纬之族也,李谿再入相,昭纬使铤告行瑜曰:"向者尚书令之命已行矣,而韦昭度沮之,今又引李谿为同列,相与荧惑圣听,恐复有杜太尉之事。"行瑜乃与茂贞表称谿奸邪,昭度无相业,宜罢居散秩。上报曰:"军旅之事,朕则与藩镇图之;至于命相,当出朕怀。"行瑜等论列不已,三月,谿复罢为太子少师。

12　王珙、王瑶请朝廷命河中帅,诏以中书侍郎、同平章事崔胤同平章事,充护国节度使;以户部侍郎、判户部王抟为中书侍郎、同平章事。

7 王重盈的儿子保义节度使王珙、绛州刺史王瑶发动军队攻打王珂,向朝廷上表说王珂并不是王家的儿子。又给朱全忠送去书信,说:"王珂本来是我家的奴仆,不应该做继承人。"王珂本人则上呈表章向朝廷自行陈述,并且向李克用请求救援。昭宗派遣宦官传谕,劝王珙、王瑶与王珂和解。

8 唐昭宗很器重李谿的文才学识,乙未(初七),再次任命李谿为户部侍郎、同平章事。

9 朱全忠率军在单父县驻扎,声援正在围攻兖州的朱友恭。

10 李克用进呈表章请朝廷任命刘仁恭为卢龙留后,留下军队驻守幽州。壬子(二十四日),李克用从幽州返回晋阳。

妫州人高思继兄弟几人,勇猛强干,为燕地一带人所折服,李克用任命他们为都将,分别掌管幽州的军队,他们的部下士兵,都是幽州山北等地的豪杰之士,刘仁恭惧怕他们。时间长了,河东军队驻守幽州的士卒残暴横行,高思继兄弟用法度制裁他们,诛杀的人很多。李克用很愤怒,以此责备刘仁恭,刘仁恭便向李克用诉说高思继兄弟的所作所为,李克用于是把高思继兄弟全部杀掉。刘仁恭想收买燕地百姓的心,便又把高思继兄弟的几个儿子安置在身边,优厚地安抚他们。

11 崔昭纬与李茂贞、王行瑜交结很深,得知唐昭宗的过错失误和朝廷的机密事务,他全都告诉李茂贞、王行瑜。邠宁节度副使崔铤,是崔昭纬同族人,当李谿再次进入朝廷做宰相时,崔昭纬让崔铤告诉王行瑜说:"以前皇帝任命你做尚书令的诏令已颁发了,可是韦昭度极力阻挠,现在韦昭度又引荐李谿同为宰相,相互勾结迷惑皇帝视听,恐怕又要有太尉杜让能那样的事了。"王行瑜于是与李茂贞上表朝廷声称李谿奸诈邪恶,韦昭度没有做宰相的才具,应当罢免他们的宰相做闲官。昭宗回答他们说:"军营中的战事,朕即与各藩镇图谋商议;至于任命宰相,则应当出自朕的意向。"王行瑜等论争不休,三月,李谿又被贬为太子少师。

12 王珙、王瑶请求朝廷任命河中节度使,唐昭宗诏令任命中书侍郎、同平章事崔胤为同平章事,充任护国节度使;任命户部侍郎、判户部王抟为中书侍郎、同平章事。

13　王珂，李克用之婿也。克用表重荣有功于国，请赐其子珂节钺。王珙厚结王行瑜、李茂贞、韩建三帅，更上表称珂非王氏子，请以珂为陕州、珙为河中。上谕以先已允克用之奏，不许。

14　加王镕兼侍中。

15　杨行密浮淮至泗州，防御使台濛盛饰供帐，行密不悦。既行，濛于卧内得补绽衣，驰使归之。行密笑曰："吾少贫贱，不敢忘本。"濛甚惭。

行密攻濠州，拔之，执刺史张璲。

行密军士掠得徐州人李氏之子，生八年矣，行密养以为子，行密长子渥憎之，行密谓其将徐温曰："此儿质状性识，颇异于人，吾度渥必不能容，今赐汝为子。"温名之曰知诰。知诰事温，勤孝过于诸子。尝得罪于温，温笞而逐之；及归，知诰迎拜于门。温问："何故犹在此？"知诰泣对曰："人子舍父母将何之！父怒而归母，人情之常也。"温以是益爱之，使掌家事，家人无违言。及长，喜书善射，识度英伟。行密常谓温曰："知诰俊杰，诸将子皆不及也。"

丁亥，行密围寿州。

16　上以郊畿多盗，至有逾垣入宫或侵犯陵寝者，欲令宗室诸王将兵巡警，又欲使之四方抚慰藩镇。南北司用事之臣恐其不利于己，交章论谏。上不得已，夏，四月，下诏悉罢之。

13　王珂是李克用的女婿。李克用向朝廷上表说王重荣对国家有功,请求赐给他的儿子王珂节度使旌旗节钺。王珙进一步与王行瑜、李茂贞、韩建三位节度使交结,交替着向朝廷进呈表章声称王珂并不是王重荣的儿子,请求任命王珂为陕州刺史,王珙为河中节度使。唐昭宗颁谕说先前已经许可了李克用的奏请,而没有准许王行瑜等人的请求。

14　朝廷加封王镕兼任侍中。

15　杨行密沿淮河到达泗州,泗州防御使台濛为杨行密大肆装饰营帐,杨行密对此并不高兴。杨行密启程离开泗州后,台濛在杨行密的卧室内发现一件补丁衣服,台濛骑马追赶把那件衣服送还杨行密。杨行密笑着说:"我小时候家中贫寒,出身低贱,现在我也不敢忘本。"台濛听后十分惭愧。

杨行密攻打濠州,攻克,抓获濠州刺史张璲。

杨行密的军中士兵抢掠到一个徐州姓李人家的孩子,已经八岁了,杨行密把他收为养子,杨行密的长子杨渥憎恨这个孩子,杨行密对他的属将徐温说:"这个孩子质朴聪颖,和别人很不一样,我揣测杨渥一定容不下他,现在赐给你为养子。"徐温给这个孩子起名叫徐知诰。徐知诰侍奉徐温,勤谨孝敬超过徐温的其他几个儿子。有一次,徐知诰得罪了徐温,徐温鞭打他并赶他走;等到徐温回到家里,徐知诰跪在门口迎接。徐温问他:"为什么还在这里?"徐知诰流着眼泪回答说:"做儿子的离开了父母还能到哪里去呢!父亲盛怒时候就先回到母亲的身边,这是人之常情。"徐温因此更加疼爱徐知诰,让他掌管家中事务,家里的人没有不听他话的。等到徐知诰长大了,喜好读书善于射箭,见识不凡,器度英伟。杨行密经常对徐温说:"徐知诰英俊杰出,各位将领的儿子都比不上他。"

丁亥(三十日),杨行密围攻寿州。

16　昭宗因为京师长安的郊区盗贼很多,甚至有越过城墙进入皇宫或挖掘皇陵的,便想命令宗室各王带领军队巡查警防,又想派他们到各地安抚慰问藩镇。朝中大臣及宦官中掌权的人担心这样对自己不利,交相进呈奏章进行劝阻。昭宗不得已,于夏季四月份,颁下诏令全部停止。

17　朝廷以董昌有贡输之勤，今日所为，类得心疾，诏释其罪，纵归田里。

18　户部侍郎、同平章事陆希声罢为太子少师。

19　杨行密围寿州，不克，将还；庚寅，其将朱延寿请试往更攻，一鼓拔之，执刺史江从勖。行密以延寿权知寿州团练使。

未几，汴兵数万攻寿州，州中兵少，吏民恟惧。延寿制，军中每旗二十五骑。命黑云队长李厚将十旗击汴兵，不胜。延寿将斩之，厚称众寡不敌，愿益兵更往，不胜则死。都押牙汝阳柴再用亦为之请，乃益以五旗。厚殊死战，再用助之，延寿悉众乘之，汴兵败走。厚，蔡州人也。

行密又遣兵袭涟水，拔之。

20　钱镠表董昌僭逆，不可赦，请以本道兵讨之。

21　太傅、门下侍郎、同平章事韦昭度以太保致仕。

22　戊戌，以刘建锋为武安节度使。建锋以马殷为内外马步军都指挥使。

23　杨行密遣使诣钱镠，言董昌已改过，宜释之，亦遣诣昌，使趣朝贡。

24　河东遣其将史俨、李承嗣以万骑驰入于郓，朱友恭退归于汴。

25　五月，诏削董昌官爵，委钱镠讨之。

26　初，王行瑜求尚书令不获，由是怨朝廷。畿内有八镇兵，隶左右军。邠阳镇近华州，韩建求之；良原镇近邠州，王行瑜求之。宦官曰："此天子禁军，何可得也！"王珂、王珙

17　朝廷因为董昌有进贡纳赋殷勤的功劳,这次称帝的叛逆举动,好像他得了疯病,唐昭宗便颁诏赦免董昌的罪过,放他回到故里。

18　昭宗把户部侍郎、同平章事陆希声贬为太子少师。

19　杨行密围攻寿州,未能攻克,想要返回;庚寅(初三),杨行密的手下将领朱延寿请求再次前往攻打试试,结果一鼓作气攻克,抓获寿州刺史江从勖。杨行密任命朱延寿暂任寿州团练使。

不久,朱全忠的汴州军队几万人攻打寿州,州内兵力较少,官吏百姓人心惶惶。朱延寿便规定,军队每面旗帜下二十五名骑兵。命令黑云队长李厚带领十旗袭击汴州军队,没有取胜。朱延寿要将李厚斩杀,李厚说敌众我寡难以抵敌,希望给他增添军队再次前往迎战,如果还不能获胜甘愿一死。都押牙将汝阳人柴再用也为李厚请求,于是朱延寿又给李厚增拨了五旗兵力。李厚拼死奋战,柴再用从中协助,朱延寿也率全部人马后援,汴州军队终于战败撤走。李厚是蔡州人。

杨行密又派遣军队袭击泗州涟水县,攻克。

20　钱镠向昭宗上表说董昌犯有自行称帝叛逆大罪,不应赦免,请求率领本道军队讨伐董昌。

21　昭宗诏令太傅、门下侍郎、同平章事韦昭度以太保官衔退休。

22　戊戌(十一日),朝廷任命刘建锋为武安节度使。刘建锋委任马殷为内外马步军都指挥使。

23　杨行密派遣使者前往钱镠那里,说董昌已经知罪悔过,应当赦免他,也派使者到董昌那里,让他立即向朝廷进贡纳赋。

24　河东节度使李克用派遣属下将领史俨、李承嗣带领一万骑兵疾驰进入郓州,朱友恭退走返回汴州。

25　五月,唐昭宗诏令革除董昌的官职爵位,委派钱镠征讨董昌。

26　当初,王行瑜谋求尚书令官职未能获得,因此怨恨朝廷。京师长安所辖地区有八镇军队,隶属左、右神策军。邠阳镇靠近华州,韩建请求兼管;良原镇接近邠州,王行瑜希望由他统领。宫内宦官说:"这都是皇帝的禁卫军,怎么能让他们得到!"王珂、王珙

争河中,行瑜、建及李茂贞皆为珙请,不能得,耻之。珙使人语三帅曰:"珂不受代而与河东婚姻,必为诸公不利,请讨之。"行瑜使其弟匡国节度使行约攻河中,珂求救于李克用。行瑜乃与茂贞、建各将精兵数千入朝。甲子,至京师,坊市民皆窜匿。上御安福门以待之,三帅盛陈甲兵,拜伏舞蹈于门下。上临轩,亲诘之曰:"卿等不奏请俟报,辄称兵入京城,其志欲何为乎?若不能事朕,今日请避贤路!"行瑜、茂贞流汗不能言,独韩建粗述入朝之由。上与三帅宴,三帅奏称:"南、北司互有朋党,堕紊朝政。韦昭度讨西川失策,李谿作相,不合众心,请诛之。"上未之许。是日,行瑜等杀昭度、谿于都亭驿,又杀枢密使康尚弼及宦官数人。又言:"王珂、王珙嫡庶不分,请除王珙河中,徙王行约于陕,王珂于同州。"上皆许之。始,三帅谋废上,立吉王保。至是,闻李克用已起兵于河东,行瑜、茂贞各留兵二千人宿卫京师,与建皆辞还镇。贬户部尚书杨堪为雅州刺史。堪,虞卿之子,昭度之舅也。

27 初,崔胤除河中节度使,河东进奏官薛志勤扬言曰:"崔公虽重德,以之代王珂,不若光德刘公于我公厚也。"光德刘公者,太常卿刘崇望也。及三帅入朝,闻志勤之言,贬崇望昭州司马。李克用闻三镇兵犯阙,即日遣使十三辈发北部兵,期以来月渡河入关。

争夺河中节度使这一官职,王行瑜、韩建以及李茂贞都为王珙请求,结果王珙却未能得到,这几个人都感到很耻辱。王珙派人对王行瑜、韩建、李茂贞三位节度使说:"王珂在河中不接受我的代替而与河东节度使李克用结成姻亲,对你们各位一定不利,请求你们讨伐王珂。"王行瑜便派他的弟弟匡国节度使王行约攻打河中,王珂向李克用请求救援。王行瑜于是与李茂贞、韩建各带领精兵几千人奔赴朝廷。甲子(初八),王行瑜等人率军到达京师,长安街市居民都到处逃窜躲藏。唐昭宗来到安福门等待他们,三位节度使把披甲军队大规模排列开来,在安福门下行大跪大拜礼仪。昭宗走到门楼前,亲自责问他们说:"你们不上表奏请等待朝廷回话,就发动军队进入京城,你们的意图究竟是什么? 如果你们不能侍奉朕,今天就请你们退离官位让给贤明的人!"王行瑜、李茂贞听后浑身冒冷汗而不能说一句话,唯有韩建粗略地陈述了前来京师的原因。昭宗与三位节度使宴会,三位节度使向皇帝奏道:"朝中大臣和宫内宦官互相结党为奸,败坏扰乱朝廷大政。韦昭度讨伐西川决策失误,李谿充任宰相,不合群臣的心愿,请将李谿诛杀。"昭宗没有准许他们的奏请。这一天,王行瑜等在朱雀门外都亭驿将韦昭度、李谿杀死,又杀掉枢密使康尚弼及宦官好几人。王行瑜等又向唐昭宗进言说:"王珂、王珙的任用是不分嫡子和庶子的尊卑,现在请求任命王珙为河中节度使,把王行约调往陕州,王珂调到同州。"昭宗都予以同意。开始,王行瑜等三位节度使谋划废黜唐昭宗,拥立吉王李保称帝。这时,听说李克用已在河东起兵,王行瑜、李茂贞便分别留下军队两千人守护京师,与韩建一同辞别返回镇所。昭宗又诏令把户部尚书杨堪贬职为雅州刺史。杨堪是杨虞卿的儿子,韦昭度的舅舅。

27 当初,崔胤授职河中节度使,河东节度使司的进奏官薛志勤便扬言说:"崔胤虽然是注重德行的人,但是让他取代王珂,不如长安城内光德坊的刘公对我主公李克用感情好。"光德坊刘公,就是太常卿刘崇望。等到王行瑜等三位节度使进入京师,知道了薛志勤说的话,便把刘崇望贬职为昭州司马。李克用听说三位节度使率领军队侵犯京师,当天就派遣使者十三起去征发北部蕃族部落军队,约定下个月渡过黄河进入潼关。

28 六月庚寅，以钱镠为浙东招讨使，镠复发兵击董昌。

29 辛卯，以前均州刺史孔纬、绣州司户张濬并为太子宾客。壬辰，以纬为吏部尚书，复其阶爵；癸巳，拜司空，兼门下侍郎、同平章事。以张濬为兵部尚书、诸道租庸使。时纬居华州，濬居长水，上以崔昭纬等外交藩镇，朋党相倾，思得骨鲠之士，故骤用纬、濬。纬以有疾，扶舆至京师，见上，涕泣固辞，上不许。

30 李克用大举蕃、汉兵南下，上表称王行瑜、李茂贞、韩建称兵犯阙，贼害大臣，请讨之，又移檄三镇，行瑜等大惧。克用军至绛州，刺史王瑶闭城拒之，克用进攻，旬日，拔之，斩瑶于军门，杀城中违拒者千馀人。秋，七月丙辰朔，克用至河中，王珂迎谒于路。

匡国节度使王行约败于朝邑，戊午，行约弃同州走，己未，至京师。行约弟行实时为左军指挥使，帅众与行约大掠西市。行实奏称同华已没，沙陀将至，请车驾幸邠州。庚申，枢密使骆全瓘奏请车驾幸凤翔。上曰：“朕得克用表，尚驻军河中。就使沙陀至此，朕自有以枝梧，卿等但各抚本军，勿令摇动。”

右军指挥使李继鹏，茂贞假子也，本姓名阎珪，与骆全瓘谋劫上幸凤翔。中尉刘景宣与王行实知之，欲劫上幸邠州。孔纬面折景宣，以为不可轻离宫阙。向晚，继鹏连奏请车驾出幸，于是王行约引左军攻右军，鼓噪震地。上闻乱，登承天楼，欲谕止之，

28 六月庚寅(初四)，朝廷任命钱镠为浙东招讨使，钱镠于是再次征发军队攻打董昌。

29 辛卯(初五)，朝廷任命以前的均州刺史孔纬、绣州司户张濬一同为太子宾客。壬辰(初六)，朝廷任命孔纬为吏部尚书，恢复他的官级爵位；癸巳(初七)，又授职孔纬司空，兼任门下侍郎、同平章事。朝廷还任命张濬为兵部尚书、诸道租庸使。当时孔纬居住在华州，张濬居住在长水，昭宗因为崔昭纬等在外交接藩镇，结党营私，相互倾轧，而想起用刚直人士，因此突然任用孔纬、张濬。孔纬因为身体有病，抱病乘车来到京师，他见到昭宗，流着泪坚决推辞，昭宗不准。

30 李克用大规模地发动蕃族和汉人的军队向南开进，他向唐昭宗上表声称王行瑜、李茂贞、韩建派兵进犯京师，残害朝中大臣，请求讨伐他们，李克用又向王行瑜、李茂贞、韩建三位节度使发去征讨檄文，王行瑜等大为恐惧。李克用的军队到达绛州，绛州刺史王瑶关闭城门抵抗，李克用发动进攻，十天，就将绛州攻克，在军营大门将王瑶斩杀，并杀掉城内进行抵抗的一千多人。秋季，七月丙辰朔(初一)，李克用到达河中，王珂在路上迎接拜见他。

匡国节度使王行约在朝邑打了败仗，戊午(初三)，王行约放弃同州逃跑，己未(初四)，到达京师长安。王行约的弟弟王行实当时充任京师左军指挥使，他率领手下人马与王行约一起在长安西市大肆抢掠。王行实向唐昭宗上表奏称，同州、华州已经沦陷，李克用的沙陀人马就要到了，请皇帝的车驾到邠州去避难。庚申(初五)，枢密使骆全瓘上表奏请皇帝出巡凤翔。唐昭宗说："朕收到了李克用的表章，他尚且率军在河中驻扎。即使是李克用的沙陀人马到达这里，朕自然有办法应付他，你们只要各自安抚好自己的军队，不要让他们动摇骚动。"

右军指挥使李继鹏，是李茂贞的养子，原本叫阎珪，他与骆全瓘策划劫持唐昭宗前往凤翔。中尉刘景宣与王行实知道了，则想劫持昭宗前赴邠州。孔纬当面驳斥刘景宣，认为皇帝不能轻易离开长安宫殿。近傍晚时，李继鹏接连上奏请昭宗出走凤翔，王行约见李继鹏要抢先劫走昭宗，便带领他的左军攻打李继鹏的右军，锣鼓喧闹声惊天动地。昭宗听到外面混乱，便登上承天楼，想谕令制止他们，

捧日都头李筠将本军,于楼前侍卫。李继鹏以凤翔兵攻筠,矢拂御衣,著于楼楄,左右扶上下楼;继鹏复纵火焚宫门,烟炎蔽天。时有盐州六都兵屯京师,素为两军所惮,上急召令入卫。既至,两军退走,各归邠州及凤翔。城中大乱,互相剽掠,上与诸王及亲近幸李筠营,护跸都头李居实帅众继至。

或传王行瑜、李茂贞欲自来迎车驾,上惧为所迫,辛酉,以筠、居实两都兵自卫,出启夏门,趣南山,宿莎城镇。士民追从车驾者数十万人,比至谷口,喝死者三之一,夜,复为盗所掠,哭声震山谷。时百官多扈从不及,户部尚书、判度支及盐铁转运使薛王知柔独先至,上命权知中书事及置顿使。

壬戌,李克用入同州。崔昭纬、徐彦若、王抟至莎城。甲子,上徙幸石门镇,命薛王知柔与知枢密院刘光裕还京城,制置守卫宫禁。丙寅,李克用遣节度判官王瓌奉表问起居。丁卯,上遣内侍郗廷昱,赍诏诣李克用军,令与王珂各发万骑同赴新平。又诏彰义节度使张镠以泾原兵控扼凤翔。

李克用遣兵攻华州,韩建登城呼曰:"仆于李公未尝失礼,何为见攻?"克用使谓之曰:"公为人臣,逼逐天子,公为有礼,孰为无礼者乎!"会郗廷昱至,言李茂贞将兵三万至盩厔,王行瑜将兵至兴平,皆欲迎车驾,克用乃释华州之围,移兵营渭桥。

以薛王知柔为清海节度使、同平章事,仍权知京兆尹、判度支,充盐铁转运使,俟反正日赴镇。

捧日都头李筠带领自己的军队,在承天楼前护卫昭宗。李继鹏指挥凤翔军队攻打李筠,飞箭掠过昭宗的衣服,落在承天楼椽木上,身边的侍卫搀扶着昭宗下楼;李继鹏又放火焚烧宫门,浓烟烈炎遮盖了天空。当时有盐州六都军队驻扎京师,平时左、右两军都很惧怕他们,昭宗便紧急召令这支军队入宫护卫。盐州六都军队到达后,左、右两军都撤退离去,分别返回邠州和凤翔。长安城内大为混乱,到处抢劫掠夺,昭宗与各王以及亲近人员到李筠的军营躲避,神策军护跸都头李居实率领人马随后也赶到。

有人传说王行瑜、李茂贞要亲自来长安迎接皇帝,昭宗担心被他们逼迫,辛酉(初六),命令李筠、李居实的两都军队进行护卫,出长安城南面的启夏门,急速奔往南山,在莎城镇过夜。追随昭宗车驾的百姓有几十万,等到抵达南山的谷口时,中暑而死的人竟有三分之一,夜里,流亡的百姓又遭受盗贼的抢掠,哭喊的声音震动山谷。当时朝廷百官大多没有来得及跟随上昭宗,唯有户部尚书、判度支及盐铁转运使薛王李知柔首先赶到,昭宗便任命他暂时掌管中书省事务及兼任置顿使。

壬戌(初七),李克用进入同州。崔昭纬、徐彦若、王抟到达莎城。甲子(初九),昭宗迁移到石门镇,诏令薛王李知柔与主管枢密院的刘光裕返回京城,安置守卫皇宫。丙寅(十一日),李克用派遣节度判官王瓌敬奉表文问候昭宗的起居情况。丁卯(十二日),昭宗派遣内侍郗廷昱带着诏令前赴李克用的军营,命令李克用与王珂分别派发一万骑兵,一同赶往邠州新平郡讨伐王行瑜。又诏令彰义节度使张镭带领泾原军队控制凤翔的李茂贞。

李克用派遣军队进攻华州,韩建登上华州城楼呼喊着说:"我对李公不曾失礼,为什么要攻打我?"李克用派人对他说:"你是大唐的臣子,却逼迫驱赶皇帝,你这样如果还算有礼,那么天下还有谁是无礼呢!"恰巧这时郗廷昱赶到,他对李克用说,李茂贞带领军队三万已到盩厔,王行瑜率领军队到达兴平,都想迎接唐昭宗的车驾,李克用于是解除对华州的围攻,把军队开赴渭桥安营扎寨。

昭宗任命薛王李知柔为清海节度使、同平章事,仍然暂任京兆尹、判度支,并充任盐铁转运使,让他等待平乱反正后再前赴岭南镇所。

上在南山旬馀,士民从车驾避乱者日相惊曰:"邠、岐兵至矣!"上遣延王戒丕诣河中,趣李克用令进兵。壬午,克用发河中。上遣供奉官张承业诣克用军。承业,同州人,屡奉使于克用,因留监其军。己丑,克用进军渭桥,遣其将李存贞为前锋;辛卯,拔永寿,又遣史俨将三千骑诣石门侍卫。癸巳,遣李存信、李存审会保大节度使李思孝攻王行瑜梨园寨,擒其将王令陶等,献于行在。思孝本姓拓跋,思恭之弟也。李茂贞惧,斩李继鹏,传首行在,上表请罪,且遣使求和于克用。上复遣延王戒丕、丹王允诣克用,令且赦茂贞,并力讨行瑜,俟其殄平,当更与卿议之。且命二王拜克用为兄。

31 以前河中节度使崔胤为中书侍郎、同平章事。

32 戊戌,削夺王行瑜官爵。癸卯,以李克用为邠宁四面行营都招讨使,保大节度使李思孝为北面招讨使,定难节度使李思谏为东面招讨使,彰义节度使张镝为西面招讨使。克用遣其子存勖诣行在,年十一,上奇其状貌,抚之曰:"儿方为国之栋梁,他日宜尽忠于吾家。"克用表请上还京,上许之。令克用遣骑三千驻三桥为备御。辛亥,车驾还京师。

壬子,司空兼门下侍郎、同平章事崔昭纬罢为右仆射。

33 以护国留后王珂、卢龙留后刘仁恭各为本镇节度使。

34 时宫室焚毁,未暇完葺,上寓居尚书省,百官往往无袍笏仆马。

昭宗在南山已有十几天了,跟随唐昭宗车驾的士人百姓每天都惊慌失措地相互惊叫:"邠州、岐州的军队到了!"昭宗派遣延王李戒丕前赴河中,催促李克用下令开进军队。壬午(二十七日),李克用的军队从河中出发。唐昭宗派遣供奉官张承业前往李克用的军营。张承业是同州人,多次奉唐昭宗的谕令出使李克用,昭宗趁便把他留在李克用的军营监视。八月己丑(初五),李克用命令军队向渭桥开进,派遣属下将领李存贞为前锋;辛卯(初七),李克用攻克永寿,又派遣史俨带领三千骑兵前赴石门护卫唐昭宗。癸巳(初九),李克用派遣李存信、李存审会同保大节度使李思孝攻打在梨园寨的王行瑜,擒获王行瑜的将领王令陶等人,送往南山昭宗那里。李思孝本姓拓跋,是拓跋思恭的弟弟。李茂贞兵败很是恐惧,他斩杀李继鹏,把头颅传送到石门镇昭宗的住地,向朝廷进呈表章请求治他的罪,并且派出使者向李克用求和。昭宗再次派遣延王李戒丕、丹王李允传谕李克用,命令暂且赦免李茂贞,联合军队全力讨伐王行瑜,等到把王行瑜消灭了,朝廷会再与李克用商议处置李茂贞。昭宗并且命令延王李戒丕、丹王李允拜李克用为兄长。

31 朝廷任命前河中节度使崔胤为中书侍郎、同平章事。

32 戊戌(十四日),朝廷革除王行瑜的官职爵位。癸卯(十九日),朝廷任命李克用为邠宁四面行营都招讨使,保大节度使李思孝为北面招讨使,定难节度使李思谏为东面招讨使,彰义节度使张镠为西面招讨使。李克用派遣他的儿子李存勖到昭宗住地,李存勖当时才十一岁,昭宗对他的外貌就称奇不已,抚摸着他说:"你是国家的栋梁之才,将来要对天子我家尽忠效力。"李克用上表请求昭宗返回京师长安,昭宗同意。命令李克用派遣骑兵三千驻扎三桥作为防备。辛亥(二十七日),昭宗的车驾返回京师。

壬子(二十八日),朝廷将司空兼门下侍郎、同平章事崔昭纬罢职降为右仆射。

33 朝廷任命护国留后王珂、卢龙留后刘仁恭分别充任本镇节度使。

34 当时宫殿被焚烧毁坏,没有来得及修建整理,昭宗暂时住在尚书省,朝中百官常常没有长袍朝笏和仆役马匹。

35　以李克用为行营都统。

36　九月癸亥,司空兼门下侍郎、同平章事孔纬薨。

37　辛未,朱全忠自将击朱瑄,战于梁山,瑄败走还郓。

38　李克用急攻梨园,王行瑜求救于李茂贞,茂贞遣兵万人屯龙泉镇,自将兵三万屯咸阳之旁。克用请诏茂贞归镇,仍削夺其官爵,欲分兵讨之。上以茂贞自诛继鹏,前已赦宥,不可复削夺诛讨,但诏归镇,仍令克用与之和解。以昭义节度使李罕之检校侍中,充邠宁四面行营副都统。史俨败邠宁兵于云阳,擒云阳镇使王令诲等,献之。

39　王建遣简州刺史王宗瑶等将兵赴难,甲戌,军于绵州。

40　董昌求救于杨行密,行密遣泗州防御使台濛攻苏州以救之,且表昌引咎,愿修职贡,请复官爵。又遗钱镠书,称:“昌狂疾自立,已畏兵谏,执送同恶,不当复伐之。”

41　冬,十月丙戌,河东将李存贞败邠宁军于梨园北,杀千馀人。自是梨园闭壁不敢出。

42　贬右仆射崔昭纬为梧州司马。

43　魏国夫人陈氏,才色冠后宫,戊子,上以赐李克用。

克用令李罕之、李存信等急攻梨园,城中食尽,弃城走。罕之等邀击之,所杀万馀人,克梨园等三寨,获王行瑜子知进及大将李元福等。克用进屯梨园。庚寅,王行约、王行实烧宁州遁去。克用奏请以匡国节度使苏文建为静难节度使,趣令赴镇,且理宁州,招抚降人。

35　朝廷任命李克用为行营都统。

36　九月癸亥(初十)，司空兼门下侍郎、同平章事孔纬去世。

37　辛未(十八日)，朱全忠亲自率领军队攻打朱瑄，在寿张县的梁山展开激战，朱瑄战败逃走返回郓州。

38　李克用率军猛攻梨园寨，王行瑜向李茂贞求救，李茂贞派遣军队一万人驻扎在邠州的龙泉镇，自己率领军队三万在咸阳附近驻扎。李克用奏请朝廷诏令李茂贞返回凤翔镇所，再革除他的官职爵位，想分兵对李茂贞进行讨伐。昭宗认为李茂贞自己诛杀了李继鹏，前些时候已经赦免了他的罪过，不便重新颁诏将他革除官职进行征伐，只是诏命李茂贞返回凤翔镇所，依然命令李克用与李茂贞和解。朝廷任命昭义节度使李罕之任检校侍中，充任邠宁四面行营副都统。史俨在云阳打败王行瑜的邠宁军队，擒获云阳镇使王令诲等人，进献给朝廷。

39　王建派遣简州刺史王宗瑶等人带领军队前来为朝廷解难，甲戌(二十一日)，王宗瑶等在绵州驻扎下来。

40　董昌向杨行密请求救援，杨行密便派遣泗州防御使台濛攻打钱镠所属的苏州，以此援救董昌，杨行密并且向朝廷上表说，董昌已经自行认错悔过，愿意修好进贡，请恢复他的官职爵位。杨行密又给钱镠送去书信，信中说："董昌发疯自行称帝，在你率军劝阻时已经惧怕，并将蛊惑他称帝的奸恶之人捉拿交送给你，这样就不应当再讨伐他了。"

41　冬季，十月丙戌(初三)，河东军队的将领李存贞在梨园寨北部打败王行瑜的邠宁军队，斩杀一千多人。从此，梨园寨关闭营垒不敢再出战。

42　朝廷把右仆射崔昭纬贬为梧州司马。

43　魏国夫人陈氏，才能姿色在后宫堪数第一，戊子(初五)，昭宗把陈氏赐给李克用。

李克用命令李罕之、李存信等紧急攻打梨园寨，梨园城内粮食吃尽，王行瑜的军队弃城逃跑。李罕之等拦截攻打，斩杀一万多人，攻克了梨园等三个营寨，擒获王行瑜的儿子王知进以及大将李元福等。李克用开进梨园寨驻扎。庚寅(初七)，王行约、王行实放火焚烧宁州然后逃跑。李克用上奏朝廷请任用匡国节度使苏文建为静难节度使，催促他赶赴镇所，暂且把镇所设在宁州，招收安抚前来投降的人。

44　上迁居大内。

45　朱全忠遣都将葛从周击兖州，自以大军继之。癸卯，围兖州。

46　杨行密遣宁国节度使田頵、润州团练使安仁义攻杭州镇戍以救董昌，昌使湖州将徐淑会淮南将魏约共围嘉兴。钱镠遣武勇都指挥使顾全武救嘉兴，破乌墩、光福二寨。淮南将柯厚破苏州水栅。全武，馀姚人也。

47　义武节度使王处存薨，军中推其子节度副使郜为留后。

48　以京兆尹武邑孙偓为兵部侍郎、同平章事。

49　王行瑜以精甲五千守龙泉寨，李克用攻之。李茂贞以兵五千救之，营于镇西。李罕之击凤翔兵，走之，十一月丁巳，拔龙泉寨。行瑜走入邠州，遣使请降于李克用。

50　齐州刺史朱琼举州降于朱全忠。琼，瑾之从父兄也。

51　衢州刺史陈儒卒，弟岌代之。

52　李克用引兵逼邠州，王行瑜登城，号哭谓克用曰："行瑜无罪，迫胁乘舆，皆李茂贞及李继鹏所为，请移兵问凤翔，行瑜愿束身归朝。"克用曰："王尚父何恭之甚！仆受诏讨三贼臣，公预其一，束身归朝，非仆所得专也。"丁卯，行瑜挈族弃城走。克用入邠州，封府库，抚居人，命指挥使高爽权巡抚军城，奏趣苏文建赴镇。行瑜走至庆州境，部下斩行瑜，传首。

53　朱瑄遣其将贺瓌、柳存及河东将薛怀宝将兵万馀人袭曹州，以解兖州之围。瓌，濮阳人也。丁卯，全忠自中都引兵夜追之，

44 昭宗迁回修缮完的皇宫。

45 朱全忠派遣都将葛从周攻打兖州的朱瑾,他本人亲自督率大军在后面跟随。癸卯(二十日),朱全忠的军队包围兖州。

46 杨行密派遣宁国节度使田頵、润州团练使安仁义攻打在杭州镇守驻防的钱镠军队以应援董昌,董昌派湖州将领徐淑会同淮南将领魏约共同围攻嘉兴。钱镠派遣武勇都指挥使顾全武救援嘉兴,攻破乌墩、光福二个营寨。淮南将领柯厚攻破苏州水中栅栏。顾全武是馀姚人。

47 义武节度使王处存死去,军中将士推举他的儿子节度副使王郜为留后。

48 朝廷任命京兆尹、武邑人孙偓为兵部侍郎、同平章事。

49 王行瑜带领精壮甲兵五千驻守龙泉寨,李克用率军攻打。李茂贞带领军队五千救援王行瑜,在龙泉镇的西面安营扎寨。李罕之袭击李茂贞的凤翔军队,将李茂贞赶跑,十一月丁巳(初五日),李罕之攻克龙泉寨。王行瑜于是逃进邠州,派遣使者向李克用请求投降。

50 齐州刺史朱琼主动献出齐州,向朱全忠投降。朱琼是朱瑾的堂兄。

51 衢州刺史陈儒死去,他的弟弟陈岌代任衢州刺史。

52 李克用带领军队进逼邠州,王行瑜登上城楼,号哭着对李克用说:"我王行瑜没有罪过,逼迫威胁皇帝的车驾,都是李茂贞和李继鹏干的事,请你调开军队去讨伐凤翔节度使李茂贞,我王行瑜愿意捆绑自己回到朝廷。"李克用说:"王尚父真是大恭谦了!我受朝廷的诏令讨伐你和李茂贞、韩建三个乱臣贼子,你是其中的一个,你想自己捆绑入朝,这不是我能擅自做主的。"丁卯(十五日),王行瑜带着全家族的人弃城逃跑。李克用进入邠州城,封闭官府库房,安抚居民,任命指挥使高爽暂且掌管巡抚军城事宜,又奏请朝廷催促苏文建赶赴镇所。王行瑜逃到庆州境内,部下将他斩杀,把头颅传送朝廷。

53 朱瑄派遣属下将领贺瑰、柳存以及河东将领薛怀宝,带领军队一万多人袭击曹州,以图解除汴州军队对兖州的围攻。贺瑰是濮阳人。丁卯(十五日),朱全忠从中都带领军队在夜间追赶贺瑰等的人马,

比明,至钜野南,及之,屠杀殆尽,生擒璆、存、怀宝,俘士卒三千馀人。是日晡后,大风沙尘晦冥,全忠曰:"此杀人未足耳!"下令所得之俘尽杀之。庚午,缚璆等徇于兖州城下,谓朱瑾曰:"卿兄已败,何不早降!"

54　丁丑,雅州刺史王宗侃攻拔利州,执刺史李继颙,斩之。

55　朱瑾伪遣使请降于朱全忠,全忠自就延寿门下与瑾语。瑾曰:"欲送符印,愿使兄琼来领之。"

辛巳,全忠使琼往,瑾立马桥上,述骁果董怀进于桥下,琼至,怀进突出,擒之以入,须臾,掷首城外。全忠乃引兵还,以琼弟批为齐州防御使,杀柳存、怀宝。闻贺璆名,释而用之。

56　李克用旋军渭北。

57　加静难节度使苏文建同平章事。

58　蒋勋求为邵州刺史,刘建锋不许,勋乃与邓继崇起兵,连飞山、梅山蛮寇湘潭,据邵州,使其将申德昌屯定胜镇以扼潭人。

59　十二月甲申,阆州防御使李继雍、蓬州刺史费存、渠州刺史陈璠各帅所部兵奔王建。

60　乙酉,李克用军于云阳。

61　王建奏:"东川节度使顾彦晖不发兵赴难,而掠夺辎重,遣泸州刺史马敬儒断峡路,请兴兵讨之。"戊子,华洪大破东川兵于楸林,俘斩数万,拔楸林寨。

62　乙未,进李克用爵晋王,加李罕之兼侍中,以河东大将盖寓领容管观察使;自馀克用将佐、子孙并进官爵。克用性严急,

天亮时,到达钜野的南部,追赶上,几乎将他们全部杀光,贺瑰、柳存、薛怀宝被活捉,另俘虏三千多名士兵。这天傍晚,狂风大作,沙尘弥漫,朱全忠说:"这是杀人还不够数的原因!"于是下令将擒获的俘虏全部杀掉。庚午(十八日),朱全忠把贺瑰等捆绑起来在兖州城下巡示,对朱瑾说:"你哥哥朱瑄已经被我打败,你为什么还不早点投降!"

54 丁丑(二十五日),雅州刺史王宗侃攻克凤翔节度使李茂贞管辖的利州,抓获利州刺史李继颙,将他斩杀。

55 朱瑾派出使者假装向朱全忠请求投降,朱全忠亲自到兖州城的延寿门下与朱瑾商谈。朱瑾对朱全忠说:"我想向你交送符节官印,希望让我的堂兄齐州刺史朱琼来领取。"

辛巳(二十九日),朱全忠派朱琼前往兖州,朱瑾骑马站立兖州城的桥上,叫勇猛果敢的董怀进躲藏在桥下,朱琼来到桥上,董怀进突然从桥下奔出,抓获朱琼带入兖州城内,不一会儿,朱琼的脑袋被扔到兖州城墙外边。朱全忠于是带领军队返回汴州,委任朱琼的胞弟朱玭为齐州防御使,斩杀了柳存、薛怀宝。朱全忠听说贺瑰有名气,便把他释放留用。

56 李克用回到渭州北部驻扎。

57 朝廷加封静难节度使苏文建为同平章事。

58 蒋勋谋求邵州刺史这一官职,刘建锋不准许,蒋勋于是与邓继崇发动军队,联合邵州西北飞山和潭州界内梅山的蛮人侵扰湘潭,占据邵州,蒋勋还派手下将领申德昌在定胜镇驻扎,以扼制潭州人。

59 十二月甲申(初二),阆州防御使李继雍、蓬州刺史费存、渠州刺史陈璠等分别率领所部人马投奔王建。

60 乙酉(初三),李克用的军队到达云阳驻扎。

61 王建向朝廷上奏说:"东川节度使顾彦晖不派兵前来为朝廷解难,却抢掠夺去我的器械、粮草,又派遣泸州刺史马敬儒截断峡路,请朝廷发兵讨伐顾彦晖。"戊子(初六),王建的将领华洪在楸林把东川军队打得大败,俘获斩杀几万人,攻克楸林寨。

62 乙未(十三日),朝廷将李克用的爵位升为晋王,加封李罕之兼侍中,任命河东大将盖寓兼任容管观察使;其余的李克用将领佐僚以及儿子孙子都得以加官封爵。李克用性情严厉急躁,

左右小有过辄死，无敢违忤，惟盖寓敏慧，能揣其意，婉辞裨益，无不从者。克用或以非罪怒将吏，寓必阳助之怒，克用常释之；有所谏诤，必征近事为喻。由是克用爱信之，境内无不依附，权与克用侔。朝廷及邻道遣使至河东，其赏赐赂遗，先入克用，次及寓家。朱全忠数遣人间之，及扬言云盖寓已代克用，而克用待之益厚。

63 丙申，王建攻东川，别将王宗弼为东川兵所擒，顾彦晖畜以为子。戊戌，通州刺史李彦昭将所部兵二千降于建。

64 李克用遣掌书记李袭吉入谢恩，密言于上曰："比年以来，关辅不宁，乘此胜势，遂取凤翔，一劳永逸，时不可失。臣屯军渭北，专俟进止。"上谋于贵近，或曰："茂贞复灭，则沙陀大盛，朝廷危矣！"上乃赐克用诏，褒其忠款，而言："不臣之状，行瑜为甚。自朕出幸以来，茂贞、韩建自知其罪，不忘国恩，职贡相继，且当休兵息民。"

克用奉诏而止。既而私于诏使曰："观朝廷之意，似疑克用有异心也。然不去茂贞，关中无安宁之日。"又诏免克用入朝，将佐或言："今密迩阙庭，岂可不入见天子！"克用犹豫未决，盖寓言于克用曰："向者王行瑜辈纵兵狂悖，致銮舆播越，百姓奔散。今天子还未安席，人心尚危，大王若引兵渡渭，

手下的人稍微有点过错就被处死，没人敢与他相违抗；只有盖寓敏锐聪慧，能够揣测出李克用的心意，他婉言相劝予以完善，李克用没有不听从的。李克用有时错怪迁怒于手下将吏，盖寓必定表面上为李克用助威加油，结果往往使李克用消去怒气；盖寓劝说李克用改正过错时，必定拿近前的一些事作比喻。因此李克用对盖寓宠爱信任，所辖境内的将领官吏也无不依附盖寓，他的权力几乎与李克用等同。朝廷和邻近各道派遣使者到河东来，凡是赏赐和赠送财物时，先送到李克用那里，接着就去盖寓的家。朱全忠几次派人挑拨离间李克用和盖寓的关系，扬言说盖寓已经取代了李克用，可是李克用对待盖寓却更加友好。

63　丙申(十四日)，王建攻打东川节度使顾彦晖，手下将领王宗弼被东川军队抓获，顾彦晖把王宗弼收为养子。戊戌(十六日)，通州刺史李彦昭带领所部人马二千向王建投降。

64　李克用派遣军府的掌书记李袭吉进入京师向朝廷谢恩，秘密对唐昭宗说："近些年来，浦、潼、陇、蜀、蓝田诸关和京师长安一带不得安宁，现在乘着朝廷取胜的优势，应一举攻克凤翔，一劳永逸，时机不可丧失。我时下在渭水北部驻扎，专门等候朝廷的命令以便行动。"唐昭宗和朝中权贵及近臣商谋，有人说："李茂贞如果被消灭，那么李克用的势力就会大大膨胀，朝廷则在危险之中了！"唐昭宗于是向李克用颁赐诏书，赞扬他对朝廷的忠诚，但又说："叛逆朝廷的罪行，王行瑜十分严重。这次自从朕离开京师出巡以来，李茂贞、韩建已经知道他们自己的罪过，没有忘记朝廷的恩德，进献的赋税贡品接连不断，姑且停止对他们的征伐，让军队休整、百姓安宁。"

李克用接奉这一诏令后便不再行动。不久，李克用私下里对朝廷传达诏令的使臣说："我看朝廷的意思，似乎怀疑我李克用有别的意图。可是不铲除李茂贞，关中一带就没有安宁的日子。"唐昭宗又诏令免去李克用入京上朝，李克用的将领佐僚中有人说："现在与朝廷近在咫尺，怎么能不进入京师拜见皇帝呢！"李克用自己犹豫不决，盖寓这时对李克用说："从前王行瑜一伙放纵士兵背叛朝廷，致使皇帝车驾流离迁徙，百姓逃散。现在天子返回京师还没有安定下来，人心尚在忧惧之中，大王你如果带领军队渡过渭水，

窃恐复惊骇都邑。人臣尽忠,在于勤王,不在入觐,愿熟图之!"克用笑曰:"盖寓尚不欲吾入朝,况天下之人乎!"乃表称:"臣总帅大军,不敢径入朝觐,且惧部落士卒侵扰渭北居人。"辛亥,引兵东归。表至京师,上下始安。诏赐河东士卒钱三十万缗。克用既去,李茂贞骄横如故,河西州县多为茂贞所据,以其将胡敬璋为河西节度使。

65　朱全忠之去兖州也,留葛从周将兵守之,朱瑾闭城不复出。从周将还,乃扬言:"天平、河东救兵至,引兵西北邀之。"夜半,潜归故寨。瑾以从周精兵悉出,果出兵攻寨。从周突出奋击,杀千馀人,擒其都将孙汉筠而还。

66　加镇海节度使钱镠兼侍中。

67　彰义节度使张鐇薨,以其子琏权知留后。

68　朱瑄、朱瑾屡为朱全忠所攻,民失耕稼,财力俱弊。告急于河东,李克用遣大将史俨、李承嗣将数千骑假道于魏以救之。

69　安州防御使家晟与朱全忠亲吏蒋玄晖有隙,恐及祸,与指挥使刘士政、兵马监押陈可璠将兵三千袭桂州,杀经略使周元静而代之。晟醉侮可璠,可璠手刃之,推士政知军府事,可璠自为副使。诏即以士政为经略使。玄晖,吴人也。

三年(丙辰,896)

1　春,正月,西川将王宗瓓攻拔龙州,杀刺史田昉。

我担心会再次让京城惊恐。做臣子的效忠朝廷，在于为皇室起兵救难，而不在于入朝拜见皇帝，希望大王你仔细考虑！"李克用笑着说："盖寓尚且不希望我入京上朝，更何况天下的人们呢！"于是，李克用上表朝廷奏称："我统领着大军，不敢随意进入京城拜见皇上，并且担心所部士兵会侵扰渭水以北的居民。"辛亥（二十九日），李克用率领手下人马东返晋阳。他的表文送达京师，上至朝廷下到百姓才安定下来。唐昭宗诏令赐给河东士兵三十万缗钱。李克用离开后，李茂贞骄横如同以往，河西的州县大多被李茂贞占据，他又任命手下将领胡敬璋为河西节度使。

65　朱全忠离开兖州时，留下葛从周带领军队继续看守围困兖州，朱瑾关闭城门不再出来交战。葛从周想要返回，于是四处扬言说："天平和河东的救援军队到了，我军到西北方向去拦截他们。"半夜，葛从周把人马又偷偷带回原来的营寨。朱瑾以为葛从周的精兵都离开了，果然派军队来攻打城外的营寨。葛从周率领人马突然杀出奋勇攻打，斩杀一千多人，擒获朱瑾的都将孙汉筠之后返回。

66　朝廷加封镇海节度使钱镠兼侍中。

67　彰义节度使张镠死去，朝廷任命张镠的儿子张琏暂任彰义留后。

68　朱瑄、朱瑾一再受到朱全忠的进攻，地方百姓无法耕种收获，军中资财人力都已困乏。便向河东节度使李克用告急，李克用派遣大将史俨、李承嗣带领几千骑兵借道经过魏州前去救援。

69　安州防御使家晟与朱全忠的亲近官吏蒋玄晖有怨仇，恐怕大祸临头，便与指挥使刘士政、兵马监押陈可璠带领军队三千袭击桂州，杀死桂州经略使周元静，家晟代管桂州。家晟喝醉酒后侮辱陈可璠，陈可璠亲手将家晟杀死，推举刘士政主管军府事宜，陈可璠自己做副使。朝廷当即颁下诏令任命刘士政为经略使。蒋玄晖是吴州人。

唐昭宗乾宁三年（丙辰，公元896年）

1　春季，正月，西川将领王宗黯攻克龙州，杀死龙州刺史田昉。

2　丁巳,刘建锋遣都指挥使马殷将兵讨蒋勋,攻定胜寨,破之。

3　辛未,安仁义以舟师至湖州,欲渡江应董昌,钱镠遣武勇都指挥使顾全武、都知兵马使许再思守西陵,仁义不能渡。昌遣其将汤臼守石城,袁邠守馀姚。

4　闰月,克用遣蕃、汉都指挥使李存信将万骑假道于魏以救兖、郓,军于莘县。朱全忠使人谓罗弘信曰:"克用志吞河朔,师还之日,贵道可忧。"存信戢众不严,侵暴魏人,弘信怒,发兵三万夜袭之。存信军溃,退保洺州,丧士卒什二三,委弃资粮兵械万数;史俨、李承嗣之军隔绝不得还。弘信自是与河东绝,专志于汴。全忠方图兖、郓,畏弘信议其后,弘信每有赠遗,全忠必对使者北向拜授之,曰:"六兄于予,倍年以长,固非诸邻之比。"弘信信之,全忠以是得专意东方。

5　丁亥,果州刺史张雄降于王建。

6　二月戊辰,顾全武、许再思败汤臼于石城。上用杨行密之请,赦董昌,复其官爵。钱镠不从。

7　以通王滋判侍卫诸将事。

8　朱全忠荐兵部尚书张濬,上欲复相之。李克用表请发兵击全忠,且言"濬朝为相,臣则夕至阙庭!"京师震惧,上下诏和解之。

9　三月,以天雄留后李继徽为节度使。

10　保大节度使李思孝表请致仕,荐弟思敬自代,诏以思孝为太师,致仕,思敬为保大留后。

2　丁巳(初五)，刘建锋派遣都指挥使马殷带领军队讨伐蒋勋，进攻定胜寨，打败蒋勋。

3　辛未(十九日)，安仁义从润州率军乘船到达湖州，想要渡过长江接应董昌，钱镠派遣武勇都指挥使顾全武、都知兵马使许再思驻守西陵，使得安仁义不能渡江。董昌派遣属下将领汤臼据守石城山，袁邠据守馀姚。

4　闰正月，李克用派遣蕃、汉都指挥使李存信带领一万骑兵借道经过魏州前往救援兖州、郓州，在莘县驻扎下来。朱全忠派人对罗弘信说："李克用的意图是在侵吞黄河以北的地盘，他的军队返回的时候，你那里令人担忧。"李存信管束士兵不严，侵扰残害魏州百姓，罗弘信大为愤怒，发兵三万在夜间袭击李存信。李存信的军队溃败，退到洺州据守，损失士兵十分之二三，丢弃资财粮食兵器数以万计；史俨、李承嗣的军队被隔绝不能返回。罗弘信从此与河东节度使李克用决裂，专心依附汴州的朱全忠。朱全忠正在筹划攻打兖州、郓州，担心罗弘信在背后算计他，所以每当罗弘信向他赠送财物，朱全忠必定当着罗弘信使者的面向北跪拜接受这些东西，嘴里说着："六哥对我来说，是上一辈的人，不是邻近各道节度使所能比的。"罗弘信相信了这话，朱全忠因此得以专心攻打东面。

5　丁亥(初五)，果州刺史张雄向王建投降。

6　二月戊辰(十七日)，顾全武、许再思在石城山打败汤臼。唐昭宗根据杨行密的请求，赦免了董昌的罪过，恢复他的官职爵位。钱镠对此不服。

7　朝廷任命通王李滋兼管侍卫诸将事宜。

8　朱全忠向朝廷荐举兵部尚书张濬，唐昭宗想要重新任命张濬为宰相。李克用上表请求派军队攻打朱全忠，并且说："张濬如果早晨做了宰相，我傍晚就要赶到朝廷！"京师上下震惊恐慌，唐昭宗颁下诏书劝李克用与朱全忠和解。

9　三月，朝廷任命天雄留后李继徽为节度使。

10　保大节度使李思孝向朝廷上表请求退休，推荐他的胞弟李思敬接替自己，唐昭宗下诏命李思孝以太师官衔辞退，李思敬为保大留后。

11 朱全忠遣庞师古将兵伐郓州,败郓兵于马颊,遂抵其城下。

12 己酉,顾全武等攻馀姚,明州刺史黄晟遣兵助之。董昌遣其将徐章救馀姚,全武击擒之。

13 夏,四月辛酉,河涨,将毁滑州城,朱全忠命决为二河,夹滑城而东,为害滋甚。

14 李克用击罗弘信,攻洹水,杀魏兵万馀人,进攻魏州。

15 武安节度使刘建锋既得志,嗜酒,不亲政事。长直兵陈赡妻美,建锋私之,赡袖铁挝击杀建锋。诸将杀赡,迎行军司马张佶为留后。佶将入府,马忽蹶啮,伤左髀。时马殷攻邵州未下,佶谢诸将曰:“马公勇而有谋,宽厚乐善,吾所不及,真乃主也。”乃以牒召之。殷犹豫未行,听直军将姚彦章说殷曰:“公与刘龙骧、张司马,一体之人也,今龙骧遇祸,司马伤髀,天命人望,舍公尚谁属哉!”殷乃使亲从都副指挥使李琼留攻邵州,径诣长沙。

16 淮南兵与镇海兵战于皇天荡,镇海兵不利,杨行密遂围苏州。

17 钱镠、锺传、杜洪畏杨行密之强,皆求援于朱全忠;全忠遣许州刺史朱友恭将兵万人渡淮,听以便宜从事。

18 董昌使人觇钱镠兵,有言其强盛者辄怒,斩之;言兵疲食尽,则赏之。戊寅,袁邠以馀姚降于镠;顾全武、许再思进兵至越州城下。五月,昌出战而败,婴城自守,全武等围之。昌始惧,去帝号,复称节度使。

11　朱全忠派遣庞师古带领军队讨伐郓州,在马颊水一带打败朱瑄的郓州军队,于是抵达郓州城下。

12　己酉(二十八日),顾全武等攻打馀姚,明州刺史黄晟派遣军队协助。董昌派遣属下将领徐章救援馀姚,结果徐章被顾全武拦击擒获。

13　夏季,四月辛酉(初十),黄河大水上涨,眼看就要淹毁滑州城,朱全忠命令再行决口把黄河一分为二,两条河夹着滑州城向东滚滚流去,危害相当严重。

14　李克用攻打罗弘信,进攻洹水,斩杀罗弘信的军队一万多人,接着进军攻打魏州。

15　武安节度使刘建锋占据长沙后便觉得已经得志,饮酒成性,不料理政务事宜。长年值日卫兵陈赡的妻子貌美,刘建锋与她通奸,陈赡在衣袖内藏带铁挝打死刘建锋。各将领将陈赡杀掉,迎接行军司马张佶为武安留后。张佶将要进入节度使司时,他骑的马忽然狂踢乱咬,伤了张佶的左大腿。当时马殷攻打邵州还没有攻克,张佶便谢绝各位拥立他的将领说:"马殷有勇有谋,待人宽厚,与人为善,我比不上他,他才是真正的主帅。"于是给马殷送去公文召请他到长沙来。马殷犹豫不决没有启程,听直军将姚彦章劝马殷说:"你与刘建锋、张佶同属一样的人才,现在刘建锋遇难死去,张佶大腿受伤,上天的安排,人们的期望,舍去你还能有谁呢!"马殷于是派令亲从都副指挥使李琼留下继续攻打邵州,他本人直接前往长沙。

16　淮南军队与镇海军队在皇天荡展开激战,结果镇海军队战败失利,杨行密于是率军围攻苏州。

17　钱镠、钟传、杜洪畏惧杨行密的强大,都向朱全忠求援;朱全忠派遣许州刺史朱友恭带领军队一万人渡过淮水,让他根据情况随机料理,便宜行事。

18　董昌派人侦察钱镠军队的情况,有说钱镠军队强盛的人,董昌就勃然大怒,将他斩杀;那些说钱镠军队疲惫不堪粮食已光的人,就受到董昌的奖赏。戊寅(二十七日),袁邠献出馀姚向钱镠投降;顾全武、许再思进兵到达越州城下。五月,董昌率军出越州城交战失败,只好环绕着越州城固守,顾全武等便将董昌围困起来。董昌这才恐惧,去掉帝号,重新称作节度使。

19 马殷至长沙,张佶肩舆入府,坐受殷拜谒,已,乃命殷升听事,以留后让之,即趋下,帅将吏拜贺,复为行军司马,代殷将兵攻邵州。

20 癸未,苏州常熟镇使陆郢以州城应杨行密,虏刺史成及。行密阅及家所蓄,惟图书、药物,贤之,归,署行军司马。及拜且泣曰:"及百口在钱公所,失苏州不能死,敢求富贵!愿以一身易百口之死!"引佩刀欲自刺。行密遽执其手,止之,馆于府舍。其室中亦有兵仗,行密每单衣诣之,与之共饮膳,无所疑。

钱镠闻苏州陷,急召顾全武,使趋西陵备行密,全武曰:"越州贼之根本,奈何垂克弃之!请先取越州,后复苏州。"镠从之。

21 淮南将朱延寿奄至蕲州,围其城。大将贾公铎方猎,不得还,伏兵林中,命勇士二人衣羊皮夜入延寿所掠羊群,潜入城,约夜半开门举火为应,复衣皮反命。公铎如期引兵至城南,门中火举,力战,突围而入。延寿惊曰:"吾常恐其溃围而出,反溃围而入,如此,城安可猝拔!"乃白行密,求军中与公铎有旧者持誓书金帛往说之,许以婚。寿州团练副使柴再用请行,临城与语,为陈利害。数日,公铎及刺史冯敬章请降。以敬章为左都押牙,公铎为右监门卫将军。延寿进拔光州,杀刺史刘存。

19　马殷到达长沙，张佶乘坐轿子进入节度使司，坐在那里接受马殷的拜见，事毕，张佶让马殷升堂治理政事，把留后的官职让给马殷，当即下来，率领将领官吏恭贺马殷任留后，张佶重新充任行军司马，代替马殷带领军队攻打邵州。

20　癸未(初三)，苏州常熟镇使陆郢献出苏州城接应杨行密，并虏获苏州刺史成及。杨行密察看成及家里收藏的东西，只有图书、药物，很敬重他，把他放回，并任命为行军司马。成及跪谢杨行密并且流着泪说："我全家族有一百口人在钱镠那里，我身为刺史失掉苏州而不能以身殉职，怎敢再谋求荣华富贵！希望用我一个人免除全家百口人的死！"说着举起身上佩刀就要自杀。杨行密立即抓住成及的手，阻止他的行动，在节度使司的宅院里为成及安设馆舍。成及的屋里也有兵器，杨行密常常身穿单衣到成及那里，与他一同喝酒吃饭，毫无疑虑。

钱镠听说苏州失陷，立即召顾全武，命他赶赴西陵防备杨行密，顾全武说："越州是董昌这伙贼寇的大本营，为什么马上就要攻克却又舍弃它！请让我先攻取越州，然后再去收复苏州。"钱镠听从了顾全武的意见。

21　淮南将领朱延寿忽然来到蕲州城下，围攻蕲州城。蕲州大将贾公铎正在城外打猎，不能返回，贾公铎把军队埋伏在树林里，命令勇猛士兵二人身披羊皮乘夜进入朱延寿所掠夺的羊群中，偷偷进入城内，与城里的人相约半夜时候打开城门举起火把相接应，这两个人又身披羊皮回到贾公铎的营地，报告情况。贾公铎按着约定的时间来到蕲州城南面，城门中间火把高举，贾公铎极力奋战，突破朱延寿的包围圈进入城内。朱延寿吃惊地说："我常常担心贾公铎会冲破包围逃出，现在反倒是打破包围进来，这样看来，蕲州城怎么可能立即攻克！"朱延寿于是告诉杨行密，请求派军中与贾公铎有旧交情的人手持盟誓书信和金银布帛前往劝说，并许诺和贾公铎结成姻亲。寿州团练副使柴再用请求前去劝说，在临近蕲州城的地方，柴再用与贾公铎会晤，为贾公铎陈述利弊得失。几天之后，贾公铎与蕲州刺史冯敬章向朱延寿请求投降。杨行密任命冯敬章为左都押牙，贾公铎为右监门卫将军。朱延寿乘势进军攻克光州，杀死光州刺史刘存。

22 丙戌，上遣中使诣梓州和解两川，王建虽奉诏还成都，然犹连兵未解。

23 崔昭纬复求救于朱全忠。戊子，遣中使赐昭纬死，行至荆南，追及，斩之，中外咸以为快。

24 荆南节度使成汭与其将许存溯江略地，尽取滨江州县。武泰节度使王建肇弃黔州，收馀众保丰都。存又引兵西取渝、涪二州，汭以其将赵武为黔中留后，存为万州刺史。

汭知存不得志，使人诇之，曰："存不治州事，日出蹴鞠。"汭曰："存将逃走，先匀足力也。"遣兵袭之，存弃城走；其众稍稍归之，屯于茅坝。赵武数攻丰都，王建肇不能守，与存皆降于王建。建忌存勇略，欲杀之，掌书记高烛曰："公方总揽英雄以图霸业，彼穷来归我，奈何杀之！"建使戍蜀州，阴使知蜀州王宗绾察之。宗绾密言存忠勇谦谨，有良将才，建乃舍之，更其姓名曰王宗播，而宗绾竟不使宗播知其免己也。宗播元从孔目官柳修业，每劝宗播慎静以免祸。其后宗播为建将，遇强敌诸将所惮者，以身先之，及有功，辄称病，不自伐，由是得以功名终。

25 甲午，夜，顾全武急攻越州，乙未旦，克其外郭，董昌犹据牙城拒之。戊戌，镠遣昌故将骆团绐昌云："奉诏，令大王致仕归临安。"昌乃送牌印，出居清道坊。己亥，全武遣武勇都监使吴璋以舟载昌如杭州，至小江南，斩之，并其家三百馀人，

22　丙戌(初六),唐昭宗派遣宦官到达梓州,劝说西川节度使王建和东川节度使顾彦晖和解,王建虽然奉诏令返回成都,可是仍然部署军队没有停止进攻。

23　崔昭纬再次向朱全忠请求救援。戊子(初八),朝廷派遣宦官将崔昭纬赐死,崔昭纬行到荆南,宦官追上,斩杀了崔昭纬,京城内外都感到大快人心。

24　荆南节度使成汭与属下将领许存沿着长江逆流而上侵占地盘,把长江沿岸的州县全都夺取。武泰节度使王建肇放弃黔州,收集剩馀人马固守忠州的丰都县。许存又带领军队向西攻取渝州、涪州,成汭委任手下将领赵武为黔中留后,许存为万州刺史。

成汭知道许存不得志,派人去刺探许存的举动,回来的人说:"许存不料理州内的事宜,每天出去踢毬取乐。"成汭说:"许存是想要逃跑,现在先调整脚的力量。"便派军队袭击许存,许存放弃万州城逃跑;许存的人马渐渐投归,在茅坝驻扎下来。赵武几次攻打丰都,王建肇不能据守,与许存一同向王建投降。王建顾忌许存有勇有谋,想把许存杀掉,掌书记高烛说:"你正在招揽天下的英雄豪杰以谋求称霸大业,许存在处境艰难时来投靠我们,怎么能杀害他呢!"王建便令许存驻守蜀州,暗中让主持蜀州事务的王宗绾监视许存。王宗绾秘密向王建说,许存忠诚勇敢,谦恭谨慎,具有贤良将领的才能,王建于是放弃了先前的成见,把许存的姓名改为王宗播认作养子,可是王宗绾却不让王宗播知道,当初是他向王建美言而免除了对王宗播的不信任。原来追随王宗播的孔目官柳修业,常常劝说王宗播要谨慎镇静以免不测大祸。在这以后,王宗播作为王建的手下将领,凡遇到强敌而各位将领有所畏惧时,他就身先士卒冲锋陷阵,等到有了功劳,就声称有病,不高傲自夸,因此王宗播得以终身保全功名。

25　甲午(十四日),夜间,顾全武猛烈攻打越州,乙未(十五日),早晨,攻克越州外城,董昌仍然占据内城顽强抗拒。戊戌(十九日),钱镠派遣董昌原来的将领骆团欺骗董昌说:"奉到朝廷的诏令,命令大王你退休返回临安。"董昌于是送上牌照官印,迁出内城到清道坊居住。己亥(二十日),顾全武派遣武勇都监使吴璋用船只把董昌从越州送往杭州,到了小江的南部,将董昌斩杀,连同董昌家族三百多人,

宰相李邈、蒋瓌以下百馀人。昌在围城中，贪吝日甚，口率民间钱帛，减战士粮。及城破，库有杂货五百间，仓有粮三百万斛。钱镠传昌首于京师，散金帛以赏将士，开仓以振贫乏。

26　李克用攻魏博，侵掠遍六州。朱全忠召葛从周于郓州，使将兵营洹水以救魏博，留庞师古攻郓州。六月，克用引兵击从周，汴人多凿坎于陈前，战方酣，克用之子铁林指挥使落落马遇坎而踬，汴人生擒之。克用自往救之，马亦踬，几为汴人所获，克用顾射汴将一人，毙之，乃得免。克用请修好以赎落落，全忠不许，以与罗弘信，使杀之。克用引军还。

葛从周自洹水引兵济河，屯于杨刘，复击郓，及兖、郓、河东之兵战于故乐亭，破之。兖、郓属城皆为汴人所据，屡求救于李克用，克用发兵赴之，为罗弘信所拒，不得前，兖、郓由是不振。

27　初，李克用屯渭北，李茂贞、韩建惮之，事朝廷礼甚恭。克用去，二镇贡献渐疏，表章骄慢。上自石门还，于神策两军之外，更置安圣、捧宸、保宁、宣化等军，选补数万人，使诸王将之。嗣延王戒丕、嗣覃王嗣周又自募麾下数千人。茂贞以为欲讨己，语多怨望，嫌隙日构。茂贞亦勒兵扬言欲诣阙讼冤，

董昌任用的宰相李邈、蒋瓖以下官员一百多人，全部杀掉。董昌在越州城内被围困时，一天更比一天贪婪吝啬，按人口计算征收民间的钱财布帛，减少作战士兵的粮食。等到越州城被攻克，府库内藏有各种货物五百间，粮仓里还有粮食三百万斛。钱镠把董昌的头颅传送到京师长安，散发金银布帛以奖赏军中将士，打开粮仓赈济贫困的百姓。

26　李克用攻打魏博节度使罗弘信，在魏州、博州、贝州、卫州、澶州、相州这六个州的范围内大肆侵扰抢掠。朱全忠召令正在攻打郓州的葛从周，让他带领军队在洹水驻扎以便救援魏博节度使罗弘信，留下庞师古继续攻打郓州的朱瑄。六月，李克用率领军队攻打葛从周，汴州军队在洹水的阵地前挖凿了许多沟坎，双方交战正激烈的时候，李克用的儿子铁林指挥使李落落骑的战马遇到沟坎被绊倒，汴州军队将他活捉。李克用亲自去救李落落，战马也被绊倒，几乎就要被汴州军队擒获，李克用这时回身发箭射中一名汴州军队的将领，将他击毙，这才免于被俘。李克用向朱全忠请求和好以赎回儿子李落落，朱全忠不答应，把李落落交给魏博节度使罗弘信，让他把李落落杀掉。李克用带领军队从洹水返回晋阳。

朱全忠的将领葛从周从洹水带领军队渡过黄河，在杨刘驻扎，接着又攻打郓州的朱瑄，兖州、郓州、河东的军队在故乐亭与汴州军队交战，大破葛从周。但兖州、郓州所属的城镇都被朱全忠的汴州军队占据，兖州的朱瑾、郓州的朱瑄多次向李克用求救，李克用派军队前往，又受到魏博节度使罗弘信的阻截，无法向前开进，兖州的朱瑾、郓州的朱瑄从此一蹶不振。

27　当初，李克用在渭水以北一带驻扎时，李茂贞、韩建惧怕他，侍奉朝廷的礼节十分恭谦。李克用离开后，李茂贞、韩建两人向朝廷进献贡品逐渐减少，进呈的表章也骄横傲慢起来。昭宗从石门返回京师后，在左、右神策军之外，又设置安圣军、捧宸军、保宁军、宣化军等军队，挑选增补几万人，命令各王统领。继任延王李戒丕和继任覃王李嗣周又自己招募属下人马几千人。李茂贞认为朝廷这样扩充军队是要讨伐他，言语中有很多抱怨，朝廷和李茂贞之间的怨恨越来越深。李茂贞也部署军队扬言说要前赴京师向朝廷诉讼冤屈，

京师士民争亡匿山谷。上命通王滋及嗣周、戒丕分将诸军以卫近畿，戒丕屯三桥。茂贞遂表言"延王无故称兵讨臣，臣今勒兵入朝请罪"。上遽遣使告急于河东。丙寅，茂贞引兵逼京畿，覃王与战于娄馆，官军败绩。

秋，七月，茂贞进逼京师。延王戒丕曰："今关中藩镇无可依者，不若自鄜州济河，幸太原，臣请先往告之。"辛卯，诏幸鄜州。壬辰，上出至渭北。韩建遣其子从允奉表请幸华州，上不许。以建为京畿都指挥、安抚制置及开通四面道路、催促诸道纲运等使。而建奉表相继，上及从官亦惮远去，癸巳，至富平，遣宣徽使元公讯召建，面议去留。甲午，建诣富平见上，顿首涕泣言："方今藩臣跋扈者，非止茂贞。陛下若去宗庙园陵，远巡边鄙，臣恐车驾济河，无复还期。今华州兵力虽微，控带关辅，亦足自固。臣积聚训厉，十五年矣，西距长安不远，愿陛下临之，以图兴复。"上乃从之。乙未，宿下邽；丙申，至华州，以府署为行宫。建视事于龙兴寺。茂贞遂入长安，自中和以来所葺宫室、市肆，燔烧俱尽。

乙巳，以中书侍郎、同平章事崔胤同平章事，充武安节度使。上以胤崔昭纬之党也，故出之。

28 丙午，以翰林学士承旨、尚书左丞陆扆为户部侍郎、同平章事。扆，陕人也。

京城长安的士民争先恐后地逃到山谷里躲藏起来。昭宗命令通王李滋和覃王李嗣周、延王李戒丕分别带领各军护卫京师一带，并命李戒丕到三桥驻扎。李茂贞于是向朝廷进呈表章说"延王李戒丕无缘无故地发动军队讨伐我，我现在率领军队前赴京师请朝廷治我的罪"。唐昭宗立即派遣使臣向河东节度使李克用告急。丙寅（十七日），李茂贞带领军队逼近京畿一带，覃王李嗣周在西部的娄馆迎战，结果朝廷的官军战败失利。

秋季，七月，李茂贞进军逼近京师长安。延王李戒丕说："现在关中一带的藩镇没有可以依靠的，不如从鄜州渡过黄河，到太原去避难，我请求先行一步去告诉河东节度使李克用。"辛卯（十二日），昭宗颁下诏命出巡鄜州。壬辰（十三日），唐昭宗离开京师到达渭水之北。韩建派遣他的儿子韩从允手捧表章请唐昭宗到华州去，唐昭宗不同意。朝廷任命韩建为京畿都指挥、安抚制置使及开通四面道路使、催促诸道纲运使等职。可是韩建进呈的表章接二连三地送到要请皇帝去华州，昭宗和跟随的朝中各官也有些怕到远处去，癸巳（十四日），昭宗到达富平，派遣宣徽使元公讯召韩建前来，要与他当面商议是东去太原还是留在华州。甲午（十五日），韩建到达富平拜见昭宗，他下跪磕头痛哭说："当今各藩镇大臣骄横跋扈的，并不止李茂贞一人。陛下如果离开宗庙园陵，到边远的地方巡游，我担心皇帝的车驾渡过黄河，就再也没有返回的时候了。现在华州军队虽然不是很强大，但控制关中京畿一带，也还足以自卫。我积聚资财训练军队已经十五年了，而且华州往西距离长安也不远，希望陛下驾临华州，以图振兴光复。"昭宗于是依从了韩建的意见。乙未（十六日），昭宗在下邽住宿；丙申（十七日），到达华州，把韩建的节度使司作为皇帝的行宫。韩建则改在龙兴寺办理政务。唐昭宗离开京师后，李茂贞便进入长安，自从中和年间以来所修缮的宫殿、市街店铺，全都被李茂贞放火烧毁。

乙巳（二十六日），朝廷任命中书侍郎、同中章事崔胤以同平章事衔充任武安节度使。唐昭宗因为崔胤是崔昭纬的党羽，所以把他调出朝廷。

28　丙午（二十七日），朝廷任命翰林学士承旨、尚书左丞陆扆为户部侍郎、同平章事。陆扆是陕州人。

29　水部郎中何迎表荐国子《毛诗》博士襄阳朱朴，才如谢安，道士许岩士亦荐朴有经济才。上连日召对，朴有口辩，上悦之，曰："朕虽非太宗，得卿如魏徵矣！"赐以金帛，并赐何迎。

30　以徐彦若为大明宫留守，兼京畿安抚制置等使。

31　杨行密表请上迁都江淮，王建请上幸成都。

32　宰相畏韩建，不敢专决政事。八月丙辰，诏建关议朝政，建上表固辞，乃止。

韩建移檄诸道，令共输资粮诣行在。李克用闻之，叹曰："去岁从馀言，岂有今日之患！"又曰："韩建天下痴物，为贼臣弱帝室，是不为李茂贞所擒，则为朱全忠所虏耳！"因奏将与邻道发兵入援。

33　加钱镠兼中书令。

34　癸丑，以王建为凤翔西面行营招讨使。

35　甲寅，以门下侍郎、同平章事王抟同平章事，充威胜节度使。

36　上愤天下之乱，思得奇杰之士不次用之。国子博士朱朴自言："得为宰相，月馀可致太平。"上以为然。乙丑，以朴为左谏议大夫、同平章事。朴为人庸鄙迂僻，无他长。制出，中外大惊。

37　丙寅，加韩建兼中书令。

38　九月庚辰，升福建为威武军，以观察使王潮为节度使。

39　以湖南留后马殷判湖南军府事。殷以高郁为谋主，郁，扬州人也。殷畏杨行密、成汭之强，议以金帛结之，高郁曰：

29 水部郎中何迎向朝廷进呈表章，荐举国子监《毛诗》博士、襄阳人朱朴，说他的才能可比东晋谢安，道士许岩士也向朝廷推荐朱朴有经邦济世的才学。昭宗于是连续几天召见朱朴进行答对，朱朴有论辩口才，昭宗很欣赏他，说："朕虽然比不上太宗，但得到你就像得到魏徵一样呀！"赏赐给朱朴金银布帛，并且赏赐何迎。

30 朝廷任命徐彦若为大明宫留守，兼任京畿安抚制置等使。

31 杨行密上表请求唐昭宗迁都到江淮，王建则请唐昭宗到成都去。

32 朝中宰相惧怕韩建，不敢决断政事。八月丙辰（初八），昭宗诏令韩建入朝商议朝廷政事，韩建上呈表章坚决推辞，昭宗于是停止召见。

韩建向各道发出檄文，命令他们共同运输资财粮食送到华州唐昭宗这里。李克用听到后，叹息道："上年皇上若是听从了我的话，怎么会有今天的祸患！"又说："韩建是当今世上的愚人，替乱臣贼子削弱大唐皇室，这样他不被李茂贞擒拿，就被朱全忠虏获！"于是，李克用上奏朝廷要与邻近各道发兵前往救援。

33 朝廷加封钱镠兼中书令。

34 癸丑（初五），朝廷任命王建为凤翔西面行营招讨使。

35 甲寅（初六），朝廷任命门下侍郎、同平章事王抟以同平章事衔，充任威胜节度使。

36 昭宗愤恨天下战乱不得安宁，想得到特别杰出的人才破格任用。国子博士朱朴说："让我任宰相，一个多月的时间就可以使天下太平。"唐昭宗认可。乙丑（十七日），朝廷任命朱朴为左谏议大夫、同平章事。朱朴为人处事庸俗卑鄙、迂腐冷僻，并没有什么其他的长处。诏令颁布后，朝廷内外都大为吃惊。

37 丙寅（十八日），朝廷加封韩建兼中书令。

38 九月庚辰（初二），朝廷把福建观察使司升为威武节度使司，任命福建观察使王潮为威武节度使。

39 朝廷任命湖南留后马殷兼管湖南节度使司事宜。马殷任用高郁做自己的主要谋士，高郁是扬州人。马殷惧怕杨行密、成汭势力的强大，商议想通过赠送金银布帛和杨行密、成汭结好，高郁对马殷说：

"成汭不足畏也。行密公之雠，虽以万金赂之，安肯为吾援乎！不若上奉天子，下奉士民，训卒厉兵，以修霸业，则谁与为敌矣。"殷从之。

40　崔胤出镇湖南，韩建之志也。胤密求援于朱全忠，且教之营东都宫阙，表迎车驾。全忠与河南尹张全义表请上迁都洛阳，全忠仍请以兵二万迎车驾，且言崔胤忠臣，不宜出外。韩建惧，复奏召胤为相，遣使谕全忠以且宜安静，全忠乃止。乙未，复以胤为中书侍郎、同平章事。以翰林学士承旨、兵部侍郎崔远同平章事。远，珙弟玙之孙也。

丁酉，贬中书侍郎、同平章事陆扆为硖州刺史。崔胤恨扆代己，诬扆，云党于李茂贞而贬之。

己亥，以朱朴兼判户部，凡军旅财赋之事，上一以委之。以孙偓为凤翔四面行营都统，又以前定难节度使李思谏为静难节度使，兼副都统。

41　以保大留后李思敬为节度使。

42　河东将李存信攻临清，败汴将葛从周于宗城北，乘胜至魏州北门。

43　冬，十月壬子，加孙偓行营节度、招讨、处置等使。丁巳，以韩建权知京兆尹，兼把截使。戊午，李茂贞上表请罪，愿得自新，仍献助修宫室钱。韩建复佐佑之，竟不出师。

44　钱镠令两浙吏民上表，请以镠兼领浙东。朝廷不得已，复以王抟为吏部尚书、同平章事，以镠为镇海、威胜两军节度使。丙子，更名威胜曰镇东军。

"成汭，没有什么可怕的。杨行密和你仇恨很深，即使是向他赠送一万两黄金，他也不会援助我们的！不如对上尊奉天子，对下安抚士民，训练士兵整治装备，以谋求霸业，这样谁还敢与我们为敌呢。"马殷听从了高郁的意见。

40 将崔胤调出朝廷派到湖南任武安节度使，是韩建的意图。崔胤暗中向朱全忠求援，并且指使朱全忠修缮东都洛阳的宫殿，向朝廷上表迎接唐昭宗车驾到洛阳。朱全忠于是与河南尹张全义向朝廷进呈表章，请唐昭宗迁都洛阳，朱全忠再三请求派出两万军队去迎接唐昭宗的车驾，并且说崔胤是位忠臣，不应当把他调到外地任职。韩建恐惧，重新上奏召请崔胤为宰相，派遣使臣传谕朱全忠暂且应当保持安静，朱全忠这才停止了行动。乙未（十七日），朝廷再次任命崔胤为中书侍郎、同平章事。任命翰林学士承旨、兵部侍郎崔远为同平章事。崔远是崔琳胞弟崔珣的孙子。

丁酉（十九日），朝廷将中书侍郎、同平章事陆扆贬为硖州刺史。崔胤嫉恨陆扆取代了自己，便诬陷陆扆，说他与李茂贞结党营私，将他贬职。

己亥（二十一日），朝廷任命朱朴兼管户部，所有军事费用、财政赋税等事，唐昭宗全都委交朱朴掌管。朝廷还任命孙偓为凤翔四面行营都统，又任命以前的定难节度使李思谏为静难节度使，兼任凤翔四面行营副都统。

41 朝廷任命保大留后李思敬为节度使。

42 河东将领李存信改打临清，在宗城县北部打败汴州军队将领葛从周，乘胜进军直达魏州城的北门。

43 冬季，十月壬子（初五），朝廷加封孙偓为行营节度使、招讨使、处置使等职。丁巳（初十），朝廷任命韩建暂任京兆尹，兼任把截使。戊午（十一日），李茂贞向朝廷上表自请治罪，愿意改过自新，并进献帮助朝廷修缮长安宫殿的钱财。韩建又从中为李茂贞说情，朝廷竟然不再出动军队讨伐李茂贞。

44 钱镠命令两浙官民向朝廷上呈表章，请求朝廷委任钱镠兼管浙东。朝廷不得已，又任命王抟为吏部尚书、同平章事，任命钱镠为镇海、威胜两军节度使。丙子（二十九日），朝廷将威胜军改名为镇东军。

45 李克用自将攻魏州,败魏兵于白龙潭,追至观音门。朱全忠复遣葛从周救之,屯于洹水,全忠以大军继之,克用乃还。

46 加河中节度使王珂同平章事。

47 十一月,朱全忠还大梁,复遣葛从周东会庞师古,攻郓州。

48 湖州刺史李师悦求旌节,诏置忠国军于湖州,以师悦为节度使。赐告身旌节者未入境,戊子,师悦卒。杨行密表师悦子前绵州刺史彦徽知州事。

49 淮南将安仁义攻婺州。

50 十二月,东川兵焚掠汉、眉、资、简之境。

51 清海节度使薛王知柔行至湖南,广州牙将卢琚、谭弘玘据境拒之,使弘玘守端州。弘玘结封州刺史刘隐,许妻以女。隐伪许之,托言亲迎,伏甲舟中,夜入端州,斩弘玘,遂袭广州,斩琚,具军容迎知柔入视事。知柔表隐为行军司马。

45　李克用亲自带领军队攻打魏州的罗弘信,在白龙潭打败魏州军队,一直追赶到魏州外城的观音门。朱全忠又派遣葛从周救援魏州,率军到洹水驻扎,朱全忠带领大队人马也相继赶到,李克用便返回晋阳。

46　朝廷加封河中节度使王珂为同平章事。

47　十一月,朱全忠返回大梁,又派遣葛从周向东会合庞师古,去攻打郓州的朱瑄。

48　湖州刺史李师悦向朝廷谋求节度使旌旗节钺,唐昭宗诏令在湖州设置忠国军,任命李师悦为节度使。朝廷派出向李师悦颁赐授职文书和旌旗节钺的使臣还没有到达湖州,戊子(十二日),李师悦便死去了。杨行密于是向朝廷上表请任命李师悦的儿子、前绵州刺史李彦徽主持湖州事宜。

49　淮南将领安仁义攻打婺州。

50　十二月,东川节度使顾彦晖的军队在西川节度使王建管辖的汉州、眉州、资州、简州境内焚烧抢掠。

51　清海节度使薛王李知柔前往赴任行至湖南,广州牙将卢琚、谭弘玘据守广州抗拒他入境,由谭弘玘固守端州。谭弘玘交结封州刺史刘隐,许诺把自己的女儿嫁给刘隐为妻。刘隐假装答应了这桩婚事,以娶亲为借口,把士兵武器埋藏在船上,夜里进入端州,斩杀了谭弘玘,又乘胜袭击广州,斩杀卢琚,接着刘隐整顿军容迎接薛王李知柔进入广州主持节度使事务。李知柔上表朝廷任命刘隐为行军司马。

卷第二百六十一　唐紀七十七

起丁巳(897)尽己未(899)凡三年

昭宗圣穆景文孝皇帝中之上
乾宁四年(丁巳,897)

1　春,正月甲申,韩建奏:"防城将张行思等告睦、济、韶、通、彭、韩、仪、陈八王谋杀臣,劫车驾幸河中。"建恶诸王典兵,故使行思等告之。上大惊,召建谕之,建称疾不入。令诸王诣建自陈,建表称:"诸王忽诣臣理所,不测事端。臣详酌事体,不应与诸王相见。"又称:"诸王当自避嫌疑,不可轻为举措。陛下若以友爱含容,请依旧制,令归十六宅,妙选师傅,教以诗书,不令典兵预政。"且曰:"乞散彼乌合之兵,用光麟趾之化。"建虑上不从,引麾下精兵围行宫,表疏连上。上不得已,是夕,诏诸王所领军士并纵归田里,诸王勒归十六宅,其甲兵并委韩建收掌。建又奏:"陛下选贤任能,足清祸乱,何必别置殿后四军!显有厚薄之恩,乖无偏无党之道。且所聚皆坊市无赖奸猾之徒,平居犹思祸变,临难必不为用,而使之张弓挟刃,密迩皇舆,臣窃寒心,乞皆罢。"诏亦从之。

昭宗圣穆景文孝皇帝中之上

唐昭宗乾宁四年(丁巳,公元897年)

1　春季,正月甲申(初八),韩建向朝廷上奏说:"华州防城将张行思等控告皇室的睦、济、韶、通、彭、韩、仪、陈八王图谋杀害我,要劫持皇上的车驾到河中去。"韩建憎恨各王掌管军队,因此指使张行思等控告他们。昭宗接到韩建的表章大为惊慌,召见韩建,想向他说明,韩建以有病为托词拒不前来。唐昭宗又命令各王到韩建那里去自行陈述,韩建上表道:"各王若忽然来到我的住所,变乱之事难以揣测。我仔细斟酌这件事,不应当和各王见面。"韩建又说:"各王应当自动避开嫌疑,不可轻举妄动。陛下如果因为同祖同宗的友爱之情而宽容他们,就请依照旧制,命令诸王回到十六宅,精心挑选师傅,教他们学习诗文书画,而不让他们掌管军队干预朝政。"韩建并且说:"请求解散各王手下的乌合之众,以光大大唐皇室子孙的教化。"韩建担心唐昭宗不依从他的意见,就带领手下精壮士兵围困昭宗的行宫,表章奏疏接二连三地向朝廷呈递。昭宗不得已,在这天傍晚,诏令各王所管领的军中士兵全都解散遣回田间故里,强迫诸王回到十六宅,各王原有的盔甲兵器全部交给韩建掌管。韩建又上奏说:"陛下挑选贤良任用能人,这样足可以清除祸患平定战乱,何必另外设置安圣、捧宸、保宁、宣化这四支亲军呢!显然皇恩有厚薄亲疏之分,与没有偏向没有私党这样的王道相背离。况且这四支陛下亲军里,聚集的都是市镇里巷中游手好闲奸邪狡猾的无赖,他们在平静安居的时候还企图作乱惹祸发动变乱,当朝廷遇到艰难处境他们一定不会为陛下效力的,可是现在却让这帮人拉弓拔刀,紧紧地跟随陛下的车驾,我私下里为陛下担惊受怕,请求立即把亲军全部解散。"昭宗颁下诏书,又依从了韩建的意见。

于是殿后四军二万馀人悉散,天子之亲军尽矣。捧日都头李筠,石门扈从功第一,建复奏斩于大云桥。建又奏:"玄宗之末,永王璘暂出江南,遽谋不轨。代宗时吐蕃入寇,光启中朱玫乱常,皆援立宗支以系人望。今诸王衔命四方者,乞皆召还。"又奏:"诸方士出入禁庭,眩惑圣听,宜皆禁止,无得入宫。"诏悉从之。建既幽诸王于别第,知上意不悦,乃奏请立德王为太子,欲以解之。丁亥,诏立德王祐为皇太子,仍更名裕。

2 庞师古、葛从周并兵攻郓州,朱瑄兵少食尽,不复出战,但引水为深壕以自固。辛卯,师古等营于水西南,命为浮梁。癸巳,潜决濠水。丙申,浮梁成,师古夜以中军先济。瑄闻之,弃城奔中都,葛从周逐之,野人执瑄及妻子以献。

3 己亥,罢孙偓凤翔四面行营节度等使,以副都统李思谏为宁塞节度使。

4 钱镠使行军司马杜棱救婺州。安仁义移兵攻睦州,不克而还。

5 朱全忠入郓州,以庞师古为天平留后。

朱瑾留大将康怀贞守兖州,与河东将史俨、李承嗣掠徐州之境以给军食。全忠闻之,遣葛从周将兵袭兖州。怀贞闻郓州已失守,汴兵奄至,遂降。二月戊申,从周入兖州,获瑾妻子。朱瑾还,无所归,帅其众趋沂州,刺史尹处宾不纳,走保海州,为汴兵所逼,与史俨、李承嗣拥州民渡淮,奔杨行密。行密逆之于高邮,表瑾领武宁节度使。

于是,护卫昭宗的四支军队两万馀人全部解散,天子的亲军完全裁撤了。捧日都头李筠,当初在石门跟随护卫昭宗,功劳堪数第一,韩建又上奏朝廷,将李筠在华州大云桥斩杀。韩建接着又向昭宗奏道:"玄宗末年,永王李璘暂时调出京师到江南任职,马上就背叛朝廷图谋不轨。代宗时,吐蕃侵入,拥立广武王李承宏,光启年间,朱玫叛逆作乱,拥立襄王李煴,他们都是靠着拥立皇族宗室的分支来笼络民心。现在奉陛下之命在各地的皇室诸王,请求把他们全都召回朝廷。"韩建还奏称:"那些鼓吹仙术的方士在皇宫出出进进,迷惑皇帝的耳目,应当一律禁止,不许他们进入皇宫。"昭宗下诏全都依从韩建的奏请。韩建把皇室各王幽禁在其他府第后,知道昭宗心中不高兴,便上呈奏章请求立德王为太子,想以此来缓解。丁亥(十一日),昭宗颁下诏令,立德王李祐为皇太子,按成制改名为李裕。

2 庞师古、葛从周联合军队攻打郓州的朱瑄,朱瑄人马较少粮食也吃尽,便不再出城交战,只是引水灌满堑壕自行固守。辛卯(十五日),庞师古等在水流的西南安设营寨,命令士兵建造浮桥。癸巳(十七日),庞师古的士兵偷偷挖开堑壕放水。丙申(二十日),浮桥造成,庞师古在夜里派遣中军首先越过堑壕。朱瑄听说后放弃郓州城逃奔中都县,葛从周随即追击,乡下农人抓获朱瑄和他的妻子儿女交送葛从周。

3 己亥(二十三日),朝廷免去孙偓的凤翔四面行营节度等使的官职,任命副都统李思谏为宁塞节度使。

4 钱镠派令行军司马杜棱救援婺州。围攻婺州的安仁义于是调动军队去攻打睦州,结果没有攻克而率众返回。

5 朱全忠进入郓州,任命庞师古为天平留后。

朱瑾留下大将康怀贞守卫兖州,他自己与河东李克用的将领史俨、李承嗣一起到徐州境内抢掠以供给军需粮食。朱全忠得知,便派葛从周带领军队袭击兖州。康怀贞得知郓州已经失守,朱全忠的汴州军队突然来到,于是向葛从周投降。二月戊申(初三),葛从周进入兖州城,抓获朱瑾的妻子儿女。朱瑾返回兖州时,没有归处,便率领手下人马奔往沂州,沂州刺史尹处宾不接纳,朱瑾无奈又奔往海州固守,又受到汴州军队的进攻逼迫,最后与史俨、李承嗣裹挟海州的百姓渡过淮水,投奔杨行密。杨行密在高邮迎接朱瑾,并向朝廷表请任命朱瑾遥领武宁节度使。

全忠纳瑾之妻,引兵还,张夫人逆于封丘,全忠以得瑾妻告之。夫人请见之,瑾妻拜,夫人答拜,且泣曰:"兖、郓与司空同姓,约为兄弟,以小故恨望,起兵相攻,使吾姒辱于此。他日汴州失守,吾亦如吾姒之今日乎!"全忠乃送瑾妻于佛寺为尼,斩朱瑄于汴桥。于是郓、齐、曹、棣、兖、沂、密、徐、宿、陈、许、郑、滑、濮皆入于全忠。惟王师范保淄青一道,亦服于全忠。李存信在魏州,闻兖、郓皆陷,引兵还。

淮南旧善水战,不知骑射,及得河东、兖、郓兵,军声大振。史俨、李承嗣皆河东骁将,李克用深惜之,遣使间道诣杨行密请之。行密许之,亦遣使诣克用修好。

6 戊午,王建遣邛州刺史华洪、彭州刺史王宗祐将兵五万攻东川,以戎州刺史王宗谨为凤翔西面行营先锋使,败凤翔将李继徽等于玄武。继徽本姓杨,名崇本,茂贞之假子也。

7 己未,赦天下。

8 上飨行庙。

9 庚申,王建以决云都知兵马使王宗侃为应援开峡都指挥使,将兵八千趋渝州;决胜都知兵马使王宗阮为开江防送进奉使,将兵七千趋泸州。辛未,宗侃取渝州,降刺史牟崇厚。癸酉,宗阮拔泸州,斩刺史马敬儒,峡路始通。

凤翔将李继昭救梓州,留偏将守剑门,西川将王宗播击擒之。

朱全忠收纳了朱瑾的妻子,带领军队返回汴州,朱全忠的妻子张夫人在封丘县迎接,朱全忠把收纳朱瑾妻子的事告诉张夫人。张夫人请求会见朱瑾妻子,朱瑾妻子拜见张夫人,张夫人以同样的礼节答谢,并且流着眼泪说:"兖州的朱瑾、郓州的朱瑄与司空朱全忠是同姓,他们相约结为兄弟,因为很小的缘故而产生怨恨,竟兵戎相见互相攻打,以致使嫂子你受到这样的侮辱。将来有一天汴州失守,我也要像嫂子你今天这样了!"朱全忠这才把朱瑾妻子送到佛寺里做尼姑,在汴桥斩杀朱瑄。于是,天平节度使管辖的郓州、齐州、曹州、棣州,泰宁节度使管辖的兖州、沂州、密州,感化节度使管辖的徐州、宿州,忠武节度使管辖的陈州、许州,宣义节度使管辖的郑州、滑州、濮州,全都归属朱全忠统管。只有王师范保存淄青一道,也服从了朱全忠。这时,李存信在魏州,他听说兖州、郓州都被朱全忠攻占,便带领人马返回晋阳。

淮南节度使杨行密的军队以往擅长水上作战,而不熟悉骑马射箭,等到杨行密接收了河东李克用、兖州朱瑾、郓州朱瑄人马,军队声势大为振作。史俨、李承嗣都是河东节度使李克用手下的勇猛战将,李克用对他们到杨行密那里很是惋惜,派遣使者从小道前去向杨行密请求放回史俨、李承嗣。杨行密同意,也派出使者到李克用那里重修和好。

6 戊午(十三日),西川节度使王建派遣邛州刺史华洪、彭州刺史王宗祐带领军队五万攻打东川节度使顾彦晖,任命戎州刺史王宗谨为凤翔西面行营先锋使,在梓州玄武县打败凤翔节度使李茂贞的将领李继徽等。李继徽本来姓杨,名崇本,是李茂贞的养子。

7 己未(十四日),朝廷诏令天下大赦。

8 唐昭宗到行庙祭献。

9 庚申(十五日),王建任命决云都知兵马使王宗侃为应援开峡都指挥使,带领军队八千奔赴渝州;任命决胜都知兵马使王宗阮为开江防送进奉使,带领军队七千奔赴泸州。辛未(二十六日),王宗侃攻取渝州,渝州刺史牟崇厚投降。癸酉(二十八日),王宗阮攻克泸州,斩杀泸州刺史马敬儒,峡路开始打通。

凤翔节度使李茂贞的将领李继昭救援梓州,留下属将据守剑门,西川将领王宗播袭击擒获了他。

10　乙亥,门下侍郎、同平章事孙偓罢守本官,中书侍郎、同平章事朱朴罢为秘书监。朴既秉政,所言皆不效,外议沸腾。太子詹事马道殷以天文,将作监许岩士以医得幸于上,韩建诬二人以罪而杀之,且言偓、朴与二人交通,故罢相。

11　诏以杨行密为江南诸道行营都统,以讨武昌节度使杜洪。

12　张佶克邵州,擒蒋勋。

13　三月丙子,朱全忠表曹州刺史葛从周为泰宁留后,朱友裕为天平留后,庞师古为武宁留后。

14　保义节度使王珙攻护国节度使王珂,珂求援于李克用,珙求援于朱全忠。宣武将张存敬、杨师厚败河中兵于猗氏南;河东将李嗣昭败陕兵于猗氏,又败之于张店,遂解河中之围。师厚,斤沟人;嗣昭,克用弟克柔之假子也。

15　更名感义军曰昭武,治利州,以前静难节度使苏文建为节度使。

16　夏,四月,以同州防御使李继瑭为匡国节度使。继瑭,茂贞之养子也。

17　以右谏议大夫李洵为两川宣谕使,和解王建及顾彦晖。

18　辛亥,钱镠遣顾全武等将兵三千自海道救嘉兴,己未,至城下,击淮南兵,大破之。

19　杜洪为杨行密所攻,求救于朱全忠,全忠遣其将聂金掠泗州,朱友恭攻黄州。行密遣右黑云都指挥使马珣等救黄州。黄州刺史瞿章闻友恭至,弃城,拥众南保武昌寨。

10　乙亥(三十日),朝廷将门下侍郎、同平章事孙偓罢去官衔,只留本职,将中书侍郎、同平章事朱朴罢职贬为秘书监。朱朴充任宰相主持朝政后,事先所说的话都没有见效,朝外议论纷纷。太子詹事马道殷因为通晓天文,将作监许岩士因为懂医而得到唐昭宗宠爱,韩建诬陷马道殷、许岩士两人有罪而斩杀了他们,并且又说孙偓、朱朴与这两个人相互交往窜通信息,因此将他们罢去了宰相官职。

11　唐昭宗颁下诏令,任命杨行密为江南诸道行营都统,以便讨伐武昌节度使杜洪。

12　张佶攻克邵州,擒获邵州刺史蒋勋。

13　三月丙子(初一),朱全忠向朝廷进呈表章请求任命曹州刺史葛从周为泰宁留后,朱友裕为天平留后,庞师古为武宁留后。

14　保义节度使王珙攻打护国节度使王珂,王珂向李克用求援,王珙则向朱全忠求援。宣武军将领张存敬、杨师厚在猗氏南部打败河中军队;河东军队将领李嗣昭在猗氏打破陕州人马,接着又在张店再次打败陕州军队,于是解除了对河中的围困。杨师厚是斤沟镇人,李嗣昭是李克用胞弟李克柔的养子。

15　朝廷诏令,将感义军改名为昭武军,节度使司设在利州,任命以前的静难节度使苏文建为昭武节度使。

16　夏季,四月,朝廷任命同州防御使李继瑭为匡国节度使。李继瑭是李茂贞的养子。

17　朝廷任命右谏议大夫李洵为两川宣谕使,前往劝说西川节度使王建与东川节度使顾彦晖和解。

18　辛亥(初六),钱镠派遣顾全武等带领军队三千人乘船由海道前往救援嘉兴,己未(十四日),来到嘉兴城下,攻打正在围攻嘉兴的淮南军队,结果把淮南军队打得大败。

19　杜洪受到杨行密的进攻,向朱全忠求救,朱全忠派遣手下将领聂金掠扰泗州,命朱友恭攻打黄州。杨行密则派遣右黑云都指挥使马珣等救援黄州。黄州刺史瞿章听说朱友恭前来,便放弃黄州城,裹挟民众向南逃往武昌寨固守。

20　癸亥,两浙将顾全武等破淮南十八营,虏淮南将士魏约等三千人。淮南将田頵屯驿亭埭,两浙兵乘胜逐之。甲戌,頵自湖州奔还,两浙兵追败之,頵众死者千馀人。

21　韩建恶刑部尚书张祎等数人,皆诬奏,贬之。

22　五月,加奉国节度使崔洪同平章事。

23　辛巳,朱友恭为浮梁于樊港,进攻武昌寨,壬午,拔之,执瞿章,遂取黄州。马珣等皆败走。

24　丙戌,王建以节度副使张琳守成都,自将兵五万攻东川。更华洪姓名曰王宗涤。

25　六月己酉,钱镠如越州,受镇东节钺。

26　李茂贞表:"王建攻东川,连兵累岁,不听诏命。"甲寅,贬建南州刺史。乙卯,以茂贞为西川节度使。以覃王嗣周为凤翔节度使。

27　癸亥,王建克梓州南寨,执其将李继宁。丙寅,宣谕使李洵至梓州,己巳,见建于张杷砦,建指执旗者曰:"战士之情,不可夺也。"

28　覃王赴镇,李茂贞不受代,围覃王于奉天。

29　置宁远军于容州,以李克用大将盖寓领节度使。

30　秋,七月,加荆南节度使成汭兼侍中。
31　韩建移书李茂贞,茂贞解奉天之围,覃王归华州。

20 癸亥(十八日)，两浙军队将领顾全武等攻破围攻嘉兴的淮南军队十八个营寨，虏获淮南军队将士魏约等三千人。淮南军队将领田频当时驻扎在驿亭埭，两浙军队乘胜驱逐田频。甲戌(二十九日)，田频从湖州逃回，两浙军队在后面紧追，田频军队大败，死亡达一千余人。

21 韩建憎恨刑部尚书张祎等几个人，他上呈奏章，全都进行诬陷，结果张祎等人被朝廷贬职。

22 五月，朝廷加封奉国节度使崔洪为同平章事。

23 辛巳(初七)，朱友恭在樊港建造跨江浮桥，进攻武昌营寨，壬午(初八)，予以攻克，抓获刺史瞿章，于是占取黄州。马珣等都战败逃跑。

24 丙戌(十二日)，西川节度使王建命令节度副使张琳据守成都，自己带领军队五万攻打东川节度使顾彦晖。王建把华洪的姓名改为王宗涤。

25 六月己酉(初五)，钱镠到达越州，接受镇东节度使的旌旗节钺。

26 李茂贞上表朝廷说："王建一再攻打东川，多年以来兴兵作乱，拒不听从朝廷的诏令。"甲寅(初十)，唐昭宗颁下诏令，把王建贬为南州刺史。乙卯(十一日)，朝廷任命李茂贞为西川节度使。同时任命覃王李嗣周为凤翔节度使。

27 癸亥(十九日)，王建攻克梓州南寨，抓获南寨将领李继宁。丙寅(二十二日)，朝廷派出的宣谕使李洵到达梓州，己巳(二十五日)，李洵在张杷砦会晤王建，王建指着手拿旗帜的人说："攻打东川是军中士兵的意愿，不能强夺。"

28 覃王李嗣周前赴凤翔镇所，凤翔节度使李茂贞不接受李嗣周的替代，并在奉天将李嗣周围困起来。

29 朝廷在容州设置宁远军，任命李克用的大将盖寓兼任宁远节度使。

30 秋季，七月，朝廷加封荆南节度使成汭兼侍中。

31 韩建给李茂贞送去书信，李茂贞于是解除对奉天的围困，覃王李嗣周回到华州。

32　以天雄节度使李继徽为静难节度使。

33　庚戌,钱镠还杭州,遣顾全武取苏州;乙未,拔松江;戊戌,拔无锡;辛丑,拔常熟、华亭。

34　初,李克用取幽州,表刘仁恭为节度使,留戍兵及腹心将十人典其机要,租赋供军之外,悉输晋阳。及上幸华州,克用征兵于仁恭,又遗成德节度使王镕、义武节度使王郜书,欲与之共定关中,奉天子还长安。仁恭辞以契丹入寇,须兵扞御,请俟虏退,然后承命。克用屡趣之,使者相继,数月,兵不出。克用移书责之,仁恭抵书于地,慢骂,囚其使者,欲杀河东戍将,戍将遁逃获免。克用大怒,八月,自将击仁恭。

35　上欲幸奉天亲讨李茂贞,令宰相议之。宰相切谏,乃止。

36　延王戒丕还自晋阳,韩建奏:“自陛下即位以来,与近辅交恶,皆因诸王典兵,凶徒乐祸,致銮舆不安。比者臣奏罢兵权,实虑不测之变。今闻延王、覃王尚苞阴计,愿陛下圣断不疑,制于未乱,则社稷之福。”上曰:“何至于是!”数日不报。建乃与知枢密刘季述矫制发兵围十六宅,诸王被发,或缘垣,或升屋,呼曰:“宅家救儿!”建拥通、沂、睦、济、韶、彭、韩、陈、覃、延、丹十一王至石堤谷,尽杀之,以谋反闻。

32　朝廷任命天雄节度使李继徽为静难节度使。

33　庚戌，钱镠从越州返回杭州，派顾全武攻取苏州；乙未（二十二日），攻克松江；戊戌（二十五日），攻占无锡；辛丑（二十八日），又占据常熟、华亭。

34　当初，李克用攻取幽州，向朝廷进呈表章请求任命刘仁恭为节度使，留下戍兵和亲信将领十人掌管机要事务，幽州一带的田租税除了供给军需之外，全部运送到晋阳。等到唐昭宗避难前往华州后，李克用向刘仁恭征调军队，又给成德节度使王镕、义武节度使王郜送去书信，想和他们一起平定关中的叛乱，奉送天子返回京师长安。刘仁恭以契丹人正在入侵抢掠，需要有军队防务，请等契丹人退走后，然后再接受李克用的命令，予以推辞。李克用再三催促，派出的使者接二连三地到达幽州，可是几个月过去，刘仁恭的军队还是不出发。李克用送去书信责备刘仁恭，刘仁恭把信扔在地上，大肆谩骂，并把派来的使者囚禁起来，还想杀害留在幽州驻守的河东将领，那些河东将领立即逃跑才免遭杀身之祸。李克用勃然大怒，八月，亲自率领军队攻打刘仁恭。

35　昭宗想前往奉天亲自督率军队讨伐李茂贞，命令宰相商议这件事。宰相极力劝阻，昭宗才打消了亲征的打算。

36　延王李戒丕从晋阳返回华州，韩建上奏说："自从陛下即位以来，朝廷与靠近京师的藩镇关系恶化，这都是因为皇室各王掌管兵权，逞凶作恶之徒喜好惹祸生灾，使陛下的车驾不能安稳。近来我向朝廷奏请罢免各王的兵权，实在是担心会有难以预测的变乱。现在我听说延王李戒丕、覃王李嗣周正在酝酿阴谋诡计，希望陛下圣明果断毫不迟疑，在没有发生变乱前就采取措施，那就是大唐天下的福气了。"唐昭宗看了韩建的奏章说："哪里至于这样呀！"几天过去都没有答复。韩建于是与知枢密刘季述假借朝廷的诏令发兵围攻各王的住所十六宅，诸王披头散发，有的攀援爬上墙头，有的登高跑到屋顶，狂呼道："皇上快来救我！"韩建把通王、沂王、睦王、济王、韶王、彭王、韩王、陈王、覃王、延王、丹王这十一个王裹挟到华州西部的石堤谷，全部杀掉，然后向唐昭宗奏报说他们谋反因而处死。

37　贬礼部尚书孙偓为南州司马。秘书监朱朴先贬虁州司马，再贬郴州司户。朴之为相，何迎骤迁至右谏议大夫，至是亦贬湖州司马。

38　锺传欲讨吉州刺史襄阳周玭，玭帅其众奔广陵。

39　王建与顾彦晖五十馀战，九月癸酉朔，围梓州。蜀州刺史周德权言于建曰："公与彦晖争东川三年，士卒疲于矢石，百姓困于输挽。东川群盗多据州县，彦晖懦而无谋，欲为偷安之计，皆唉以厚利，恃其救援，故坚守不下。今若遣人谕贼帅以祸福，来者赏之以官，不服者威之以兵，则彼之所恃，反为我用矣。"建从之，彦晖势益孤。德权，许州人也。

40　丁丑，李克用至安塞军，辛巳，攻之。幽州将单可及引骑兵至，克用方饮酒，前锋白："贼至矣！"克用醉，曰："仁恭何在？"对曰："但见可及辈。"克用瞋目曰："可及辈何足为敌！"亟命击之。是日大雾，不辨人物，幽州将杨师侃伏兵于木瓜涧，河东兵大败，失亡太半。会大风雨震电，幽州兵解去。克用醒而后知败，责大将李存信等曰："吾以醉废事，汝曹何不力争！"

41　湖州刺史李彦徽欲以州附于杨行密，其众不从。彦徽奔广陵，都指挥使沈攸以州归钱镠。

42　以彰义节度使张琏为凤翔西北行营招讨使，以讨李茂贞。

37　朝廷将礼部尚书孙偓贬职为南州司马。秘书监朱朴先贬为夔州司马,再次贬职降为郴州司户。朱朴做宰相时,何迎的官职突然升到右谏议大夫,到这时也被贬职为湖州司马。

38　锺传想要讨伐吉州刺史、襄阳人周琲,周琲率领所部人马逃奔广陵。

39　西川的王建与东川的顾彦晖大小交战五十多次,九月癸酉朔(初一),王建围攻梓州。蜀州刺史周德权对王建说:"你与顾彦晖争夺东川已经三年,士兵对征战已感到疲惫,地方百姓对运输接送军需已感到困乏。东川的州县大多被一群强盗贼寇占据着,顾彦晖怯懦而没有智谋,想用苟且偷安的办法,对州县属官都用丰厚的利益来引诱笼络他们,倚仗他们的救援,而坚守梓州使我们不能攻克。现在你如果派人向贼寇的头目说明祸福利弊,对于前来附顺的人赏给官职,对于拒不服从的人就派出军队威逼,这样顾彦晖所依仗的势力,便反被我们利用了。"王建采纳了周德权的意见,于是顾彦晖的势力越来越孤单。周德权是许州人。

40　丁丑(初五),李克用率领人马到达安塞军,辛巳(初九),李克用进攻安塞军。幽州的将领单可及带领骑兵赶到这里,李克用这时正在喝酒,前锋将士报信说:"幽州的贼寇来到了!"李克用喝得大醉,说:"刘仁恭在哪里?"手下人回答他说:"只看到单可及一伙人。"李克用瞪着眼说:"单可及这伙人哪里是我的对手!"当即下令向幽州军队发动进攻。这一天大雾弥漫,分辨不清人和物,幽州将领杨师侃在木瓜涧埋伏下军队,李克用的河东军队在交战中大败,丧失人马超过多半。适逢狂风暴雨电闪雷鸣,幽州军队于是解围离去。李克用醒酒后知道自己的人马吃了败仗,便责怪大将李存信等人说:"我因为喝醉酒而耽误大事,你们为什么不极力劝阻!"

41　湖州刺史李彦徽想要献出湖州归附杨行密,他手下众人不依从。李彦徽逃奔广陵,湖州的都指挥使沈攸率领湖州归附钱镠。

42　朝廷任命彰义节度使张琏为凤翔西北行营招讨使,以讨伐李茂贞。

43 复以王建为西川节度使、同平章事。加义武节度使王郜同平章事。削夺新西川节度使李茂贞官爵,复姓名宋文通。

44 朱全忠既得兖、郓,甲兵益盛,乃大举击杨行密,遣庞师古以徐、宿、宋、滑之兵七万壁清口,将趋扬州,葛从周以兖、郓、曹、濮之兵壁安丰,将趋寿州,全忠自将屯宿州,淮南震恐。

45 匡国节度使李继瑭闻朝廷讨李茂贞而惧,韩建复从而摇之,继瑭奔凤翔。冬,十月,以建为镇国、匡国两军节度使。

46 壬子,知遂州侯绍帅众二万,乙卯,知合州王仁威帅众千人,戊午,凤翔李继溥以援兵二千,皆降于王建。建攻梓州益急。庚申,顾彦晖聚其宗族及假子共饮,遣王宗弼自归于建。酒酣,命其假子瑶杀己及同饮者,然后自杀。建入梓州,城中兵尚七万人,建命王宗绾分兵徇昌、普等州,以王宗涤为东川留后。

47 刘仁恭奏称:"李克用无故称兵见讨,本道大破其党于木瓜涧,请自为统帅以讨克用。"诏不许。又遗朱全忠书。全忠奏加仁恭同平章事,朝廷从之。仁恭又遣使谢克用,陈去就不自安之意。克用复书略曰:"今公仗钺控兵,理民立法,擢士则欲其报德,选将则望彼酬恩,己尚不然,人何足信!仆料猜防出于骨肉,嫌忌生于屏帷,持干将而不敢授人,捧盟盘而何词著誓!"

43 昭宗重新任命王建为西川节度使、同平章事。加封义武节度使王郜为同平章事。革除不久前任命的西川节度使李茂贞的官职爵位,恢复李茂贞原来的姓名宋文通。

44 朱全忠获得兖州、郓州之后,军队的势力更加强盛,于是大规模发动军队进攻杨行密,他派遣庞师古带领徐州、宿州、宋州、滑州的军队七万人在清口安设营垒,准备进军扬州,又派遣葛从周带领兖州、郓州、曹州、濮州的军队在安丰县设置营垒,准备进军寿州,朱全忠自己率领人马在宿州驻扎,淮南军队得知十分震惊恐慌。

45 匡国节度使李继瑭听说朝廷要讨伐李茂贞,十分惧怕,韩建又从中威逼他,李继瑭于是逃奔凤翔。冬季,十月,朝廷任命韩建为镇国、匡国两军节度使。

46 壬子(初十),主持遂州事务的侯绍率领所部人马两万,乙卯(十三日),主持合州事务的王仁咸带领手下一千人,戊午(十六日),凤翔将领李继溥带领增援队伍两千人,都先后向王建投降。王建攻打梓州便更加猛烈。庚申(十八日),梓州城内的顾彦晖招聚他的宗族和养子共同饮酒,把从前擒获的西川将领王宗弼遣返到王建那里。顾彦晖开怀畅饮之后,命令养子顾瑶将自己和一同喝酒的人杀死,然后顾瑶本人自杀。王建于是进入梓州城,城内的军队还有七万人,王建命令王宗绾分兵前往昌州、普州等地巡行,又委任王宗涤为东川留后。

47 刘仁恭向朝廷上表奏称:“李克用无缘无故发动军队来讨伐我,我已经在木瓜涧将他的人马打得大败,现在我请求自己做统帅征伐李克用。”唐昭宗下诏不准。刘仁恭又给朱全忠送去书信。朱全忠便向朝廷奏请加封刘仁恭为同平章事,朝廷予以同意。刘仁恭又派遣使者前赴李克用那里道歉,陈述他与李克用分手而不能自安的心情。李克用给刘仁恭回信大略说:“现在你凭借朝廷符节控制军队,管理百姓自立法度,提拔人才要让他报答你的恩德,选用将领希望他酬谢你的恩惠,而你自己就不是这样,对别人又怎么能够充分相信呢!我估计你会猜忌亲人骨肉,疑心身边的文武官员,手持利剑而不敢转授他人,那么你手捧盟誓之盘时在誓词里又能说些什么呢!”

48　甲子,立皇子秘为景王,祚为辉王,祺为祁王。

49　加彰义节度使张琏同平章事。

50　杨行密与朱瑾将兵三万拒汴军于楚州,别将张训自涟水引兵会之,行密以为前锋。庞师古营于清口,或曰:"营地污下,不可久处。"不听。师古恃众轻敌,居常弈棋。朱瑾壅淮上流,欲灌之,或以告师古,师古以为惑众,斩之。十一月癸酉,瑾与淮南将侯瓒,将五千骑潜渡淮,用汴人旗帜,自北来趣其中军,张训逾栅而入。士卒苍黄拒战,淮水大至,汴军骇乱。行密引大军济淮,与瑾等夹攻之,汴军大败,斩师古及将士首万馀级,馀众皆溃。葛从周营于寿州西北,寿州团练使朱延寿击破之,退屯濠州,闻师古败,奔还。行密、瑾、延寿乘胜追之,及于渒水。从周半济,淮南兵击之,杀溺殆尽,从周走免。遇后都指挥使牛存节弃马步斗,诸军稍得济淮,凡四日不食,会大雪,汴卒缘道冻馁死,还者不满千人。全忠闻败,亦奔还。行密遗全忠书曰:"庞师古、葛从周,非敌也,公宜自来淮上决战。"

行密大会诸将,谓行军副使李承嗣曰:"始吾欲先趣寿州,副使云不如先向清口,师古败,从周自走,今果如所料。"赏之钱万缗,表承嗣领镇海节度使。行密待承嗣及史俨甚厚,第舍、姬妾,咸选其尤者赐之,故二人为行密尽力,屡立功,竟卒于淮南。行密由是遂保据江、淮之间,全忠不能与之争。

48　甲子(二十二日),昭宗颁发诏令,立皇子李秘为景王,李祚为辉王,李祺为祁王。

49　朝廷加封彰义节度使张琏为同平章事。

50　杨行密与朱瑾带领军队三万在楚州抗击朱全忠的邢州军队,另一员大将张训从涟水带领人马与他们会合,杨行密委任张训做前锋。庞师古在清口安营扎寨,有人向庞师古建议说:"这个营地低洼如同池塘,不能长久停留。"庞师古拒不听从。他倚仗人马众多而轻视敌手,在住地常常下棋取乐。朱瑾堵塞淮水上游的水流,打算灌淹庞师古的营地,有人把这一消息告诉庞师古,庞师古却认为这人是在蛊惑众心,竟把他斩杀了。十一月癸酉(初二),朱瑾与淮南军队将领侯瓒带领五千骑兵偷偷渡过淮水,打着汴州军队的旗帜,从北面奔赴庞师古的中军,张训越过栅栏冲入营帐。庞师古的士兵仓惶迎战抵抗,淮水又决口滚滚而来,汴州军队顿时惊惶失措混乱不堪。杨行密率领大军渡过淮水,与朱瑾等两面夹击庞师古,结果汴州军队大败,庞师古和将士一万馀人被斩杀,剩下的人马都溃散逃跑。葛从周在寿州西北安营扎寨,寿州团练使朱延寿攻破他的营寨,葛从周被迫退到濠州固守,他听说庞师古战败后,便逃奔返回。杨行密、朱瑾、朱延寿乘胜追击葛从周,一直追到淠水。葛从周的人马涉渡淠水到一半的时候,淮南军队发起进攻,葛从周的军队几乎全部被斩杀和溺死,葛从周本人逃跑免于一死。遏后都指挥使牛存节下马徒步战斗,各军才稍得渡过淮水,连续四天军中士兵没有进食,又恰逢天降大雪,汴州军队士兵连冻带饿纷纷死在路上,返回的人还不到一千。朱全忠听说他的人马打了大败仗,也逃跑返回。杨行密给朱全忠送去书信说:"庞师古、葛从周,都不是我的对手,你应当亲自来淮水上游一决胜负。"

杨行密与各位将领举行隆重的宴会进行庆贺,他对行军副使李承嗣说:"开始时,我想先奔赴寿州,你说不如先前往清口,庞师古溃败后,葛从周自然逃跑,现在果然像你预料的那样。"杨行密于是赏给李承嗣一万缗钱,向朝廷上表请任命李承嗣兼任镇海节度使。杨行密对待李承嗣和史俨相当优厚,府第房舍,美女姬妾,杨行密都挑选最好的赏赐给他们,所以李承嗣、史俨两人也为杨行密尽忠效力,多次建立战功,最终死在淮南。杨行密因此而占据固守长江、淮水之间,朱全忠不能够再与他争夺。

51 戊寅，立淑妃何氏为皇后。后，东川人，生德王、辉王。

52 威武节度使王潮弟审知，为观察副使，有过，潮犹加捶挞，审知无怨色。潮寝疾，舍其子延兴、延虹、延丰、延休，命审知知军府事。十二月丁未，潮薨。审知以让其兄泉州刺史审邽，审邽以审知有功，辞不受。审知自称福建留后，表于朝廷。

53 壬戌，王建自梓州还；戊辰，至成都。

是岁，南诏骠信舜化有上皇帝书函及督爽牒中书木夹，年号中兴。朝廷欲以诏书报之。王建上言：“南诏小夷，不足辱诏书。臣在西南，彼必不敢犯塞。”从之。

黎、雅间有浅蛮曰刘王、郝王、杨王，各有部落，西川岁赐缯帛三千匹，使觇南诏，亦受南诏赂诇成都虚实。每节度使到官，三王帅酋长诣府，节度使自谓威德所致，表于朝廷。而三王阴与大将相表里，节度使或失大将心，则教诸蛮纷扰。先是节度使多文臣，不欲生事，故大将常藉此以邀姑息，而南诏亦凭之屡为边患。及王建镇西川，绝其旧赐，斩都押牙山行章以惩之。邛崃之南，不置鄣候，不戍一卒，蛮亦不敢侵盗。其后遣王宗播击南诏，三王漏泄军事，召而斩之。

54 右拾遗张道古上疏，称：“国家有五危、二乱。昔汉文帝即位未几，明习国家事。今陛下登极已十年，而曾不知为君驭臣

51　戊寅(初七)，唐昭宗立淑妃何氏为皇后。何皇后是东川人，生下德王、辉王。

52　威武节度使王潮的弟弟王审知，是福建观察副使，他曾经犯有过错，王潮对他也捶打惩处，王审知丝毫没有怨恨。王潮卧病在床时，舍去他的儿子王延兴、王延虹、王延丰、王延休不用，而命令胞弟王审知主持节度使司事宜。十二月丁未(初六)，王潮死去。王审知让他的哥哥泉州刺史王审邽来接替，王审邽认为王审知立有功劳，坚决推辞而不接受。王审知于是自称福建留后，进呈表章上报朝廷。

53　壬戌(二十一日)，王建从梓州启程返回；戊辰(二十七日)，到达成都。

这一年，南诏骠信舜化有上奏给昭宗的书函及督爽官送给唐中书省用木板夹着的书牒，上面写的年号是中兴。朝廷想要颁发诏书来答复南诏王。王建向朝廷进言说："南诏不过是小小的蕃夷，不值得颁发诏书。我身在西南，南诏王一定不敢进犯边塞。"朝廷听从了王建的建议。

在黎州、雅州之间有接近汉化的蛮人，其中刘王、郝王、杨王三个王分别有自己的部落，西川节度使每年向他们赠送绢帛三千匹，让他们监视南诏的举动，这三个王也接受南诏的馈送，侦探成都的虚实。每当有西川节度使到任，这三个王就率领地方酋长前往节度使司恭贺，节度使自以为是朝廷的威武恩德使他们顺从敬服，就上表呈报朝廷。可是刘王、郝王、杨王这三个王却在暗中与节度使手下的大将相互勾结串通，有的节度使失去大将的拥护，这三个王就指使各地蛮人纷纷滋扰变乱。以前，朝廷派往西川的节度使大多是文臣，不想惹是生非，因此属下大将常常凭借节度使的心理姑息怂恿蛮人作乱，而南诏也借助这点在边地多次扰乱为患。等到王建做了西川节度使，断绝了以往对三个王的赏赐，斩杀与三王相通的都押牙将山行章以示惩治。在邛崃关以南的地方，不设置要塞与内线，不驻扎一兵一卒，蛮人也不敢入侵抢掠。后来王建派遣王宗播攻打南诏，三王泄漏了军事消息，王建便把他们召来斩杀。

54　右拾遗张道古向昭宗上疏奏道："现在国家有五大危机、二大祸乱。从前，汉文帝即位不久，就已明了熟悉国家的政务大事。现在陛下登极已经十年了，却还不曾知晓作为帝王驾驭天下群臣

之道。太宗内安中原,外开四夷,海表之国,莫不入臣。今先朝封域日蹙几尽。臣虽微贱,窃伤陛下朝廷社稷始为奸臣所弄,终为贼臣所有也!"上怒,贬道古施州司户。仍下诏罪状道古,宣示谏官。道古,青州人也。

光化元年(戊午,898)

1　春,正月,两浙、江西、武昌、淄青各遣使诣阙,请以朱全忠为都统,讨杨行密,诏不许。

2　加平卢节度使王师范同平章事。

3　以兵部尚书刘崇望同平章事,充东川节度使;以昭信防御使冯行袭为昭信节度使。

4　上下诏罪己息兵,复李茂贞姓名官爵,应诸道讨凤翔兵皆罢之。

5　壬辰,河中节度使王珂亲迎于晋阳,李克用遣其将李嗣昭守河中。

6　李茂贞、韩建皆致书于李克用,言大驾出幸累年,乞修和好,同奖王室,兼乞丁匠助修宫室,克用许之。

7　初,王建攻东川,顾彦晖求救于李茂贞,茂贞命将出兵救之,不暇东逼乘舆,诈称改过,与韩建共翼戴天子。及闻朱全忠营洛阳宫,累表迎车驾,茂贞、韩建惧,请修复宫阙,奉上归长安。诏以韩建为修宫阙使。诸道皆助钱及工材,建使都将蔡敬思督其役。既成,二月,建自往视之。

8　钱镠请徙镇海军于杭州,从之。

的方法。唐太宗时对内安定中原,对外开拓四周蕃夷疆土,四海之国,没有不向大唐朝廷称臣归附的。可是现在,先朝开辟留下的疆界日益紧缩,几乎丧尽。我虽然低微下贱,却认为陛下、朝廷、社稷,开始时受到奸臣的捉弄,最终会被那些乱臣贼子篡夺!"昭宗大为愤怒,把张道古贬职为施州司户。还颁下诏命历数张道古的罪状,向进谏言官们宣示。张道古是青州人。

唐昭宗光化元年(戊午,公元 898 年)

1 春季,正月,两浙的钱镠、江西的锺传、武昌的杜洪、淄青的王师范分别派遣使者前赴昭宗的驻地,请任命朱全忠为都统,讨伐杨行密,唐昭宗下诏不准。

2 朝廷加封平卢节度使王师范为同平章事。

3 朝廷任命兵部尚书刘崇望为同平章事,充任东川节度使;任命昭信防御使冯行袭为昭信节度使。

4 昭宗颁下诏书检讨自己的过失,下令停止攻战,恢复李茂贞的姓名和官职爵位,把各道讨伐凤翔李茂贞的军队全都撤退。

5 壬辰(二十二日),河中节度使王珂到晋阳亲自迎接李克用,李克用派遣属下将领李嗣昭前往据守河中。

6 李茂贞、韩建都给李克用送去书信,说皇帝的车驾离开京师外出巡行已经多年了,请求和睦相处友好交往,共同辅助大唐皇室,同时请李克用派出人丁匠役帮助修建长安的宫殿,李克用予以同意。

7 当初,王建攻打东川,东川节度使顾彦晖向李茂贞请求救援,李茂贞命令手下将领出动军队救援顾彦晖,而无暇向东逼攻昭宗的车驾,因此假称改过悔罪,与韩建共同辅助拥戴天子。等到听说朱全忠营建东都洛阳宫殿,并一再上呈表章要迎接昭宗的车驾去洛阳,李茂贞、韩建很是恐惧,请求立即修复京师宫殿,奉陪唐昭宗返回长安。唐昭宗诏令任命韩建为修宫阙使。各道都援助资财和工役材料,韩建派都将蔡敬思监督修复宫殿的工程。长安宫殿修复完善后,二月份,韩建亲自前往京师察看。

8 钱镠请求把镇海节度使司从润州迁往杭州,朝廷依从了他的请求。

9　复以李茂贞为凤翔节度使。

10　三月己丑，以王审知充威武留后。

11　朱全忠遣副使万年韦震入奏事，求兼镇天平，朝廷未之许，震力争之。朝廷不得已，以全忠为宣武、宣义、天平三镇节度使。全忠以震为天平留后，以前台州刺史李振为天平节度副使。振，抱真之曾孙也。

12　淮南将周本救苏州，两浙将顾全武击破之。淮南将秦裴以兵三千人拔昆山而戍之。

13　以潭州刺史、判湖南军府事马殷知武安留后。时湖南管内七州，贼帅杨师远据衡州，唐世旻据永州，蔡结据道州，陈彦谦据郴州，鲁景仁据连州，殷所得惟潭、邵而已。

14　义昌节度使卢彦威，性残虐，又不礼于邻道。与卢龙节度使刘仁恭争盐利，仁恭遣其子守文将兵袭沧州，彦威弃城，挈家奔魏州，罗弘信不纳，乃奔汴州。仁恭遂取沧、景、德三州，以守文为义昌留后。仁恭兵势益盛，自谓得天助，有并吞河朔之志，为守文请旌节，朝廷未许。会中使至范阳，仁恭语之曰："旌节吾自有之，但欲得长安本色耳，何为累章见拒！为吾言之！"其悖慢如此。

15　朱全忠与刘仁恭修好，会魏博兵击李克用。夏，四月丁未，全忠至钜鹿城下，败河东兵万馀人，逐北至青山口。

16　以护国节度使王珂兼侍中。

17　丁卯，朱全忠遣葛从周分兵攻洺州，戊辰，拔之，斩刺史邢善益。

9　朝廷重新任命李茂贞为凤翔节度使。

10　三月己丑(二十日)，朝廷任命王审知为威武留后。

11　朱全忠派遣副使万年县人韦震入朝奏报事宜，请求兼任天平节度使，朝廷没有准许，韦震极力争取。朝廷出于不得已，任命朱全忠为宣武、宣义、天平三镇节度使。朱全忠便委任韦震为天平留后，委任以前的台州刺史李振为天平节度副使。李振是李抱真的第四代孙子。

12　淮南军队将领周本救援苏州，两浙军队将领顾全武将周本打败。淮南军队将领秦裴带领三千人马攻占昆山县并驻扎下来。

13　朝廷任命潭州刺史、判湖南军府事马殷主持武安留后事宜。当时湖南管辖境内有七个州，贼寇头目杨师远占据衡州，唐世旻占据永州，蔡结占据道州，陈彦谦占据郴州，鲁景仁占据连州，这样马殷所得到的只是潭州、邵州两个州而已。

14　义昌节度使卢彦威，性情残忍暴虐，对邻近各道又不礼善。卢彦威与卢龙节度使刘仁恭争夺盐利，刘仁恭派遣他的儿子刘守文带领军队袭击沧州，卢彦威放弃沧州城，带着家人逃奔魏州，魏州的罗弘信拒不接纳，卢彦威便投奔汴州。刘仁恭于是占取沧州、景州、德州三个州，委任刘守文为义昌留后。刘仁恭的军队势力更加强盛，自以为得到上天的帮助，便有了吞并黄河以北地盘的企图，向朝廷为刘守文请求节度使旌旗节钺，朝廷没有准许。适逢中使到达范阳，刘仁恭对中使说："节度使的旌旗节钺我自己就有，只是想得到京师长安颁发的正宗而已，为什么我一再上呈表章请求却被拒绝！替我向朝廷说说！"刘仁恭的狂妄傲慢竟到达这种地步。

15　朱全忠与刘仁恭和好亲善，恰逢魏博军队攻打李克用。夏季，四月丁未(初八)，朱全忠到达钜鹿城下，打败河东李克用的军队一万馀人，一直追赶到青山口。

16　朝廷任命护国节度使王珂兼任侍中。

17　丁卯(二十八日)，朱全忠派遣葛从周分兵攻打洺州，戊辰(二十九日)，攻克，斩杀洺州刺史邢善益。

18　五月己巳朔,赦天下。

19　葛从周攻邢州,刺史马师素弃城走。辛未,磁州刺史袁奉滔自到。全忠以从周为昭义留后,守邢、洺、磁三州而还。

20　以武定节度使李继密为山南西道节度使。

21　朝廷闻王建已用王宗涤为东川留后,乃召刘崇望还,为兵部尚书,仍以宗涤为留后。

22　湖南将姚彦章言于马殷,请取衡、永、道、连、郴五州,仍荐李琼为将。殷以琼及秦彦晖为岭北七州游弈使,张图英、李唐副之,将兵攻衡州,斩杨师远,引兵趣永州,围之月馀,唐世旻走死。殷以李唐为永州刺史。

23　六月,以濠州刺史赵珝为忠武节度使。珝,犨之弟也。

24　秋,七月,加武贞节度使雷满同平章事,加镇南节度使锺传兼侍中。

25　忠义节度使赵匡凝闻朱全忠有清口之败,阴附于杨行密。全忠遣宿州刺史尉氏氏叔琮将兵伐之,丙申,拔唐州,擒随州刺史赵匡璘,败襄州兵于邓城。

26　八月庚戌,改华州为兴德府。

27　戊午,汴将康怀贞袭邓州,克之,擒刺史国湘。赵匡凝惧,遣使请服于朱全忠,全忠许之。

28　己未,车驾发华州;壬戌,至长安;甲子,赦天下,改元。

上欲藩镇相与辑睦,以太子宾客张有孚为河东、汴州宣慰使,赐李克用、朱全忠诏,又令宰相与之书,使之和解。克用欲奉诏,而耻于先自屈,乃致书王镕,使通于全忠,全忠不从。

18 五月己巳朔(初一),朝廷大赦天下。

19 葛从周攻打邢州,刺史马师素放弃邢州城逃跑。辛未(初三),磁州刺史袁奉滔自杀。朱全忠委任葛从周为昭义留后,守卫邢州、洺州、磁州三州,然后他自己返回汴州。

20 朝廷任命武定节度使李继密为山南西道节度使。

21 朝廷听说王建已经委任王宗涤为东川留后,于是召刘崇望返回,任命他为兵部尚书,仍以王宗涤为东川留后。

22 湖南军队将领姚彦章向马殷进言,请求攻取衡、永、道、连、郴五个州,仍然荐举李琼为统军将领。马殷任命李琼和秦彦晖为岭北七州游弈使,张图英、李唐为副使,带领军队攻打衡州,斩杀衡州刺史杨师远,接着又率领军队奔赴永州,围攻了一个多月,刺史唐世旻逃跑后死去。马殷于是任命李唐为永州刺史。

23 六月,朝廷任命濠州刺史赵珝为忠武节度使。赵珝是赵犨的胞弟。

24 秋季,七月,朝廷加封武贞节度使雷满为同平章事,加封镇南节度使钟传兼任侍中。

25 山南东道的忠义节度使赵匡凝听说朱全忠的人马在清口打了败仗,暗中依附淮南的杨行密。朱全忠派遣宿州刺史尉氏人氏叔琮带领军队讨伐赵匡凝,丙申(二十八日),氏叔琮攻克唐州,擒获随州刺史赵匡璘,在邓城打败襄州军队。

26 八月庚戌(十三日),朝廷把华州改名为兴德府。

27 戊午(二十一日),汴州军队将领康怀贞袭击邓州,予以攻克,擒获邓州刺史国湘。赵匡凝十分惧怕,派出使者请求臣服于朱全忠,朱全忠予以同意。

28 己未(二十二日),昭宗的车驾从华州出发;壬戌(二十五日),到达京师长安;甲子(二十七日),朝廷诏令天下大赦,改年号为光化。

唐昭宗希望天下藩镇相互和睦,便任命太子宾客张有孚为河东、汴州宣慰使,向李克用、朱全忠颁赐诏书,又命令宰相致信李克用、朱全忠,让他们和解。李克用想要遵奉诏令与朱全忠讲和,可是又为自己首先屈服而感到耻辱,于是他给王镕送去书信,让王镕与朱全忠沟通解释,但朱全忠拒不答应。

29　九月乙亥,加韩建守太傅、兴德尹;加王镕兼中书令,罗弘信守侍中。

30　己丑,东川留后王宗涤言于王建,以东川封疆五千里,文移往还,动逾数月,请分遂、合、泸、渝、昌五州别为一镇,建表言之。

31　顾全武攻苏州,城中及援兵食皆尽,甲申,淮南所署苏州刺史台濛弃城走,援兵亦遁。全武克苏州,追败周本等于望亭。独秦裴守昆山不下,全武帅万馀人攻之。裴屡出战,使病者被甲执矛,壮者彀弓弩,全武每为之却。全武檄裴令降。全武尝为僧,裴封函纳款,全武喜,召诸将发函,乃佛经一卷,全武大惭,曰:“裴不忧死,何暇戏予!”益兵攻城,引水灌之,城坏,食尽,裴乃降。钱镠设千人馔以待之,及出,赢兵不满百人。镠怒曰:“单弱如此,何敢久为旅拒!”对曰:“裴义不负杨公,今力屈而降耳,非心降也。”镠善其言。顾全武亦劝镠宥之,镠从之。时人称全武长者。

32　魏博节度使罗弘信薨,军中推其子节度副使绍威知留后。

33　汴将朱友恭将兵还自江、淮,过安州,或告刺史武瑜潜与淮南通,谋取汴军,冬,十月己亥,友恭攻而杀之。

34　李克用遣其将李嗣昭、周德威将步骑二万出青山,将复山东三州。壬寅,进攻邢州,葛从周出战,大破之。

29　九月乙亥(初八)，朝廷加封韩建守太傅、兴德府尹；加封王镕兼任中书令，罗弘信守侍中。

30　己丑(二十二日)，东川留后王宗涤对王建说，东川的封土疆界有五千里，公文往返投送，常常超过几个月，请将遂、合、泸、渝、昌五个州分出去另外设置一镇，王建向朝廷进呈表章陈述。

31　钱镠属将顾全武攻打苏州，苏州城内以及前来救援的军队粮食都吃尽，甲申(十七日)，淮南杨行密所委任的苏州刺史台濛放弃苏州城逃跑，前来救援的军队也纷纷逃走。顾全武攻克苏州城后，又追击周本，在望亭镇将他打败。唯独由秦裴据守的昆山县城未被攻下，顾全武率领一万馀人展开进攻。秦裴多次出城交战，让病弱的士兵身披戎衣手持长矛，身强力壮的士兵张满弓弩，顾全武的人马往往被打退。顾全武送去檄文命令秦裴投降。因为顾全武曾经当过和尚，秦裴便封上给顾全武的信函派人送去表示降服，顾全武大喜，召来各位将领当众打开信函，里面竟然是一卷佛经，顾全武十分羞恼，说："秦裴不怕死到临头，还有什么工夫戏弄我！"于是增调军队进攻昆山城，并引水灌城，城墙损坏，城内粮食吃尽，秦裴才表示投降。钱镠准备下一千人的食物等待他率众出城，秦裴出来，只有不到一百名瘦弱不堪的士兵。钱镠气愤地对秦裴说："你势单力薄到了这种地步，怎么还敢顽固抗拒！"秦裴回答说："我秦裴讲义气不辜负杨行密，今天不过是因为兵力衰竭而降服罢了，并不是从内心里归顺你。"钱镠很赞赏秦裴说的话。顾全武也劝钱镠宽恕秦裴，钱镠便依从顾全武的意见。当时人们都称顾全武是个宽厚的人。

32　魏博节度使罗弘信死去，军中将士推举他的儿子节度副使罗绍威主持留后事宜。

33　汴州军队将领朱友恭带领军队从长江、淮水一带返回，经过安州，有的人向朱友恭告发说安州刺史武瑜暗中与淮南的杨行密相互勾通，企图攻击汴州军队，冬季，十月己亥(初三)，朱友恭率军攻打安州，将武瑜杀死。

34　李克用派遣属下将领李嗣昭、周德威带领步兵骑兵两万人出青山，打算收复崝山以东的邢州、洺州、磁州三个州。壬寅(初六)，河东军队进攻邢州；邢州刺史葛从周出城迎战，把河东军队打得大败。

嗣昭等引兵退入青山,从周追之,将扼其归路。步兵自溃,嗣昭不能制。会横冲都将李嗣源以所部兵至,谓嗣昭曰:"吾辈亦去,则势不可支矣,我试为公击之。"嗣昭曰:"善!我请从公后。"嗣源乃解鞍厉镞,乘高布陈,左右指画,邢人莫之测。嗣源直前奋击,嗣昭继之,从周乃退。德威,马邑人也。

35　癸卯,以威武留后王审知为节度使。

36　以罗绍威知魏博留后。

37　丁巳,以东川留后王宗涤为节度使。

38　加佑国节度使张全义兼待中。

39　王珙引汴兵寇河中,王珂告急于李克用;克用遣李嗣昭救之,败汴兵于胡壁,汴人走。

前常州刺史王枢,性刚介,有时望,诏征之,时人以为且入相。过陕,王珙延奉甚至,请叙子侄之礼拜之,枢固辞不受。珙怒,使送者杀之,并其家人悉投诸河,掠其资装,以覆舟闻。朝廷不敢诘。

40　闰月,钱镠以其将曹圭为苏州制置使,遣王球攻婺州。

41　十一月甲寅,立皇子祯为雅王,祥为琼王。

42　以魏博留后罗绍威为节度使。

43　衢州刺史陈岌请降于杨行密,钱镠使顾全武讨之。

44　朱全忠以奉国节度使崔洪与杨行密交通,遣其将张存敬攻之;洪惧,请以弟都指挥使贤为质,且言:"将士顽悍,不受节制,请遣二千人诣麾下从征伐。"全忠许之,召存敬还。存敬,曹州人也。

李嗣昭等带领军队退回青山，葛从周跟随追击，想要截断河东军队的退路。河东军队的步兵自行溃散，李嗣昭不能控制。适逢横冲都将李嗣源带领所部人马赶到，他对李嗣昭说："我们这些人如果也离去，那么河东军队的势力就支持不住了，让我试为你攻打葛从周的邢州军队。"李嗣昭说："太好了！我愿意跟随在你的后面。"李嗣源于是命令解下鞍具让战马休息，磨砺箭头，整修刀剑，登上高处布置作战阵容，左右来回指指画画，邢州军队揣测不出李嗣源的意图。李嗣源率领军队径直向前奋勇进攻，李嗣昭在后面紧跟，葛从周的军队于是向后败退。周德威是马邑人。

35　癸卯（初七），朝廷任命威武留后王审知为威武节度使。

36　朝廷任命罗弘信的儿子罗绍威主持魏博留后事宜。

37　丁巳（二十一日），朝廷任命东川留后王宗涤为东川节度使。

38　朝廷加封佑国节度使张全义兼任侍中。

39　王珙带领泔州军队侵扰河中，王珂向李克用告急；李克用派遣李嗣昭救援王珂，在胡壁镇打败泔州军队，泔州人马逃跑。

以前的常州刺史王枢，性情刚正耿直，很有威望，朝廷下诏征召王枢，人们都认为他将要做宰相。王枢应召前往经过陕州，王珙接迎侍奉王枢十分周到，请用子侄的礼节行礼下拜，王枢坚决推辞而不接受。王珙转为愤怒，指使送行的人将王枢杀害，连同王枢的家人全都投进黄河，又将王枢的资财行装全都抢去，然后向朝廷奏报说王枢船翻而亡。朝廷竟不敢追查。

40　闰十月，钱镠任命属下将领曹圭为苏州制置使，派遣王球攻打婺州。

41　十一月甲寅（十九日），唐昭宗立皇子李禛为雅王，李祥为琼王。

42　朝廷任命魏博留后罗绍威为魏博节度使。

43　衢州刺史陈岌向杨行密请求投降，钱镠得知后派顾全武讨伐陈岌。

44　朱全忠因为淮西的奉国节度使崔洪与淮南的杨行密交通往来，便派遣属下将领张存敬攻打崔洪；崔洪十分惧怕，向朱全忠请求让他的胞弟都指挥使贤去做人质，并且说："手下将领士兵愚笨蛮横，不接受我的指挥调遣，请允许派遣两千人到你的手下跟随征伐。"朱全忠予以准许，召令张存敬返回。张存敬是曹州人。

45　十二月,昭义节度使薛志勤薨。

李克用之平王行瑜也,李罕之求邠宁于克用。克用曰:"行瑜恃功邀君,故吾与公讨而诛之。昨破贼之日,吾首奏趣苏文建赴镇。今才达天听,遽复二三,朝野之论,必喧然谓吾辈复如行瑜所为也。吾与公情如同体,固无所爱,俟还镇,当更为公论功赏耳。"罕之不悦而退,私于盖寓曰:"罕之自河阳失守,依托大庇,岁月已深。比来衰老,倦于军旅,若蒙吾王与太傅哀愍,赐一小镇,使数年之间休兵养疾,然后归老闾阎,幸矣。"寓为之言,克用不应。每藩镇缺,议不及罕之,罕之甚郁郁。寓恐其有他志,亟为之言,克用曰:"吾于罕之岂爱一镇,但罕之,鹰也,饥则为用,饱则背飞!"

及志勤薨,旬日无帅,罕之擅引泽州兵夜入潞州,据之,以状白克用,曰:"薛铁山死,州民无主,虑不逞者为变,故罕之专命镇抚,取王裁旨。"克用怒,遣人让之。罕之遂遣其子请降于朱全忠,执河东将马溉等及沁州刺史傅瑶送汴州。克用遣李嗣昭将兵讨之,嗣昭先取泽州,收罕之家属送晋阳。

46　杨行密遣成及归两浙以易魏约等,钱镠许之。

47　韶州刺史曾衮举兵攻广州,州将王璙帅战舰应之;清海行军司马刘隐一战破之。韶州将刘潼复据浈、浛,隐讨斩之。

45　十二月,昭义节度使薛志勤死去。

李克用平定王行瑜时,李罕之向李克用谋求邠宁节度使官职。李克用对李罕之说:"王行瑜倚仗有功胁迫皇帝,因而我与你讨伐并将他杀死。日前打败王行瑜这一贼寇时,我首先上奏朝廷催促苏文建赴任邠宁节度使。现在这一奏请刚刚送达朝廷,我们又马上出尔反尔,朝廷内外的舆论,一定会喧然,指责我们的所作所为像王行瑜一样。我和你情深意长如同一人,所以没给你什么恩惠,等到返回镇所,我会再为你论功行赏的。"李罕之闷闷不乐地退了下去,私下对盖寓说:"我李罕之自从河阳失守以后,就依靠大王李克用的庇护,已是多少年月了。近些年来,我越来越衰老,对出征攻战已感到疲倦,如果承蒙大王李克用和太傅你的怜悯,就请赏赐给我一个小镇,让我用几年的时间停止戎马生涯治疗疾病,然后回到里巷做个平民,那就是我的万幸了。"盖寓为李罕之说情,李克用仍不答应。每当有藩镇官缺出现,商议人选时总是不考虑李罕之,李罕之心情相当忧闷。盖寓担心李罕之会产生异心,再三地为李罕之说话,李克用对盖寓说:"我对于李罕之哪里是舍不得一个镇,只是李罕之这个人,像鹰一样,饥饿的时候为你效力,吃饱了以后就会背离飞去!"

等到薛志勤死去,潞州地方十几天的时间没有统帅,李罕之擅自带领泽州军队在夜间进入潞州,占据了潞州城,然后送上状文告诉李克用,说:"薛志勤死后,潞州民众没有主帅,我担心不得志的人会发动变乱,因此未作请示就擅自进入潞州城镇守安抚,请大王你裁定。"李克用十分愤怒,派人前去责备李罕之。李罕之于是派遣他的儿子去向朱全忠请求投降,抓获河东军队将领马溉等人和沁州刺史傅瑶送往汴州朱全忠那里。李克用派李嗣昭带领军队讨伐李罕之,李嗣昭首先攻取泽州,搜获李罕之的家属送往晋阳李克用那里。

46　杨行密把从前擒获的两浙将领成及遣返回去,以换回被两浙的钱镠俘获的淮南将领魏约等人,钱镠同意交换。

47　韶州刺史曾衮发动军队攻打广州,广州将领王瓌率领战舰接应曾衮;清海行军司马刘隐一交战就将曾衮的人马打败。韶州将领刘潼重新占据了浈阳县、洛洭县,刘隐率军讨伐,将刘潼斩杀。

二年(己未,899)

1　春,正月丁未,中书侍郎兼吏部尚书崔胤罢守本官;以兵部尚书陆扆同平章事。

2　朱全忠表李罕之为昭义节度使,又表权知河阳留后丁会、武宁留后王敬荛、彰义留后张珂并为节度使。

3　杨行密与朱瑾将兵数万攻徐州,军于吕梁,朱全忠遣骑将张归厚救之。

4　刘仁恭发幽、沧等十二州兵十万,欲兼河朔。攻贝州,拔之,城中万馀户,尽屠之,投尸清水。由是诸城各坚守不下。仁恭进攻魏州,营于城北,魏博节度使罗绍威求救于朱全忠。

5　朱全忠遣崔贤还蔡州,发其兵二千诣大梁。二月,蔡将崔景思等杀贤,劫崔洪,悉驱兵民渡淮奔杨行密。兵民稍稍遁归,至广陵者不满二千人。全忠命许州刺史朱友裕守蔡州。

6　朱全忠自将救徐州,杨行密闻之,引兵去。汴人追及之于下邳,杀千馀人。全忠行至辉州,闻淮南兵已退,乃还。

7　三月,朱全忠遣其将李思安、张存敬将兵救魏博,屯于内黄;癸卯,全忠以中军军于滑州。刘仁恭谓其子守文曰:"汝勇十倍于思安,当先虏鼠辈,后擒绍威耳!"乃遣守文及其妹婿单可及将精兵五万击思安于内黄。丁未,思安使其将袁象先伏兵于清水之右,思安逆战于繁阳,阳不胜而却;守文逐之,及内黄之北,思安勒兵还战,伏兵发,夹击之。幽州兵大败,斩可及,杀获三万人,守文仅以身免。可及,幽州骁将,号"单无敌",燕军失之丧气。思安,陈留人也。

唐昭宗光化二年(己未,公元 899 年)

1　春季,正月丁未(十三日),朝廷将中书侍郎兼吏部尚书崔胤罢官留职;任命兵部尚书陆扆为同平章事。

2　朱全忠向朝廷上表请求任命李罕之为昭义节度使,又表请将暂任河阳留后丁会、武宁留后王敬荛、彰义留后张珂一同任命为节度使。

3　杨行密与朱瑾带领军队几万人攻打徐州,在吕梁驻扎,朱全忠派遣骑兵将领张归厚前往救援徐州。

4　刘仁恭征发幽州、沧州等十二个州的军队十万人,想兼并黄河以北地盘。先去攻打贝州,予以攻克,城内一万馀户居民,全都遭受屠杀,尸体被扔弃到清河水中。从此各城都顽强固守不投降。刘仁恭进军攻打魏州,在城北安营扎寨,魏博节度使罗绍威向朱全忠求救。

5　朱全忠把蔡州刺史崔洪的弟弟崔贤遣送回蔡州,征发蔡州军队两千人前赴大梁。二月份,蔡州军队将领崔景思等杀害了崔贤,劫持崔洪,驱赶蔡州的全部军队和百姓渡过淮水投奔杨行密。士兵和百姓渐渐地都逃了回去,到达广陵的人不到两千名。朱全忠命令许州刺史朱友裕兼守蔡州事宜。

6　朱全忠亲自率领军队救援徐州,杨行密得知,带领人马离去。朱全忠军队一直追击到下邳县,杀死一千馀人。朱全忠赶到辉州时,听说淮南军队已经撤退,于是返回。

7　三月,朱全忠派遣属下将领李思安、张存敬带领军队救援魏博节度使罗绍威,在内黄县驻扎;癸卯(初十),朱全忠派中军在滑州安营。刘仁恭对他的儿子刘守文说:"你的勇猛是李思安的十倍,你应当首先俘虏这些无能鼠辈,然后再擒获罗绍威!"刘仁恭于是派遣刘守文和他的妹夫单可及带领精兵五万人在内黄攻打李思安。丁未(十四日),李思安派遣手下将领袁象先在清河水的右侧埋伏下军队,李思安在繁阳迎战刘守文,假装不能取胜而后退;刘守文追击李思安,到内黄县的北部,李思安率领军队回头攻打,埋伏下的军队也发起进攻,两面夹击。结果刘仁恭的幽州军队打了大败仗,单可及被斩杀,三万人被斩杀擒获,刘守文本人仅仅免于一死。单可及是幽州的勇猛将领,号称"单无敌",刘仁恭的军队失去单可及后大伤元气。李思安是陈留人。

时葛从周自邢州将精骑八百已入魏州。戊申,仁恭攻上水关、馆陶门,从周与宣义牙将贺德伦出战,顾门者曰:"前有大敌,不可返顾。"命阖其扉。从周等殊死战,仁恭复大败,擒其将薛突厥、王邻郎。明日,汴、魏乘胜合兵击仁恭,破其八寨,仁恭父子烧营而遁。汴、魏之人长驱追之,至临清,拥其众入永济渠,杀溺不可胜纪。镇人亦出兵邀击于东境,自魏至沧五百里间,僵尸相枕。仁恭自是不振,而全忠益横矣。德伦,河西胡人也。

刘仁恭之攻魏州也,罗绍威遣使修好于河东,且求救。壬午,李克用遣李嗣昭将兵救之。会仁恭已为汴兵所败,绍威复与河东绝,嗣昭引还。

8　葛从周乘破幽州之势,自土门攻河东,拔承天军。别将氏叔琮自马岭入,拔辽州乐平,进军榆次。李克用遣内牙军副周德威击之。

叔琮有骁将陈章,号"陈夜叉",为前锋,请于叔琮曰:"河东所恃者周杨五,请擒之,求一州为赏。"克用闻之,以戒德威,德威曰:"彼大言耳。"战于洞涡,德威微服往挑战,谓其属曰:"汝见陈夜叉即走。"章果逐之,德威奋铁树击之坠马,生擒以献。因击叔琮,大破之,斩首三千级。叔琮弃营走,德威追之,出石会关,又斩千馀级。从周亦引还。

9　丁巳,朱全忠遣河阳节度使丁会攻泽州,下之。

这时，葛从周从邢州带领精壮骑兵八百人已进入魏州。戊申（十五日），刘仁恭攻打上水关、馆陶门，葛从周与宣义牙将贺德伦出城交战，回头对守护城门的士兵说："前方有强大的敌人，不能让出战的将士有返回念头。"命令把城门关死。葛从周等率军拼死奋战，刘仁恭的人马又一次大败，他的手下将领薛突厥、王郐郎被擒获。第二天，汴州军队和魏州军队联合起来乘胜追击刘仁恭，攻破八个营寨，刘仁恭、刘守文父子烧毁营帐逃跑。汴州和魏州的军队长驱直追，到达临清，把刘仁恭的人马拥挤逼迫到永济渠里，被斩杀和溺死的数不胜数。镇州的王镕也派出军队在东边的深州、冀州一带拦击刘仁恭，从魏州到沧州五百里的范围内，僵硬的尸体相互枕藉。刘仁恭从此一蹶不振，而朱全忠更加骄横。贺德伦是河西的胡人。

刘仁恭攻打魏州时，魏博节度使罗绍威派遣使者向河东的李克用谋求和好，并且请求李克用救援。壬午，李克用派遣李嗣昭带领军队救援罗绍威。恰逢刘仁恭已经被汴州军队打败，罗绍威于是又与河东李克用绝交，李嗣昭带领军队返回。

8　葛从周乘着打败幽州刘仁恭的威势，从土门攻打河东军队，攻克承天军。汴州军队的另一将领氏叔琮从马岭攻入，攻克辽州乐平县，进军榆次县驻扎。李克用派遣内牙军副周德威予以抗击。

氏叔琮手下有一员猛将陈章，绰号"陈夜叉"，是军中前锋，他向氏叔琮请求说："河东李克用所依赖的人是周德威，请让我去擒获他，给我一个州作为奖赏。"李克用得知这一消息，告诉周德威让他有所戒备，周德威说："陈章不过是说大话罢了。"双方在洞涡展开激战，周德威身穿便服前往挑战，并对属下将领说："你看见陈夜叉就走开。"陈章果然追逐周德威，周德威奋力挥舞铁棰将陈章打下马，活捉他献给李克用。又趁势攻打氏叔琮，将氏叔琮打得大败，斩杀三千人。氏叔琮放弃营寨逃跑，周德威紧追不舍，出了石会关，又斩杀一千余人。葛从周也带领军队撤回。

9　丁巳（二十四日），朱全忠派遣河阳节度使丁会攻打泽州，予以攻克。

10　婺州刺史王坛为两浙所围,求救于宣歙观察使田頵,夏,四月,頵遣行营都指挥使康儒等救之。

11　五月甲午,置武信军于遂州,以遂、合等五州隶之。

12　李克用遣蕃、汉马步都指挥使李君庆将兵攻李罕之,己亥,围潞州。朱全忠出屯河阳,辛丑,遣其将张存敬救之,壬寅,又遣丁会将兵继之,大破河东兵,君庆解围去。克用诛君庆及其裨将伊审、李弘袭;以李嗣昭为蕃、汉马步都指挥使,代之攻潞州。

13　庚戌,康儒等败两浙兵于龙丘,擒其将王球,遂取婺州。

14　六月乙丑,李罕之疾亟。丁卯,全忠表罕之为河阳节度使,以丁会为昭义节度使。未几,又以其将张归霸守邢州,遣葛从周代会守潞州。

15　以西川大将王宗佶为武信节度使。宗佶,本姓甘,洪州人也。

16　丁丑,李罕之薨于怀州。

17　保义节度使王珙,性猜忍,虽妻子亲近,常不自保。至是军乱,为麾下所杀,推都将李璠为留后。

18　秋,七月,朱全忠海州戍将陈汉宾请降于杨行密。淮海游弈使张训以汉宾心未可知,与涟水防遏使庐江王绾将兵二千直趣海州,遂据其城。

19　加荆南节度使成汭兼中书令。

20　马殷遣其将李唐攻道州,蔡结聚群蛮,伏兵于隘以击之,大破唐兵。唐曰:"蛮所恃者山林耳,若战平地,安能败我!"乃命因风燔林,火烛天地,群蛮惊遁,遂拔道州,擒结,斩之。

10 婺州刺史王坛被两浙钱镠的军队围困,向宣歙观察使田頵求救,夏季,四月,田頵派遣行营都指挥康儒等救援王坛。

11 五月甲午(初二),朝廷在遂州设置武信节度使司,划出遂州、合州等五个州隶属其下。

12 李克用派遣蕃、汉马步都指挥使李君庆带领军队攻打李罕之,己亥(初七),李君庆围攻潞州。朱全忠派出军队驻扎河阳,辛丑(初九),朱全忠派遣属下将领张存敬救援潞州的李罕之,壬寅(初十),朱全忠又派丁会带领军队相继增援,把河东军队打得大败,李君庆被迫解除潞州之围退去。李克用把败将李君庆及其副将伊审、李弘袭斩杀;任命李嗣昭为蕃、汉马步都指挥使,代替李君庆继续攻打潞州。

13 庚戌(十八日),田頵派遣的行营都指挥使康儒等在龙丘县打败两浙钱镠的军队,擒获两浙军队将领王球,于是占据婺州。

14 六月乙丑(初三),李罕之病重。丁卯(初五),朱全忠向朝廷上呈表章请求任命李罕之为河阳节度使,任命丁会为昭义节度使。不久,朱全忠又委派属下将领张归霸据守邢州,派遣葛从周代替丁会据守潞州。

15 朝廷任命西川大将王宗佶为武信节度使。王宗佶本姓甘,是洪州人。

16 丁丑(十五日),李罕之在怀州死去。

17 保义节度使王珙,性情猜忌残忍,即使是妻子儿女这样的骨肉亲人,也常常为自己的安危担忧。这时军中发生变乱,王珙被手下人马斩杀,大家推举都将李璠为保义留后。

18 秋季,七月,朱全忠属下海州守将陈汉宾向杨行密请求投降。杨行密属将淮海游弈使张训认为陈汉宾居心难测,便与涟水防遏使、庐江人王绾带领军队两千人直接奔赴海州,于是占据海州城。

19 朝廷加封荆南节度使成汭兼任中书令。

20 长沙的武安节度使马殷派遣属下将领李唐攻打道州,道州刺史蔡结聚集众多蛮人,在险要地段埋伏下军队予以抗击,把李唐的人马打得大败。李唐说:"蛮人所依仗的不过是山林罢了,如果在平地交战,他们怎么会打败我!"便下令借助风势放火焚烧山林,顿时天地间一片火海,蛮人惊惶逃跑,李唐于是攻克道州,擒获蔡结,将他斩杀。

21　朱全忠召葛从周于潞州，使贺德伦守之。八月丙寅，李嗣昭引兵至潞州城下，分兵攻泽州。己巳，汴将刘玘弃泽州走，河东兵进拔天井关，以李孝璋为泽州刺史。贺德伦闭城不出，李嗣昭日以铁骑环其城，捕刍牧者，附城三十里禾黍皆刈之。乙酉，德伦等弃城宵遁，趣壶关，河东将李存审伏兵邀击之，杀获甚众。葛从周以援兵至，闻德伦等已败，乃还。

22　九月癸卯，以凤翔节度使李茂贞为凤翔、彰义节度使。

23　李克用表汾州刺史孟迁为昭义留后。

24　淄青节度使王师范以沂、密内叛，乞师于杨行密。冬，十月，行密遣海州刺史台濛、副使王绾将兵助之，拔密州，归于师范；将攻沂州，先使觇之，曰："城中皆偃旗息鼓。"绾曰："此必有备，而救兵近，不可击也。"诸将曰："密已下矣，沂何能为！"绾不能止，乃伏兵林中以待之。诸将攻沂州不克，救兵至，引退。州兵乘之，绾发伏击败之。

25　十一月，陕州都将朱简杀李璠，自称留后，附朱全忠，仍请更名友谦，预于子侄。

26　加忠义节度使赵匡凝兼中书令。

27　马殷遣其将李琼攻郴州，执陈彦谦，斩之；进攻连州，鲁景仁自杀，湖南皆平。

28　十二月，加魏博节度使罗绍威同平章事。

21　朱全忠召回在潞州的葛从周，委令贺德伦前去据守。八月丙寅（初五），李嗣昭带领军队到达潞州城下，分兵攻打泽州。己巳（初八），汴州军队将领刘玘放弃泽州城逃跑，河东军队开进攻克天井关，李克用委任李孝璋为泽州刺史。潞州的贺德伦关闭城门拒不出战，李嗣昭每天派出骑兵环绕潞州城巡游，捕捉打草放牧的人，把靠近潞州城三十里方圆的田禾稻谷都割光。乙酉（二十四日），贺德伦等放弃潞州城，乘夜逃跑，奔赴壶关县，河东军队将领李存审埋伏下士兵拦截攻打，斩杀擒获相当多。葛从周带领救援人马赶到，听说贺德伦等已经失败，于是率众返回。

22　九月癸卯（十二日），朝廷任命凤翔节度使李茂贞为凤翔、彰义节度使。

23　李克用向朝廷进呈表章，请求任命汾州刺史孟迁为昭义留后。

24　淄青节度使王师范因为沂州、密州发生内部叛乱，向杨行密请求派军队救援。冬季，十月，杨行密派遣海州刺史台濛、副使王绾带领军队救助王师范，攻占密州城，归还王师范；接着要攻打沂州，先派人前去侦察，回来的人说："城内偃旗息鼓，毫无动静。"王绾说："沂州城内一定有所准备，而救援的军队又很近，因此不能前去攻打。"各位将领却说："密州都已攻下了，沂州还能怎么样！"王绾不能阻止属下将领，便在树林中埋伏下军队，以待战事发展。各位将领攻打沂州未能攻克，沂州的援兵又赶到了，便率兵后退。沂州城内的军队乘机追击，王绾发动埋伏军队将沂州人马打败。

25　十一月，陕州都将朱简杀死李璠，自称留后，归附朱全忠，请求更改名字为朱友谦，加入到朱全忠的子侄辈中。

26　朝廷加封忠义节度使赵匡凝兼任中书令。

27　马殷派遣属下将领李琼攻打郴州，抓获陈彦谦，将他斩杀；又进军攻打连州，鲁景仁自杀身亡，湖南各州全部平定。

28　十二月，朝廷加封魏博节度使罗绍威为同平章事。

卷第二百六十二　唐纪七十八

起庚申(900)尽辛酉(901)凡二年

昭宗圣穆景文孝皇帝中之中

光化三年(庚申,900)

1　春,正月,宣州将康儒攻睦州,钱镠使其从弟铢拒之。

2　二月庚申,以西川节度使王建兼中书令。

3　壬申,加威武节度使王审知同平章事。

4　壬午,以吏部尚书崔胤同平章事,充清海节度使。

5　李克用大发军民治晋阳城堑,押牙刘延业谏曰:"大王声振华、夷,宜扬兵以严四境,不宜近治城堑,损威望而启寇心。"克用谢之,赏以金帛。

6　夏,四月,加定难军节度使李承庆同平章事。

7　朱全忠遣葛从周帅兖、郓、滑、魏四镇兵十万击刘仁恭,五月庚寅,拔德州,斩刺史傅公和;己亥,围刘守文于沧州。仁恭复遣使卑辞厚礼求援于河东,李克用遣周德威将五千骑出黄泽,攻邢、洺以救之。

8　邕州军乱,逐节度使李铄。铄借兵邻道讨平之。

9　六月癸亥,加东川节度使王宗涤同平章事。

10　司空、门下侍郎、同平章事王抟,明达有度量,时称良相。上素疾宦官枢密使宋道弼、景务脩专横,崔胤日与上谋去宦官,宦官知之。由是南、北司益相憎嫉,各结藩镇为援以相倾夺。

昭宗圣穆景文孝皇帝中之中

唐昭宗光化三年(庚申,公元900年)

1 春季,正月,宣州将领康儒进攻睦州,镇海节度使钱镠命令他的堂弟钱镃率兵抵御。

2 二月庚申(初二),朝廷任命西川节度使王建兼中书令。

3 壬申(十四日),朝廷加封威武节度使王审知为同平章事。

4 壬午(二十四日),朝廷任命吏部尚书崔胤为同平章事,充任清海节度使。

5 李克用大举征发军士百姓修理晋阳城的城墙壕沟,押牙刘延业劝告说:"大王的声威震动华夏和四夷,应该分派军队整肃四方边境,不应修治眼前的城墙壕沟,既损害自己的威望,又开启敌人的侵犯之心。"李克用向他表示感谢,并赏给金银绢帛。

6 夏季,四月,朝廷加封定难军节度李承庆为同平章事。

7 朱全忠派遣葛从周率领兖州、郓州、滑州、魏州四镇的十万军队攻打卢龙节度使刘仁恭,五月庚寅(初四),攻克德州,斩杀德州刺史傅公和;己亥(十三日),把刘守文围困在沧州。刘仁恭派遣使者用卑恭的言辞、丰厚的礼品向河东请求援助,李克用派遣周德威率领五千骑兵出黄泽关,进攻邢州、洺州来救援刘仁恭。

8 邕州军队发生叛乱,驱逐了节度使李钑。李钑向邻道借兵讨伐平定叛乱。

9 六月癸亥(初七),朝廷加封东川节度使王宗涤为同平章事。

10 司空、门下侍郎、同平章事王抟,明白通达,宽宏大量,当时称为良相。昭宗一向痛恨宦官枢密使宋道弼、景务脩专断强横,崔胤天天与昭宗商量除去宦官,宦官也知道他们的行动。因此,南司和北司更加相互憎恨嫉妒,各自交结藩镇以为援助,互相倾轧争夺。

抟恐其致乱,从容言于上曰:"人君当务明大体,无所偏私。宦官擅权之弊,谁不知之!顾其势未可猝除,宜俟多难渐平,以道消息。愿陛下言勿轻泄以速奸变。"胤闻之,潜抟于上曰:"王抟奸邪,已为道弼辈外应。"上疑之。及胤罢相,意抟排己,愈恨之。及出镇广州,遗朱全忠书,具道抟语,令全忠表论之。全忠上言:"胤不可离辅弼之地,抟与敕使相表里,同危社稷。"表连上不已。上虽察其情,迫于全忠,不得已,胤至湖南复召还。丁卯,以胤为司空、门下侍郎、同平章事,抟罢为工部侍郎。以道弼监荆南军,务修监青州军。戊辰,贬抟溪州刺史;己巳,又贬崖州司户,道弼长流骦州,务修长流爱州。是日,皆赐自尽。抟死于蓝田驿,道弼、务修死于霸桥驿。于是胤专制朝政,势震中外,宦官皆侧目,不胜其愤。

11 刘仁恭将幽州兵五万救沧州,营于乾宁军。葛从周留张存敬、氏叔琮守沧州寨,自将精兵逆战于老鸦堤,大破仁恭,斩首三万级,仁恭走保瓦桥。秋,七月,李克用复遣都指挥使李嗣昭将兵五万攻邢、洺以救仁恭,败汴军于内丘。王镕遣使和解幽、汴,会久雨,朱全忠召从周还。

12 庚戌,以昭义留后孟迁为节度使。

13 甲寅,以西川节度使王建兼东川、信武军两道都指挥制置等使。

14 八月,李嗣昭又败汴军于沙门河,进攻洺州。乙丑,朱全忠引兵救之,未至,嗣昭拔洺州,擒刺史朱绍宗。全忠命葛从周将兵击嗣昭。

王抟担心这样会招致变乱,就从容不迫地向唐昭宗进言说:"君主行事,应当致力于申明大局,没有偏心私情。宦官专权的弊病,谁不知道呢!但是他们的势力不可能急速除掉,应当等候各种灾难渐渐平息,通过正当途径逐渐消灭。希望陛下说话不要轻易泄漏,以免加速奸邪小人的变乱。"崔胤听说这话,就向昭宗诬陷王抟说:"王抟奸诈邪恶,已经成为宋道弼等的外应。"昭宗怀疑他的话是否真实。等到崔胤被罢免了宰相职务,就猜想是王抟排斥自己,更加痛恨他。及至崔胤奉命离京师去镇守广州,他就送书信给朱全忠,原原本本地讲了王抟说过的话,让朱全忠进呈表章来辩论是非。朱全忠于是上表说:"崔胤不能离开辅佐陛下的宰相之位,王抟与敕使互为表里,内外勾结,危害国家。"朱全忠的表章接连呈进,继续不停。昭宗虽然察觉其中实情,但迫于朱全忠,也无可奈何,在崔胤行至湖南时又召他回京师。丁卯(十一日),昭宗任命崔胤为司空、门下侍郎、同平章事,王抟被罢免司空、门下侍郎、同平章事,降为工部侍郎。命宋道弼出任荆南监军,景务脩出任青州监军。戊辰(十二日),贬王抟为溪州刺史;己巳(十三日),又贬王抟为崖州司户,宋道弼流放驩州,景务脩流放爱州。当天,三人都被赐令自杀。王抟死在蓝田驿,宋道弼、景务脩死在霸桥驿。于是,崔胤操纵朝廷政权,势力威震朝野,宦官都怒目而视,非常愤慨痛恨。

11 刘仁恭率领五万幽州军前去援救沧州,在乾宁军扎营。葛从周留下张存敬、氏叔琮守卫沧州营寨,自己率领精锐部队在老鸦堤迎战刘仁恭,大败刘仁恭的军队,斩杀首级三万。刘仁恭逃走,退守瓦桥。秋季,七月,李克用再派都指挥使李嗣昭率领五万军队攻打邢州、洺州来救援刘仁恭,在内丘打败汴州军队。王镕派遣使者在幽州刘仁恭、汴州朱全忠之间进行调解,适逢长久下雨,朱全忠召回葛从周。

12 庚戌(二十五日),朝廷任命昭义留后孟迁为昭义节度使。

13 甲寅(二十九日),朝廷任命西川节度使王建兼东川、信武军两道都指挥制置等使。

14 八月,李嗣昭又在沙门河打败汴州军队,率军进攻洺州。乙丑(初十),朱全忠率兵援救洺州,还没有到达,李嗣昭已攻克洺州,擒获洺州刺史朱绍宗。朱全忠命令葛从周率领军队前去攻击李嗣昭。

15 宣州将康儒食尽，自清溪遁归。

16 九月，葛从周自邺县渡漳水，营于黄龙镇；朱全忠自将中军三万涉洺水置营。李嗣昭弃城走，从周设伏于青山口，邀击，大破之。

17 崔胤以太保、门下侍郎、同平章事徐彦若位在己上，恶之，彦若亦自求引去。时藩镇皆为强臣所据，惟嗣薛王知柔在广州，乃求代之。乙巳，以彦若同平章事，充清海节度使。初，荆南节度成汭以澧、郎本其巡属，为雷满所据，屡求割隶荆南，朝廷不许，汭颇怨望。及彦若过荆南，汭置酒，从容以为言。彦若曰："令公位尊方面，自比桓、文，雷满小盗不能取，乃怨朝廷乎！"汭甚惭。

18 丙午，中书侍郎兼吏部尚书、同平章事崔远罢守本官，以刑部尚书裴贽为中书侍郎、同平章事。贽，坦之弟子也。

19 升桂管为静江军，以经略使刘士政为节度使。

20 朱全忠以王镕与李克用交通，移兵伐之，下临城，逾滹沱，攻镇州南门，焚其关城。全忠自至元氏，镕惧，遣判官周式诣全忠请和。全忠盛怒，谓式曰："仆屡以书谕王公，竟不之听！今兵已至此，期于无舍！"式曰："镇州密迩太原，困于侵暴，四邻各自保，莫相救恤，王公与之连和，乃为百姓故也。今明公果能为人除害，则天下谁不听命，岂惟镇州！明公为唐桓、文，当崇礼义以成霸业。若但穷威武，则镇州虽小，城坚食足，明公虽有十万之众，未易攻也！况王氏秉旄五代，

15　宣州将领康儒由于军粮吃完，从清溪逃归宣州。

16　九月，葛从周率领军队自邺县渡过漳水，在黄龙镇扎营；朱全忠亲自统帅三万中军渡过洺水，安营扎寨。李嗣昭舍弃洺州城逃走，葛从周在青山口布置伏兵，进行拦击，把李嗣昭的军队打得大败而逃。

17　崔胤因为太保、门下侍郎、同平章事徐彦若的地位在自己之上，从而憎恨他，徐彦若也自己请求引退去职。当时，藩镇都被强臣占据，只有嗣薛王李知柔在广州任清海节度使，于是请求让自己代替他。乙巳(二十日)，朝廷任命徐彦若以同平章事衔，充任清海节度使。当初，荆南节度成汭以澧州、朗州本来是他的属地，被雷满占据，屡次请求割出来隶属荆南，朝廷不允许，成汭很是怨恨。等到徐彦若路过荆南，成汭摆酒招待，从容不迫地说起澧、朗两州的归属旧事。徐彦若说："令公是一方长官，职位尊崇，向来自比为齐桓公、晋文公，连雷满这样一个小强盗都不能攻取，还要怨恨朝廷吗！"成汭听了非常惭愧。

18　丙午(二十一日)，朝廷免除中书侍郎兼吏部尚书、同平章事崔远同平章事等职，仍署理本官职务；任命刑部尚书裴贽为中书侍郎、同平章事。裴贽，是裴坦之弟弟的儿子。

19　朝廷将桂州管区升为静江军，任命经略使刘士政为静江军节度使。

20　朱全忠因王镕与李克用相互勾结，就从洺州移兵去讨伐他，攻下临城，渡过滹沱河，攻打镇州南门，把关城烧毁。朱全忠亲自率军到元氏，王镕害怕，忙派判官周式到朱全忠营中请求和解。朱全忠勃然大怒，对周式说："我屡次送书信去晓谕王公，他竟然不听！现在我兵已经到此，决定不能舍弃！"周式说："镇州紧靠太原，处在被侵犯损害的境地，四邻各求自我保全，不相互援救体恤，王公与李克用交好联合，是为了百姓免受灾难的缘故。现在您果真能够为人们除去祸害，那么天下谁不听从您的命令，岂止一个镇州！您是大唐的齐桓公、晋文公，应当崇尚礼义，以使成就霸业。如果只是竭尽武力，一味征讨，那么，镇州虽小，但城池坚固，粮食充足，您虽有十万之众，也不容易攻下的！况且王氏执掌兵权已经五代，

时推忠孝，人欲为之死，庸可冀乎！"全忠笑揽式袄，延之帐中，曰："与公戏耳！"乃遣客将开封刘捍入见镕，镕以其子节度副使昭祚及大将子弟为质，以文缯二十万犒军。全忠引还，以女妻昭祚。

成德判官张泽言于王镕曰："河东，勍敌也，今虽有朱氏之援，譬如火发于家，安能俟远水乎！彼幽、沧、易定，犹附河东，不若说朱公乘胜兼服之，使河北诸镇合而为一，则可以制河东矣。"镕复遣周式往说全忠。全忠喜，遣张存敬会魏博兵击刘仁恭。甲寅，拔瀛州；冬，十月丙辰，拔景州，执刺史刘仁霸；辛酉，拔莫州。

21　静江节度使刘士政闻马殷悉平岭北，大惧，遣副使陈可璠屯全义岭以备之。殷遣使修好于士政，可璠拒之。殷遣其将秦彦晖、李琼等将兵七千击士政。湖南军至全义，士政又遣指挥使王建武屯秦城。可璠掠县民耕牛以犒军，县民怨之，请为湖南向导，曰："此西南有小径，距秦城才五十里，仅通单骑。"彦晖遣李琼将骑六十、步兵三百袭秦城，中宵，逾垣而入，擒王建武，比明，复还，绑之以练，造可璠壁下示之，可璠犹未之信，斩其首，投壁中，桂人震恐。琼因勒兵击之，擒可璠，降其将士二千，皆杀之。引兵趣桂州，自秦城以南二十馀壁皆望风奔溃，遂围桂州。数日，士政出降，桂、宜、岩、柳、象五州皆降于湖南。马殷以李琼为桂州刺史，未几，表为静江节度使。

22　张存敬攻刘仁恭，下二十城，将自瓦桥趣幽州，道泞不能进，乃引兵西攻易定。辛巳，拔祁州，杀刺史杨约。

时常推广忠孝，人人想要为王氏去死，难道可以希望攻下吗！"朱全忠笑着挽起周式的衣袖，请进营帐之中，说："与您开玩笑哩！"于是，朱全忠派遣客将开封人刘捍进入镇州城内见王镕，王镕将他的儿子节度副使王昭祚及大将子弟作为人质，以花绢二十万犒劳朱全忠的军队。朱全忠领兵返回，并将女儿嫁给王昭祚为妻。

成德判官张泽向王镕建议说："河东李克用是个劲敌，现在虽然有朱氏的援助，但譬如家中起火，哪里能够等待远水呢！那幽州刘仁恭、沧州刘守文、易定王郜，仍然依附河东，不如劝说朱公乘胜一并降服他们，使河北诸镇合而为一，就可以制服河东了。"王镕再派周式前去劝说朱全忠。朱全忠听后很高兴，就派遣张存敬会同魏博的军队前去攻打刘仁恭。甲寅（二十九日），张存敬等攻克瀛州；冬季，十月丙辰（初二），攻占景州，捉住了景州刺史刘仁霸；辛酉（初七），又夺取了莫州。

21　静江节度使刘士政听说马殷全部平定了岭北，非常害怕，派副使陈可璠率军驻扎在全义岭防备马殷侵犯。马殷派遣使者向刘士政谋求和好，陈可璠拒绝了他。于是，马殷派遣他的部将秦彦晖、李琼等率领七千军队，前去攻打刘士政。马殷的湖南军队抵达全义岭，刘士政又派遣指挥使王建武驻守秦城。陈可璠掠虏县民的耕牛来犒劳将士，县民非常怨恨他，请求做湖南军队的向导，说："这西南有小路，距离秦城才五十里，路径狭窄仅能单骑通过。"秦彦晖派遣李琼率领骑兵六十、步兵三百突袭秦城，半夜越过城墙而入，擒住王建武，等到天明又回来，用布带将王建武捆缚起来，到陈可璠的营垒下给他看视，陈可璠看见后不相信是王建武，李琼又命斩下王建武的脑袋，投入陈可璠的营垒之中，桂州军队一片震惊恐慌。李琼趁机率兵发起攻击，擒获陈可璠，并将投降的两千将士全部杀死。然后，李琼等率军奔赴桂州，自秦城以南二十多座桂州营垒全都望风逃散，于是将桂州包围。过了几天，刘士政出城投降，桂、宜、岩、柳、象五州全都归降了湖南。马殷任命李琼为桂州刺史，不久，马殷又上表请朝廷任命李琼为静江节度使。

22　张存敬攻打刘仁恭，连克二十个城池，将要从瓦桥驿奔赴幽州，因道路泥泞不能前进，于是率领军队向西进攻易定。辛巳（二十七日），张存敬攻克祁州，杀死祁州刺史杨约。

23 癸未，以保义留后朱友谦为节度使。

24 张存敬攻定州，义武节度使王郜遣后院都知兵马使王处直将兵数万拒之。处直请依城为栅，俟其师老而击之。孔目官梁汶曰："昔幽、镇兵三十万攻我，于时我军不满五千，一战败之。今存敬兵不过三万，我军十倍于昔，奈何示怯，欲依城自固乎！"郜乃遣处直逆战于沙河，易定兵大败，死者过半，馀众拥处直奔还。甲申，王郜弃城奔晋阳，军中推处直为留后。存敬进围定州，丙申，朱全忠至城下，处直登城呼曰："本道事朝廷甚忠，于公未尝相犯，何为见攻？"全忠曰："何故附河东？"对曰："吾兄与晋王同时立勋，封疆密迩，且婚姻也，修好往来，乃常理耳，请从此改图。"全忠许之。乃归罪于梁汶而族之，以谢全忠，以缯帛十万犒师。全忠乃还，仍为处直表求节钺。处直，处存之母弟也。

刘仁恭遣其子守光将兵救定州，军于易水之上，全忠遣张存敬袭之，杀六万馀人。由是河北诸镇皆服于全忠。

先是王郜告急于河东，李克用遣李嗣昭将步骑三万下太行，攻怀州，拔之，进攻河阳。河阳留后侯言不意其至，狼狈失据，嗣昭坏其羊马城。会佑国军将阎宝引兵救之，力战于壕外，河东兵乃退。宝，郓州人也。

25 初，崔胤与帝密谋尽诛宦官，及宋道弼、景务脩死，宦官益惧。上自华州还，忽忽不乐，多纵酒，喜怒不常，左右尤自危。于是左军中尉刘季述、右军中尉王仲先、枢密使王彦范、薛齐偓等阴相与谋曰："主上轻佻多变诈，难奉事，

23　癸未(二十九日),朝廷任命保义留后朱友谦为保义节度使。

24　张存敬进攻定州,义武节度使王郜派遣后院都知兵马使王处直率兵数万进行抵抗。王处直请依城建筑栅栏,等到张存敬的军队疲乏懈怠,再发起攻击。孔目官梁汶说:"从前幽州、镇州的三十万军队攻我,当时我军不满五千,一战便打败了他们。现在张存敬的军队不过三万,我军是当年的十倍,怎么还表示怯懦,想要依城自我固守呢!"王郜于是派遣王处直率兵在沙河迎战,结果易定军队被打得大败,死者过半,剩余的将士簇拥着王处直逃奔而回。甲申(三十日),王郜弃城投奔晋阳,军中将士推举王处直为留后。张存敬进兵包围定州,丙申,朱全忠到定州城下,王处直登城高呼道:"本道侍奉朝廷竭诚尽忠,对您未曾冒犯,为什么被攻击?"朱全忠说:"依附河东是什么缘故?"王处直回答说:"我哥哥与晋王一同讨平黄巢立功,辖地疆界贴近,并且是儿女亲家,谋求和好,互相往来,乃是通常情理,请从此以后改变主意。"朱全忠应允与他和好。于是,王处直把罪过归在梁汶身上并杀了他的全家,用来告谢朱全忠,又拿出绢帛十万犒劳朱全忠的军队。朱全忠于是率兵回去,并奏进表章请求授予王处直节度使。王处直是王处存的同母弟弟。

刘仁恭派遣他的儿子刘守光率兵救援定州,驻扎在易水之上,朱全忠派遣张存敬袭击刘守光,杀死六万多人。从此,河北诸镇全都降服了朱全忠。

在这之前,王郜向河东告急,李克用派遣李嗣昭率领步兵、骑兵三万人马,直下太行,进攻并拔取怀州,进而攻打河阳。河阳留后侯言没想到河东军队突然到达,十分狼狈,窘迫无依,李嗣昭破坏了河阳城外的羊马城。适逢佑国军将领阎宝领兵前来救援,在护城河外奋力战斗,河东军队才退走。阎宝是郓州人。

25　当初,崔胤与唐昭宗秘密谋划全部杀死宦官,等到宋道弼、景务脩死后,宦官更加恐惧。唐昭宗自华州回到京城以后,精神恍惚,抑郁不乐,常常纵情饮酒,喜怒无常,左右的人尤其人人自危。于是,左军中尉刘季述、右军中尉王仲先、枢密使王彦范、薛齐偓等暗中共同商量说:"主上轻浮而多机变欺诈,难于事奉,

专听任南司,吾辈终罹其祸。不若奉太子立之,尊主上为太上皇,引岐、华兵为援,控制诸藩,谁能害我哉!"

十一月,上猎苑中,因置酒,夜,醉归,手杀黄门、侍女数人。明旦,日加辰巳,宫门不开。季述诣中书白崔胤曰:"宫中必有变,我内臣也,得以便宜从事,请入视之。"乃帅禁兵千人破门而入,访问,具得其状。出,谓胤曰:"主上所为如是,岂可理天下!废昏立明,自古有之,为社稷大计,非不顺也。"胤畏死,不敢违。庚寅,季述召百官,陈兵殿庭,作胤等连名状,请太子监国,以示之,使署名,胤及百官不得已皆署之。上在乞巧楼,季述、仲先伏甲士千人于门外,与宣武进奏官程岩等十馀人入请对。季述、仲先甫登殿,将士大呼,突入宣化门,至思政殿前,逢宫人,辄杀之。上见兵入,惊堕床下,起,将走,季述、仲先掖之令坐。宫人走白皇后,后趋至,拜请曰:"军容勿惊宅家,有事取军容商量。"季述等乃出百官状白上,曰:"陛下厌倦大宝,中外群情,愿太子监国,请陛下保颐东宫。"上曰:"昨与卿曹乐饮,不觉太过,何至于是!"对曰:"此非臣等所为,皆南司众情,不可遏也。愿陛下且之东宫,待事小定,复迎归大内耳。"后曰:"宅家趣依军容语!"即取传国宝以授季述,宦官扶上与后同辇,嫔御侍从者才十馀人,适少阳院。季述以银树画地数上曰:"某时某事,汝不从我言,其罪一也。"如此数十不止。乃手锁其门,熔铁锢之,遣左军副使李师虔将兵围之,上动静辄白季述,穴墙以通饮食。凡兵器针刀皆不得入,上求钱帛俱不得,求纸笔亦不与。时大寒,嫔御公主无衣衾,号哭闻于外。季述等矫诏令太子监国,

并且凡事专听任宰相办理，我等终究要遭受他的祸害。不如立太子为皇帝，尊主上为太上皇，招岐州李茂贞、华州韩建的军队为援助，控制各个藩镇，谁还能加害我们呢！"

　　十一月，唐昭宗在禁苑中打猎，因此摆酒纵饮，夜里大醉回宫，亲手杀死宦官、侍女数人。天明，已经是辰巳左右，宫门还没有开。刘季述到中书省告诉崔胤说："宫中一定有了变故，我是内臣，能够根据实际情况自行斟酌处理，请进宫察看发生了什么事情。"于是，率领宫禁警卫一千人破门而入，经过访查讯问，获得具体情况。刘季述出来对崔胤说："主上所为如此，岂可管理国家！废黜昏君，拥立明主，自古就有这样做的，为了国家大计，这样做不是叛逆。"崔胤害怕被杀，不敢违抗。庚寅（初六），刘季述召集文武百官到来，在殿庭布置了军队，起草崔胤等请太子代管国事的联名状，出示给文武官员看，让他们签名，崔胤及文武百官不得已，都签了名。昭宗在乞巧楼，刘季述、王仲先在门外埋伏一千名全副武装的将士，与宣武进奏官程岩等十余人进楼请求奏对。刘季述、王仲先刚登殿，将士大声呼喊，突然冲入宣化门，到思政殿前，遇到宫人就杀。昭宗看见军队闯入，被惊吓得掉到床下，起来将要逃走，刘季述、王仲先架着让他坐下。宫人跑去禀报皇后，何皇后快步走来，向刘季述等拜请说："军容使不要惊吓皇上，有事求军容使商量。"刘季述等于是拿出文武百官的联名状，禀告昭宗说："陛下厌倦帝位，内外群情希望太子代行管理国家事务，请陛下在东宫颐养天年。"昭宗说："昨天与卿等玩乐饮酒，不觉喝得太多，怎么能弄到这种地步！"刘季述等回答说："这联名状不是我等所写，都是南司百官群情激昂，不能阻止啊。请陛下暂且前去东宫，等到事情稍微安定，再迎陛下回归正宫来罢了。"何皇后说："皇上赶快依从军容使的话！"立即取出传国玺印授予刘季述，宦官扶持昭宗与何皇后同乘一车，与嫔御侍从十多人往少阳院去。刘季述用银杖画地，数落昭宗说："某时某事，你不听从我的话，这是一条罪。"这样数十下还不停止。于是，刘季述亲手锁了少阳院的门，熔化铁水将锁灌实，派遣左军副使李师虔带兵将少阳院包围，昭宗一有动静就禀报刘季述，凿出墙洞来递送饮食。凡是兵器针刀都不能入内，昭宗要些钱帛全不成，要些纸笔也不给。当时天气十分寒冷，嫔御公主没有衣被，号哭之声传到墙外。刘季述等假传昭宗的诏书，令太子代管国事，

迎太子入宫。辛卯,矫诏令太子嗣位,更名缜。以上为太上皇,皇后为太上皇后。甲午,太子即皇帝位,更名少阳院曰问安宫。

季述加百官爵秩,与将士皆受优赏,欲以求媚于众。杀睦王倚,凡宫人、左右、方士、僧、道为上所宠信者,皆榜杀之。每夜杀人,昼以十车载尸出,一车或止一两尸,欲以立威。将杀司天监胡秀林,秀林曰:"军容幽囚君父,更欲多杀无辜乎!"季述惮其言正而止。季述欲杀崔胤,而惮朱全忠,但解其度支盐铁转运使而已。

左仆射致仕张濬在长水,见张全义于洛阳,劝之匡复;又与诸藩镇书劝之。

进士无棣李愚客华州,上韩建书,略曰:"仆每读书,见父子君臣之际,有伤教害义者,恨不得肆之市朝。明公居近关重镇,君父幽辱月馀,坐视凶逆而忘勤王之举,仆所未谕也。仆窃计中朝辅弼,虽有志而无权;外镇诸侯,虽有权而无志。惟明公忠义,社稷是依。往年车辂播迁,号泣奉迎,累岁供馈,再复庙朝,义感人心,至今歌咏。此时事势,尤异前日;明公地处要冲,位兼将相。自宫闱变故,已涉旬时,若不号令率先以图反正,迟疑未决,一朝山东侯伯唱义连衡,鼓行而西,明公求欲自安,其可得乎!此必然之势也。不如驰檄四方,谕以逆顺,军声一振,则元凶破胆,旬浃之间,二竖之首传于天下,计无便于此者。"建虽不能用,厚待之。愚坚辞而去。

朱全忠在定州行营,闻乱,丁未,南还,十二月戊辰,至大梁。季述遣养子希度诣全忠,许以唐社稷输之;又遣供奉官李奉本以太上皇诰示全忠。全忠犹豫未决,会僚佐议之,或曰:"朝廷大事,非藩镇所宜预知。"天平节度副使

迎太子入宫。辛卯(初七),刘季述等又假传昭宗的诏书,令太子继承皇位,更名李缜。于是,以昭宗为太上皇,何皇后为太上皇后。甲午(初十),太子即皇帝位,把少阳院改名叫问安宫。

刘季述给百官加封爵位,参与将士都受到优厚的赏赐,想要以此向众人讨好。杀了睦王李倚,凡被唐昭宗宠信的宫人、侍臣、方士、僧侣、道人等,都用木棍打死。每夜所杀之人,白天用十辆车载着尸体送出,一车有时只一两具尸体,想要用此树立淫威。刘季述等将要杀司天监胡秀林,胡秀林说:"军容使幽禁君父,还想要多杀无辜吗!"刘季述畏惧他话的刚正而住手。刘季述想要杀崔胤,但畏惧朱全忠,于是就只解除了崔胤的度支盐铁转运使而已。

左仆射张濬退休后住在长水,他到洛阳拜见张全义,劝他匡复君位;又给各藩镇写信进行劝说。

进士无棣人李愚客居华州,给韩建上书,大要说:"我每读书,见父子君臣之间,有伤教化害礼义的,恨不得将他杀死并陈尸于市。韩公居守临近潼关的重镇,皇上被幽禁受辱一月有馀,坐视凶恶叛逆而不出兵救援王室,我实在不能理解。我私下算计,朝中的辅弼之臣,虽然有志向,但没有实权;京外的藩镇强臣,虽然有实权,但没有志向。只有韩公忠贞仁义,是国家的依靠。往年皇上流离迁徙,您痛哭流涕,奉迎皇上驻跸华州,多年供给馈赠,重新恢复宗庙、朝廷,义感人心,至今歌颂。现在的事态形势,尤其与往日不同;韩公地处要冲,位兼将相。自宫中发生变故,至今已过十天,如果不首先号令天下带头谋划归复正道,迟疑不决,一旦山东侯伯举义联合,发兵西进,韩公想要求得自安,难道能够得到吗! 这是必然之势。不如迅速传檄四方,使他们知道逆顺,这样,军队声威一振,首恶丧胆,十天左右,刘季述、王仲先两个内官小臣的脑袋将传递于天下,没有比这更为便利的计策了。"韩建虽然不采用李愚的计策,却给他优厚的待遇。李愚坚决推辞而去。

朱全忠在定州巡视军营,听到京城发生变乱,于丁未(二十三日)南下返回,十二月戊辰(十四日)到达大梁。刘季述派养子刘希度到大梁晋见朱全忠,答应把大唐社稷献纳给他;又派供奉官李奉本拿太上皇唐昭宗的诰命给朱全忠看。朱全忠犹豫未决,会同僚佐商议,有的说:"朝廷大事,不是藩镇应当干预的。"唯独天平节度副使

李振独曰："王室有难,此霸者之资也。今公为唐桓、文,安危所属。季述一宦竖耳,乃敢囚废天子,公不能讨,何以复令诸侯!且幼主位定,则天下之权尽归宦官矣,是以太阿之柄授人也。"全忠大悟,即因希度、奉本,遣振如京师诇事。既还,又遣亲吏蒋玄晖如京师,与崔胤谋之,又召程岩赴大梁。

26　清海节度使薛王知柔薨。

27　是岁,加杨行密兼侍中。

28　睦州刺史陈晟卒,弟询自称刺史。

29　太子即位累旬,藩镇笺表多不至。王仲先性苛察,素知左、右军多积弊,及为中尉,钩校军中钱谷,得隐没为奸者,痛捶之,急征所负,将士颇不安。有盐州雄毅军使孙德昭为左神策指挥使,自刘季述废立,常愤惋不平。崔胤闻之,遣判官石戬与之游。德昭每酒酣必泣,戬知其诚,乃密以胤意说之曰:"自上皇幽闭,中外大臣至于行间士卒,孰不切齿!今反者独季述、仲先耳,公诚能诛此二人,迎上皇复位,则富贵穷一时,忠义流千古;苟狐疑不决,则功落他人之手矣!"德昭谢曰:"德昭小校,国家大事,安敢专之!苟相公有命,不敢爱死。"戬以白胤。胤割衣带,手书以授之。德昭复结右军清远都将董彦弼、周承诲,谋以除夜伏兵安福门外以俟之。

天复元年(辛酉,901)

1　春,正月乙酉朔,王仲先入朝,至安福门,孙德昭擒斩之,驰诣少阳院,叩门呼曰:"逆贼已诛,请陛下出劳将士。"何后不信,曰:"果尔,以其首来!"德昭献其首,上乃与后毁扉而出。崔胤迎上御长乐门楼,帅百官称贺。周承诲擒刘季述、王彦范继至,

李振说:"王室有难,这是成就霸业的资本。现在您是大唐的齐桓公、晋文公,安危所系。刘季述不过是一个宦官罢了,竟敢囚禁废黜天子,您不能讨伐,用什么再号令诸侯!况且幼主君位确定,那么国家政权就全归宦官了,这是把太阿剑柄交给他们啊。"朱全忠大悟,立即把刘希度、李奉本囚禁,派李振到京师去探察事态。李振回到大梁以后,朱全忠又派遣亲吏蒋玄晖到京师,与崔胤密谋策划,又召宣武进奏官程岩赶赴大梁。

26 清海节度使薛王李知柔去世。

27 这年,淮南节度使杨行密加封兼侍中。

28 睦州刺史陈晟死,他的弟弟陈询自称刺史。

29 太子即位几十天,各藩镇例应奏进的笺表大多不到。右军中尉王仲先性情苛刻细察,向来知道左、右军积弊很多,等到担任中尉,查核军中钱谷,查到隐没钱谷为奸的人,就痛加鞭打,紧急征索所欠,将士很不安宁。有盐州雄毅军使孙德昭,担任左神策指挥使,自刘季述废黜唐昭宗、强立太子之后,经常愤惋不平。崔胤听说后,派遣度支盐铁判官石戬与孙德昭交游。孙德昭每次饮酒到酣畅时,一定哭泣,石戬知道他诚实,就秘密按照崔胤的意思劝说他,说:"自太上皇幽禁以来,内外大臣以至于军队士卒,谁不咬牙切齿!如今造反的只有刘季述、王仲先两人而已,您如果能杀死这两个人,迎太上皇复位,就会富贵穷极一时,忠义流传千古;如果犹豫不决,就要功落他人之手了!"孙德昭叩谢说:"德昭不过是个小军官,国家大事,岂敢专擅!如果相公有命令,德昭不敢惜死。"石戬把孙德昭的情况禀报了崔胤。崔胤割下衣带,亲笔书写命令,交给孙德昭。孙德昭又结交右军清远都将董彦弼、周承诲,商量在除夕夜里伏兵安福门外,侯机行事。

唐昭宗天复元年(辛酉,公元901年)

1 春季,正月乙酉朔(初一),右军中尉王仲先入宫朝见,行至安福门,孙德昭将他捉住杀死,随即快马奔赴少阳院,敲门高喊道:"逆贼王仲先已被杀死,请陛下出来慰劳将士。"何皇后听了不相信,说:"果然这样,将他的首级拿来!"孙德昭献上王仲先的首级,昭宗才与何皇后毁坏门扇出来。崔胤迎接昭宗登上长乐门楼,率领文武百官称颂庆贺。这时,周承诲捉获刘季述、王彦范接着到达,

方诘责,已为乱梃所毙。薛齐偓赴井死,出而斩之。灭四人之族,并诛其党二十馀人。宦官奉太子匿于左军,献传国宝。上曰:"裕幼弱,为凶竖所立,非其罪也。"命还东宫,黜为德王,复名裕。丙戌,以孙德昭同平章事,充静海节度使,赐姓名李继昭。

丁亥,崔胤进位司徒,胤固辞。上宠待胤益厚。

己丑,朱全忠闻刘季述等诛,折程岩足,械送京师,并刘希度、李奉本等皆斩于都市,由是益重李振。

庚寅,以周承诲为岭南西道节度使,赐姓名李继诲,董彦弼为宁远节度,赐姓李,并同平章事;与李继昭俱留宿卫,十日乃出还家,赏赐倾府库,时人谓之"三使相"。

癸巳,进朱全忠爵东平王。

2 丙午,敕:"近年宰臣延英奏事,枢密使侍侧,争论纷然;既出,又称上旨未允,复有改易,桡权乱政。自今并依大中旧制,俟宰臣奏事毕,方得升殿承受公事。"赐两军副使李师度、徐彦孙自尽,皆刘季述之党也。

3 凤翔、彰义节度使李茂贞来朝;加茂贞守尚书令,兼侍中,进爵岐王。

刘季述、王仲先既死,崔胤、陆扆上言:"祸乱之兴,皆由中官典兵。乞令胤主左军,扆主右军,则诸侯不敢侵陵,王室尊矣。"上犹豫两日未决。李茂贞闻之,怒曰:"崔胤夺军权未得,已欲翦灭诸侯!"上召李继昭、李继诲、李彦弼谋之,皆曰:"臣等累世在军中,未闻书生为军主,若属南司,必多所变更,不若归之北司为便。"上乃谓胤、扆曰:"将士意不欲属文臣,

昭宗刚责问他们的谋逆罪行，他们就已被乱棍打死了。薛齐偓投井淹死，被捞出来斩了首级。杀灭王仲先、刘季述、王彦范、薛齐偓四人全家，并把他们的党羽二十多人处死。宦官侍奉太子藏在左军之中，把传国宝玺献了出来。昭宗说："李裕年幼懦弱，被凶恶小人立为皇帝，不是他的罪过。"命令他回东宫，废黜为德王，并恢复旧名李裕。丙戌(初二)，唐昭宗任命孙德昭为同平章事，担任静海节度使，赐姓名为李继昭。

丁亥(初三)，朝廷晋升崔胤为司徒，崔胤坚决推辞。从此，昭宗对崔胤的宠信待遇更加深厚。

己丑(初五)，朱全忠听说刘季述等人被杀，就把程岩的双脚折断，戴上刑具解送到京师长安，连同刘希度、李奉本等，都在闹市上处死，朱全忠因此越发看重李振。

庚寅(初六)，朝廷任命周承诲为岭南西道节度使，赐姓名为李继诲，任命董彦弼为宁远节度使，赐姓李，并为同平章事；与李继昭都留在宫中直宿警卫，十天才出宫回家休息一日，并尽国库所有赏赐他们，当时人称他们为"三使相"。

癸巳(初九)，朱全忠封爵为东平王。

2 丙午(二十二日)，昭宗颁布敕书："近年来宰相在延英殿奏陈事情，枢密使在旁侍立，争论不休；出来后，又说皇上旨意尚未允准，又有更改变动，篡权乱政。自今以后，依照大中年间的旧制，等到宰相奏事完毕，枢密使才能进殿接受公事。"赐分左、右两军副使李师度、徐彦孙自尽，因为他们都是刘季述的党羽。

3 凤翔、彰义节度使李茂贞前来入朝；朝廷加封李茂贞守尚书令，兼任侍中，并封爵为岐王。

刘季述、王仲先已死，崔胤、陆扆向昭宗进言说："祸乱的发生，都是由于宦官主管军队。请求皇上让崔胤主管左军，陆扆主管右军，这样，诸侯就不敢侵犯欺负，朝廷就尊崇了。"昭宗犹豫了两天，没有作出决断。李茂贞听说这件事，勃然大怒说："崔胤夺军权没有得到，已经想要消灭诸侯了！"昭宗召集李继昭、李继诲、李彦弼商量，都说："我等数世在军队中任职，没有听说过书生担任军队的主帅，如果把军队隶属于南司，一定会有很多变易更张，不如把军队归北司掌管较为方便。"昭宗于是对崔胤、陆扆说："将士们的意愿不想隶属于文臣，

卿曹勿坚求。”于是以枢密使韩全诲、凤翔监军使张彦弘为左、右中尉。全诲，亦前凤翔监军也。又征前枢密使致仕严遵美为两军中尉、观军容处置使。遵美曰：“一军犹不可为，况两军乎！”固辞不起。以袁易简、周敬容为枢密使。

李茂贞辞还镇。崔胤以宦官典兵，终为肘腋之患，欲以外兵制之，讽茂贞留兵三千于京师，充宿卫，以茂贞假子继筠将之。左谏议大夫万年韩偓以为不可，胤曰：“兵自不肯去，非留之也。”偓曰：“始者何为召之邪？”胤无以应。偓曰：“留此兵则家国两危，不留则家国两安。”胤不从。

4　朱全忠既服河北，欲先取河中以制河东，己亥，召诸将谓曰：“王珂驽材，恃太原自骄汰。吾今断长蛇之腰，诸君为我以一绳缚之！”庚子，遣张存敬将兵三万自氾水渡河出含山路以袭之，全忠以中军继其后。戊申，存敬至绛州。晋、绛不意其至，皆无守备，庚戌，绛州刺史陶建钊降之；壬子，晋州刺史张汉瑜降之。全忠遣其将侯言守晋州，何絧守绛州，屯兵二万以扼河东援兵之路。朝廷恐全忠西入关，急赐诏和解之；全忠不从。

珂遣间使告急于李克用，道路相继，克用以汴兵先据晋、绛，兵不得进。珂妻遗李克用书曰：“儿旦暮为俘虏，大人何忍不救！”克用报曰：“今贼兵塞晋、绛，众寡不敌，进则与汝两亡，不若与王郎举族归朝。”珂又遗李茂贞书，言：“天子新返正，诏藩镇无得相攻，同奖王室。今朱公不顾诏命，首兴兵相加，其心可见。

卿等不要再坚决要求了。"于是,昭宗任命枢密使韩全诲为左军中尉,凤翔监军使张彦弘为右军中尉。韩全诲,从前也是凤翔监军。朝廷又征召告老在家的前枢密使严遵美为左、右两军中尉、观军容处置使。严遵美说:"一军况且不能掌管,何况两军呢!"坚决辞谢不出。朝廷任命袁易简、周敬容为枢密使。

李茂贞告辞返回镇所。崔胤认为宦官主管军队,终究是身边的祸患,想用藩镇的军队遏制他们,就婉言劝说李茂贞在京师留驻三千军队,充任皇宫的宿值警卫,由李茂贞的养子李继筠率领。左谏议大夫万年人韩偓认为这样做不行,崔胤说:"士兵自己不肯回去,不是我挽留他们。"韩偓说:"开始为什么召请李茂贞前来京师呢?"崔胤没法回答。韩偓又说:"留下这些军队,家庭和国家都有危险,不留下这些军队,家庭和国家都会平安。"崔胤不从。

4 朱全忠已经降服河北,想要先夺取河中来控制河东,己亥(十五日),召集属下诸将说道:"王珂是个才能平庸的人,仗恃太原李克用是他的岳丈,骄横奢侈。我现在要攻取河中,砍断长蛇的腰,诸位替我用一根绳索把它捆绑起来!"庚子(十六日),朱全忠派遣张存敬率领三万大军,自汜水渡过黄河,从含山路进发袭击河中,朱全忠统率中军跟在后面。戊申(二十四日),张存敬率领大军抵达绛州。绛州刺史陶建钊、晋州刺史张汉瑜没想到张存敬率军突然来到,都没有防守戒备,遂于庚戌(二十六日)、壬子(二十八日)相继投降。朱全忠派遣他的部将侯言留守晋州,何绹留守绛州,驻军两万,用来把守河东李克用增援军队的通行道路。朝廷恐怕朱全忠的军队向西攻入潼关,急忙颁赐诏书,调解他们重归和好,朱全忠不从。

王珂连续派遣密使向李克用告急求救,使者在路上接连不断,李克用由于朱全忠的汴州军队先已占据了晋州、绛州,援兵不能前进。王珂的妻子李氏送信给李克用说:"女儿早晚就要成为俘虏了,父亲大人怎么忍心不来援救!"李克用回信说:"现在贼兵已经堵塞晋州、绛州,我兵寡不敌众,前进就要与你同归于尽,不如与王郎带领全族回到朝廷来。"王珂又送信给李茂贞,说:"天子刚恢复君位,诏命藩镇不得互相攻杀,共同辅助朝廷。现在朱公不顾天子的命令,首先发兵攻击在下,他的心思用意可以想见。

河中若亡,则同华、邠、岐俱不自保。天子神器拱手授人,其势必然矣。公宜亟帅关中诸镇兵,固守潼关,赴救河中。仆自知不武,愿于公西偏授一小镇,此地请公有之。关中安危,国祚修短,系公此举,愿审思之!"茂贞素无远图,不报。

5　二月甲寅朔,河东将李嗣昭攻泽州,拔之。

乙卯,张存敬引兵发晋州,己未,至河中,遂围之。王珂势穷,将奔京师,而人心离贰,会浮梁坏,流澌塞河,舟行甚难,珂挈其族数百欲夜登舟,亲谕守城者,皆不应。牙将刘训曰:"今人情扰扰,若夜出涉河,必争舟纷乱,一夫作难,事不可知。不若且送款存敬,徐图向背。"珂从之。壬戌,珂植白幡于城隅,遣使以牌印请降于存敬。存敬请开城,珂曰:"吾于朱公有家世事分,请公退舍,俟朱公至,吾自以城授之。"存敬从之,且使走白全忠。

乙丑,全忠至洛阳,闻之喜,驰往赴之。戊辰,至虞乡,先哭于重荣之墓,尽哀,河中人皆悦。珂欲面缚牵羊出迎,全忠遽使止之曰:"太师舅之恩何可忘!若郎君如此,使仆异日何以见舅于九泉!"乃以常礼出迎,握手歔欷,联辔入城。全忠表张存敬为护国军留后,王珂举族迁于大梁,其后全忠遣珂入朝,遣人杀之于华州。全忠闻张夫人疾亟,遽自河中东归。

李克用遣使以重币请修好于全忠。全忠虽遣使报,而忿其书辞蹇傲,决欲攻之。

河中如果沦亡了,那么,同华、邠州、岐州就都不能自保了。这样,天子的政权拱手给予朱全忠,就势所必然了。您应当赶快统帅关中各藩镇的军队,坚决守卫潼关,前去援救河中。在下自知不勇武,情愿在您的西边给予一个小镇,此地请归您所有。关中的安危,国运的长短,全仰赖您此举了,希望详慎考虑!"李茂贞向来没有长远的计划,没有答复。

5 二月甲寅朔(初一),河东大将李嗣昭攻打泽州,将泽州攻克。

乙卯(初二),张存敬率领大军从晋州出发,己未(初六),到达河中,就把城池包围了起来。王珂处境危急,将要逃奔京师,因此人心离散,恰巧浮桥坏了,流水堵塞了黄河,船行非常困难,王珂携带亲族数百人,想要乘夜上船渡河逃走,亲自告诉守城将士,都不答应。牙将刘训说:"现在人情纷扰骚动,如果夜里出城渡河,一定争抢上船,出现混乱,一人作乱,事情就难以预料了。不如暂且向张存敬表示投诚,慢慢考虑归顺还是反抗。"王珂听从了刘训的主意。壬戌(初九),王珂在城角竖起白旗,派遣使者拿着牌印向张存敬请求投降。张存敬请王珂打开城门,王珂说:"我对于朱公有家世亲谊情分,请您退却,等候朱公到了,我自然把城池给予他。"张存敬依从了王珂,并且派人前去禀告朱全忠。

乙丑(十二日),朱全忠到达洛阳,听说王珂等他前去受降非常欢喜,就驰往河中去赴王珂之约。戊辰(十五日),朱全忠到了虞乡,先到王珂之父王重荣的墓前哭奠,竭尽哀恸,河中人都很喜悦。王珂想要反绑双手牵羊出城迎接,朱全忠急忙派人阻止他,说:"太师舅父的恩情怎能忘记!公子您这样做,使我日后在九泉之下怎么见舅父!"于是,王珂以常礼出城迎接朱全忠,两人握手叹息,然后并驾进城。朱全忠上表请以张存敬为护国军留后,并将王珂全族迁往大梁,其后,朱全忠派遣王珂进京入朝,又派人在华州将他杀死。朱全忠听说妻子张夫人病危,急忙从河中向东返回。

李克用派遣使者给朱全忠送去厚礼,请求重归和好。朱全忠虽然派遣使者前去答复,但是忿恨李克用的书信词语傲慢,决定要派兵去攻打他。

6　以翰林学士、户部侍郎王溥为中书侍郎、同平章事。以吏部侍郎裴枢为户部侍郎、同平章事。溥,正雅之从孙也,常在崔胤幕府,故胤引之。

7　赠谥故睦王倚曰恭哀太子。

8　加幽州节度使刘仁恭、魏博节度使罗绍威并兼侍中。

9　三月癸未朔,朱全忠至大梁。癸卯,遣氏叔琮等将兵五万攻李克用,入自太行,魏博都将张文恭入自磁州新口,葛从周以兖、郓兵会成德兵入自土门,洺州刺史张归厚入自马岭,义武节度使王处直入自飞狐,权知晋州侯言以慈、隰、晋、绛兵入自阴地。叔琮入天井关,进军昂车。辛亥,沁州刺史蔡训以城降。河东都将盖璋诣侯言降,即令权知沁州。壬子,叔琮拔泽州,李存璋弃城走。叔琮进攻潞州,昭义节度使孟迁降之。河东屯将李审建、王周将步军一万、骑二千诣叔琮;叔琮进趣晋阳。夏,四月乙卯,叔琮出石会关,营于洞涡驿。张归厚引兵至辽州,丁巳,辽州刺史张鄂降。别将白奉国会成德兵自井陉入,己未,拔承天军,与叔琮烽火相应。

10　甲戌,上谒太庙。丁丑,赦天下,改元。雪王涯等十七家。

11　初,杨复恭为中尉,借度支卖曲一年之利以赡两军,自是不复肯归。至是,崔胤草赦,欲抑宦官,听酤者自造曲,但月输榷酤钱;两军先所造曲,趣令减价卖之,过七月无得复卖。

12　东川节度使王宗涤以疾求代,王建表马步使王宗裕为留后。

13　氏叔琮等引兵抵晋阳城下,数挑战,城中大恐。李克用登城备御,不遑饮食。时大雨积旬,城多颓坏,随加完补。

6 朝廷任命翰林学士、户部侍郎王溥为中书侍郎、同平章事，任命吏部侍郎裴枢为户部侍郎、同平章事。王溥是王正雅的从孙，常在崔胤的幕府行走，所以崔胤引荐他。

7 朝廷给被宦官杀害的睦王李倚追赠谥号，称为恭哀太子。

8 朝廷加封幽州节度使刘仁恭、魏博节度使罗绍威兼任侍中。

9 三月癸未朔（初一），朱全忠从河中回到大梁。癸卯（二十一日），朱全忠派遣氏叔琮率兵五万前去攻打李克用，从太行山进军，魏博都将张文恭从磁州新口进军，葛从周率领兖州、郓州军队会同成德军队从土门进军，洺州刺史张归厚率军从马岭进军，义武节度使王处直率军从飞狐进军，暂为晋州刺史侯言率领慈州、隰州、晋州、绛州军队从阴地关进军。氏叔琮入天井关，向泽州昂车关进军。辛亥（二十九日），沁州刺史蔡训献城投降。河东都将盖璋向侯言投降，就令他暂为沁州刺史。壬子（三十日），氏叔琮攻克泽州，刺史李存璋弃城逃走。氏叔琮进攻潞州，昭义节度使孟迁投降。河东驻军将领李审建、王周率领步军一万、骑兵两千向氏叔琮投降，氏叔琮率领大军进赴晋阳。夏季，四月乙卯（初三），氏叔琮率军出石会关，在洞涡驿扎营。洺州刺史张归厚率领军队到达辽州，丁巳（初五），辽州刺史张鄂归降。别将白奉国会同成德军队自井陉攻入，己未（初七），攻克承天军，与氏叔琮的军队烽火相呼应。

10 甲戌（二十三日），唐昭宗到太庙拜谒。丁丑（二十五日），大赦天下，改年号为天复。朝廷为王涯等十七家平反昭雪。

11 当初，杨复恭任中尉，借用度支使卖酒曲一年所得的利润来供给左右两军的需用，从此不再愿意归还。至此，崔胤起草赦免文告，想要裁抑宦官，听任卖酒的人自己制造酒曲，只是每月交纳卖酒税；左右两军先前所造酒曲，促令减价卖掉，过了七月不能再卖。

12 东川节度使王宗涤因为患病请求派人替代，西川节度使王建上表请以马步使王宗裕为留后。

13 氏叔琮等率领大军抵达晋阳城下，多次叫阵挑战，城内军民非常恐慌。李克用登城戒备守御，来不及喝水吃饭。当时连续下了十来天大雨，城墙多处坍塌毁坏，李克用命令随time加以垒砌修补。

河东将李嗣昭、李嗣源凿暗门，夜出攻汴垒，屡有杀获。李存进败汴军于洞涡。时汴军既众，刍粮不给，久雨，士卒疟利，全忠乃召兵还。五月，叔琮等自石会关归，诸道军亦退。河东将周德威、李嗣昭以精骑五千蹑之，杀获甚众。先是，汾州刺史李瑭举州附于汴军，克用遣其将李存审攻之，三日而拔，执瑭，斩之。氏叔琮过上党，孟迁挈族随之南徙。朱全忠遣丁会代守潞州。

14　朱全忠奏乞除河中节度使，而讽吏民请己为帅。癸卯，以全忠为宣武、宣义、天平、护国四镇节度使。

15　己酉，加镇海、镇东节度使钱镠守侍中。

16　崔胤之罢两军卖曲也，并近镇亦禁之。李茂贞惜其利，表乞入朝论奏，韩全诲请许之。茂贞至京师，全诲深与相结。崔胤始惧，阴厚朱全忠益甚，与茂贞为仇敌矣。

17　以佑国节度使张全义兼中书令。

18　六月癸亥，朱全忠如河中。

19　上之返正也，中书舍人令狐涣、给事中韩偓皆预其谋，故擢为翰林学士，数召对，访以机密。涣，绹之子也。时上悉以军国事委崔胤，每奏事，上与之从容，或至然烛。宦官畏之侧目，皆咨胤而后行。胤志欲尽除之，韩偓屡谏曰："事禁太甚。此辈亦不可全无，恐其党迫切，更生他变。"胤不从。丁卯，上独召偓，问曰："敕使中为恶者如林，何以处之？"对曰："东内之变，敕使谁非同恶！处之当在正旦，

河东将领李嗣昭、李嗣源从城内挖凿暗门密道,乘夜冲击攻袭氏叔琮军队的营垒,屡次袭击都有杀伤俘获。同时,李存进也在洞涡驿打败汴州军队。当时,攻打晋阳的汴州军队众多,粮草供给不足,又长时间下雨,兵士患疟疾拉痢,朱全忠于是把军队召回。五月,氏叔琮等率军由石会关返回,其他各道军队也都退师。河东将领周德威、李嗣昭率领五千精锐骑兵跟踪追击,杀伤俘获汴州军队很多。原先,汾州刺史李瑭以全州归附汴州军队,这时,李克用派遣他的部将李存审率兵攻打李瑭,三天攻克汾州,逮住李瑭,把他斩首。氏叔琮经过上党,孟迁带领全族人口跟随南迁。于是,朱全忠派遣丁会代守潞州。

14 朱全忠奏请任命河中节度使,同时暗示官吏百姓请让自己为主帅。癸卯(二十二日),朝廷任命朱全忠为宣武、宣义、天平、护国四镇节度使。

15 己酉(二十八日),朝廷加封镇海、镇东节度使钱镠为侍中。

16 崔胤在停止左右两军卖酒曲的时候,连同附近各藩镇的专卖权利也禁止了。凤翔、彰义节度使李茂贞舍不得卖酒曲的利益,上表恳求入朝论奏,左军中尉韩全诲请求允许他进京。李茂贞到京师,韩全诲与他深相交结。崔胤这才害怕起来,暗中对朱全忠更加推重厚待,与李茂贞成为仇敌。

17 朝廷以佑国节度使张全义兼任中书令。

18 六月癸亥(十三日),朱全忠前往河中。

19 唐昭宗归复君位,中书舍人令狐涣、给事中韩偓都参预密谋,所以都被擢升为翰林学士,并多次召见问答,咨询机密大事。令狐涣是唐宣宗时宰相令狐绹的儿子。当时,昭宗把军国政务全都委任崔胤办理,每次奏陈事情,唐昭宗与他从容商量,有时直到天黑点燃蜡烛的时候。宦官害怕崔胤不敢正视他,凡事先询问崔胤以后,再去办理。崔胤立志要把宦官全部除掉,韩偓屡次直言规劝,说:"事情禁忌做得太过分。宦官也不可能完全没有,恐怕他们的同党被逼过急,再生出其他变故。"崔胤不听韩偓的劝告。丁卯(十七日),唐昭宗单独召见韩偓,问道:"宦官敕使之中做坏事的像林木一样多,用什么办法处置他们?"韩偓答道:"东宫之变,这些人中哪一个不是同恶相济!处置他们应当在元旦诛杀刘季述等人的时候,

今已失其时矣。”上曰："当是时,卿何不为崔胤言之?"对曰:"臣见陛下诏书云:'自刘季述等四家之外,其馀一无所问。'夫人主所重,莫大于信,既下此诏,则守之宜坚;若复戮一人,则人人惧死矣。然后来所去者已为不少,此其所以恟恟不安也。陛下不若择其尤无良者数人,明示其罪,置之于法,然后抚谕其馀曰:'吾恐尔曹谓吾心有所贮,自今可无疑矣。'乃择其忠厚者使为之长。其徒有善则奖之,有罪则惩之,咸自安矣。今此曹在公私者以万数,岂可尽诛邪!夫帝王之道,当以重厚镇之,公正御之,至于琐细机巧,此机生则彼机应矣,终不能成大功,所谓理丝而棼之者也。况今朝廷之权,散在四方;苟能先收此权,则事无不可为者矣。"上深以为然,曰:"此事终以属卿。"

20 李克用遣其将李嗣昭、周德威将兵出阴地关,攻隰州,刺史唐礼降之;进攻慈州,刺史张璥降之。

21 闰月,以河阳节度使丁会为昭义节度使,孟迁为河阳节度使,从朱全忠之请也。

22 道士杜从法以妖妄诱昌、普、合三州民作乱,王建遣行营兵马使王宗黯将兵三万会东川、武信兵讨之。宗黯,即吉谏也。

23 崔胤请上尽诛宦官,但以宫人掌内诸司事。宦官属耳,颇闻之,韩全诲等涕泣求哀于上,上乃令胤,"有事封疏以闻,勿口奏"。宦官求美女知书者数人,内之宫中,阴令伺察其事,尽得胤密谋,上不之觉也。全诲等大惧,每宴聚,流涕相诀别,日夜谋所以去胤之术。胤时领三司使,全诲等教禁军对上喧噪,诉胤减损冬衣,上不得已,解胤盐铁使。

现在已经失去惩治他们的时机了。"昭宗说:"当时,爱卿为什么不向崔胤说呢?"韩偓答道:"我见陛下的诏书说:'自刘季述等四家之外,其馀的人一个也不罪罚。'对皇上来说,最重要的莫大于信誉,既然已经颁布这样的诏书,就应该坚决遵守;如果再杀一人,就人人自危。可是后来除去的人已经不少了,这就是他们所以吵嚷不安的原因。陛下不如挑选他们之中尤为不善的几个人,明白宣示他们的罪行,依法惩治,然后安抚晓谕其馀的人说:'我担心你们说我怀恨在心,从今天开始可以没有疑虑了。'之后选择那些忠厚老实的人担任他们的头领。其馀众人有善行的就奖励,有罪过的就惩罚,这样就全都各自相安无事了。现在宦官在官府和私家的有数万人,哪里能够全部杀死呢!所谓帝王之道,应当是用优厚待遇安定他们,用公正无私驾驭他们,至于琐细机巧之举,此生彼应,终究不能成就大功业,这就是所谓理丝反而更加纷乱啊。况且现在朝廷的权力,分散在四方藩镇手中;如果能够先收回这些权力,那么,事情就没有不可以办的了。"昭宗深以韩偓所讲为然,说:"这件事终究要交付卿来办理。"

20　李克用派遣他的部将李嗣昭、周德威率领军队出阴地关,攻打隰州,刺史唐礼投降;进攻慈州,刺史张璟投降。

21　闰六月,朝廷采纳了朱全忠的请求,任命河阳节度使丁会为昭义节度使,任命孟迁为河阳节度使。

22　道士杜从法用妖法妄言诱使昌州、普州、合州的百姓起事,西川节度使王建派遣行营兵马使王宗黯统率三万兵马会同东川、武信的军队前往征讨。王宗黯就是王吉谏。

23　崔胤奏请昭宗把宦官全部处死,只用宫人掌管内廷各司的事务。宦官偷偷地,听到了一些,韩全诲等哭泣着向昭宗乞求哀怜,昭宗于是指示崔胤,"有事要密封奏疏报告,不要口奏"。宦官寻找识字的美女数人送进内宫,暗中叫她们侦察刺探这件事,全部掌握了崔胤的秘密计划,昭宗却没有觉察到。韩全诲等知道崔胤的计划后非常害怕,每次宴饮聚会,都流着眼泪相互诀别,日夜谋划能够除去崔胤的办法。崔胤当时兼任户部、度支、盐铁三司使,韩全诲等教唆警卫宫禁的军队向唐昭宗喧哗叫嚷,申诉崔胤减少将士的冬季衣服,唐昭宗无可奈何,只得解除崔胤的盐铁使职务。

　　时朱全忠、李茂贞各有挟天子令诸侯之意,全忠欲上幸东都,茂贞欲上幸凤翔。胤知谋泄,事急,遗朱全忠书,称被密诏,令全忠以兵迎车驾,且言:"昨者返正,皆令公良图,而凤翔先入朝抄取其功。今不速来,必成罪人,岂惟功为他人所有,且见征讨矣!"全忠得书,秋,七月甲寅,遽归大梁发兵。

　　24　西川龙台镇使王宗侃等讨杜从法,平之。

　　25　八月甲申,上问韩偓曰:"闻陆扆不乐吾返正,正旦易服,乘小马出启夏门,有诸?"对曰:"返正之谋,独臣与崔胤辈数人知之,扆不知也。一旦忽闻宫中有变,人情能不惊骇!易服逃避,何妨有之! 陛下责其为宰相无死难之志则可也,至于不乐返正,恐出谗人之口,愿陛下察之!"上乃止。

　　韩全诲等惧诛,谋以兵制上,乃与李继昭、李继诲、李彦弼、李继筠深相结,继昭独不肯从。他日,上问韩偓:"外间何所闻?"对曰:"惟闻敕使忧惧,与功臣及继筠交结,将致不安,亦未知其果然不耳。"上曰:"是不虚矣。比日继诲、彦弼辈语渐倔强,令人难耐。令狐涣欲令朕召崔胤及全诲等于内殿,置酒和解之,何如?"对曰:"如此则彼凶悖益甚。"上曰:"为之奈何?"对曰:"独有显罪数人,速加窜逐,馀者许其自新,庶几可息。若一无所问,彼必知陛下心有所贮,益不自安,事终未了耳。"上曰:"善!"既而宦官自恃党援已成,稍不遵敕旨。上或出之使监军,或黜守诸陵,皆不行,上无如之何。

　　26　或告杨行密云,钱镠为盗所杀。行密遣步军都指挥使李神福等将兵取杭州,两浙将顾全武等列八寨以拒之。

其时,朱全忠、李茂贞各有挟制天子以号令诸侯的意图,朱全忠想要唐昭宗驾临东都洛阳,李茂贞想要唐昭宗驾临凤翔。崔胤知道谋杀宦官的计划已经泄露,事情急迫,就送信给朱全忠,假称奉有秘密诏书,令朱全忠派遣军队迎接皇上车驾,并且说:"前次恢复皇上君位都是您朱公的妙计,可是李茂贞先进京入朝夺取其功。这次您再不立即来京,必定成为有罪之人,岂止功劳为他人所有,并且要被征讨了!"朱全忠收到书信,秋季,七月甲寅(初五),急忙回大梁发兵。

24 西川龙台镇使王宗侃等讨伐道士杜从法,平定叛乱。

25 八月甲申(初五),昭宗问韩偓:"听说陆扆不乐意恢复君位,在元旦那天换了衣服,骑着小马出了夏门,有这件事吗?"韩偓回答说:"恢复君位的计划,只有我与崔胤等几个人知道,陆扆不知道。一旦忽然听说宫中有变故,人之常情岂能不惊慌害怕!换了衣服逃跑躲避,有什么妨碍呢!陛下责备他身为宰相没有遇难挺身而死的志气是可以的,至于说他不乐意皇上恢复君位,恐怕出自谗佞小人之口,希望陛下明察!"昭宗这才停止了查究。

韩全诲等害怕被杀,密谋用武力挟制昭宗,于是与李继昭、李继诲、李彦弼、李继筠深相交结,只有李继昭不肯依从。一天,昭宗问韩偓:"外边听到了什么吗?"韩偓答道:"只听说宦官们担忧害怕,与功臣李继昭、李继诲、李彦弼及李继筠交结,将要招致不安,也不知道他们是否果真这样呢。"昭宗说:"这事不假。近日李继诲、李彦弼等说话逐渐固执强硬,令人难以忍耐。令狐涣想要朕在内殿召见崔胤及韩全诲等人,摆酒使他们和解,怎么样?"韩偓答道:"这样做,韩全诲他们就会更加凶恶狂悖了。"昭宗说:"拿他们怎么办呢?"韩偓答道:"只有公开治几个人的罪,迅速将他们放逐,其馀的人允许他们改过自新,也许还可以平息。如果一个也不问罪,韩全诲他们一定知道陛下怀恨在心,更加不能使自己心安,事情终究没有了结。"昭宗说:"好!"过了不久,宦官自恃党援已经结成,逐渐不遵诏令。昭宗或者把他们派出去做监军,或者把他们贬斥去守陵寝,都不去,昭宗也无可奈何。

26 有人告诉淮南节度使杨行密说,镇海节度使钱镠被盗贼杀死。杨行密派遣步军都指挥使李神福等率兵攻取杭州,两浙将领顾全武等扎列八个营寨进行抗拒。

27 九月癸丑，上急召韩偓，谓曰："闻全忠欲来除君侧之恶，大是尽忠，然须令与茂贞共其功。若两帅交争，则事危矣。卿为我语崔胤，速飞书两镇，使相与合谋，则善矣。"壬戌，上又谓偓曰："继海、彦弼辈骄横益甚，累日前与继筠同入，辄于殿东令小儿歌以侑酒，令人惊骇。"对曰："臣必知其然，兹事失之于初。当正旦立功之时，但应以官爵、田宅、金帛酬之，不应听其出入禁中。此辈素无知识，数求入对，或僭易荐人，稍有不从，则生怨望；况惟知嗜利，为敕使以厚利雇之，令其如此耳。崔胤本留卫兵，欲以制敕使也，今敕使、卫兵相与为一，将若之何！汴兵若来，必与岐兵斗于阙下，臣窃寒心。"上但愀然忧沮而已。

冬，十月戊戌，朱全忠大举兵发大梁。

28 李神福与顾全武相拒久之，神福获杭俘，使出入卧内。神福谓诸将曰："杭兵尚强，我师且当夜还。"杭俘走告全武，神福命勿追，暮遣赢兵先行，神福为殿，使行营都尉吕师造伏兵青山下。全武素轻神福，出兵追之，神福、师造夹击，大破之，斩首五千级，生擒全武。钱镠闻之，惊泣曰："丧我良将！"神福进攻临安，两浙将秦昶帅众三千降之。

29 韩全海闻朱全忠将至，丁酉，令李继筠、李彦弼等勒兵劫上，请幸凤翔，宫禁诸门皆增兵防守，人及文书出入搜阅甚严。上遣人密赐崔胤御札，言皆凄怆，末云："我为宗社大计，势须西行，卿等但东行也。惆怅，惆怅！"

27 九月癸丑(初五),昭宗紧急召见韩偓,对他说:"听说朱全忠想要来京师清除朕身边的恶人,确是竭尽忠诚,但是必须叫他与李茂贞同举此功。如果他们两帅相互争斗,那么事情就危险了。卿替我告诉崔胤,立即飞速送信给朱全忠和李茂贞,使他们共同策划,那就好了。"壬戌(十四日),昭宗又对韩偓说:"李继诲、李彦弼等骄傲专横得更加厉害,多日以前与李继筠到内宫来,就在殿东令宫中杂役唱歌劝酒,令人惊慌害怕。"韩偓答道:"我知道他们必然会这样,这件事失策在当初。当元旦他们立功的时候,只应该用官爵、田宅、金帛酬劳他们,不应该听任他们出入宫禁。这帮人向来没有知识,屡次要求入朝奏对,有的会僭越更改荐举人选,稍有不从,就生怨恨;况且只知道贪财,被宦官用厚利雇佣收买,致使他们这样了。崔胤原来留下卫兵,是要用来遏制宦官,现在宦官、卫兵相互结为一体,将怎么办呢!朱全忠的汴州军队如果到京师长安来,一定会与李茂贞的岐州军队在宫前争斗,我暗中失望痛心。"唐昭宗只能忧愁沮丧而已。

冬季,十月戊戌(二十日),朱全忠率领大军从大梁出发,前往京师长安。

28 李神福与顾全武两军相拒很久,李神福获杭州俘虏,使他出入卧室。李神福对属下诸将说:"杭州军队还很强大,我军暂且在今夜撤退。"杭州俘虏逃走报告顾全武,李神福命令不要追赶,傍晚李神福派遣老弱残兵先行撤走,自己殿后,并令行营都尉吕师造率领精锐部队埋伏在青山下。顾全武向来瞧不起李神福,率军追赶,李神福、吕师造两军前后夹击,大败顾全武的军队,斩杀五千人,活捉顾全武。钱镠听到这个消息,又吃惊又痛心,流着泪说:"我的良将丧失了!"李神福进攻临安,两浙将领秦昶率领三千军士投降李神福。

29 韩全诲听说朱全忠将要到达,丁酉(十九日)命令李继筠、李彦弼等率领卫兵劫持唐昭宗,强请驾临凤翔,并增兵防守皇宫各门,人及文书出入搜查检阅非常严格。昭宗派人秘密地给崔胤送去亲笔书信,言语都很凄凉,末尾说:"我为了宗庙社稷的大计,势必西去凤翔,卿等只管东行。惆怅!惆怅!"

戊戌，上遣赵国夫人出语韩偓："朝来彦弼辈无礼极甚，欲召卿对，其势未可。"且言："上与皇后但涕泣相向。"自是，学士不复得对矣。

癸卯，韩全海等令上入閤召百官，追寝正月丙午敕书，悉如咸通以来近例。是日，开延英，全海等即侍侧，同议政事。

丁未，神策都指挥使李继筠遣部兵掠内库宝货、帷帐、法物，韩全海遣人密送诸王、宫人先之凤翔。

戊申，朱全忠至河中，表请车驾幸东都，京城大骇，士民亡窜山谷。是日，百官皆不入朝，阙前寂无人。

十一月乙酉朔，李继筠等勒兵阙下，禁人出入，诸军大掠。士民衣纸及布襦者，满街极目。韩建以幕僚司马邺知匡国留后。朱全忠引四镇兵七万趣同州，邺迎降。

30　韩全海等以李继昭不与之同，遏绝不令见上。时崔胤居第在开化坊，继昭帅所部六十馀人及关东诸道兵在京师者共守卫之，百官及士民避乱者，皆往依之。庚戌，上遣供奉官张绍孙召百官，崔胤等皆表辞不至。

壬子，韩全海等陈兵殿前，言于上曰："全忠以大兵逼京师，欲劫天子幸洛阳，求传禅。臣等请奉陛下幸凤翔，收兵拒之。"上不许，杖剑登乞巧楼。全海等逼上下楼，上行才及寿春殿，李彦弼已于御院纵火。是日冬至，上独坐思政殿，翘一足，一足踢阑干，庭无群臣，旁无侍者。顷之，不得已，与皇后、妃嫔、诸王百馀人皆上马，恸哭声不绝，出门，回顾禁中，火已赫然。是夕，宿鄠县。

戊戌（二十日），唐昭宗派遣赵国夫人出宫到翰林院告诉韩偓："早晨以来，李彦弼等无礼之极，想要召卿入宫答对，形势不许可了。"并且说："皇上与皇后只是相对哭泣。"从此，翰林学士不再能进宫应对了。

癸卯（二十五日），韩全诲等命令唐昭宗入阁召见百官，宣布停止执行正月丙午（二十二日）颁布的敕书，完全恢复咸通以来"宰臣奏事，枢密使侍侧"的近例。当天，打开延英殿，韩全诲等在旁侍立，共同商议政事。

丁未（二十九日），神策都指挥使李继筠派遣属下兵士房掠内廷仓库的珍宝财货、帷帐、皇帝车驾礼器，韩全诲派人秘密送诸王、宫人先往凤翔。

戊申（三十日），朱全忠到河中，上表章请昭宗大驾去东都洛阳，京城大惧，士民逃往山谷之中。这日，文武百官都不入朝，宫门前寂静无人。

十一月乙酉朔（初一），李继筠等领兵在宫门之下，禁止人出入，诸军大肆房掠。士民穿纸及短布衣的，满街都是，望不到边。韩建以幕僚司马邺主持匡国留后。朱全忠带领四镇的七万军队，奔赴同州，司马邺开城迎降。

30　韩全诲等因李继昭不与他们共同行事，就阻止他不准见唐昭宗。当时，崔胤的府第在开化坊，李继昭率领属下六千余人及关东各道在京师的军队共同守卫着，百官及士民中避乱的都前往依附。庚戌（初二），唐昭宗遣供奉官张绍孙召集文武百官，崔胤等都上表辞却不到。

壬子（初四），韩全诲等在殿前布置军队，向唐昭宗说："朱全忠率大军进逼京师，想要劫持天子前往洛阳，要求把帝位禅让给他。我等请求陛下驾临凤翔，收集军队进行抵抗。"唐昭宗不允许，持剑登乞巧楼。韩全诲等逼迫唐昭宗下楼，唐昭宗刚走到寿春殿，李彦弼已经在后院放火。这天是冬至，唐昭宗独自坐在思政殿，翘着一只脚，另一只脚踏着栏杆，院里没有文武官员，旁边没有侍奉之人。过了一会儿，不得已，与皇后、妃嫔、诸王等百余人全都上马，恸哭之声不停，出门回顾宫中，已是大火熊熊燃烧。这天晚上，在鄠县住宿。

朱全忠遣司马邺入华州,谓韩建曰:"公不早知过自归,又烦此军少留城下矣。"是日,全忠自故市引兵南渡渭,韩建遣节度副使李巨川请降,献银三万两助军,全忠乃西南趣赤水。

癸丑,李茂贞迎车驾于田家砲,上下马慰接之。甲寅,车驾至螯屋,乙卯,留一日。

朱全忠至零口西,闻车驾西幸,与僚佐议,复引兵还赤水。左仆射致仕张濬说全忠曰:"韩建,茂贞之党,不先取之,必为后患。"全忠闻建有表劝天子幸凤翔,乃引兵逼其城。建单骑迎谒,全忠责之,对曰:"建目不知书,凡表章书檄,皆李巨川所为。"全忠以巨川常为建画策,斩之军门。谓建曰:"公许人,可即往衣锦。"丁巳,以建为忠武节度使,理陈州,以兵援送。以前商州刺史李存权知华州,徙忠武节度使赵珝为匡国节度使。车驾之在华州也,商贾辐凑,韩建重征之,二年,得钱九百万缗。至是,全忠尽取之。

是时京师无天子,行在无宰相,崔胤使太子太师卢渥等二百馀人列状请朱全忠西迎车驾,又使王溥至赤水见全忠计事。全忠复书曰:"进则惧胁君之谤,退则怀负国之惭,然不敢不勉。"戊午,全忠发赤水。

31 辛酉,以兵部侍郎卢光启权句当中书事。车驾留岐山三日,壬戌,至凤翔。

32 朱全忠至长安,宰相帅百官班迎于长乐坡。明日行,复班辞于临皋驿。全忠赏李继昭之功,初令权知匡国留后,复留为两街制置使,赐与甚厚。继昭尽献其兵八千人。

全忠使判官李择、裴铸入奏事,称:"奉密诏及得崔胤书,令臣将兵入朝。"韩全诲等矫诏答以:"朕避灾至此,非宦官所劫,密诏皆崔胤诈为之,卿宜敛兵归保土宇。"茂贞遣其将符道昭屯武功

朱全忠派遣司马邺入华州，对韩建说："您不能早知过错自己归降，又要烦劳这支军队稍稍滞留城下了。"这一天，朱全忠自故市领兵南渡渭河，韩建派遣节度副使李巨川请求归降，进献白银三万两资助军需，朱全忠于是率领军队向西南奔赴赤水。

癸丑(初五)，李茂贞在田家碰迎接车驾，唐昭宗下马慰问接待。甲寅(初六)，唐昭宗的车驾到盩厔，乙卯(初七)，留住一日。

朱全忠到达零口西边，听说唐昭宗西行，与僚佐商议，又率兵回赤水。退休家居的左仆射张濬劝告朱全忠说："韩建是李茂贞的同党，不先攻取他，必为后患。"朱全忠听说韩建有表章劝说唐昭宗驾临凤翔，于是率军逼近华州。韩建单骑迎接拜谒，朱全忠责问他，韩建回答说："韩建目不识丁，凡表章书檄，都是李巨川所为。"朱全忠以李巨川常为韩建运筹策划，将他在军门斩首。朱全忠又对韩建说："公是许州人，可以立即衣锦还乡了。"丁巳(初九)，朱全忠以韩建担任忠武节度使，驻守陈州，并派兵护送赴任。以前商州刺史李存权为华州刺史，调任忠武节度使赵珝为匡国节度使。乾宁三年、四年唐昭宗在华州的时候，商贾集聚，韩建重征税额，两年得钱九百万缗。到这个时候，朱全忠全部取为己有。

这时候，京城里没有皇帝，皇帝所到之处没有宰相。崔胤让太子太师卢渥等两百馀人列状请朱全忠西迎昭宗，又派遣王溥到赤水见朱全忠商议迎驾事宜。朱全忠复信说："前进怕胁迫君王之谤毁，后退又怀辜负国家之羞愧。然而不敢不努力。"戊午(初十)，朱全忠从赤水出发。

31　辛酉(十三日)，以兵部侍郎卢光启暂时办理中书事务。唐昭宗留居岐山三日，壬戌(十四日)，到达凤翔。

32　朱全忠到长安，宰相带领文武百官列队在长乐坡迎接。第二天，朱全忠西行，崔胤率文武百官又在临泉驿列队送别。朱全忠赏识李继昭保卫崔胤及文武百官之功，起初让他暂时主持匡国留后，然后又留为两街制置使，赏赐很多。李继昭全部献出他属下的将士八千人。

朱全忠派遣判官李择、裴铸入凤翔奏事，称："奉到秘密诏令及接崔胤书信，命令我带领军队进京朝见。"韩全诲等假传诏令回答说："朕避灾到这里，不是被宦官劫持，秘密诏命都是崔胤假托的，卿应该收兵回师，保卫属地的田宅领土。"李茂贞派遣他的部将符道昭驻守武功，

以拒全忠,癸亥,全忠将康怀贞击破之。

33 丁卯,以卢光启为右谏议大夫,参知机务。

34 戊辰,朱全忠至凤翔,军于城东。李茂贞登城谓曰:"天子避灾,非臣下无礼。谗人误公至此。"全忠报曰:"韩全诲劫迁天子,今来问罪,迎扈还宫。岐王苟不预谋,何烦陈谕!"上屡诏全忠还镇,全忠乃拜表奉辞。辛未,移兵北趣邠州。

甲戌,制:守司空兼门下侍郎、同平章事崔胤责授工部尚书,户部侍郎、同平章事裴枢罢守本官。

乙亥,朱全忠攻邠州。丁丑,静难节度使李继徽请降,复姓名杨崇本。全忠质其妻于河中,令崇本仍镇邠州。

全忠之西入关也,韩全诲、李茂贞以诏命征兵河东,茂贞仍以书求援于李克用。克用遣李嗣昭将五千骑自沁州趣晋州,与汴兵战于平阳北,破之。

乙亥,全忠发邠州,戊寅,次三原。十二月癸未,崔胤至三原见全忠,趣之迎驾。己丑,全忠遣朱友宁攻嶅屋,不下。戊戌,全忠自往督战,嶅屋降,屠之。全忠令崔胤帅百官及京城居民悉迁于华州。

诏以裴贽充大明宫留守。

35 清海节度使徐彦若薨,遗表荐行军司马刘隐权留后。

36 李神福知钱镠定不死,而临安城坚,久攻不拔,欲归,恐为镠所邀,乃遣人守卫镠祖考丘垄,禁樵采,又使顾全武通家信。镠遣使谢之。神福于要路多张旗帜为虚寨,镠以为淮南兵大至,遂请和。神福受其犒赂而还。

抗拒朱全忠。癸亥(十五日),朱全忠的部将康怀贞率军攻破武功。

33　丁卯(十九日),卢光启被任命为右谏议大夫,参知机务。

34　戊辰(二十日),朱全忠率兵抵达凤翔,在城东驻扎。李茂贞登上城楼,对城外的朱全忠说:"天子避灾来到这里,并非臣下无礼劫持来的。说坏话的人误你前来。"朱全忠答复说:"韩全诲劫迁天子,我今来问罪,迎接扈从天子回宫。岐王如果没有参与策划,何烦陈说表白!"昭宗屡次诏令朱全忠返回镇所,朱全忠于是上表受命。辛未(二十三日),朱全忠率领军队转移,向北奔赴邠州。

甲戌(二十六日),颁布制书:守司空兼门下侍郎、同平章事崔胤受责改授工部尚书,户部侍郎、同平章事裴枢免同平章事,署守本官。

乙亥(二十七日),朱全忠攻打邠州。丁丑(二十九日),静难节度使李继徽请求归降,恢复原姓名杨崇本。朱全忠以他的嫡妻作为人质迁居河中,令杨崇本仍然镇守邠州。

朱全忠西入潼关的时候,韩全诲、李茂贞以诏命向河东征调军队,李茂贞并送书信给李克用请求救援。李克用派遣李嗣昭率领五千骑兵自沁州驰赴晋州,与汾州军队在平阳北面交战,把汾州军队打败。

乙亥(二十七日),朱全忠从邠州出发,戊寅(三十日),在三原安营驻扎。十二月癸未(初五),崔胤到三原会见朱全忠,催促他迎驾。己丑(十一日),朱全忠遣朱友宁进攻盩厔,没有攻下。戊戌(二十日),朱全忠亲自前去督战,盩厔的军队投降,被全部屠杀了。朱全忠叫崔胤带领文武百官及京城的居民全部迁往华州。

诏令任命裴赞充任大明宫留守。

35　清海节度使徐彦若去世,遗表荐举行军司马刘隐代理留后。

36　李神福知道钱镠肯定没有死,而临安城池坚固,久攻不克,想要返回,又担心被钱镠拦截堵击,于是派人守卫钱镠祖父、父亲的坟墓,禁止砍伐柴草,又令顾全武通报家信。钱镠派遣副使者向他致谢。李神福在重要道路上多张旗帜,佯作营寨,钱镠以为淮南军队大批到来,就请求停战讲和。李神福接受钱镠的犒赏贿赂而回。

37　朱全忠之入关也,戎昭节度使冯行袭遣副使鲁崇矩听命于全忠。韩全诲遣中使二十馀人分道征江、淮兵屯金州,以胁全忠,行袭尽杀中使,收其诏敕送全忠。又遣使征兵于王建,朱全忠亦遣使乞师于建。建外修好于全忠,罪状李茂贞,而阴劝茂贞坚守,许之救援;以武信节度使王宗佶、前东川节度使王宗涤等为扈驾指挥使,将兵五万,声言迎车驾,其实袭茂贞山南诸州。

38　江西节度使锺传将兵围抚州刺史危全讽,天火烧其城,士民喧惊。诸将请急攻之,传曰:"乘人之危,非仁也。"乃祝曰:"全讽之罪,无为害民。"火寻止。全讽闻之,谢罪听命,以女妻传子匡时。

传少时尝猎,醉遇虎,与斗,虎搏其肩,而传亦持虎腰不置,旁人共杀虎,乃得免。既贵,悔之,常戒诸子曰:"士处世贵智谋,勿效吾暴虎也。"

39　武贞节度使雷满薨,子彦威自称留后。

37　朱全忠入潼关的时候，戎昭节度使冯行袭派遣副使鲁崇矩听从朱全忠的命令。韩全诲派遣宦官二十馀人，分道征召江、淮的军队驻扎金州，以便胁迫朱全忠，冯行袭将宦官全部杀死，并收缴他们携带的诏命和敕书，送给朱全忠。韩全诲又派遣使者向王建征兵，朱全忠也派遣使者向王建请求派遣军队协助。王建表面上与朱全忠亲善友好，把罪状归到李茂贞身上，而暗地里劝说李茂贞坚持固守，答应他派兵救援；并以武信节度使王宗佶、前东川节度使王宗涤为扈驾指挥使，率领五万军队，声言迎接天子车驾，其实偷袭李茂贞的山南各州。

38　江西节度使锺传率领军队围困抚州刺史危全讽，天火烧了抚州城，士民喧扰惊恐。诸将请求急速攻城，锺传说："乘人之危，是不仁慈的。"于是祈祷说："都是全讽的罪过，不要殃及百姓。"火不久熄灭了。危全讽听说此事自认有罪，听从命令，并把女儿嫁给锺传的儿子锺匡时为妻。

锺传年轻时曾经打猎，有一次醉后遇见老虎，与之搏斗，老虎扑击他的肩膀，他也抱住老虎的腰不放，旁人共同把老虎杀死，才幸免于难。锺传显贵之后，对这件事很悔恨，经常告诫诸子说："士人处世以智谋为贵，不要效法我空手与老虎搏斗啊。"

39　武贞节度使雷满去世，他的儿子雷彦威自称留后。

卷第二百六十三　唐纪七十九

起壬戌（902）尽癸亥（903）正月凡一年有奇

昭宗圣穆景文孝皇帝中之下

天复二年（壬戌，902）

1　春，正月癸丑，朱全忠复屯三原，又移军武功。河东将李嗣昭、周德威攻慈、隰，以分全忠兵势。

2　丁卯，以给事中韦贻范为工部侍郎、同平章事。

3　丙子，以给事中严龟充岐、汴和协使，赐朱全忠姓李，与李茂贞为兄弟。全忠不从。

时茂贞不出战。全忠闻有河东兵，二月戊寅朔，还军河中。

李嗣昭等攻慈、隰，下之，进逼晋、绛。己丑，全忠遣兄子友宁将兵会晋州刺史氏叔琮击之。李嗣昭袭取绛州，汴将康怀英复取之。嗣昭等屯蒲县。乙未，汴军十万营于蒲南，叔琮夜帅众断其归路而攻其全，破之，杀获万馀人。己亥，全忠自河中赴之，乙巳，至晋州。

4　盗发简陵。

5　西川兵至利州，昭武节度使李继忠弃镇奔凤翔。王建以剑州刺史王宗伟为利州制置使。

6　三月庚戌，上与李茂贞及宰相、学士、中尉、枢密宴，酒酣，茂贞及韩全诲亡去。上问韦贻范："朕何以巡幸至此？"对曰："臣在外不知。"固问，不对。上曰："卿何得于朕前妄语云不知？"

昭宗圣穆景文孝皇帝中之下

唐昭宗天复二年(壬戌,公元902年)

1　春季,正月癸丑(初六),朱全忠率领军队再次驻扎三原,不久又移驻武功。河东将领李嗣昭、周德威攻击慈州、隰州,借以分散朱全忠的兵势。

2　丁卯(二十日),朝廷任命给事中韦贻范为工部侍郎、同平章事。

3　丙子(二十九日),朝廷以给事中严龟充任岐、汴和协使,赐朱全忠姓李,与李茂贞为兄弟。朱全忠没听从。

当时,李茂贞不出城迎战。朱全忠听说河东军队攻打慈州等地,二月戊寅朔(初一),率军回河中。

李嗣昭等攻克慈州、隰州,向晋州、绛州进逼。己丑(十二日),朱全忠派遣他哥哥的儿子朱友宁率领军队,会同晋州刺史氏叔琮攻击河东军队。李嗣昭偷袭并攻取绛州,汴军将领康怀英又收复绛州。李嗣昭等驻扎蒲县。乙未(十八日),汴州军队十万在蒲南扎营,氏叔琮乘夜率众截断李嗣昭等的归路,并进攻他们的营垒,将河东军队打得大败,杀获一万馀人。己亥(二十二日),朱全忠自河中前往,乙巳(二十八日),到达晋州。

4　盗贼打开唐懿宗的简陵。

5　西川军队到达利州,昭武节度使李继忠放弃镇所逃奔凤翔。西川节度使王建以剑州刺史王宗伟担任利州制置使。

6　三月庚戌(初四),昭宗与李茂贞及宰相、学士、中尉、枢密宴饮,酒喝得正畅快,李茂贞及韩全诲离走。昭宗问韦贻范:"朕为什么巡幸到这里?"韦贻范回答说:"我在外地,不知道。"昭宗坚持追问,韦贻范不回答。昭宗说:"你怎么能够在朕前胡说不知道?"

又曰："卿既以非道取宰相,当于公事如法;若有不可,必准故事。"怒目视之,微言曰："此贼兼须杖之二十。"顾谓韩偓曰:"此辈亦称宰相!"贻范屡以大杯献上,上不即持,贻范举杯直及上颐。

7 戊午,氏叔琮、朱友宁进攻李嗣昭、周德威营。时汴军横陈十里,而河东军不过数万,深入敌境,众心恟惧。德威出战而败,密令嗣昭以后军前去,德威寻引骑兵亦退。叔琮、友宁长驱乘之,河东军惊溃,禽克用子廷鸾,兵仗辎重委弃略尽。朱全忠令叔琮、友宁乘胜遂攻河东。

李克用闻嗣昭等败,遣李存信以亲兵逆之,至清源,遇汴军,存信走还晋阳,汴军取慈、隰、汾三州。辛酉,汴军围晋阳,营于晋祠,攻其西门。周德威、李嗣昭收馀众依西山得还。城中兵未集,叔琮攻城甚急,每行围,褒衣博带,以示闲暇。

克用昼夜乘城,不得寝食。召诸将议保云州,李嗣昭、李嗣源、周德威曰："儿辈在此,必能固守。王勿为此谋,动摇人心!"李存信曰:"关东、河北皆受制于朱温,我兵寡地蹙,守此孤城,彼筑垒穿堑环之,以积久制我,我飞走无路,坐待困毙耳。今事势已急,不若且入北虏,徐图进取。"嗣昭力争之,克用不能决。刘夫人言于克用曰:"存信,北川牧羊儿耳,安知远虑! 王常笑王行瑜轻去其城,死于人手,今日反效之邪! 且王昔居达靼,几不自免,赖朝廷多事,乃得复归。今一足出城,则祸变不测,塞外可得至邪!"克用乃止。居数日,溃兵复集,军府浸安。克用弟克宁为忻州刺史,闻汴寇至,中涂复还晋阳,曰:"此城吾死所也,去将何之!"众心乃定。

又说:"你既已用不正当的手段取得宰相职位,凡公事都要按照国法办理;如果有办理不合宜的,一定准照旧例贬黜。"昭宗怒目瞪着韦贻范,小声说:"这贼子同时要杖责二十。"回头对韩偓说:"这种人也称得上宰相!"韦贻范屡次用大杯呈献昭宗,昭宗不立刻拿着,韦贻范举杯直到昭宗的下巴。

7 戊午(十二日),氏叔琮、朱友宁进攻李嗣昭、周德威的营寨。当时,汴州军队横阵十里,而河东军队不过数万人,深入敌人境内,众人心中恐惧。周德威出战失败,密令李嗣昭率领后军在前面离去,周德威随即率领骑兵也撤退。氏叔琮、朱友宁率兵长驱追逐,河东军队惊慌溃逃,生擒李克用的儿子李廷鸾,河东军队将兵器粮草等物几乎全部抛弃。朱全忠命令氏叔琮、朱友宁乘胜进攻河东。

李克用听说李嗣昭等失败,派遣李存信率领亲兵前去迎敌,李存信到达清源县,遇见汴州军队,又逃回晋阳,汴州军队夺取慈、隰、汾三州。辛酉(十五日),汴州军队包围晋阳,在晋祠扎营,攻击晋阳城的西门。周德威、李嗣昭收集馀众,沿着西山得以返回晋阳。晋阳城中的军队没有集结,氏叔琮攻城非常紧急,每次巡视围城的军队,总是宽袍大带,借以表示悠闲自得。

李克用日夜登城,不能睡觉吃饭。他召集各位将领商议退守云州,李嗣昭、李嗣源、周德威说:"我等在这里,一定能够固守。您不要做退守云州的打算,动摇人心!"李存信说:"关东、河北都受朱温控制,我们兵力缺少,地方狭小,据守这个孤城,他们环城垒砌墙垣,挖掘壕沟,用长期围困制服我们,我们上天无路,入地无门,坐等困死罢了。现在情势已急,不如暂时进入北方鞑靼,慢慢再设法进取。"李嗣昭极力争辩,李克用不能决断。刘夫人对李克用说:"李存信不过是北川的放羊娃罢了,哪里知道长远打算!您常笑王行瑜轻率地弃城逃走,死于敌人之手,今天反要效法他吗!况且您从前在鞑靼居住,几乎不能自免,幸亏朝廷多事,这才能够再回来。现在一只脚出城,就会立即发生意外祸乱,塞外哪能到达呢!"李克用这才打消离城出走的念头。过了数日,逃散的兵车又集结起来,节度使军府逐渐安定。李克用的弟弟李克宁任忻州刺史,听说汴州军队到了,途中又返回晋阳,说:"此城是我战死的地方,离开此城,将往哪里去!"众心这才安定下来。

壬戌，朱全忠还河中，遣朱友宁将兵西击李茂贞，军于兴平、武功之间。李嗣昭、李嗣源数将敢死士夜入氏叔琮营，斩首捕虏，汴军惊扰，备御不暇。会大疫，丁卯，叔琮引兵还。嗣昭与周德威将兵追之，及石会关，叔琮留数马及旌旗于高冈之巅。嗣昭等以为有伏兵，乃引去，复取慈、隰、汾三州。自是克用不敢与全忠争者累年。

克用以使引咨幕府曰："不贮军食，何以聚众？不置兵甲，何以克敌？不修城池，何以扞御？利害之间，请垂议度！"掌书记李袭吉献议，略曰："国富不在仓储，兵强不由众寡，人归有德，神固害盈。聚敛宁有盗臣，苛政有如猛虎，所以鹿台将散，周武以兴；齐库既焚，晏婴入贺。"又曰："伏以变法不若养人，改作何如旧贯！韩建蓄财无数，首事朱温；王珂变法如麻，一朝降贼；中山城非不峻，蔡上兵非不多；前事甚明，可以为戒。且霸国无贫主，强将无弱兵。伏愿大王崇德爱人，去奢省役，设险固境，训兵务农。定乱者选武臣，制理者选文吏，钱谷有句，刑法有律。诛赏由我，则下无威福之弊；近密多正，则人无谮谤之忧。顺天时而绝欺诬，敬鬼神而禁淫祀，则不求富而国富，不求安而自安。外破元凶，内康疲俗，名高五霸，道冠八元。至于率闾阎，定间架，增曲蘖，检田畴，开国建邦，恐未为切。"

壬戌(十六日)，朱全忠回河中，派遣朱友宁率兵向西攻击李茂贞，驻扎在兴平、武功之间。李嗣昭、李嗣源屡次率领敢死队进入氏叔琮军营之中，斩杀捕虏，汴州军队惊慌纷扰，防务守御没有空闲。恰好当地发生严重瘟疫，丁卯(二十一日)，氏叔琮带领军队撤走。李嗣昭与周德威率兵追赶，追到石会关，氏叔琮在高坡顶上留下几匹马及旌旗。李嗣昭等以为有埋伏的军队，于是领兵退走，又攻取慈、隰、汾三州。自这以后，李克用有数年不敢与朱全忠相争。

李克用以节度使文书咨询幕府，说："不贮备军粮，用什么聚集兵众？不添置兵器，用什么战胜敌人？不修筑城池，用什么防卫抵御？利益与危害之间，请商议权衡！"掌书记李袭吉进献意见，大意是说："国家富裕不在仓库储备，兵力强大不在人数多少，百姓归依有德行之君，鬼神原本降灾骄傲、自满之人。与其有聚财搜刮之吏，不如有偷盗之贼，残酷的政治如同吃人的猛虎，所以散发鹿台的钱财，周武王由此兴盛；齐国的仓库被火烧毁，晏婴入朝庆贺。"又说："我以为变更法制不如教养百姓，改行新制怎么比得上老法！韩建在华州积蓄钱财不可计数，首先侍奉朱全忠；王珂变更法制像乱麻一样多，一个早晨投降了敌人；王郜不能守卫定州不是因为中山城不高峻，秦宗权终于被朱全忠擒住不是因为蔡上的军队不多；前面这些事情非常明显，可以引为鉴戒。况且称霸诸侯的国家没有贫穷的君主，强将的手下没有懦弱的兵士。希望大王您崇尚德政，爱护百姓；去掉奢侈，简省徭役；设置险要，巩固边境；训练军队，致力农业。平定动乱可选任武官，治理政事可选任文吏，钱谷出纳有簿册登记，判刑执法有法律依据。生杀赏罚大权由自己掌握，那么下边就没有作威作福的弊端；身边亲近的人多是正人君子，那么人们就没有被诬陷诽谤的忧虑。顺应天时而杜绝欺骗诬陷，敬奉鬼神而禁绝淫滥祭祀，那么不求富裕而国家富裕，不求安定而自己安定。外可打败元凶祸首，内可振兴颓废习俗，名声高过春秋五霸，道义冠于上古八元。至于计算民间里巷，规定房屋结构征税，增加酒曲，检查田地，这些对于建立邦国，恐怕不是迫切的事情。"

克用亲军皆沙陀杂虏，喜侵暴良民，河东甚苦之。其子存勖以为言，克用曰："此辈从吾攻战数十年，比者帑藏空虚，诸军卖马以自给；今四方诸侯皆重赏以募士，我若急之，则彼皆散去矣，吾安与同保此乎！俟天下稍平，当更清治之耳。"存勖幼警敏，有勇略，克用为朱全忠所困，封疆日蹙，忧形于色。存勖进言曰："物不极则不返，恶不极则不亡。朱氏恃其诈力，穷凶极暴，吞灭四邻，人怨神怒。今又攻逼乘舆，窥觎神器，此其极也，殆将毙矣！吾家世袭忠贞，势穷力屈，无所愧心。大人当遵养时晦以待其衰，奈何轻为沮丧，使群下失望乎！"克用悦，即命酒奏乐而罢。

刘夫人无子，克用宠姬曹氏生存勖，刘夫人待曹氏加厚。克用以是益贤之，诸姬有子，辄命夫人母之，夫人教养，悉如所生。

8　上以金吾将军李俨为江、淮宣谕使，书御札赐杨行密，拜行密东面行营都统、中书令、吴王，以讨朱全忠。以朱瑾为平卢节度使，冯弘铎为武宁节度使，朱延寿为奉国节度使。加武安节度使马殷同平章事。淮南、宣歙、湖南等道立功将士，听用都统牒承制迁补，然后表闻。俨，张濬之子也，赐姓李。

9　夏，四月丁酉，崔胤自华州诣河中，泣诉于朱全忠，恐李茂贞劫天子幸蜀，宜以时迎奉，势不可缓。全忠与之宴，胤亲执板，为全忠歌以侑酒。

10　辛丑，回鹘遣使入贡，请发兵赴难；上命翰林学士承旨韩偓答书许之。乙巳，偓上言："戎狄兽心，不可倚信。彼见国家人物华靡，而城邑荒残，甲兵凋弊，必有轻中国之心，启其贪婪。且自会昌以来，回鹘为中国所破，恐其乘危复怨。所赐可汗书，

李克用的亲军都是沙陀胡人，喜好侵犯良民百姓，河东的人民非常痛苦。他的儿子李存勖把这些情况向李克用陈述，李克用说："这些人跟随我征战数十年，近来库藏空虚，各军都靠卖马来维持供给；现在四方藩镇都用重赏来招募兵士，我如果逼急他们，那么他们都要散去了，我怎么与他们同保这个基业呢！等到天下稍为安定，当再肃清治理罢了。"李存勖小时候机警敏捷，有勇有谋，李克用被朱全忠围困，疆界一天天缩小，忧虑挂在脸上。李存勖进言说："事物不到极点就不会走向反面，坏人不到极点就不会灭亡。朱全忠仗恃他的奸诈和力量，穷凶极恶，并吞消灭四邻，百姓怨恨，天神愤怒。今又攻击逼迫皇上，窥伺帝位，这是他走到极点了，将要灭亡了！我家世代忠贞不渝，今势穷力亏，处境困难，没有什么可羞愧的。父亲应当从容静观，以待朱全忠衰弱，怎么轻易就灰心丧气，使属下失望呢！"李克用很高兴，立即吩咐摆酒宴奏乐而散。

刘夫人没有儿子，李克用的宠妾曹氏生李存勖，刘夫人待曹氏更加优厚。李克用因此更加敬重刘夫人，诸妾生了儿子，就吩咐刘夫人做母亲，刘夫人教养他们，都像亲生的一样。

8　昭宗任命左金吾将军李俨为江淮宣谕使，写御札赐给杨行密，授予杨行密东面行营都统、中书令、吴王，以讨伐朱全忠。任命朱瑾为平卢节度使，冯弘铎为武宁节度使，朱延寿为奉国节度使。武安节度使马殷加官为同平章事。淮南、宣歙、湖南等道立功将士，听任杨行密用都统用牒文承用旧制迁升补官，然后上表奏闻。李俨是张濬的儿子，赐姓李。

9　夏季，四月丁酉（二十一日），崔胤从华州往河中，流着眼泪向朱全忠诉说，恐怕李茂贞劫持天子驾临蜀中，应该及时迎驾东来，形势不许再有延缓。朱全忠与崔胤饮宴，崔胤亲自执板击节，为朱全忠唱歌劝酒。

10　辛丑（二十五日），回鹘派遣使臣前来进贡，请求发兵前来救难，昭宗命令翰林学士承旨韩偓复信允许。乙巳（二十九日），韩偓进言："戎狄野兽心肠，不可以倚靠信任。他们看见国家人物豪华奢侈，但城邑荒芜残破，武装兵士破旧疲惫，必定有轻视中国之心，从而开启他们贪得无厌的念头。况且自会昌年间以来，回鹘被中国打败，恐怕他们乘着危难报复仇怨。赐给回鹘可汗的书信，

宜谕以小小寇窃，不须赴难，虚愧其意，实沮其谋。"从之。

兵部侍郎参知机务卢光启罢为太子太保。

11　杨行密遣顾全武归杭州以易秦裴，钱镠大喜，遣裴还。

12　汴将康怀贞击凤翔将李继昭于莫谷，大破之。继昭，蔡州人也，本姓符，名道昭。

13　五月庚戌，温州刺史朱褒卒，兄敖自称刺史。

14　凤翔人闻朱全忠且来，皆惧；癸丑，城外居民皆迁入城。己未，全忠将精兵五万发河中，至东渭桥，遇霖雨，留旬日。

15　庚午，工部侍郎、平章事韦贻范遭母丧，宦官荐翰林学士姚洎为相。洎谋于韩偓，偓曰："若图永久之利，则莫若未就为善；傥出上意，固无不可。且汴军旦夕合围，孤城难保，家族在东，可不虑乎！"洎乃移疾，上亦自不许。

16　镇海、镇东节度使彭城王钱镠进爵越王。

17　六月丙子，以中书舍人苏检为工部侍郎、同平章事。时韦贻范在草土，荐检及姚洎于李茂贞。上既不用洎，茂贞及宦官恐上自用人，协力荐检，遂用之。

18　丁丑，朱全忠军于虢县。

19　武宁节度使冯弘铎介居宣、扬之间，常不自安。然自恃楼船之强，不事两道。宁国节度使田頵欲图之，募弘铎工人造战舰，工人曰："冯公远求坚木，故其船堪久用，今此无之。"頵曰："第为之，吾止须一用耳。"弘铎将冯晖、颜建说弘铎先击頵，弘铎从之，帅众南上，声言攻洪州，实袭宣州也。杨行密使人止之，不从。辛巳，頵帅舟师逆击于葛山，大破之。

应当告诉他:小小盗贼,不需前来救难。表面上是要使他们的内心惭愧不安,实际上是要阻止他们的侵犯阴谋。"昭宗听从了韩偓的意见。

兵部侍郎参知机务卢光启被罢免为太子太保。

11　杨行密遣送顾全武回杭州,以便换回秦裴,钱镠大喜,遣送秦裴返回广陵。

12　汴州将领康怀贞在莫谷袭击凤翔将领李继昭,把他打得大败。李继昭是蔡州人,本姓符,名道昭。

13　五月庚戌(初五),温州刺史朱褒去世,他的哥哥朱敖自称刺史。

14　凤翔人听说朱全忠将来,都害怕;癸丑(初八),城外居民都迁入城中。己未(十四日),朱全忠率领五万精锐军队从河中出发,到东渭横桥,遇到连日阴雨,留住十天。

15　庚午(二十五日),工部侍郎、平章事韦贻范的母亲死了,宦官荐翰林学士姚洎为宰相。姚洎与韩偓商量,韩偓说:"如果考虑永久的利益,那么不如推辞不去就职为好;倘若是出于皇上的意思,本来没有不可以的。况且汴州军队早晚就要合围,孤城难于保卫,家族在东面,可以不考虑吗!"姚洎于是移文称病,昭宗还是不允。

16　镇海、镇东节度使彭城王钱镠封爵越王。

17　六月丙子(初二),朝廷任命中书舍人苏检为工部侍郎、同平章事。当时韦贻范居家守丧,向李茂贞推荐苏检和姚洎。昭宗既然不能用姚洎,李茂贞及宦官担心昭宗自己用人,协力荐举苏检,于是用了他。

18　丁丑(初三),朱全忠驻军虢县。

19　武宁节度使冯弘铎在昇州,居于宣州田頵、扬州杨行密之间,经常自己觉得不安定。但是自恃楼船强大,不侍奉宣州田頵、扬州杨行密。宁国节度使田頵想要谋取冯弘铎,招募冯弘铎的工人制造战舰,工人说:"冯公在远处寻来坚实的木料,所以他的战船能够长久使用,现在这里没有这些木料。"田頵说:"只管制造好了,我只需用一次罢了。"冯弘铎的将领冯晖、颜建劝说冯弘铎先攻击田頵,冯弘铎听从了他们的意见,率众南上,声言进攻洪州,实际上是袭击宣州。杨行密派人制止,冯弘铎没有听从。辛巳(初七),田頵率领水军在葛山迎击,把冯弘铎的军队打得大败。

20　甲申，李茂贞大出兵，自将之，与朱全忠战于虢县之北，大败而还，死者万馀人。丙戌，全忠遣其将孔勍出散关攻凤州，拔之。丁亥，全忠进军凤翔城下。全忠朝服向城而泣，曰："臣但欲迎车驾还宫耳，不与岐王角胜也。"遂为五寨环之。

21　冯弘铎收馀众沿江将入海，杨行密恐其为后患，遣使犒军，且说之曰："公徒众犹盛，胡为自弃沧海之外！吾府虽小，足以容公之众，使将吏各得其所，如何？"弘铎左右皆恸哭听命。弘铎至东塘，行密自乘轻舟迎之，从者十馀人，常服，不持兵，升弘铎舟，慰谕之，举军感悦。署弘铎淮南节度副使，馆给甚厚。

初，弘铎遣牙将丹徒尚公迺诣行密求润州，行密不许。公迺大言曰："公不见听，但恐不敌楼船耳。"至是，行密谓公迺曰："颇记求润州时否？"公迺谢曰："将吏各为其主，但恨无成耳。"行密笑曰："尔事杨叟如事冯公，无忧矣！"

行密以李神福为昇州刺史。

22　杨行密发兵讨朱全忠，以副使李承嗣权知淮南军府事。军吏欲以巨舰运粮，都知兵马使徐温曰："运路久不行，葭苇堙塞，请用小艇，庶几易通。"军至宿州，会久雨，重载不能进，士有饥色，而小艇先至，行密由是奇温，始与议军事。行密攻宿州，不克，竟以粮运不继引还。

23　秋，七月，孔勍取成、陇二州，士卒无斗者。至秦州，州人城守，乃自故关归。

24　韦贻范之为相也，多受人赂，许以官，既而以母丧罢去，日为债家所噪。亲吏刘延美，所负尤多，故汲汲于起复，日遣人诣两中尉、枢密及李茂贞求之。甲戌，命韩偓草贻范起复制，

20　甲申(初十),李茂贞亲自统率大军从凤翔出发,在虢县以北与朱全忠的军队激战,被打得大败而回,一万馀人死去。丙戌(十二日),朱全忠派遣他的部将孔勍出散关,攻打凤州,夺取了州城。丁亥(十三日),朱全忠进军凤翔城下。朱全忠穿着朝服向城哭泣,说:"我只想迎车驾回宫,不想与岐王较量胜负啊!"于是,环城设置五座营寨。

21　冯弘铎收集馀众,沿着长江东下将要入海,杨行密恐怕他成为后患,派遣使者前去犒劳军队,并且劝他说:"您的徒众尚且强盛,为什么自己弃置于沧海之外! 我的府舍虽小,足以容纳您的徒众,使将吏各得其所,怎么样?"冯弘铎左右的将吏全都恸哭,听从命令。冯弘铎到达东塘,杨行密亲自乘轻便小船迎接他,跟随的十几个人,穿着常服,不带兵器,登上冯弘铎的船,慰问晓谕,全军感动欢悦。以冯弘铎署理淮南节度副使,食宿供给非常优厚。

当初,冯弘铎派遣牙将丹徒人尚公迺前往广陵谒见杨行密,要求把润州归属自己统辖,杨行密没有允准。尚公迺大声说:"您不听从,只怕敌不过楼船罢了。"到这时候,杨行密对尚公迺说:"还记得索求润州时说的话吗?"尚公迺道歉说:"将吏各为其主,只恨没有成功罢了。"杨行密大笑说:"你侍奉我能如同侍奉冯公一样,就没有忧虑了!"

杨行密任命李神福为昇州刺史。

22　杨行密发兵讨伐朱全忠,以副使李承嗣暂时主持淮南节度使府中事务。军吏想要用大船运送军粮,都知兵马使徐温说:"远路很久没有通行,芦苇堵塞,请用小艇,也许容易通行。"军队到达宿州,适逢久雨不停,载重的大船不能前进,兵士面有菜色,然而小艇先到了,杨行密因此认为徐温才能出众,开始与他商议军事。杨行密攻宿州,没有攻下,终于因为粮运供应不上而退兵回广陵。

23　秋季,七月,孔勍攻取成、陇两州,兵士没有经过战斗。到秦州,州民据城守御,于是从故关回来。

24　韦贻范做宰相的时候,经常接受人家的贿赂,然后许给官职,不久因母死免官居丧,每天被讨债的人吵闹喧哗。亲吏刘延美,负债尤其多,所以对韦贻范的起复再用极为迫切,每天派人晋见两中尉、枢密及李茂贞,向他们求情。甲戌,命令韩偓草拟起复韦贻范的制书,

偓曰:"吾腕可断,此制不可草!"即上疏论贻范遭忧未数月,遽令起复,实骇物听,伤国体。学士院二中使怒曰:"学士勿以死为戏!"偓以疏授之,解衣而寝。二使不得已奏之。上即命罢草,仍赐敕褒赏之。八月乙亥朔,班定,无白麻可宣,宦官喧言韩侍郎不肯草麻,闻者大骇。茂贞入见上曰:"陛下命相而学士不肯草麻,与反何异!"上曰:"卿辈存贻范,朕不之违;学士不草麻,朕亦不之违。况彼所陈,事理明白,若之何不从!"茂贞不悦而出,至中书,见苏检曰:"奸邪朋党,宛然如旧。"扼腕者久之。贻范犹经营不已,茂贞语人曰:"我实不知书生礼数,为贻范所误,会当于邠州安置。"贻范乃止。

25 保大节度使李茂勋将兵屯三原,救李茂贞。朱全忠遣其将康怀贞、孔勍击之,茂勋遁去。茂勋,茂贞之从弟也。

26 初,孙儒死,其士卒多奔浙西,钱镠爱其骁悍,以为中军,号武勇都。行军司马杜棱谏曰:"狼子野心,他日必为深患,请以土人代之。"不从。

镠如衣锦军,命武勇右都指挥使徐绾帅众治沟洫,镇海节度副使成及闻士卒怨言,白镠请罢役,不从。丙戌,镠临飨诸将,绾谋杀镠于座,不果,称疾先出。镠怪之,丁亥,命绾将所部兵先还杭州。及外城,纵兵焚掠。武勇左都指挥使许再思以迎候兵与之合,进逼牙城。镠子传瑛与三城都指挥使马绰等闭门拒之,牙将潘长击绾,绾退屯龙兴寺。镠还,及龙泉,闻变,疾驱至城北,使成及建镠旗鼓与绾战,镠微服乘小舟夜抵牙城东北隅,逾城而入。直更卒凭鼓而寐,

韩偓说:"我的手腕可以折断,这件制书不能草拟!"立即上疏辩论韦贻范遭受母忧没有几个月,急忙让他起复,实在骇人听闻,损害国家的体面。左军中尉韩全诲等派往监视学士院的两个宦官勃然大怒,说:"学士不要将死当作儿戏!"韩偓把疏交给他们,脱去衣服就睡觉了。两个宦官不得已,把奏疏呈进。唐昭宗立即命令停止草拟制书,并赐敕令褒扬奖赏韩偓。八月乙亥朔,百官立班已定,没有制书可以宣布,宦官喧嚷说是韩侍郎不肯草拟制书,听到的人大为惊骇。李茂贞进内见昭宗,说:"陛下任命宰相而学士不肯草拟制书,与谋反有什么不同!"昭宗说:"你们保荐韦贻范,朕没有违背你们;学士不草拟制书,朕也不违背他。况且他陈述的事情,事理明白,像这样的奏疏为什么不依从!"李茂贞听了不高兴,从宫内出来,到中书省,见苏检说:"奸邪小人的朋党,同过去一样!"长时间握着手腕。韦贻范仍然筹划营谋不停,李茂贞对人说:"我实不知道书生们的礼数,被韦贻范所误,该当在邠州安置他。"韦贻范这才停止活动。

25 保大节度使李茂勋率兵驻扎三原,救李茂贞。朱全忠派遣他的部将康怀英、孔勍攻击李茂勋,李茂勋逃走。李茂勋是李茂贞的堂弟。

26 当初,孙儒死了,他部下的士卒大多跑到浙西,钱镠喜爱他们骁勇剽悍,编为中军,号称"武勇都"。行军司马杜稜劝谏说:"狼子野心,将来必定成为大患,请用本地人代替他们。"钱镠不从。

钱镠前往衣锦军,命令武勇右都指挥使徐绾率部众治理护城河道,镇海节度副使成及听到士卒的怨言,报告钱镠,请求停止徭役,钱镠不从。丙戌(十三日),钱镠亲自宴请各位将领,徐绾谋划在座位上杀死钱镠,没有成功,声称有病先出去了。钱镠感到奇怪,丁亥(十四日),命令徐绾率领部下的军队先回杭州。到达杭州外城,徐绾听任兵士焚烧抢掠。武勇左都指挥使许再思率领迎候钱镠回杭州的军队,与徐绾会合,向前进逼节度使所居牙城。钱镠的儿子钱传瑛与三城都指挥使马绰等闭门抵御,牙将潘长攻击徐绾,徐绾撤退驻扎龙兴寺。钱镠回杭州,到达龙泉,听说变乱,急驰到杭州城北,派成及竖起钱镠的旗鼓与徐绾作战,钱镠改换平民服装,乘小舟在夜里到牙城的东北角,越过城墙进入城内。打更的兵卒倚着鼓睡觉,

镠亲斩之,城中始知镠至。武安都指挥使杜建徽自新城入援,徐绾聚木将焚北门,建徽悉焚之。建徽,稜之子也。湖州刺史高彦闻难,遣其子渭将兵入援,至灵隐山,绾伏兵击杀之。

初,镠筑杭州罗城,谓僚佐曰:"十步一楼,可以为固矣。"掌书记馀姚罗隐曰:"楼不若内向。"至是人以隐言为验。

27　庚戌,李茂贞出兵夜袭奉天,虏汴将倪章、邵棠以归。乙未,茂贞大出兵,与朱全忠战,不胜;暮归,汴兵追之,几入西门。

28　己亥,再起复前户部侍郎、同平章事韦贻范,使姚洎草制。贻范不让,即表谢,明日,视事。

29　西川兵请假道于兴元,山南西道节度使李继密遣兵戍三泉以拒之。辛丑,西川前锋将王宗播攻之,不克,退保山寨。亲吏柳修业谓宗播曰:"公举族归人,不为之死战,何以自保?"宗播令其众曰:"吾与汝曹决战,取功名;不尔,死于此!"遂破金牛、黑水、西县、褒城四寨。军校秦承厚攻西县,矢贯左目,达于右目,镞不出。王建自舐其创,脓溃镞出。王宗播攻马盘寨,继密战败,奔还汉中。西川军乘胜至城下,王宗涤帅众先登,遂克之,继密请降,迁于成都;得兵三万,骑五千,宗涤入屯汉中。王建曰:"继密残贼三辅,以其降,不忍杀。"复其姓名曰王万弘,不时召见。诸将陵易之,万弘终日纵酒,俳优辈亦加戏诮;万弘不胜忧愤,醉投池水而卒。

诏以王宗涤为山南西道节度使。宗涤有勇略,得众心,王建忌之。建作府门,绘以朱丹,蜀人谓之"画红楼",建以宗涤姓名

钱镠亲自杀了他,城中才知道钱镠到了。武安都指挥使杜建徽从新城前来援救,徐绾聚集火柴将要焚烧北门,杜建徽把木柴全部烧掉。杜建徽是杜稜的儿子。湖州刺史高彦听说钱镠遇到危难,派遣他的儿子高渭率兵来杭州救援,到灵隐山,徐绾埋伏的军队把他击杀。

当初,钱镠修筑杭州护卫内城的罗城,对属官说:"十步一座城楼,可以称得上坚固了。"掌书记馀姚人罗隐说:"罗城的城楼不如内向。"到这时人们以为罗隐的话应验了。

27 庚戌,李茂贞出兵夜袭奉天,俘虏汴州将领倪章、邵棠而回。乙未(二十二日),李茂贞派遣大批军队出城,与朱全忠交战,没有取胜;傍晚回城,汴州军队追击,差点儿攻入凤翔城的西门。

28 己亥(二十六日),朝廷再次起用前户部侍郎、同平章事韦贻范,让姚洎草拟制书。韦贻范不推辞,立即上表谢恩,第二天就到职任事。

29 西川军队请求借路过兴元,山南西道节度使李继密派兵驻守三泉进行抗拒。辛丑(二十八日),西川前锋将领王宗播攻打三泉,没有攻下,退兵保守山上的营寨。亲吏柳修业对王宗播说:"您全族归顺了人家,不为人家拼死战斗,用什么保全自己?"王宗播命令他的部众说:"我与你们进行决战,取得功名;不然,死在这里!"于是,攻克金牛、黑水、西县、褒城四寨。军校秦承厚攻打西县,箭穿过左眼,达于右眼,箭头没有出来。王建亲自用舌头舔他的伤口,脓血溃流,箭头随出。王宗播攻打马盘寨,李继密战败,逃回汉中。西川军队乘胜追到汉中城下,王宗涤率众先登上城墙,于是攻克了汉中,李继密请求投降,迁往成都;王宗涤得到步兵三万,骑兵五千,进入汉中城内驻扎。王建说:"李继密残害京畿三辅地区,因为他投降,不忍心杀他。"于是恢复李继密原来的姓名叫王万弘,随时召见。西川诸将欺凌轻视他,王万弘终日毫无节制地饮酒,戏子艺人也加以戏弄,王万弘十分忧愁烦闷,醉后投入水池淹死了。

昭宗颁布诏令,任命王宗涤为山南西道节度使。王宗涤有勇有谋,深得众心,王建嫉妒他。王建兴建节度使府大门,用朱红色涂饰绘画,蜀人称它为"画红楼",王建认为同王宗涤的原名"华洪"

应之,王宗佶等疾其功,复构以飞语。建召宗涤至成都,诘责之,宗涤曰:"三蜀略平,大王听谗,杀功臣可矣。"建命亲随马军都指挥使唐道袭夜饮之酒,缢杀之,成都为之罢市,连营涕泣,如丧亲戚。建以指挥使王宗贺权兴元留后。道袭,阆州人也,始以舞童事建,后浸预谋画。

30　九月乙巳,朱全忠以久雨,士卒病,召诸将议引兵归河中。亲从指挥使高季昌、左开道指挥使刘知俊曰:"天下英雄,窥此举一岁矣;今茂贞已困,奈何舍之去!"全忠患李茂贞坚壁不出,季昌请以谲计诱致之。募有能入城为谍者,骑士马景请行,曰:"此行必死,愿大王录其妻子。"全忠恻然止之,景不可。时全忠遣朱友伦发兵于大梁,明日将至,当出兵迓之。景请因此时给骏马杂众骑而出,全忠从之,命诸军皆秣马饱士。丁未旦,偃旗帜潜伏,营中寂如无人。景与众骑皆出,忽跃马西去,诈为逃亡,入城告茂贞曰:"全忠举军遁矣,独留伤病者近万人守营,今夕亦去矣,请速击之!"于是茂贞开门,悉众攻全忠营。全忠鼓于中军,百营俱出,纵兵击之,又遣数百骑据其城门,凤翔军进退失据,自蹈藉,杀伤殆尽。茂贞自是丧气,始议与全忠连和,奉车驾还京,不复以诏书勒全忠还镇矣。全忠表季昌为宋州团练使。季昌,陕石人,本朱友恭之仆夫也。

31　戊申,武定节度使李思敬以洋州降王建。

32　辛亥,李茂贞尽出骑兵于邻州就刍粮。壬子,朱全忠穿蚰蜒壕围凤翔,设犬铺、铃架以绝内外。

33　癸亥,以茂贞为凤翔、静难、武定、昭武四镇节度使。

应和。王宗佶等妒忌王宗涤的功劳，又制造飞语流言。王建召王宗涤到成都，责问他，王宗涤说："三蜀大致平定，大王听信谗言，可以杀功臣了。"王建命令亲随马军都指挥使唐道袭晚上让王宗涤饮酒，把他勒死，成都商民为此罢市，全军士卒伤心流泪，像死了亲戚一样。王建让指挥使王宗贺暂时为兴元留后。唐道袭是阆州人，开始以舞童的身份侍奉王建，后来逐渐参与谋划。

30　九月乙巳（初二），朱全忠因为长期下雨，士卒患病，召集各将领商议带领军队回河中。亲随指挥使高季昌、左开道指挥使刘知俊说："天下英雄，窥伺这里快一年了；现在茂贞已经困难窘迫，为什么放弃这里回河中去！"朱全忠担心李茂贞坚守不出，高季昌请用欺诈的计策诱使他出来。于是，招募有能够进城做暗探的人，骑士马景请求前去，说："这次前去一定死，希望大王收养抚恤我的妻子儿女。"朱全忠悲伤地阻止他，马景坚决要去。当时朱全忠派遣朱友伦从大梁发兵，第二天将要到达，应当出兵迎接他们。马景请求趁着这个时机，给骏马混杂在众骑中出去，朱全忠依从了他，命令各军都让马匹、将士吃饱。丁未（初四）早晨，朱全忠命令将士放倒旗帜，秘密埋伏，营中静寂如同无人。马景与众骑兵都从营中出来，忽然跃马西去，假装逃跑，进入凤翔城内报告李茂贞说："朱全忠全军逃走了，只留下将近一万负伤患病的人守营，今晚也要走了，请急速攻击他们！"于是，李茂贞打开城门，全部军队攻击朱全忠的营寨。朱全忠在中军击鼓，百营齐出，发兵攻击李茂贞的军队，又派遣数百骑兵占据凤翔城门，凤翔军队进退失去凭依，自相践踏，杀伤几尽。李茂贞从此意气沮丧，才开始商议与朱全忠联合，迎奉昭宗回京城长安，不再用诏书勒令朱全忠返回藩镇了。朱全忠上表奏请任高季昌为宋州团练使。高季昌是陕石人，本来是朱友恭的仆人。

31　戊申（初五），武定节度使李思敬率洋州投降王建。

32　辛亥（初八），李茂贞派出全部骑兵到邻州去征运粮草。壬子（初九），朱全忠挖掘像蚰蜒行地形状的堑壕包围凤翔，设置由狗守护的犬铺、挂着铃铛的铃架，借以隔绝城内外。

33　癸亥（初十），朝廷任命李茂贞为凤翔、静难、武定、昭武四镇节度使。

34 或劝钱镠渡江东保越州，以避徐、许之难。杜建徽按剑叱之曰："事或不济，同死于此，岂可复东渡乎！"

镠恐徐绾等居越州，遣大将顾全武将兵戍之。全武曰："越州不足往，不若之广陵。"镠曰："何故？"对曰："闻绾等谋召田頵，田頵至，淮南助之，不可敌也。"建徽曰："孙儒之难，王尝有德于杨公，今往告之，宜有以相报。"镠命全武告急于杨行密，全武曰："徒往无益，请得王子为质。"镠命其子传璙为全武仆，与偕之广陵，且求婚于行密。过润州，团练使安仁义爱传璙清丽，将以十仆易之，全武夜半赂阍者逃去。

绾等果召田頵，頵引兵赴之，先遣亲吏何饶谓镠曰："请大王东如越州，空府廨以相待，无为杀士卒！"镠报曰："军中叛乱，何方无之！公为节帅，乃助贼为逆。战则亟战，又何大言！"頵筑垒绝往来之道，镠患之，募能夺其地者赏以州。衢州制置使陈璋将卒三百出城奋击，遂夺其地，镠即以为衢州刺史。

顾全武至广陵，说杨行密曰："使田頵得志，必为王患。王召頵还，钱王请以子传璙为质，且求婚。"行密许之，以女妻传璙。

35 冬，十月，李俨至扬州，杨行密始建制敕院，每有封拜，辄以告俨，于紫极宫玄宗像前陈制书，再拜然后下。

36 王建攻拔兴州，以军使王宗浩为兴州刺史。

37 戊寅夜，李茂贞假子彦询帅三团步兵奔于汴军。己卯，李彦韬继之。

庚辰，朱全忠遣幕僚司马邺奉表入城；甲申，又遣使献熊白；自是献食物、缯帛相继。上皆先以示李茂贞，使启视之，茂贞亦不敢启。丙戌，复遣使请与茂贞议连和，民出城樵采者皆不抄掠。丁亥，全忠表请修宫阙及迎车驾。己丑，

34 有人劝说钱镠渡过钱塘江东去守保越州，以便避开徐绾、许再思叛乱造成的危难。杜建徽握剑大声怒斥那人说："事情如果不能成功，大家一同死在此地，怎么能够再东渡呢！"

钱镠担心徐绾等占据越州，派遣大将顾全武率领军队守卫。顾全武说："越州不值得前去，不如去广陵。"钱镠问："什么缘故？"顾全武回答说："听说徐绾等密谋召来田頵，田頵到达，淮南军队帮助他，就不可对付了。"杜建徽说："孙儒之难，您曾经对杨公有恩德，现在前去求他应当有所回报。"钱镠派遣顾全武前往广陵向杨行密告急，顾全武说："空着手去没有用，请以王子作为人质。"钱镠让他的儿子钱传璙装作顾全武的仆人，一同前往广陵，并且向杨行密求婚。顾全武等经过润州，团练使安仁义喜爱钱传璙清秀漂亮，打算用十个仆人换他，顾全武在半夜里贿赂看门人逃走了。

徐绾等果然召请田頵，田頵率兵前往，先派遣亲吏何饶对钱镠说："请大王东往越州，腾出节度使府相等待，不必杀戮士卒！"钱镠答复说："军中发生叛乱，哪里没有这种事！您身为节度使，却助贼做叛逆之事。战就赶快战，又何必说此大话！"田頵修筑堡垒断绝往来的道路，钱镠为此很忧虑，招募能够夺取田頵所据之地的人赏给州刺史。衢州制置使陈璋率领兵卒三百人出城奋勇攻击，于是夺取了田頵所据之地，钱镠就立即让陈璋担任衢州刺史。

顾全武到达广陵，劝说杨行密道："如果田頵得志，一定成为您的祸患。您召田頵回来，钱王请将他的儿子钱传璙作为人质，并且向您求婚。"杨行密应允了他的要求，把女儿嫁给钱传璙为妻。

35 冬季，十月，淮南宣谕使李俨到达扬州，杨行密开始建立制敕院，每有封爵授官，就告诉李俨，在紫极宫玄宗像前陈列制书，跪拜两次，然后退下。

36 王建攻克兴州，让军使王宗浩担任兴州刺史。

37 戊寅（初六）夜里，李茂贞的义子李彦询率领三团步兵投奔汧州军队。己卯（初七），李彦韬也随后投奔。

庚辰（初八），朱全忠遣幕僚司马邺捧表进入凤翔城；甲申（十二日），又派使者进献熊脂；从这以后，进献食物、缯帛连续不断。昭宗都先给李茂贞看，李茂贞也不敢打开。丙戌（十四日），朱全忠又派遣使者请求与李茂贞商议讲和，出城打柴草的百姓都不检查没收。丁亥（十五日）朱全忠上表请求修理宫阙和迎接昭宗回京。己丑（十七日），

遣国子司业薛昌祚、内使王延绩赍诏赐全忠。

癸巳,茂贞复出兵击汴军城西寨,败还。全忠以绛袍衣降者,使招呼城中人,凤翔军夜缒去,及因樵采去不返者甚众。是后茂贞或遣兵出击汴军,多不为用,散还。茂贞疑上与全忠有密约,壬寅,更于御院北垣外增兵防卫。

38　十一月癸卯朔,保大节度使李茂勋帅其众万馀人救凤翔,屯于城北阪上,与城中举烽相应。

39　甲辰,上使赵国夫人诇学士院二使皆不在,亟召韩偓、姚洎,窃见之于土门外,执手相泣。洎请上速还,恐为他人所见,上遽去。

40　朱全忠遣其将孔勍、李晖将兵乘虚袭鄜、坊。壬子,拔坊州。甲寅,大雪,汴军冒之夕进,五鼓,抵鄜州城下。鄜人不为备,汴军入城,城中兵尚八千人,格斗至午,鄜人始败,擒留守李继璠。勍抚存李茂勋及将士之家,按堵无扰,命李晖权知军府事。茂勋闻之,引兵遁去。

汴军每夜鸣鼓角,城中地如动。攻城者诟城上人云"劫天子贼",乘城者诟城下人云"夺天子贼"。是冬,大雪,城中食尽,冻馁死者不可胜计;或卧未死已为人所剐。市中卖人肉,斤直钱百,犬肉直五百。茂贞储偫亦竭,以犬彘供御膳。上鬻御衣及小皇子衣于市以充用,削渍松柎以饲御马。

41　丙子,户部侍郎、同平章事韦贻范薨。

42　癸亥,朱全忠遣人薙城外草以困城中。甲子,李茂贞增兵守宫门,诸宦者自度不免,互相尤怨。

苏检数为韩偓经营入相,言于茂贞及中尉、枢密,且遣亲吏告偓,偓怒曰:"公与韦公自贬所召归,旬月致位宰相,讫不能有所为,今朝夕不济,乃欲以此相污邪!"

昭宗派遣国子监司业薛昌祚、内使王延续带诏书赐给朱全忠。

　　癸巳（二十一日），李茂贞又派兵出城攻击汴州军队在凤翔城西的营寨，失败退回。朱全忠给投降的人穿上绛红色长袍，让他们招呼城中的人，凤翔城内兵士在夜里悬绳坠下城而逃走，私趁着出城打柴离去不回的人很多。此后，李茂贞有时派兵出城攻击汴州军队，但大多不按他的命令行事，逃散回城。李茂贞怀疑昭宗与朱全忠有密约，壬寅（三十日），又在御院北墙外增兵防卫。

　　38　十一月癸卯朔（初一），保大节度使李茂勋统率部众一万馀人救援凤翔，在城北山坡上驻守，点燃烽火与城中相互呼应。

　　39　甲辰（初二），昭宗派赵国夫人探明学士院两使都不在，便急召翰林学士韩偓、姚洎，在土门外暗中相见，拉着手相对流泪。姚洎请昭宗赶快回去，担心被别人看见，昭宗急忙离去。

　　40　朱全忠派遣他的部将孔勍、李晖率兵乘虚袭击鄜州、坊州。壬子（初十），攻克坊州。甲寅（十二日），下大雪，汴州军冒雪乘夜前进，五更时分，到达鄜州城下。鄜州人没有防备，汴州军队入城，城中兵尚有八千人，激烈搏斗到午时，鄜州人才被打败，生擒鄜州留后李继璙。孔勍安抚慰问李茂勋及将士的家属，相安无扰，命令李晖暂且处置军府事务。李茂勋听到这消息，率领军队逃走。

　　汴州军队每夜击鼓鸣角，城中好像在地震。攻城的人骂城上的人是“劫天子贼”，城上的人骂城下的人是“夺天子贼”。这年冬天，天下大雪，城中食物吃完了，冻饿而死的人不可计数；有的躺下还没有死已经被人割肉离骨。市中卖人肉，一斤值一百钱，狗肉一斤值五百钱。李茂贞贮存的食物也用完了，用猪狗供应昭宗的膳食。昭宗在市上卖掉自己及小皇子的衣服以供日用，削松木片浸水来喂御马。

　　41　丙子，户部侍郎、同平章事韦贻范去世。

　　42　癸亥（二十一日），朱全忠派人割除城外的草，以困城中。甲子（二十二日），李茂贞增兵守卫宫门，宦官们自己估计不能幸免，互相埋怨。

　　苏检屡次为韩偓谋划担任宰相，对李茂贞及中尉、枢密说，并且派亲吏告诉韩偓，韩偓勃然大怒，说：“您与韦公自贬所召回来，一个月位至宰相，至今不能有什么作为，现在朝不保夕，还想要拿这个宰相来玷污我吗！”

43　田頵急攻杭州，仍具舟將自西陵渡江；錢鏐遣其將盛造、朱郁拒破之。

44　十二月，李茂勛遣使請降于朱全忠，更名周彝。于是茂貞山南州鎮皆入王建，關中州鎮皆入全忠，坐守孤城。乃密謀誅宦官以自贖，遺全忠書曰："禍亂之興，皆由全誨；僕迎駕至此，以備他盜。公既志匡社稷，請公迎扈還宮，僕以弊甲凋兵，從公陳力。"全忠復書曰："僕舉兵至此，正以乘輿播遷；公能協力，固所愿也。"

45　楊行密使人召田頵曰："不還，吾且使人代鎮宣州。"庚辰，頵將還，征犒軍錢二十萬緡于錢鏐，且求鏐子為質，將妻以女。鏐謂諸子："孰能為田氏婿者？"莫對。鏐欲遣幼子傳球，傳球不可。鏐怒，將殺之。次子傳瓘請行，吳夫人泣曰："奈何置兒虎口！"傳瓘曰："紓國家之難，安敢愛身！"再拜而出，鏐泣送之。傳瓘從數人縋北門而下。頵與徐綰、許再思同歸宣州。鏐奪傳球內牙兵印。

越州客軍指揮使張洪以徐綰之黨自疑，帥步兵三百奔衢州，刺史陳璋納之。溫州將丁章逐刺史朱敖，敖奔福州。章據溫州，田頵遣使招之，道出衢州，陳璋聽其往還，錢鏐由是恨璋。

46　丁酉，上召李茂貞、蘇檢、李繼誨、李彥弼、李繼岌、李繼遠、李繼忠食，議與朱全忠和，上曰："十六宅諸王以下，凍餒死者日有數人。在內諸王及公主、妃嬪，一日食粥，一日食湯餅，今亦竭矣。卿等意何如？"皆不對。上曰："速當和解耳！"

鳳翔兵十餘人遮韓全誨于左銀臺門，喧罵曰："閤境塗炭，闔城餒死，正為軍容輩數人耳！"全誨叩頭訴于茂貞，茂貞曰："卒輩何知！"命酌酒兩杯，對飲而罷。又訴于上，上亦諭解之。李繼昭謂全誨曰："昔楊軍容破楊守亮一族，今軍容亦破繼昭一族邪！"慢罵之，遂出降于全忠，復姓符，名道昭。

43　宁国节度使田頵急攻杭州,并且准备船只将要自西陵渡江;钱镠派遣他的部将盛造、朱郁进行抵抗击败田頵的军队。

44　十二月,李茂勋派遣使者向朱全忠请求归降,改名李周彝。于是,李茂贞所辖的山南州镇都归属王建,关中州镇都归属朱全忠,李茂贞坐守孤城。于是密谋杀死宦官来赎罪,送书信给朱全忠说:"祸乱的发生,都是由韩全诲而起;我迎驾到凤翔,是为了防备劫往别处。您既然立志匡复国家,请您迎接扈从皇上回宫,我带领破甲残兵,跟您效力。"朱全忠复信说:"我发兵到这里,正是因为皇上车驾流离迁徙;您能够协力合作,本来是我的希望啊!"

45　杨行密派人召回田頵说:"不回来,我就派人代镇宣州。"庚辰(初八),田頵将要回宣州,向钱镠征收犒劳军士钱二十万缗,并且要求钱镠的儿子作为人质,将自己的女儿嫁给他。钱镠对诸子说:"谁能作田氏的女婿?"没有人答应。钱镠想要派遣他的小儿子钱传球,钱传球不愿意。钱镠勃然大怒,要杀他。次子钱传璙请求前去,吴夫人流着泪说:"怎么把孩儿放入老虎口中!"钱传璙说:"解除国家的危难,哪敢吝惜自身!"说完,拜了两拜就出去了,钱镠哭着送他。钱传璙随从数人在北门用绳索坠下城去。田頵与徐绾、许再思一同回宣州。钱镠收回钱传球的内牙兵印。

越州客军指挥使张洪因是徐绾的同党而自觉不安,率领步兵三百人投奔衢州,衢州刺史陈璋接纳了他。温州将领丁章驱逐刺史朱敖,朱敖投奔福州。丁章占据温州,田頵派遣使者招他,途中经过衢州,陈璋听任他们来往,钱镠因此怨恨陈璋。

46　丁酉(二十五日),昭宗召集李茂贞、苏检、李继诲、李彦弼、李继岌、李继远、李继忠到行宫,商议与朱全忠和解,昭宗说:"十六宅诸王以下,每天冻饿死的有几个人。在内诸王及公主、妃嫔,一天吃粥,一天吃汤饼,现在也完了。卿等意下如何?"李茂贞等都不回答。昭宗说:"应当赶快和解了!"

凤翔兵十馀人在左银台门拦住韩全诲,大声喧嚷斥骂,说:"全境困窘,全城饿死,都是因为你们军容使几个人!"韩全诲向李茂贞叩头诉说这件事,李茂贞说:"兵卒们知道什么!"命斟酒两杯,与韩全诲对饮就作罢了。韩全诲又向昭宗去诉说,唐昭宗也向他解释。李继昭对韩全诲说:"从前杨军容毁掉杨守亮一族,现在你韩军容也想毁掉继昭一族吗!"李继昭轻蔑地嘲骂韩全诲,随后就出城归降朱全忠,恢复原姓符,名道昭。

47　是岁,虔州刺史卢光稠攻岭南,陷韶州,使其子延昌守之,进围潮州。清海刘隐发兵击走之,乘胜进攻韶州。隐弟陟以为延昌有虔州之援,未可遽取,隐不从,遂围韶州。会江涨,馈运不继,光稠自虔州引兵救之。其将谭全播伏精兵万人于山谷,以羸弱挑战,大破隐于城南,隐奔还。全播悉以功让诸将,光稠益贤之。

48　岳州刺史邓进思卒,弟进忠自称刺史。

三年(癸亥,903)

1　春,正月甲辰,遣殿中侍御史崔构、供奉官郭遵诲诣朱全忠营;丙午,李茂贞亦遣牙将郭启期往议和解。

2　平卢节度使王师范,颇好学,以忠义自许,为治有声迹。朱全忠围凤翔,韩全诲以诏书征藩镇兵入援乘舆,师范见之,泣下沾襟,曰:"吾属为帝室藩屏,岂得坐视天子困辱如此,各拥强兵,但自卫乎!"会张濬自长水亦遗之书,劝举义兵。师范曰:"张公言正会吾意,夫复何疑! 虽力不足,当死生以之。"

时关东兵多从全忠在凤翔,师范分遣诸将诈为贡献及商贩,包束兵仗,载以小车,入汴、徐、兖、郓、齐、沂、河南、孟、滑、河中、陕、虢、华等州,期以同日俱发,讨全忠。适诸州者多事泄被擒,独行军司马刘鄩取兖州。时泰宁节度使葛从周悉将其兵屯邢州,鄩先遣人为贩油者入城,诇其虚实及兵所从入。丙午,鄩将精兵五百夜自水窦入,比明,军城悉定,市人皆不知。鄩据府舍,拜从周母,每旦省谒;待其妻子,甚有恩礼;子弟职掌、供亿如故。

47 这一年,虔州刺史卢光稠进攻岭南,攻取韶州,让他的儿子卢延昌驻守,进兵围攻潮州。清海留后刘隐发兵把卢光稠打跑,乘胜进攻韶州。刘隐的弟弟刘陟认为卢延昌有虔州军队的援助,不能匆忙攻取,刘隐不听,于是包围了韶州。适逢江水上涨水流湍急,粮草输送跟不上,卢光稠自虔州带兵救援韶州。卢光稠的部将谭全播在山谷之中埋伏精锐部队一万人,用瘦弱的兵士挑战,在韶州城南大败刘隐的军队,刘隐逃回广州。谭全播把功劳全部让给各位将领,卢光稠更加敬重他。

48 岳州刺史邓进思去世,他的弟弟邓进忠自称岳州刺史。

唐昭宗天复三年(癸亥,公元903年)

1 春季,正月甲辰(初二),朝廷派遣殿中侍御史崔构、供奉官郭遵诲前往朱全忠的军营中;丙午(初四),李茂贞也派遣牙将郭启期前往商议和解。

2 平卢节度使王师范,很喜爱学习,以忠诚正义自勉,治理政事既有声望又有实迹。朱全忠包围凤翔,韩全诲以昭宗的诏书征召各藩镇军队前来救援,王师范看见诏书,不禁潸然泪下沾湿了衣襟,说:"我等作为捍卫皇室屏障,岂能对天子如此困窘耻辱的处境坐视不管,各自拥有强大的军队,只是自卫吗!"适逢张濬从长水也给他来信,劝他为正义发兵。王师范说:"张公的话正合我的心意,还有什么可犹疑的!即使力量不足,也当将生死置之度外。"

当时,关东的军队大多跟随朱全忠在凤翔,王师范分别派遣各个将领假装是进献贡品的使者及商贩,包捆兵器,用小车装载,进入汴、徐、兖、郓、齐、沂、河南、孟、滑、河中、陕、虢、华等州,约定在同日一齐发兵,讨伐朱全忠。前往各州的人多数事情泄露被捉住,只有行军司马刘郡取得兖州。其时泰宁节度使葛从周将他的军队全部驻扎邢州,刘郡先派人扮作卖油郎进城,侦察城内虚实及军队进城的地点。丙午(初四),刘郡率领五百精锐兵士从水洞里钻入城中,等到天明,泰宁军主帅所居的牙城全部平定,市民全不知道。刘郡占据葛从周的府宅,拜见葛从周的母亲,每天早晨探望;对待葛从周的妻子,甚有恩惠礼貌;至于子弟的职守、供给一切照旧。

是日,青州牙将张居厚帅壮士二百将小车至华州东城,知州事娄敬思疑其有异,剖视之。其徒大呼,杀敬思,攻西城。崔胤在华州,帅众拒之,不克,走至商州,追获之。

全忠留节度判官裴迪守大梁,师范遣走卒赍书至大梁,迪问以东方事,走卒色动。迪察其有变,屏人问之,走卒具以实告。迪不暇白全忠,亟请马步都指挥使朱友宁将兵万馀人东巡兖、郓。友宁召葛从周于邢州,共攻师范。全忠闻变,亦分兵先归,使友宁并将之。

3　戊申,李茂贞独见上,中尉韩全诲、张彦弘、枢密使袁易简、周敬容皆不得对。茂贞请诛全诲等,与朱全忠和解,奉车驾还京。上喜,即遣内养帅凤翔卒四十人收全诲等,斩之。以御食使第五可范为左军中尉,宣徽南院使仇承坦为右军中尉,王知古为上院枢密使,杨虔朗为下院枢密使。是夕,又斩李继筠、李继诲、李彦弼及内诸司使韦处廷等十六人。己酉,遣韩偓及赵国夫人诣全忠营;又遣使囊全诲等二十馀人首以示全忠,曰:"向来胁留车驾,惧罪离间,不欲协和,皆此曹也。今朕与茂贞决意诛之,卿可晓谕诸军以豁众愤。"辛亥,全忠遣观察判官李振奉表入谢。

全诲等已诛,而全忠围犹未解。茂贞疑崔胤教全忠欲必取凤翔,白上急召胤,令帅百官赴行在。凡四降诏,三赐朱书御札,言甚切至,悉复故官爵,胤竟称疾不至。茂贞惧,自致书于胤,辞甚卑逊。全忠亦以书召胤,且戏之曰:"吾未识天子,须公来辨其是非。"胤始来。

这一天，青州牙将张居厚率领两百壮士推着小车到华州东城，主持华州事务的娄敬思怀疑他们有些异常，打开小车上的东西查看。张居厚的部下壮士大声呼喊，杀死娄敬思，进攻西城。崔胤当时在华州，率领众人进行抵抗，张居厚没有攻克西城，逃到商州，被追上擒获。

朱全忠留节度判官裴迪驻守大梁，王师范派差役带信到大梁，裴迪向他询问东方王师范的情形，差役变了脸色。裴迪察觉差役脸色有变化，就让左右的人退出询问差役，差役把实情全部讲出。裴迪来不及报告朱全忠，紧急请求马步都指挥使朱友宁率兵一万馀人，前往东面的兖州、郓州巡视。朱友宁又召驻守邢州的葛从周速回，共同进攻王师范。朱全忠听到事变的消息，也分兵先回大梁，让朱友宁一并统率。

3 戊申(初六)，李茂贞单独觐见昭宗，中尉韩全诲、张彦弘，枢密使袁易简、周敬容都不能进对。李茂贞请求杀死韩全诲等，与朱全忠和好，护送昭宗回长安。昭宗听后非常高兴，立即派遣宦官率领凤翔兵卒四十人拘捕韩全诲等，将他们斩首。任命御食使第五可范为左军中尉，宣徽南院使仇承坦为右军中尉，王知古为上院枢密使，杨虔朗为下院枢密使。这天晚上，又将李继筠、李继诲、李彦弼及皇宫内诸司使韦处廷等十六人斩首。己酉(初七)，唐昭宗派遣韩偓及赵国夫人前往朱全忠军营；又派遣使臣用口袋装着韩全诲等二十馀人的首级给朱全忠看，说："以前胁持扣留天子车驾，恐惧获罪挑拨离间，不愿亲睦协调的，都是这等人。现在朕与李茂贞决意把他们杀死，卿可明白告诉各军以平众愤。"辛亥(初九)，朱全忠派遣观察判官李振上表进城奏谢。

韩全诲等已经杀死，但朱全忠的包围没有解除。李茂贞怀疑崔胤教朱全忠一定要攻取凤翔，于是禀告昭宗急召崔胤，命令他率领百官奔赴凤翔。共四次下诏令，三次赐给朱笔御札，言语非常恳切，全部恢复原来的官爵，崔胤竟然称病不到。李茂贞害怕，亲自给崔胤去信，言辞非常谦恭卑下。朱全忠也以书信召崔胤，并且开他的玩笑说："我不认识天子，须您来辨别他的是非。"崔胤这才前来凤翔。

甲寅,凤翔始启城门。丙辰,全忠巡诸寨,至城北,有凤翔兵自北山下,全忠疑其逼己,遣兵击之,擒其将李继钦。上遣赵国夫人、冯翊夫人诣全忠营诘其故,全忠遣亲吏蒋玄晖奉表入奏。

李茂贞请以其子侃尚平原公主,又欲以苏检女为景王秘妃以自固。平原公主,何后之女也,后意难之,上曰:“且令我得出,何忧尔女!”后乃从之。壬戌,平原公主嫁宋侃,纳景王妃苏氏。

时凤翔所诛宦官已七十二人,朱全忠又密令京兆搜捕致仕不从行者,诛九十人。

甲子,车驾出凤翔,幸全忠营。全忠素服待罪。命客省使宣旨释罪,去三仗,止报平安,以公服入谢。全忠见上,顿首流涕,上命韩偓扶起之。上亦泣,曰:“宗庙社稷,赖卿再安;朕与宗族,赖卿再生。”亲解玉带以赐之。少休,即行。全忠单骑前导十馀里,上辞之;全忠乃令朱友伦将兵扈从,自留部分后队,焚撤诸寨。友伦,存之子也。

是夕,车驾宿岐山。丁卯,至兴平,崔胤始帅百官迎谒,复以胤为司空、门下侍郎、同平章事,领三司如故。己巳,入长安。

庚午,全忠、崔胤同对。胤奏:“国初承平之时,宦官不典兵预政。天宝以来,宦官浸盛。贞元之末,分羽林卫为左、右神策军以便卫从,始令宦官主之,以二千人为定制。自是参掌机密,夺百司权,上下弥缝,共为不法,大则构扇藩镇,倾危国家;小则卖官鬻狱,蠹害朝政。王室衰乱,职此之由,

甲寅(十二日),凤翔始开城门。丙辰(十四日),朱全忠巡视各个营寨,到城北,有凤翔军队从北山上下来,朱全忠怀疑他们要逼近自己,派兵攻击他们,捉住他们的将领李继钦。昭宗派遣赵国夫人、冯翊夫人前往朱全忠的营中查问缘故,朱全忠派遣亲吏蒋玄晖上表进城陈奏。

李茂贞请以他的儿子李侃娶平原公主为妻,又想要以苏检的女儿嫁给景王李秘为妃,借以巩固自己的地位。平原公主是何皇后的女儿,何皇后感到为难,昭宗说:"姑且让我能够出去,你的女儿有什么可担忧的!"何皇后这才依从了。壬戌(二十日),平原公主嫁给宋侃为妻,景王娶苏氏为妃。宋侃即李侃,因避同姓嫁娶之嫌,所以恢复了本姓。

当时,凤翔已杀宦官七十二人,朱全忠又密令京兆搜捕辞官家居、没有随从到凤翔的宦官,捕杀九十人。

甲子(二十二日),昭宗车驾出凤翔,驾临朱全忠的军营。朱全忠穿上素色衣服,等待处罚。昭宗命令客省使宣布谕旨,宽释罪过,撤去亲、勋、翊三卫立仗,只以左右金吾将军报告平安,让朱全忠穿公服进内叩谢。朱全忠见到唐昭宗,磕头流泪,昭宗命韩偓把他扶起。昭宗也抽泣,说:"宗庙社稷,倚赖你再次安定;朕与宗族,倚赖你再次逢生。"亲自解下玉带赐给朱全忠。稍事休息,就起程。朱全忠单骑在前面引导十余里,昭宗向他告辞;朱全忠于是派朱友伦率兵护送,自己留下部署后面部队,焚烧撤除各个营寨。朱友伦是朱存的儿子。

当天晚上,昭宗车驾在岐山住宿。丁卯(二十五日),到达兴平,崔胤才带领百官迎接谒见,昭宗又任命崔胤为司空、门下侍郎、同平章事,领户部、度支、盐铁三司如故。己巳(二十七日),昭宗进入长安。

庚午(二十八日),朱全忠、崔胤一同进宫奏对。崔胤奏称:"国初太平的时候,宦官不掌管军权、干预朝政。天宝以来,宦官逐渐强盛。贞元末年,分羽林卫为左、右神策军以便随从护卫,开始令宦官主管,以两千人为定制。从此,宦官参与掌管机密事务,夺取百司权力,上下弥补遮掩,共为不法之事,大则勾结煽动藩镇,倾覆危害国家;小则以官爵狱讼做买卖,破坏朝政。朝廷衰微扰乱,正是由于这个原由,

不翦其根，祸终不已。请悉罢诸司使，其事务尽归之省寺，诸道监军俱召还阙下。"上从之。是日，全忠以兵驱宦官第五可范等数百人于内侍省，尽杀之，冤号之声，彻于内外。其出使外方者，诏所在收捕诛之，止留黄衣幼弱者三十人以备洒扫。又诏成德节度使王镕选进五十人充敕使，取其土风深厚，人性谨朴也。上愍可范等或无罪，为文祭之。自是宣传诏命，皆令宫人出入；其两军内外八镇兵悉属六军，以崔胤兼判六军十二卫事。

臣光曰：宦官用权，为国家患，其来久矣。盖以出入宫禁，人主自幼及长，与之亲狎，非如三公六卿，进见有时，可严惮也。其间复有性识儇利，语言辩给，伺候颜色，承迎志趣，受命则无违忤之患，使令则有称惬之效。自非上智之主，烛知物情，虑患深远，侍奉之外，不任以事，则近者日亲，远者日疏，甘言卑辞之请有时而从，浸润肤受之诉有时而听。于是黜陟刑赏之政，潜移于近习而不自知，如饮醇酒，嗜其味而忘其醉也。黜陟刑赏之柄移而国家不危乱者，未之有也。

东汉之衰，宦官最名骄横，然皆假人主之权，依凭城社，以浊乱天下，未有能劫胁天子如制婴儿，废置在手，东西出其意，使天子畏之若乘虎狼而挟蛇虺如唐世者也。所以然者非他，汉不握兵，唐握兵故也。

太宗鉴前世之弊，深抑宦官无得过四品。明皇始隳旧章，是崇是长，晚节令高力士省决章奏，乃至进退将相，时与之议，自太子王公皆畏事之，宦官自此炽矣。

不铲除它的根源,祸患终究不能停止。请全部罢免诸司使,他们掌管的事务尽归省寺管理,各道监军全都召还京城。"昭宗听从了他的建议。当天,朱全忠领兵驱赶宦官第五可范等数百人到内侍省,全部把他们杀死,呼冤喊屈、号啕大哭之声,响彻内外。宦官中有出使外地的,诏令所在地方把他们收捕处死,只留品秩卑微的幼弱宦官三十人以备洒扫。又诏令成德节度使王镕选进五个人充任敕使,因为那地方的风俗淳厚,人性谨朴。昭宗哀怜第五可范等有的无罪,撰文祭奠他们。自这以后,宣布传达诏命,全令宫人出入办理;左、右神策两军所辖的内外八镇军队,也都归属左右龙武、羽林、神策等六军,任命崔胤兼领六军十二卫事务。

臣司马光说:宦官当权,成为国家的祸患,由来已久了。大概因为宦官经常出入皇宫,君主从小到大,与他们亲近狎昵,不像三公六卿,觐见有一定的时间,有威严恐惧。宦官中间又有的性情乖巧,言语敏捷,察言观色,迎合君主的志向兴趣,这样,接受命令就没有违逆抵触的顾虑,使唤差遣就有称心满意的效果。如果不是圣明的君主,洞察事物的情理,考虑祸患的深远,除了服侍奉养以外,不委任宦官掌管事务,那么,近在内官的宦官就会一天天地亲近,远在外朝的百官就会一天天地疏远,君主就会时常应允甜言卑辞的请求,听从逐渐渗透的诉说。于是,降革升迁、刑罚奖赏的国家政令,就无形中转由亲信宦官掌握而不能自知,如同饮美酒一样,喜好它的味道而忘记它能醉人了。所以降革升迁、刑罚奖赏的权力已经转移而国家不发生危险祸乱,是从来没有过的。

东汉衰亡之时,宦官的骄傲专横最为闻名,然而人们都是借助君主的权力,如同城狐社鼠有所仗凭依,来扰乱天下,没有能够像唐代这样,劫持胁迫天子如同控制婴儿,废立在手,往东往西全出己意,使天子惧怕他们如同骑着猛虎恶狼而腋下夹着毒蛇一样。所以如此不是别的原因,是东汉宦官不掌握兵权,唐代宦官掌握兵权的缘故。

唐太宗鉴于前代的弊病,对宦官严加抑制,官阶不得超过四品。唐明皇开始毁坏原有的章程,对宦官尊重任用,晚年让高力士省阅批复章奏,甚至任免将军、宰相,也时常与他商议,自太子王公都敬畏地事奉他,宦官的气焰自此炽烈了。

及中原板荡，肃宗收兵灵武，李辅国以东宫旧隶参豫军谋，宠过而骄，不能复制，遂至爱子慈父皆不能庇，以忧悸终。代宗践阼，仍遵覆辙，程元振、鱼朝恩相继用事，窃弄刑赏，壅蔽聪明，视天子如委裘，陵宰相如奴虏。是以来瑱入朝，遇谗赐死；吐蕃深侵郊甸，匿不以闻，致狼狈幸陕；李光弼危疑愤郁，以陨其生；郭子仪摈废家居，不保丘垄；仆固怀恩冤抑无诉，遂弃勋庸，更为叛乱。德宗初立，颇振纲纪，宦官稍绌。而返自兴元，猜忌诸将，以李晟、浑瑊为不可信，悉夺其兵，而以窦文场、霍仙鸣为中尉，使典宿卫，自是太阿之柄，落其掌握矣。宪宗末年，吐突承璀欲废嫡立庶，以成陈洪志之变。宝历狎昵群小，刘克明与苏佐明为逆，其后绛王及文、武、宣、懿、僖、昭六帝，皆为宦官所立，势益骄横。王守澄、仇士良、田令孜、杨复恭、刘季述、韩全诲为之魁杰，至自称"定策国老"，目天子为门生，根深蒂固，疾成膏肓，不可救药矣！文宗深愤其然，志欲除之，以宋申锡之贤，犹不能有所为，反受其殃，况李训、郑注反覆小人，欲以一朝谲诈之谋，翦累世胶固之党，遂至涉血禁涂，积尸省户，公卿大臣，连颈就诛，阖门屠灭，天子阳喑纵酒，饮泣吞气，自比赧、献，不亦悲乎！以宣宗之严毅明察，犹闭目摇首，自谓畏之。况懿、僖之骄侈，苟声色毬猎足充其欲，则政事一以付之，呼之以父，固无怪矣。贼污宫阙，两幸梁、益，皆令孜所为也。昭宗不胜其耻，力欲清涤，而所任不得其人，所行不由其道。始则张濬覆军于平阳，增李克用跋扈之势；复恭亡命于山南，启宋文通不臣之心；终则兵交阙庭，矢及御衣，漂泊莎城，流寓华阴，幽辱东内，

等到中原动荡,肃宗在灵武即位,撤回军队,李辅国以东宫太子的旧属参与军事计划,过分的宠信使他骄横放纵,不能再加控制,竟至爱子慈父不能庇护,因忧虑心悸而死。唐代宗即位,仍蹈覆辙,程元振、鱼朝恩相继当权,暗中玩弄刑赏大权,阻塞蒙蔽视听,看待天子如同丢弃的皮衣,欺凌宰相如同奴隶。所以来瑱入京朝见,遇谗言而被赐死;吐蕃深入侵犯京师郊野,隐匿军情不行奏报,致使唐代宗狼狈驾临陕州;李光弼忧惧怀疑,烦闷怨恨,因此丧生;郭子仪被排斥罢官,赋闲家居,不保坟墓;仆固怀恩被冤枉压制,无处申诉,于是舍弃功劳,改为叛乱。唐德宗刚即位,大力整顿法纪,宦官稍被贬斥。但自兴元返京后,猜忌诸将,认为李晟、浑瑊不可信任,全部夺取他们的兵权,而任命窦文场、霍仙鸣为中尉,让他们主管宫禁的值宿警卫,从此军权落入他们手里了。唐宪宗末年,吐突承璀想要废掉嫡子,改立庶子,酿成陈洪志之变。宝历年间敬宗过分亲近宦官,刘克明与苏佐明进行叛逆,此后绛王及文宗、武宗、宣宗、懿宗、僖宗、昭宗六帝,都是宦官所立,势力越发骄横。王守澄、仇士良、田令孜、杨复恭、刘季述、韩全海是宦官中的首领,以致于自称"定策国老",视天子为门生,根深蒂固,病入膏肓,不可救药了!唐文宗非常怨恨宦官这样,立志要除掉他们,以宋申锡那样贤德的人,尚且不能够有所作为,反受祸殃,何况李训、郑注这些反复无常的小人,想要用一个早晨的奸诈计谋,蕲除数代胶粘固结的朋党,竟至鲜血流满宫禁道路,尸体堆积台省门前,公卿大臣一个接一个被杀,全家屠灭,天子假装哑巴,纵情饮酒,泪流满面,不敢出声,自比周赧王、汉献帝,不可悲吗!以唐宣宗的严正坚毅,明察秋毫,尚且闭目摇头,自称害怕。何况懿宗、僖宗那样骄奢淫逸,只要歌舞美女、踢毽游猎来满足欲望,而将一切政事交付宦官,称呼宦官为父亲,就不足为怪了。贼寇玷污宫殿,两次驾临梁州、益州,都是田令孜造成的。昭宗不能忍受这样的耻辱,想要尽力清洗,但是任用的人不合适,使用的方法不对头。开始就是张濬在平阳全军覆没,增强了李克用专横暴戾的气势;杨复恭向山南逃命,开启了宋文通不守臣节的心思;结果在皇宫里彼此交战,箭头射中皇上的衣服,昭宗漂泊莎城,流寓华阴,被幽禁在东宫受辱,

劫迁岐阳。崔昌遐无如之何，更召朱全忠以讨之。连兵围城，再罹寒暑，御膳不足于糗糒，王侯毙踣于饥寒，然后全海就诛，乘舆东出，翦灭其党，靡有孑遗，而唐之庙社因以丘墟矣！然则宦官之祸，始于明皇，盛于肃、代，成于德宗，极于昭宗。《易》曰："履霜坚冰至。"为国家者，防微杜渐，可不慎其始哉！此其为患，章章尤著者也。自馀伤贤害能，召乱致祸，卖官鬻狱，沮败师徒，蠹害烝民，不可遍举。

夫寺人之官，自三王之世，具载于《诗》、《礼》，所以谨闺闼之禁，通内外之言，安可无也。如巷伯之疾恶，寺人披之事君，郑众之辞赏，吕强之直谏，曹日昇之救患，马存亮之弭乱，杨复光之讨贼，严遵美之避权，张承业之竭忠，其中岂无贤才乎！顾人主不当与之谋议政事，进退士大夫，使有威福足以动人耳。果或有罪，小则刑之，大则诛之，无所宽赦。如此，虽使之专横，孰敢焉！岂可不察臧否，不择是非，欲草薙而禽狝之，能无乱乎！是以袁绍行之于前而董卓弱汉，崔昌遐袭之于后而朱氏篡唐，虽快一时之忿而国随以亡。是犹恶衣之垢而焚之，患木之蠹而伐之，其为害岂不益多哉！孔子曰："人而不仁，疾之已甚，乱也。"斯之谓矣！

4　王师范遣使以起兵告李克用，克用贻书褒赞之。河东监军张承业亦劝克用发兵救凤翔，克用攻晋州，闻车驾东归，乃罢。

又被劫持胁迫到岐阳。崔胤无可奈何,再召朱全忠发兵讨伐。朱全忠统帅大军包围岐阳城,再次遭受寒暑之苦,昭宗的御膳不足,王侯遭受饥寒饿死冻僵,然后韩全诲被杀,昭宗坐车东行,蠲除韩全诲的同党,一个不留,然而唐朝的宗庙社稷因此成了坟墓废墟!这样看来,宦官的祸乱,始于明皇,盛于肃宗、代宗,成于德宗,极于昭宗。《易经》说:"行于霜上而知道严寒冰冻将要到来。"治理国家的人,应防微杜渐,怎么能不重视它的起始呢!以上这些是宦官为害尤其明显昭著的事例。另外像伤害贤才,招致祸乱灾难,贿卖官爵讼事,败坏军队,坑害百姓,不能一一遍举。

寺人的官职,始自夏禹、商汤、周文王三王的时代,备载于《诗》、《礼》,用来谨严皇宫内室的门禁,传达皇宫内外的话语,怎么能够没有呢。如巷伯的痛恨邪恶,寺人披的忠诚侍奉君主,郑众的辞却赏赐,吕强的直言规劝,曹日昇的解救患难,马存亮的消弭祸乱,杨复光的讨伐逆贼,严遵美的避让权位,张承业的竭尽忠诚,他们中间难道没有贤才吗!只是国君不应当与他们谋划商议国家政务和进退升降官吏的大事,使他们有威福能够左右他人罢了。倘若宦官有人犯罪,小罪就惩罚他,大罪就杀死他,不予宽恕赦免。这样,即使让他专横跋扈,又有谁敢呢!怎么能够不详察善恶,不区别是非,想要像割除蔓草、捕杀禽兽那样除尽杀绝,能够没有祸乱吗!因此,袁绍实行屠杀于前,而董卓削弱汉室,崔胤重复杀戮于后,而朱全忠篡夺大唐,虽然痛快发泄了一时的愤恨,但国家也随着灭亡了。这如同厌恶衣服上的污垢就烧掉衣服,忧虑树木上的蛀虫就砍伐树木,那造成的损害不是更多吗!孔子说:"人如果不仁慈,痛恨过分,就要发生祸乱了。"说的就是这个道理啊!

4 平卢节度使王师范派遣使者把发兵讨伐朱全忠的事告诉李克用,李克用致送书信赞扬他。河东监军张承业也劝说李克用发兵救援凤翔,李克用攻打晋州,听说昭宗车驾已经东归,就停止了。

5　杨行密承制加朱瑾东面诸道行营副都统、同平章事，以昇州刺史李神福为淮南行军司马、鄂岳行营招讨使，舒州团练使刘存副之，将兵击杜洪。洪将骆殷戍永兴，弃城走，县民方诏据城降。神福曰："永兴大县，馈运所仰，已得鄂之半矣！"

5 淮南节度使杨行密秉承制命加授朱瑾为东面诸道行营副都统、同平章事,任命昇州刺史李神福为淮南行军司马、鄂岳行营招讨使,以舒州团练使刘存充任他的副手,率领军队攻击杜洪。杜洪部将骆殷驻守永兴,抛弃城池逃走,县民方诏占据永兴城投降。李神福说:"永兴是大县,是输送军需粮饷的依靠,等于已经得到鄂州的一半了!"

卷第二百六十四　唐纪八十

起癸亥(903)二月尽甲子(904)闰四月凡一年有奇

昭宗圣穆景文孝皇帝下之上

天复三年(癸亥,903)

1　二月壬申朔,诏:"比在凤翔府所除官,一切停。"

时宦官尽死,惟河东监军张承业、幽州监军张居翰、清海监军程匡柔、西川监军鱼全裈及致仕严遵美,为李克用、刘仁恭、杨行密、王建所匿得全,斩他囚以应诏。

2　甲戌,门下侍郎、同平章事陆扆责授沂王傅、分司。车驾还京师,赐诸道诏书,独凤翔无之。扆曰:"茂贞罪虽大,然朝廷未与之绝;今独无诏书,示人不广。"崔胤怒,奏贬之。宫人宋柔等十一人皆韩全诲所献,及僧、道士与宦官亲厚者二十馀人,并送京兆杖杀。

3　上谓韩偓曰:"崔胤虽尽忠,然比卿颇用机数。"对曰:"凡为天下者,万国皆属之耳目,安可以机数欺之! 莫若推诚直致,虽日计之不足,而岁计之有馀也。"

4　丙子,工部侍郎、同平章事苏检,吏部侍郎卢光启,并赐自尽。丁丑,以中书侍郎、同平章事王溥为太子宾客、分司,皆崔胤所恶也。

5　戊寅,赐朱全忠号回天再造竭忠守正功臣,赐其僚佐敬翔等号迎銮协赞功臣,诸将朱友宁等号迎銮果毅功臣,都头以下号"四镇静难功臣"。

昭宗圣穆景文孝皇帝下之上

唐昭宗天复三年(癸亥,公元903年)

1 二月壬申朔(初一),昭宗颁布诏令:"近来在凤翔府任命的官员,全部解除职务。"

这时,宦官都被杀死,只有河东监军张承业、幽州监军张居翰、清海监军程匡柔、西川监军鱼全裡,以及退休家居的原枢密使严遵美,被李克用、刘仁恭、杨行密、王建藏匿起来,斩了其他囚犯来应付诏令,才保全了性命。

2 甲戌(初三),门下侍郎、同平章事陆扆受责降补沂王傅、分司。昭宗回到京师后,给各道颁赐诏书,唯独凤翔节度使李茂贞没有。陆扆说:"李茂贞的罪恶虽然重大,但朝廷并没有与他决绝;现在唯独不给他颁赐诏书,给人看着不宽大为怀。"崔胤勃然大怒,奏请将陆扆贬斥了。宫人宋柔等十一人都是韩全诲献进宫的,以及和尚、道士与宦官亲近交深的二十餘人,一并送交京兆尹乱杖打死。

3 昭宗对韩偓说:"崔胤虽然竭尽忠诚,但比你多用心机权术。"韩偓回答说:"凡治理天下的人,万国都耳目专注,哪里能够用心机权术欺骗蒙蔽他们呢!不如推心置腹直截了当,这样,虽然按日计算不充足,但按年计算就有剩餘了。"

4 丙子(初五),工部侍郎、同平章事苏检,吏部侍郎卢光启,一并被赐令自杀。丁丑(初六),中书侍郎、同平章事王溥降补太子宾客、分司。他们都是崔胤憎恨的人。

5 戊寅(初七),朝廷赐朱全忠号"回天再造竭忠守正功臣",赐他的属官敬翔等人号"迎銮协赞功臣",诸将朱友宁等人号"迎銮果毅功臣",都头以下号"四镇静难功臣"。

上议褒崇全忠,欲以皇子为诸道兵马元帅,以全忠副之。崔胤请以辉王祚为之,上曰:"濮王长。"胤承全忠密旨,利祚冲幼,固请之,己卯,以祚为诸道兵马元帅。庚辰,加全忠守太尉,充副元帅,进爵梁王。以胤为司徒兼侍中。

胤恃全忠之势,专权自恣,天子动静皆禀之。朝臣从上幸凤翔者,凡贬逐三十馀人。刑赏系其爱憎,中外畏之,重足一迹。

以敬翔守太府卿,朱友宁领宁远节度使。全忠表符道昭同平章事,充天雄节度使,遣兵援送之秦州,不得至而还。

6 初,翰林学士承旨韩偓之登进士第也,御史大夫赵崇知贡举。上返自凤翔,欲用偓为相,偓荐崇及兵部侍郎王赞自代。上欲从之,崔胤恶其分己权,使朱全忠入争之。全忠见上曰:"赵崇轻薄之魁,王赞无才用,韩偓何得妄荐为相!"上见全忠怒甚,不得已,癸未,贬偓濮州司马。上密与偓泣别,偓曰:"是人非复前来之比,臣得远贬及死乃幸耳,不忍见篡弑之辱!"

7 己丑,上令朱全忠与李茂贞书,取平原公主。茂贞不敢违,遽归之。

8 壬辰,以朱友裕为镇国节度使。

9 乙未,全忠奏留步骑万人于故两军,以朱友伦为左军宿卫都指挥使;又以汴将张廷范为宫苑使,王殷为皇城使,蒋玄晖充街使。于是全忠之党布列遍于禁卫及京辅。

戊戌,全忠辞归镇,留宴寿春殿,又饯之于延喜楼。上临轩泣别,令于楼前上马。上又赐全忠诗,全忠亦和进;又进《杨柳枝辞》五首。百官班辞于长乐驿。崔胤独送至霸桥,

昭宗与群臣商议嘉奖尊崇朱全忠,想要任命皇子担任诸道兵马元帅,以朱全忠担任副职。崔胤请让辉王李祚担任诸道兵马元帅,昭宗说:"濮王居长。"崔胤秉承朱全忠的秘密旨意,以李祚年幼于己有利,坚决请求以李祚为元帅,己卯(初八),昭宗任命李祚为诸道兵马元帅。庚辰(初九),昭宗加封朱全忠署太尉,充任诸道兵马副元帅,封爵梁王。任命崔胤为司徒兼侍中。

崔胤仗恃朱全忠的势力,独揽朝政,恣意妄为,皇上的行止动静都要禀报他。扈从昭宗前去凤翔的大臣,降低官职和放逐外地的共三十余人。朝廷的刑罚、赏赐都取决于他的爱憎,朝廷内外的官吏都惧怕他,重足而立不敢妄动。

朝廷任命敬翔署太府卿,朱友宁兼任宁远节度使。朱全忠上表奏请以符道昭为同平章事,充任天雄节度使,派遣军队护送往秦州赴任,没能到达而返回。

6 当初,翰林院学士承旨韩偓考中进士的时候,御史大夫赵崇任主考官。昭宗自凤翔返回后,想要任用韩偓为宰相,韩偓推荐赵崇及兵部侍郎王赞代替自己。昭宗想依从,崔胤恨他们分享自己的权力,就让朱全忠入宫争辩反对。朱全忠觐见昭宗说:"赵崇是轻佻浮薄之首,王赞没有才能,韩偓怎么能随便保荐他们做宰相!"昭宗见朱全忠愤怒得很,无可奈何,癸未(十二日),将韩偓贬为濮州司马。昭宗秘密地与韩偓哭着告别,韩偓说:"这个人不能再与从前相比了,我能够被贬往远离京师的地方任职到死就是幸运了,不忍心看见篡位杀君的屈辱!"

7 己丑(十八日),昭宗叫朱全忠给李茂贞去信,要接回平原公主。李茂贞不敢违抗,急忙将平原公主送回。

8 壬辰(二十一日),朝廷任命朱友裕为镇国节度使。

9 乙未(二十四日),朱全忠奏请留步、骑兵一万人在原神策左右两军营署,以朱友伦担任左军宿卫都指挥使;又任命汴州将领张廷范为宫苑使,王殷为皇城使,蒋玄晖充任街使。于是,朱全忠的党羽遍及宫禁宿防及京辅各处。

戊戌(二十七日),朱全忠告辞回大梁,昭宗先在寿春殿设宴挽留,又在延喜楼为他饯行。昭宗亲临楼前长廊与朱全忠哭着告别,并命他在楼前上马。昭宗又赐诗给朱全忠,朱全忠也和诗呈进,又赐《杨柳枝辞》五首。文武官员在长乐驿列班辞别。崔胤独自送至霸桥,

自置钱席,夜二鼓,胤始还入城,上复召对,问以全忠安否,置酒奏乐,至四鼓乃罢。

10 以清海节度使裴枢为门下侍郎、同平章事。

11 李克用使者还晋阳,言崔胤之横,克用曰:"胤为人臣,外倚贼势,内胁其君,既执朝政,又握兵权。权重则怨多,势侔则衅生,破家亡国,在眼中矣!"

12 朱全忠将行,奏:"克用于臣,本无大嫌,乞厚加宠泽,遣大臣抚慰,俾知臣意。"进奏吏以白克用,克用笑曰:"贼欲有事淄青,畏吾掎其后耳!"

13 三月戊午,朱全忠至大梁。王师范弟师鲁围齐州,朱友宁引兵击走之。师范遣兵益刘郡军,友宁击取之。由是兖州援绝,葛从周引兵围之。友宁进攻青州,戊辰,全忠引四镇及魏博兵十万继之。

14 淮南将李神福围鄂州,望城中积荻,谓监军尹建峰曰:"今夕为公焚之。"建峰未之信。时杜洪求救于朱全忠,神福遣部将秦皋乘轻舟至浰口,举火炬于树杪,洪以为救兵至,果焚荻以应之。

15 夏,四月己卯,以朱全忠判元帅府事。

16 知温州事丁章为木工李彦所杀,其将张惠据温州。

17 王师范求救于淮南,乙未,杨行密遣其将王茂章以步骑七千救之,又遣别将将兵数万攻宿州。全忠遣其将康怀英救宿州,淮南兵遁去。

18 杨行密遣使诣马殷,言朱全忠跋扈,请殷绝之,约为兄弟。湖南大将许德勋曰:"全忠虽无道,然挟天子以令诸侯,明公素奉王室,不可轻绝也。"殷从之。

自摆酒席饯行,到晚上二更时候,崔胤才回城,昭宗又召入询问朱全忠平安与否,并摆酒奏乐,到四更方散。

10　朝廷任命清海节度使裴枢为门下侍郎、同平章事。

11　李克用的使者自京师回到晋阳,讲述崔胤专横霸道的情形,李克用说:"崔胤身为人臣,在外倚靠强贼的势力,在内胁迫自己的君主,既主持朝政,又掌握兵权。权力过重就结怨多,势均力敌就要生出事端,破家亡国,近在眼前了!"

12　朱全忠将要起身回大梁,奏称:"李克用对我本来没有大的仇怨,恳求皇上对他厚加恩宠,派遣大臣前去安慰,使他知道我的心意。"河东进奏吏将朱全忠的话禀报李克用,李克用大笑道:"这强贼想要进攻淄青,怕我在后面牵制他罢了!"

13　三月戊午(十七日),朱全忠回到大梁。王师范的弟弟王师鲁围攻齐州,朱友宁率兵将他打跑。王师范派兵增加刘郭的兵力,朱友宁率兵攻击打败援兵。因此,兖州援兵断绝,葛从周率兵包围了兖州。朱友宁进攻青州,戊辰(二十七日),朱全忠统率四镇及魏博的军队十万人,继续开往青州。

14　淮南将领李神福围攻鄂州,望见城中堆积着荻草,对监军尹建峰说:"今天晚上为您把它焚烧了。"尹建峰还不相信。当时,杜洪向朱全忠求救,李神福派遣部将秦皋乘轻舟到湴口,在树林上举起火炬,杜洪以为救兵到了,果然焚烧荻草来接应。

15　夏季,四月己卯(初九),朝廷任命朱全忠总管元帅府事务。

16　知温州事丁章被木工李彦杀死,他的将领张惠占据温州。

17　王师范向淮南节度使杨行密求救,乙未(二十五日),杨行密派遣他的部将王茂章率领步兵、骑兵七千人前往援救,又遣别将率兵数万人攻打宿州。朱全忠派遣他的部将康怀英率兵援救宿州,淮南军队逃跑了。

18　杨行密派遣使者去见马殷,说朱全忠专横跋扈,请马殷与他断绝交往,约定结为兄弟。湖南大将许德勋说:"朱全忠虽然无道,但是他挟天子以令诸侯,您向来尊奉王室,不可轻易与他绝交。"马殷听从了。

19　杜洪求救于朱全忠，全忠遣其将韩勍将万人屯灢口，遣使语荆南节度使成汭、武安节度使马殷、武贞节度使雷彦威，令出兵救洪。汭畏全忠之强，且欲侵江、淮之地以自广，发舟师十万，沿江东下。汭作巨舰，三年而成，制度如府署，谓之"和舟载"，其馀谓之"齐山"、"截海"、"劈浪"之类甚众。掌书记李珽谏曰："今每舰载甲士千人，稻米倍之，缓急不可动也。吴兵剽轻，难与角逐，武陵、长沙，皆吾雠也，岂得不为反顾之虑乎！不若遣骁将屯巴陵，大军与之对岸，坚壁勿战，不过一月，吴兵食尽自遁，鄂围解矣。"汭不听。珽，憕之五世孙也。

20　王建出兵攻秦、陇，乘李茂贞之弱也，遣判官韦庄入贡，亦修好于朱全忠。全忠遣押牙王殷报聘，建与之宴。殷言："蜀甲兵诚多，但乏马耳。"建作色曰："当道江山险阻，骑兵无所施。然马亦不乏，押牙少留，当共阅之。"乃集诸州马，大阅于星宿山，官马八千，私马四千，部队甚整。殷叹服。建本骑将，故得蜀之后，于文、黎、维、茂州市胡马，十年之间，遂及兹数。

21　五月丁未，李克用云州都将王敬晖杀刺史刘再立，叛降刘仁恭。克用遣李嗣昭、李存审将兵讨之。仁恭遣将以兵五万救敬晖，嗣昭退保乐安，敬晖举众弃城而去。先是，振武将契苾让逐戍将石善友，据城叛，嗣昭等进攻之，让自燔死。复取振武城，杀吐谷浑叛者二千馀人。克用怒嗣昭、存审失王敬晖，皆杖之，削其官。

22　成汭行未至鄂州，马殷遣大将许德勋将舟师万馀人，雷彦威遣其将欧阳思将舟师三千馀人会于荆江口，乘虚袭江陵，庚戌，陷之，尽掠其人及货财而去。将士亡其家，皆无斗志。

19　杜洪向朱全忠求救，朱全忠派遣他的部将韩勍率领一万军队驻扎湿口，派遣使者前去告诉荆南节度使成汭、武安节度使马殷、武贞节度使雷彦威，叫他们出兵救援杜洪。成汭畏惧朱全忠的强大，并且想要侵占江、淮之地来扩张自己的地盘，于是派遣水师十万，沿江东下。成汭制造巨舰，三年才完工，规模法度如同府第官署，叫作"和舟载"，其馀叫作"齐山"、"截海"、"劈浪"之类的很多。掌书记李珽劝告说："现在每舰载甲士一千人，稻米又多一倍，有个缓急，不能移动。吴兵敏捷轻快，难与角逐，武陵雷彦威、长沙马殷都是我们的仇敌，怎么能不考虑后顾之忧呢！不如派遣勇猛的将领驻守巴陵，大军与之隔岸相对，坚守壁垒不出战，不过一个来月，吴兵食尽就会自己退走，鄂州就解围了。"成汭没有听从。李珽是李憕的五世孙。

20　王建乘李茂贞势力削弱的时机，出兵进攻秦州、陇州，并派遣判官韦庄到京师进献物品，也向朱全忠谋求和好。朱全忠派遣押牙王殷前去回访，王建设宴招待。王殷说："蜀地的兵士确实众多，只是缺少马匹罢了。"王建变了脸色说："蜀地道路险恶，山河阻隔，骑兵没有施展之处。然而马匹也不缺少，押牙稍留时日，当共同检阅一番。"于是，王建调集各州的马匹，在星宿山举行大规模检阅，计官马八千匹，私马四千匹，部队非常整齐。王殷赞叹佩服。王建本来是骑兵将领，所以在取得蜀地以后，就往文州、黎州、维州、茂州一带购买胡地出产的马匹，十年之间，就达到了这个数目。

21　五月丁未（初七），李克用属下的云州都将王敬晖杀死刺史刘再立，叛变投降刘仁恭。李克用派遣李嗣昭、李存审率兵讨伐。刘仁恭派遣将领带兵五万救援王敬晖，李嗣昭退兵保卫乐安，王敬晖率众弃城逃走。在这以前，振武将领契苾让驱逐防守的将领石善友，据城叛乱，李嗣昭等率兵攻伐，契苾让自焚而死。李嗣昭等又夺取振武城，杀死叛乱的吐谷浑两千馀人。李克用恼怒李嗣昭、李存审没有能够擒杀王敬晖，将他们杖责，并削去官职。

22　荆南节度使成汭率军东下，还没有到鄂州，武安节度使马殷派遣部将许德勋率领水军一万馀人，武贞节度使雷彦威派遣部将欧阳思率领水军三千馀人在荆江口会合，乘虚突袭江陵，庚戌（初十），将江陵攻克，尽掠人口及货财而去。成汭的将士家亡财空，都没有了斗志。

李神福闻其将至,自乘轻舟前觇之,谓诸将曰:"彼战舰虽多而不相属,易制也,当急击之!"壬子,神福遣其将秦裴、杨戎将众数千逆击汭于君山,大破之,因风纵火,焚其舰,士卒皆溃,汭赴水死,获其战舰二百艘。韩勍闻之,亦引兵去。

许德勋还过岳州,刺史邓进忠开门具牛酒犒军,德勋谕以祸福,进忠遂举族迁于长沙。马殷以德勋为岳州刺史,以进忠为衡州刺史。

雷彦威狡狯残忍,有父风,常泛舟焚掠邻境,荆、鄂之间,殆至无人。

23　李茂贞畏朱全忠,自以官为尚书令,在全忠上,累表乞解去。诏复以茂贞为中书令。

24　崔胤奏:"左右龙武、羽林、神策等军名存实亡,侍卫单寡,请每军募步兵四将,每将二百五十人,骑兵一将百人,合六千六百人,选其壮健者,分番侍卫。"从之。令六军诸卫副使、京兆尹郑元规立格召募于市。

25　朱全忠表颍州刺史朱友恭为武宁节度使。

26　朱友宁攻博昌,月馀不拔。朱全忠怒,遣客将刘捍往督之。捍至,友宁驱民丁十馀万,负木石,牵牛驴,诣城南筑土山,既成,并人畜木石排而筑之,冤号声闻数十里。俄而城陷,尽屠之。抵青州城下,遣别将攻登、莱。

淮南将王茂章会王师范弟莱州刺史师诲攻密州,拔之,斩其刺史刘康乂,以淮海都游弈使张训为刺史。

六月乙亥,汴兵拔登州。师范帅登、莱兵拒朱友宁于石楼,为两栅。丙子,夜,友宁击登州栅,栅中告急,师范趣茂章出战,茂章按兵不动。友宁破登州栅,进攻莱州栅。比明,茂章

淮南将领李神福听说成汭率领水师将要到达，就亲自乘着轻舟前去察看，对各位将领说："他们的战舰虽多，但彼此不相连续，容易制伏，应当急速发兵攻击！"壬子（十二日），李神福派遣部将秦裴、杨戎率众数千人在洞庭湖君山迎击，把成汭打得大败，趁着风势放火焚烧成汭的舰只，将士争相逃散，成汭投湖淹死，缴获成汭的战舰两百艘。韩勍听到此讯，也退兵离去。

许德勋返回途中路过岳州，刺史邓进忠大开城门，准备牛酒饮食慰劳将士，许德勋告诉他祸福利害，邓进忠于是带领全族迁往长沙。马殷任命许德勋为岳州刺史，邓进忠为衡州刺史。

武贞节度使雷彦威狡猾奸诈，凶恶狠毒，有他父亲雷满的遗风，常常乘船四出，焚掠邻境，荆州、鄂州之间，几乎到了没有人烟的境地。

23　李茂贞惧怕朱全忠，自己因为官职为尚书令，在朱全忠之上，所以屡次上表请求解除他的尚书令职务。唐昭宗诏令任命李茂贞为中书令。

24　崔胤奏称："左右龙武、羽林、神策等军队，名存实亡，护卫力量单薄，请求每军招募步兵四将，每将两百五十人，骑兵一将一百人，共六千六百人，从中选择健壮者，分班轮流侍从护卫。"昭宗批准。命令六军诸卫副使、京兆尹郑元规订立标准在街市招募。

25　朱全忠上表奏请任命颍州刺史朱友恭为武宁节度使。

26　宁远节度使朱友宁进攻博昌，一个多月没有攻克。朱全忠大怒，派遣客将刘捍前往监督。刘捍到后，朱友宁驱赶壮丁十余万人，背负木石，牵着牛驴，到城南修筑土山，土山筑成以后，连同人畜木石排列在一起填土捣实，喊冤号哭之声传出数十里。即刻攻破博昌城，把城内男女老少全部杀死。随后进兵攻克临淄，抵达青州城下，派遣别将率兵攻打登州、莱州。

淮南将领王茂章会同王师范的弟弟莱州刺史王师诲进攻密州，将城攻破，杀死刺史刘康义，并以淮海都游弈使张训为密州刺史。

六月乙亥（初六），汴州军队攻克登州。王师范率领登州、莱州军队，在石楼抵抗朱友宁，树立两道栅栏。丙子（初七）夜里，朱友宁率兵攻击登州栅，栅内情况紧急，王师范催促王茂章出战，王茂章按兵不动。朱友宁攻破登州栅，进攻莱州栅。天快亮时，王茂章

度其兵力已疲，乃与师范合兵出战，大破之。友宁旁自峻阜驰骑赴敌，马仆，青州将张土枭斩之，传首淮南。两镇兵逐北至米河，俘斩万计，魏博之兵殆尽。

全忠闻友宁死，自将兵二十万昼夜兼行赴之，秋，七月壬子，至临朐，命诸将攻青州。王师范出战，汴兵大破之。王茂章闭垒示怯，伺汴兵稍懈，毁栅而出，驱驰疾战，战酣退坐，召诸将饮酒，已而复战。全忠登高望见之，问降者，知为茂章，叹曰："使吾得此人为将，天下不足平也！"至晡，汴兵乃退。茂章度众寡不敌，是夕，引军还。全忠遣曹州刺史杨师厚追之，及于辅唐。茂章命先锋指挥使李虔裕将五百骑为殿，虔裕殊死战，师厚擒而杀之。师厚，颍州人也。

张训闻茂章去，谓诸将曰："汴人将至，何以御之？"诸将请焚城大掠而归。训曰："不可。"封府库，植旗帜于城上，遣羸弱居前，自以精兵殿其后而去。全忠遣左踏白指挥使王檀攻密州，既至，望旗帜，数日乃敢入城。见府库城邑皆完，遂不复追。训全军而还。全忠以檀为密州刺史。

27　丁卯，以山南西道留后王宗贺为节度使。

28　睦州刺史陈询叛钱镠，举兵攻兰溪，镠遣指挥使方永珍击之。武安都指挥使杜建徽与询连姻，镠疑之，建徽不言。会询亲吏来奔，得建徽与询书，皆劝戒之辞，镠乃悦。建徽从兄建思谮建徽私蓄兵仗，谋作乱。镠使人索之，建徽方食，使者直入卧内，建徽不顾，镠以是益亲重之。

估计朱友宁的兵力已经疲惫,才与王师范合兵出战,把朱友宁的军队打得大败。朱友宁从旁侧高峻的土山上纵马出击敌人,马失前蹄倒下,青州将领张土将他斩首,传首淮南示众。平卢、淮南两镇军队追击败走的敌人到米河,俘获斩杀敌人以万计,魏博军队几乎完了。

朱全忠听说朱友宁死了,亲自率领二十万大军日夜兼行奔赴救援,秋季,七月壬子(十四日),朱全忠率军到临朐,命令各将领攻打青州。王师范率兵出战,被汴州军打得大败。王茂章闭垒不出表示怯懦,侦察汴州军队稍微懈怠,率兵毁栅冲出,驰驱快攻,打得尽兴,退回坐下,召集诸将饮酒,不久又冲出奋战。朱全忠登高观战望见他,问投降的人,知道是王茂章,叹说:"假使我能得到此人做将领,天下就不够我平定了!"黄昏时分,汴州军队才撤退。王茂章估计敌众我寡,不能取胜,当天晚上就率领军队回淮南。朱全忠派遣曹州刺史杨师厚率兵追赶,直到辅唐。王茂章命令先锋指挥使李虔裕率领五百骑兵殿后,与追兵拼死战斗,杨师厚将李虔裕擒获杀死。杨师厚是颍州人。

密州刺史张训听说王茂章离去,对各位将领说:"汴州军将要到达,用什么抵御呢?"诸将请求焚烧城池,大掠财物而回淮南。张训说:"不能这样做。"于是,封闭府库,在城上树立旗帜,然后让老弱兵士在前,自己率领精兵断后而离去。朱全忠派遣左踏白指挥使王檀攻打密州,到达以后,望见城上旗帜,过了数日才敢进城。王檀见府库、城邑全都完好,就不再追赶。张训全军回到淮南。朱全忠以王檀担任密州刺史。

27 丁卯(二十九日),朝廷任命山南西道留后王宗贺为节度使。

28 睦州刺史陈询背叛钱镠,率兵进攻兰溪,钱镠派遣指挥使方永珍率兵前去攻打陈询。武安都指挥使杜建徽与陈询是姻亲,钱镠怀疑他,杜建徽不辩解。恰巧陈询的亲信属吏前来投奔,钱镠得到杜建徽给陈询的书信,都是劝告陈询改过的话,钱镠这才喜悦。杜建徽的堂兄杜建思诬陷杜建徽私自贮备兵器,阴谋作乱。钱镠派人前去搜索,杜建徽正在吃饭,使者径直进入卧室搜查,杜建徽都没有回头看,钱镠因此更加亲近推重他。

29　八月戊辰朔，朱全忠留齐州刺史杨师厚攻青州，身归大梁。

30　庚辰，加西川节度使西平王王建守司徒，进爵蜀王。

31　前渝州刺史王宗本言于王建，请出兵取荆南。建从之，以宗本为开道都指挥使，将兵下峡。

32　初，宁国节度使田頵破冯弘铎，诣广陵谢杨行密，因求池、歙为巡属，行密不许。行密左右下及狱吏，皆求略于頵，頵怒曰：“吏知吾将下狱邪！”及还，指广陵南门曰：“吾不可复入此矣！”頵兵强财富，好攻取，行密既定淮南，欲保境息民，每抑止之，頵不从。及解释钱镠，頵尤恨之，阴有叛志。李神福言于行密曰：“頵必反，宜早图之。”行密曰：“頵有大功，反状未露，今杀之，诸将人人自危矣！”頵有良将曰康儒，与頵谋议多不合，行密知之，擢儒为庐州刺史。頵以儒为贰于己，族之。儒曰：“吾死，田公亡无日矣！”頵遂与润州团练使安仁义同举兵，仁义悉焚东塘战舰。

頵遣二使诈为商人，诣寿州约奉国节度使朱延寿，行密将尚公迺遇之，曰：“非商人也。”杀一人，得其书，以告行密。行密召李神福于鄂州，神福恐杜洪邀之，宣言奉命攻荆南，勒兵具舟楫；及暮，遂沿江东下，始告将士以讨田頵。

己丑，安仁义袭常州，常州刺史李遇逆战，极口骂仁义，仁义曰：“彼敢辱我，必有备。”乃引去。壬辰，行密以王茂章为润州行营招讨使，击仁义，不克，使徐温将兵会之。温易其衣服旗帜，皆如茂章兵，仁义不知益兵，复出战，温奋击，破之。

29 八月戊辰朔(初一),朱全忠留下齐州刺史杨师厚攻打青州,自己回大梁。

30 庚辰(十三日),朝廷给西川节度使西平王王建加官署司徒,封爵蜀王。

31 前渝州刺史王宗本向王建进言,请出兵攻取荆南。王建听从,任命王宗本为开道都指挥使,率兵乘船下三峡。

32 当初,宁国节度使田頵打败冯弘铎,前往广陵告谢淮南节度使杨行密,因有功要求把池州、歙州作为自己的巡视属地,杨行密没有答应。杨行密左右的人以及狱吏,都向田頵索要财物,田頵勃然大怒说:"你狱吏知道我将要下狱吗!"等到回去的时候,田頵指着广陵的南门说:"我不能再入此城了!"田頵兵强财富,喜好攻战夺取,杨行密已经平定淮南,想要保境安民,往往加以压抑制止,田頵不从。等到杨行密与钱镠亲善友好,田頵就更加恨他,暗中已有背叛杨行密的志向。李神福向杨行密进言说:"田頵一定要谋反,应当尽早设法应付。"杨行密说:"田頵有大功劳,谋反的行迹没有暴露,现在杀他,各位将官就要人人自危了!"田頵有个良将叫康儒,与田頵商议事情经常意见不合,杨行密知道这情况以后,擢升康儒为庐州刺史。田頵以为康儒对自己有二心,将他全族杀死。康儒说:"我死了,田公灭亡就没有几天了!"田頵于是与润州团练使安仁义一同起兵,安仁义全部焚烧了杨行密停在扬州东塘的战舰。

田頵派遣两个使者假装商人,往寿州邀约奉国节度使朱延寿,杨行密的将领尚公迺遇见他们,说:"不是商人。"杀死一人,搜得田頵给朱延寿的书信,把这情况告诉杨行密。杨行密从鄂州召回李神福,李神福担心杜洪进行拦击,扬言奉命攻打荆南,准备武器船只,等到日落的时候,就沿长江顺流东下,这才告诉将士前去讨伐田頵。

己丑(二十二日),安仁义袭击常州,常州刺史李遇迎战,开口极力大骂安仁义,安仁义说:"他敢辱骂我,一定有准备。"于是带领军队退走。壬辰(二十五日),杨行密任命王茂章为润州行营招讨使,攻击安仁义,没有攻克,派徐温率兵会同攻击。徐温改换所率军队的衣服旗帜,都像王茂章的军队,安仁义不知道对方增加了军队,再次出战,徐温奋力攻击,把安仁义打败。

行密夫人，朱延寿之姊也。行密狎侮延寿，延寿怨怒，阴与田頵通谋。頵遣前进士杜荀鹤至寿州，与延寿相结；又遣至大梁告朱全忠，全忠大喜，遣兵屯宿州以应之。荀鹤，池州人也。

33 杨师厚屯临朐，声言将之密州，留辎重于临朐。九月癸卯，王师范出兵攻临朐，师厚伏兵奋击，大破之，杀万馀人，获师范弟师克。明日，莱州兵五千救青州，师厚邀击之，杀获殆尽，遂徙寨抵其城下。

34 朱延寿谋颇泄，杨行密诈为目疾，对延寿使者多错乱所见，或触柱仆地。谓夫人曰："吾不幸失明，诸子皆幼，军府事当悉以授三舅。"夫人屡以书报延寿。行密又自遣召之，阴令徐温为之备。延寿至广陵，行密迎及寝门，执而杀之。部兵惊扰，徐温谕之，皆听命，遂斩延寿兄弟，黜朱夫人。

初，延寿赴召，其妻王氏谓曰："君此行吉凶未可知，愿日发一使以安我！"一日，使不至，王氏曰："事可知矣！"部分僮仆，授兵阖门，捕骑至，乃集家人，聚宝货，发百燎焚府舍，曰："妾誓不以皎然之躯为仇人所辱。"赴火而死。

延寿用法严，好以寡击众，尝遣二百人与汴兵战，有一人应留者，请行，延寿以违命，立斩之。

35 田頵袭昇州，得李神福妻子，善遇之。神福自鄂州东下，頵遣使谓之曰："公见机，与公分地而王，不然，妻子无遗！"神福曰："吾以卒伍事吴王，今为上将，义不以妻子易其志。頵有老母，不顾而反，三纲且不知，乌足与言乎！"斩使者而进，士卒皆感励。

杨行密的夫人是朱延寿的姐姐。杨行密傲慢侮辱朱延寿，朱延寿怨恨愤怒，暗中与田頵串通策划反叛。田頵派遣前进士杜荀鹤到寿州，与朱延寿相互交结；又遣杜荀鹤到大梁告诉朱全忠，朱全忠大喜，派兵驻扎宿州来接应。杜荀鹤是池州人。

33　杨师厚驻兵临朐，声言将要前往密州，把器械粮草等留在临朐。九月癸卯(初六)，王师范出兵进攻临朐，杨师厚伏兵奋力攻击，把王师范打得大败，击杀一万馀人，擒获王师范的弟弟王师克。第二天，莱州军队五千人救援青州，杨师厚进行拦击，将莱州军队几乎全部杀死擒获，于是将营寨移到青州城下。

34　朱延寿串通田頵计划略有泄露，杨行密知道后假装患了眼病，对朱延寿的使者经常认错人，或者撞着柱子扑倒在地。杨行密对夫人朱氏说："我不幸失明，诸子幼小，军府的事情应当全部交给三舅管理。"朱夫人屡次给朱延寿写信告诉他。杨行密又自己派人召唤朱延寿到广陵来，暗中却命令徐温为他做好防备。朱延寿到广陵，杨行密迎到卧室门口，将他逮捕并杀死。朱延寿的部下将士惊慌扰乱，徐温晓谕他们，全都听从命令，然后，斩杀朱延寿的兄弟，并把朱夫人废黜。

起初，朱延寿应杨行密的召请前去广陵，他的妻子王氏对他说："您此行的吉凶未卜，希望每天派一个使者来给我报平安！"一天，使者没有到来，王氏说："事情已经可以知道了！"于是布置家僮仆役，发给兵器，把大门关闭，杨行密派来捉人的骑兵一到，王氏就召集家人，把珍宝财物聚积一起，点燃很多火炬焚烧府舍，王氏说："我发誓不把自己洁白无瑕的躯体让仇人玷辱。"于是投火自焚而死。

朱延寿执法严厉，喜好以少击多，曾经派两百人与朱全忠的汴州军队作战，有一个应该留下的人，请求前往，朱延寿以违抗命令，将他立即斩首。

35　宁国节度使田頵袭击昇州，俘获李神福的妻儿，待他们很好。李神福从鄂州东下，田頵派遣使者前去对他说："您看机会行事，与您分地称王，不然的话，您的妻儿难以存活！"李神福说："我以兵卒身份事奉吴王，今为上将，道义上不能因为妻儿改变志向。田頵有老母，毫不顾念而反叛，连君为臣纲、父为子纲、夫为妻纲尚且不知道，哪里值得与他说！"于是，将使者杀死，率兵前进，士兵全都感动振奋。

頵遣其将王坛、汪建将水军逆战。丁未，神福至吉阳矶，与坛、建遇，坛、建执其子承鼎示之，神福命左右射之。神福谓诸将曰："彼众我寡，当以奇取胜。"及暮，合战，神福佯败，引舟溯流而上，坛、建追之，神福复还，顺流击之。坛、建楼船大列火炬，神福令军中曰："望火炬辄击之。"坛、建军皆灭火，旗帜交杂，神福因风纵火，焚其舰，坛、建大败，士卒焚溺死者甚众。戊申，又战于皖口，坛、建仅以身免。获徐绾，行密以槛车载之，遗钱镠，镠剖其心以祭高渭。

頵闻坛、建败，自将水军逆战。神福曰："贼弃城而来，此天亡也！"临江坚壁不战，遣使告行密，请发步兵断其归路。行密遣涟水制置使台濛将兵应之。王茂章攻润州，久未下，行密命茂章引兵会濛击頵。

36　辛亥，汴将刘重霸拔棣州，执刺史邵播，杀之。

37　甲寅，朱全忠如洛阳，遇疾，复还大梁。

38　戊午，王师范遣副使李嗣业及弟师悦请降于杨师厚，曰："师范非敢背德，韩全海、李茂贞以朱书御札使之举兵，师范不敢违。"仍请以其弟师鲁为质。时朱全忠闻李茂贞、杨崇本将起兵逼京畿，恐其复劫天子西去，欲迎车驾都洛阳，乃受师范降，选诸将使守登、莱、淄、棣等州，即以师范权淄青留后。师范仍言先遣行军司马刘鄩将兵五千据兖州，非其自专，愿释其罪，亦遣使语鄩。

39　田頵闻台濛将至，自将步骑逆战，留其将郭行恂以精兵二万及王坛、汪建水军屯芜湖，以拒李神福。觇者言："濛营寨褊小，才容二千人。"頵易之，不召外兵。濛入頵境，

田頵派遣他的部将王坛、汪建率领水军迎战。丁未（初十），李神福到达吉阳矶，与王坛、汪建相遇，王坛、汪建拿他的儿子李承鼎给他看，李神福命令左右的人放箭射他。李神福对诸将说："他们人多，我们人少，应当用奇兵取胜。"到了傍晚，合兵作战，李神福假装打败，带领战船逆流而逃，王坛、汪建率船追赶，李神福又返回来，顺流攻击。王坛、汪建的楼船排列着大量火炬，李神福命令中军说："望见火炬就攻击。"王坛、汪建的军队全都熄灭火炬，旗帜交错杂乱，李神福趁着风势放火，焚烧敌舰，王坛、汪建大败，士兵烧死淹死的很多。戊申（十一日），双方又在皖口交战，王坛、汪建仅以身免。李神福擒获徐绾，杨行密用槛车载着他，送给镇海节度使钱镠，钱镠将徐绾的心挖出，用来祭奠高渭。

田頵听说王坛、汪建失败，亲自率领水军前去迎战。李神福说："贼弃城前来，这是上天要他灭亡啊！"于是临江坚守壁垒，不与田頵决战，一面派遣使者报告杨行密，请求派遣步兵断绝田頵的归路。杨行密得到报告，立即派遣涟水制置使台濛率领步兵前去接应。王茂章进攻润州，很久没有攻下，杨行密又命令王茂章带领军队前去会同台濛攻击田頵。

36　辛亥（十四日），汴州将领刘重霸攻克棣州，逮住刺史邵播，将他杀死。

37　甲寅（十七日），朱全忠到洛阳，患了病，又回大梁。

38　戊午（二十一日），平卢节度使王师范派遣副使李嗣业及弟弟王师悦向杨师厚请求投降，说："师范不是胆敢背弃大德，韩全诲、李茂贞用皇上朱笔写的信札命令我发兵，师范不敢违反。"并请求用他的弟弟王师鲁作为人质。当时朱全忠听说李茂贞、杨崇本将要起兵进逼京畿，恐怕他们再次劫持昭宗西去凤翔，想要迎接昭宗建都洛阳，于是接受了王师范投降，选择诸将守卫登、莱、淄、棣等州，当即以王师范暂时为淄青留后。王师范并说明先前遣行军司马刘郓率兵五千占据兖州，不是他擅自做主，希望宽恕他的罪过，也派遣使者告诉刘郓。

39　宁国节度使田頵听说台濛将要到达，亲自统帅步、骑兵迎战，留下他的部将郭行悰率领两万精锐部队及王坛、汪建的水军驻扎芜湖，来抵抗李神福。侦探敌情的人说："台濛的营寨狭小，才容纳两千人。"田頵轻视台濛，不召集外地的军队。台濛进入田頵的地界，

番陈而进,军中笑其怯,濛曰:"頵宿将多谋,不可不备。"冬,十月戊辰,与頵遇于广德,濛先以杨行密书遍赐頵将,皆下马拜受。濛因其挫伏,纵兵击之,頵兵遂败。又战于黄池,兵交,濛伪走,頵追之,遇伏,大败,奔还宣州城守,濛引兵围之。頵亟召芜湖兵还,不得入。郭行悰、王坛、汪建及当涂、广德诸戍皆帅其众降。行密以台濛已破田頵,命王茂章复引兵攻润州。

40 初,夔州刺史侯矩从成汭救鄂州,汭死,矩奔还。会王宗本兵至,甲戌矩以州降之,宗本遂定夔、忠、万、施四州。王建复以矩为夔州刺史,更其姓名曰王宗矩。宗矩,易州人也。蜀之议者,以瞿唐蜀之险要,乃弃归、峡,屯军夔州。

建以宗本为武泰留后。武泰军旧治黔州,宗本以其地多瘴疠,请徙治涪州,建许之。

41 葛从周急攻兖州,刘鄩使从周母乘板舆登城,谓从周曰:"刘将军事我不异于汝,新妇辈皆安居,人各为其主,汝可察之。"从周歔欷而退,攻城为之缓。鄩悉简妇人及民之老疾不足当敌者出之,独与少壮者同辛苦,分衣食,坚守以扞敌;号令整肃,兵不为暴,民皆安堵。久之,外援既绝,节度副使王彦温逾城出降,城上卒多从之,不可遏。鄩遣人从容语彦温曰:"军士非素遣者,勿多与之俱。"又遣人徇于城上曰:"军士非素遣从副使而敢擅往者,族之!"士卒皆惶惑不敢出。敌人果疑彦温,斩之城下,由是众心益固。及王师范力屈,从周以祸福谕之,鄩曰:"受王公命守此城,一旦见

把军队分为数部轮番列阵前进,军中有人笑他怯懦,台濛说:"田频是久经战阵的老将,足智多谋,不能不防备。"冬季,十月戊辰(初二),台濛与田频在广德相遇,台濛先把杨行密的书信遍赐田频的各位将领,各将都下马叩拜领受。台濛趁着田频的将士士气受到摧挫,发兵攻击,田频的军队于是失败。又在黄池作战,军队一交战,台濛假装逃走,田频率兵追赶,遇到埋伏,被打得大败,逃奔回宣州,闭城防守,台濛率领军队包围宣州。田频紧急召回芜湖的军队,但不能入城。郭行悰、王坛、汪建及当涂、广德等地的驻防将领都率众投降。杨行密因台濛已经打败田频,命令王茂章又率领军队前去攻打润州。

40 当初,夔州刺史侯矩随从荆南节度使成汭援救鄂州,成汭兵败而死,侯矩逃回夔州。适逢开道都指挥使、前渝州刺史王宗本率兵到达夔州,甲戌(初八),侯矩献州投降,王宗本于是平定夔、忠、万、施四州。西川节度使王建仍以侯矩为夔州刺史,给他改姓名叫王宗矩。王宗矩是易州人。议事的蜀人认为瞿唐峡是蜀地的险峻要冲,于是舍弃归、峡两州,驻军夔州。

王建任命王宗本为武泰留后。武泰军的旧治所在黔州,王宗本因当地潮湿高温,经常流行传染病,请将治所迁到涪州,王建答应了他。

41 葛从周急攻兖州,刘鄩让葛从周的母亲乘坐板车登上城楼,对葛从周说:"刘将军事奉我不比你差,你的妻子等也都安居,人各为其主,你可以详细察看。"葛从周抽噎叹息而退,攻城因此延缓。刘鄩挑选妇人及年老有病不能御敌的人,让他们全都出去,只与年轻力壮者同辛苦,分衣食,坚守城池来抵御敌人;号令整齐严肃,军队不做残暴的事,百姓全都安定。过了一段时间,外援已经断绝,节度副使王彦温越过城墙出去投降,城上的兵卒多跟随他去,不能制止。刘鄩派人不慌不忙地告诉王彦温说:"不是你向来差遣的军士,不要多让他们与你一同去。"又派人在城上巡视说:"不是向来派遣跟随节度副使而擅自前往的军士,把他的全族杀死!"士兵听后,全都恐惧疑惑,不敢出城。敌人果然怀疑王彦温,把他在城下斩首,因此,众心更加稳定。等到王师范屡次被汴州军队打败,葛从周用祸福得失晓示他,刘鄩说:"我受王公的命令守卫此城,一旦看见

王公失势,不俟其命而降,非所以事上也。"及师范使者至,丁丑,始出降。

从周为具赍装,送郡诣大梁。郡曰:"降将未受梁王宽释之命,安敢乘马衣裘乎!"乃素服乘驴至大梁。全忠赐之冠带,辞;请囚服入见,不许。全忠慰劳,饮之酒,辞以量小。全忠曰:"取兖州,量何大邪!"以为元从都押牙。是时四镇将吏皆功臣、旧人,郡一旦以降将居其上,诸将具军礼拜于廷,郡坐受自如,全忠益奇之。未几,表为保大留后。

葛从周久病,全忠以康怀英为泰宁节度使代之。

42　辛卫,宿卫都指挥使朱友伦与客击毬于左军,坠马而卒。全忠悲怒,疑崔胤故为之,凡与同戏者十馀人尽杀之,遣其兄子友谅代典宿卫。

43　山南东道节度使赵匡凝遣兵袭荆南,朗人弃城走,匡凝表其弟匡明为荆南留后。时天子微弱,诸道贡赋多不上供,惟匡明兄弟委输不绝。

44　杨行密求兵于钱镠,镠遣方永珍屯润州,从弟镒屯宣州,又遣指挥使杨习攻睦州。

45　凤翔、邠州屡出兵近京畿,朱全忠疑其复有劫迁之谋,十一月,发骑兵屯河中。

46　十二月乙亥,田頵帅死士数百出战,台濛阳退以示弱。頵兵逾濠而斗,濛急击之。頵不胜,还走城,桥陷坠马,斩之。其众犹战,以頵首示之,乃溃,濛遂克宣州。

王公失去权势,不等他的命令就投降,不是用来侍奉尊上的态度。"等到王师范劝降的使者到来之后,刘郭才于丁丑(十一日)出城投降。

葛从周为刘郭备办行装,送他前往大梁。刘郭说:"降将没有得到梁王宽大释放的命令,哪里敢骑马穿裘呢!"于是穿着囚犯的衣服骑驴到大梁。朱全忠赏赐给他衣冠腰带,刘郭推辞;请求穿着囚服进见,朱全忠不允许。朱全忠慰劳刘郭,让他饮酒,刘郭以量小推辞。朱全忠说:"你夺取兖州,量多么大啊!"于是任命刘郭为元从都押牙。这时,四镇的将领官吏都是朱全忠的功臣、旧人,刘郭一旦以降将高居于他们之上,诸将都行军礼在公堂上叩拜,刘郭坐着受礼,神态如常,朱全忠更加惊奇。过了不久,就上表奏请任命刘郭为保大留后。

葛从周长期患病,朱全忠命康怀英为泰宁节度使,代替他。

42 辛巳(十五日),宿卫都指挥使朱友伦在左军与客人击毬,掉下马来摔死。朱全忠悲痛愤怒,怀疑是崔胤故意搞的,凡与朱友伦一同玩耍的十馀人全部杀死,派遣他哥哥的儿子朱友谅代管皇宫中的直宿警卫。

43 山南东道节度使赵匡凝派遣军队袭击荆南,朗州人弃城逃走,赵匡凝上表请以他的弟弟赵匡明担任荆南留后。当时昭宗势微力弱,各道的贡品赋税多不缴纳,只有赵匡明兄弟派人运送京师,从不间断。

44 淮南节度使杨行密向镇海节度使钱镠请求派兵援助,钱镠派遣方永珍率兵驻扎润州,堂弟钱镒率兵驻扎宣州,又派遣指挥使杨习率兵攻打睦州。

45 凤翔节度使李茂贞、邠州静难节度使李继徽屡次出兵逼近京畿,朱全忠怀疑他们又有劫持昭宗迁往凤翔的图谋,于十一月派遣骑兵驻扎河中。

46 十二月乙亥(初九),宁国节度使田頵率领敢死队数百人出战,台濛假装退走表示软弱。田頵的军队越过护城河战斗,台濛急速反击。田頵不能取胜,往回逃跑进城,桥梁陷落,掉下马来,被斩首。田頵的敢死队仍在战斗,见到田頵的首级,这才溃散,台濛于是攻克宣州。

初，行密与颢同闾里，少相善，约为兄弟，及颢首至广陵，行密视之泣下。赦其母殷氏，行密与诸子皆以子孙礼事之。

行密以李神福为宁国节度使，神福以杜洪未平，固让不拜。宣州长史合肥骆知祥善治金谷，观察牙推沈文昌为文精敏，尝为颢草檄骂行密，行密以知祥为淮南支计官，文昌为节度牙推。文昌，湖州人也。

初，颢每战不胜，辄欲杀钱传瓘，其母及宣州都虞候郭师从常保护之。师从，合肥人，颢之妇弟也。颢败，传瓘归杭州，钱镠以师从为镇东都虞候。

47　辛巳，以礼部尚书独孤损为兵部侍郎、同平章事。损，及之从曾孙也。中书侍郎兼户部尚书、同平章事裴贽罢为左仆射。

48　左仆射致仕张濬居长水，王师范之举兵，濬豫其谋。朱全忠将谋篡夺，恐濬扇动藩镇，讽张全义使图之。丙申，全义遣牙将杨麟将兵诈为劫盗，围其墅而杀之。永宁县吏叶彦素为濬所厚，知麟将至，密告濬子格曰："相公祸不可免，郎君宜自为谋。"濬谓格曰："汝留则俱死，去则遗种。"格哭拜而去，叶彦帅义士三十人送之渡汉而还，格遂自荆南入蜀。

49　卢龙节度使刘仁恭习知契丹情伪，常选将练兵，乘秋深入，逾摘星岭击之，契丹畏之。每霜降，仁恭辄遣人焚塞下野草，契丹马多饥死，常以良马赂仁恭买牧地。契丹王阿保机遣其妻兄阿钵将万骑寇渝关，仁恭遣其子守光戍平州，守光伪与之和，设幄犒飨于城外，酒酣，伏兵执之以入，虏众大哭。契丹以重赂请于仁恭，然后归之。

当初，杨行密与田頵同乡里，年轻时相好，结为兄弟。等到田頵的首级送到广陵，杨行密看着不禁潸然泪下。于是，杨行密赦免田頵的母亲殷氏，并与自己的儿子们以子孙之礼侍奉她。

杨行密任命李神福为宁国节度使，李神福因杜洪还没有平定，坚决辞让，没有接受。宣州长史合肥骆知祥善于管理钱粮，观察牙推沈文昌作文精致敏捷，曾经为田頵起草檄文大骂杨行密，杨行密任命骆知祥为淮南支计官，沈文昌为节度牙推。沈文昌是湖州人。

当初，田頵多次攻战都不能取胜，就想杀死钱传瓘，他的母亲及宣州都虞候郭师从经常保护他。郭师从是合肥人，田頵的妻弟。田頵失败被杀，钱传瓘回杭州，钱镠任命郭师从为镇东都虞候。

47　辛巳(十五日)，朝廷任命礼部尚书独孤损为兵部侍郎、同平章事。独孤损是独孤及的从曾孙。中书侍郎兼户部尚书、同平章事裴贽被免职降为左仆射。

48　告老退休的左仆射张濬住在长水，平卢节度使王师范当初发兵进攻朱全忠，张濬曾参与谋划。朱全忠将篡夺帝位，恐怕张濬煽动藩镇反对，就示意佑国节度使张全义设法除掉他。丙申(三十日)，张全义派遣牙将杨麟率兵假装劫盗，包围张濬的别墅，把他杀死。永宁县吏叶彦一直受到张濬的厚待，知道杨麟将要到来，秘密告诉张濬的儿子张格说："相公祸不可免，你应当自己谋求生路。"张濬对张格说："你留下来就要一同死，逃走还可以传宗接代。"张格哭着拜辞而去，叶彦率领义士三十人护送他渡过汉水而返回，张格于是自荆南入蜀。

49　卢龙节度使刘仁恭熟悉契丹的情况，常选将练兵，趁着秋季深入，越过摘星岭发动攻击，契丹惧怕。每到霜降，刘仁恭就派人焚烧塞下野草，契丹的马多饿死，契丹常用良马贿赂刘仁恭来买牧地。契丹王耶律阿保机派遣他的妻兄述律阿钵率领一万骑兵侵犯渝关，刘仁恭派遣他的儿子刘守光驻守平州，刘守光假装与述律阿钵和好，在城外设置帐篷，犒劳招待他；酒喝得正畅快，埋伏的兵士把述律阿钵抓入城中，契丹部众大哭。契丹王用丰厚的财物向刘仁恭请求，然后得以返归。

50 初，崔胤假朱全忠兵力以诛宦官，全忠既破李茂贞，并吞关中，威震天下，遂有篡夺之志。胤惧，与全忠外虽亲厚，私心渐异，乃谓全忠曰："长安密迩茂贞，不可不为守御之备。六军十二卫，但有空名，请召募以实之，使公无西顾之忧。"全忠知其意，曲从之，阴使麾下壮士应募以察其变。胤不之知，与郑元规等缮治兵仗，日夜不息。及朱友伦死，全忠益疑胤，且欲迁天子都洛，恐胤立异。

天祐元年（甲子，904）

1 春，正月，全忠密表司徒兼侍中、判六军十二卫事、充盐铁转运使、判度支崔胤专权乱国，离间君臣，并其党刑部尚书兼京兆尹六军诸卫副使郑元规、威远军使陈班等，皆请诛之。乙巳，诏责授胤太子少傅、分司，贬元规循州司户，班溱州司户。丙午，下诏罪状胤等；以裴枢判左三军事、充盐铁转运使，独孤损判右三军事、兼判度支；胤所募兵并纵遣之。以兵部尚书崔远为中书侍郎，翰林学士、左拾遗柳璨为右谏议大夫，并同平章事。璨，公绰之从孙也。戊申，朱全忠密令宿卫都指挥使朱友谅以兵围崔胤第，杀胤及郑元规、陈班并胤所亲厚者数人。

2 初，上在华州，朱全忠屡表请上迁都洛阳，上虽不许，全忠常令东都留守佑国军节度使张全义缮修宫室。

全忠之克邠州也，质静难军节度使杨崇本妻子于河中。崇本妻美，全忠私焉，既而归之。崇本怒，使谓李茂贞曰："唐室将灭，父何忍坐视之乎！"遂相与连兵侵逼京畿，复姓名为李继徽。

50　当初,崔胤借助朱全忠的兵力来诛杀宦官,朱全忠已经打败李茂贞,并吞了关中,声威震动天下,于是有篡夺帝位的志向。崔胤大惧,与朱全忠表面上虽然亲厚,内心里渐渐背离,于是对朱全忠说:“长安靠近李茂贞,不可不做守御的准备。六军十二卫,只有空名,请招募补足,使您没有西顾的忧虑。”朱全忠知道他的意图,勉强依从他,暗地里让部下壮士应募来观察他的变化。崔胤不知道其中的情由,与郑元规等整治兵器,日夜不停。等到宿卫都指挥使朱友伦摔死,朱全忠更加怀疑崔胤,并且想劫持昭宗迁都洛阳,恐怕崔胤另立异论阻止。

唐昭宗天祐元年(甲子,公元904年)

1　春季,正月,朱全忠上密表揭发司徒兼侍中、判六军十二卫事、充盐铁转运使、判度支崔胤专权乱国,离间君臣,连同他的党羽刑部尚书兼京兆尹、六军诸卫副使郑元规,威远军使陈班等,奏请全部处死。乙巳(初九),昭宗颁布诏令,谴责并改授崔胤为太子少傅、分司,贬郑元规为循州司户,陈班为溱州司户。丙午(初十),昭宗颁下诏令,公布崔胤等的罪状;任命裴枢判左三军事、充盐铁转运使,独孤损判右三军事、兼判度支;崔胤招募的兵士一并放走遣返。任命兵部尚书崔远为中书侍郎,翰林学士、左拾遗柳璨为右谏议大夫,都为同平章事。柳璨是柳公绰的从孙。戊申(十二日),朱全忠密令宿卫都指挥使朱友谅率兵包围崔胤的住宅,杀死崔胤及郑元规、陈班以及崔胤的亲信数人。

2　当初,昭宗在华州,朱全忠屡次上表请昭宗迁都洛阳,昭宗虽然没有允许,朱全忠却常令东都留守佑国军节度使张全义缮修宫室。

朱全忠攻克邠州的时候,将静难军节度使杨崇本的妻子作为人质留在河中。杨崇本的妻子容貌美丽,朱全忠与她通奸,不久把她归还杨崇本。杨崇本知情大怒,派遣使者对李茂贞说:“唐室将要灭亡,父亲怎么忍心坐视唐室灭亡呢!”于是,杨崇本与李茂贞联合出兵侵逼京畿,又恢复姓名为李继徽。

己酉，全忠引兵屯河中。丁巳，上御延喜楼，朱全忠遣牙将寇彦卿奉表，称邠、岐兵逼畿甸，请上迁都洛阳。及下楼，裴枢已得全忠移书，促百官东行。戊午，驱徙士民，号哭满路，骂曰："贼臣崔胤召朱温来倾覆社稷，使我曹流离至此！"老幼襁属，月馀不绝。

壬戌，车驾发长安，全忠以其将张廷范为御营使，毁长安宫室百司及民间庐舍，取其材，浮渭沿河而下，长安自此遂丘墟矣。

全忠发河南、北诸镇丁匠数万，令张全义治东都宫室，江、浙、湖、岭诸镇附全忠者，皆输货财以助之。

甲子，车驾至华州，民夹道呼万岁，上泣谓曰："勿呼万岁，朕不复为汝主矣！"馆于兴德宫，谓侍臣曰："鄙语云：'纥干山头冻杀雀，何不飞去生处乐。'朕今漂泊，不知竟落何所！"因泣下沾襟，左右莫能仰视。

二月乙亥，车驾至陕，以东都宫室未成，驻留于陕。丙子，全忠自河中来朝，上延全忠入寝室见何后，后泣曰："自今大家夫妇委身全忠矣！"

3　甲申，立皇子祯为端王，祈为丰王，福为和王，禧为登王，祐为嘉王。

4　上遣间使以御札告难于王建，建以邛州刺史王宗祐为北路行营指挥使，将兵会凤翔兵迎车驾，至兴平，遇汴兵，不得进而还。建始自用墨制除官，云"俟车驾还长安表闻"。

5　三月丁未，以朱全忠兼判左、右神策及六军诸卫事。癸丑，全忠置酒私第，邀上临幸。乙卯，全忠辞上，先赴洛阳督修宫室。

己酉(十三日),朱全忠率兵驻扎河中。丁巳(二十一日),昭宗在延禧楼,朱全忠派遣牙将寇彦卿捧着奏表,称邠州、岐州的军队已经逼近京城管区,请昭宗迁都洛阳。等到昭宗下楼,裴枢已经收到朱全忠迁都的文书,催促文武百官东行。戊午(二十二日),被驱赶迁徙的士人百姓,号哭满路,大骂道:"贼臣崔胤招朱温前来颠覆社稷,使我们颠沛流离到这种地步!"扶老携幼鱼贯而行,一个多月没断。

壬戌(二十六日),昭宗从长安出发,朱全忠任命他的部将张廷范为御营使,拆毁长安的宫室、官署及民间房舍,取出木材,抛入渭河之中,顺黄河漂浮东下,长安自此成为废墟了。

朱全忠征发河南、河北各镇民夫工匠数万人,命令东都留后张全义建造东都宫室,江、浙、湖、岭诸镇归附朱全忠的,都运送钱物到洛阳来帮助修建。

甲子(二十八日),昭宗到达华州,百姓夹道呼万岁,昭宗哭着对他们说:"不要呼万岁,朕不再是你们的君主了!"当晚,昭宗在兴德宫住宿,对侍臣说:"俗语说:'纥干山头冻雀,何不飞去生处乐。'朕今东奔西走,行止无定,不知道究竟流落到哪里!"因此哭湿了衣襟,左右的人不能抬头仰视。

二月乙亥(初十),昭宗到达陕州,因为东都洛阳的宫室还没有建成,就在陕州停留暂住。丙子(二十一日),朱全忠从河中前来朝见,昭宗邀请朱全忠进寝室见何皇后,何皇后哭着说:"自今天起我们夫妇托身给全忠了!"

3 甲申(二十九日),昭宗立皇子李祯为端王,李祈为丰王,李福为和王,李禧为登王,李祐为嘉王。

4 昭宗派遣密使拿着亲笔信札向西川节度使王建通报危难,王建以邛州刺史王宗祐为北路行营指挥使,率兵会同凤翔的军队迎接昭宗,到达兴平后,遭遇汧州军队,不能前进而返回。王建开始自用墨笔手令任命官员,说:"等候陛下回到长安再上表奏报。"

5 三月丁未(十二日),昭宗任命朱全忠兼判左右神策军及六军诸卫事。癸丑(十八日),朱全忠在私宅摆设酒筵,邀请昭宗前去赴宴。乙卯(二十日),朱全忠辞别昭宗,先往洛阳去监督修建宫室。

上与之宴群臣，既罢，上独留全忠及忠武节度使韩建饮，皇后出，自捧玉卮以饮全忠，晋国夫人可证附上耳语。建蹑全忠足，全忠以为图己，不饮，阳醉而出。全忠奏以长安为佑国军，以韩建为佑国节度使，以郑州刺史刘知俊为匡国节度使。

丁巳，上复遣间使以绢诏告急于王建、杨行密、李克用等，令纠帅藩镇以图匡复，曰："朕至洛阳，则为所幽闭，诏敕皆出其手，朕意不复得通矣！"

6　杨行密遣钱传璙及其妇并顾全武归钱塘。

以淮南行军司马李神福为鄂岳招讨使，复将兵击杜洪。朱全忠遣使诣行密，请舍鄂岳，复修旧好。行密报曰："俟天子还长安，然后罢兵修好。"

7　夏，四月辛巳，朱全忠奏洛阳宫室已成，请车驾早发，表章相继。上屡遣宫人谕以皇后新产，未任进路，请俟十月东行。全忠疑上徘徊俟变，怒甚，谓牙将寇彦卿曰："汝速至陕，即日促官家发来！"闰月丁酉，车驾发陕；壬寅，全忠逆于新安。上之在陕也，司天监奏："星气有变，期在今秋，不利东行。"故上欲以十月幸洛。至是，全忠令医官许昭远告医官使阎祐之、司天监王墀、内都知韦周、晋国夫人可证等谋害元帅，悉收杀之。

癸卯，上憩于谷水。自崔胤之死，六军散亡俱尽，所馀击毬供奉、内园小儿共二百馀人，从上而东。全忠犹忌之，为设食于幄，尽缢杀之。豫选二百馀人大小相类者，衣其衣服，代之侍卫。上初不觉，累日乃寤。自是上之左右职掌使令皆全忠之人矣。

昭宗与他一同宴请群臣,宴会散后,昭宗只留下朱全忠及忠武节度使韩建继续饮酒,何皇后走出,亲自捧着玉杯请朱全忠喝,晋国夫人可证贴着昭宗耳朵说话。韩建踩朱全忠的脚,朱全忠以为暗算自己,便不喝,假装喝醉而离去。朱全忠请将长安改为佑国军,任命韩建为佑国节度使,任命郑州刺史刘知俊为匡国节度使。

丁巳(二十二日),昭宗又派遣密使以绢写诏令向王建、杨行密、李克用等告急,命令他们纠集统帅藩镇来设法匡复国家,诏令说:"朕到洛阳,就被朱全忠幽禁了,诏令敕书都出自他的手,朕意不再能够传达了!"

6 淮南节度使杨行密遣送钱传璙及他的妻子和顾全武回钱塘。

杨行密以淮南行军司马李神福为鄂岳招讨使,再次率兵攻击杜洪。朱全忠派遣使者谒见杨行密,请他舍弃鄂岳,恢复旧时的友好。杨行密答复说:"等天子回到长安,然后停止攻战重修和好。"

7 夏季,四月辛巳(十六日),朱全忠奏报洛阳宫室已经建成,请昭宗车驾早日出发,表章接连不断,一再催促。昭宗屡次派遣宫人告诉他皇后刚生婴儿,不能上路,请等到十月东去洛阳。朱全忠怀疑昭宗故意徘徊不前等待事变,勃然大怒,对牙将寇彦卿说:"你速到陕州,即日催促天子出发前来!"闰四月丁酉(初三),昭宗从陕州出发;壬寅(初八),朱全忠迎于新安。昭宗在陕州的时候,司天监曾经奏称:"星气有变化,时间在今年秋天,东行不利。"所以昭宗想要在十月前往洛阳。到这个时候,朱全忠命医官许昭远告发医官使阎祐之、司天监王墀、内都知韦周、晋国夫人可证等谋害元帅朱全忠,于是把他们全都拘捕杀死。

癸卯(初九),昭宗在谷水边休息。自崔胤被杀之后,六军全都逃散,馀下的击毬供奉、内园小儿共两百馀人,跟从昭宗来东行。朱全忠还忌恨他们,就在帷幄中为他们设置食物,把他们全部勒死。预先挑选大小相似的两百馀人,穿上他们的衣服,代替他们侍从护卫。昭宗开始没有察觉,过了几天才发觉。从此,昭宗左右的管事调遣全是朱全忠的人了。

甲辰,车驾发谷水,入宫,御正殿,受朝贺。乙巳,御光政门,赦天下,改元。更命陕州曰兴唐府。诏讨李茂贞、杨崇本。

戊申,敕内诸司惟留宣徽等九使外,馀皆停废,仍不以内夫人充使。以蒋玄晖为宣徽南院使兼枢密使,王殷为宣徽北院使兼皇城使,张廷范为金吾将军、充街使,以韦震为河南尹兼六军诸卫副使,又征武宁留后朱友恭为左龙武统军,保大节度使氏叔琮为右龙武统军,典宿卫,皆全忠之腹心也。

癸丑,以张全义为天平节度使。

乙卯,以全忠为护国、宣武、宣义、忠武四镇节度使。

8　镇海、镇东节度使越王钱镠求封吴越王,朝廷不许。朱全忠为之言于执政,乃更封吴王。

9　更命魏博曰天雄军。癸亥,进天雄节度使长沙郡王罗绍威爵邺王。

甲辰（初十），昭宗从谷水出发，进入皇宫升座正殿，接受朝贺。乙巳（十一日），昭宗至光政门，大赦天下，改年号为天祐元年，将陕州改名为兴唐府。颁布诏令讨伐李茂贞、杨崇本。

戊申（十四日），敕命宫内各司只留宣徽两院、小马坊、丰德库、御厨、客省、阁门、飞龙、庄宅等九使外，其馀都停止废除，仍旧不让内夫人充任各司使。任命蒋玄晖为宣徽南院使兼枢密使，王殷为宣徽北院使兼皇城使，张廷范为金吾将军、充任街使，任命韦震为河南尹兼六军诸卫副使，又征召武宁留后朱友恭为左龙武统军，保大节度使氏叔琮为右龙武统军，主管宫中值宿警卫，他们都是朱全忠的心腹亲信。

癸丑（十九日），朝廷任命张全义为天平节度使。

乙卯（二十一日），朝廷任命朱全忠为护国、宣武、宣义、忠武四镇节度使。

8　镇海、镇东节度使越王钱镠求封吴越王，朝廷没有应允。朱全忠在主管官员面前为钱镠说情，于是改封钱镠为吴王。

9　朝廷将魏博改名为天雄军。癸亥（二十九日），天雄节度使长沙郡王罗绍威封爵为邺王。

卷第二百六十五　唐纪八十一

起甲子(904)五月尽丙寅(906)凡二年有奇

昭宗圣穆景文孝皇帝下之下

天祐元年(甲子,904)

1　五月丙寅,加河阳节度使张汉瑜同平章事。

2　帝宴朱全忠及百官于崇勋殿,既罢,复召全忠宴于内殿,全忠疑,不入。帝曰:"全忠不欲来,可令敬翔来。"全忠擿翔使去,曰:"翔亦醉矣。"辛未,全忠东还;乙亥,至大梁。

3　忠义节度使赵匡凝遣水军上峡攻王建夔州,知渝州王宗阮等击败之。万州刺史张武作铁絚绝江中流,立栅于两端,谓之"锁峡"。

4　六月,李茂贞、王建、李继徽传檄合兵以讨朱全忠。全忠以镇国节度使朱友裕为行营都统,将步骑击之;命保大节度使刘鄩弃鄜州,引兵屯同州。癸丑,全忠引兵自大梁西讨茂贞等。秋,七月甲子,过东都入见;壬申,至河中。

5　西川诸将劝王建乘李茂贞之衰,攻取凤翔。建以问节度判官冯涓,涓曰:"兵者凶器,残民耗财,不可穷也。今梁、晋虎争,势不两立,若并而为一,举兵向蜀,虽诸葛亮复生,不能敌矣。凤翔,蜀之藩蔽,不若与之和亲,结为婚姻,无事则务农训兵,保固疆场,有事则觇其机事,观衅而动,可以万全。"

昭宗圣穆景文孝皇帝下之下
唐昭宗天祐元年(甲子,公元904年)

1　五月丙寅(初二),朝廷加授河阳节度使张汉瑜为同平章事。

2　昭宗在崇政殿宴请朱全忠及文武百官,宴席散后,昭宗又召朱全忠进内殿饮宴,朱全忠怀疑昭宗要谋害自己,不进去。昭宗说:"朱全忠不想来,可以让敬翔进来。"朱全忠指使敬翔离去,说:"敬翔也醉了。"辛未(初七),朱全忠东归;乙亥(十一日),朱全忠回到大梁。

3　忠义节度使赵匡凝派遣水军溯流上三峡,攻打王建所辖之夔州,主持渝州事务的王宗阮等将他们打败。万州刺史张武作粗铁绳断绝长江水流中央的航道,在两端设立栅栏,称为"锁峡"。

4　六月,李茂贞、王建、李继徽传布檄文合兵讨伐朱全忠。朱全忠任命镇国节度使朱友裕为行营都统,率领步兵、骑兵数万人攻击岐州、邠州;命令保大节度使刘郭放弃鄜州,带兵前往同州驻扎。癸丑(二十日),朱全忠统帅大军自大梁出发,向西讨伐李茂贞等。秋季,七月甲子(初二),朱全忠路过东都洛阳,入城朝见昭宗;壬申(初十),到达河中。

5　西川诸将劝节度使王建乘李茂贞衰弱的机会,攻取凤翔。王建为此询问节度判官冯涓,冯涓说:"战争是凶器,残害百姓,耗损钱财,因此,不应穷兵黩武。现在大梁朱全忠、晋阳李克用两虎相争,势不两立,如果朱全忠、李克用的两支军队合而为一,发兵攻蜀,即使诸葛亮再生,也是不能抵挡的。凤翔是蜀的屏障,不如与李茂贞和睦亲善,结为婚姻,无事就致力农业生产,操练军队,保卫巩固边界,有事就察看时机,看准破绽而行动,可以万无一失。"

建曰:"善!茂贞虽庸才,然有强悍之名,远近畏之,与全忠力争则不足,自守则有馀,使为吾藩蔽,所利多矣。"乃与茂贞修好。丙子,茂贞遣判官赵锽如西川,为其侄天雄节度使继勋求婚,建以女妻之。茂贞数求货及甲兵于建,建皆与之。

王建赋敛重,人莫敢言。冯涓因建生日献颂,先美功德,后言生民之苦。建愧谢曰:"如君忠谏,功业何忧!"赐之金帛。自是赋敛稍损。

6　初,朱全忠自凤翔迎车驾还,见德王裕眉目疏秀,且年齿已壮,恶之,私谓崔胤曰:"德王尝奸帝位,岂可复留!公何不言之!"胤言于帝。帝问全忠,全忠曰:"陛下父子之间,臣安敢窃议,此崔胤卖臣耳。"帝自离长安,日忧不测,与皇后终日沈饮,或相对涕泣。全忠使枢密使蒋玄晖伺察帝,动静皆知之。帝从容谓玄晖曰:"德王朕之爱子,全忠何故坚欲杀之?"因泣下,啮中指血流。玄晖具以语全忠,全忠愈不自安。

时李茂贞、杨崇本、李克用、刘仁恭、王建、杨行密、赵匡凝移檄往来,皆以兴复为辞。全忠方引兵西讨,以帝有英气,恐变生于中,欲立幼君,易谋禅代。乃遣判官李振至洛阳,与玄晖及左龙武统军朱友恭、右龙武统军氏叔琮等图之。

八月壬寅,帝在椒殿,玄晖选龙武牙官史太等百人夜叩宫门,言军前有急奏,欲面见帝。夫人裴贞一开门见兵,曰:"急奏何以兵为?"史太杀之。玄晖问:"至尊安在?"昭仪李渐荣临轩呼曰:"宁杀我曹,勿伤大家!"帝方醉,遽起,单衣绕柱走,史太追而弑之。渐荣以身蔽帝,太亦杀之。又欲杀何后,后求哀于玄晖,乃释之。

王建说:"好! 李茂贞虽然是个庸才,然而有勇猛无所顾忌的名声,远近都怕他,与朱全忠拼力抗争虽不足,但保卫自己却有余,使他作为我的屏障,得利很多啊!"于是,与李茂贞建立亲善关系。丙子(十四日),李茂贞派遣判官赵锽前往西川,替他的侄子天雄节度使李继勋求婚,王建把女儿嫁给李继勋为妻。李茂贞屡次向王建求索财物及铠甲兵器,王建都给了他。

王建征收赋税很重,没有人敢说。冯涓借王建的生日进献颂词,先赞美他的功德,后陈述百姓的困苦。王建看了非常惭愧,致谢说:"像您这样忠言直谏,成就功业又有什么可忧虑的呢!"于是,赏赐给冯涓金帛。从此赋税稍有减少。

6 当初,朱全忠自凤翔迎接昭宗车驾返回长安,见德王李裕眉目清秀,并且已经成年,很厌恶他,私下对崔胤说:"德王曾经窃据帝位,哪里能够再留下! 您为什么不向陛下说!"崔胤把朱全忠的话向昭宗说了。昭宗问朱全忠,朱全忠说:"陛下父子之间的事情,我怎么敢私下议论.这是崔胤出卖我罢了。"昭宗自从离开长安,每天忧虑发生意外事变,整天与何皇后沉湎酒中,或者相对哭泣。朱全忠让枢密使蒋玄晖侦察昭宗的言行,昭宗的动静他都知道。昭宗从容对蒋玄晖说:"德王是朕的爱子,朱全忠为什么一定要杀他?"因此落泪,咬中指流血不止。蒋玄晖将此情形详细告诉朱全忠,朱全忠更加不安。

当时,李茂贞、杨崇本、李克用、刘仁恭、王建、杨行密、赵匡凝往来传移檄文,都以兴复皇室为辞。朱全忠正在率领军队向西讨伐岐州、邠州,因昭宗有英武之气,恐怕宫中产生变故,想要另立幼君,以谋求禅让取代。于是,朱全忠派遣判官李振到洛阳,与蒋玄晖及左龙武统军朱友恭、右龙武统军氏叔琮等谋划。

八月壬寅(十一日),昭宗在何皇后殿内,枢密使蒋玄晖选择龙武牙官史太等一百人,在夜里敲击宫门,说军事前线有急事奏报,要面见昭宗。夫人裴贞一开门见兵士,说:"有急事奏报用兵士做什么?"史太杀了她。蒋玄晖问:"陛下在哪里?"昭仪李渐荣对窗大叫道:"宁可杀了我们,不要伤害陛下!"昭宗刚醉,急忙起来,穿着单衣绕柱逃跑,史太追上并把他杀死。李渐荣用身体遮挡昭宗,史太也杀了她。史太又要杀何皇后,何皇后向蒋玄晖哀求,才放了她。

癸卯，蒋玄晖矫诏称李渐荣、裴贞一弑逆，宜立辉王祚为皇太子，更名柷，监军国事。又矫皇后令，太子于枢前即位。宫中恐惧，不敢出声哭。丙午，昭宣帝即位，时年十三。

7 李克用复以张承业为监军。

8 淮南将李神福攻鄂州未下，会疾病，还广陵，杨行密以舒州团练使泌阳刘存代为招讨使，神福寻卒。宣州观察使台濛卒，杨行密以其子牙内诸军使渥为宣州观察使，右牙都指挥使徐温谓渥曰："王寝疾而嫡嗣出藩，此必奸臣之谋。他日相召，非温使者及王令书，慎无亟来！"渥泣谢而行。

9 九月己巳，尊皇后为皇太后。

10 朱全忠引兵北屯永寿，南至骆谷，凤翔、邠宁兵竟不出。辛未，东还。

11 冬，十月辛卯朔，日有食之。

12 朱全忠闻朱友恭等弑昭宗，阳惊，号哭自投于地，曰："奴辈负我，令我受恶名于万代！"癸巳，至东都，伏梓宫恸哭流涕，又见帝自陈非己志，请讨贼。先是，护驾军士有掠米于市者，甲午，全忠奏朱友恭、氏叔琮不戢士卒，侵扰市肆，友恭贬崖州司户，复姓名李彦威，叔琮贬白州司户，寻皆赐自尽。彦威临刑大呼曰："卖我以塞天下之谤，如鬼神何！行事如此，望有后乎！"

丙申，天平节度使张全义来朝。丁酉，复以全忠为宣武、护国、宣义、天平节度使；以全义为河南尹兼忠武节度使、判六军诸卫事。乙巳，全忠辞赴镇，庚戌，至大梁。

13 镇国节度使朱友裕薨于梨园。

14 光州叛杨行密，降朱全忠，行密遣兵围之，与鄂州皆告急于全忠。十一月戊辰，全忠自将兵五万自颍州济淮，军于霍丘，分兵救鄂州。淮南兵释光州之围还广陵，按兵不出战，全忠分命诸将大掠淮南以困之。

癸卯（十二日），蒋玄晖假造诏令，称李渐荣、裴贞一谋杀昭宗，应该立辉王李祚为皇太子，更名李柷，代理军国政事。又假传皇后令，太子于灵枢前即位。宫中一片恐惧气氛，不敢哭出声来。丙午（十五日），昭宣帝即位，时年十三岁。

7　李克用再以张承业为监军。

8　淮南将领李神福攻打鄂州，没有攻克，适逢病重，回广陵，杨行密以舒州团练使泌阳刘存代为招讨使，李神福不久就死了。宣州观察使台濛去世，杨行密以自己的儿子牙内诸军使杨渥为宣州观察使，右牙都指挥使徐温对杨渥说："吴王卧病，而令嫡子出藩，这一定是奸臣的阴谋。他日召您回来，不是我派遣的使者及吴王的令书，千万不要立即回来！"杨渥哭着道谢，就上路了。

9　九月己巳（初八），昭宣帝尊何皇后为皇太后。

10　朱全忠率领的军队北边驻扎永寿，南边到达骆谷，凤翔、邠宁的军队竟不出战。辛未（初十），朱全忠率兵东还。

11　冬季，十月辛卯朔（初一），出现日食。

12　朱全忠听到朱友恭等杀死昭宗的消息，假装震惊，放声大哭，自己扑倒在地上，说："奴才们害死我了，让我千秋万代蒙受恶名！"癸巳（初三），朱全忠到达东都洛阳，伏在昭宗的灵枢上恸哭流涕，又觐见昭宣帝，自陈杀死昭宗不是自己的心意，请求讨伐乱臣贼子。在这之先，护卫皇帝的军士有在市上抢米的，甲午（初四），朱全忠奏参朱友恭、氏叔琮不能约束士卒，侵扰街市店铺，将朱友恭贬为崖州司户，恢复原姓名李彦威，氏叔琮贬为白州司户，不久都赐令自尽。李彦威自杀前大声呼喊说："出卖我来堵塞天下的指责，但拿鬼神怎么办！如此行事，还指望有后代吗！"

丙申（初六），天平节度使张全义来朝见。丁酉（初七），又任命朱全忠为宣武、护国、宣义、天平节度使；任命张全义为河南尹兼忠武节度使、判六军诸卫事。乙巳（十五日），朱全忠辞别前往藩镇，庚戌（二十日），到大梁。

13　镇国节度使朱友裕在梨园行营去世。

14　光州背叛杨行密，投降朱全忠，杨行密派遣军队包围光州，光州与鄂州都向朱全忠告急。十一月戊辰（初八），朱全忠亲自统帅五万军队自颍州渡过淮河，在霍丘驻扎，分派军队救援鄂州。淮南军队解除对光州的包围返回广陵，按兵不出来迎战，朱全忠分派诸将大肆房掠淮南来让广陵陷于困境。

15　钱镠潜遣衢州罗城使叶让杀刺史陈璋，事泄。十二月，璋斩让而叛，降于杨行密。

16　初，马殷弟賨，性沉勇，事孙儒，为百胜指挥使。儒死，事杨行密，屡有功，迁黑云指挥使。行密尝从容问其兄弟，乃知为殷之弟，大惊曰："吾常怪汝器度瑰伟，果非常人。当遣汝归。"賨泣辞曰："賨淮西残兵，大王不杀而宠任之。湖南地近，尝得兄声问，賨事大王久，不愿归也。"行密固遣之。是岁，賨归长沙，行密亲饯之郊。

賨至长沙，殷表賨为节度副使。他日，殷议入贡天子，賨曰："杨王地广兵强，与吾邻接，不若与之结好，大可以为缓急之援，小可通商旅之利。"殷作色曰："杨王不事天子，一旦朝廷致讨，罪将及吾。汝置此论，勿为吾祸！"

17　初，清海节度使徐彦若遗表荐副使刘隐权留后，朝廷以兵部尚书崔远为清海节度使。远至江陵，闻岭南多盗，且畏隐不受代，不敢前，朝廷召远还。隐遣使以重赂结朱全忠，乃奏以隐为清海节度使。

昭宣光烈孝皇帝
天祐二年(乙丑，905)

1　春，正月，朱全忠遣诸将进兵逼寿州。

2　润州团练使安仁义勇决得士心，故淮南将王茂章攻之，逾年不克。杨行密使谓之曰："汝之功吾不忘也，能束身自归，当以汝为行军副使，但不掌兵耳。"仁义不从。茂章为地道入城，遂克之。仁义举族登楼，众不敢逼。先是攻城诸将见仁义辄骂之，惟李德诚不然，至是仁义召德诚登楼，谓曰："汝有礼，吾今以为汝功。"且以爱妾赠之。德诚掖之而下，并其子斩于广陵市。

15 钱镠暗中派遣衢州罗城使叶让杀死衢州刺史陈璋，事情泄露。十二月，陈璋斩杀叶让而背叛钱镠，投降杨行密。

16 当初，武安节度使马殷的弟弟马賨，生性沉着勇敢，事奉孙儒，任百胜指挥使。孙儒死后，事奉杨行密，屡次立有战功，升任黑云指挥使。杨行密曾无意中询问他的兄弟，才知道是马殷的弟弟，大为惊讶，说："我常常奇怪你的器度奇特，果然不是平常的人。应当让你回去。"马賨哭着推辞说："我是淮西的残兵，大王不杀而宠信任用。湖南离此不远，曾经得到哥哥的问讯，我事奉大王已经很久，不愿意回去了。"杨行密坚决让他回去。这一年，马賨回长沙，杨行密亲自到郊外为他饯行。

马賨到长沙，马殷上表请任马賨为节度副使。有一天，马殷与马賨商议向皇上进贡的事，马賨说："杨王地广兵强，与我疆界接连，不如与他结为友好，从大处说可以作为缓急之援，从小处讲可以有通商旅之利。"马殷变色说："杨王不侍奉天子，一旦朝廷发兵讨伐，罪将涉及我们。你放弃这种主张，不要为我招祸！"

17 当初，清海节度使徐彦若临终上表荐举副使刘隐代理留后，朝廷任命兵部尚书崔远为清海节度使。崔远到达江陵，听说岭南盗贼很多，并且畏惧刘隐不接受替代，不敢前进，朝廷召崔远回京师。刘隐派遣使者用重贿交结朱全忠，朱全忠于是奏请以刘隐为清海节度使。

昭宣光烈孝皇帝
唐昭宣帝天祐二年（乙丑，公元905年）

1 春季，正月，朱全忠派遣诸将率兵进逼寿州。

2 润州团练使安仁义勇敢决断，深得军心，所以淮南将领王茂章攻打润州，过了一年没有攻克。杨行密派遣使者对安仁义说："你的功劳我不会忘记，能够自缚归来，当让你任行军副使，只是不掌兵权罢了。"安仁义没有投降。王茂章挖地道进城，于是占领了润州。安仁义带全族上楼，众人不敢逼近。此前，攻城各将领望见安仁义就骂他，只有李德诚不这样，到这时，安仁义召李德诚登楼，对他说："你有礼貌，我现在把功劳送给你。"并且把自己的爱妾赠送给他。李德诚夹着安仁义下楼，连同他的儿子在广陵街市斩首。

3　两浙兵围陈询于睦州,杨行密遣西南招讨使陶雅将兵救之。军中夜惊,士卒多逾垒亡去,左右及裨将韩球奔告之,雅安卧不应,须臾自定,亡者皆还。钱镠遣其从弟镒及指挥使顾全武、王球御之,为雅所败,虏镒及球以归。

4　庚午,朱全忠命李振知青州事,代王师范。

5　全忠围寿州,州人闭壁不出。全忠乃自霍丘引归,二月辛卯,至大梁。

6　李振至青州,王师范举族西迁,至濮阳,素服乘驴而进。至大梁,全忠客之。表李振为青州留后。

7　戊戌,以安南节度使、同平章事朱全昱为太师,致仕。全昱,全忠之兄也,戆朴无能,先领安南,全忠自请罢之。

8　是日社,全忠使蒋玄晖邀昭宗诸子德王裕、棣王祤、虔王禊、沂王禋、遂王祎、景王秘、祁王琪、雅王禛、琼王祥,置酒九曲池,酒酣,悉缢杀之,投尸池中。

9　朱全忠遣其将曹延祚将兵与杜洪共守鄂州,庚子,淮南将刘存攻拔之,执洪、延祚及汴兵千馀人送广陵,悉诛之。行密以存为鄂岳观察使。

10　己酉,葬圣穆景文孝皇帝于和陵,庙号昭宗。

11　三月庚午,以王师范为河阳节度使。

12　戊寅,以门下侍郎、同平章事独孤损同平章事,充静海节度使;以礼部侍郎河间张文蔚同平章事。甲申,以门下侍郎、同平章事裴枢为左仆射,崔远为右仆射,并罢政事。

初,柳璨及第,不四年为宰相,性倾巧轻佻。时天子左右皆朱全忠腹心,璨曲意事之。同列裴枢、崔远、独孤损皆朝廷宿望,意轻之,璨以为憾。和王傅张廷范,本优人,有宠于全忠,

3　两浙军队在睦州把陈询包围,杨行密派遣西南招讨使陶雅率领军队前去救援。陶雅的军营中夜里受惊,许多士卒越过营垒逃走,左右及裨将韩球跑来报告陶雅,陶雅安睡不理,片刻便自行安定,逃走的士卒都回来了。钱镠派遣他的堂弟钱镒及指挥使顾全武、王球抵御,被陶雅打败,俘虏钱镒及王球返回广陵。

4　庚午(十一日),朱全忠任命李振主持青州事务,替代王师范。

5　朱全忠包围寿州,州人关闭营垒不出战。朱全忠于是从霍丘带兵回去,二月辛卯(初二),到大梁。

6　李振到青州,王师范全族西迁,到濮阳,换上素服骑驴前进。到达大梁,朱全忠以客人对待。上表请任李振为青州留后。

7　戊戌(初九),朝廷以安南节度使、同平章事朱全昱为太师,退休。朱全昱是朱全忠的哥哥,憨厚朴实,没有能力,先兼任安南,朱全忠自己请求罢免他。

8　这一天是社日,朱全忠让蒋玄晖邀请唐昭宗诸子德王李裕、棣王李祤、虔王李禊、沂王李禋、遂王李祎、景王李祕、祁王李祺、雅王李禛、琼王李祥,在九曲池摆酒,喝得酣醉,把他们全都勒死,抛尸九曲池中。

9　朱全忠派遣他的部将曹延祚率领军队与杜洪共同守卫鄂州,庚子(十一日),淮南将领刘存攻取鄂州,生擒杜洪、曹延祚及汴州兵士一千多人送往广陵,把他们全部杀死。杨行密任命刘存为鄂岳观察使。

10　己酉(二十日),将圣穆景文孝皇帝葬于和陵,庙号昭宗。

11　三月庚午(十一日),朝廷任命王师范为河阳节度使。

12　戊寅(十九日),朝廷任命门下侍郎、同平章事独孤损同平章事,充静海节度使;任命礼部侍郎河间张文蔚同平章事。甲申(二十五日),任命门下侍郎、同平章事裴枢为左仆射,崔远为右仆射,一并停止参与政事。

起初,柳璨中进士,不到四年升为宰相,生性乖巧轻浮。当时皇上左右都是朱全忠的亲信,柳璨想尽办法去事奉他们。同时位列宰相的裴枢、崔远、独孤损都是朝廷素负重望的人,心中看轻他,柳璨以此怀恨在心。和王李福的师傅张廷范本是戏子,朱全忠宠爱信任他,

奏以为太常卿。枢曰：“廷范勋臣，幸有方镇，何藉乐卿！恐非元帅之旨。”持之不下。全忠闻之，谓宾佐曰：“吾常以裴十四器识真纯，不入浮薄之党，观此议论，本态露矣。”璨因此并远、损谮于全忠，故三人皆罢。

以吏部侍郎杨涉同平章事。涉，收之孙也。为人和厚恭谨，闻当为相，与家人相泣，谓其子凝式曰：“此吾家之不幸也，必为汝累。”

13　加清海节度使刘隐同平章事。

14　壬辰，河东都押牙盖寓卒，遗书劝李克用省营缮，薄赋敛，求贤俊。

15　夏，四月庚子，有彗星出西北。

16　淮南将陶雅会衢、睦兵攻婺州，钱镠使其弟镖将兵救之。

17　五月，礼院奏，皇帝登位应祀南郊；敕用十月甲午行之。

18　乙丑，彗星长竟天。

柳璨恃朱全忠之势，恣为威福。会有星变，占者曰：“君臣俱灾，宜诛杀以应之。”璨因疏其素所不快者于全忠曰：“此曹皆聚徒横议，怨望腹非，宜以之塞灾异。”李振亦言于朱全忠曰：“朝廷所以不理，良由衣冠浮薄之徒紊乱纲纪；且王欲图大事，此曹皆朝廷之难制者也，不若尽去之。”全忠以为然。癸酉，贬独孤损为棣州刺史，裴枢为登州刺史，崔远为莱州刺史。乙亥，贬吏部尚书陆扆为濮州司户，工部尚书王溥为淄州司户。庚辰，贬太子太保致仕赵崇为曹州司户，兵部侍郎王赞为潍州司户。自馀或门胄高华，或科第自进，居三省台阁，以名检自处，声迹稍著者，皆指为浮薄，贬逐无虚日，缙绅为之一空。辛巳，再贬裴枢为泷州司户，独孤损为琼州司户，崔远为白州司户。

柳璨奏请任命他为太常卿。裴枢说："张廷范是有功劳的大臣，有方镇来安置他，何必给他掌管礼乐的太常卿！恐怕不是元帅的意思。"相持不下。朱全忠听到这些话，对宾客僚佐说："我常认为裴十四的器量见识真诚纯粹，不入轻浮浅薄之流，观此议论，本来的面目显露出来了。"柳璨借此在朱全忠面前诬陷裴枢以及崔远、独孤损，所以三人都被罢去宰相之职。

朝廷任命吏部侍郎杨涉为同平章事。杨涉是杨收的孙子。为人和平宽厚，恭敬谨慎，听到任为宰相，与家里人相对哭泣，对他的儿子杨凝式说："这是我家的不幸，一定成为你的连累。"

13 清海节度使刘隐加封同平章事。

14 壬辰，河东都押牙盖寓死，遗书劝李克用减少营建工程，减轻赋税，征求贤才。

15 夏季，四月庚子(十二日)，有彗星从西北方出现。

16 淮南将领陶雅会同衢州、睦州的军队攻打婺州，钱镠派遣他的弟弟钱镖率兵前去救援。

17 五月，礼院上奏，皇帝登位应该祭祀南郊；敕令在十月甲午(初九)举行。

18 乙丑(初七)，彗星尾长贯穿天空。

柳璨仗恃朱全忠的势力，恣意作威作福。适逢有彗星出现，占卜的人说："君臣都有灾祸，应该诛杀以应天意。"柳璨因此向朱全忠上书列举他平日所不喜欢的人说："这些人都聚集同伙横加议论，怨恨不满，应该拿他们遏止灾祸。"李振也对朱全忠说："朝政不能治理的缘故，确实是由于官员中的轻浮浅薄之徒紊乱法纪；况且大王想要图谋大事，这些人都是朝廷中难于制服的人，不如全部除去他们。"朱全忠以为是这样。癸酉(十五日)，贬独孤损为棣州刺史，裴枢为登州刺史，崔远为莱州刺史。乙亥(十七日)，贬吏部尚书陆扆为濮州司户，工部尚书王溥为淄州司户。庚辰(二十二日)，贬以太子太保退休的赵崇为曹州司户，兵部侍郎王赞为潍州司户。其馀或者豪门贵胄，或者科举及第，在三省台阁任职，以名节自居，声誉政迹稍为显著的人，都被指为轻浮浅薄，贬官驱逐连日不断，朝中官员为之一空。辛巳(二十三日)，又贬裴枢为泷州司户，独孤损为琼州司户，崔远为白州司户。

19 甲申，忠义节度使赵匡凝遣使修好于王建。

20 六月戊子朔，敕裴枢、独孤损、崔远、陆扆、王溥、赵崇、王赞等并所在赐自尽。

时全忠聚枢等及朝士贬官者三十馀人于白马驿，一夕尽杀之，投尸于河。初，李振屡举进士，竟不中第，故深疾搢绅之士，言于全忠曰：“此辈常自谓清流，宜投之黄河，使为浊流！”全忠笑而从之。

振每自汴至洛，朝廷必有窜逐者，时人谓之鸱枭。见朝士皆颐指气使，旁若无人。

全忠尝与僚佐及游客坐于大柳之下，全忠独言曰：“此柳宜为车毂。”众莫应。有游客数人起应曰：“宜为车毂。”全忠勃然厉声曰：“书生辈好顺口玩人，皆此类也！车毂须用夹榆，柳木岂可为之！”顾左右曰：“尚何待！”左右数十人，揣言“宜为车毂”者悉扑杀之。

己丑，司空致仕裴贽贬青州司户，寻赐死。

柳璨馀怒所注，犹不啻十数，张文蔚力解之，乃止。

时士大夫避乱，多不入朝，壬辰，敕所在州县督遣，无得稽留。前司勋员外郎李延古，德裕之孙也，去官居平泉庄，诏下未至，责授卫尉寺主簿。

秋，七月癸亥，太子宾客致仕柳逊贬曹州司马。

21 庚午夜，天雄牙将李公佺与牙军谋乱，罗绍威觉之。公佺焚府舍，剽掠，奔沧州。

22 八月，王建遣前山南西道节度使王宗贺等将兵击昭信节度使冯行袭于金州。

19 甲申(二十六日),忠义节度使赵匡凝派遣使者与王建和好。

20 六月戊子朔(初一),敕令裴枢、独孤损、崔远、陆扆、王溥、赵崇、王赞等同时在当地赐令自杀。

当时朱全忠把裴枢等人及被贬斥的朝中官员三十多人聚集在滑州白马驿,一个晚上把他们全部杀死,将尸体抛入黄河。起初,李振屡次参加进士考试,结果不中,所以很嫉妒科举出身的官员,对朱全忠说:"这些人常自称为清流,应该把他们投入黄河,使他们成为浊流!"朱全忠笑着依从了李振。

李振每次从汴州到洛阳,朝廷一定有被放逐的官员,当时人称他为猫头鹰。每见朝中的官员,都是颐指气使,旁若无人。

朱全忠曾经与属官及游客坐在大柳树下面,朱全忠自言自语地说:"这株柳树适宜于做车毂。"属官没有响应。有几个游客起身响应说:"适宜做车毂。"朱全忠勃然大怒,声音严厉地说:"书生之辈喜好顺口附和以玩弄人,都像这样!车毂必须用榆木制作,柳木岂能制作!"环视左右的人说:"还等待什么!"左右数十人,拉出说"适宜做车毂"的游客全部打死。

己丑(初二),辞官家居的司空裴赞被贬为青州司户,不久赐死。

柳璨馀怒所注视的人,还不止数十人,张文蔚尽力排解,才停止。

当时士大夫躲避祸乱,多不到朝廷来,壬辰(初五),敕令所在州县督催遣送他们到东都洛阳来,不得滞留。前司勋员外郎李延古是李德裕的孙子,离官住在河南府的平泉庄,诏令下达后没有到洛阳来,责授卫尉寺主簿。

秋季,七月癸亥(初六),以太子宾客退休的柳逊被贬为曹州司马。

21 庚午(十三日)夜里,天雄牙将李公佺与牙军谋划作乱,天雄节度使罗绍威察觉了他们的活动。李公佺焚烧节度使府舍,抢劫房掠,逃奔沧州。

22 八月,王建派遣前山南西道节度使王宗贺等率兵在金州攻击昭信节度使冯行袭。

23　朱全忠以赵匡凝东与杨行密交通,西与王建结婚,乙未,遣武宁节度使杨师厚将兵击之;己亥,全忠以大军继之。

24　处州刺史卢约使其弟佶攻陷温州,张惠奔福州。

25　钱镠遣方永珍救婺州。

26　初,礼部员外郎知制诰司空图弃官居虞乡王官谷,昭宗屡征之,不起。柳璨以诏书征之,图惧,诣洛阳入见,阳为衰野,坠笏失仪。璨乃复下诏,略曰:"既养高以傲代,类移山以钓名。"又曰:"匪夷匪惠,难居公正之朝,可放还山。"图,临淮人也。

27　杨师厚攻下唐、邓、复、郢、随、均、房七州,朱全忠军于汉北。九月辛酉,命师厚作浮梁于阴谷口,癸亥,引兵渡汉。甲子,赵匡凝将兵二万陈于汉滨,师厚与战,大破之,遂傅其城下。是夕,匡凝焚府城,帅其族及麾下士沿汉奔广陵。乙丑,师厚入襄阳;丙寅,全忠继至。

匡凝至广陵,杨行密戏之曰:"君在镇,岁以金帛输全忠,今败,乃归我乎?"匡凝曰:"诸侯事天子,岁输贡赋乃其职也,岂输贼乎!今日归公,正以不从贼故耳。"行密厚遇之。

28　丙寅,封皇弟禔为颍王,祐为蔡王。

29　丁卯,荆南节度使赵匡明帅众二万,弃城奔成都。戊辰,朱全忠以杨师厚为山南东道留后,引兵击江陵;至乐乡,荆南牙将王建武遣使迎降。全忠以都将贺瓌为荆南留后。全忠寻表师厚为山南东道节度使。

30　王宗贺等攻冯行袭,所向皆捷。丙子,行袭弃金州,奔均州,其将全师朗以城降。王建更师朗姓名曰王宗朗,补金州观察使,割渠、巴、开三州以隶之。

23 朱全忠因为山南东道节度使赵匡凝东面与杨行密彼此相通，西面与王建结为婚姻，乙未(初九)，派遣武宁节度使杨师厚率兵前去攻打他；己亥(十三日)，朱全忠亲自统帅大军随后前进。

24 处州刺史卢约派遣他的弟弟卢佶攻下温州，张惠逃奔福州。

25 钱镠派遣方永珍救援婺州。

26 起初，礼部员外郎知制诰司空图放弃官职住在虞乡王官谷，唐昭宗屡次征召他，都不出来做官。柳璨用诏书征召他，司空图害怕，到洛阳入朝进见，假装是衰老粗野，朝笏掉落，丧失仪态。柳璨于是又颁下诏书，大略说："司空图既自命清高来轻蔑世人，却似扬言移山者沽名钓誉。"又说："司空图不是伯夷，也不是柳下惠，难以在公平正直的朝廷里担任官职，可以放他回山。"司空图是临淮人。

27 杨师厚攻下唐、邓、复、郢、随、均、房七州，朱全忠驻扎在汉江北岸。九月辛亥(初五)，朱全忠命令杨师厚在阴谷口作浮桥，癸亥(初七)，率兵渡过汉水。甲子(初八)，赵匡凝率领两万军队在汉水边上列阵，杨师厚与他作战，把他打得大败，于是逼近襄阳城下。当天晚上，赵匡凝焚烧府城襄阳，率领他的族人及部下将士沿汉水逃奔广陵。乙丑(初九)，杨师厚进入襄阳；丙寅(初十)，朱全忠跟着到达。

赵匡凝到达广陵，杨行密跟他开玩笑说："您在藩镇，每年用金帛进纳给朱全忠，现在败了，这才归顺我吗？"赵匡凝说："诸侯为天子做事，每年缴纳赋税是他的职分，哪里是缴纳给贼人朱全忠呢！今天归顺您，正是因为不从贼人的缘故。"杨行密厚待他。

28 丙寅(初十)，敕封皇弟李禔为颍王，李祐为蔡王。

29 丁卯(十一日)，荆南节度使赵匡明率领两万军队放弃江陵城投奔成都。戊辰(十二日)，朱全忠以杨师厚为山南东道留后，率兵进攻江陵；到达乐乡，荆南牙将王建武派遣使者迎接投降。朱全忠任命都将贺瑰为荆南留后。不久，朱全忠上表奏请任命杨师厚为山南东道节度使。

30 王宗贺等进攻冯行袭，打到哪里都取得胜利。丙子(二十日)，冯行袭放弃金州，逃奔均州，他的部将全师朗献城投降。王建将全师朗姓名改作王宗朗，补授金州观察使，分割渠、巴、开三州归他管辖。

31 乙酉,诏更用十一月癸酉亲郊。

32 淮南将陶雅、陈璋拔婺州,执刺史沈夏以归。杨行密以雅为江南都招讨使,歙、婺、衢、睦观察使;以璋为衢、婺副招讨使。璋攻暨阳,两浙将方习败之。习进攻婺州。

33 濠州团练使刘金卒,杨行密以金子仁规知濠州。

34 杨行密长子宣州观察使渥,素无令誉,军府轻之。行密寝疾,命节度判官周隐召渥。隐性憃直,对曰:"宣州司徒轻易信谗,喜击毬饮酒,非保家之主,馀子皆幼,未能驾驭诸将。庐州刺史刘威,从王起细微,必不负王,不若使之权领军府,俟诸子长以授之。"行密不应。左右牙指挥使徐温、张颢言于行密曰:"王平生出万死,冒矢石,为子孙立基业,安可使他人有之!"行密曰:"吾死瞑目矣。"隐,舒州人也。

他日,将佐问疾,行密目留幕僚严可求,众出,可求曰:"王若不讳,如军府何?"行密曰:"吾命周隐召渥,今忍死待之。"可求与徐温诣隐,隐未出见,牒犹在案上,可求即与温取牒,遣使者如宣州召之。可求,同州人也。行密以润州团练使王茂章为宣州观察使。

35 冬,十月丙戌朔,以朱全忠为诸道兵马元帅,别开幕府。
是日,全忠部署将士,将归大梁,忽变计,欲乘胜击淮南。敬翔谏曰:"今出师未逾月,平两大镇,辟地数千里,远近闻之,莫不震慑。此威望可惜,不若且归息兵,俟衅而动。"不听。

36 改昭信军为戎昭军。

31 乙酉(二十九日),诏令改用十一月癸酉(十九日)亲自举行郊祀。

32 淮南将领陶雅、陈璋夺取婺州,活捉刺史沈夏而回。杨行密任命陶雅为江南都招讨使,歙、婺、衢、睦观察使;任命陈璋为衢、婺副招讨使。陈璋攻打暨阳,两浙将领方习把他打败。方习进攻婺州。

33 濠州团练使刘金去世,杨行密任命刘金的儿子刘仁规主持濠州事务。

34 杨行密的长子宣州观察使杨渥,向来没有好名声,节度使府的人都轻视他。杨行密卧病,派遣节度判官周隐前去召回杨渥。周隐为人愚直,回答说:"宣州司徒杨渥轻易听信谗言,喜好击毬饮酒,不是保家的主人,其馀的儿子都幼小,不能控制各位将领。庐州刺史刘威,跟随您从低贱时兴起,一定不辜负您,不如让他暂时代领军府事务,等到诸子长大再传授给他们。"杨行密不应声。左右牙指挥使徐温、张颢对杨行密说:"您一生出万死,冒箭石,为子孙建立基业,怎么能让别人占有它呢!"杨行密说:"我死也瞑目了。"周隐是舒州人。

某一天,将领、佐官探问病情,杨行密用眼睛示意幕僚严可求留下来,众人出去后,严可求说:"您如有不测,军府怎么办?"杨行密说:"我命周隐前去召回杨渥,现在苟延残喘等待他。"严可求与徐温到周隐处,周隐没有出来见面,牒文还在桌子上,严可求就与徐温取了牒文,派遣使者前往宣州召回杨渥。严可求是同州人。杨行密任命润州团练使王茂章为宣州观察使。

35 冬季,十月丙戌朔(初一),朝廷任命朱全忠为诸道兵马元帅,另外开设元帅府。

这一天,朱全忠部署将士,将要返回大梁,忽然改变计划,想要乘胜进攻淮南。敬翔直言劝说道:"现在出兵不到一月,平定荆州、襄阳两大藩镇,开辟疆域数千里,远近听到这事,没有不震惊的。这个威望值得珍惜,不如暂且回去,停止战争,等待时机行动。"朱全忠不听。

36 朝廷改昭信军为戎昭军。

37　辛卯，朱全忠发襄州；壬辰，至枣阳，遇大雨。自申州抵光州，道险狭涂潦，人马疲乏，士卒尚未冬服，多逃亡。全忠使人谓光州刺史柴再用曰："下，我以汝为蔡州刺史；不下，且屠城！"再用严设守备，戎服登城，见全忠，拜伏甚恭，曰："光州城小兵弱，不足以辱王之威怒。王苟先下寿州，敢不从命。"全忠留其城东旬日而去。

38　起居郎苏楷，礼部尚书循之子也，素无才行，乾宁中登进士第，昭宗覆试黜之，仍永不听入科场。甲午，楷帅同列上言："谥号美恶，臣子不得而私。先帝谥号多溢美，乞更详议。"事下太常，丁酉，张廷范奏改谥恭灵庄愍孝皇帝，庙号襄宗，诏从之。

39　杨渥至广陵。辛丑，杨行密承制以渥为淮南留后。

40　戊申，朱全忠发光州，迷失道百馀里，又遇雨，比及寿州，寿人坚壁清野以待之。全忠欲围之，无林木可为栅，乃退屯正阳。

41　癸丑，更名成德军曰武顺。

42　十一月丙辰，朱全忠渡淮而北，柴再用抄其后军，斩首三千级，获辎重万计。全忠悔之，躁忿尤甚。丁卯，至大梁。

先是，全忠急于传禅，密使蒋玄晖等谋之。玄晖与柳璨等议：以魏、晋以来皆先封大国，加九锡、殊礼，然后受禅，当次第行之。乃先除全忠诸道元帅，以示有渐，仍以刑部尚书裴迪为送官告使，全忠大怒。宣徽副使王殷、赵殷衡疾玄晖权宠，欲得其处，因谮之于全忠曰："玄晖、璨等欲延唐祚，故逗遛其事以须变。"玄晖闻之惧，自至寿春，具言其状。

37　辛卯(初六),朱全忠自襄州出发;壬辰(初七),到达枣阳,遇到大雨。自申州到光州,道路崎岖狭窄,满是烂泥积水,人马疲乏,士卒还没有冬衣,多数逃跑了。朱全忠派人对光州刺史柴再用说:"献城归降,我任命你为蔡州刺史;不献城归降,将要屠杀全城人!"柴再用严加防守戒备,披甲登城,看见朱全忠,拜伏在地,非常恭敬,说:"光州城小兵弱,不值得惹大王动威发怒。大王如果先攻克寿州,岂敢不听从命令。"朱全忠在光州城东留驻十天,就走了。

38　起居郎苏楷是礼部尚书苏循的儿子,向来既无才能,又无品行,乾宁年间考中进士,昭宗复试将他贬斥,并且永远不准他再入科场考试。甲午(初九),苏楷率领同僚奏言:"谥号美恶,臣子不能私定。先帝的谥号大多溢美之词,乞求再详细商谈。"这件事下达太常去办,丁酉(十二日),张廷范奏请改昭宗谥号为恭灵庄愍孝皇帝,庙号为襄宗,诏令依从张廷范的建议。

39　杨行密的长子宣州观察使杨渥到达广陵。辛丑(十六日),杨行密承制任命杨渥为淮南留后。

40　戊申(二十三日),朱全忠从光州出发,迷失道路一百多里,又遇雨,等到抵达寿州,寿州兵民已经坚壁清野来等待他。朱全忠想要包围寿州城,但没有树木可以用来修建栅栏,于是退兵驻扎正阳。

41　癸丑(二十八日),朝廷将成德军改名为武顺。

42　十一月丙辰(初二),朱全忠渡过淮河往北去,光州刺史柴再用绕道袭击他的后军,斩首三千级,获得器械粮草数以万计。朱全忠后悔此行,暴躁发怒格外厉害。丁卯(十三日),朱全忠到达大梁。

在这以前,朱全忠急于传位禅让称帝,密令蒋玄晖等商议筹划。蒋玄晖与柳璨等人商议:由于魏、晋以来,都是先封大国,加九锡之礼、特殊的礼遇,然后接受禅让,应当依次序进行。于是,先授给朱全忠诸道元帅,用以表示有先后次序,并以刑部尚书裴迪担任送官告使,朱全忠勃然大怒。宣徽副使王殷、赵殷衡嫉妒蒋玄晖专权受宠,想要得到他的位置,因此向朱全忠诬陷蒋玄晖说:"蒋玄晖、柳璨等想要延续唐室的宗脉,所以迟缓禅让的事来等待事变。"蒋玄晖听说后非常害怕,亲自到寿春,详细地说明这件事的情形。

全忠曰:"汝曹巧述闲事以沮我,借使我不受九锡,岂不能作天子邪!"玄晖曰:"唐祚已尽,天命归王,愚智皆知之。玄晖与柳璨等非敢有背德,但以今兹晋、燕、岐、蜀皆吾劲敌,王遽受禅,彼心未服,不可不曲尽义理,然后取之,欲为王创万代之业耳。"全忠叱之曰:"奴果反矣!"玄晖惶遽辞归,与璨议行九锡。时天子将郊祀,百官既习仪,裴迪自大梁还,言全忠怒曰:"柳璨、蒋玄晖等欲延唐祚,乃郊天也。"璨等惧,庚午,敕改用来年正月上辛。殷衡本姓孔名循,为全忠家乳母养子,故冒姓赵,后渐贵,复其姓名。

43 壬申,赵匡明到成都,王建以客礼遇之。

昭宗之丧,朝廷遣告哀使司马卿宣谕王建,至是始入蜀境。西川掌书记韦庄为建谋,使武定节度使王宗绾谕卿曰:"蜀之将士,世受唐恩,去岁闻乘舆东迁,凡上二十表,皆不报。寻有亡卒自汴来,闻先帝已罹朱全忠弑逆。蜀之将士方日夕枕戈,思为先帝报仇。不知今兹使来以何事宣谕?舍人宜自图进退。"卿乃还。

44 庚辰,吴武忠王杨行密薨。将佐共请宣谕使李俨承制授杨渥淮南节度使、东南诸道行营都统,兼侍中、弘农郡王。

45 柳璨、蒋玄晖等议加朱全忠九锡,朝士多窃怀愤邑,礼部尚书苏循独扬言曰:"梁王功业显大,历数有归,朝廷速宜揖让。"朝士无敢违者。辛巳,以全忠为相国,总百揆。以宣武、宣义、天平、护国、天雄、武顺、佑国、河阳、义武、昭义、保义、戎昭、武定、泰宁、平卢、忠武、匡国、镇国、武宁、忠义、荆南等二十一道为魏国,进封魏王,仍加九锡。全忠怒其稽缓,让不受。十二月戊子,命枢密使蒋玄晖赍手诏诣全忠谕指。

朱全忠说:"你们巧言陈述无关紧要的事情来阻止我,假使我不受九锡之礼,难道不能做天子吗!"蒋玄晖说:"唐室的气数已尽,天命归属大王,无论愚笨还是聪明的人都知道。玄晖与柳璨等不敢违背恩德,但由于现在晋、燕、岐、蜀都是我们的劲敌,大王突然接受禅让帝位,他们心里不服,不能不设法尽理尽义,然后取得帝位,这只想为大王创建万代基业罢了。"朱全忠大声责骂他说:"奴才果然反了!"蒋玄晖惊惧立即告辞回洛阳,与柳璨商议行九锡之礼。当时,唐昭宣帝将要举行祭天祀典,百官已经练习礼仪,裴迪从大梁回到洛阳,传达朱全忠生气时说的话:"柳璨、蒋玄晖等想要延长唐室的福运,才郊祀祭天。"柳璨等惧怕,庚午(十六日),敕令改用来年正月上旬的辛日。赵殷衡本来姓孔名循,是朱全忠家奶妈的养子,所以冒充姓赵,后来渐渐显贵,恢复原来姓名。

43 壬申(十八日),赵匡明到成都,王建用客礼招待他。

唐昭宗发丧,朝廷派遣告哀使司马卿前往成都宣谕王建,到这时才进入蜀境。西川掌书记韦庄替王建谋划,派武定节度使王宗绾告诉司马卿说:"蜀地将士,世受唐室恩惠,去年听说皇上东迁洛阳,共上二十表,都没有回答。不久有逃跑的兵卒从汴州前来,听说先帝已经遭朱全忠杀害。全蜀将士正在日夜枕戈以待,想为先帝报仇。不知道现在使者前来宣谕什么事?舍人您应该自己考虑去留。"司马卿于是回洛阳。

44 庚辰(二十六日),吴武忠王杨行密病逝。淮南将佐共同请宣谕使李俨承制任命杨渥为淮南节度使、东南诸道行营都统,兼侍中、弘农郡王。

45 柳璨、蒋玄晖等商议加朱全忠九锡之礼,朝中官吏多数心怀愤怨,唯独礼部尚书苏循扬言说:"梁王功业显赫盛大,天道所归,朝廷应该迅速把帝位让给梁王。"朝中官吏没有敢违抗的。辛巳(二十七日),任命朱全忠为相国,总理一切事务。以宣武、宣义、天平、护国、天雄、武顺、佑国、河阳、义武、昭义、保义、戎昭、武定、泰宁、平卢、忠武、匡国、镇国、武宁、忠义、荆南等二十一道为魏国,进封魏王,并加九锡之礼。朱全忠怨恨他们迟缓,辞让不接受。十二月戊子(初四),派枢密使蒋玄晖捧着亲笔诏书到朱全忠处宣旨。

癸巳，玄晖自大梁还，言全忠怒不解。甲午，柳璨奏称："人望归梁王，陛下释重负，今其时也。"即日遣璨诣大梁达传禅之意，全忠拒之。

初，璨陷害朝士过多，全忠亦恶之。璨与蒋玄晖、张廷范朝夕宴聚，深相结，为全忠谋禅代事。何太后泣遣宫人阿虔、阿秋达意玄晖，语以他日传禅之后，求子母生全。王殷、赵殷衡谮玄晖，云"与柳璨、张廷范于积善堂夜宴，对太后焚香为誓，期兴复唐祚"。全忠信之，乙未，收玄晖及丰德库使应顼、御厨使朱建武系河南狱；以王殷权知枢密，赵殷衡权判宣徽院事。全忠三表辞魏王、九锡之命。丁酉，诏许之，更以为天下兵马元帅，然全忠已修大梁府舍为宫阙矣。是日，斩蒋玄晖，杖杀应顼、朱建武。庚子，省枢密使及宣徽南院使，独置宣徽使一员，以王殷为之，赵殷衡为副使。辛丑，敕罢宫人宣传诏命及参随视朝。追削蒋玄晖为凶逆百姓，令河南揭尸于都门外，聚众焚之。

玄晖既死，王殷、赵殷衡又诬玄晖私侍何太后，令阿秋、阿虔通导往来。己酉，全忠密令殷、殷衡害太后于积善宫，敕追废太后为庶人，阿秋、阿虔皆于殿前扑杀。庚戌，以皇太后丧，废朝三日。

辛亥，敕以宫禁内乱，罢来年正月上辛谒郊庙礼。

癸丑，守司空兼门下侍郎、同平章事柳璨贬登州刺史，太常卿张廷范贬莱州司户。甲寅，斩璨于上东门外，车裂廷范于都市。璨临刑呼曰："负国贼柳璨，死其宜矣！"

46 西川将王宗朗不能守金州，焚其城邑，奔成都。戎昭节度使冯行袭复取金州，奏请"金州荒残，乞徙理均州"，从之。更以行袭领武安军。

癸巳（初九），蒋玄晖自大梁回到洛阳，说朱全忠的怒气没有消解。甲午（初十），柳璨奏称："众望归向梁王，陛下放弃沉重的负担，现在正是时候。"当天，派遣柳璨前往大梁传达禅让帝位的意思，朱全忠拒绝接受。

当初，柳璨陷害朝中官吏过多，朱全忠也厌恶他。柳璨与蒋玄晖、张廷范日夜饮宴聚会，深相交结，替朱全忠谋划禅让帝位的事。何太后哭着派遣宫人阿虔、阿秋向蒋玄晖转达意愿，说他日禅让帝位之后，请求保全母子活命。王殷、赵殷衡诬陷蒋玄晖，说他"与柳璨、张廷范在积善宫夜宴，对着何太后焚香发誓，约定兴复唐室帝位"。朱全忠相信他们的话，乙未（十一日），逮捕蒋玄晖及丰德库使应顼、御厨使朱建武关押在河南府监狱；任命王殷暂时主持枢密院，赵殷衡暂时署理宣徽院事务。朱全忠三次上表辞让关于魏王、九锡的诏命。丁酉（十三日），颁诏允准朱全忠的辞让，再任命他为天下兵马元帅，然而朱全忠已经改修大梁府舍为宫殿了。这一天，斩蒋玄晖，杖杀应顼、朱建武。庚子（十六日），取消枢密使及宣徽南院使，只设宣徽使一员，任命王殷担任，赵殷衡任副使。辛丑（十七日），敕令停止宫人宣传诏命及参与朝会。追革蒋玄晖官职为凶逆百姓，令河南府把蒋玄晖的尸体抬到都门外，聚众焚烧。

蒋玄晖已经死了，王殷、赵殷衡又诬陷蒋玄晖与何太后私通，让宫人阿秋、阿虔通导往来。己酉（二十五日），朱全忠密令王殷、赵殷衡在积善宫害死何太后，敕令追废何太后为平民，阿秋、阿虔都在殿前用刑杖打死。庚戌（二十六日），因为皇太后之丧，停朝三日。

辛亥（二十七日），颁布敕令，因为宫廷内乱，停止来年正月上辛南郊祭天祀典。

癸丑（二十九日），守司空兼门下侍郎、同平章事柳璨被贬为登州刺史，太常卿张廷范被贬为莱州司户。甲寅（三十日），将柳璨在上东门外斩首，在都中闹市车裂张廷范。柳璨临刑时大喊说："负国贼子柳璨，死得应该啊！"

46　西川将领王宗朗不能守卫金州，便焚毁城邑，逃奔成都。戎昭节度使冯行袭又夺取金州，奏称："金州荒凉残败，乞求将军府迁往均州。"朝廷准从。改任冯行袭统领武安军。

47 陈询不能守睦州,奔于广陵。淮南招讨使陶雅入据其城。

48 杨渥之去宣州也,欲取其幄幕及亲兵以行,观察使王茂章不与,渥怒。既袭位,遣马步都指挥使李简等将兵袭之。

49 湖南兵寇淮南,淮南牙内指挥使杨彪击却之。

三年(丙寅,906)

1 春,正月壬戌,灵武节度使韩逊奏吐蕃七千馀骑营于宗高谷,将击嗢末及取凉州。

2 李简兵奄至宣州,王茂章度不能守,帅众奔两浙。亲兵上蔡刁彦能辞以母老,不从行,登城谕众曰:"王府命我招谕汝曹,大兵行至矣。"众由是定。陶雅畏茂章断其归路,引兵还歙州,钱镠复取睦州。镠以茂章为镇东节度副使,更名景仁。

3 乙丑,加静海节度使曲承裕同平章事。

4 初,田承嗣镇魏博,选募六州骁勇之士五千人为牙军,厚其给赐以自卫,为腹心。自是父子相继,亲党胶固,岁久益骄横,小不如意,辄族旧帅而易之,自史宪诚以来皆立于其手。天雄节度使罗绍威心恶之,力不能制。朱全忠之围凤翔也,绍威遣军将杨利言密以情告全忠,欲借其兵以诛之。全忠以事方急,未暇如其请,阴许之。及李公佺作乱,绍威益惧,复遣牙将臧延范趣全忠。全忠乃发河南诸镇兵十万,遣其将李思安将之,会魏、镇兵屯深州乐城,声言击沧州,讨其纳李公佺也。会全忠女适绍威子廷规者卒,全忠遣客将马嗣勋实甲兵于橐中,选长直兵千人为担夫,帅之入魏,诈云会葬。全忠自以大军继其后,云赴行营,牙军皆不之疑。庚午,

47　陈询不能守卫睦州，逃奔到广陵。淮南招讨使陶雅入城占据睦州。

48　杨渥离开宣州时，想要带着他的帐幕及亲兵起程，观察使王茂章不同意，杨渥怨怒。袭位以后，派遣马步都指挥使李简等率兵袭击王茂章。

49　湖南军队侵犯淮南，淮南牙内指挥使杨彪把湖南军队击退。

唐昭宣帝天祐三年（丙寅，公元906年）

1　春季，正月壬戌（初八），灵武节度使韩逊奏报吐蕃七千多骑兵在宗高谷扎营，将要攻击嗢末及攻取凉州。

2　李简的军队突然到达宣州，王茂章估计不能守住，率众投奔两浙。亲兵上蔡人刁彦能以母亲年老推辞，不跟从同行，登城告诉兵众说："王府命我召集告谕你们，大兵就要到了。"众人因此安定下来。陶雅害怕王茂章断绝他的归路，带兵回歙州，钱镠又夺取睦州。钱镠任命王茂章担任镇东节度副使，改名王景仁。

3　乙丑（十一日），静海节度使曲承裕加官同平章事。

4　当初，田承嗣镇守魏博，选募六州矫健勇猛武士五千人为牙军，给予他们优厚的给养赏赐，借以保卫自己，作为心腹亲信。从此，父子相继，亲族团结，年久更加骄傲专横，稍不如意，就消灭旧主帅而更换，自史宪诚以来的节度便都是立于他们之手。天雄节度使罗绍威心里厌恶他们，但力量小不能制服他们。朱全忠包围凤翔的时候，罗绍威派遣军将杨利言秘密地把情况告诉朱全忠，想借他的军队诛灭牙军。朱全忠因为当时军情紧急，没有空闲时间依照罗绍威的请求，暗中答应了他。等到李公佺作乱，罗绍威更加畏惧，又派遣牙将臧延范催促朱全忠。朱全忠这才发河南等镇兵十万，派遣他的部将李思安率领，会同魏博、镇冀的军队驻扎深州乐城，声言攻击沧州刘守文，讨伐他接纳天雄叛将李公佺。适逢嫁给罗绍威之子罗廷规的朱全忠之女死了，朱全忠派遣客将马嗣勋在口袋里装满铠甲兵器，挑选长年警卫的兵士一千人装作挑夫，率领他们进入魏州，欺骗说是前来会葬。朱全忠亲自统帅大军跟在他们的后边，说是到行营去，魏博的牙军都没有怀疑他们。庚午（十六日），

绍威潜遣人入库断弓弦、甲襻,是夕,绍威帅其奴客数百,与嗣勋合击牙军,牙军欲战而弓甲皆不可用,遂阖营殪之,凡八千家,婴孺无遗。诘旦,全忠引兵入城。

5 辛未,以权知宁远留后庞巨昭、岭南西道留后叶广略并为节度使。

6 庚辰,钱镠如睦州。

7 西川将王宗阮攻归州,获其将韩从实。

8 陈璋闻陶雅归歙,自婺州退保衢州。两浙将方永珍等取婺州,进攻衢州。

9 杨渥遣先锋指挥使陈知新攻湖南。三月乙丑,知新拔岳州,逐刺史许德勋,渥以知新为岳州刺史。

10 戊寅,以朱全忠为盐铁、度支、户部三司都制置使。三司之名始于此。全忠辞不受。

11 夏,四月癸未朔,日有食之。

12 罗绍威既诛牙军,魏之诸军皆惧,绍威虽数抚谕之,而猜怨益甚。朱全忠营于魏州城东数旬,将北巡行营,会天雄牙将史仁遇作乱,聚众数万据高唐,自称留后,天雄巡内诸县多应之。全忠移军入城,遣使召行营兵还攻高唐,至历亭,魏兵在行营者作乱,与仁遇相应。元帅府左司马李周彝、右司马苻道昭击之,所杀殆半,进攻高唐,克之,城中兵民无少长皆死。擒史仁遇,锯杀之。

先是,仁遇求救于河东及沧州,李克用遣其将李嗣昭将三千骑攻邢州以救之。时邢州兵才二百,团练使牛存节守之,嗣昭攻七日不克。全忠遣右长直都将张筠将数千骑助存节守城,筠伏兵于马岭,击嗣昭,败之,嗣昭遁去。

罗绍威秘密地派人进入武库把弓弦、铠甲系带弄断,当天晚上,罗绍威率领他的家奴宾客数百人,与马嗣勋合击牙军,牙军想要应战但弓甲都不能用了,于是全营牙军都被杀死,一共八千家,婴儿幼童没有遗留一个。第二天早晨,朱全忠带领军队进入魏州城。

5 辛未(十七日),朝廷任命暂时为宁远留后事务的庞巨昭、岭南西道留后叶广略同时为节度使。

6 庚辰(二十六日),钱镠前往睦州。

7 西川将领王宗阮攻打归州,俘获归州将领韩从实。

8 陈璋听说陶雅回歙州,自婺州退去保卫衢州。两浙将领方永珍等攻取婺州,进攻衢州。

9 杨渥派遣先锋指挥使陈知新攻打湖南。三月乙丑(十二日),陈知新攻克岳州,驱逐刺史许德勋,杨渥任命陈知新为岳州刺史。

10 戊寅(二十五日),朝廷任命朱全忠为盐铁、度支、户部三司都制置使。三司之名开始于此时。朱全忠辞谢不接受。

11 夏季,四月癸未朔(初一),发生日食。

12 罗绍威消灭牙军后,魏博各军都非常害怕,罗绍威虽然屡次安抚晓谕他们,但猜疑怨恨更加厉害。朱全忠在魏州城东北营数十天,将要北上巡视行营,恰巧天雄牙将史仁遇作乱,聚众数万,占据高唐,自称天雄留后,天雄巡内各县多数响应他。朱全忠把军队移入魏州城内,派遣使者召唤行营兵回来攻高唐,行营兵到达历亭,其中的魏兵作乱,与史仁遇相呼应。元帅府左司马李周彝、右司马符道昭攻击作乱魏兵,杀死近一半,又进攻高唐,将城夺取,城中兵民无论年少年长全都死了。活捉了史仁遇,用锯把他锯死了。

在这以前,史仁遇向河东及沧州求救,李克用派遣他的部将李嗣昭率领三千骑兵进攻邢州来救援。当时,邢州兵才两百名,团练使牛存节守城,李嗣昭连攻七日没有攻下。朱全忠派遣右长直都将张筠率领数千骑兵帮助牛存节守城,张筠在马岭埋伏军队,攻击李嗣昭,把他打败,李嗣昭逃跑离去。

义昌节度使刘守文遣兵万人攻贝州,又攻冀州,拔蓨县,进攻阜城。时镇州大将王钊攻魏州叛将李重霸于宗城。全忠遣归救冀州,沧州兵去。丙午,重霸弃城走,汴将胡规追斩之。

13 镇南节度使锺传以养子延规为江州刺史。传薨,军中立其子匡时为留后。延规恨不得立,遣使降淮南。

14 五月丁巳,朱全忠如洺州,遂巡北边,视戎备,还,入于魏。

15 丙子,废戎昭军,并均、房隶忠义军;以武定节度使冯行袭为匡国节度使。

16 杨渥以昇州刺史秦裴为西南行营都招讨使,将兵击锺匡时于江西。

17 六月甲申,复以忠义军为山南东道。

18 朱全忠以长安邻于邠、岐,数有战争,奏徙佑国节度使韩建于淄青,以淄青节度使长社王重师为佑国节度使。

19 秋,七月,朱全忠克相州。时魏之乱兵散据贝、博、澶、相、卫州,全忠分命诸将攻讨,至是悉平之,引兵南还。

全忠留魏半岁,罗绍威供亿,所杀牛羊豕近七十万,资粮称是,所赂遗又近百万,比去,蓄积为之一空。绍威虽去其逼,而魏兵自是衰弱。绍威悔之,谓人曰:"合六州四十三县铁,不能为此错也!"

壬申,全忠至大梁。

20 秦裴至洪州,军于蓼洲。诸将请阻水立寨,裴不从,锺匡时果遣其将刘楚据之。诸将以咎裴,裴曰:"匡时骁将独楚一人耳,若帅众守城,不可猝拔,吾故以要害诱致之耳。"未几,裴破寨,执楚,遂围洪州,饶州刺史唐宝请降。

义昌节度使刘守文派遣一万军队攻贝州,又攻冀州,攻克鄃县,进攻阜城。当时,镇州大将王钊在宗城攻打魏州叛将李重霸。朱全忠派他回去救冀州,沧州军离去。丙午(十四日),李重霸弃城逃走,汴州将领胡规追击,把他杀了。

13　镇南节度使钟传任命养子钟延规为江州刺史。钟传去世,军中立钟传的儿子钟匡时为留后。钟延规怨恨不立自己为留后,派遣使者投降淮南。

14　五月丁巳(初五),朱全忠前往洺州,巡视北边,察看兵器装备,然后返回,进入魏州。

15　丙子(二十四日),撤销戎昭军,均州、房州合并属忠义军;任命武定节度使冯行袭为匡国节度使。

16　杨渥任命昇州刺史秦裴为西南行营都招讨使,率兵在江西攻击镇南留后钟匡时。

17　六月甲申(初二),又恢复忠义军为山南东道。

18　朱全忠以长安与邠州、岐州相邻,屡有战争,上奏将佑国节度使韩建调到淄青,任命淄青节度使长社人王重师为佑国节度使。

19　秋季,七月,朱全忠攻克相州。当时魏博乱兵散据贝、博、澶、相、卫五州,朱全忠分别派遣诸将攻击讨伐,到这时全都平定了,于是带兵回河南。

朱全忠在魏州留居半年,罗绍威按需要供给,所杀牛、羊、猪近七十万钱,物资粮草与此相当,贿赂赠送的财货又近百万,等到朱全忠离开,积蓄贮藏全空了。罗绍威虽然除去了威胁自己的牙军,但是魏博军队从此衰弱了。罗绍威为此非常悔恨,对人说:"聚集所属六州四十三县的铁也铸不成这次大错啊!"

壬申(二十一日),朱全忠到达大梁。

20　秦裴到达洪州,在蓼州驻扎。众将领请依江水设立营寨,秦裴没有听从,钟匡时果然派遣部将刘楚占据其地。诸将因此抱怨秦裴,秦裴说:"钟匡时的勇将只有刘楚一人,如果他率众守城,不能突然攻克,我故意让出要害之地引他出来罢了。"不久,秦裴攻破营寨,俘获刘楚,于是包围洪州,饶州刺史唐宝请求投降。

21　八月乙酉，李茂贞遣其子侃为质于西川，王建以侃知彭州。

22　朱全忠以幽、沧相首尾为魏患，欲先取沧州，甲辰，引兵发大梁。

23　两浙兵围衢州，衢州刺史陈璋告急于淮南，杨渥遣左厢马步都虞候周本将兵迎璋。本至衢州，浙人解围，陈于城下，璋帅众归于本，两浙兵取衢州。吕师造曰："浙人近我而不动，轻我也，请击之！"本曰："吾受命迎陈使君，今至矣，何为复战！彼必有以待我也。"遂引兵还。本为之殿，浙人蹑之，本中道设伏，大破之。

24　九月辛亥朔，朱全忠自白马渡河，丁卯，至沧州，军于长芦，沧人不出。罗绍威馈运，自魏至长芦五百里，不绝于路；又建元帅府舍于魏，所过驿亭供酒馔、幄幕、什器，上下数十万人，无一不备。

25　秦裴拔洪州，虏锺匡时等五千人以归。杨渥自兼镇南节度使，以裴为洪州制置使。

26　静难节度使杨崇本以凤翔、保塞、彰义、保义之兵攻夏州，匡国节度使刘知俊邀击坊州之兵，斩首三千馀级，擒坊州刺史刘彦晖。

27　刘仁恭救沧州，战屡败。乃下令境内："男子十五以上，七十以下，悉自备兵粮诣行营，军发之后，有一人在闾里，刑无赦！"或谏曰："今老弱悉行，妇人不能转饷，此令必行，滥刑者众矣。"乃命胜执兵者尽行，文其面曰"定霸都"，士人则文其腕或臂曰"一心事主"，于是境内士民，稚孺之外无不文者。得兵十万，军于瓦桥。

时汴军筑垒围沧州，鸟鼠不能通。仁恭畏其强，不敢战。城中食尽，丸土而食，或互相掠啖。朱全忠使人说刘守文曰："援兵势

21 八月乙酉(初四),李茂贞派遣他的儿子李侃到西川做人质,王建让李侃主持彭州事务。

22 朱全忠认为幽州刘仁恭、沧州刘守文父子相为首尾是魏州罗绍威的威胁,想要先攻取沧州,甲辰(二十三日),率领军队从大梁出发。

23 两浙的军队包围衢州,衢州刺史陈璋向淮南告急,杨渥派遣左厢马步都虞候周本率兵迎接陈璋。周本到达衢州,浙人解除包围,在城下列阵,陈璋率众归于周本,两浙军队夺取衢州。吕师造说:"浙人离我们很近却不发动进攻,是轻视我们,请攻击他们!"周本说:"我受命迎接陈使君,现在他已到了,为什么再战! 他们一定有对付我们的办法。"于是带领军队返回。周本为军队殿后,浙人在后面跟踪,周本中途设下埋伏,把浙军打得大败。

24 九月辛亥朔(初一),朱全忠由白马渡过黄河,丁卯(十七日),到沧州,驻扎在长芦县,沧州军队不出战。罗绍威运送粮饷,自魏州到长芦五百里,路上连续不断;又在魏州建筑元帅府舍,经过的驿亭都供应酒食、帐幕、各种器具,上下数十万人,没有一件不准备周全。

25 秦裴攻克洪州,俘虏锺匡时等五千人而回。杨渥自己兼任镇南节度使,任命秦裴为洪州制置使。

26 静难节度使杨崇本用凤翔、保塞、彰义、保义四镇的军队攻打夏州,匡国节度使刘知俊拦击坊州的军队,斩首三千余级,生擒坊州刺史刘彦晖。

27 刘仁恭率兵救援沧州,屡次战败。于是下令境内百姓:"男子十五岁以上,七十岁以下,全部自备兵粮前来行营,军队出发以后,如有一人在乡里,立即诛杀不宽赦!"有人劝谏说:"现在老弱全部前来,妇女不能转运粮饷,这命令一定要执行,滥杀的人太多了。"刘仁恭这才命令胜任持拿兵器的人全部出行,在他们的脸上刺字"定霸都",读书人就在他们的手腕或者胳膊上刺字"一心事主",于是境内的士人百姓,除婴儿小孩以外没有不刺字的了。刘仁恭得到十万兵卒,驻扎在瓦桥。

当时,汴州军队修筑营垒包围沧州,连鸟鼠都不能通过。刘仁恭惧怕他们强盛,不敢出战。城中食物吃尽,把土揉搓成丸子吞吃,或者互相掳掠啖食。朱全忠派人到城下劝说刘守文:"援兵势必

不相及,何不早降!"守文登城应之曰:"仆于幽州,父子也。梁王方以大义服天下,若子叛父而来,将安用之!"全忠愧其辞直,为之缓攻。

28 冬,十月丙戌,王建始立行台于蜀,建东向舞蹈,号恸,称:"自大驾东迁,制命不通,请权立行台,用李晟、郑畋故事,承制封拜。"仍以榜帖告谕所部藩镇州县。

29 刘仁恭求救于河东,前后百馀辈;李克用恨仁恭返覆,竟未之许,其子存勖谏曰:"今天下之势,归朱温者什七八,虽强大如魏博、镇、定莫不附之。自河以北,能为温患者独我与幽、沧耳,今幽、沧为温所困,我不与之并力拒之,非我之利也。夫为天下者不顾小怨,且彼尝困我而我救其急,以德怀之,乃一举而名实附也。此乃吾复振之时,不可失也。"克用以为然,与将佐谋召幽州兵与攻潞州,曰:"于彼可以解围,于我可以拓境。"乃许仁恭和,召其兵。仁恭遣都指挥使李溥将兵三万诣晋阳,克用遣其将周德威、李嗣昭将兵与之共攻潞州。

30 夏州告急于朱全忠,戊戌,全忠遣刘知俊及其将康怀英救之。杨崇本将六镇之兵五万,军于美原。知俊等击之,崇本大败,归于邠州。

31 武贞节度使雷彦威屡寇荆南,留后贺瓌闭城自守。朱全忠以为怯,以颖州防御使高季昌代之,又遣驾前指挥使倪可福将兵五千戍荆南以备吴、蜀。朗兵引去。

32 十一月,刘知俊、康怀贞乘胜攻鄜、延等五州,下之。加知俊同平章事,以怀贞为保义节度使。西军自是不振。

33 湖州刺史高彦卒,子澧代之。

不能等到了,为什么不早些投降!"刘守文登上城楼回答说:"我同幽州是父子关系,梁王正在用大义征服天下,假如儿子背叛父亲前来,将怎么任用他呢!"朱全忠因他的言辞直率而感到羞惭,为此延缓了攻击。

28　冬季,十月丙戌(初六),王建开始在蜀建立行台,王建面向东方舞拜,放声大哭,声称:"自从先帝大驾迁往东都洛阳,制命不能通达,请暂时设立行台,用李晟、郑畋的旧时成例,秉承制令拜官封爵。"并用榜帖文告知所属藩镇州县。

29　刘仁恭向河东李克用请求救援,前后一百多次,李克用痛恨刘仁恭反复无常,始终没有答应,他的儿子李存勖说:"现在天下的形势,归降朱全忠的藩镇已经十之七八,像魏博、镇、定那样强大的藩镇都没有不归附朱全忠的。自黄河以北,能成为朱全忠忧患的,只有我们河东与幽州、沧州了,现在幽州、沧州被朱全忠围困,我们不与他们协力抗拒朱全忠,不符合我们的利益。打天下的人不顾念小的仇怨,况且他们曾经使我们困难而我们解救他们的危急,用恩德安抚他们,才是一举而名实相合呢。这是我们再振兴的时机,不能失掉啊。"李克用认为对,与将佐商量召请幽州军队一同攻打潞州,说:"对于他们可以解除包围,对于我们可以开拓疆域。"于是应允刘仁恭和好,召请他的军队。刘仁恭派遣都指挥使李溥率领三万军队前往晋阳,李克用派遣他的部将周德威、李嗣昭率兵与李溥共同攻打潞州。

30　夏州向朱全忠告急,戊戌(十八日),朱全忠派遣刘知俊及他的部将康怀英前往援救。杨崇本统率六镇的五万军队,在美原驻扎。刘知俊等发动攻击,杨崇本被打得大败,回归邠州。

31　武贞节度使雷彦威屡次侵犯荆南,荆南留后贺瓌关闭城门自守。朱全忠以为贺瓌怯懦,命颍州防御使高季昌代替他,又派遣驾前指挥使倪可福率兵五千戍守荆南来防备吴、蜀。朗州军队引退离去。

32　十一月,刘知俊、康怀贞乘胜进攻鄜、延等五州,全部攻下了。刘知俊加为同中章事,以康怀贞担任保义节度使。邠州、岐州的军队从此一蹶不振。

33　湖州刺史高彦去世,他的儿子高澧接替他。

34　十二月乙酉,钱镠表荐行军司马王景仁,诏以景仁领宁国节度使。

35　朱全忠分步骑数万,遣行军司马李周彝将之,自河阳救潞州。

36　闰月乙丑,废镇国军兴德府复为华州,隶匡国节度,割金、商州隶佑国军。

37　初,昭宗凶讣至潞州,昭义节度使丁会帅将士缟素流涕久之。及李嗣昭攻潞州,会举军降于河东。李克用以嗣昭为昭义留后。会见克用,泣曰:"会非力不能守也。梁王陵虐唐室,会虽受其举拔之恩,诚不忍其所为,故来归命耳。"克用厚待之,位于诸将之上。

己巳,朱全忠命诸军治攻具,将攻沧州。壬申,闻潞州不守,甲戌,引兵还。

先是,调河南北刍粮,水陆输军前,诸营山积,全忠将还,悉命焚之,烟炎数里,在舟中者凿而沉之。刘守文使遗全忠书曰:"王以百姓之故,赦仆之罪,解围而去,王之惠也。城中数万口,不食数月矣,与其焚之为烟,沉之为泥,愿乞其馀以救之。"全忠为之留数囷以遗之,沧人赖以济。

河东兵进攻泽州,不克而退。

38　吉州刺史彭玕遣使请降于湖南。玕本赤石洞蛮酋,锺传用为吉州刺史。

34　十二月乙酉(初七),钱镠上表举荐行军司马王景仁,诏令王景仁兼任宁国节度使。

35　朱全忠分出步、骑兵数万人,派遣行军司马李周彝率领,自河阳出发救援潞州。

36　闰十二月乙丑(十七日),取消镇国军兴德府,恢复华州,隶属匡国节度,分割金州、商州隶属佑国军。

37　当初,唐昭宗被杀的噩耗传到潞州,昭义节度使丁会率领将士身穿白色丧服长时间哭泣流泪。等到李嗣昭进攻潞州,丁会全军归降河东李克用。李克用任命李嗣昭为昭义留后。丁会进见李克用,哭着说:"丁会我不是力量不足不能守卫。梁王朱全忠欺凌虐待唐室,丁会我虽然有受他举荐提拔的恩情,实在不能容忍他的作为,所以前来归附听命。"李克用对待他非常优厚,地位在诸将之上。

己巳(二十一日),朱全忠命令各军备办攻城器具,将要攻打沧州。壬申(二十四日),听说潞州失守,甲戌(二十六日),朱全忠带兵回去。

在这以前,朱全忠征调黄河南北的粮草,由水陆两路运往军前,各营的粮草堆积如山,朱全忠将要撤退,命令全部烧毁,烟雾火光蔓延数里,在舟中的粮草就凿舟沉入水中。刘守文派人给朱全忠送书信说:"您为了百姓的缘故,赦免我的罪过,解除包围而去,这是您的恩惠。沧州城中数万人,几个月没有粮食吃了,与其把粮草烧毁化为烟雾,沉水化为淤泥,希望乞求剩余的粮草来救百姓。"朱全忠留下几堆粮食送给他,沧州百姓赖以得到接济。

河东军队进攻泽州,没有攻下就撤退了。

38　吉州刺史彭玕派遣使者向湖南请求归降。彭玕本来是赤石洞蛮的首领,钟传用他为吉州刺史。